U0136924

新關公全傳

顏清洋 著

臺灣 學生書局 印行

金人《義勇武安王》雕版畫像

元朝胡琦《關王事蹟》關公像

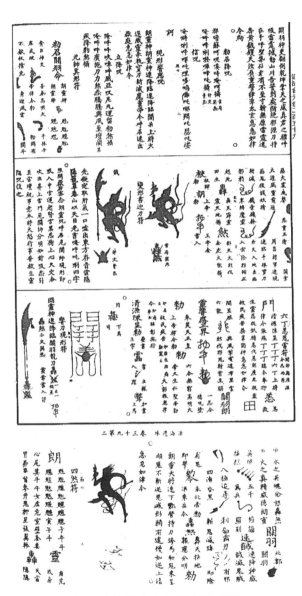

宋元道教雷法中的關公神將圖

明朝戚繼光《紀效新書》
南方關元帥

明朝商喜《關羽擒將圖》：現藏北京故宮博物院

明朝王圻《三才圖會》關公像

明朝陳洪綬《水滸葉子》關勝像

清朝劉源繪關公像（一）

清朝劉源繪關公像（二）

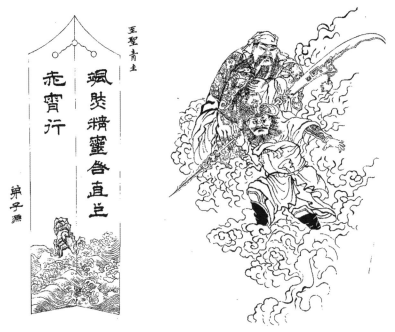

至聖青主

颯爽精靈合直呈

走霄行

弟子源

清朝劉源繪關公像（三）

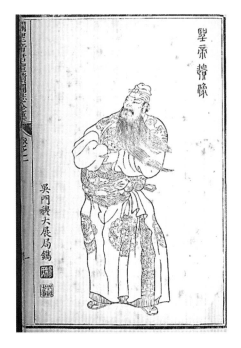

聖祭讚像

吳門禩大展局鐫

清朝盧湛《關聖帝君聖蹟圖誌全集》關公像

山西運城市關公大銅像（友人葉德淵律師提供）

湖北荊州關公大銅像：惜已於 2021 年拆除（友人葉德淵律師提供）

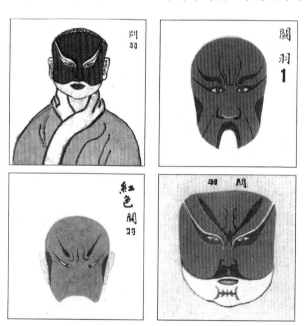

齊如山《國劇圖譜》中的關公

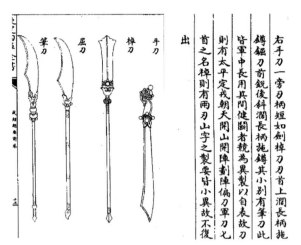

右手刀一旁刀柄短如劍棹刀刃首上濶長柄拖
鐏鈎刀前銳後斜濶長柄施鐏其小別有筆刀此
皆軍中長用其閒健鬪者競爲異製以自表故刀
則有太平定戎朝天開山開陣劃陣偏刀軍刀七
首之名棹則有兩刃山字之製要皆小異故不復
出

手刀
棹刀
屈刀
筆刀

北宋《武經總要》筆刀屈刀

元朝《新全相三國志平話》關公破黃巾及刺顏良插圖

明朝《三教搜神大全》關公及大刀

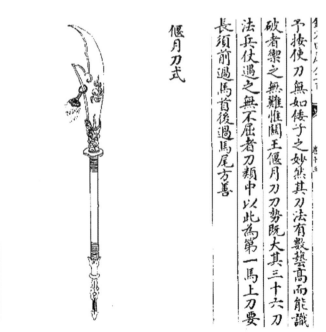

予按使刀無如倭子之妙然其刀法有數藝高而能識破者鮮之無難惟關王偃月刀刀勢既大其三十六刀法兵仗過之無不屈者刀類中以此為第一馬上刀要長須前過馬首後過馬尾方善

偃月刀式

明朝胡宗憲《籌海圖編》偃月刀

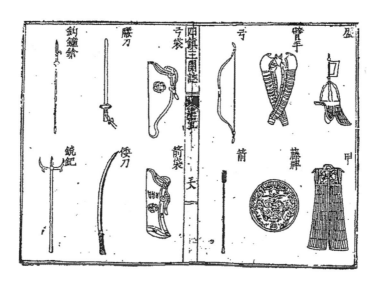

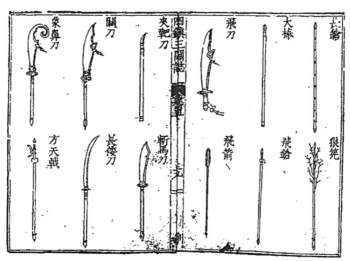

明朝劉效祖《四鎮三關志》關刀及長短倭刀

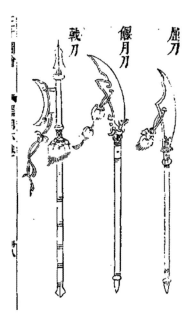

明朝王圻《三才圖會》偃月刀

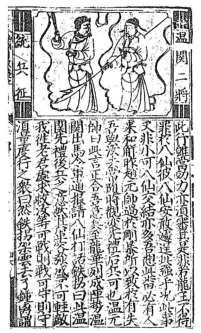

明朝《東遊記》關公及大刀

一、刀

刀見于武經者惟八種今所用惟四種曰
偃月刀以之操習示雄實不可施于陣也曰短刀
與手刀略同可實用于馬上曰長刀則倭奴之製
甚利于步古所未備曰釣鐮刀用陣甚便又有腰
刀則惟用于藤牌遂見于牌次

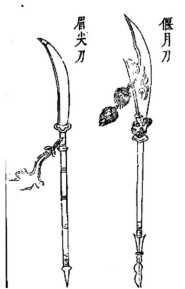

眉尖刀　偃月刀

明朝茅元儀《武備志》偃月刀

綠營偃月刀　謹按王兢論衡當與刀齣偃月鈎
為比茅元儀武備志偃月刀以之操習示雄實不
可施於戰陳也
本朝定制綠營偃月刀鍊鐵為之通長七尺刀長二
尺四寸五分上豐而仰脊為岐刀衙以龍口高一
寸五分鋆為鐵盤厚二分柄長四尺二寸八分圓
五寸二分木實棗朱末鐵鐏長四寸

綠營偃月刀

清朝《皇朝禮器圖示》綠營偃月刀

清聖祖慶壽（一）：關帝廟誦經圖（仔細看左上角文字說明）

清聖祖慶壽（二）：演戲圖

清高宗慶壽：演戲圖

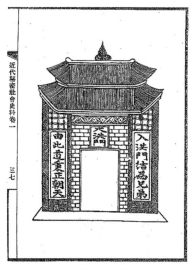

洪門大洪門

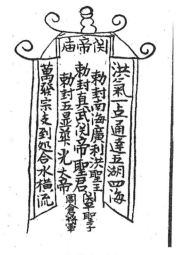

洪門關公神位

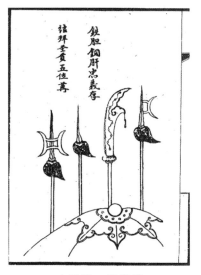

洪門關刀等器械

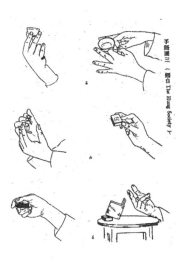

洪門茶陣：只用三指

光緒《玉泉寺志》玉泉寺、關雲長顯聖處、顯烈祠插圖：
刻意畫寺之壯麗，而凸顯祠之寒酸，且拉近其距離。

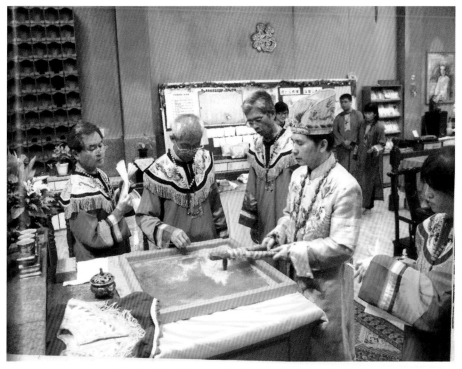

玄門真宗扶乩照片：正乩即為創宗教尊玄興長老

漢末三國州域形勢圖：取自日本箭內亙編、李毓樹譯《中國歷史地圖》

修訂版序言：十年磨一劍

　　本書初版於二十年前，以四個面向論述關公：關羽、英雄、神靈、關聖帝君，探討從關羽到關帝的原委本末，寬廣縱深皆足，引書遍及經史子集，旁採佛道經典，以及方志、關公專書等，嚴格來說，以筆者當年的學術功力，欲求完善處理相關史料，確實有所不及。

　　所以，刊行以來，就發現極多缺失，隨即陸續增刪，後來改編為通俗版（遠流，2006），又精簡成畫傳（白象，2011），同時也針對不滿意部分，另寫三篇論文（附於書後）；再則，我逐漸轉移興趣，系統性重讀一遍廿四史、十三經、明實錄，及佛道經典、文人筆記，至此才知當年治學極不踏實，原不想再寫關公，而其間我又出版二本新書（白象，2015及2021），卻在無心插柳情況下，獲得更多相關素材，均一一附注於原書中，久之，已朱墨爛然，自念不回頭出修訂版，實有愧當初投身史學之志氣，轉眼又數年，一直耿耿於懷，如今退休多時，已無理由再拖。

　　比較舊版，新書雖不至「兩句敷為一章，一章刪成兩句」，修訂幅度仍然不小，稍對照目錄、數節內文或註解即知，約言之，集中在以下數項：

　　其一、章節調整：原書〈英雄〉與〈神靈〉二章多節混淆，時間定位錯誤，因而重新編寫，以期名實相符，另改易章節篇名，標題精簡典雅化，刪除次要小節，一看即知大概內容，不至於繁瑣到難以檢索。

　　其二、文句改動：原書語病太多，見笑方家，而引用史料每過於累贅，未能妥予消化，新版則去蕪存菁，增加引論闡述，重覆繁瑣者，不惜大刀一揮，上下轉折語焉不詳，另行改寫明白，推論解說不當，亦一新耳目。

　　其三、史料更新：重要引文應來自原始典籍，學史者皆知，如郎士元詠關公詩，《文苑英華》所載應較《全唐詩》本更近於原作，此即顧亭林所謂

「採山之銅」，而初版多處來自轉手，新書盡皆改為原本，不用後期作品，如清朝官祭關公地點，找到最早的康熙朝《會典》，再參照雍正朝、乾隆朝重修者，以及晚期光緒朝《會典事例》，得知均在白馬廟；又如台灣多處關帝廟碑記，不再轉載自他人作品，除親自進廟檢視，又向國史館台灣文獻館申請電子檔，故而當較初版完整正確。

其四、內容增補：史學實力，逐時累積，近年所得，均據以援入新書，且參照前後史料，深入解讀，賦予新意，如開宗的關公生平，較諸初版，已不可同日而語，看第一條註釋便知；又如青龍偃月刀，早已迷倒無數英雄好漢，初版以其出自小說家言，著墨不多，新書則從禪僧、小說、兵書，到皇家禮器，均詳加引述，足以一窺堂奧；再如玉泉寺神話，初版僅當作董侹個人所為，隨著廣泛閱讀禪僧作品，才知其涉及天台宗與禪宗之興替，而北宋張商英歌詠關公，南宋孝宗加贈封號，乃至宋末志磐再編新故事，可謂一脈相承。約言之，新發現檔案，或取代舊文，或擴增為新節，如諡號考釋、義勇武安王、雕版及商喜畫像、禪宗教材、關公信仰等，由是篇幅增加，光主文即三十餘萬字。

其五、修正錯誤：初版犯錯極多，如分不清荊州玉泉寺、關公廟及關公墓，未見胡琦《關王事蹟》原書，擅下評語，貶為近乎一文不值，實為罪過！也不知余有丁乃繼張居正為內閣大學士，引文錯置時間，凡此種種，悉皆刪改補充。

其六、詳加註解：初版行文常用片段方式，缺少連貫說明，人事引文或不易理解，新書盡量矯正，故主文字數增加，為控制篇幅，往往移至註解中，致部分註解反而喧賓奪主，看開宗首頁即知，畢竟此書純為學術論著，追求信而有徵，多處史料來自明清善本書籍，極其珍貴，非通俗作品可比，此亦不得已，讀者諒之！

總之，相較於原書，除大略沿用章節架構外，增補及刪除不少，改寫可觀，故書名增一「新」字，而修訂過程又甚為冗長，如為釐清明末兩張士第及歷代帝王廟中的關帝廟，就各耗掉無數功夫，因之欲求其前後筆法統一，章節環環相扣，必定有所困難，劉勰云：「改章難于造篇，易字艱于代

句。」袁枚也說「改詩難于作詩」，此中滋味，唯有親歷其境者方能體會，苦心孤詣，不足為外人道也！然相較於當年，唯一輕鬆處，原需來往各大圖書館，回家燈下爬格，輔以剪刀漿糊，每每通宵達旦，今則多靠光碟網路、按鍵螢幕，已是全新世代的工作方式，然當年身強體健，開車、奔波、熬夜，全不在意，今則已過古稀之年，雖康健依舊，史學癡情未退，僅膽的大概是自我樂在其中而已，賈島云：「十年磨一劍，霜刃未曾試，今日把示君，誰有不平事？」就所花時間心神，新書實有過之而無不及，至於寶劍是否堪用，由學界評定。

顏清洋

新關公全傳

目　次

附　錄

封面題字

輯顏真卿書帖（書法家翁坤山老師提供）

新、關：《顏家廟碑》；公、傳：《顏勤禮碑》；全：《建中告身帖》

封面插圖

清朝劉源繪關公像

內頁插圖

第一章　緒　論

　　據說，明神宗曾賜北京正陽門關公廟聯：「五夜何人能秉燭，九州無處不焚香。[1]」初讀之下，總覺過分吹噓，而當時一位地方官趙惟卿，竟然「所至必懸像設爐」，奉關公當作隨身守護神，其癡迷作為也不易理解；下及清初，平山縣令劉凌雲重修當地關公廟，撰碑云：「春秋有孔子，後漢有關公，固名教之宗，神聖之極也。」直接以關公比擬孔子，視同「萬世師表」[2]。

　　以上數位王公學士的話可信否？姑且不論，且看另一例。明清之際，毛宗崗父子改寫《三國演義》，書前第一回評語有云：「今人結盟，必拜關帝。」開宗明義即說關公為金蘭結拜的監誓神靈，毛氏不過是鄉下學究，代表基層文人，此話等同在表達一種社會現象，似乎就令人不得不信了；還有，1900 年中，八國聯軍攻入北京，慈禧太后狼狽逃命，直到簽訂和約後才回京，經正陽門，也不忘到月城旁關公廟燒香，而後才進紫禁城[3]。

---

[1]　見《關帝事蹟徵信編》，卷八引《關帝誌》，末署「萬曆甲午，永平糧儲李開芳隸書」，（冊三，頁 263）。案：李，福建永春人，萬曆 11 年進士，見《皇明貢舉考》，（卷九，頁 167）；其任是職，在及第後 11 年亦合理，見光緒《永平府志》，糧儲乃戶部十三司之一，主管為郎中或主事，（卷五，頁 392 及 395，作李開方）：御聯由地方官書丹，雖不甚合禮法，且永平府在京城外，然人事時地俱全，胡楝所載，應可採信。

[2]　趙惟卿，直隸柏鄉人，隆慶二年進士，同榜如趙欽湯、金學曾皆為關公迷，見《皇明貢舉考》，（卷八，頁 55）；劉凌雲，昆明安寧人，康熙 33 年進士，41 年任是職，見《雲南通志》，（卷 20，頁 45），及乾隆《正定府志》，（卷 25，頁 36）；引文，見光緒《畿輔通志》，卷 113，（冊四，頁 4432）。

[3]　見胡小偉〈明末西洋教會與宮廷關公信仰的衝突〉，胡於文末敘及，搜尋到此張美國人拍攝的照片。

對於上述，未曾深入了解關公歷史地位演變，或沒有親歷關公神威盛況的人士，也許都不易體會；其實，放低眼光，看看當前，相同的事跡，俯拾即是。不久前，台灣北部某不良幫派，潛進高中及國中吸收成員，入會時是點香向關公像行禮宣誓，而流行於民間近三百年的「洪門」，其開山壇場仍號稱「忠義堂」，正中所掛的也只有關公像[4]。

同時，數字也會說話。台灣的民間祠宇，從明末以來，關公廟一直都占有一定的分量比例，即使在鄭氏三代時，因地緣關係，而以玄天上帝為守護神，但關公廟仍是接二連三在此地出現，而施琅攻占台灣後，改奉媽祖，關公廟也不因此減少，至於日據以後至今，關公廟的數量，也都是名列前茅[5]。

最令人印象深刻的，莫過於 1999 年的「九二一」大地震，才過三天，台灣關公信仰的重鎮之一，即號稱「儒宗神教」的台北市行天宮，立即捐出一億兩千萬元協助政府救災，錢財固是身外物，愛心則是至尊至貴的！放眼當時，沒有任一大企業或宗教團體差堪比擬，行天宮捐款的動力何在？你我皆知，更何況宮中早在幾十年前即傳言：關公已繼任為第十八代玉皇大帝[6]。

台灣如此，大陸及海外華人移居地區也差不多。

在大陸各地，自明清以來，本就是近乎村村有廟，近年熱潮雖稍退，但民間猶有餘溫，如數年前所拍攝的《三國演義》電視連續劇，洋洋灑灑八十四集，收視率一直居高不下，當然，關公在劇中戲分極重；而隨著市場經濟的發展，人們普遍追求財富，關公既早被尊為財神，當然也仍是世人崇拜的主要神靈，於是民宅正堂、酒店大廳、商店門面及其他公共場所，關公常被供奉在最明顯的位置。

當然，最值得大書特書的，莫過於山西關公家鄉及湖北荊州二地的大銅

---

[4] 見《聯合報》，（1999.4.19.第九版）。

[5] 明清的台灣關公廟，見本書第五章；日據以來之變化，參閱瞿海源〈台灣與中國大陸宗教變遷的比較研究〉一文，以及台灣省文獻委員會《重修台灣省通志·宗教篇》，卷三。

[6] 參閱王志宇《台灣的恩主公信仰》，第五章〈儒宗神教神學體系的建立〉，（頁202）。

像，2010 年，山西運城市常平村建 80 公尺高關公銅像，用銅 2500 噸，遠望
矗立雲山之中，威風八面；而 2016 年湖北荊州也建起 58 公尺高銅像，總重
1200 噸，大刀長 70 公尺，重 136 噸，在數公里外的長江上都清楚可見，儼
然獨鎮一方，重現當年「威震華夏」風範，更將關公聲威推向一更高境界！

至於各地關公廟宇，也能深獲中央與地方政府機關，或企業團體及宗
教、藝術、學術界人士的高度重視，經常集資整修，舉辦各種廟會、學術及
藝術活動，也和台灣及海外他地有密切交流，如 2003 年，台灣鴻海公司郭
台銘董事長，即以專機，迎請山西運城市關公祖廟文物，來台繞境祈福，各
地信徒，虔誠膜拜，轟動一時。

其他宗教或教派，同樣也趨附風潮，藉重關公神威，如北京的白雲觀，
本是全真教的祖庭之一，觀內即供有關公；武當山的金頂，紅臉慈善的關公
也端坐神龕中；至於邊疆少數民族地區，一如漢人，同沐關公神威，所以關
公廟從西邊的絲綢古道、西藏高原、西南雲貴一帶，到東南各海島、東北的
烏蘇里江，處處可見；至今緬甸人會雕關公臉譜，白族姑娘會刻關公神像，
就知關公的威名有多普及了。

海外各地，則香港、越南、新加坡、泰國、緬甸、印尼、澳洲、日本、
美國等地都可看到關公廟，自然也有虔誠的關公信徒，如十餘年前，數位第
三代華裔美國人來台尋根，他們雖已經混血，且不懂華語，手中仍捧著祖父
帶去的關公神像，由奉關公為唯一神靈的「玄門真宗」導引，至各地關公廟
宇朝聖[7]；至於近年移民海外的華人，多也順便帶著關公走向世界，其聲勢
甚至超過孔子[8]，凡此種種，可知關公近乎無所不在，於是有人說：「有華
人的地方，就有關帝文化的蹤跡。[9]」

因此，從明末至今，約四百年來，應是一脈相承的，關公的信徒幾乎是
不分士農工商、貧富貴賤，廟宇普及國內海外，香火薰遍城市鄉村，放眼古

7　由葉姓友人接待導遊，乃「玄門真宗」執事人員，親口告知。

8　參閱李慎之〈發現另一個中國〉，文中言「他們帶向世界的，關公多於孔子」，轉見
　　胡小偉《伽藍天尊》，（頁 11）。

9　見朱正明《中國關帝文化尋踪》，（頁 9）。

今中外，實在找不到第二例。然而，關公出生於東漢末（約 165），死於獻帝建安二十四年底（220 年初），下迄明神宗改封大帝天尊，其中歷史地位有浮有沉，褒貶兼而有之，直到宋元之際，才集英雄、神靈為一，至明清而成為威靈顯赫的「關聖帝君」，此一歷程，曲折頗多。

　　在今日看關公，應具備四種身分：（一）關羽，乃歷史上真人物，（二）英雄，乃忠義勇兼備的武將，（三）神靈，在民間香火鼎盛，（四）關聖帝君，由民間神靈加高超德行，集英雄神靈聖賢於一身。

　　就歷史上關羽來說，真人真事，載於正史《三國志》，以及裴松之注，由於記載極為簡略，許多事跡難以聯貫，卻賦予後世更大想像空間，小說戲劇及宗教界多方創造附會，致使真相反常被掩蓋。

　　其次，是歷史英雄，關公身為一員武將，生前已被視為「萬人敵」，死後數百年也是雄風遠揚，成為多數武將的楷模，但唐宋以來，世人陷入「以成敗論英雄」的窠臼中，普遍不欣賞他；直到宋元之際，大概是下層社會江湖道義的影響，以及三國故事的流傳，才有人重現其忠義事跡，迎合「超道德行為」，因而漸獲世人認同，重回英雄榜中。此歷程約一千年，相關史籍多如牛毛，研究整理，頗費功夫。

　　復次是民間神靈，英雄本多能成神，唐朝劉禹錫即說「古來名將盡為神」，然而，令人不解的，以關公的英勇，竟然不如多數同輩，直到盛唐才成為江陵一帶的區域性神靈，又歷數百年，到南宋中期，擴散至江淮，元明以來逐漸普及，至明清而遍佈各地，在成神之路上，關公潛藏期太長，其歷程又與英雄地位浮沉相錯雜，上下約九百年，如同前種身分，史料不虞匱乏，唯零亂分散，有心者必有上山下海的本事才行。

　　最後是關聖帝君，此即今人所看所知的關公，定型於明清之際，在此階段，相關專書極多，蒐羅較易，但虔誠的信仰每會令人減少理性，下筆出口，往往過於誇大，不見得能真正呈現事實，故史料雖易得，去取反須大費周章，欲求一客觀中性學者，平心靜氣看待此一盛況，還需等待機緣。

　　對於今人，關公的長相：大紅臉、丹鳳眼、臥蠶眉、數絡長髯，及隨身青龍偃月刀與赤兔馬，大概不分男女老少，都能琅琅上口，而對關公神威，

普遍也是敬畏有加！但如果追問：關公真實一生，歷史地位升降，特殊形象及眾多靈異事跡，是如何衍生傳播？又如何成神及被封為「關聖帝君」？凡此系列問題，應當不能靠鄉下學究或小說家，而要歸予歷史學者。

縱觀學術界，對特定的名著、專人或專題，一經大師輩開山建道場，隨即有大批同好呼應，很快蔚為風潮，如研究《紅樓夢》，成為「紅學」，研究《金瓶梅》，成為「金學」，研究《聊齋誌異》，成為「蒲學」，研究《三國演義》的，更是陣容龐大堅強；然而，約五十年前，黃華節先生提出「關帝教門」，以及數年前，饒宗頤先生提出「關學」，倡導研究，附和者卻不多，有者多是文學界的前輩與同道，歷史學界參與的相對零落，不知何故？若以數百年來關公的顯赫神威，稍稍了解其對當代後世的影響，至少應有高明君子投身其中才是。

近年研究關公，多集中在《三國演義》，或關公神話，成就固然可觀，但只偏向一隅，不足以呈現關公全貌，若能立足於史學，釐清其真實事跡及歷史地位演變，必然也有助於其他領域的研究。因此，撰寫與修改本書，非來自信仰的動力，而是延續五十年餘前報考歷史系的癡情，盡歷史學者的微薄心力，獨自樂在其中而已[10]。

總而言之，本書就是環繞在關公的四種身分上。

首篇〈關羽〉：根據《三國志》各紀傳及裴松之注，再參酌相關史籍，鋪敘關公真實的一生，以及相關當代事跡，有者旁搜廣採，附會傳說者從缺，其艱澀難以理解，或易生疑問者，盡能力予以考辨解釋。

次為〈英雄〉：多方蒐羅歷代相關史料，探討關公死後數百年之地位演變，看前人如何褒貶前人。

又次為〈神靈〉：英雄地位有浮有沉，神靈香火亦有冷熱代謝，關公雖為英雄，但成神較晚，約於中唐出現廟宇，直到明代才普及全國，細觀此一

10　近年「關公學」的研究成果，可參閱（一）洪淑苓《關公民間造型之研究》，第一章第一節；（二）俄人李福清〈關帝研究目錄〉，刊《漢學研究通訊》，（1995），著重介紹外國人研究；另外，《歷史月刊・三國演義專輯》，也可資參考，（1995.12.）。

歷程，或可找出要成為顯神的主要理由，當知靈異並非主因，高貴德行反而更為重要。

復次為〈關聖帝君〉：從明神宗加封至盛清以來，約兩百年，關公神格達於巔峰，信徒態度趨於癡迷，全國各地，海外屬國，處處顯現神威。看完此章，說不定你妳也會想到附近關公廟抽一支神籤呢！

最後是〈關公信仰〉：看完近二千年的歷史公案，還有疑問否？如今，知關公由關羽、關侯、關王，再至關聖帝君，已是高高在上的天神，集英雄、聖賢、神靈於一身，廟宇遍布城鄉海外，虔誠信徒抽籤扶乩，拜禱請示，絡繹不絕，專書經典充斥，已具足成熟宗教所有條件，又應如何看待？也許該請宗教學家、社會學家甚至政治人物來幫忙。

第二章　關　羽

　　關公具有多重身分，但無論英雄、神靈、帝君或天公，皆來自歷史上的真人物：關羽，由於後來對他的敬意化為信仰，信仰產生更大力量，因而衍生附會出許多事跡，世人不易明察，以致神人混合，難見其本來面目。誠然，要認識關公，光從歷史人物下手是不夠的，畢竟他是千百年來民間少數的顯赫神靈，從人物至神靈、再至帝君，其間有漫長的歷程，唯有歷史上的關羽，才是關公的活水源頭。

　　本章主題標為「關羽」，就是基於「史有明文」來寫的，主要依據陳壽《三國志》、裴松之注，及相關史籍，旁搜廣採，嘗試呈現完整歷史真貌，至於民間傳聞與相關人物，則略作交代。全章分八節，首節〈關羽生平〉，因本傳過於簡略，相關事跡分散於魏吳二志各紀傳、乃至後代史書中，重新彙整成篇，本節可視為〈新關公傳〉，未見於此者，皆屬小說情節，如溫酒斬華雄、三英戰呂布、斬貂蟬、下邳三約、秉燭達旦、過五關斬六將、收周倉等，均不論；次仿紀事本末體及年譜，合當代大事與關羽事跡，而成〈大事與生平編年〉，讀完此節，更能理解關公在當代的角色地位；次為〈形貌與刀馬〉，因關公在民間造型獨特，人人一見即知，但未必了解其原貌與演變原委，以及坐騎與武器，本節有深入探討；次論〈鄉里家人年歲〉，這是關公信徒亟欲知道，但又不能全知的，節中徵引雖多，仍不免有空白處；次論〈官位爵位〉，時隔世易，又早被曲解，今人不易明瞭，詳予詮釋，有助釐清真相；而諡號則是千古疑案，當然尤須用功夫，故另立〈諡號考釋〉一節，希望爭論可到此為止；次論〈袍澤〉，從諸人定情之交，至其後敗亡，在在遠超生死利害，看完終篇，絕對有益世教；最後論〈敵友〉，人之與人本有利害衝突，當抉擇之際，如何自處，從中或能有所體悟。

第一節　生平事跡

關羽，本字長生，後改為雲長[1]，東漢河東郡解縣人（今山西省運城市鹽湖區解州鎮常平村），約出生於桓帝延熹八年（165），卒於漢獻帝建安24年年底（220年初）[2]。

一、涿郡從軍

關公少年在鄉，不知何故，於靈帝中平元年（184），前往幽州涿郡（今河北省涿州市）。此時，東漢的政局，早因外戚與宦官之交互奪權衝突而呈現不穩，而宦官尤其貪殘，長期把持朝政，破壞吏治，鬻官賣爵，致公部門貪腐成風，法治蕩然，社會對立尖銳，百姓謀生困難，終致鋌而走險。

鉅鹿人（今河北省邢台市）張角，先前創立太平道，用咒術符水為人治病，吸引不少百姓依附，他本有政治野心，眼見天下將亂，於是分遣弟子巡行四方，藉機妖言惑眾，十餘年間，發展成有數十萬信徒的宗教團體，經分區編組，各置統領，此時朝政日壞，民心思變，遂倡言「蒼天已死，黃天當立」，於此年二月發難，得到基層民眾的熱烈響應，由於起事者均臂掛黃巾以為標幟，故史稱「黃巾之亂」，一月之內，各地烽火，震動京師，中央隨即派兵征討，而地方州郡也各自募兵守城平亂。

涿郡人劉備，是個沒落的王公子弟，個性豪邁，善於交遊，年少之輩爭相依附，黃巾亂起，於家鄉招攬徒眾，關公正在當地，應募從軍，結識同地人張飛，三人情投意合，相見恨晚，此時劉備24歲，關公約20歲，張飛大概16歲，關公與張飛從此追隨劉備，以兄長之禮奉事之，一同征戰各地[3]。

---

[1] 雲長，當讀如雲常，乃羽毛飄空放大之狀，類似人物，如北宋初魏羽，字垂天，見《宋史》本傳，（冊11，頁9204）；南齊蕭穎冑也字雲長，觀其兄弟排行，則當讀如雲掌，見《南齊書》本傳，（頁665）；而趙翼字雲松，參見附錄六。

[2] 最早提及關公故里者，乃金朝張開〈常平建關氏祖宅塔記〉，詳見第四節。

[3] 案：《三國志》乃本節重要史料來源，篇幅不多，文中若已記人名，且能直接見諸其紀傳者，非特殊處，不標篇卷頁碼。

二、討伐黃巾

這年五月，關公與張飛隨劉備討伐黃巾，打了幾場勝戰，劉備因功受封為中山國安喜縣尉（今河北省定州市），不久，因懷疑將被遣散，於是棄官而去；次年三月，大將軍何進派人至東方募兵，關公等人再次應募，因討賊有功，隨劉備任職於下密（今山東省昌邑市）及高唐（今山東省聊城市）二縣；年底，黃巾主力大致被平定，然各處盜賊仍多。

漢獻帝初平二年七月（191），黃巾餘黨來攻，高唐城陷，關公與劉備等投靠中郎將公孫瓚，瓚駐右北平（約今唐山市），與劉備為少年之交，此時正與袁紹爭奪河北控制權，遂上表推薦劉備為別部司馬，助兵以拒袁紹，因功而升為平原國相（今山東省德州市）[4]，劉備另派關公、張飛為「別部司馬」，二人時刻追隨劉備，猶如保鑣，大庭廣眾，不離左右，不避艱險，而劉備也頗有大將之風，友愛異常，「寢則同床，恩若兄弟」；不久，三人在此遇上趙雲，他是常山真定人（今河北省正定縣），初隨公孫瓚，劉備頗為賞識，於是轉歸劉備，統領騎兵。

三、周旋各地

先前，首都洛陽有過幾次兵亂，并州牧董卓因帶兵入京平亂而掌握大權，但專政妄為，不得民心，致朝政更亂，地方豪傑多起兵討伐，推袁紹為盟主，曹操、劉備等亦屯兵助之，董卓乃焚燒洛陽宮殿，挾獻帝西遷長安，不久即為王允、呂布所殺，其舊屬李傕、郭汜又帶兵進入長安，京城及關中動盪不安。

譙人曹操因收編黃巾餘黨而勢力壯大，初平四年六月（192），敗徐州牧陶謙，謙求救於青州刺史田楷；次年（興平元年，194），楷會同劉備等共救之，謙感恩，上表劉備為豫州刺史，駐小沛（今徐州市沛縣），關公等

4　凡皇子封王，其封地之郡即稱為「國」，故稱平原國，而相原為諸侯王最高屬官，七國之亂後，員職皆朝廷派遣，故國相等同郡太守，見《後漢書・百官志》，（冊五，頁 3627）。

隨同屯兵；年底，陶謙病卒，臨終推薦劉備，在陳登、孔融勸說下，劉備成為徐州牧；次年，曹操擊敗呂布，布東奔，投劉備[5]。

建安元年（196），長安動亂，近於無政府狀態，群雄並起，擁眾據地，各懷野心，獻帝無能力回洛陽，而盤據江淮一帶的袁術，則乘機北攻劉備以爭徐州，劉備派張飛守下邳（今江蘇省邳州市），令關公守盱眙（今江蘇省盱眙縣），自屯淮陰（今江蘇省淮安市），雙方互有勝負；但袁術勾結呂布，由呂布偷襲下邳，張飛敗走，布擄走劉備妻小家口，劉備還戰，不利而投降，呂布仍讓他屯兵小沛一帶，劉備另遣關公守下邳[6]。

在此期間，曹操、袁紹二人勢力逐步壯大，漢獻帝也由長安回到洛陽，曹操眼光獨到，看出獻帝有利用價值，派人迎至河南許縣（今河南省許昌市），從此「挾天子以令諸侯」；不久，袁術又攻劉備，呂布不欲袁術壯大，先偏袒劉備，以營門射戟方式和解，然呂布亦不讓劉備喘息，旋即出兵攻之，劉備終究無法承受雙方之不斷夾擊，於是西奔至許縣投靠曹操，操厚待之，仍任為豫州牧，助以兵糧，回小沛；呂布又來攻，城陷，再擄劉備妻子，幸曹操即時來援，合兵反攻小沛，再進兵下邳，圍攻數月，最終決泗水灌城，呂布投降，劉備不為說情，呂布被殺，曹操逐漸控制河南地區[7]。

四、暫歸曹操

建安四年（199），劉備隨曹操二度至許縣，曹操推薦劉備為左將軍，關公、張飛為「中郎將」[8]；此時袁紹也連敗北方的韓馥、公孫瓚等，控制

---

[5]　小沛、沛國建置沿革，參閱《資治通鑑》胡注，（冊四，頁 1949），豫州牧治所在譙，徐州牧在下邳。

[6]　案〈先主傳〉云：「袁術來攻先主，先主拒之於盱眙、淮陰。」裴注引《英雄記》則云：「備留張飛守下邳，引兵與袁術戰於淮陰石亭。」推測關公必據守另一地盱眙，參閱周廣業、崔應榴，《關帝事蹟徵信編・紀事本末》，卷二，（冊三，頁 102）。

[7]　曹操攻殺呂布過程，分見〈武帝紀〉、〈呂布傳〉、〈荀攸傳〉，（冊一，頁 16、227、323）。

[8]　案〈張飛傳〉僅言：「先主從曹公破呂布，隨還許，曹公拜飛為中郎將。」推測關張應同時受封，（頁 943）。

河北地區，與曹操南北對峙；而袁術則聲勢日下，欲北連袁紹，曹操遣劉備等於下邳攔截之，備乘機殺徐州刺史車冑，留關公守下邳，暫代為太守，自己則回小沛，再度控制徐州一帶，暗中派孫乾與河北的袁紹聯盟，袁紹派兵佐之，與西邊曹操相抗[9]。

　　曹操當然不能容忍袁劉聯盟，建安五年年初（200），親自東征劉備，陷小沛，劉備北逃投奔袁紹，曹操再攻下邳，擄劉備妻子，關公可能為護衛劉備妻子，而投降曹操，極受禮遇，被任為「偏將軍」[10]；不久，袁紹派將軍顏良渡河，攻東郡白馬縣（今河南省滑縣），以爭奪黃河沿岸要津[11]，曹操採納荀攸聲東擊西計謀，一面派部分兵力渡河假裝要攻其後方，一面親自帶領大軍前援白馬，以關公、張遼為前鋒，兩軍一對陣，大出顏良意料之外，而關公遠望顏良行軍麾蓋，毫不猶豫，策馬直衝，於千軍萬馬中刺死顏良，斬首而回，威風八面，袁紹諸將，無人能擋[12]。解救白馬之圍後，曹操遷徙當地居民，並軍儲輜重，沿河而西，袁紹於是渡河南下，兩軍相遇於延津縣黃河南岸（今河南省延津縣），袁紹先派劉備、文醜挑戰，結果大敗，文醜被殺[13]。

9　本傳稱「行太守事」，裴注引《魏書》則稱「以羽領徐州」，另案：下邳，乃西漢東海郡郡治、東漢下邳國都城、末年徐州牧治所在，其建制沿革，參閱見顧祖禹《讀史方輿紀要》，（冊二，頁 1050）。

10　見〈武帝紀〉，劉備妻子，先前兩度為呂布所得，兩度獲還，關公為護嫂而降，也合情理，參見《關帝事蹟徵信編・考辨》，卷 22，（冊四，頁 167）。

11　白馬在黃河南岸，屬滑縣，見《讀史方輿紀要》，（冊一，頁 720）；而延津，見同書，（冊三，頁 1997）；官渡方位，另見《通鑑》胡注，（冊四，頁 2016）。

12　案：麾蓋，依東漢制，唯大將軍如袁紹方有「橫吹麾幢」，而顏良為將軍，不當具此儀仗，故或意為一般牙旗，代表為統帥所在，如《史記・項羽本紀》載：「項王乃上馬，麾下壯士騎從者八百餘人，直夜潰圍南出。」（冊一，頁 334）；而同代將領，如〈典韋傳〉之「牙門旗」，〈陸遜傳〉之「牙幢」等同，（冊一，頁 544；冊二，頁 1344）；另可參見程大昌《演繁露》，卷二及卷七，（頁 45、頁 94）；及王楙《野客叢書》，卷 15（頁 87）。

13　白馬之戰過程，分見〈武帝紀〉、〈袁紹傳〉、〈荀攸傳〉，（冊一，頁 19、199、323）；至於稍後延津之戰，文醜為何人所殺，〈武帝紀〉、〈徐晃傳〉俱未明言。

　　曹操欣喜之餘，上表漢獻帝，封關公為「漢壽亭侯」，然而，曹操也發現關公雖立功，但並無久留之意，要張遼探問，關公嘆說：「吾極知曹公待我厚，然吾受劉將軍厚恩，誓以共死，不可背之。吾終不留，吾要當立效以報曹公乃去。」表明堅守與劉備之交情，同時也不忘曹操厚恩，曹操讚嘆之餘，稱關公為「天下義士」。即此同時，可能兩軍多次交戰，關公已探知劉備在袁紹陣營，告知即將離開，曹操仍不死心，多方賞賜，關公不為所動，封存所有贈品，留下書信告辭，左右建議追殺，曹操認為「各為其主」是忠義行為，值得敬佩，並未派兵攔截。

　　就在袁曹對立初期，汝南黃巾餘黨劉辟等背叛曹操，響應袁紹，紹乃遣劉備南下聲援，而關公離開曹營後，展轉於此與劉備會合[14]，曹操派曹仁來擊，劉備又北歸袁紹處；然而，劉備已看出袁紹與曹操遲早會發生大戰，暗中盤算，乃建議袁紹應與南方荊州地區的劉表結盟（今湖北湖南一帶），以便南北夾擊曹操，袁紹同意，再派劉備南下汝南、潁川，曹操派蔡陽來攻，兵敗被殺[15]。

　　約略同時期，江南地區，一個強權正悄然崛起，開基人物為孫堅，他勇敢善戰，先參與討伐黃巾，後歸袁術陣營，英年早逝，其子孫策繼起，轉戰江南，不數年，控制大半地區，因故被狙殺，由其弟孫權繼領徒眾，逐步立足江東（今江蘇、江西一帶）。

五、南下荊州

　　不久，袁紹與曹操在河南中北部官渡一帶（今中牟縣），發生一系列大規模會戰，史稱「官渡之戰」，結果，袁紹大敗，逃回河北，曹操轉向攻擊劉備，劉備南奔，投靠荊州牧劉表，屯兵於新野一帶（今河南省新野縣）；

---

[14] 本傳僅言「奔先主於袁軍」，而〈先主傳〉則言「紹遣先主將兵與辟等略許下，關羽亡歸先主」，故本書推測關公不當在官渡附近會合劉備；然劉備兩度南下，其與關公會合之過程與路線，史未明言。

[15] 見〈先主傳〉，作「蔡陽」，（頁 876），然〈武帝紀〉作「蔡揚」，且言擊劉備同黨共都，為所破，（頁 22）。無論如何，與先前文醜一樣，都不是被關公殺的。

而袁紹敗後不久病死，諸子不和，相互攻討，曹操各個擊破，逐步控制中原地區，並及於北方的邊塞，劉備則勸劉表乘機偷襲許縣，表不敢行動。

此後數年，劉備一行暫時安頓於新野附近，建安 12 年（207），因徐庶推薦，認識隱居隆中的諸葛亮（今湖北襄陽市西），亮博學高才，見識過人，劉備經三次拜訪懇談，才答應下山相助，諸葛亮分析天下大勢，認為曹操已控制黃河南北地區，聲勢最強，故不可與之爭鋒；而孫權盤據江東，已歷父兄三人兩代，人民信服，又憑藉長江天險，所以可結盟好；唯有荊州地區，居天下中心，形勢險要，可惜劉表無應變能力，因而當善加利用；至於西邊的益州（今四川省），物阜民豐，是有心圖謀霸業的理想據點，因此，若能控制荊、益二州，結盟孫權，靜觀時變，一有機會，兵分二路，一由荊州向洛陽，一由漢中出關中，或能一統中原，恢復漢朝天下。劉備極為賞識，倚重日深，引起關公、張飛的疾妒，頗有微言，劉備委婉解釋說：「孤之有孔明，猶魚之有水也，願諸君勿復言。」二人從此不敢再表示不滿[16]。

六、赤壁大戰

從建安五年年中至 13 年七月，整整八年間（200~208），是關公追隨劉備以來最為安定的一段，沒有戰事。但從 13 年初，曹操統一北方，即積極整軍，年中，曹操親率大軍，南征荊州，不久，劉表病死，二子琦、琮不和，曹軍未至，劉琮投降，劉琦南奔。

劉備正屯兵樊城一帶，全無警覺，直至曹軍到宛城（今河南省南陽市）才得消息，慌亂中率眾南逃，過襄陽，再南下至當陽，追隨士眾超過十萬人，行進緩慢，於是另派關公率船隊由漢水東南行，預期於江陵會合（今湖北省荊州市）；曹操知道江陵乃千年古城，屯有大量軍資，恐劉備先行入據[17]；於是遣徐晃、滿寵由水路攔截關公[18]，又親自率領騎兵，於當陽縣長阪（今湖北省當陽市）追及劉備，備拋棄妻子，僅以身免，幸靠張飛勇敢殿後，據

---

16 劉備於建安 12 年見諸葛亮，據〈諸葛亮傳〉裴注案語。

17 江陵城之建置沿革，與其戰略地位，參閱《讀史方輿紀要》，（冊四，頁 3329）。

18 案〈徐晃傳〉言「與滿寵討關羽於漢津」，顯然並未追及關公，（冊一，頁 528）。

水斷橋，暫阻曹軍，而趙雲也英勇異常，身抱劉禪，安全逃出[19]；劉備一行，向東抄捷徑沿漢水而下，於漢津（當陽縣揚水、漢水匯流處）會合關公船隊，共至夏口（今武漢市漢陽區）。

　　危急中，關公想起當年在許縣，一度與曹操共同外出打獵，追逐中，隨從不在左右，曾勸劉備藉機暗殺之，劉備不敢下手，而今曹操大軍南下，不覺怒火中燒，責備當時若聽從建言，則不會有今日之窘迫，劉備明知有其風險，卻推託說：「是時亦為國家惜之耳，若天道輔正，安知此不為福邪？[20]」

　　曹操大軍南下，又先聲奪人，寫信給江東孫權：「今治水軍八十萬眾，方與將軍會獵於吳。[21]」警告意味極濃，孫權知道大敵在前，集將佐會議，由於震懾於曹操的軍威，大多主張迎降，只有魯肅堅持應與劉備聯合抵抗，並自告奮勇，願前往弔唁劉表，順便觀察荊州局勢，於當陽遇劉備，表明結盟抗曹之意，劉備欣然點頭，再派諸葛亮遠赴柴桑（今九江市），與孫權協商，亮先以激將法，說：「曹操威震四海，英雄無所用武，故豫州遁逃至此，將軍量力而處之。」惹怒孫權後，再理性游說：「豫州軍雖敗於長阪，今戰士還者及關羽水軍精甲萬人，劉琦合江夏戰士亦不下萬人，…今將軍誠能命猛將統兵數萬，與豫州協規同力，破曹軍必矣；操軍破，必北還，如此則荊、吳之勢彊，鼎足之形成矣。」孫權接納，命周瑜、程普、魯肅率兵三萬西上；隨後曹操由江陵東下，孫劉二軍則會於樊口（今武漢市武昌區），向上游挺進，兩方陣營遭遇於長江南岸赤壁（今湖北省赤壁市），及北岸烏林（赤壁對岸）一帶，展開至少三波戰役，史稱「赤壁之戰」[22]。

---

[19] 長阪，或作長坂，見胡注，（冊四，頁 2084），及《讀史方輿紀要》，（冊四，頁 3280）；夏口、樊口，另見陸游《入蜀記》卷四，及《通鑑》胡注。

[20] 見本傳裴注引《蜀記》，裴松之案語，（冊二，頁 941）。

[21] 見〈吳主傳〉，裴注引《江表傳》，（冊二，頁 1118）。

[22] 史稱「赤壁之戰」實有三場會戰，應稱「赤壁烏林之戰」，如《後漢書·獻帝紀》，以相沿既久，姑仍其舊；其方位，見《通鑑》胡注引諸書，（冊四，頁 2092），然歷代頗有爭議，當地原屬荊州府江夏郡沙羡縣，其後東吳另置蒲圻縣，南唐又析置嘉魚縣，故南宋趙彥衛言赤壁有五處，見《雲麓漫鈔》卷六（頁 191）；烏林乃江北山村，有上中下三處，會戰在下烏林，見《水經注·江水》，（頁 434）。

　　初期，兩軍於南岸赤壁激戰，曹軍北來水土不服，本不習水戰，兼又疾疫流行，不得不退回北岸，於烏林地區集結整編，孫劉聯軍亦伺機而動[23]；隨後，東吳黃蓋耍詐，帶兵假裝向曹軍投降，於船艙暗藏薪草油脂，接近北岸時利用風勢點燃，火勢一發不可收拾，幾乎燒毀整批曹操艦隊，南岸聯軍乘機進攻，北軍大敗，曹操由華容（今湖北省潛江市）北歸，留曹仁、徐晃據江陵，樂進守襄陽，文聘為江夏太守。

　　然戰事並未停歇，隨後東吳周瑜率程普、甘寧、呂蒙等，與劉軍合力，爭奪上游南岸以及北岸戰略重地江陵，關公則深入敵後，在烏林北方一帶，攔截曹軍，試圖阻斷魏方補給，曹操又派汝南太守李通赴援，戰事仍拖延許久，後來關公曾告知魯肅，其間經常「身在行間，寢不脫介」[24]。

　　年底，戰事稍緩，劉備率兵南下，攻占江南武陵、長沙、桂陽、零陵等地，皆升格為郡；次年，曹兵引退，周瑜進據江陵，但曹操仍保有襄陽、樊城，荊州地區遂為三方所瓜分。不久，周瑜另分江南近地給劉備，劉備遂正式駐紮於南岸的油口，改名公安（今湖北省公安縣）。

　　建安 15 年（210），劉備因劉表士眾多來投靠，南岸附近地小，不足容納，親至京口（今江蘇省鎮江市）會見孫權，協商進據江北的江陵等郡，周瑜、呂範等人力圖阻止，建議應軟禁劉備，不讓他回荊州，只有魯肅以為曹操威脅仍大，二方當同心協力，始可勉強防守，於是劉備真正擁有荊州江南、江北一帶，安頓就緒，封贈功臣，以關公為襄陽太守、盪寇將軍，屯兵江北，諸葛亮為中郎將，督江南三郡，張飛為征虜將軍、宜都太守[25]。

　　然而，周瑜始終認為劉備不可靠，批評他就像「蛟龍得雲雨，終非池中物也」，屢勸孫權要以荊州為根據，西取益州，就在劉備離開後，孫權似也後悔，派堂弟孫瑜進軍，準備入蜀，並遣使要求劉備同時舉兵，劉備接納殷

---

[23] 疾疫流行，見〈賈詡傳〉裴注案語，（冊一，頁 330）。

[24] 見《李通傳》，（冊一，頁 535），關公大戰間屯兵江北，另參《關帝事蹟徵信編‧華容釋操》，卷 23，（冊四，頁 201）；關公語，見〈魯肅傳〉裴注引《吳書》，乃建安 20 年「單刀會」中追憶之語，（冊二，頁 1272）。

[25] 見〈先主傳〉裴注引《江表傳》，及〈魯肅傳〉，（冊二，頁 879、1270）。

觀建議，表面同意，實則借機拖延，並派關公屯江陵，張飛屯秭歸，諸葛亮屯南郡，自屯屖陵[26]；孫權不得已，方才暫時打消西進之心，然至此，東吳人士皆認荊州地區為其所有，暫時借與劉備，終當索回，由此埋下其後兩方多次衝突，以及偷襲關公[27]。

不久，周瑜病卒，魯肅代之，當他往陸口（今湖北省赤壁市）履新，經過尋陽（今江西省九江市），見呂蒙，蒙認為「關羽實熊虎也，計安可不豫定？」因為他籌畫五項謀略，還殷勤交代：「與關羽為鄰，斯人長而好學，讀《左傳》略皆上口，梗亮有雄氣；然性頗自負，好陵人，今與為對，當有單複待之。」魯肅謹記在心[28]。

七、獨鎮荊州

建安 16 年（211），曹操向西擊敗馬超、韓遂，控制關中，並進討漢中張魯，益州牧劉璋畏懼曹操來攻，遣法正、孟達求援，龐統勸劉備乘機襲取之，劉備遂帶兵西進，留諸葛亮、關公及張飛、趙雲等守荊州；而劉璋如約定，厚待劉備，充分供應軍資，使其北進漢中，然劉備意存觀望，駐軍於近漢中的葭萌（今四川省廣元市）。

次年，龐統建議回擊劉璋，劉備猶豫不決，及聞曹操攻孫權，孫權轉知劉備，要他「自救」，劉備不再拖延，告訴劉璋，荊州事態嚴重，如樂進已在青泥（江陵東）與關公對峙，又聯合文聘，在尋口挑釁、漢津掠奪輜重、荊城燒毀兵船（皆在江陵東方一帶），進而要求劉璋再資助兵糧，以便還守荊州；至此，劉璋才發覺已引狼入室，虛與應付，於是劉備向成都進軍[29]。

26　孫瑜進軍，見〈先主傳〉，及裴注引《獻帝春秋》，（冊二，頁 880）。

27　荊州歸屬爭議，參閱唐庚《三國雜事》，（頁 397）；及趙翼《廿二史劄記・借荊州之非》，卷七，（頁 83）。

28　見〈魯肅傳〉，及裴注引《江表傳》，（冊二，頁 1274）。

29　並見〈先主傳〉、〈樂進傳〉、〈文聘傳〉；另案：青泥在荊州府江夏郡下，位江陵之東，其方位見《讀史方輿紀要》，（冊四，頁 3379），依《後漢書・郡國志》，江夏郡下有「竟陵侯國」，又《北史・蕭巋傳》云：「寇竟陵之青泥」，（冊四，頁3091），故知。

18年，益州軍情緊急，劉備勢在必得，命諸葛亮、張飛、趙雲等率軍西援，留關公獨鎮荊州。

19年閏五月，劉備與劉璋僵持已年餘，而名將馬超與曹操爭關中失利，於此時投靠劉備，劉璋素聞其威名，加上劉備答應劉璋特使張裔「禮其君而安其人」，於是投降，劉備控制益州，分封將士，以關公為董督荊州事。從此，關公成為荊州地區最高軍政領袖，而馬超也同時受封為平西將軍，封地在荊州臨沮（今湖北省南漳縣），他本非舊交，人在益州，卻遙領屬地，引起關公不快，寫信給諸葛亮，質問馬超為何等人材，亮知關公自負，委婉回答：「孟起兼資文武，雄烈過人，一世之傑，黥、彭之徒，當與益德並驅爭先，猶未及吾髯之絕倫逸群也。」關公鬚髯特長，故諸葛亮如此稱呼，關公得信，頗為滿意，拿來向賓客展示。

此前，關公在軍中曾被流矢射穿左臂，外傷雖已癒合，但每逢陰雨，骨節常感酸痛，延醫診療，判為箭毒滲入骨中，必須剖臂刮骨，方能根治。關公一聽，即伸出左臂，要求立刻手術，此時諸將士在旁飲酒，見到鮮血淋漓，無不動容，而關公則若無其事，仍然飲酒割肉，談笑風生。

建安20年，孫權因知劉備已得益州，派諸葛瑾要求歸還所借荊州諸郡，不得要領，孫權索性自派江南長沙、零陵、桂陽三郡長官，但全被關公驅逐出境，孫權大怒，派呂蒙等率兵攻三郡，另遣魯肅率萬人屯巴丘（今湖南省岳陽市），且親至陸口（今湖北省赤壁市），指揮諸路，雙方劍拔弩張；劉備得知消息，也到公安，派關公率兵至益陽，孫權令呂蒙會合魯肅，共拒關公，關公有兵三萬，自選五千精銳，從資水上流十餘里淺瀨，欲乘夜渡河紮營，魯肅招諸將會商，甘寧轄下三百士眾，要求增兵五百守灘頭，揚言關公若知對岸有兵，必不敢渡河，果然，關公結營河邊，並未強渡，後人遂稱此處為「關羽瀨」[30]。

後來，呂蒙還是利用各種權謀，順利進佔三郡，與關公對峙，大戰一觸即發；魯肅為免兵戎相見，主動邀關公會面，約定兩方只帶單刀，護衛兵馬

---

[30] 關羽瀨，或稱關侯灘，在益陽縣北，見《水經注‧資水》，（頁471），今應不存。

各後退百步，見面時，關公說：「烏林之役，左將軍身在行間，寢不脫介，戮力破魏，豈得徒勞，無一塊壤，而足下來欲收地邪？」魯肅不以為然，大言不慚說：「國家區區本以土地借卿家者，卿家軍敗遠來，無以為資故也，今已得益州，既無奉還之意，但求三郡，又不從命。」一語未了，旁有一兵校說：「夫土地者，惟德所在，何常之有？」魯肅厲聲斥責，關公提刀起立說：「此為國家大事，此人何知？」使眼色要他離去。總之，雙方各有堅持，此次會商並無共識，史稱「單刀會」[31]。

20 年三月，就在緊要關頭，曹操親征漢中，七月，張魯南奔，劉備恐危及益州，不願兩面作戰，於是求和，雙方議定，以湘水為界，即東面長沙、江夏、桂陽諸郡屬孫，南郡、零陵、武陵西面諸郡歸劉，由是荊州在江南領地被分為二，暫以和平收場[32]。

22 年，魯肅卒於任上，呂蒙代之，肅舊有兵馬盡數歸之，蒙又兼領附近諸郡，與關公接境，他完全不考慮孫劉聯盟抗曹，只在乎己方壯大，尤其對關公懷有極深敵意，認為關公所據，位居上流，占盡地利，兩方終難維持現況，不早預謀，必被兼併，於是向孫權建議：「羽君臣，矜其詐力，所在反覆，不可以腹心待也；羽之所以未便東向者，以至尊聖明，蒙等尚存也，今不於彊壯時圖之，一旦僵仆，欲復陳力，其可得邪？」孫權認同，不久，呂蒙又上言，稱曹操新近控制關中，忙於安撫各地，無暇東顧，徐州地近江淮，聽說守兵不足，故大軍前往，必可攻陷，然曹操必派兵來爭，即以七八萬人防守，猶須戰戰兢兢，因而建議：「不如取羽，全據長江，形勢益張。」孫權深以為然，呂蒙走馬上任，逐步執行既定計畫，先行採取笑臉攻勢，表面推崇關公，逐漸瓦解其戒心。

年底，關公在荊州，聲勢日盛，而曹操經常在鄴縣（今河北省臨漳縣），派長史王必留守許縣，太醫令吉本等藉機謀反，欲南聯關公，「挾天

---

31 單刀會在益陽，魯肅語見其本傳，關公答語見裴注引《吳書》，其中另載魯肅語多自誇，（冊二，頁 1272）；而無名兵校，其後每被附會為虛構人物「周倉」。

32 分見〈先主傳〉、〈吳主傳〉及〈魯肅傳〉，（冊二，頁 883、1119、1272）。

子以攻魏」，因缺外援，功敗垂成[33]。

　　次年，曹操、劉備仍相持於漢中，而河南一帶也不安定。

　　先是，陸渾長張固（今洛陽市嵩縣北），奉命徵集丁夫赴漢中，百姓憂懼遠調，土民孫狼因之結合士眾起義，南向依附關公，關公授予印號，支給兵糧，又回鄉成為關公的友軍，然孫狼並未隨意剽掠，仍避開隱士胡昭的鄉居地[34]；曹操再派曹仁駐樊城、徐晃屯宛，然十月間，宛縣守將侯音、衛開又叛魏，似乎也想效法孫狼，挾關公為外援，不久為曹仁、龐德所平定[35]。

　　建安 24 年（219）年初，曹仁雖殺侯音、衛開，復屯樊城，與關公接壤，但在漢中，曹操則節節敗退，至夏季，劉備已佔領整個漢中[36]，又另遣劉封、孟達、李平等率兵進佔漢中東南之房陵、上庸（今湖北省十堰市房縣、竹山縣），與荊州關公遙相呼應，於是關公也籌劃要北攻襄陽、樊城。

　　這年七月，劉備自稱「漢中王」，還成都，分封將吏，以關公為前將軍，另賜與象徵外交權的符節，及誅殺刑罰軍權的斧鉞[37]，以示獨鎮一方，同時也封張飛為右將軍、馬超為左將軍、黃忠為後將軍[38]。劉備派費詩攜褒封令至荊州，關公可能已在北伐前線，聽到黃忠同時受封為後將軍，怒說：「大丈夫終不與老兵同列！」費詩委婉勸說：「立王業者，所用非一，昔蕭、曹與高祖少小親舊，韓、陳亡命後至，論其班列，韓最居上，未聞蕭、曹以此為怨，今漢王以一時之功，隆崇於漢升，然意之輕重，寧當與君侯齊

---

[33] 見〈武帝紀〉，及裴注引《三輔決錄注》等書，（頁 50）。

[34] 陸渾乃春秋時伊洛一帶戎族，與周王室、晉、楚有多次衝突，後滅於晉，散見於《左傳》中，（頁 222、834 等），漢置縣，其方位見《讀史方輿紀要》，（冊三，頁 2078），今為洛陽風景區；胡昭，見本傳，（冊一，頁 362）。

[35] 見〈武帝紀〉裴注引《曹瞞傳》及〈曹仁傳〉，（頁 51、275），衛開見〈龐德傳〉，（頁 546）；侯音南聯關公詳情，另見瞿正瀛〈威震華夏鉤沉〉一文。

[36] 分見〈先主傳〉、本傳，及黃忠、張飛傳，（冊二，頁 884、943、948）。

[37] 案：「節鉞」之形制與其所代表之權位，見本章第五節。

[38] 見本傳，〈費詩傳〉同，但在〈先主傳〉則載，馬超為平西將軍、關公為「盪寇將軍」、張飛為征虜將軍、黃忠為征西將軍，（冊二，頁 884）。案：關公已於 14 年拜盪寇將軍，此時獨鎮荊州，理應晉升，當從本傳。

手？且王與君侯，譬猶一體，同休等戚，禍福共之，愚為君侯，不宜計官號之高下，爵祿之多少！」關公被說服，即刻受封。

八、北攻襄樊

　　建安 24 年六月，就在劉備佔領漢中及上庸一帶時，關公也出兵北攻襄陽、樊城，留麋芳守江陵、傅士仁守公安，另留後備士眾守南郡[39]。

　　曹操一得消息，即派三子曹植為征虜將軍，欲令總統諸軍往援曹仁，可惜曹植酒醉誤事，只好另派于禁等往援，東吳呂蒙得知消息，即刻上疏孫權，請求偷襲關公後方：「羽討樊而多留備兵，必恐蒙圖其後故也，蒙常有病，乞分士眾還建業，以治疾為名，羽聞之，必撤備兵，盡赴襄陽，大軍浮江，晝夜馳上，襲其空虛，則南郡可下，而羽可禽也。」同時，全琮也上疏請乘機進軍，東吳已無人顧及合盟抗曹了。而關公一聽呂蒙還都，不疑有他，果然調集部分守備士眾北上；呂蒙回都，陸遜來訪，告知：「羽矜其驍氣，陵轢於人，始有大功，意驕志逸，但務北進，未嫌於我，有相聞病，必益無備，今出其不意，自可禽制。」不過，呂蒙雖知其見解過人，仍不敢大意，說：「羽素勇猛，既難為敵，且已據荊州，恩信大行，兼始有功，膽識益盛，未易圖也。」又見陸遜無大名氣，關公不會疑忌，於是推薦代鎮前線，陸遜至陸口，寫信與關公，稱讚「將軍之勳足以長世」，又重申盟約，預賀大軍凱旋：「小舉大克，一何巍巍，敵國敗績，利在同盟。」還體貼提醒：「軍勝彌警，願將軍廣為方計，以全獨克。」關公得信，見語氣謙卑，戒心大減，孫權則積極部署兵力，悄悄西進。

　　關公北攻之初，軍威鼎盛，由於魏方兵力尚未集節，大軍直趨襄陽、樊城。八月，連日大雨，漢水泛溢，平地水深數丈，于禁援兵共計七軍，其中

---

[39] 關公北攻襄樊，諸紀傳均未明載月份，唯〈武帝紀〉於七月載：「遣于禁助曹仁擊關羽」，瞿正瀛〈威震華夏鉤沉〉一文，另從孫權謀劃偷襲諸事期程，推斷應不晚於六月，且關公可能在前線受封前將軍，本書從之。

步騎屯於樊城北，深陷水中，禁及三萬士兵為關公所俘，後送江陵監禁[40]，龐德則抱必死決心，亂軍中以箭射中關公額頭，及水深，避至隄上，但圍兵愈多，士眾皆降，仍奮戰不懈，尋得一艘小船欲回營中，船翻，為關公所擒，立而不跪，關公說：「卿兄（龐柔）在漢中，我欲以卿為將，不早降何為？」德罵說：「豎子，何謂降也！魏王帶甲百萬，威震天下，汝劉備庸才耳，豈能敵邪？我寧為國家鬼，不為賊將也。」於是為關公所殺。

關公擒于禁、殺龐德後，大軍進圍樊城曹仁、襄陽呂常，並在周圍偃城、圍頭、四冢等地紮營，設置鹿角、長塹等多重障礙，襄陽及樊城猶如孤城[41]，魏方荊州刺史胡脩、南鄉太守傅方等，皆不能堅守而投降[42]；中原一帶，不滿曹魏統治的，也群起響應，如盤據在梁縣（今河南省汝州市）、郟縣（今河南省郟縣），以及先前陸渾一帶的群盜也起而響應，遙受官號，情勢對魏方極為不利[43]。

面對大敵，在樊城助曹仁守城的滿寵說：「自許以南，百姓擾擾。」而襄陽圍城中的呂常，更感受軍心民意不穩的危機：「外潰潛通，猛將驍騎，…或保城而叛，或率眾負旌，自即敵門，中人以下，並生異心。」顯然的，魏方軍民並無信心能守住二城。所以，早已有人勸曹仁應棄城，乘小艇夜走，唯滿寵堅持據守[44]。

還有，魏方禍不單行，前線戰事正殷，九月，後方新軍政中心鄴城（今

<hr>

[40] 于禁被拘禁於江陵，見〈吳主傳〉，（冊二，頁 1120），其所率之「七軍」，參見下文，及韓組康《關壯繆侯事迹》，卷二，（頁 78）。

[41] 見〈徐晃傳〉，（冊一，頁 529）。

[42] 見《晉書・宣帝紀》，（冊一，頁 3）。

[43] 梁、郟二縣均為先秦所置縣，非一地，見《漢書・地理志》河南郡及潁川郡，（冊二，頁 1556、1560），及《水經注・汝水》，（頁 263）；而陸渾見前注，鼎文本《三國志》，梁、郟二字合一，斷句錯誤。

[44] 見洪适《隸釋・魏橫海將軍呂君碑》，案即呂常神道碑，（卷 19，頁 153），碑文仿自春秋時，晉使呂相責秦穆公語，見《左傳・成公十三年》，（頁 462）。

河北省臨漳縣）[45]，又因政爭引發魏諷造反，牽涉頗廣，雖迅速弭平，結果相國鍾繇免職，多位權貴子弟，及著名文士楊修被殺。因此，不難想像，曹操的壓力有多大，又以漢帝在許，近戰事前線，恐受波及，於是集文武群臣，會商遷都事宜，以避開關公鋒頭，司馬懿、蔣濟二人建議：「于禁等為水所沒，非戰攻之失，於國家大計未足為損，劉備、孫權外親內疏，關羽得志，權必不願也，可遣人勸躡其後，許割江南以封權，則樊圍自解。」操聽從其言，進一步部署，魏吳兩國開始聯合對付關公一人[46]。

雖如此，曹操仍認為情勢危急，先前已遣于禁七軍，再派名將徐晃，還不放心，又派徐商、呂建、殷署、朱蓋等十二營兵力往援，仍覺不足，再派張遼，並征調揚州溫恢、兗州裴潛、豫州呂貢等諸州兵力上路，後繼部隊包括淮南、淮北等地諸軍，明顯是用盡全國可用之兵[47]；並且，還想親赴前線，告訴桓階：「吾恐虜眾多，而晃等勢不便耳。」桓建議「案六軍以示餘力」，最終，帶老將夏侯惇、張遼等，來到戰場前緣摩陂（郟縣南）[48]，種種跡象顯示，關公此時聲勢極盛，「威震華夏」四字足以當之[49]。

孫權先前曾為兒子求娶關公女，關公不僅不許，又辱罵來人，權雖怒而隱忍未發，此時，聽說關公藉口前線人馬眾多，擅自征用東吳儲存於湘關地區之米糧，新仇加舊恨，及見曹操特使，正中下懷，即刻派呂蒙西行，並征調各地將領如孫皎、潘璋、朱然、蔣欽、全琮、是儀等隨行，甚至連占卜名家虞翻、望氣家吳範、諸葛亮大哥諸葛瑾等，亦隨到前線，自己也隨後前往督師，也等於全國總動員[50]。

---

[45] 鄴城的軍政地位，參閱王鳴盛《十七史商榷·許鄴洛三都》，（卷40，頁207）；然北魏酈道元則加譙郡、長安，稱為「五都」，見《水經注·濁漳水》，（頁138）。

[46] 見〈蔣濟傳〉，（冊一，頁450）。

[47] 分見〈徐晃傳〉及諸人本傳，曹操全國總動員，另見瞿正瀛前引文，附錄「曹孫雙方動員人士」。

[48] 見〈桓階傳〉，（冊一，頁632）；摩陂屬郟縣，見《水經注·汝水》，（頁265）。

[49] 案：「威震華夏」見本傳，形容關公此時聲勢，貼切傳神，成為後世頌揚關公軍威的專用名詞。

[50] 孫權全國總動員，其隨行名單，見瞿正瀛前引文附錄。

　　當魏吳二方，傾全國之力，進軍荆州之際，關公似仍忙於襄樊前線戰事，尚無警覺，而益州的劉備、諸葛亮等人也沒有任何援助行動。

　　徐晃來到宛城南，各路援軍未至，見關公前方守禦極堅，非單獨所能應付，諸將雖均求盡速出兵，議郎趙儼則以為關公兵力極盛，又值大雨，援兵與城內守軍消息不通，主張先挖地道，告知守軍援兵將至，以激勵士氣。

　　這年十月，徐商等十二營，及各地援軍陸續抵達前線，徐晃遂能集合兵力，運用聲東擊西策略，次第攻陷樊城北方關公前沿營寨，先前來降的傅方、胡修皆戰死，曹操大喜，稱贊徐晃「長驅徑入敵圍」，「功踰孫武、穰苴。[51]」堅固守備一經淪陷，對關公部隊士氣影響似乎不小，雙方攻守形勢逐漸改變，稍後，關公撤回漢水北岸樊城軍隊，但戰船仍佔據漢水，隔江的襄陽仍在包圍中，魏方危機尚未解除[52]。

　　同時，孫權寫信呈與曹操，卑恭屈膝的自稱「討羽自效」，且請勿走漏消息：「遣兵西上，欲掩取羽，江陵、公安累重，羽失二城，必自奔走，樊軍之圍，不救自解，乞密不漏，令羽有備。」又勸曹操篡位稱帝，曹操詢問群臣，多數主張應保密，唯有董昭認為「軍事尚權，期於合宜」，應「使兩賊相對銜持，坐待其弊」，所以主張洩漏孫軍動向，以瓦解關公士氣，且為己方圍城內守軍加油打氣[53]。

九、不幸敗亡

　　閏十月[54]，孫權來到前線，而前行的呂蒙軍隊，已在尋陽經過精心布置與偽裝，外面划船的均穿白衣假扮成商人，士兵則埋伏於艙中，日夜趲路，至荆州，沿江警衛全被蒙騙俘擄；而最可悲的，莫過於關公後方守將皆非可

---

[51] 見〈徐晃傳〉，（冊一，頁 529）。

[52] 分見〈徐晃傳〉及〈趙儼傳〉，（冊一，頁 529、670）。

[53] 見〈董昭傳〉，（冊一，頁 440），而孫權勸曹操稱帝，見〈武帝紀〉裴注引《魏略》，（頁 52）。

[54] 依〈吳主傳〉，但書「閏月」，據歐陽修《文忠集・集古錄跋尾魏鍾繇表》，推定是年閏月乃十月，參照〈吳主傳〉，歐說自當可採（卷 137，頁 106）。

用之才，心意不堅，幾無鬥志。

南郡太守麋芳留守江陵，將軍傅士仁屯駐公安，乃關公最重要的預備武力，但二人都忌恨關公，認為關公輕視他兩，而二人負責運補軍資，可能無法供應無缺，曾聽關公放話「還當治之」，因而頗感不安；呂蒙一到公安，傅士仁拒守，蒙派虞翻遊說，士仁初不肯相見，翻寫信告以形勢所趨，奔走亦不得免，即流涕而降；而先前江陵城大火，燒毀不少軍需，關公責問麋芳，芳極憂懼，一聽士仁投降，亦放棄抵抗；呂蒙順利進入江陵城，完全控制關公部屬家人，均善加安撫，並且規戒士眾，秋毫無犯，還時時巡城，親切致意，關公差人回來問候消息，雖察覺後方有變，但知家人無恙，因此已全無鬥志；而稍後，陸遜又分別征服西邊宜都、秭歸諸地，派兵守住西陵峽口，以防劉備援兵[55]。

到此時，關公後方全面崩潰，而來到戰事前沿的曹操，為使關公孫權二者正面相爭，命令快驛傳送，將孫權偷襲信件用箭射向關公營裡，關公得信，猶豫不決，士眾漸漸散去，不得已撤圍南下[56]，魏軍中曹仁隨即召集諸將會商，大都認為乘機追擊，必可擒獲，只有趙儼見解不同，他說：「權邀羽連兵之難，欲掩制其後，顧羽還救，恐我承其兩疲，故順辭求效，乘釁因變，以觀利頓耳。今羽已孤迸，更宜存之以為權害；若深入追北，權則改虞於彼，將生患於我矣。」曹仁遂不派兵南追。

年底（220 年初），關公南下至當陽（今湖北省當陽市），魏方雖按兵不動，東吳追兵已至，於是又退至麥城（今當陽市兩河鎮），孫權派人招降，關公假裝答應，於城牆上插滿旗幟人像，藉機西走，士兵多已逃散，僅剩都督趙累及隨從十餘人，孫權推測關公必定向西回益州，於是預先命潘璋、朱然等於前方分路埋伏守候[57]。

---

55 分見〈吳主傳〉、〈呂蒙傳〉，（冊二，頁 1121、1278）。

56 由誰下令射箭，〈董昭傳〉說是徐晃，（冊一，頁 440），而〈吳主傳〉說是曹仁，（冊二，頁 1121）。

57 關公撤軍末段，應由當陽向南，至麥城，向西進臨沮侯國，準備再西入益州。依《後漢書‧郡國志》，荊州府南郡下有當陽縣，注引《荊州記》「縣東南有麥城」，而

　　不過，孫權不知關公隨身兵力，於是要虞翻占卜，初筮得「兌下坎上」之〈節卦〉，虞翻運用「卦變互體」之理，轉為〈臨卦〉[58]，判定：「不出二日，必當斷頭。[59]」孫權仍不放心，再請望氣家吳範，他先前準確預測劉備當於甲午年得益州，又力勸孫權偷襲荊州，關公在麥城，答應投降，範觀察說有「走氣」，認為是要詐拖延，到這時，潘璋等人在前埋伏，守望者報告關公已過，範說「雖去不免」，問其時辰，斷言「明日中午」，孫權命人準備好沙漏等待。

　　最後，關公來到章鄉，士眾離散幾盡，前行至夾石（應俱在當陽市西一帶），潘璋部下馬忠擒獲關公，及其子關平、都督趙累等，隨即斬之[60]；孫權為討好及嫁禍曹操，函裝關公首級，於次年正月送到洛陽，曹操以諸侯禮節埋葬，數日後，曹操也死[61]。

　　四十一年後，後主景耀三年（魏元帝景元元年，吳景帝永安三年，260），追諡關公為「壯繆侯」[62]。

　　《水經注・沮水》略同，（頁 409），又有臨沮侯國，俱在江陵西北一帶；然古今山川河道、郡縣轄區多變，非今所能全知，如南宋末，沮、漳二水本在江陵城西入江，以軍事需求，改障為東，見《宋史・孟珙傳》，（冊 15，頁 12379）。

[58] 顧炎武《日知錄》云：「凡卦爻二至四、三至五，兩體交互，各成一卦，先儒謂之互體。」（卷一，頁 5），故〈節卦〉之九五，由初九、九二起算，乃第三陽爻，依〈損卦〉云「三人行則損一人」，由是九五變為六五，〈節卦〉就變成〈臨卦〉。

[59] 依〈臨卦〉，如何推斷關公二日必死？陳壽未載虞翻論點，程迴《周易古占法》云：「自泰卦中來，乾為首，九三之五，凡邅二位，故有是象。」載《關帝事蹟徵信編・雜綴》，卷 19，（冊四，頁 57），不知學界信否？

[60] 關公魂歸何地？諸傳所載略異，本傳及〈朱然傳〉單言「臨沮」，〈潘璋傳〉詳云：「到臨沮，住夾石」，（頁 1299）；而〈吳主傳〉云：「璋司馬馬忠獲羽及其子平、都督趙累等於章鄉」，（頁 1121）；〈呂蒙傳〉則云「西至漳鄉」，（頁 1279）。至於章鄉或漳鄉位置，《關帝事蹟徵信編》斷為「臨沮者其縣，而章鄉者臨沮之地，章、漳特字異耳。」其實，臨沮侯國、當陽縣接壤，界線不可能很清楚，二者均在今當陽市區。

[61] 見〈武帝紀〉，（頁 53），及本傳裴注引《吳歷》，（頁 942）。

[62] 見〈後主傳〉，及本傳，（冊二，頁 899）。

第二節　大事與生平編年

　　前節傳記當然以關公事跡為主，為置關公於漢末三國大時代中，以便於看盡其歷史腳色，故另立本表；而年譜以年為經、以事為緯，按年編列，閱者本可一目了然，然關公出生年月不明，難以推算年紀，故兼仿「年譜」及「通鑑編年」二體，將當代大事及關公生平，依年月先後表列之，當代大事主要依據《資治通鑑》，相關事跡則參照《三國志》各紀傳等書[1]。

年　　號	西　元	生　　平　　大　　事
漢靈帝		
中平元年	（184）	一月　黃巾亂起。
		三月　朝廷遣盧植、朱儁、皇甫嵩分討，地方州郡亦 　　　起義兵相助。
		五月　*曹操率義兵助朱儁，皇甫嵩破黃巾。
		*劉備率關公、張飛隨校尉鄒靖討黃巾，有功， 　　　劉備受封為中山國安喜縣尉，不久棄官而去。
		年底　*黃巾主力大致被平定，然各地盜賊仍多，剿不 　　　勝剿。
		*是年曹操三十歲，劉備二十四歲，關公約二十 　　　歲、張飛略小，龐統六歲，諸葛亮四歲，孫權 　　　三歲。
二年	（185）	三月　大將軍何進遣人至東方募兵，劉備應募，至下 　　　邳，因討黃巾有功，出任下密縣丞，又去官， 　　　後任高唐縣尉、令。

---

[1]　案《關帝事蹟徵信編》作〈紀事本末〉，然本節不僅記載關公，還包括當代大事及相
　　關人物事跡，故用此稱，而初版月份多有標示錯誤或不明處，已詳加訂正。

四年（187）　　　　　涼州馬騰、韓遂東寇京師，朝廷遣董卓拒之。

五年（188）　　　　　天下多亂，以刺史權輕，不足以鎮服地方，從
　　　　　　　　　　　劉焉建議，改為「州牧」。

六年（189）　　四月　靈帝崩，皇子辯即位，是為少帝，何太后臨
　　　　　　　　　　　朝，以兄何進輔政，其時宦官專橫擅權，袁紹
　　　　　　　　　　　屢勸何進誅之，進猶豫不決，不久詔董卓入衛
　　　　　　　　　　　京師洛陽。

　　　　　　　　八月　宦官騙何進入宮殺之，袁紹乃率兵攻入宮中，
　　　　　　　　　　　盡殺宦官。

　　　　　　　　九月　董卓廢少帝，改立陳留王協，是為獻帝。

　　　　　　　十二月　董卓專政妄為，地方豪傑多起兵討之。

漢獻帝

初平元年（190）　正月　關東州郡起兵討董卓，推袁紹為盟主，曹操、
　　　　　　　　　　　劉備助之。

　　　　　　　　三月　董卓焚燒洛陽宮殿，挾獻帝遷長安，曹操獨自
　　　　　　　　　　　率兵西攻，敗退河南。

二年（191）　　七月　劉備在山東高唐為賊所敗，投奔河北公孫瓚，
　　　　　　　　　　　瓚任為別部司馬。

　　　　　　　　冬　*劉備助公孫瓚抗袁紹有功，瓚因表薦為平原國
　　　　　　　　　　　相，關公、張飛為別部司馬，分統部曲。
　　　　　　　　　　*趙雲相從至平原，統領騎兵。

三年（192）　　四月　*王允、呂布殺董卓。
　　　　　　　　　　*陳宮、鮑信等迎曹操領兗州牧。
　　　　　　　　　　*毛玠勸操「宜奉天子以令不臣」。

　　　　　　　　五月　董卓舊部李傕、郭汜率兵犯長安，呂布出關投
　　　　　　　　　　　袁術、袁紹。

　　　　　　　十二月　曹操接納黃巾餘黨三十萬，收編為青州兵。

四年（193）　四月　陶謙為徐州牧。

六月　曹操敗陶謙。

興平元年（194）　二月　*陳宮等迎呂布為兗州牧，旋攻徐州陶謙。

*陶謙告急於青州刺史田楷，楷與劉備等共救
之，謙薦劉備為豫州牧，屯兵小沛。

*曹操率兵敗劉備於郯東。

八月　曹操擊呂布，敗歸。

十二月　*益州牧劉焉卒，子劉璋繼之。

*陶謙卒，臨危薦劉備，孔融、陳登勸備任之。

二年（195）　正月　曹操敗呂布於定陶。

四月　李傕、郭汜相攻於長安，獻帝東奔洛陽，諸將
皆欲挾持，帝展轉各地。

閏四月　曹操再敗呂布，布東奔投靠劉備。

十月　*曹操屢敗呂布、張邈等，獻帝命為兗州牧。

*沮授勸袁紹「挾天子而令諸侯」，紹不從。

*孫策率眾渡江，轉戰江東各地。

建安元年（196）　六月　*袁術攻劉備以爭徐州。

*劉備使張飛守下邳，自領兵於淮陰拒袁術，關
公屯盱眙，雙方互有勝負。

*曹操表封劉備為宜城亭侯。

*袁術勾結呂布襲取下邳，張飛敗走，布擄劉備
妻子家口。

*糜竺進妹為劉備夫人，又出資助軍，劉備聲勢
稍振。

*劉備還戰不利，降呂布，呂布自任為徐州牧。

*呂布送劉備回小沛，備遣關公守下邳。

七月　獻帝歸洛陽，朝臣囂張，多恃功不奉命。

八月　曹操聽從荀彧、程昱建議，又得董昭內應，親率兵至洛陽，迎獻帝至許縣[2]。

九月　*獻帝至許縣。

　　　*袁術又攻劉備，備求救於呂布，布營門射戟和解，各退兵。

　　　*劉備整編部卒，呂布不欲其坐大，自出兵攻之，備敗走，西奔許縣投曹操。

　　　*曹操厚待劉備，仍以為豫州牧，又助兵糧，回小沛。

二年（197）　正月　袁術稱帝於壽春。

　　　　　　　五月　袁術攻呂布，敗退。

　　　　　　　九月　曹操東征袁術，敗之。

三年（198）　九月　呂布又攻劉備，曹操派兵救之，為所敗，布將高順破小沛，擄備妻子，備單身走。

　　　　　　　十月　曹操自率兵攻呂布，半途遇劉備，共圍呂布於下邳。

　　　　　　十二月　*呂布降，劉備不為緩頰，布遂為曹操所殺。

　　　　　　　　　　*曹操逐步控制河南地區。

四年（199）　二月　*劉備隨曹操還許縣，操表為左將軍，關公、張飛為中郎將。

　　　　　　　　　　*劉備隨曹操出獵，關公勸乘機暗殺之，備不敢從。

　　　　　　　　　　*董承密謀聯合劉備暗殺曹操。

　　　　　　　春　　袁紹敗公孫瓚，并其眾，控制河北地區，準備攻河南許縣。

2　案〈武帝紀〉列於七月後，並載九月獻帝東出，而裴注引《獻帝春秋》，載八月帝遷居，故列於此月；然《後漢書‧孝獻帝紀》略作八月至許，不如〈武帝紀〉詳細。

五月　袁術勢窮，欲北連河北袁紹，曹操遣劉備於下
　　　邳攔截。

六月　袁術死。

八月　曹操屯兵黃河沿岸以防河北袁紹。

九月　曹操加強官渡屯兵。

十二月　*劉備叛曹操，襲殺徐州刺史車冑，留關公守下
　　　邳，行太守事，而回小沛，北與袁紹聯合，曹
　　　操遣劉岱來攻，敗之。

　　　*曹操駐軍官渡。

五年（200）　正月　*曹操自討劉備，陷下邳，擄其妻子，并擒關
　　　公，劉備奔青州歸袁紹。

　　　*曹操極為禮遇關公，任為偏將軍。

二月　袁紹遣顏良攻東郡白馬，以爭黃河南岸要津。

四月　*曹操增援白馬，關公等為前鋒，斬顏良，解白
　　　馬之圍。

　　　*曹操表封關公為「漢壽亭侯」。

　　　*袁紹渡河，另遣劉備、文醜前援，兵敗，文醜
　　　被殺。

　　　*孫策議偷襲許縣，未行被刺卒，孫權繼領其
　　　眾，周瑜、張昭等輔之。

　　　*曹操納張紘議，表孫權為討虜將軍。

七月　*汝南劉辟叛，響應袁紹，紹遣劉備助之，以抗
　　　曹操。

　　　*關公離開曹軍，於汝南一帶回歸劉備陣營[3]。

　　　*曹仁敗劉備，備等回袁紹處，勸說袁紹南連荊
　　　州劉表。

3　案〈武帝紀〉統載於四月末，中經斬顏良、殺文醜，且列於八月前，故訂為七月。

　　　　　　　　　　　*袁紹渡河屯兵官渡水北。

　　　　　　八月　*曹操、袁紹兩軍隔官渡水對陣。

　　　　　　　　　　*劉備等又南下汝南，與流賊龔都合，曹操派蔡
　　　　　　　　　　陽來攻。

　　　　　　九月　曹操、袁紹兩軍大戰於官渡一帶。

　　　　　　十月　*官渡大戰，曹操大敗袁紹軍，紹逃歸河北。

　　　　　　　　　　*劉表控制荊州暨江南各地。

　　　　　　　　　　*張魯據漢中。

六年（201）　九月　*曹操自率兵攻劉備於汝南，備敗，南奔荊州投
　　　　　　　　　　靠劉表。

　　　　　　　　　　*劉表禮遇劉備，使屯兵新野一帶，操遣于禁來
　　　　　　　　　　攻，敗之。

七年（202）　五月　*袁紹卒，兩子尚、譚不和，相互攻討，曹操伺
　　　　　　　　　　機而動。

　　　　　　　　　　*劉表使劉備北攻，及於南陽葉縣一帶，不久退
　　　　　　　　　　還。

八年（203）　　　　孫權漸次控制江東地區。

　　　　　　三月　曹操北征袁尚、袁譚。

　　　　　　八月　曹操南征劉表，不久退回。

九年（204）　八月　曹操攻陷鄴城，盡得袁紹河北故地。

十二年（207）　正月　*曹操親自率兵攻打北方之烏桓。

　　　　　　　　　　*劉備勸劉表乘機攻許縣，表不敢。

　　　　　　　　　　*劉備三訪諸葛亮於隆中，亮勸當以荊州、益州
　　　　　　　　　　為根據，外結孫權，以與曹操相抗衡。

　　　　　　　　　　*劉備與諸葛亮交情日深，關公、張飛不悅，備
　　　　　　　　　　譬以「如魚得水」，二人乃不敢再抱怨。

十三年（208）　正月　曹操在鄴城操練水師，準備南征。

　　　　　　七月　曹操親征荊州劉表。

八月　*劉表病卒，二子琦、琮不和，琮屯襄陽，劉備
　　　屯樊城。
　　　*魯肅勸孫權藉弔劉表喪，觀察荆州局勢。
九月　*曹操軍至新野，劉琮投降，劉琦奔江南。
　　　*劉備慌亂率眾南下，過襄陽，至當陽，追隨士
　　　眾十餘萬人，行進緩慢，另遣關公乘船數百艘
　　　沿漢水下行，將會江陵。
　　　*曹操遣徐晃、滿寵另路攔截關公船隊，自率輕
　　　騎於當陽長阪迫及劉備，備棄妻子而逃，幸得
　　　張飛據水斷橋殿後，始得全身而退。
　　　*魯肅於當陽會見劉備，表明結盟抗曹，劉備欣
　　　然同意。
　　　*劉備等於漢津會合關公船隊，共至夏口，於漢
　　　水江中，關公怒責劉備當年若聽計暗殺曹操，
　　　則必無眼前窘迫。
　　　*曹操入據江陵城。
十月　諸葛亮與魯肅共見孫權於柴桑，協商軍計，告
　　　以關公有精兵萬人及江夏兵萬人。
十二月　*曹操率軍自江陵順流東下，孫權命周瑜等率兵
　　　三萬西進，與劉備軍會合於樊口。
　　　*曹操軍大敗於赤壁及烏林，從華容道北走，留
　　　曹仁、徐晃守江陵，樂進守襄陽。
　　　*劉備等助周瑜渡江與曹仁相拒，關公則在曹軍
　　　後方攔截掃蕩，阻擋曹仁歸路，曹操派李通赴
　　　援以牽制關公。
　　　*劉備攻佔江南武陵、長沙、桂陽、零陵四郡。
十四年（209）十二月　*曹仁棄軍北走，周瑜入據江陵。
　　　*劉備表孫權行車騎將軍，領徐州牧。

　　　　　　　　　　*劉琦卒，孫權薦劉備領荊州牧，並以妹妻之，
　　　　　　　　　　周瑜分大江南岸近地助之。

　　　　　　　　　　*劉備立營寨於油口，改名公安，並封拜元勳，
　　　　　　　　　　以關公為襄陽太守、盪寇將軍，駐江北。

十五年（210）　十二月　*劉備以劉表士眾多來歸，公安附近南岸地小，
　　　　　　　　　　不足容納，乃親至京口見孫權，求借江北諸
　　　　　　　　　　郡，周瑜等力謀阻止，獨魯肅勸借之以共拒曹
　　　　　　　　　　軍，劉備遂能擁有荊州。

　　　　　　　　　　*周瑜病卒，卒前屢勸孫權謀取益州，劉備部署
　　　　　　　　　　兵力阻止，關公屯江陵，張飛屯秭歸，諸葛亮
　　　　　　　　　　屯南郡，自屯孱陵。

十六年（211）　　三月　曹操遣鍾繇征討漢中張魯。

　　　　　　　　九月　曹操敗馬超、韓遂，控制關中。

　　　　　　　十二月　*益州牧劉璋懼曹操來攻，遣法正結盟劉備，龐
　　　　　　　　　　統勸當乘機襲取之，劉備遂率兵入益州，留諸
　　　　　　　　　　葛亮、關公等守荊州。

　　　　　　　　　　*孫權遣舟船迎妹，孫夫人挾劉禪欲回吳，張
　　　　　　　　　　飛、趙雲勒兵截江，乃得劉禪而還。

　　　　　　　　　　*劉璋禮遇劉備，厚加資給，使擊張魯，然劉備
　　　　　　　　　　意存觀望，駐軍川北葭萌。

十七年（212）　　十月　*曹操自率軍攻孫權，權告知劉備自救。

　　　　　　　　　　*樂進與關公相拒於青泥，又聯合文聘，於尋
　　　　　　　　　　口、漢津、荊城等地屢攻關公。

　　　　　　　十二月　劉備在葭萌，龐統建議回擊劉璋，備猶豫，及
　　　　　　　　　　聞曹操攻吳，藉機要求劉璋資給兵糧，還守荊
　　　　　　　　　　州，旋又以所求不遂，進攻劉璋。

十八年（213）　　年底　*諸葛亮與張飛、趙雲率兵西入益州助劉備。

　　　　　　　　　　*關公獨鎮荊州。

十九年（214）　　　　*馬超從漢中投奔劉備。

*劉備與諸葛亮援軍共圍劉璋於成都，璋約降，劉備控制益州，分封將士，以關公董督荊州事。

*關公聞馬超來，因非故交且受封平西將軍，遙督臨沮，寫信質問諸葛亮，亮委婉曉喻之。

*魏荊州主簿楊儀投奔關公，而文聘、樂進則屢與關公交戰，燒毀關公荊州近地頗多輜重。

二十年（215）　　　　*孫權遣諸葛瑾求劉備還荊州諸郡，備不從，乃自置江南三郡長吏，關公盡逐之。

*孫權派呂蒙督軍攻江南三郡，劉備親至公安，遣關公爭三郡；孫權進駐陸口，另使魯肅屯益陽以拒關公，並令呂蒙前助之。

*魯肅邀關公相見，各駐兵馬百步外，諸將俱單刀赴會，雙方針鋒相對。

三月　*曹操自率大軍攻漢中。

*劉備聞曹操兵向漢中，乃與孫權謀和，協議分領荊州東西二部，以湘水為界。

十一月　*張魯降，曹操佔據漢中。

*劉備遣張飛攻漢中，敗魏將張郃。

二十一年（216）　五月　曹操晉陞為魏王。

二十二年（217）　正月　曹操又親征東吳。

十月　*劉備進兵漢中。

*魯肅卒，呂蒙代之。

*關公在荊州，聲勢日盛，許縣太醫吉本等謀引關公為外援，挾漢帝以攻許，不成被殺。

二十三年（218）　三月　曹洪於漢中敗張飛、馬超。

四月　劉備親自進兵漢中。

七月　曹操亦自率軍攻漢中。

九月　曹操派曹仁屯樊城、徐晃屯宛縣[4]。

十月　魏宛城守將侯因、衛開叛，南聯關公以為外援。

　？　陸渾土豪孫狼叛魏，南聯關公。

二十四年（219）　正月　曹仁殺侯音、衛開，復屯樊城。

三月　曹操至漢中前線督師，魏軍不利。

五月　魏師退，劉備進據漢中，另遣劉封、孟達進占漢中東南之房陵、上庸。

六月　關公北攻襄陽、樊城，使糜芳守江陵，傅士仁守公安[5]。

七月　*劉備自稱漢中王，還成都，分封將吏，以關公為前將軍、假節鉞，張飛為右將軍、馬超為左將軍、黃忠為後將軍。

　　　*曹操遣于禁助曹仁。

　　　*關公怒黃忠與己並列，不肯受封，費詩溫言相勸，始受之。

八月　*大雨，漢水犯溢，魏將于禁等七軍皆沒於水中，禁降關公，龐德奮戰，被擒不降而被殺，然關公仍未能攻陷樊城。

　　　*曹操再遣徐晃助曹仁，又陸續徵調全國兵力往援。

　　　*關公聲勢鼎盛，威震華夏，自許縣以南，多起而響應。

　　　*曹操懼關公，議徙許縣以避其銳，司馬懿、蔣濟則以為關公得意，東吳必不樂見，以為當唆使孫權偷襲其後方。

4　案〈武帝紀〉十月追敘云：「初，曹仁討關羽，屯樊城。」故列於九月。

5　案〈武帝紀〉七月載：「遣于禁助曹仁擊關羽」，故列於六月。

　　　　　　九月　*魏諷反於鄴城，不久被平定。

　　　　　　　　　*徐晃得援軍，逐步破解關公前線守備。

　　　　　　　　　*孫權以關公拒婚，又擅取湘關米，且呂蒙、陸
　　　　　　　　　　遜屢勸不當令關公坐大，乃決議偷襲；而呂蒙
　　　　　　　　　　偽病，陸遜代之，關公調後方守軍增援前線。

　　　　　　十月　*孫權寫信呈曹操，告知將偷襲關公，並乞勿走
　　　　　　　　　　洩消息。

　　　　　　　　　*曹操接孫權信，率諸位老將，親自南下督師，
　　　　　　　　　　至於摩陂。

　　　　　閏十月　*陸遜寫信與關公，語氣謙卑，關公漸失警戒。

　　　　　　　　　*曹操陸續征調淮揚士眾往援，董昭建議洩漏孫
　　　　　　　　　　軍動向，以迫使關公撤圍。

　　　　　　　　　*徐晃逐步破解關公樊城外圍守備。

　　　　　　　　　*關公屢令上庸劉封、孟達率兵入援，兩人悍不
　　　　　　　　　　聽命。

　　　　　　　　　*呂蒙用計收服關公沿江屯衛，傅士仁、糜芳叛
　　　　　　　　　　降，呂蒙入據江陵，善待關公士兵家人。

　　　　　　　　　*關公聞後方為吳軍所據，撤圍南走。

　　　　　　　　　*孫權至江陵，荊州降。

　　　　　十一月　*陸遜攻占峽口，防劉備援軍。

　　　　　　　　　*關公退至麥城，偽降遁走。

　　　　　　　　　*孫權遣兵埋伏於前方，另使吳範觀望風氣，虞
　　　　　　　　　　翻占卜，皆極不利於關公。

　　　　　十二月　*吳將潘璋、馬忠於漳鄉擒關公，斬之。

　　　　　　　　　*呂蒙未及受封病卒。

二十五年（220）　正月　*曹操還洛陽，孫權傳送關公首級，操以諸侯禮
（延康元年）　　　　　　葬之。

　　　　　　　　　*曹操卒。

　　　　　　　　　*曹丕嗣位丞相、魏王，改元為延康元年。

　　　六月　曹丕南征孫權。

　　　七月 *孫權遣使奉獻，向曹丕輸誠。

　　　　　　*劉封、孟達不和，劉屢辱孟，孟忿而降魏，還
　　　　　　攻劉，破上庸，劉封敗退回成都，劉備怒其不
　　　　　　助關公，又侵犯孟達致叛，遂賜死。

魏文帝

　黃初元年　　十一月　曹丕篡漢，即改元黃初，封獻帝為山陽公。

　　　二年（221）　正月　曹丕改許縣為許昌縣。

（章武元年）　　四月　劉備稱帝於成都，年號章武。

　　　六月 *劉備恨孫權襲殺關公，議攻東吳報仇。

　　　　　　*張飛為左右所殺。

　　　　　　*魏國君臣議論劉備是否為關公復仇，眾皆認為
　　　　　　難以成行，劉曄獨斷定劉備必然不計代價興兵
　　　　　　雪恨。

　　　七月 *劉備自率軍攻打東吳。

　　　　　　*孫權遣諸葛瑾求和，劉備盛怒不許。

　　　八月 *孫權遣使向魏稱臣，並送于禁等回國。

　　　　　　*曹丕封孫權為吳王[6]。

　　　　　　*曹丕怒于禁不能死節，令謁鄴城曹操陵寢，並
　　　　　　預於陵壁繪關公戰勝、龐德憤怒、于禁投降諸
　　　　　　畫像，禁慚愧病死。

　　　十一月 *孫權命陸遜率朱然、潘璋抵禦劉備。

　　　　　　*孫權又遣使至魏，似在觀察魏國態度，進而謀
　　　　　　求自立。

6　封孫權為吳王，〈文帝紀〉列在八月，〈吳主傳〉則列於十一月，且載「策命」文
　（冊二，頁1121）。

三年（222）	正月	孫權暗中稱帝，建號黃武。
（黃武元年）	二月	劉備進軍至秭歸。
	閏六月	劉備敗於猇亭，還軍魚復，改為永安[7]。
	九月	魏知悉孫權自立，分三道討伐。
	十月	*曹丕自許昌南征[8]。
		*劉備駐軍白帝城，孫權求和，許之。
四年（223）	二月	諸葛亮、趙雲至永安。
	四月	劉備託孤諸葛亮、李嚴，卒於永安。
（建興元年）	五月	劉禪繼位，改元建興。
六年（225）	八月	曹丕三伐孫權。

魏元帝

景元元年（260）	九月	追諡關公為「壯繆侯」、張飛為桓侯、馬超為
（蜀後主景耀三年）		威侯、龐統為靖侯、黃忠為剛侯。
（吳景帝永安三年）		

第三節　形貌與刀馬

　　在今日，即使是鄉下未受教育的婦人小孩，看到一張大紅臉、兩條上揚的眉毛、數絡下飄的長髯，定知是關公，至於《春秋經》、青龍偃月刀、金色鎧甲、綠色戰袍、炭火般的赤兔馬，更是關公的隨身寶物，等同關公在民間的註冊商標，此等特殊形象，其背後隱含世人對關公的評價、極多的期許與無比的敬意，可謂意義深長，雖多已超越歷史事實，仍應交待一二。

---

[7] 劉備兵敗月份，〈先主傳〉言「夏六月，後十餘日」，〈吳主傳〉云「自正月至閏月」，〈文帝紀〉單云「閏月」，而下則載「秋七月」，據此，閏月當為閏六月；另查陳垣《二十史朔閏表》，是年果為閏六月，（頁44）。

[8] 曹丕二征東吳，〈文帝紀〉單言「是月孫權復叛」，〈吳主傳〉先載孫權黃武年號，下云「誠心不款」，拒絕魏方徵求「任子」，推測主因應是魏方已知悉其自立年號。

一、形貌

在《三國志》中，陳壽曾詳述當時不少文武名人外貌，如劉備「身長七尺五寸，垂手下膝，顧自見其耳」；諸葛亮「身高八尺」，崔琰「聲姿高暢，眉目疏朗，鬚長四尺」；程昱「長八尺三寸，美鬚髯」，許褚「長八尺餘，腰十圍」，因勇猛忠心，人號「虎癡」；太史慈「長七尺七寸，美鬚髯，猿臂善射，弦不虛發」，總之，其共同特徵，皆身材高大、鬚髯極長[1]。其實，此乃古代男人之健美標準，如《國語‧晉語》載智宣子言「美鬚長大則賢」，而《莊子‧列禦寇》也標榜「鬚髯長大，壯麗勇敢」，故後人若有創造或聯想，亦不離此二者。

然而，陳壽極吝惜筆墨，不載關公身高、外型，僅二處大略提及，一於諸葛亮回信，載其暱稱關公為「髯」，譯成今言，猶如「大鬍子」，此字雖僅敘述面部特徵，難以勾勒輪廓，卻留與後人無限遐想靈感；另在〈于禁傳〉中，記曹丕的襄樊大戰壁畫，于禁兵敗投降，被拘禁於江陵，關公敗後又歸孫權，曹丕篡漢，孫權稱臣始送還，曹丕表面不加追究，不久又遣派出使吳國，行前命他到鄴城拜謁曹操陵寢，而陵壁繪畫有襄樊大戰情景，其中關公戰勝、龐德死節、于禁投降等，禁經不起羞辱，旋即病死。當然，這些壁畫早已不存，否則定是窺探關公形貌最珍貴的史料。

雖然，在史學界不能準確描摹關公真實面貌，但在繪畫領域卻不受拘束，今存傳世最早的關公畫像：《義勇武安王像》，出現在金朝末年（約十二世紀），乃山西平陽府徐家的雕版印刷作品，完整細膩，傳世所有特徵皆俱：眉毛上揚，雙眼細長，五絡下飄長髯，威嚴無比；左側捧印者，判為關平，右邊持刀者，應是傳說中的周倉，而刀又長又大，極為醒目，可謂舉世無雙，整體畫面布局，在在皆為後世樹立標竿，成為民間關公形貌的標準版本，無論再如何變化，皆難出其右（參閱附圖，並見下章第五節）[2]。

1　依次俱見《三國志》各人本傳，（冊二，頁 871、930；冊一，頁 369、425、542；冊二，頁 1190）。

2　引自王樹村《關公百圖》，（頁 13）。

二、武器

關公使用幾種武器？應是世人最感興趣的歷史掌故，很可惜，陳壽令人失望，根本不當作一回事。

本傳中僅在關公殺顏良時，稱「望見良麾蓋，策馬刺良於萬眾之中，斬其首還」，文中「刺」、「斬」二字值得推敲，既是「刺」，當非用刀，應該是槍、戟、矛之類的兵器，「斬」則是隨身佩帶的刀、劍，所以關公與顏良對陣，至少攜帶兩種兵器[3]。另在〈魯肅傳〉載，肅駐兵益陽，與關公相持不下，邀關公相見：「各駐兵馬百步上，但請將軍單刀俱會」，所謂「單刀」，應是配刀，乃隨身輕便武器。陳壽的記載，僅此而已。

然而，當時流傳不少有名的兵器，如曹操曾製「百辟刀」五枚，依「龍熊鳥雀為識」，一枚賜與部將，另四枚分賜諸子中「不好武而好文學」者，曹丕、曹植兄弟各得其一，曹丕作〈露陌刀銘〉，曹植作〈寶刀賦〉、〈寶刀銘〉，以歌詠其事；其後，曹丕又製「百辟寶刀」三枚，「其一，文似靈龜，名曰『靈寶』；其二，采似丹霞，名曰『含章』；其三，鏗似崩霜，名曰『素質』。」王粲、何晏各有刀銘[4]。另外，孫權也曾以隨身寶刀贈與蜀使費禕，令禕感動不已，惜不知其名。以上有名刀劍均與關公無涉[5]，似乎也只是公子王孫的飾品，中看不中用，而關公一生南征北討，隨身所持應是適用又實用的武器。

合理的推測，一位能運籌帷幄、斬將搴旗的名將，應該十八般武藝，樣樣精通，如曹操愛將典韋，上陣時：「持大雙戟與長刀等，軍中為之語曰：『帳下壯士有典君，提一雙戟八十斤。』」另在曹操行酒時，韋當貼身侍衛，「持大斧立後，刃徑尺」，可見典韋至少使用戟、刀、斧三種兵器，以

---

[3] 俞樾《小浮梅閑話》云：「古人用字精審，關公既用刺字，則其殺顏良，疑亦用矛。」轉引自黃華節，《關公的人格與神格》，（頁214）。

[4] 俱見唐歐陽詢《藝文類聚・軍器部》，卷60，（頁18~30）。

[5] 托名梁陶弘景著《古今刀劍錄》，另載有劉備八劍、關羽二刀及諸葛亮、張飛、黃忠各一刀，所言過於神奇，又未見他書，如前引《類文類聚》引載，故不論。

典章為例，推想及關公，亦可作如是觀。

其實，史上多數名將，何嘗不然？西晉末甘肅氏族勇將陳安，上戰場是「左手奮七尺大刀，右手執丈八蛇矛，近交則刀矛俱發」，英勇無比，當地作歌：「七尺大刀奮如湍，丈八蛇矛左右盤，十盪十決無當前」；稍後，漢人猛將冉閔也是左右齊來：「左杖雙刃矛，右執鉤戟」[6]；而北宋仁宗時名將郭遵，與西夏大戰於三川口，隨身「用鐵杵、槍、稍共九十斤」[7]。當然，史上也不乏經常手持固定兵器的，如五代後梁王彥章擅用大鐵槍，為他贏得「王鐵槍」的美名；同代王敬堯也用相同兵器，重三十餘斤[8]；南宋岳飛養子岳雲：「每戰，以手握兩鐵椎八十斤，先諸軍登城。[9]」明末名將劉綎，則「手用鑌鐵刀百二十斤，馬上輪轉如飛」，人稱「劉大刀」[10]。

總之，關公真正兵器為何？應是超越史學研究的極限，但因關公不純然是歷史「人物」，還是文學界、藝術界及宗教界的要角，因而還是值得探討。

歷史上最早提及關公兵器的，是北宋禪宗和尚龍門清遠（1067~1120），有回上堂說：「我這裡七事隨身，手中是關羽八十斤刀。」禪僧雖常話中有話，但清楚說出關公兵器重量，雖可能從典章雙戟，或聽信小說故事而來，卻也開風氣之先；稍後，金人《義勇武安王》雕版畫像，及元朝《新全相三國志平話》，都明確繪出大刀型狀，元明關公戲又創造許多大刀名稱，而羅貫中撰寫《三國演義》，及其後改編的各種版本，才逐漸一致，稱為「青龍偃月刀」[11]。

青龍偃月刀因小說戲曲而成名，兵學界或編書家也模仿援用，通常單稱偃月刀，然而，其真正效用卻很有爭議。明代中期，剿倭文士胡宗憲極為推

6　俱見《晉書‧載記》，（冊四，頁2694及頁2796）。

7　見《宋史‧郭遵傳》，（冊13，頁10505）。

8　俱見《舊五代史》本傳，（冊一，頁292及頁273）。

9　見《宋史‧岳飛傳》附傳，（冊14，頁11396）。

10　見《明史‧劉綎傳》，（冊九，頁6396）；袁枚《隨園詩話》載其詩作：「剪髮接韁牽戰馬，拆袍抽線補旌旗，胸中多少英雄淚，灑上雲藍紙不知。」讀此詩，彷彿見其馬上揮舞大刀英姿，（卷六，上冊，頁192）。

11　見《舒州龍門佛眼和尚語錄》，卷32，（頁202）。

崇：「關王偃月刀，刀勢既大，其三十六刀法，兵仗遇之，無不屈者，刀類
中為第一。」明顯當作殲敵利器[12]；稍後，曾參與北方邊防的劉效祖，在其
《四鎮三關志》中，附圖十餘種兵器，「關刀」為其一，旁有長短倭刀，應
為戰場常用器械，惜無文字說明[13]；而中晚期的編書家王圻，在《三才圖
會》附圖中，類似偃月刀者有八種，圖後完全照抄胡宗憲語，依此三家說，
偃月刀顯非虛構；然而，同時代的名將戚繼光，在其練兵專著中，卻無此
刀，只以關公圖像配上大刀，當作五方神旗之一，稱為「南方關元帥」，很
像宋元時期的雷神[14]；明崇禎初，茅元儀編《武備志》，列出當代常用的四
種刀，偃月刀雖為其一，卻說：「偃月刀，以之操習示雄，實不可施於戰陣
也。」亦即此刀僅能施於操練，而非戰場廝殺所用，茅雖為文士，然明末
「腰刀匹馬」，參贊袁崇煥及孫承宗軍務，官至副總兵，而其祖茅坤也曾在
胡宗憲幕，是書為三代累輯而成，所言應有據[15]；下至盛清，在禮器圖式
中，亦有「綠營偃月刀」，旁抄茅氏語，表明此刀不能派上戰場，視為禮
器，而非兵器[16]。

　　至今所見，史上最早明確畫出這把傳說寶刀的，是金人《義勇武安王》
雕版畫像，畫中的大刀，不像常人所能持拿，像極神靈兵器；稍後則有元代
小說《新全相三國志平話》，書中雖無大刀稱呼，插圖則清清楚楚，超大而
微彎的鋒刃，刀背中央上凸，很有震懾力量，可視為書中第一刀。

---

[12] 見《籌海圖編》，卷13，（頁155）；王圻刀圖，見《三才圖會·器用》，（冊48，
　　頁70）；胡王生平，俱見《明史》本傳，（冊八，頁5410，及冊10，頁7358）。

[13] 見《四鎮三關志》，卷一，（頁20）；生平，見焦竑《國朝獻徵錄·陝西按察司副
　　使劉公效祖墓誌銘》，卷94，（冊87，頁149）；其為嘉靖29年進士，與潘季馴同
　　榜，見張朝瑞《皇明貢舉考》，卷七，（冊八，頁137）。

[14] 見《紀效新書》卷16，（頁84），另外，卷10〈長兵短用〉、卷12〈短兵長用〉；
　　以及另一書《練兵實紀·軍器解》，卷五，俱無偃月刀；戚之生平，見《明史》本
　　傳，（冊八，頁5610）。

[15] 見《武備志》，卷103，（冊24，頁415）；三代累輯，見《石民四十集》，卷一，
　　（頁44）；其生平，見光緒《湖州府志》，卷75，（冊四，頁368）。

[16] 見《皇朝禮器圖式》，卷15，（頁69）。

　　其實，此種大刀其來有自，並非小說家或藝術家所創造，仔細考察，北宋仁宗時所編的《武經總要》，內有「屈刀」、「筆刀」，還附有實圖[17]；金元畫像可能參照模仿，此後《平話》，及明代各種版本的《三國演義》，其中插圖皆大同小異，但刀刃誇張放大而已；而在繪畫界，畫得最細緻傳神的，要屬明代商喜的《關羽擒將圖》。（俱見附圖）

　　筆者個人以為，「關羽」的真正兵器，基本上不必再費心，但「關公」的兵器，則可以交給文學家、藝術家或宗教家等，繼續創作發揮也無妨。

三、坐騎

　　關公乘坐何等寶馬？陳壽無一字提及，所以又須旁敲側擊了。

　　漢末三國時代有不少的名馬，如劉備的馬名為「的盧」，善會人意，曾一躍跳過襄陽檀溪[18]；又如公孫瓚喜乘白馬，曹植獻大宛「紫騂馬」與曹丕，曹丕贈孫權「纖驪馬」[19]，可惜沒有關公所乘戰馬之記載。

　　當然，最容易聯想的，是呂布所騎的「赤兔馬」，布不僅驍勇善戰，馬亦頗知名，當時人咸敬畏之，號為「人中有呂布，馬中有赤兔」[20]。問題在呂布縱橫於曹操及劉備間，建安三年年底，曹劉合攻，呂布不支被殺，赤兔馬理應歸曹操所有，而劉備等人又隨曹操回許縣，關公當然在場，後來再幾經波折，劉備投奔袁紹陣營，關公則歸曹操，曹操極為賞識關公，關公也為曹操立下大功，於是乎想當然爾，附會出曹操贈赤兔馬給關公。

　　本書既稱《全傳》，則圍繞在關公與赤兔馬之際，亦當深論。

　　首先，赤兔馬是什麼馬？合理的推測，赤兔馬是「汗血馬」。當初，漢武帝以《易》卜，得「神馬當從西北來」，於是外交、軍事手段齊來，先得

---

[17]　曲刀等，見《武經總要》，卷13，（頁35）。

[18]　見〈先主傳〉裴注引《九州春秋》，（冊二，頁877）。

[19]　俱見《藝文類聚・獸部》，卷93引《英雄記》，（下冊，頁1618、1623），唯《三國志・公孫瓚傳》裴注屢引《英雄記》，未見此段。

[20]　見〈呂布傳〉裴注引《曹瞞傳》，（冊一，頁220）；但《後漢書・呂布傳》則作「赤菟馬」，（冊四，頁2445）。

烏孫好馬，稱為天馬，續得大宛「汗血馬」，見更加健壯，乃更改烏孫馬為西極，大宛馬為「天馬」[21]，此馬「汗從前肩膊出，如血，號一日千里」[22]，漢武帝為之作〈天馬之歌〉：「太一況，天馬下，霑赤汗，沫流赭。[23]」

設若赤兔馬即汗血馬，其得名並非如後世戲曲家或小說家所稱的全身火紅，而是流紅汗和紅口水，就如河馬一般，其被尊為「天馬」，則因能「一日千里」，足以提升戰力；這種馬在漢武帝後歷東漢一朝，已成為重要的戰利品，也是公卿間互贈的寶物[24]；而呂布是五原郡九原人（今陝西榆林縣），已近塞下，要得到赤兔馬應較容易，如略同時代的曹操次子曹彰，馬廄裡就有一匹，稍後如西晉末冉閔，其坐騎號「朱龍」，也能日行千里，疑亦是赤兔馬[25]；這種馬血統延續，流傳中國，杜甫在長安即屢見之，其詩如「京師皆騎汗血馬」，「赤汗微生白雪毛」[26]；至北宋哲宗時，吐蕃貢汗血馬，蘇東坡也親見，稱：「首高八尺，龍顱鳳膺，虎脊而豹章。」後來請名畫家李公麟畫好圖像，慎重的請被俘在京的吐蕃領袖果莊青宜結參校，再作〈三馬圖贊〉[27]；而同時，李公麟也繪哲宗御馬監五匹名馬，第三匹名「好頭赤」，觀此稱，當亦為此類名馬[28]。

其次，赤兔馬在呂布死後，是否由曹操轉贈關公？史無明文，既不能承認，也不便否定。姑且將就流俗說法，建安五年，關公歸曹操後，這是曹操的大禮，以赤兔馬的腳力加上關公的英勇，戰力當然更加可觀，但應也只能發揮在單場對戰上，如白馬之戰對顏良，至於大規模會戰，講究的是戰略戰

---

[21] 見《史記・大宛列傳》，（冊五，頁 3170）。

[22] 見《漢書・武帝紀》顏注引應劭言，（冊一，頁 202）。

[23] 見《後漢書・光武十王列傳》注引，（冊三，頁 1439）。

[24] 見《後漢書》段潁、梁統列傳，（冊三，頁 2153，及冊二，頁 1182）。

[25] 見《晉書・載記》，（冊四，頁 2796）。

[26] 見《杜詩詳註》，（卷六，頁 63；及卷四，頁 4）。

[27] 見《東坡全集》，卷 94，（頁 173）。

[28] 李公麟《五馬圖》，見周密《雲煙過眼錄》，末有黃庭堅、曾紆題跋，及南宋高宗御印，（頁 52）；元初，趙孟頫亦親見，載《松雪齋集・題李伯時元祐內廄五馬圖》，卷二，（頁 70），此畫作今藏於日本。

術運用，匹馬單槍不過戰場花絮，所以，曹操就罵過次子曹彰：「汝不念讀書慕聖道，而好乘汗馬擊劍，此一夫之用，何足貴也！[29]」因此，汗血馬對將領的貢獻，不能過於誇大，何況關公此後南征北討，一匹汗血馬可以相依終身否？

當然不夠！且看史上其他名人，唐太宗李世民，即位前征戰十年，騎過至少六匹名馬，由於後來刻石像於其陵寢前，故稱為「昭陵六駿」，其中「特勤驃」，有人懷疑就是汗血馬[30]；而太宗六世孫德宗，只不過從長安逃難到漢中，短短四個月，竟累死八匹駿馬中的七匹[31]；又如，中唐名臣韓滉，是個文人，從入仕以至卿相，就「相繼乘馬五匹」[32]；岳飛在荊襄六年，騎過二匹名馬[33]；再則，明朝燕王朱棣率兵南下「靖難」，兩年多就騎四匹駿馬，很巧的，其中之一也稱為「赤兔馬」[34]；明末儒將盧象昇，南北轉戰十七年，自言「以馬為足」，騎過十匹名馬，其中五匹乃旅次自費重金購得，另五匹為思宗精選御廄健馬所賜，其一為「玉頂赤」，稱「長驅天矯，狀若火龍」，應是赤兔馬一類的名馬[35]。由此看來，關公近四十年的軍旅生涯，即使從官渡大戰後算起，也還有二十年，一匹赤兔馬應該不夠用！

總而言之，在正史裡，除了長髯，無法描繪關公的整體輪廓，至於在民間，由刀馬、紅臉、長髯、丹鳳眼、臥蠶眉等所組成之特殊形象，則是依附於三國故事長期流傳演變，在宋元之際逐漸定型，又經明清局部改變，始成為神聖不可侵犯的專利面貌（詳見三、四章），此與真實世界裡的關公是否相符，無人能知，而武器與坐騎，同樣無解。

---

[29] 見《三國志・任城陳蕭王傳》，（冊一，頁 555）。

[30] 見武天合《西安碑林國寶》，「特勤」至宋時稱為「特勒」，（頁 69）。

[31] 元稹《元氏長慶集・望雲騅馬歌》，卷 24；德宗出幸，另見新舊《唐書》本紀。

[32] 見《舊唐書》本傳，（冊五，頁 3603）。

[33] 見《宋史》本傳，（冊 14，頁 11386）。

[34] 明成祖《四駿圖》，見《神宗實錄》，萬曆四年五月戊午，（頁 1158）。

[35] 見盧象昇《盧忠肅公集・十驥詠》，卷 12，（頁 1339）。

第四節　鄉里家人年歲

關公少小離家，何故「亡命」，無從探討，一生戎馬，不曾再回故鄉，父母兄弟、宗族親友，史無明文，妻妾兒女，亦所知有限，而最後殉難臨沮，享壽為何，難以精確推算，更不用說生日、忌辰了。因而，本節只能就可靠而有限的史料追尋。

一、鄉里

陳壽只記載，關公是「河東解人」。案：河東，在先秦，屬〈禹貢〉之冀州，春秋屬晉，戰國屬魏，秦滅魏，置河東郡，兩漢因之，解即其屬縣。

解縣，西漢為河東郡二十四縣之一，東漢，河東郡隸於司隸校尉部，即京師特區，屬縣省為二十，解仍為其一，下有解城等四鄉；三國以後，河東等郡變異頻繁，曹魏因起於魏，裁減本郡屬縣以益魏郡，另置平陽郡，晉因之，南北朝時，或稱晉州，唐宋較少變化，北宋徽宗政和六年（1116），升為平陽府，金因之，元改府為路，明初復為府[1]。

關公的故里，先前僅知如此。直到南宋時，金人入據華北，地方官重修關公故里祖宅墓塔，才明確說出在「常平里」[2]；明末以來，又加「下馮村」，然至此時，關公已成為威靈顯赫的帝君，信徒爭赴解縣朝聖，於是故里廟宇、祠堂、故居、祖塋，皆一一出現（參見第五章）；今日關公故里已合併鄰近縣市，升格為地級的「運城市」（猶明清之府），原來解縣改稱為「鹽湖區」，轄下「解州鎮」，下又有「常平鄉」、「常平村」，村中有

---

[1] 見《後漢書‧郡國志》，後漢地方行政層級依序為：郡、縣、鄉、亭、里，末年加州，共六級，解縣下之解城，當然是鄉，（冊五，頁 3398）；其郡縣演變，見顧祖禹《讀史方輿紀要》，卷41，（冊三，頁 1725）。

[2] 金張開〈漢關氏祖宅塔記〉，最早見於元胡琦《關王事蹟》，又略載於明呂楠《義勇武安王集》，（卷一，頁 36）；再詳載於《關帝事蹟微信編》，卷七，（冊三，頁 215）。

廟，仍沿襲明清人士之說，稱「關公家廟」[3]。

至於解縣之讀法，前人諸說，差異頗大，唐顏師古《漢書注》，稱音蟹，同時代的孔穎達，在《易經‧解卦》則說：「一音古買反，一音胡買反。」亦即可讀為改，亦可讀為海，而陸德明《經典釋文》說如顏師古，但他另在《禮記‧經解》注，又說：「解，音佳買反，胡賣反，一音蟹。」亦即有姊、亥、蟹三音。總計，唐朝同時代的三位學者，讀法就有蟹、改、海、亥、姊五音，教後人何所適從[4]？

到宋初，曹翰征幽州，士卒於城外掘土得蟹以獻，翰言：「蟹者解也，其班師乎？」似乎是解蟹同音，而南宋朱熹注《易經‧解卦》也說「解音懈」，又從五音變成一音[5]。總之，近兩二千年語音變化，實難以理解，近年又有山西南部人士主張應讀為亥，未知孰是？還好，今日當地只剩「害」字一音[6]。

二、家人

可以確知的，關公有二子一女。

一子是關平，同殉於臨沮，生平事跡不明，大概長年追隨在軍，建安二十四年，關公北攻襄樊時，傳言臨行夢豬嚙其足，似有不祥之感，告訴他：「吾今年衰矣，然不得還。」此說真實性為何，不得而知[7]。

另一子是關興，字安國，關公出征時，留在成都，少年表現不俗，得諸葛亮器中，後主追諡關公為「壯繆侯」，爵位即由其繼嗣。

---

[3]　參見張成德等《關公故里》乙書。

[4]　顏說見《漢書‧地理志》注，（冊二，頁 1550）；孔說見《易經‧解》，（頁93），陸說附書後，（頁 200）；陸後三音，見《禮記‧經解》，（頁 845）。

[5]　見《宋史‧曹翰傳》，（冊 11，頁 9015）；朱熹說見《易經‧解卦》。

[6]　近人劉鎮慰，〈氣肅千秋的關廟〉一文，以為：「解用在地名時，宜從山西南部同胞的讀法，讀作亥。」轉引自陳昭昭《從戲劇小說看關公形象嬗變》，（頁 33）。

[7]　見本傳裴注引《蜀記》，（冊二，頁 942）。

　　關平、關興外，關公尚有一女，名字不詳，坐鎮荊州時，孫權曾遣使為子求婚，關公不同意，又辱罵來使，孫權惱羞成怒，伺機而動，此亦為其後偷襲關公後方眾多藉口之一。

　　關興卒後，嫡子關統嗣爵，統因無子，死後由同父異母弟關彝續封，魏元帝景元四年十一月（263），鄧艾率軍進占成都，蜀後主劉禪投降，傳說當年在樊城為關公所殺的龐德，有子名會，亦在軍中，城破，挾公報私，盡殺關家成員。此說真實與否，亦難驗證。

　　關公家人，所知僅此，至於妻妾、父祖先人、後代裔孫，均無可靠史料，但在後世，又有不少傳說陸續出現。

　　首先，北宋歐陽修，於《新唐書·宰相世系》中云：「關氏宰相一人：播」又云：「關氏出自商大夫關龍逢之後，蜀前將軍漢壽亭侯羽，生侍中興，其後世居信都（今河北大名），裔孫播，相德宗。」案：歐陽修出生於北宋真宗景德四年（1007），上距關公之死已八百年，卻一筆帶出關公的祖先及後代，上下一系相承，不知所憑為何[8]？（參閱第四章第三節）

　　對關家有興趣的還不只是歐陽修。唐末有關三郎傳說，但未明言是關公之子，元明以來則在關平、關興之外，又冒出花關索或關索，明言是關公第三子，其身世傳言不一（見第三章第五節）；至清初，很多姓關的也都主動攀龍附鳳，自稱為關公的裔孫，關公家族圖譜也出現了，此時正是關公信仰熱潮鼎沸之際，關家成員之殷勤守禮，及中央地方大臣之奔走，說服了大清皇帝，從聖祖晚年到世宗，陸續以數地關家人物當關公苗裔，賜予世襲經學博士，分守當陽、洛陽及解州之墓廟，專司奉祀事宜；而在同時，又有鄉下老學究曲解古物，稱於關公解州故里濬井獲得古磚，上有其父祖名字及生年，關迷們深信不疑，但有識之士則力駁其偽（見第五章第三節）。

8　見《新唐書·宰相世系》，（冊四，頁 3379）；但在〈關播傳〉中則無類似記載，（冊六，頁 4817）。

三、生卒年歲

關公同時代名人，如劉備、曹操、孫權、諸葛亮等，都有明確記載，可以推算其生卒年歲，而關公本人卻僅有些許蛛絲馬跡可尋。

漢靈帝中平元年（184），劉備等應募討黃巾，關公、張飛同時從軍，其時劉備年二十四，關、張追隨前後，「稠人廣坐，待立終日」，且「不避艱險」，二人明顯奉劉備為兄長，依此推算，關公年齡應略小於劉備，當約二十歲上下，亦即出生於桓帝延熹八年（165）左右；而張飛則又小於關公數歲，可能為十六七歲左右，亦即出生於靈帝建寧二年（169）左右。

至於卒時年歲，關公於建安二十四年底殉難（220 年初），享年應為五十五歲上下，張飛死於二年後，壽約五十出頭[9]。

如此推算，與他出軍北伐，夢豬嚙足，語其子關平「吾今年衰矣」，正好相符，因為古人視五十以上為百年過半，乃人生新階段之始，亦即趨於衰老，如《禮記‧曲禮》即云：「人生十年曰幼學，二十曰弱冠，三十壯有室，四十強而仕，五十曰艾服官政，六十曰耆指使，七十曰老而傳。」五十歲本就是老年之初，關公五十五歲左右嘆「年衰」，乃時人之常情。

關公的生卒年歲，所能推算的僅止於此而已，在他尚未成為威靈顯赫的帝君時，或許無人多作聯想，但明清以來，廣受官民崇拜，籠統的「春秋二祭」自是不為虔誠信徒所接受，於是生日、忌日、得道、昇天等名目紛紛出現，即以生日而論，不同地方傳言又不相同。（參見第五章第四節）

在台灣，關公當然是香火鼎盛的神靈之一，其誕辰至少有：舊曆四月八日、五月十三、六月二十二日、二十三日、二十四日、九月十三日、十一月十三日等[10]，差異頗大，各地廟宇自有其傳說依據。

---

[9] 冉覲祖《關忠義公考》，推論為「在五六十之間」，載《關帝事蹟徵信編‧考辨》，卷31，（冊四，頁 145），然在民間，俗說頗多。

[10] 參閱鍾華操，《台灣地區神明的由來‧關聖帝君》，（頁 277）；其餘各地所傳誕辰節慶，見《關帝事蹟徵信編‧考辨》，（頁 146）。

第五節　官位與爵位

　　關公一生活動於兵荒馬亂的東漢末年，南征北討，所獲官位大多是武職，從低階的中郎將，到威鎮一方的前將軍，林林總總；而因功受封的爵級是亭侯，早年等同虛銜，直至坐鎮荆州才名實相符，然爵號與封地地名，歷來嚴重誤會，一並詳解。

一、官位

　　（一）別部司馬：此為關公第一份官職，初平二年（190），劉備為平原國相時所派任的。據司馬彪的《續漢書志》：「其別領營屬為別部司馬，其兵多少各隨時宜。」可見為低級軍官，權位不高[1]。

　　（二）中郎將：建安四年（199），劉備隨曹操至許縣，由曹操所表授的。案東漢郎官，名目繁多，其主管即為郎將，有五官中郎將、左右中郎將、虎賁中郎將、羽林中郎將等，俸祿皆為「比二千石」，銀印青綬，職務乃「更直執戟，宿衛諸殿門，出充車騎」[2]，亦即為皇家護衛，出入保鏢及嚮導，為中央高級武職，其時曹操迎漢獻帝駐此，需要武士護衛出入。

　　（三）太守：西漢地方僅郡縣二級，東漢靈帝時，部刺史實權化，成為州、郡、縣三級，太守為郡之最高長官，在州牧之下，秩二千石，較中郎將略高，同時兼管一郡之軍民業務，故或略稱為「將」[3]。建安四年年底，劉備殺徐州刺史車冑，取而代之，但劉備回駐小沛，派關公駐下邳，此為關公第二次駐紮此地，劉備另任「行太守事」，「行」即暫行、代理、兼管之意，關公本為武官，此時為中郎將，並及民事，亦符合漢代郡太守之傳統；然下邳乃徐州牧治所在，而徐州轄下有「郡、國、縣、邑、侯國六十二」，

1　見《後漢書・百官志》，（冊五，頁 3564）。

2　見《漢書・百官公卿表》，（冊一，頁 733、743）；實領俸例，另見《後漢書・百官志》，並李賢注引《古今注》、《晉百官表注》，（冊五，頁 3633）。

3　參閱王鳴盛《十七史商榷・太守別稱》，卷 14，（頁 106）。

不知關公「行」何郡之「太守事」[4]？

（四）偏將軍：建安五年，曹操東征，關公被擒後，曹操對他的一項禮遇。將軍主要職務是「征伐背叛」，猶如今日特遣部隊指揮官，因此並非常設，但其位尊權高，直追三公。在兩漢，將軍名號繁多，依名位高下是大將軍、驃騎將軍、車騎將軍、衛將軍及前、後、左、右將軍，皆金印紫綬；此外，又有眾多的「雜號將軍」，偏將軍即為其一，在東漢末年，兵權應不如先前高[5]。

（五）襄陽太守及盪寇將軍：建安十四年，劉備掌控荊州府長江南北數郡後所封，案盪寇將軍即前述雜號將軍，而襄陽原為荊州府南郡之屬縣，東漢末劉表徙荊州府治於此，建安十三年曹操占荊州，升襄陽縣為郡，於是荊州府原轄江北之南陽、南郡、江夏三郡，及江南之零陵、桂陽、武陵、長沙四郡，加襄陽而成八郡，江南北各四郡[6]；次年，江南轄區為劉備所得。襄陽太守是關公第二次的文職，但關公雖有此頭銜，實際上他只屯兵公安的江北一帶，襄陽仍為曹魏所據，因此算是遙領的虛銜。

（六）董督荊州事：建安十九年，劉備占領成都時所封的，先前劉備進益州，荊州府由諸葛亮、關公等共同鎮守，此年諸葛亮入援，留關公獨鎮，劉璋降後，劉備正式賦予關公方面重責大任，由於連年戰亂，地方軍政民政合一，部刺史已在數年前改為州牧，現為地方最高軍政長官，由於軍情更緊，推知與南朝地方軍閥「持節都督」相差無幾[7]。

4　案「行」之意，另見〈顧雍傳〉：「孫權領會稽太守，不之郡，以雍為丞，行太守事。」（冊二，頁 1225）。

5　見沈約《宋書・百官志》，列有四十雜號將軍，（冊二，頁 1224）；另在〈魯肅傳〉裴注引《吳書》，載關公自稱：「烏林之役，『左將軍』身在行列。」此銜僅此一見，故不論。

6　荊州府轄區演變，由漢末七郡，再經三國增置，已至十餘郡，故不能籠統稱為「荊州八郡」，見顧祖禹《讀史方輿紀要・湖廣》，（冊四，頁 3369）。

7　案《晉書・職官志》，持節都督始於建安21年，曹操以夏侯惇督二十六軍為始，觀此，則知關公又在其前，其實此時「都督諸州軍事」之例極多，即武人兼民政；又云：督軍以擁鉞者權最高，使持節得殺二千石以下，持節殺無官位人。（冊一，頁 729）。

（七）前將軍：建安二十四年，劉備自稱漢中王時所封的，同受封的有張飛為右將軍、馬超為左將軍、黃忠為後將軍，此為關公一生最高職級武官。案前將軍是兩漢時期權衡最高的將軍之一，較先前之偏將軍、盪寇將軍要尊貴，「金印紫受，為次上卿」，僅次於丞相。也許關公既自負又珍惜，所以當他聽到老將黃忠與他同封，一前一後，頗感不悅[8]。

關公除拜為前將軍，劉備又另授予「節鉞」，顯見倚任之深。「節」為符節，用以發兵，「鉞」乃大斧，可以誅殺，二者皆為權力信物，而鉞本是兵器，如《書‧牧誓》載周武王伐紂：「左杖黃鉞，右秉白旄。」後來演變成王權的延伸與兵權的象徵，如《禮記‧王制》云：「諸侯賜弓矢然後征，賜鈇鉞然後殺。」南北朝以來，督軍節鉞又分等級，威權極高，有心者必爭，故白居易詩云：「人間所重者，相印將軍鉞。」關公獲得節鉞，當可專擅荊州之兵權民政，擁生殺之威，正是一生功業之巔峰[9]。

二、爵位

關公封爵全稱為「漢壽亭侯」，此四字大有學問，若不了解古代五等爵，以及漢代相關制度演變，則易於誤解，甚且句讀錯誤。案：「漢壽」為封地，即荊州府武陵郡漢壽縣，而「亭侯」是爵位，乃侯爵之最下者，意即封地為漢壽縣下某鄉某「亭」。

（一）爵位演變

爵是古代尊貴官品的統稱，依其品位及封地決定俸祿，本用以酬功，大都賜予宗親功臣，其制起於周朝，然《書‧武成》但云「列爵惟五」，《國

---

[8] 依本傳及〈費詩傳〉，在〈先主傳〉則稱「盪寇將軍」，案雜號將軍權位較低，且為關公先前軍階，見《後漢書‧百官志》李賢注引蔡質《漢儀》，（冊五，頁3563）。

[9] 見《白氏長慶集‧偶作》，（卷 22，頁 17），實則文人亦有爭節鉞者，如南宋寧宗時，韓侂胄自恃勳戚，屢次爭官，葉適知其企圖，語宰相趙汝愚：「所望不過爭節鉞，宜與之。」趙不給，致其後冒然開啟戰端，見《宋史‧葉適傳》，（冊 16，頁12891）；而流寇黃巢也曾求節鉞，見《舊唐書‧僖宗本紀》，（冊一，頁 708）。

語・楚語》則載伍舉言：「天子之貴也，唯其以公侯為官正，而以伯子男為師旅。」明確列出公、侯、伯、子、男五等，在《左傳》中有許多例證，如宋公、陳侯、鄭伯、楚子、許男等；然而，楚武王卻早在春秋初就自立為王，而隨後吳國也依違於伯、王、公之際，可見古制不易維持；戰國時，《孟子・萬章》言其封地，有百里、七十里及五十里之別，又因已屬久遠之制，傳聞可能失實，所以也懷疑的說「其詳不可得聞也」[10]。

秦漢以來，此制仍然多變，傳言商鞅另定爵級，而漢亦仿秦另制二十等爵[11]，今觀漢初以來，只有少數功高者封王，其次大半為徹侯，因避武帝諱，或稱通侯、列侯，簡稱為侯，而由於封王者寥寥無幾，封侯者則多至百餘人，於是侯幾乎成為賞勞功臣之唯一爵級，名目變多[12]；列侯外，又有關內侯、恩澤侯等，古制早就破壞殆盡，難怪後人說：「漢魏故事，無五等諸侯之制。[13]」

爵號通常三字，不外為賞睞嘉勉或期許之用，可從兩漢故事中歸納出其意涵，北宋孔平仲即說：「封侯或以地名，或以功名，或以美名，無定制也。」還詳舉眾例：

甲、「地名爵」，如蘇建為平陵侯、衛伉為宜春侯；乙、「功名爵」，如霍去病之冠軍侯、趙奴之從驃侯；丙、「嘉名爵」，如張騫博望侯、霍光博陸侯，及後漢彭城王始封之靈壽王。觀此，則知關公的「漢壽亭侯」，乃是典型的地名爵[14]。

復次，爵既是官品，自也代表包含俸祿，尤其地名爵最為明顯，俸祿來

---

[10] 見《史記・楚世家》，（冊三，頁 1695）；另《國語・吳語》載晉董褐云：「固曰吳伯，不曰吳王，而曰吳公。」（頁 613）。

[11] 見《史記・商君列傳》，（冊四，頁 2230），及《漢書・百官公卿表》，（冊一，頁 740）。

[12] 見《後漢書・百官志》，（冊五，頁 3630）；及《史記・漢興以來諸侯王年表》，（冊二，頁 801）；及《漢書》，〈異姓諸侯王表〉等，（冊一，頁 363、391）；南宋王觀國《學林》，考定漢初封爵人數與演變尤詳，（卷三，頁 172）。

[13] 見《晉書・職官志》，（冊一，頁 631）。

[14] 見《珩璜新論》，卷一，（頁 86），書中嘉名下另立美名，本文合而為一。

自封地租稅，租稅依戶口課征，戶口多寡取決於行政區域層級，而秦漢本行郡縣二級制，東漢末加州成三級，而縣下又有鄉、亭，列侯功大者封縣，稱侯國，較小者封鄉亭，稱鄉侯、亭侯，由於封侯者越來越多，不得不酌減封地，東漢章帝、和帝以來，多封領地最小的「亭侯」[15]。

（二）漢壽

關公爵號及封地，後人往往誤解，如宋代熊方撰《後漢書年表》，稱「壽亭關羽」[16]，南宋民間出現四地四顆「壽亭侯印」，元朝胡琦撰《關王事蹟》，以及明朝中期以前官方偶稱「壽亭侯關羽」（分見三四章），此為將「漢」字當作漢朝或蜀漢，「壽亭」當作地名，而爵號只一「侯」字，是對歷史的無知。

其實漢壽是縣，其地在荊州府武陵郡，原稱索縣，乃郡治所在，東漢順帝陽嘉三年（134）改從今名，移荊州府治於此，故城在今湖南省常德縣境，現為常德市轄下縣；不過，漢壽是縣名，關公受封為「亭侯」，不當含括漢壽全縣，當係漢壽縣下另有一「漢壽亭」，換成今制，應該是「漢壽鄉」，惜文獻不足，轄區、物產、戶口，均已不得而知，而今縣屬轄區亦無是稱，更看不到任何關公文物遺跡[17]。

復次，關公受封時人在許縣，雖由曹操上表，再由漢獻帝所賜，然獻帝已無實權，曹操勢力也不出河南，而封地遠在江南，由劉表控制，故對關公並無實質受惠，直到九年之後，劉備佔領荊州府之江南四郡，封關公為襄陽太守及盪寇將軍，武陵郡漢壽縣正在轄區，才算名實合一。

（三）亭侯

爵位封賞原由多種，然在漢末衰亂之世，大概只剩斬將搴旗一類的軍功

---

15 見《漢書‧百官公卿表》，（冊一，頁 742）；以今制言，漢之鄉等於縣，亭等於鄉鎮，另見《日知錄》，卷 23，（頁 636），知亭侯上有都亭侯，鄉侯上有都鄉侯。

16 原書未見，轉引自王鳴盛，《十七史商榷‧漢壽亭侯》，卷 41，（頁 216）。

17 見《後漢書‧郡國志》，（冊五，頁 3484），及《讀史方輿紀要‧湖廣常德府》，（冊四，頁 3436）。

才能獲得，如曹操於建安元年六月因破汝南黃巾賊，受封為費亭侯，九月又因護駕有功，改為武平侯；而劉備也在同年因拒袁術有功，由曹操表封為宜城亭侯，類似例子極多[18]。

亭侯雖係最低的侯級，仍為貴族世界的一員，有其尊貴身分，金印紫綬，祿秩是「中二千石」，與鄉侯同，較中郎將之「比二千石」及郡太守之「二千石」皆高[19]。

最後，爵位還有一項特權，即死後可得到謚號，《儀禮‧仕冠禮》云：「生無爵，死無謚。」生稱官爵，死稱謚爵，向來被視為無上光榮，也是封建時代貴族們的專利，如關公，後世即合爵謚稱為「壯繆侯」。

第六節　謚號考釋

謚號是古代帝王、諸侯國君、及其大臣等貴族階級死後的封號，其作用主要在總評一生功過，給與適度的表揚或批評，也等於是對後人的機會教育，訓示懲勸意味極濃[1]。

關公的謚號為「壯繆」，其第二字音義頗為分歧，到底是美謚或惡謚，很有爭議；而他死於建安二十四年年底（220），卻在蜀漢後主景耀三年才追封（260），所以，關公的封謚至少存在三大問題：

其一、就追封時間論：封謚通常在死後葬前，如劉備對法正，後主對諸葛亮、蔣琬、費禕等，但追謚關公，距殉難臨沮已四十年，顯然延誤極久，且其同輩老臣幾皆凋零殆盡，時效已失。

其二、就贈謚者地位論：謚號當然由尊者贈卑者，周代是在朝為天子，在國為諸侯，漢朝以後則權在皇帝，《禮記‧曾子問》云：「賤不誄貴，幼

---

[18] 分見〈武帝紀〉，冊一，頁636；及〈先主傳〉，（冊二，頁873）。

[19] 見《後漢書‧皇后紀‧靈帝王美人傳》注云：「漢法：大縣侯位視三公，小縣侯位視上卿，鄉侯、亭侯視中二千石也。」（冊一，頁452）。

---

[1] 本節依據拙作〈論關公謚號〉一文改寫而成，原文刊書後附錄四。

不誄長。」依此，應由劉備賜封，而不當由子姪輩的後主追贈。

其三、就謚字意義論：這是最大問題之所在，其中「壯」字沒疑問，但「繆」字音義頗多，還有二個完全相反的假借用法，歷來多人懷疑其非美謚，如宋徽宗就有多次的改封，加以關公後來歷史地位節節高升，成為集忠義勇於一身的英雄神靈，擁有無數虔誠的信徒，當然更難接受為惡謚，只好曲為解說，致使本義更為不明。

一、謚法及其演變

封謚起於周代，傳聞周公定謚法，以數字為號，概括一生行誼，成為身後的尊稱，《禮記・樂記》云：「聞其謚知其行。」其字數約在一字至三字間，後人每加上生前爵位合稱之，如文王、隱公等，以及關公的「壯繆侯」，都是典型的謚爵合一。

當然，在封建時代，唯有貴族階級，即士以上才得以受封，故《儀禮・仕冠禮》云：「生無爵，死無謚。」所以，《論語・公冶長》載子貢問「孔文子何以謂之文也？」子貢非貴族，對封謚可能較為陌生，而周末大亂，封建制度解體，舊貴族沒落，謚法也因之改變，秦始皇統一天下後，下令廢除，漢朝又恢復，不過封謚對象已轉移到新貴族階級，如功臣宗親或名臣，此制就代代延續，直到唐宋而後，依然是三品官以上才能享有的特權[2]；當然，在亂世也是英雄豪傑覬覦的身外要物，隋末李密就有詩云：「一朝時運會，千古傳名謚。[3]」

謚法之具體內容，古代禮書並未完整詳載，推估從天子至於卿大夫，禮儀程序必不相同，在今日，只能綜合拼湊概言之[4]。

請謚及議謚：請謚者當然知道自己身分，士以下必不敢僭越，若大夫死，由其子請謚，在朝向天子，在國向國君，如衛國公叔拔卒，其子戍請謚

---

[2]　見《新唐書・百官志》，載博士「案王公、三品以上功過善惡為之謚」，（冊二，頁1241），除特謚外，歷代因之。

[3]　見《舊唐書・李密傳》，（冊三，頁2210）。

[4]　謚法禮儀，散見《禮記・檀弓》、及《周禮》太師、瞽矇、大史、小史諸篇。

於靈公；若諸侯死，則由大臣議諡，如楚共王臨終，交待「大夫擇焉」，經議論後，定諡為「共」[5]。

作誄：誄乃羅列生時行誼之文，猶如後世之祭文，主筆者可能是大史、小史一類之史官，誄文要在喪禮或柩前公開誦念。

定諡：誄文成，當然也順便決定諡號，而定諡之依據，到底是其前流傳於公卿間的常用諡字，常被稱為「諡法」，或周公真的留下《諡法》一書？有待高明詳考。

撰策：策文是公文書，如今之褒封令，代表諡號之權威性，策文應與諡號合而為一。

頒諡：禮儀當然莊嚴隆重，可能天子或國君親臨，場上小史讀誄，樂官太師率領瞽矇誦念詩句及世系，而後於柩前頒賜策文及諡號。

封諡過程大約如此，然諡號如人名，字數不多，天子或國君多為一字，其下則常見多字，如春秋時衛國的公叔拔是「貞惠文」三字，無論幾字，史書往往簡載為一字，所以若不參照誄文，難免不知本意；唯有完整的封諡文獻，才可確知其為褒或貶。

復次，尚有幾項因素不斷擾亂《諡法》或「諡法」：

（一）一字多義：中國字多非嚴謹的一字一義，每常出現新義，故歷代不斷有解釋《諡法》或「諡法」的新書，如《隋書‧經籍志》列有劉熙、沈約、賀瑒，及何晏《魏晉諡議》，共四部；至《舊唐書》，又多出《周書諡法》、《大戴禮諡法》、《廣諡法》以及晉張靖一部，可知字義必經常變化，愈來愈多，一部古老《諡法》或一套「諡法」，到後來已面目全非，即使同字，非同代所封，可能也非同義，如唐孔穎達注《左傳》，稱桓公：「諡法非一，亦不知本以何行而為此諡也？」

（二）功過難定：除非大聖大德或大凶大惡，常人應是功過並陳、瑕瑜互見，故歷代屢見封諡爭議，若帝王個人另有主觀意見，常見改諡，若未留

---

[5] 見《左傳‧襄公十三年》，然衛靈公為賞功，也曾生前賜諡，見昭公二十年，（頁556、855）。

下誄文策令，極不易推敲其本意，關公在歷代不斷更改封號，正印證定諡與釋諡之難。

（三）假借或新字：不同字形卻視為同音同義，此乃最困擾後人之大問題，如繆與穆、繆與謬，一個繆字就至少可以兩用，而意義竟天差地別，要推知本意好壞，自須多方考據，何況又常出現新字，如早期的繆，後來的謬、穆。

（四）史書記載簡略：古籍通常只記諡號，不記誄文，或時人議論，數代之後，本義難知，極可能被曲解，漢景帝時曾下令，大鴻臚擬諡須兼備「諡、誄、策」，設想極為周到[6]。不幸的，關公的封諡在《三國志》中只有極其簡略的二字，誄策文均未記載，不難想像，後世爭議會有多大。

二、關公事跡與諡號

封諡的主要依據是生前行誼，所以理論上，大功大過是決定諡號之依據，故《禮記·表記》云：「先王諡以尊名。」此就美諡而言，相對的，一件敗筆也可能招來惡諡。因此，爭論關公諡號為美為惡，得須先認知幾件指標性事跡，約言之，有三件是評價正面肯定的，常為後人所津津樂道：

（一）殺顏良：神勇表現不僅成就千古英名，還受封為「漢壽亭侯」，晉身貴族階級，具備死後封諡的基本要件。

（二）忠義情操：在曹操陣營時極獲賞識，曹操想盡辦法要延為己用，但關公堅守與劉備情誼，拒絕誘惑，在亂世顛沛流離中，能不背棄老友，一言定交，至死不渝，當然是「忠」！而不忘曹操厚待，也以殺顏良回報大恩，了無虧欠！得知劉備行蹤，即毅然準備離開，當然是「義」！行前曹操又重加賞賜，仍不動於心，來去光明磊落！這是「超道德行為」，絕非常人所能企及。

（三）獨鎮荊州：建安十九年起，由於劉備西爭益州、北進漢中，留關公獨鎮荊州，但孫權處心積慮要兼併長江中游，與關公有過多次衝突，而曹

6　見《漢書·景帝紀》，中元二年（—148），（冊一，頁145）。

操則占有襄陽一帶，三者各據一方；二十四年年中，關公北攻襄樊，初期軍威鼎盛，曹操甚至考慮遷都以避其銳，隨後孫權偷襲，曹操調度各地援軍，兩者都動用全國兵力，而且還親赴前線坐鎮指揮，而劉備、諸葛亮竟然未派兵往援，等於是一人對付二國，勝敗早定。

　　另有一件則是負面否定的，就是兵敗被殺。襄樊大戰末期，魏吳前後夾攻，戰局逐漸扭轉，曹操又使用陰謀，告知後方已遭偷襲，以瓦解其士氣，最終敗退被俘遇害。而世人又習慣「以成敗論英雄」，不明史實或吹毛求疵人士，極易聯想到關公許多為人處事的缺失，如：逞強輕敵，未能周詳部署；只知進軍，不知防範偷襲；剛強凌人，輕視同儕，不與黃忠同時受封；涵養不佳，未善待士大夫，致傅士仁、麋芳不能堅守崗位，未戰而降。

　　所以，一個嚴肅的課題：蜀漢後主如何看待關公？若他著眼前三事，則可能贈與美諡，若只看後一事，當然送給惡諡，若二者合觀，就有可能美惡兼諡，因而對關公要「聞其諡知其行」，確實需要用心。

　　關公諡號中，「壯」字音義明確，當代得此諡者，皆是武將，且集中在魏國，如張郃、徐晃、文聘、許褚、桓階、州泰等，而龐德，則事跡與關公類似，在襄樊大戰前期為關公所俘，不屈被殺，曹丕當權，即遣使至墓賜諡，並班策文：「殞身殉節，前代美之，…蹈難成名，聲溢當時，義高在昔，寡人愍焉。」文獻完整，故此字無任何疑問，即悲壯憐憫之意[7]。

　　後字「繆」字則頗為難解，放眼當代，此字唯關公獨得，在古代，尚可勉強解為「穆」之假借字，但此時穆字已獨立出現，同代得此諡的，魏有陳泰、趙儼、徐邈、王昶等四人，吳有賀循，皆為文人，其事跡與關公明顯不同，而且記錄皆出自陳壽一人，所以關公的「繆」，應非假借的「穆」字。

　　若比較同時追諡的同袍，張飛為「桓」，馬超為「威」，龐統為「靖」，黃忠為「剛」，次年又追諡趙雲為「順平」，而追贈諡號既為「敍元勳」，且又附贈爵位，則諡號理當只褒不貶，而實際確也如此，陳壽云：

7　俱見個人本傳，（依次為冊一，頁527、530、540、543、633、783、546）。

> 初，先主時，惟法正見諡，後主時，諸葛亮功德蓋世，蔣琬、費禕荷
> 國之重，亦見諡；陳祗寵待，特加殊獎，夏侯霸遠來歸國，故復得
> 諡；於是關羽、張飛、馬超、龐統、黃忠及雲乃追諡，時論以為榮。

足見陳壽視此為榮寵大事，另外，裴松之注引《趙雲別傳》載後主追諡詔
書：「雲昔從先帝，功績既著，朕以幼沖，涉塗艱難，賴恃忠順，濟於危
險。」後又載姜維等人之議論：

> 雲昔從先帝，勞績既著，經營天下，尊奉法度，功效可書，當陽之
> 役，義貫金石，忠以衛上，君念其賞，禮以厚下，臣忘其死，死者有
> 知，足以不朽，生者感恩，足以殞身[8]。

因此，追諡既係令「死者不朽」，又令「生者感恩」，故諡號中自是褒之惟
恐不及，除非有重大過失，否則惡諡不當輕易出現。

三、繆字音義

　　由於「繆」乃關公諡號爭議之所在，應先釐清其諸多發音與意義，依
《康熙字典》，本字有近十個音義，列其較常用者如下：
　　一音ㄇㄧㄡˋ：即同「謬」字，古書常見，屬假借用字，如《禮記・仲
尼燕居》云「不能詩，於禮繆」；又如《漢書・于定國傳》「何以錯繆至
是」，皆為錯誤之意。
　　二音ㄇㄨˋ：即同「穆」字，古書中尤其常見，如秦「穆」公，在《左
傳》、《公羊傳》及古本《孟子》中多作秦「繆」公，又如《禮記・大傳》
「序以昭繆」，即「昭穆」之假借用法。
　　三音ㄇㄡˊ：多與綢連用，而成「綢繆」一詞，例如《詩・豳風・鴟
鴞》「綢繆牖戶」，訓為纏綿，即纏紮牢固之意；又如《莊子・則陽》「聖
人達綢繆」，訓為深奧。

8　見趙雲本傳，（冊二，頁 950）。

四音ㄐㄧㄡ：是「樛」之誤寫，如《禮記·檀弓》「衣衰而繆絰」；又意為絞，如《漢書·外戚傳》載趙飛燕皇后「自繆死」。

五音ㄌㄧㄠˊ：同「繚」，如《史記·司馬相如賦》云「繆繞玉綏」。

六音ㄇㄧㄠˋ：乃姓氏，如《史記·儒林列傳》中有「蘭陵繆生」。

繆字音義如此眾多，在古書中出現，通常須由上下字詞連讀，或參閱注疏，才知其意，若用在極其精簡的諡號上，非依據生平事跡或當時議論，當然不易確知褒貶，何況關公生平功過夾雜，在後世地位有過高低起伏，曾受尊崇，也遭貶抑，欲單從二字推論美惡，等於難上加難。

關公的諡號，從北宋晚期以來才受到注意，下至元明清，歷代帝王多次改封，雖與其歷史地位之上升有關，而最重要且未明言的，當然是懷疑非美諡；元代以來，關公已成知名的英雄神靈，許多文人成為忠實信徒，才開始注意到此問題，但因虔誠的信仰之影響，幾乎清一色認定是「穆」字之假借字，很少人敢於面對惡諡，也都沒注意到漢唐時期的類似封號。

四、漢朝諡繆者

在關公之前，兩漢議及諡為「繆」的，屢見不鮮，至少近十人，茲據其相關事跡申論之。

（一）酈堅：其父為開國元勳酈商，秦末從劉邦定漢中，擊項羽，漢朝建立，賜爵涿侯，歷事惠帝、呂后，其子酈寄，與掌控北軍的呂祿友善，呂后死，大臣欲誅諸呂，太尉周勃不得入北軍，於是使人劫酈商，逼他唆使酈寄騙呂祿出遊，周勃再乘機入據北軍，遂誅諸呂，商旋卒，寄雖繼承侯爵，但時人都說他出賣朋友，雖爵而不榮；景帝時，七國之亂，寄帶兵圍趙城，十月不能下，無功，後來又妄想續娶景帝王皇后母為夫人，景帝震怒，數罪並勘，奪爵，改賜其兄弟酈堅，另封為「繆侯」，應為名號侯，且是看在酈商面上，賜封得有點心不甘情不願[9]。

---

[9] 見《史記》，（冊四，頁2663），而《漢書》略異，（冊三，頁2076）。諸家註解皆稱為邑名，顯然有誤，因當時並無此郡縣，筆者懷疑是早期的「名號侯」。

　　（二）劉則：武帝元狩二年封為「陪繆侯」，其生平事跡不明，父祖兩代則有三人因謀反被誅，不名譽的過去應會影響他的進退出處，其祖劉長，以高祖子封淮南王，文帝時謀反，廢徙蜀地，中途自殺；大伯劉安，襲封王爵，武帝時也謀反，事發自殺；三叔劉賜，封衡山王，涉及劉安案，也自殺；只有父親劉勃還算安分，由衡山徙濟北，死後諡為貞王；劉則即因之得到侯爵，然死後被諡為「陪繆」，應是受到上代拖累[10]。

　　（三）劉齊：景帝孫，父劉越為廣川王，齊襲封，在國囂張跋扈，所為多不法，如逞憤欲殺幸臣，囚其全家，數度胡亂舉發中央公卿，其子不法，中尉捕治，即威脅「吾盡汝種」，事發，有司勘驗，罪證明確，齊惶恐，上書稱願帶廣川勇士擊匈奴贖罪，未行病卒，國除並諡為「繆王」。

　　（四）劉元：景帝玄孫，祖彭祖為趙王，父為平干王，他幼繼王爵，在國胡作非為，武帝時卒，大鴻臚奏：「前以刀賊殺奴婢，子男殺謁者，…迫脅自殺者凡十六人，暴虐不道。」因死不議罪，除國並諡為「繆王」[11]。

　　（五）劉德：楚元王劉交後裔，祖封休侯，父執輩皆在朝為官，德習黃老，有謀略，襲爵又歷官中央，與立宣帝，因功拉拔族中成員，家勢鼎盛，為人寬厚好施；但被兒子劉向拖累英名，向幼時好神仙方術，深信神仙鬼物可助煉黃金，上其術於宣帝，帝令典掌鑄作事宜，耗費甚多而黃金無成，下獄勘驗，定罪當死，劉德上書申理，旋憂懼而死，大鴻臚奏德「訟子罪，失大臣禮，不宜賜諡置嗣。」不過宣帝另有意見，最後賜諡「繆侯」[12]。

　　（六）王臨：王莽篡漢後所立之太子，先前王莽已因故殺其二兄弟，母哀怨涕泣失明，莽乃令臨進宮侍養，卻因之私通母婢，而該婢早為王莽所幸，恐事洩，謀共殺莽，未發而遭貶降為王，出居外第，更加憂恐，及母病危，寫信訴苦，言二兄弟：「年俱三十而死，今臣臨復是三十，誠恐一旦不保中室，則不知死命所在。」莽大怒，賜死並諡為「繆王」。

10　俱見《漢書・淮南衡山濟北王傳》，（冊三，頁 2135），陪繆侯應與酈堅之繆侯同為名號侯。

11　劉齊、劉元事跡，俱見《漢書・景十三王傳》，（冊三，頁 2427、2421）。

12　見《漢書・楚元王傳》，（冊三，頁 1928）。

（七）王宗：王莽之孫，封為功崇公，頗有野心，卻不識時務，竟大膽自畫容貌，圖中「被服天子衣冠」，又刻寶印，文為「肅聖寶繼」、「德封昌圖」等字，意即自居「以德見封，當遂昌熾，受天下圖籍」，明顯欲繼帝位，事發自殺，貶爵又諡為「繆伯」[13]。

（八）鄭吉：會稽人，以卒伍從軍，多次隨從出使西域，因功升郎官，宣帝時，以侍郎屯田渠黎，帶兵攻破車師，保全西域南路，又接受匈奴降將，威鎮西域，升為都護，封為安遠侯，卒後諡為「繆侯」。

（九）張勃：武帝時御史大夫張湯之後，湯冤死，子安世受重用於武帝末及昭帝時，安世兄賀，因收養皇曾孫，即後來的宣帝，兩家因功皆封侯；安世子延壽繼為富平侯，勃即延壽子，自幼襲封，在長安認識陳湯，欣賞其才能，元帝初元二年詔列侯舉茂才，勃薦之，然湯待遷時父喪，為升官竟不奔喪，司隸校尉奏湯不孝下獄，勃則因選舉不實，削封戶，鬱鬱而死，諡為「繆侯」[14]。

上述九人中，鄭吉確定為美諡，他半生效勞於邊疆，功在家國，當然沒有理由贈與惡諡，其「繆」應是「穆」之假借字；酈堅雖有爭議，也非美號，其餘七人，事證明確，都具惡意，若不使用假借法，應是「謬」字。

其實，早在秦始皇死後，趙高弄權，欲立胡亥，矯詔賜長公子扶蘇及蒙恬、蒙毅兄弟死，蒙毅不服，大罵秦朝先世：「昔者秦穆公殺三良而死，罪百里奚而非其罪也，故立號曰『繆』。[15]」這是最早聲稱「秦繆公」乃「秦謬公」之假借用法者，固然氣憤出口，也非完全無憑，證以上述七人，可見二字早被視為同意了。

王莽之後，歷東漢一朝，「繆」字未曾出現在諡號中，唯獻帝賜曹操女曹皇后為「穆」，沒用假借的「繆」字，且從此穆字就常出現了[16]。

---

[13] 王臨、王宗事跡，俱見《漢書·王莽傳》，（冊五，頁 4165、4153）。

[14] 鄭吉、張勃事跡，俱見《漢書·傅常鄭甘陳段傳》，（冊四，頁 3006、3007）。

[15] 見《史記·蒙恬列傳》，（冊四，頁 2569）。

[16] 見《後漢書·皇后記》，（冊一，頁 455）。

五、西晉北周諡繆者

　　關公封諡後不久，「繆」字很快就被應用上，此後並且接連出現，對象竟然都是西晉的開國元勳及皇室宗親。

　　（一）何曾：司馬家族從專權到篡魏的首謀之一，西晉建立，歷任顯要，位極人臣，然私生活不檢點，死後禮官議諡，博士秦秀批評「驕奢過度」、「行不履道」、「壞人倫之教」、「示後生之傲」，振振有辭的援引《諡法》云：「名與實爽曰『繆』，怙亂肆行曰『醜』。」建請諡為「繆醜公」，武帝不從，特賜為孝，後改為元。雖然最終與「繆」字插身而過，也從而可確知此字是十足的惡諡[17]。

　　（二）陳準：官至太尉，封廣陵公，卒時，太常奏上美諡，可能也如同何曾，無所建樹，所以博士嵇紹駁回，認為名實不相符，應諡為「繆」，最後不了了之[18]。

　　（三）司馬斌：乃司馬懿姪子、晉武帝堂兄弟，初封陳王，咸寧三年，改封西河王，在國一年而卒，諡為「繆」；然參照武帝對待另外兩位宗室，一為封彭城王的堂兄弟司馬權，另一為封隨縣王的晚輩司馬整，卒後都諡為「穆」，而司馬斌同為宗室，諡號竟非同字，應該大有問題[19]。

　　西晉雖只有短短的五十年，竟有三位被議諡為「繆」，上距關公定諡之年，最久不過六十年上下，當然不能說是巧合，此後唯北周薛善被諡為「繆」，善於孝閔帝時，諂媚專權的宇文護，出賣害死同事齊軌，而得到重用，高官善終，但賣友求榮，不為稍後當權的楊堅所欣賞，卒後被諡為「繆公」，當然是惡諡[20]。

17　見《晉書‧何曾傳》，（冊二，頁997）。

18　案《晉書》無陳準傳，其議諡事跡，見〈嵇紹傳〉，（冊三，頁2299）。

19　見《晉書‧宗室列傳》，（冊二，頁1114、1092及1088）。

20　見《周書‧薛善傳》，（頁624）。

六、唐朝謚繆者

唐朝被議論謚「繆」者，至少有七人，定謚者有三人。

（一）陳叔達：隋末歸順李淵，頗有才學，軍書、禪代文誥皆其所為，後又有擁護太宗之功，官至禮部尚書，但因「閨庭不理」，被劾歸第，卒後被謚為「繆」，後改為忠[21]。

（二）封倫：隋末太原起義首謀之一，初依李世民，唐朝建立後，背秦王暗通太子建成，太宗繼位，仍受重用，死後數年，太宗方知，不齒其為人，削減封戶，謚號由「明」改為「繆」[22]。

（三）許敬宗：早年追隨太宗，歷官中外，眼光敏銳，個性善變，阿附強權，依違於各大臣間，高宗時譖貶長孫無忌、褚遂良等正直之士，掌修國史，「虛美隱惡」，又貪財嫁女與皂隸富家，因私憾奏貶長子於嶺南，卒後太常議謚，博士袁思古依「《謚法》：名與實爽曰繆」，建請謚繆，敬宗子孫認為奇恥大辱，爭論多時才得以改謚[23]。

（四）裴延齡：德宗時宰相，個性詭譎多變，欺善怕惡，樹立朋黨，援引奸佞，陷害忠良，死時中外相賀，雖善終，憲宗時被謚為「繆」[24]。

（五）李程：唐朝宗室成員，由德宗至武宗，歷官顯要，敬宗時擢為宰相，不知自愛，行為不檢，放蕩輕浮，「滑稽好戲」，有失大臣風範，為人所不齒，死後無異議謚為「繆」[25]。

（六）于頔：於德宗、憲宗之際，歷任方鎮，所在囂張跋扈，請求無限，「公然聚斂，恣意虐殺」，眼中無朝廷，卒後憲宗賜與惡謚厲，穆宗時，其子申訴，改為思，不過，諸大臣交相上書，張正甫、王彥威堅稱當維持本議，而高鉞更以為頔惡跡罄竹難書，應謚為更醜陋的「繆厲」，最後以

---

[21] 見《舊唐書·陳叔達傳》，（冊三，頁 2363）。

[22] 見《舊唐書·封倫傳》，（冊三，頁 2397）。

[23] 見《舊唐書·許敬宗傳》，（冊四，頁 2765）。

[24] 見《新唐書·裴延齡傳》，（冊七，頁 5109），《舊唐書》不載。

[25] 見《舊唐書·李程傳》，（冊四，頁 4373）。

穆宗昏庸，才避過此字[26]。

（七）韋綬：乃另一方鎮，本為于頔鎮襄陽時賓佐，頗不直其縱恣，後為穆宗所重用，晚年出鎮山南西道，臨行需索無度，到鎮不用心，庶政荒廢，有虧職守，卒後議諡，博士權安請諡為「繆」，又有言宜為「通」、有言宜為「醜」，甚至有言宜為「謬醜」，無一為美諡，且竟出現「謬」字[27]。

除「繆」字，唐人也有諡為「穆」的，但完全不同音意，如平定安史之亂的名將李光弼，功在唐室，卒後諡為「武穆」；文武宗時代，文臣楊嗣復，諡為「孝穆」；而晚唐的成德軍節度使王景崇，雖祖先數代擁眾據地，不納王租，但黃巢亂起，慷慨帶兵入關協助平賊，諡為「忠穆」。以上三人，「穆」字確定是美諡[28]。

另外，張守節於開元二十四年完成《史記正義》（736），另引《周書諡法》附載於書後，其中第二十字是「穆」，第三十一字是「繆」，確定二字有別；還有，晚唐文士皮日休，在一篇論秦穆公諡號的短文中，提及其主導晉惠公繼位，致晉國多年動亂，形同嫁禍鄰國，罪大惡極，故而「諡繆為定」，口氣如蒙毅，一樣以繆為謬之假借字[29]。

總之，唐朝人所認定的「繆」字，沒有例外，就是「謬」的假借字，「繆」與「穆」早已分家，到了南宋，秦檜被改諡為「謬醜」，而岳飛則是「武穆」，連假借字也不用了，當然其來有自[30]。

26　見元稹《元氏長慶集・更賜于頔諡制》，卷 50，（頁 132）；另見《舊唐書・于頔傳》，（冊四，頁 4131）。

27　見《舊唐書・韋綬傳》，僅云「諡繆」，（冊四，頁 4245），但《新唐書》則記載極詳，（冊六，頁 4977）。

28　分見《舊唐書・李光弼傳》，（冊四，頁 3466）；楊嗣復傳，（冊六，頁 4560）；王景崇封諡見《舊唐書・僖宗本紀》，（冊一，頁 713），生平見〈王廷湊傳〉後，（冊五，頁 3890）。

29　見《文藪・秦穆諡繆論》，（卷五，頁 132）。

30　分見《宋史》秦檜、岳飛本傳，（冊 17，頁 13765；及冊 14，頁 11395）。

七、小結

從上所述，依關公前後數百年之二十人事跡中，扣除一位假借用字外，其諡號為「繆」者，皆屬惡諡，對照關公諡號，於此作一結論：

（一）美惡兼諡：「壯」字用在戰死沙場的武將，即褒功加哀憫，當代皆然，觀魏文帝諡龐德策文可知，其後也無疑義；至於「繆」字，依陳壽筆法，明確異於「穆」字，再參照關公前後人物，幾皆為負面用字，所以確定是惡諡。兩字合觀，推測後主雖正面看待關公的悲壯事跡，也沒原諒關公最終敗軍喪身。

（二）先褒後貶：雖褒貶兼有，但後主至少先肯定後否定，未抹殺獨鎮荊州之功，也沒忘情敗喪結局，等於暨憐惜又責備，依違兩邊；然後主為子姪輩，竟未能體察關公獨自對抗兩國之無奈，沒設身處地，不能「為長者諱」，徒令後世扼腕不已。差堪告慰，後主沒有全面否定，設若兩字對調，先貶後褒，其用意必定不同，後世關公信徒將不知如何接受？

（三）無損定位：無論美諡或惡諡，都無損於關公的歷史定位，在此後近千年中，評價有過高低起伏，至明清之際，成為集英雄、聖賢、神靈於一身的「關聖帝君」。今日看來，後主之諡，只是一時的評價，並非關公的歷史定論，正因為後主追諡不符世人期待，所以史上才有多次的追封、改諡。

（四）褒貶原因：關公的軍威，無論敵友，無人敢等閒視之，就算後主君臣不明細節，也定知關公孤軍無援，所以議諡先朝諸將，皆贈與美號，關公也一併受封，但為何兼用此一帶有濃厚惡意的「繆」字，文獻不足，難以推敲，可能是他昏庸無比，無心政事[31]，另一原因，宦官黃皓專權，對關公有偏見[32]。

---

[31] 蜀後主之荒唐，如〈劉琰傳〉載其妻入賀太后，留宮中月餘，琰疑其與後主有私；〈譙周傳〉載後主「頗出游觀，增廣聲樂」，（冊二，頁 1002、1027）。

[32] 散見〈董允傳〉、〈陳祗傳〉、〈姜維傳〉等，（冊二，頁 987、1065）；又《晉書‧陳壽傳》，（冊三，頁 2137），及《宋書‧五行志》，（冊二，頁 991），故世人疑其「政不由己出」。

第七節　袍　澤

　　關公的袍澤，早年當然是劉備、張飛、趙雲三位，南下荊州，諸葛亮加入，赤壁之戰結束，控制該州南北諸郡，劉備入蜀，諸葛亮、張飛、趙雲等往援，成為獨鎮，此後所謂的袍澤皆係部屬，如糜芳、傅士仁，還有廖化、楊儀、潘濬、關平，以及臨終前隨行的趙累[1]；然一時袍澤，不見得能永結同心，在緊要關頭，袍澤偶而成為致命的敵人，唯有真正的弟兄，才能「雖不同生，但願同死」。至於在民間擁有極高知名度的周倉（或作滄、蒼），及貂蟬、普淨等，均為小說家虛構的人物，本書不論[2]。

一、劉備

　　劉備（161~223），字玄德[3]，涿郡涿縣酈亭樓桑里人（今河北省涿州市），其先乃漢景帝子中山靖王劉勝，勝子貞，於武帝元狩六年封為涿縣陸城侯（-117），因獻酎金成色不足，被削爵為民，落籍地方，所以，劉備是個典型的沒落王孫[4]。

　　劉備長相奇特：「身長七尺五寸，垂手下膝，顧自見其耳」，手長耳大，是千古難得一見的奇人[5]。他豪邁善交朋友，個性仁厚，一言定交，生死不渝，且堅忍不拔，屢敗屢戰，永不灰心；但略有優柔寡斷、投機觀望之

---

[1] 廖化等人，分見其本傳，（依序冊二，頁 1077、1004、1090），趙累見〈吳主傳〉，（冊二，頁 1121）。

[2] 周倉也出現在明清方志中，見清言如泗《平陸縣志》，卷 11〈古蹟〉載「縣北三十里西祁村」有廟及古城遺址，（頁 65）；歷來諸書，或作周蒼、周滄。

[3] 案《禮記·祭統》云：「無所不順，謂之備。」而《老子》第十章云：「生而不有，為而不恃，長而不宰，是謂玄德。」足見劉備名字互訓之完美，而關張趙也類似。

[4] 劉備故鄉亭里，見《水經注·巨馬水》，卷 12，（頁 165）；案：酈道元（?~527），載其六世祖始遷居當地，論年歲，與劉備約略相當，所言應可信。

[5] 如劉備異相，史上並不罕見，長耳如東晉王導，手長如匈奴劉曜、氐人苻堅、鮮卑慕容垂、羌族姚襄，南朝陳宣帝及皇后柳氏，參閱拙作《武聖關公畫傳》，（頁99）；以及隋朝劉元進，見《北史》，（冊二，頁 1521）。

傾向。漢末在家鄉招募鄉勇討賊，關、張二人來附，從此一生戎馬，東征北伐，南逃西竄，中年以前，展轉依附於公孫瓚、陶謙、呂布、曹操、袁紹及劉表之間，沒有永遠的敵人，也沒有長久的盟友，在漢末三國群雄間，際遇可憐，其妻子曾兩度被呂布擒獲，一次為曹操所得，二女也在長阪為曹純劫掠，可謂嚐盡悲歡離合，所以近人李宗吾說他「臉皮最厚」，天下是「哭出來的」。他直到赤壁戰後才稍成氣候，逐步控制荊州，進而乘機進佔益州、漢中，成為當時鼎立三雄之一[6]。

劉備是關公、張飛的兄長兼君長，他們三人之間，既有兄弟血肉感情，又有官場尊卑倫理，相處大半生，往來融洽，生死患難，不離不棄，可謂集人間真情至性及江湖道義於一身，從初出茅廬，中經顛沛流離，威鎮一方，後又至復仇雪恨，兵敗喪身，無一刻有損交情，是千古交遊的典範。

史稱起義初期：「寢則同床，恩若兄弟，而稠人廣坐，侍立終日，隨之周旋，不避艱險。」劉備可能具備某種魅力，使得關張二人甘願效勞終身，至死不渝。建安五年兵敗，劉備奔袁紹，關公歸曹操，不久，袁紹、曹操對峙，關公於白馬力斬顏良，得知劉備下落，留下一句：「吾受劉將軍厚恩，誓以共死，不可背之。」毅然辭曹歸劉，高官厚祿竟然不能令其改變心意，非有堅決意志與深厚感情不克為此。

亂世群雄並起，投機觀望，擇主而靠，本為普遍現象，劉備就先後投靠過公孫瓚、呂布、曹操、袁紹、劉表等人，又如曹操愛將，張遼本從呂布，文聘則從劉表，張郃追隨過韓馥、袁紹，而劉備起義之初，在群雄中並不突出，以關公的神勇，要投靠英主，並無困難，然而，關公與張飛卻能從一而終，此乃是最難能可貴的忠義大節，元朝宋超稱讚他：「抱蓋世之略，絕倫之勇，固群雄所願揖下風者也，而王自重如山，一不屑顧，獨追隨罷用無聊之昭烈，溟渤可竭，誓言不渝也，金石可磨，初心不轉也。…千載之下，凜然有生氣，民思其義耳。」平實道出可貴情操[7]。

6　李宗吾《厚黑學》，轉引自張默僧，《李宗吾傳》，〈厚黑教主別傳〉代序。
7　見〈忠義武安王廟記〉，載覺羅石麟《山西通志・祠廟》，卷204，（頁35）。

　　當然，劉備也沒愧對關公，關公殉難臨沮，隨即籌畫東征報仇，雖有多人勸阻，如趙雲諫：「國賊是曹操，非孫權也，且先滅魏，則吳自服。」黃權也上疏：「吳人悍戰，又水軍順流，進易退難，臣請為先驅以嘗寇，陛下宜為後鎮。」還有，孫權也派遣諸葛瑾前來委婉求和，劉備皆不為所動，他的心事，只有魏國的劉曄知道：「關羽與備，義為君臣，恩猶父子；羽死，不能為興軍報敵，於終始之分不足。」最終，劉備仍是基於兄弟情分，而非外交戰略利益，選擇東征報仇[8]。

　　令人歔欷的，劉備以兵敗氣死收場，使得關公的悲劇結局更蒙上悽慘色彩，以致千古同悲！試從劉備兵敗，陸遜並未深入窮追，兩國亦不久即再和解，同盟抗魏，劉備這次的軍事行動算是對得起兄弟，對不起國家！在劉備看來，為兄弟犧牲一切，在所不惜，正是作為兄弟的基本道義之所在，情之深處，本與法、理不相容，此等境界，即江湖上「超道德的行為」，亦即是「義」，外人不能體會，劉、關、張會成為後人結拜之典範，其因在此[9]。

　　然而，劉備也有該罵之處。

　　建安 24 年六七月之際，劉備傾全力進占漢中，同時，獨鎮荊州的關公亦北攻襄樊，推測關公非冒然出兵，應為戰略配合，初期關公兵勢鼎盛，擒于禁、斬龐德，聲威直逼許縣，致魏吳聯軍，孫權、曹操二人皆親至前線督師，二方皆動員全國人馬，上下費盡心機，而劉備卻沈湎於漢中的勝利歡樂中，諸葛亮也不知所為何事，竟未派一兵、遣一馬以助關公，連最近的上庸守將劉封、孟達也抗不聽命，拒絕入援，致後期戰情急轉直下，關公遺恨臨沮。從是年七月，劉備回成都，到年底關公殉難，前後達半年之久，劉備為何如此疏忽，恐怕只有天知了。

二、張飛

　　張飛（？~223），字益德，涿縣忠義店人，算是劉備同鄉，與關公同為

8　見〈劉曄傳〉，（冊一，頁 446）。

9　參閱馮友蘭《新理學・不道德的道德行為》，載《貞元六書》中，（上冊，頁 168）。

劉備起義弟兄[10]。論戰陣之勇，張飛不在關公之下，如建安十三年，曹操南征劉表，劉備倉皇逃難，賴張飛率二十騎殿後，「據水斷橋，瞋目橫矛」，阻擋追兵，劉備方得逃過一劫，當然足以比美關公刺顏良之英勇。

論謀略，張飛也非泛泛之輩，如率兵入蜀之初，至江州，生擒嚴顏，卻因嚴臨死毫無懼色，義而釋之，再利用嚴顏助陣，故「所過戰克」；另外，在與魏將張郃對峙巴西之際，善用地形地勢，迂迴夾攻，相持五十餘日後，大敗張郃，守住川北，日後劉備能攻占漢中，實為首功。故而三國小說中將他描繪成霹靂火般的一員莽將，可謂全無根據[11]。

在時人心目中，關公、張飛都是「萬人之敵」，得之者昌，失之者衰。關公敗亡後，劉備伐吳報仇，時張飛駐兵閬中，當會兵江州（今重慶市），臨行，飛為親信暗殺，缺此援軍，又無大將堪任前鋒，加上嚴重戰略錯誤，終敗於猇亭，氣死永安。設若張飛不死，為關公報仇，即使不成，也不致敗兵喪身。

劉、關、張三人之間，最令後人稱道的是他們的生死交情，無論是關、張對劉備的尊敬，或是劉備對二人的倚重與愛護，從起義之初，南下荊州，屯兵新野，到見諸葛亮，交情深過舊兄弟，關、張雖然不滿，但劉備一句「猶魚之有水」，即不敢再表示異議，可見二人對劉備用情之深；而劉備的回饋，也是人間難得一見的真情，初出是「寢則同床，恩若兄弟」，此後終身定交，當然深知其脾氣及為人缺失，在張飛晚年，猶常懇切提醒要「体恤小人」，惜仍不能避免悲劇。

史上歌頌三人交情的，不勝枚舉，明代高拱所論最為貼切：「朋友而昆弟者也，昆弟而君臣者也，其交固，其義重，始終不相疑，始終不相負，後代此等君臣不可再見。[12]」

---

[10] 案《華陽國志》傳世諸本，作益德，或作翼德，任乃強《華陽國志校補圖注》，以為前者較佳；其故里「忠義店」，見光緒《順天府志·地理志》，（冊14，頁29）。

[11] 參閱禚夢庵《三國人物論集·昭烈伐吳與張飛之死》，（頁146）。

[12] 高拱《本語》，（頁42）。

三、趙雲

趙雲（?~229），字子龍，常山真定人（今河北省正定縣），本屬公孫瓚，於劉備投靠時來歸，與關公、張飛皆為起義之初老戰友，也是劉備軍馬生涯中頗為倚重的人物。

三人名與字搭配得天衣無縫，關公名羽，字雲長，張飛字益德，趙雲字子龍，都含有鵬程萬里、風雲際會之意，而劉備字玄德，更具兼而有之、玄妙不可推測之深意，因而有人懷疑，三人名與字似均經劉備更改重定，否則不當如此巧合[13]。

趙雲為人老成持重，不好出風頭，似也較少獨當一面，因而名氣不如關張二將，但對蜀漢的貢獻可不能小覷，如劉備兵敗徐州，往依袁紹，關張失散，只有趙雲相從；當陽逃難，保護劉備家小，身抱幼主，護衛甘夫人，血戰出險，與張飛斷橋殿後同為最大功臣；劉備入益州，孫權派船接回其妹孫夫人，夫人挾劉禪同行，雲與張飛勒兵截江，乃得後主而還；漢中之役，與黃忠襲取魏軍糧草，用少擊眾，以疑兵取勝；劉備征吳，雲諫當深謀遠慮，備不聽，僅令坐鎮後方，及至猇亭兵敗，雲進軍白帝，穩住局勢；諸葛亮第一次出兵伐魏，主力潰散，惟雲全軍而退。

因此，論軍功、論勇武，趙雲不在關張之下，然而，劉備雖曾盛稱「子龍一身都是膽也」，卻較少賦予他方面重責大任[14]。後人最感扼腕的，關公獨鎮荊州，幾無外援，而張飛、趙雲卻均在川北、漢中一帶，若有一人於此略為犄角，也許局勢完全改觀，關公就算敗走麥城，也不致回不了益州。

四、諸葛亮

諸葛亮（181~234），字孔明，山東琅邪人（今臨沂市），族中兄弟多人俱有才華，名重當時，漢末天下大亂，因緣際會，出處均不相同。長兄諸

13　祿夢庵《三國人物論集·關張與趙雲》，（頁 152），其實「備」、「玄德」二詞，古代經典與史籍多所闡明，而關公的「羽」、「雲長」互訓，史上亦有類似事例。

14　見本傳裴注引《雲別傳》，（冊二，頁 950）。

葛瑾，字子瑜，避亂江東，投東吳孫權，赤壁戰後，曾代孫權要求劉備歸還荊州諸郡；建安二十四年冬，隨吳軍征關公，有功，封宣城侯，呂蒙卒後，代為南郡太守，駐公安；劉備出兵伐吳，瑾出使求和，修書與劉備，勸當「論其輕重，及其大者」，又以「陛下」稱劉備，認為「關羽之親何如先帝？荊州大小孰與海內？」意要劉備以大局為重，認清共同敵人乃曹操陣營，可惜他這一番理性的話，傳不進熱血沸騰的劉備耳中[15]。

　　諸葛亮因早孤，隨從父諸葛玄依荊州牧劉表，定居襄陽城西隆中，躬耕隴畝，讀書自娛，學養頗深，每自比於管仲、樂毅。當劉備屯兵樊城，因徐庶之推薦，「三顧茅廬」，方才得見，亮為分析當前天下局勢，認為曹操霸業將成，「挾天子而令諸侯」，所以「不可與爭鋒」，當善用謀略應付；孫權盤據江東，已歷三世，「可以為援而不可圖」，是結盟的對象；而劉表所據的荊州則形勢適中，乃「用武之國」，惜其才略有限，故當視為「天所以資將軍」，應妥善利用；至於西邊的益州：「沃野千里，天府之土」，形勢險要，物產豐饒，與稍北的漢中如脣齒相依，而控制此地的劉璋、張魯二人，皆係庸才，若能取而代之，則兼有荊州、益州，足與曹操、孫權鼎足而立，而若機會成熟，兵分二路，一由荊州向洛陽，一由川北入關中，則中原或能到手，「霸業可成」。

　　此即有名的「隆中對策」，時在建安 12 年（207），諸葛亮「神機妙用」的形象定位就是從此開始的。不過，諸葛亮的戰略是否始終堅持如一，以荊州、益州為共同根據地，外結孫權，對抗曹操，倒是值得探討。

　　赤壁戰前，諸葛亮親見孫權，說服共同抵禦曹操，戰後劉備西入益州，與關公、張飛、趙雲等共同鎮守荊州，建安 19 年，率兵西援劉備，留關公獨鎮荊州，此後劉備忙於漢中，調兵遣將，精銳盡出，而諸葛亮則留守成都，主掌後勤支援，足食足兵，克盡職責，在此之前，其戰略沒變；但建安 24 年後似乎改觀，年初，漢中軍情吃緊，荊州明顯被忽略，關公孤懸千山萬水外，足堪獨當一面的大將，無一在此，兵源如何，不得而知，當北伐

15　見〈諸葛瑾傳〉，（冊二，頁 1231）。

時，糧草未獲益州方面支援，以致關公不得不調用東吳湘關儲米，留給東吳出兵藉口，更何況他們早就處心積慮要奪回荊州呢[16]！而曹操陣營，始終沒有疏忽襄陽、樊城的守備，坐鎮諸將如曹仁、文聘、樂進等人，都是懷著很深的戒心。

魏、吳兩方如此，而蜀漢卻非常不可思議。劉備沉湎於漢中的勝利，志得意滿的分封諸將，也不見諸葛亮有任何處置，像是任由關公自生自滅，忘掉了荊州的重要，與其「隆中對策」嚴重違背，為何如此？是否為諸葛亮的「君子之腹」，度東吳的「小人之心」，以致天真的堅信吳蜀盟好，而疏於防範，今日已不易窺知[17]。

諸葛亮在關公兵敗後，仍堅持吳蜀和好，反對劉備出兵為關公報仇，但不像趙雲、黃權冒言直諫，只在劉備兵敗後大嘆：「法孝直若在，則能制主上，不令東行。」此後蜀漢失去荊州，諸葛亮雖抱著「鞠躬盡力，死而後已」之決心，仍以東吳為盟友，多次出兵由漢中北伐，但失去一條手臂後，難以用力，始終不能給予魏方致命一擊，是以軍興頻繁，卻遺恨定軍山[18]。

平心檢討，其「隆中對策」極有遠見，惜未嚴加執行，只做到一半，沒有堅持「跨有荊益」，未適時軍援關公，致喪失荊州後，力不從心，難怪北魏崔浩對他頗有意見：「亮之相備，英雄奮發之時，君臣相得，魚水為喻，而不能與曹氏爭天下，委棄荊州，退入巴蜀，守窮崎嶇之地，僭號邊夷之間，此策之下者，…豈合古之善將，見可知難乎？[19]」而清朝趙翼也以詩批評：「武侯事先主，身任帷幄籌，草草隆中對，後來語皆酬，如何一著棋，忘卻援荊州？[20]」

---

[16] 見〈呂蒙傳〉，（冊二，頁1278）。

[17] 參閱祥夢庵《三國人物論集・關羽之敗與蜀漢之衰》，（頁143）。

[18] 此語出自俗稱〈後出師表〉，裴松之案云：「此表亮集所無，出張儼《默記》。」（冊二，頁924），明顯懷疑為偽作。

[19] 見《北史・毛脩之傳》，（冊二，頁988）。

[20] 見《甌北詩鈔・讀史》，（頁6），另在〈又和荊州咏古〉，再云：「如何一局無援著，疑案常應咎臥龍。」（頁342），更露骨直接點名，關公之敗，諸葛亮難辭其責。

第八節 敵 友

關公一生，固有生死之交，但徘徊敵友之際者亦不少，值得討論的，如曹操、孫權、糜芳、傅士仁、劉封、孟達，共計六人。

一、曹操

曹操（155~220），字孟德，沛國譙人（今安徽省亳縣），少機警，有權謀，善應變，又好兵法，長於統御，其前輩許劭稱之「治世之能臣，亂世之姦雄」[1]，在漢末群雄中，出身條件不比劉備等人好，但眼光獨到，肯接受建言，廣納英雄好漢，故能從一個小地方官，進而縱橫捭闔，依序敗陶謙、殺呂布、扼袁術、收張繡、趕劉備、滅袁紹，統一中原地區，若非時運不濟，兵敗赤壁烏林，極可能也是一位開創新朝的帝王。

在小說、戲劇中，曹操是不折不扣的姦雄，其實是被徹底醜化，以關公遭遇來論，他算得上夠江湖義氣，無論是作為朋友或敵人，關公對他應無怨言，二人的敵友關係頗為曲折，約可分為三階段。

首先，亦敵亦友時期：漢末起義，共同討伐的對象是黃巾，黃巾平後協力對付大軍閥董卓，敵人明確，所以站在同一陣線；董卓死後，爭徐州，劉備支持陶謙，而陶謙曾害死曹操之祖曹嵩，故劉備為曹操所不容，但因潛在敵人太多，不久又和好；而呂布展轉各地，後投劉備，共禦袁術，有利曹操，於是曹操表封劉備為宜城亭侯；不久，呂布、袁術暗通款曲，劉備敗走，西奔許縣投曹操，操助之以敵呂、袁，其後二人相繼敗亡，曹操控制河南，袁紹則統一河北，新衝突又即將發生。此時期，關公追隨劉備，唯其馬首是瞻，而曹劉今日為友，明日為敵，可敵可友，完全基於利害情勢而定。

---

1 見〈武帝紀〉裴注引孫盛《異同雜語》，（冊一，頁 3）。然《世說新語・識鑑》作「亂世之英雄，治世之姦賊」（頁 292）；而《後漢書・許劭傳》則作「清平之姦賊，亂世之英雄」，（冊四，頁 2234）。

　　其次，暫歸曹營：從關公敗歸曹操，到白馬之戰結束，關係至為親密，一個仁盡，一個義至，無論是君子之交，抑或是江湖弟兄，皆堪為典範。

　　建安五年正月，曹操不欲劉備坐大，妨礙霸業，何況劉備還暗通河北死對頭袁紹，於是親自東征，擄備妻子，並擒關公以歸，曹操極為禮遇關公，拜為偏將軍；此時黃河南北袁曹對峙型態已成，袁紹旋派將軍顏良攻白馬，曹操率兵北救，關公為前鋒，刺良於萬眾之中，這一戰，成就關公千古英名，機會當然是曹操給的。

　　白馬之戰迅速落幕，曹操欣喜之餘，表封關公為「漢壽亭侯」，即使只是虛銜，但已是當時有功武將的最大榮寵，何況還是關公一生唯一的爵賞，而劉備與關公之關係非比尋常，此後不曾另賜一爵，足見其彌足珍貴。

　　然而，曹操禮遇，並無法令關公「利祿薰心」，關公念茲在茲的仍是起義弟兄，而曹操也已察覺關公投歸只是不得已的權宜措施，知他必無久留之意，因此要張遼探問，關公答語極妙，理性感性兼而有之，意即私恩必以私恩回報，而兄弟之交超乎一切之上，必須「誓以共死，不可背之」，任何艱難險阻、利害誘惑都不能當藉口。此語字字擲地有聲，傳誦千古，令曹操讚嘆為「天下義士」。果然，殺顏良之後，關公探知劉備在袁紹處，雖有優渥賞賜，仍毅然「盡封所賜，拜書告辭」，曹操左右不明心意，請求派兵攔阻，曹操則當作機會教育，認為「各為其主」，慷慨予以放行。

　　關公與曹操的親密關係，在官渡會戰前結束。檢討此段交情，只有短短二個月，確有著可歌可泣的情節。先前，關公對曹操觀感如何，史無名文，難以窺知，但曹操對關公則欣賞有加，於公，關公此後成為敵人，對敵人，曹操不曾手軟，對關公自不例外，但可敬的敵人可以征討，不一定要設計陷害，甚至在對方身陷絕境時尚存助其脫身一念，或許正是關公超水準情操的反饋，但若無曹操的百般籠絡，安能顯現關公的千古義舉呢？

　　最後，荊州時期：從赤壁之戰前，至關公獨鎮止，雙方等同交戰國關係。建安 13 年，曹操南征荊州，劉備倉卒率眾南逃，另遣關公由水路東南行，預期會於江陵，曹操以江陵城軍輜充裕，恐劉備入據，於是輕騎南下，一日一夜，於當陽長阪追及劉軍，劉備棄妻子逃竄，留張飛、趙雲殿後，曹

軍受阻於二員猛將，可惜，關公另由水路南行，否則二位老朋友見面，不知結局如何？

　　隨後赤壁烏林會戰，曹操以優勢兵力，志在必得，而劉備、孫權二方則以哀兵之態，協力防禦，而運籌帷幄，則以諸葛亮、魯肅為主，戰陣調度似在周瑜，關公等人雖「身在行間，寢不脫介」，反退居次要地位。

　　赤壁戰後，劉備逐步控制荊州西部地區，先以關公為襄陽太守，屯江陵，諸葛亮、張飛、趙雲協防，而曹兵仍控制襄陽、樊城，雙方遠遠對峙；不久，劉備西入益州，關公獨鎮荊州，數年之間，聲勢日上，南征江南，東拒孫吳，北進襄樊，於建安二十四年中聲勢達於鼎盛，曹操甚至考慮遷都以避其銳氣，在蔣濟、司馬懿二人建議下，唆使孫權偷襲後方，曹操陸續增援，此後戰情迅速變化，關公遭前後夾擊，樊城久攻不下，援軍不至，曹操又親至前線，指示將孫權欲偷襲書信射入營中。此後就是關公的沒路，節節敗退了。

　　曹操的這一箭，可以做不同的解讀。

　　以公的立場，這是權謀，告知關公，後方有變，以瓦解其軍心士氣，敵消我長，自然獲利。這算是姦雄的陰謀嗎？應該不是！戰場上奇正互用以制壓敵軍，本就天經地義，因此，曹操的這一箭還含有私人情分。

　　這應從赤壁烏林戰後曹操的戰略部署來論，此時期，曹操的行軍重點有三：西是漢中，中是荊州，東是淮南。

　　漢中原為張魯所據，魯降操，後為劉備所攻佔。論其形勢，漢中為益州北方憑障，也是關中南方腹地，由此下益州，乃由高往下，故易；由此北進關中，因地勢險惡，棧道行軍不易，故難。所以曹操雖重視漢中，也曾親至此地督師，但不能據為己有，失之也不致驚慌失措，守住關中，即使蜀軍越過南山，已成為強弩之末，無足深慮，其後諸葛亮多次由此北征，不能取勝，地理形勢當為重要因素。

　　至於孫權所據的江東及淮南部分地區，曹操採行的是主動攻擊戰略，終曹操後半生，親自帶兵南征孫權共三次，分別在建安 17 年至 18 年、19 年、21 年至 22 年，短短五年間，軍興頻繁，自有重要原因與目的，難怪孫權責

曹操「足下不死，孤不得安」[2]；更有甚者，曹丕當權後不到半年，又迫不及待的親征，終其在位七年間，亦效法乃父，前後也共三征東吳。總之，由魏方戰略部署看，顯示曹操對荊州及關公的溫和與仁慈。

最後論曹操如何看待荊州。荊州位長江中游一帶，平原一片，四通八達，其戰略形勝，時人多有談及，諸葛亮說：「北據漢沔，利進南海，東連吳會，西通巴蜀，此用武之國。[3]」魯肅說：「荊楚與國鄰接，水流順北，外帶江漢，內阻山陵，有金城之固，沃野萬里，士民殷富，若據而有之，此帝王之資也。[4]」所以荊州為「東南重鎮，吳蜀門戶」[5]，有識者皆知，但曹操又如何部署呢？赤壁烏林戰後，曹操匆忙北返，留曹仁守江陵、樂進守襄陽，曹仁未能保有江陵，卻守住襄陽，成為魏方在荊州地區的重要據點。但曹操似未認真經營，不久，曹仁也調離[6]，未見派遣其他名將進駐[7]，明顯的採取守勢，其間只有文聘、樂進對關公進行的小型騷擾戰[8]，直到建安 23 年，關公勢盛，南陽地區不穩，才再派曹仁坐鎮樊城，隔年，襄樊會戰，此前魏方不曾主動出擊。曹操為何如此？是他看出吳蜀二方利害衝突，「外睦而內相猜防」[9]，寧願「隔山觀虎鬥」？或是對關公的一份舊情？文獻不足，無法深論，然合觀其他相關事跡，曹操對關公的情誼確定至死無虧。

所以，這一箭，若以私情論，曹操希望關公全身而退，在軍情緊急之際，時機稍縱即逝，預作警告，既可顧及私情，對己方又十分有利，更何況保有關公，免得東吳進據荊州，讓二者相互牽制，正可減輕襄樊守備，故而稍後關公撤圍，並未下令乘勝追擊；次年年初，孫權將關公首級送至洛陽，

---

[2]　見〈吳主傳〉裴注引《吳歷》，（冊二，頁1119）。

[3]　見〈諸葛亮傳〉，此為「隆中對策」語，（冊二，頁912）。

[4]　見〈魯肅傳〉，（冊二，頁1269）。

[5]　顧祖禹《讀史方輿紀要》，卷78，（冊四，頁3330）。

[6]　見〈曹仁傳〉，曹仁調離襄陽一帶為禦馬超，（冊一，頁275）。

[7]　曹操此時所倚賴的名將有于禁、張遼、樂進、張郃、徐晃，見〈于禁傳〉，（冊一，頁523）。

[8]　分見〈文聘傳〉、〈樂進傳〉，（冊一，頁521、539）。

[9]　此為關公本傳裴注引《典略》後案語，（冊二，頁942）。

曹操以諸侯禮儀埋葬之，數日後曹操也死[10]。

後人對曹操，特別是南宋以來，貶多於褒，但就事論事，他對關公的情誼，於公於私，始終如一，既對得起朋友，也對得起國家，理性與義氣兼顧，不愧為千古梟雄！近人貶之「心腸最黑」，乃受《三國演義》之影響，非為確論。

二、孫權

孫權（182~252），字仲謀，吳郡富春人（今浙江省富陽縣），傳說係兵法家孫武之後，他靠父兄基業立足江東，二十歲不到已是獨據一方之雄，在三國群雄中，最為幸運，又具統御能力，善於籠絡人才，肯察納建言，緊急關頭能當機立斷，兼滑頭善變，唯利是問，不惜顏面，身段超軟，故足以維持霸業，成為鼎立英雄之一，近人稱之「半黑半厚」[11]。

他與蜀漢的關係，全看外在形勢而定，盟約因曹魏壓力不得不維持，而爭荊州起衝突，及偷襲關公後方，則全著眼在己方利益上，故而與關公的關係時敵時友，相較於曹操，他的敵意深多了，更何況他與關公全無私交。

孫權與關公之往來，於赤壁烏林之戰前後較為密切，建安 13 年年中，曹操南征，劉表病卒，魯肅勸孫權藉弔喪觀察局勢，於長阪會見劉備，表明結盟抗曹之意，劉備欣然同意；十月，曹操兵敗，關公等助周瑜再敗曹仁，入據江陵，逐步控制荊州地區；次年，周瑜分大江南岸地區助劉備安頓士眾，15 年年底，劉備因南岸地小，親至京口見孫權，求借江陵等地，周瑜力阻，獨魯肅勸借之以共拒曹軍，劉備遂擁有荊州；此後至 19 年，曹操忙於關中、漢中，劉備則西入益州，孫權急於整頓後方，故吳蜀盟約未曾生變，在此期間，關公在荊州一帶仍非獨當一面之要角，孫權對關公觀感如何，無法推測。

---

[10] 見〈武帝紀〉，（冊一，頁 53），及關公本傳裴注引《吳歷》，（冊二，頁 942）。

[11] 李宗吾認為，孫權領導既不像曹操黑，也不像劉備厚，乃二者混和，稱之「半黑半厚」。

　　建安 19 年中起，情勢改觀，盟約藕斷絲連，孫權著眼在私利上，而關公又獨鎮荊州，雙方敵意漸深，終至不可收拾，其中影響孫權決策最深者為周瑜、魯肅、呂蒙三人。

　　周瑜對關公無好感，除赤壁烏林會戰不得不同心協力外，他向來都堅持東吳自身的利益，反對將荊州江北四郡借與劉備，死前又主張西取益州，不令劉備有壯大的機會；魯肅不同，他老成持重，外交軍事並重，著眼大局，同意讓出荊州；至於呂蒙，與周瑜同樣只重己方利益，對關公懷有很深敵意，曾告知魯肅：「今東西為一家，而關羽實熊虎也。」意要俟機先下手為強，他又詭計多端，先前在爭南方三郡時，騙降零陵太守郝普，已顯露無遺。

　　三人之中，呂蒙對孫權的建言以及毒計，對關公最為致命。建安 22 年，魯肅卒，呂蒙代之，完全推翻聯盟策略，認定關公位居上流，如刺在背，且「羽君臣，矜其詐力，所在反覆，不可以腹心待也」，當乘機圖之，則「全據長江，形勢益張」，孫權完全接納。

　　其實，孫權也很想控制荊州一帶，只是能力不及，當劉備取得益州，即派諸葛瑾，要求歸還當初所借的荊州數郡，備不從，乃自置江南三郡長吏，關公盡數驅逐；不久，又派呂蒙攻江南三郡，雙方一度劍拔弩張，靠魯肅單刀約會，衝突暫時降溫，而曹操正於此時出兵漢中，劉備只得妥協。不過，孫權似未滿意，始終認為荊州為其所有，終於機會來了，建安 24 年，關公出兵襄樊，後防守軍頓減，即使沒有曹操用計，孫權也不會錯過。

　　憑情而論，孫權志在必得荊州，可以諒解，偷襲也是戰場計謀，關公本該提防，但孫權極度欠缺的，是為人處世的格調，國與國的對等尊嚴，將要偷襲，竟寫信呈曹操，稱「討羽自效」，又勸曹操稱帝，殺關公送首級，想嫁禍給曹操，卻接受曹操所封的驃騎將軍、荊州牧、南昌侯等官爵，不像一方霸主，倒似奴顏婢膝小人、無恥政客，難怪魏方人士瞧不起他[12]。

　　孫權此等騎牆態度，時位為魏王世子的曹丕非常厭惡，關公首級送到洛

---

[12] 見〈武帝紀〉、裴注引《魏略》，（冊一，頁 52）；及〈吳主傳〉、裴注引《魏略》（冊二，頁 1121、1127）。

陽，曹丕寫信給鍾繇，有云：「顧念孫權，了更斌媚。」先罵他為小人，意猶未足，再一信云：「若權復點，當責以汝南月旦之評，權優游二國，俯仰荀、許，亦已足矣。」曹丕竟然想把孫權交給汝南名士許劭、荀彧等人公開品評，可見多麼不齒孫權[13]！

然而，孫權似乎不知詐術已被魏方看穿，繼續耍弄。六月，曹丕繼承魏王（建安 25 年，尚未篡位，但改為延康元年，十一月又改為黃初元年，220），隨即大兵南征，孫權急遣浩周當特使，上書謙卑自稱「權之赤心，不敢有他」，「梟獲關羽，功效淺薄，未報萬一」，還說將於十二月送子至京為人質，使盡甘言巧語，然始終未有實際行動[14]。

黃初二年七月（蜀漢章武元年，221），劉備出兵為關公復仇，一得消息，孫權急遣諸葛瑾求和，稱劉備為「陛下」，同時也上書曹丕：「劉備支黨四萬人，馬二三千匹，出秭歸，請往掃撲，以克捷為效。」再向魏方稱藩，並送回于禁，接受冊封為吳王[15]。

三年閏六月，打敗劉備，再上書稱功，曹丕藉機要求盟誓，並徵任子，孫權仍藉故拖延，魏方君臣忍無可忍，大臣們紛紛上章批駁：「與關羽更相覘伺，挾為卑辭」，「邪辟之態，巧言如流」，「自以阻帶江湖，負固不服」，實為「犬羊之姿，橫被虎豹之文」，前後共列出十五條罪狀，認定他已「逆節橫生」，顯然地，魏方準備要再出手教訓他了。

九月，曹魏兵分三路攻吳，孫權才知道危險，不過，還是老招數，陰柔卑詞上書，請求：「若罪在難除，必不見置，當奉還土地民人，乞寄命交州，以終餘年。」曹丕聽信他，暫緩出兵，他就沿江守備，又派人到白帝城向劉備致意，希望復結盟約，倚蜀自重。

後來，曹丕、劉備相繼稱帝，他何嘗不想，只是瞻前顧後，毫無膽識，劉備於黃初二年四月即帝位，他也自公安遷至鄂縣，改名武昌，新城完工，

13　見〈鍾繇傳〉裴注引《魏略》，（冊一，頁 396）。
14　見〈吳主傳〉裴注引《魏略》，（冊二，頁 1127）。
15　見〈諸葛瑾傳〉，（冊二，頁 1232）；及〈文帝紀〉裴注引《魏書》，（冊一，頁 79）。

還訓示諸將：「宜深警戒，務崇其大，副孤意焉。」用意至明，但年底還是接受曹丕吳王封號，隔年，自立年號黃武，然皆未敢明目張膽，仍與魏、蜀往來交好，一直躲閃，直到曹丕已死三年（黃龍元年，229），才正式公開，總計稱帝大事，遷延八年方定案，實在不像個英雄好漢[16]！

總之，孫權陰謀層出，脊骨不直，「反覆傾危，唯利是視，用柔勝剛，陰謀狡獪。[17]」故而，後世同情關公、咒罵孫權的不在少數，朱子即以為曹操「欺人孤兒寡婦」，及曹丕篡位，均屬「漢賊」，是歷史罪人，而孫權毀壞蜀漢重要據點，更是賊中之賊，「才到利害所在，便不相顧」；至於明清以來的關公信徒，更不會饒他，而近人一樣頗有微詞[18]。

三、麋芳及傅士仁

關公迅速敗亡，蜀漢方面有四人最難辭其咎：麋芳、傅士仁、劉封及孟達。

麋芳，字子方，東海朐人（今江蘇省東海縣）[19]，家世業商，資產頗豐，僮僕無數，兄麋竺，初從徐州牧陶謙，謙卒，兄弟轉從劉備於下邳；建安元年，呂布偷襲，擄劉備妻子，二人進妹為劉備夫人，又出資助軍，附贈奴客二千，劉備聲勢復振；曹操旋表竺領嬴郡太守、芳為彭城相，二人從此追隨劉備，至荊州，竺後入蜀，芳則為南郡太守，與關公共事。

建安 24 年，關公北攻襄樊，麋芳駐江陵，將軍傅士仁屯公安，二人留守，不僅是後方重鎮，亦為軍需所賴，在緊急之際，兵糧供給不足，可能是關公的武將專斷姿態，二人有不受倚重之感，又聽關公說：「還當治之。」意即凱旋之後要追究責任，更加疑懼不安，而二人也非可用之材，未盡心後

---

[16] 俱見〈吳主傳〉，及裴注引《魏略》，（冊二，頁 1125~1134）。

[17] 見王鳴盛《十七史商榷・孫氏陰謀》，卷 42，（頁 220）。

[18] 見《朱子語類》，（卷 136，冊八，頁 5191）；另參閱譙夢庵《三國人物論集・論孫氏父子》，（頁 35）。

[19] 麋芳，籍貫見〈麋竺傳〉，（冊二，頁 969），字見〈楊戲傳〉後陳壽附註，（冊二，頁 1090）。

方守備，以致東吳呂蒙兵稍作偽裝，即騙過沿江守備：「斥候不及施，烽火不及舉」，直驅而至公安，傅士仁初尚拒守，虞翻致信：「死戰則毀宗滅祀，為天下譏笑。」竟然就流涕而降；而糜芳更早無鬥志，初期因江陵城失火，燒毀不少軍資，遭關公責難，孫權知道消息，暗中勸誘，心已動搖，及呂蒙軍至，未派一兵抗拒，即以牛酒出迎，二人一降，關公後方全失，撤師南下，進退失據，不久殉難。其實，吳方也瞧不起二人，如虞翻罵：「失忠與信，何以事君？傾人二城，而稱將軍，可乎？[20]」

四、劉封及孟達

劉封，本姓寇，母姓劉，劉備至荊州，因未有後嗣，見其氣力過人，養為己子，後隨諸葛亮援軍入益州，勇敢善戰，以功封副軍中郎將，後又從攻漢中，甚受倚重。

孟達，字子度，扶風人（今陝西省鳳翔縣），建安 16 年，曹操攻漢中張魯，益州牧劉璋恐受波及，遣法正、孟達至荊州迎劉備協防，劉備留孟達同守江陵，益州平定後，以達為宜都太守；建安 24 年初，劉備在漢中與魏軍僵持，命達從秭歸北攻房陵，又攻上庸，劉備恐達難以獨當一面，另派劉封從漢中順漢水而下，統領孟達軍，進占上庸。

此時劉備佔據整個漢中，聲勢頗盛，而關公又揚威荊州，準備進軍，二者遙相呼應；隨後關公北攻，多次令劉封、孟達出兵相助，若此，則西北、東南合攻，襄樊的曹軍可能遭受更大壓力，關公或能迅速攻陷此二重鎮。可惜，劉封瞧不起孟達，又不聽關公命令入援，不久，關公敗亡了[21]。

劉備極恨劉封不出兵助關公，隱忍未發，後來，劉封又擅奪孟達兵權，達忿而降魏，合魏兵還攻劉封，又以書勸封降魏，封不聽，敗退回成都，劉備數罪並責，諸葛亮慮及劉封剛猛本性，恐終難駕馭，贊成乘機除之，於是賜死，劉備後來聽說他曾拒絕孟達招降，為之流淚三嘆。

---

[20] 見〈虞翻傳〉，（冊二，頁 1321）。
[21] 上庸、房陵之方位及建置沿革，參見《水經注·沔水》，卷28，（頁 357）。

　　至於孟達也非忠誠之士，他降魏，寫信辭劉備：「荊州覆敗，大臣失節，百無一還。」還說「臣誠小人，不能始終。」衡量當時局勢，固然情有可原，但心志不堅，建興三年（225），諸葛亮有意策反，費詩以其反覆而勸阻，後達自致意欲回蜀，事洩，司馬懿來討，亮不救，致為所殺，依違兩方，最後當然沒好下場[22]。

　　總而言之，由曹操至孟達，關公與他們周旋，無論在行軍作戰，或政治外交事務，乃至私人交情等錯綜複雜的關係，印證了一句俗語：「沒有永遠的朋友，也沒有永遠的敵人。」至於關公最後失敗，該怪罪何人呢？明代楊琚，曾以歌哀之，略云：「襄沔不通兮，縱吳魏之夾攻，既不利於徐晃兮，復中計於阿蒙，弛士卒之戰心兮，芳仁之內訌，斷其徑路兮將何從，見危授命兮，為臣死忠。」算是能設身處地看待此一悲劇結局，至於著眼千年後世，形勢自又迥異，明朝宋儀望詩：「魏宮吳闕俱泯沒，君侯祠宇滿中原。」一語道盡曹孫關三人的後世定位[23]。

---

[22]　孟達事跡，俱見〈劉封傳〉、〈費詩傳〉，（冊二，頁 991、1016）。

[23]　楊琚〈重修武安王墓祠碑記〉，見《關帝事蹟徵信編·墓寢》，卷七，（冊三，頁 243）；宋儀望詩，見同書同卷，（頁 222）。

第三章　英　雄

　　三國時代劉邵《人物志》有云：「草之精秀者為英，獸之特群者為雄，故人之文武茂異，取名於此；是故聰明秀出，謂之英，膽力過人謂之雄，此其大體之別名也。」依此，文武全才，超凡出眾者就是「英雄」。

　　具體言之，膽識過人，敢於冒險犯難，尤其在衰亂之世，率先挺身而出，登高一呼，引領風潮，尤易受人敬重，如秦末陳涉、吳廣、項羽、劉邦等，而東漢末年，天下大亂，自也是英雄逐鹿中原的好時機，曹操就曾告訴劉備：「今天下英雄，唯使君與操耳。」所以，英雄多出現在亂世[1]。

　　關公當然毫無疑問是英雄，然而，小中可以見大，大中可以見小，品評人物，本就不易獲致共識，要論定其功過，可著眼之處極多，如戰陣勇猛、謀略運用、進退去就大節、最後成敗，乃至袍澤互動、日常做人處世細行等，不同時代背景，焦點不同，評價自是有別，因而，極難「蓋棺論定」。

　　就「英雄」身分而言，關公歷史評價並非一路上升，而是褒貶浮沉，交錯其間，約可分三期：一、雄風遠揚期：從漢末到南北朝末，約三百年，地位崇高，是勇不可當的萬人敵，當然更是武將的表率。二、沒落沉潛期：從隋唐到南宋，六百年左右，地位陡降，至多擠身於武將之列，只有少數人欣賞他，尤其在南宋時代，更是跌至谷底，文人多所指責。三、復原上升期：宋末金元之際，至於明朝中葉，忠義事跡逐漸再受世人肯定，上下約三百年。

　　本章即以關公為歷史人物中的英雄而論，共分六節，與下章〈神靈〉部分重疊，因關公就在英雄沉潛期成神，礙於專題，不得不分開論述。

---

[1]　見《三國志·先主傳》，（冊二，頁875）。

第一節　當代萬人敵

　　關公在當代人心目中地位為何？自當依其政治立場而論。

　　關公的名氣初出即已傳播開來，主要是戰陣之勇。早期關公、張飛追隨劉備，活動於河北、徐州一帶，與曹操周旋機會較多，故曹方了解較深，戒心雖重，評價極為正面；而中晚年，從流落許南新野，到獨鎮荊州，與魏吳二方均有接觸，東吳人士不同於魏方，敵意與戒心一樣深，評價不高；至於遠在西方的益州，似是早已仰慕其名氣，而同僚則褒貶兼而有之。

一、魏方及益州稱讚

　　曹魏方面，因對付黃巾、呂布、袁術等人，與劉備陣營有數次結盟，又因自身利害而反目成仇，當然彼此相知較深。

　　建安元年下半年（196），劉備屯兵小沛，呂布不欲其壯大，率兵來攻，劉備敗逃許縣投奔曹操，程昱勸曹操：「觀劉備有雄才而甚得眾心，終不為人下，不如早圖之。[1]」程昱應是指明劉備身邊有強人，須及早防範，幸曹操未聽從建議，此後劉曹短暫為同盟戰友，來往於許縣、小沛一帶；四年春，袁術窮途末路，欲經徐州，北連河此堂兄袁紹，曹操遣劉備於中途攔截，程昱再度勸阻，而董昭也說：「備勇而志大，關羽、張飛為之羽翼，恐備之心未可得而論也。[2]」曹操才動心，但劉備已上路，追悔不及，事後證明，程、董二人所見為是，果然劉備不甘久為人下，很快就控制徐州，轉身與曹操抗衡。

　　建安 13 年，曹操親征荊州，劉備慌亂南奔，而後與孫權合盟，此前劉備即經常騷擾許縣以南一帶，與曹方多次短兵相接，曹操當然不能容許，至劉備慌亂南逃，魏方議論孫權能否接納，程昱鐵口直斷說：「孫權新在位，未為海內所憚，曹公無敵於天下，初舉荊州，威震江表，權雖有謀，不能獨

---

[1]　見〈武帝紀〉，（冊一，頁 14）。
[2]　見〈董昭傳〉，（冊一，頁 438）。

當也；劉備有英名，關羽、張飛皆萬人敵也，權必資之以禦我，難解勢分，備資之以成，又不可得而殺也。」後果如所料[3]。

20 年三月，曹操親征漢中張魯，七月攻占之，劉曄上言當乘機進取益州，稍遲則「諸葛亮明於治而為相，關羽、張飛勇冠三軍而為將，蜀民既定，據險守要，則不可犯矣，今不取，必為後憂。[4]」事後也證明劉曄有先見之明，而其稱關張「勇冠三軍」，與先前程昱的「萬人敵」，也如出一口。

24 年年中，關公攻襄樊，而孫權圍合肥，魏方兩面受敵，但曹操顯然較為關心襄樊守備，除從中央派兵往援，又陸續調撥各地大軍，揚州刺史溫恢即看出當前局勢，告訴兗州刺史裴潛云：「此間雖有賊，不足憂，而畏征南方有變，今水生而子孝縣軍，無有遠備，關羽驍銳，乘利而進，必將為患。[5]」果如溫恢所料，曹操更在意關公攻襄樊，隨即增調張遼及揚州、兗州士眾西進；而隨從徐晃往援曹仁的趙儼，在前線親睹關公軍容之盛，曹仁被圍，猶如甕中之鼈，援軍一時無法解圍，恐城內守軍不支，晃聽從儼議，挖地道潛通消息，激勵士氣，後來諸路援軍會合，逐步攻破各據點，關公退出樊城，然水軍仍控制漢水，南岸襄陽猶隔絕不通，魏方雖傾全國之力，一時也無法擊退關公，若非孫權偷襲，勝敗猶在未定之天。

這年年底，關公因孫權偷襲，殉難臨沮，稍後曹丕詔問群臣，議論劉備當為關公征吳報仇否？眾議以為：「蜀，小國耳，名將唯羽，羽死軍破，國內憂懼，無緣復出。」只有劉曄從恩義二字論定劉備勢在必行，其中一句「名將唯羽」，可見關公在魏人心目中的重要地位。

另外，益州人士，似早已耳聞關公威名，建安 18 年，劉備進圍成都，劉璋屬下趙戩認為益州「險固四塞，獨守之國」，判定劉備難成，但傅幹卻不作如是觀，他說：

---

[3] 見〈程昱傳〉，（冊一，頁 428）。

[4] 見〈劉曄傳〉，（冊一，頁 445）。

[5] 見〈溫恢傳〉，（冊一，頁 478）；曹仁字子孝，時為征南將軍，溫言二次提及，所指即他。

> 劉備寬仁有度，能得人死力，諸葛亮達治知變，正而有謀，而為之相；張飛、關羽勇而有義，皆萬人之敵，而為之將，此三人者，皆人傑也，以備之略，三傑佐之，何為不濟也[6]。

視諸葛亮、關公、張飛為「三傑」，將關張看作「勇而有義」的「萬人敵」，口氣同於魏方，顯然，關公等人的威名絕非浪得，而「義勇」二字之稱許更是開風氣之先，其後西涼李暠、唐朝郎士元，到宋徽宗改封，可謂一脈相承。

二、東吳猜忌

相較於魏方，東吳則猜忌多，稱讚少，茲以周瑜、魯肅、呂蒙為代表，論述其中曲折。

建安 15 年年底，劉備屯駐公安，以地小人眾，親詣京口見孫權，求借江北諸郡，周瑜時在江陵，聞訊上疏：

> 劉備以梟雄之姿，而有關羽、張飛熊虎之將，必非久屈為人用者，愚謂大計宜徙備置吳，盛為築宮室，多其美女玩好，以娛其耳目，分此二人，各置一方，使如瑜者得挾與攻戰，大事可定也；今猥割土地以資業之，聚此三人，俱在疆場，恐蛟龍得雲雨，終非池中物也[7]。

時距聯軍抗曹於赤壁烏林不過年餘，周瑜之意已是如此，難怪盟約難繼。不過，從周瑜疏中可看出對關公、張飛二人的畏懼與猜忌，而周瑜與二人素無交情，唯一接觸機會只在會戰前後，關張二人戰場角色，定非泛泛之輩，否則周瑜怎會稱之為「熊虎之將」，生怕團結生力量，而欲「各置一方」呢？周瑜見解，代表東吳一己之利，若非英年早逝，吳蜀當更早衝突，因他死前

6　見〈先主傳〉裴注引《傅子》，（冊二，頁 883）。
7　見〈周瑜傳〉，（冊二，頁 1264）。

即準備從江陵西攻益州。

繼周瑜鎮守江陵的是魯肅，他有別於周瑜，能以大局為重，深知曹操「威力實重」，非東吳所能單獨抗衡，因而力主聯盟劉備，「多操之敵」[8]，先前劉備能取得荊州數郡，就得力於他的規勸，在其聯盟戰略下，對關公幾無敵意，如爭江南三郡，雙方重兵相對，仍能理性邀請單刀赴會，委婉說理，暫時化解一場可能的大戰，然其手下甘寧則無視於關公的強兵，預守灘頭，欲藉地利以少擊眾，挑釁意味極濃。

魯肅之後是呂蒙，他同於周瑜，自私自利，當與關公接境，直覺的就判定他為一代「驍雄」，「有兼併心，且居國上流，其勢難久」，又認定關公一方「矜其詐力，所在反覆，不可以腹心待也。」主張應予伺機剷除，但他畢竟深知關公的聲威，經周密籌畫，最後偷襲進占後方[9]。

呂蒙屬於陰狠型人物，不正面與關公對決，而協助呂蒙的是陸遜，他未經戰陣，對關公的認知可能出自傳聞，但與呂蒙一鼻孔出氣，對關公評價不高：「羽矜其驍氣，陵轢於人，始有大功，意驕志逸，但務北進，未嫌於我。」了解關公的戰略布署，即知他的話不夠公正客觀[10]。

另外，關公敗亡後，孫權也有系列慶功措施，命韋昭改訂樂曲，用以表彰孫家功德，並準備稱帝，其中多誇大己方，貶抑關公，如改〈巫山高〉為〈關背德〉：「關羽背棄吳德，權引師浮江而擒之也。」其詞如下：

> 關背德，作鴟張，割我邑城圖不祥，稱兵北伐，圍樊襄陽，嗟！臂大
> 於股，將受其殃，巍巍吳聖主，叡德與玄通，與玄通，親任呂蒙，泛
> 舟洪氾池，沂涉長江，神武一何桓桓，聲烈正與風翔，歷撫江安城，
> 大據郢邦，虜羽授首，百蠻咸來同，盛哉無比隆！[11]

8　見〈魯肅傳〉裴注引《漢晉春秋》，（冊二，頁 1271）。
9　見〈呂蒙傳〉，（冊二，頁 1278）。
10　見〈陸遜傳〉，（冊二，頁 1344）。
11　見《晉書・樂志》，（冊一，頁 702），及《宋書・樂志》，（冊一，頁 658）。

將關公罵得一無是處，像跳樑小丑，而自往臉上貼金，以為己方光明正大，軍威無比，在在嚴重背離史實。又改〈上陵曲〉為〈通荊州〉，言：「權與蜀交好齊盟，中有關羽自失之愆，終復初好也。[12]」此話亦強詞奪理、委過卸責，反倒是陸遜的孫子陸雲較為老實，他為乃祖作誄時說：「關羽滔天，作霾西土。」只此「滔天」二字，就足以倒洗乃祖同夥們的口水[13]。

總之，東吳人士向來視荊州為己物，不容他人佔據，此心態在劉備取得益州後尤其明顯浮現，而關公鎮守荊州，自然是他們的眼中釘，必欲除之而後快，所以對關公的評價不同於魏方，措詞有失公允，否則關公若僅如陸遜口下的一介武夫，孫權為何必須用盡陰謀詭計，派上所有可用之將，傾全國之力，還只能偷襲後方，不敢正面交鋒。

從而可知，魏方的「萬人敵」絕非虛美之詞，東吳人士不過因忌恨而不願說出口罷了；而若如韋昭的〈關背德〉，為何在劉備興兵復仇，孫權不僅即向曹丕卑躬屈膝稱臣，又向劉備求和，表明共同敵人乃曹魏，請求罷兵，卻不在關公北伐襄樊之際，助一臂之力，反而偷襲後方呢？顯然的，東吳方面難脫「陰謀反覆」、「見利忘義」之譏[14]。

因此，要了解關公的為人處世、軍威功業，東吳人士的話，可信成分不高。就如孫權偷襲關公後方的藉口之一：索婚遭拒受辱，若也能為關公設想，從南方三郡爭奪，兵戎相見，到各鎮一方，生存的主要憑據就是軍力，「和親政策」對關公這樣的武將是不易理解的，如何就此苛責他呢？

三、同袍褒貶

在袍澤中，偶有論及關公，多就其脾氣及為人處世言，較少涉及功業。

最了解關公的無疑是劉備，他們青年論交，此後一生戎馬，患難與共，在近三十年的相處過程中，非全無衝突，很多的場合中，關公不滿劉備，表現出剛烈自負的一面，但劉備都能包容，而關公也不致負氣任性，故能大事

---

[12] 見《晉書‧樂志》，（冊一，頁 702）。

[13] 見《陸士龍集‧吳故丞相陸公誄》，卷五，（頁 13）。

[14] 參閱王鳴盛《十七史商榷‧孫氏陰謀》，卷 42，（頁 220）。

化小，小事化無。

建安四年，劉備一行在許縣依曹操，頗獲禮重，「出則同輿，坐則同席」，曹操視為知交，似無戒心，一日出獵，隨從不在身邊，關公勸劉備乘機殺曹操，劉備不敢；九年後，曹操南征荊州，劉備逃竄，在漢水江上，關公憶起昔日，怒責劉備：「往日獵中，若從羽言，可無今日之困。」劉備委婉說：「是時亦為國家惜之耳，若天道輔正，安知此不為福邪？」在此緊急之際，關公顯然接受劉備的解釋。

12年，劉備屯兵新野，因徐庶之推薦，得見諸葛亮，隆中一席深談，二人惺惺相惜，交情日密，劉備短暫冷落關公、張飛，引起不滿，但劉備說：「孤之有孔明，猶魚之有水也，願諸君勿復言。」只此數句，二人即不再有閒言閒語。

19年，馬超從漢中投奔成都，劉璋深知馬超驍勇，即刻投降，益州到手，劉備欣喜之餘，大封功臣，以馬超為平西將軍，遙督臨沮，關公得知消息，深感不解，但沒質問劉備，而寫信與諸葛亮，問馬超才能「誰可比類」，亮知關公自負，有一較長短之意，溫言答之：「孟起兼資文武，雄烈過人，一世之傑，黥、彭之徒，當與益德並驅爭先，猶未及髯之絕倫逸群也。」關公得信大悅，拿來向賓客展示。

建安24年秋，劉備攻占漢中，自稱漢中王，分封功臣，關公、張飛、馬超、黃忠俱為將軍，諸葛亮勸劉備：「忠之名望，素非關馬之倫，而今便令同列，…馬、張在近，親見其功，尚可喻指，關遙聞之，恐必不悅，得無不可乎？」劉備自信滿滿答以「吾當自解之。[15]」諸葛亮料對，關公得知黃忠受封為後將軍，怒言：「大丈夫終不與老兵同列！」幸虧劉備已有準備，費詩奉令至荊州，見關公不肯受封，委婉說之：

> 夫立王業者，所用非一，…今漢王以一時之功，隆崇於漢升，然意之輕重，寧當與君侯齊乎？且王與君侯，譬猶一體，同休等戚，禍福共

15　見〈黃忠傳〉，（冊二，頁948）。

之，愚謂君侯，不宜計官號之高下，爵祿之多少為意也[16]。

關公即刻受封，關劉的同心，於此可見。以上數事，自是暴露關公在為人處世之缺失，但劉備、諸葛亮及同僚都能容忍，顯然大家皆深知關公的長處，以及不可替代的地位。

另一同僚楊戲，於延熙四年（魏正始二年，241），作〈季漢輔臣贊〉，其中〈贊關雲長張翼德〉云：

> 關張赳赳，出身匡世，扶翼攜上，雄壯虎烈，藩屏左右，翻飛電發，濟于艱難，贊主洪業，侔跡韓耿，齊聲雙德，交待無禮，並致姦慝，悼惟輕慮，殞身匡國。

楊戲個性：「未嘗以甘言加人，過情接物」，但觀此贊語，將關張二將比喻為韓信、耿弇，則十足肯定其功業，不過悼惜對待左右偶有失禮之處，以致身受其害；再看他對糜芳、士仁、郝普、潘濬四位背叛關公的「奔臣」，則頗為不齒：

> 古之奔臣，禮有來偪，怨興司官，不顧大德，靡有匡救，倍成奔北，自絕於人，作笑二國[17]。

重貶數位叛徒「不顧大德」、「作笑二國」，從而亦知，關公敗亡之因，絕非如叛徒及敵方片面之辭。

稍後於楊戲，《三國志》作者陳壽（233~297），對關公也有所批評，他是巴西漢人（今四川省南充縣），出生於後主建興 11 年，卒於西晉惠帝元康七年。少年好學，師事譙周，仕蜀為觀閣令史，蜀亡仕晉，留心典籍，

---

[16] 見〈費詩傳〉，（冊二，頁 1015）。
[17] 俱見〈楊戲傳〉，（冊二，頁 1080、1090）。

撰《三國志》，書中合關公、張飛、馬超、黃忠、趙雲五人為一傳，傳末有評，由於蜀亡時（263），他年已三十一，故其評論可視為時人之見，他說：

> 關羽、張飛皆稱萬人之敵，為世虎臣，羽報效曹公，飛義釋嚴顏，並有國士之風；然羽剛而自矜，飛暴而無恩，以短取敗，理數之常也[18]。

稱關張二人為「萬人之敵，為世虎臣」，口氣同於多數時人，但責關公「剛而自矜」、「以短取敗」，則有苛刻求全之嫌。

確實，關公剛烈個性，不僅生前帶來不少麻煩，成為致命傷害，更常為後人評論功過的依據，影響其歷史定位。

就滿懷疑忌的敵人而言，像孫權曾求婚關公女，遭拒受辱，後來當偷襲的藉口之一，其求婚誠意為何，不得而知，但就關公言，從互爭三郡、單刀赴會，到各鎮一方，彼此皆深知敵對立場，因而求婚可能只是「笑臉攻勢」之一，可惜關公以怒對笑。

次就信心不足的部屬論，像傅士仁、麋芳不能堅守後方，不戰而降，只因嫌恨關公「輕己」，加上供應軍資不足，恐「還當治之」；劉封、孟達拒命不派兵往援，不過「山郡初附，未可動搖」[19]；失意的政客廖立，幾乎罵遍蜀人，在關公敗亡後，也幸災樂禍的批評：「怙恃勇名，作軍無法，直以意突耳，故前後數喪師眾也。[20]」

諸如此類，均不夠理性，而在後世，也有許多不能深入了解歷史，不知魏吳二方皆傾全國之力對付關公一人，徒以成敗論英雄，或就應對細節作文章，刻意貶抑他，當然不公平。

---

18 見本傳末，（冊二，頁951）；陳壽生平，見《晉書》本傳，（冊三，頁2137）。

19 分見本傳，及〈劉封傳〉，（冊二，頁941、991）。

20 見〈廖立傳〉，（冊二，頁997）。

第二節　六朝表率與評議

關公死後四十四年，魏滅蜀，隔年滅吳，又隔年（265），司馬炎篡位，建立晉朝，史稱「西晉」；又五十年，亡於匈奴劉曜，司馬睿另建國江南，史稱「東晉」，但政權不穩，北方則五胡亂華，前後出現近十六國，百年後，東晉亡於宋，中原則為北魏統一，是為「南北朝」，又歷四朝 170 年（589），才再趨一統。

關公的聲威，不僅生前播揚各地，死後百年，不見稍減，從兩晉到南北朝末，近三百年間，與張飛齊名，成為武將的表率，其間偶有英勇異常者，雖軍功遠遠不及，也常被相提並論，「關張之勇」成為武將的最高榮耀[1]。茲列舉十一位英雄為例，而其間尚有少數當權人物與文士的短評，則或褒或貶，或不涉評比者，一併附論之。

一、武將表率

（一）成漢李庠

氐人李氏，原居巴西宕渠（今四川省南充縣），漢末天下大亂，北移漢中，西晉惠帝元康中，因關西擾亂，又值連年飢荒，族人展轉遷徙，逐漸散居益州各地，永康元年（300），詔徵益州刺史趙廞為大長秋，以成都內史耿滕代之，廞恃氐人李特家族人多勢眾，陰謀據蜀，乃殺滕，自稱大都督、大將軍、益州牧，李特與兄弟族中四千騎皆歸之，廞勢大盛，謀叛更積極；廞最賞識李特三弟李庠（247~301），庠字玄序，「弓馬便捷，膂力過人」，廞任為威寇將軍，統兵萬人，防守北道；庠頗曉統御，行陣整齊，紀律森然，廞與論兵法，無不稱善，每謂所親云：「李玄序蓋一時之關張也。」不過，廞有雄心，也猜忌成性，見庠頗具將材，戰力驚人，恐久而難以駕馭，於是俟機殺之。一個不能安分守紀的地方官，面對一個外族武將，

---

[1] 參見趙翼《二十二史劄記・關張之勇》，卷七，（頁 83）。

因善於帶兵，即許之為關張之流，再疑忌而殺之，關張的名氣可想而知[2]。

（二）西晉劉遐

劉遐（?~326），字正長，廣平易陽人（今河北省永年縣），善騎射，勇壯過人，西晉末年，天下大亂，五胡交侵，豪門大族為求生存，每聚鄉民圍塢自保，遐自為塢主，每遇外賊來侵，則率壯士衝鋒陷陣，遠近無不敬畏，鄉人「比之為張飛、關羽」。案河北為關公、張飛初期起義之地，二人在此名氣應是不低，觀此，可為佐證[3]。

（三）前秦苻生

氐人另一支苻氏，原居略陽臨渭（今陝西省略陽縣），西晉末，劉曜、石勒迭相為亂，族人轉徙枋頭（今河北省濬縣），其頭領蒲洪因緣際會，聲勢日壯，至有眾十餘萬人，後向東晉輸誠，穆帝永和六年（350），受封為征北大將軍、都督河北諸軍事，從此萌生異志，應讖文改姓為「苻」，自稱大將軍、大單于、三秦王，族人多來歸附，洪死，其子苻健，次年僭帝號於長安，史稱「前秦」。

苻健諸子中以第三子苻生最為驍勇（335~357），他少年即頗為叛逆，長而「力舉千鈞，雄勇好殺，手格猛獸，走及奔馬，擊刺騎射，冠絕一時」，永和十年，桓溫率師北伐，戰於長安，苻生「單馬入陣，搴旗斬將者前後十數」；二年後，健死，生僭帝位，聽說前涼張祚為臣下所殺，遣使攜書曉喻之，欲其脫離東晉，使者誇稱朝中文武百官人才濟濟，國力強大，其中多「驍勇權略，攻必取，戰必勝，關張之流，萬人之敵者」，前涼以河西四處兵起，懼而奉命稱藩。觀此，以關公、張飛的威望嚇倒鄰國，即知二人真是名不虛傳[4]。

---

[2] 見《晉書・載記・李特傳》，（冊四，頁3021）。

[3] 見《晉書・劉遐傳》，（冊三，頁2130），卒年見〈成帝紀〉，（冊一，頁170）；遐雖勇比關張，在五胡亂華之際，仍難以立足中原，後隨司馬睿南渡江東，見《北史・劉藻傳》，（冊二，頁1666）。

[4] 俱見《晉書・載記》苻洪傳、苻生傳，（冊四，2867及2875）。

（四）南涼禿髮傉檀

　　鮮卑族本居塞北，魏晉之際，其中一支號禿髮氏者遷居河西，於西晉初逐步控制涼州一帶，與後涼呂光時分時合，東晉安帝隆安元年（397），禿髮烏孤僭稱帝號，史稱「南涼」，烏孤死，傳其弟利鹿孤（?~402），同族另一支乞伏部亦徙居附近，為後秦姚興所敗，率眾來歸，並送子為質，不久，人質潛逃，為追兵所俘，利鹿孤命殺之，其弟傉檀進言：「臣子逃歸君父，振古通義，故魏武善關羽之奔，秦昭恕頃襄之逝，熾磐（即人質）雖逃叛，孝心可嘉，宜垂全宥，以弘海岳之量。」利鹿孤赦之。以關公忠於故主事跡說服君長，可見他對關公頗為景仰。

　　利鹿孤死，傳傉檀，傉檀少機警，有將略，通經史，前曾與興涼州主簿宗敞聚飲，酒酣耳熱之際，稱之：「魯子敬之儔，恨不與卿共成大業耳。」而此時，河西附近，後秦姚興勢力最盛，傉檀向姚稱臣納貢，藉機擴展領地，不久，率師伐北涼沮渠蒙遜，取得姑臧附近（今甘肅省武威縣），再見宗敞，喜云：「吾得涼州三千餘家，情之所寄，為卿一人。」敞細數涼州人才，其中張穆、邊憲等皆「武同飛、羽」，若能「農戰並修，文教兼設」，則「可以縱橫於天下」，再次論及關、張之勇[5]。

（五）宋檀道濟

　　檀道濟（?~436），高平金鄉人（今山東省金鄉縣），是晉末宋初名將，東晉安帝義熙 12 年（416），劉裕北伐，道濟為前鋒，取道淮、肥，所至城郡，望風降服，直入洛陽，轉戰長安，軍威之盛，無人能比；其後劉裕篡晉（420），道濟更受倚重，多次出征建功，累官至司空、都督諸軍事、征南大將軍、開府儀同三司、持節、常侍，鎮尋陽（今江西省九江市）。

　　道濟立功兩朝，名重中外，左右腹心，皆經百戰，諸子又頗具才器，足以威逼劉氏政權，繼位的宋文帝猜忌日深，晚年臥病多時，頗疑道濟終不可駕馭，於是徵調入京，以莫須有罪名誅殺之，並及左右、諸子，其中參軍薛彤、高進之二人，尤為道濟心腹：「時以比張飛、關羽。」道濟被收時，義

5　見《晉書・載記・禿髮烏孤傳》，（冊四，頁 3149）。

憤填膺，脫幘投地言：「乃復害汝萬里之長城！」一位威名遠播的將領，其左右被比擬為關公、張飛，雖有不倫之嫌，但推其本意，應也算是對二人的推崇[6]。

（六）宋薛安都

薛安都（410~469），河東汾陰人（今山西省榮河縣），少以勇壯聞名鄉里，弓馬騎射，無所不能，劉裕北伐，平定河洛，以為上黨太守，後於文帝元嘉 21 年（444），北魏太武帝南侵，安都展轉南下投宋，兩次從軍北征關陝，所至有戰功。

孝武帝孝建元年（454），豫州刺史魯爽反叛，爽父祖皆為名將，少有武藝，號為萬人敵，從鮮卑拓跋燾征戰南北，於元嘉 28 年從軍南下，伺機投宋，又於是年圖謀不軌，詔遣安都討之，四月，兩軍相遇於小峴（今安徽省含山縣），爽自與腹心壯騎殿後，安都將譚金進攻之，不能克，及安都見爽，便躍馬大呼，直往刺之，應手而倒，左右斬首而還，時人皆云：「關羽之斬顏良，不是過也。[7]」

（七）齊蕭長懋

南齊蕭長懋（458~493），武帝蕭賾長子，高帝蕭道成長孫，幼即才華橫逸，好《左氏春秋》，通音律，善騎射，酷嗜酒，常飲至數斗，未嘗用杯；及武帝繼位，立為太子，廣交朝野名士，一時文武之選，齊聚東宮，其中武人，有略陽垣歷生、襄陽蔡道貴，皆系「拳勇秀出，當時以比關羽、張飛」，其餘諸人，並有名一時。將些不知名的武人比擬為關公、張飛，實有誇大之嫌，或許只是自我膨脹，麻醉一時，正如苻生一樣，應是想借重關張的名氣[8]。

---

6 見《宋書‧檀道濟傳》，（冊二，頁 1344）；檀道濟之受忌，始自劉裕，而他又參與弒逆少帝，應也影響文帝觀感，分見三帝紀。

7 見《宋書‧薛安都傳》，（冊三，頁 2215）；其英勇事跡，另見《南史‧柳元景傳》，（冊二，頁 978）。

8 見《南史‧齊武帝諸子傳》，（冊二，頁 1099），但未見於《南齊書‧文惠太子傳》。

（八）北魏楊大眼

楊大眼（？~518?），武都氐人（今陝西省鳳翔縣），少年即膽氣過人，跳走如飛，北魏孝文帝太和 17 年（493），將南伐，令尚書李沖考選將官，大眼應試，未獲錄用，於是取出三丈長繩，繫於髮髻，向前奔走，繩直如矢，馬馳不及，見者無不驚嘆，遂得從軍南征。

大眼善騎射，自為將帥，恒先士卒，衝突堅陣，無人敢當其鋒，因此名聞南北；當時淮泗、荊沔一帶童兒啼哭，一聽「楊大眼至」，無不即止，南朝人士亦久聞其名，有人以為楊大眼是「眼如車輪」，大眼應云：「旗鼓相望，瞋眸奮發，足使君目不能視，何必大如車輪。」而北魏方面，尤重其驍勇，「皆以為關張弗之過也」[9]。

（九）北魏崔延伯

崔延伯（？~525），博陵人（今河北省安平縣），有氣力，少以勇壯聞，本從蕭賾（即後來南齊武帝），孝文帝太和中投北魏（486 左右），所在有戰功，與楊大眼齊名。

孝明帝正光五年（524），秦州（今甘肅省天水縣）人莫折念生叛，遣其弟天生侵擾隴東諸郡，進屯黑水，詔遣同來自南齊的蕭寶夤、崔延伯率兵討之，兩軍隔黑水對陣，延伯自選精兵數千，西渡探敵虛實，一近營壘，即徐徐退還，身自殿後，賊以十倍兵力追之，延伯毫無懼色，行伍齊整，全軍而退，寶夤親臨觀察，大喜過望，謂手下：「崔公，古之關張也，今年何患不制賊。[10]」

（十）北魏長孫子彥

鮮卑人長孫子彥（497~548），先祖數代皆為北魏名將，自幼繼承家學，英勇異常，北魏末年（535 前後），追隨父親屢次出征，因功封子爵。子彥少年時曾墜馬折斷手臂，他不以為意，任其痊癒，致手肘傷處骨頭凸出

9　見《魏書‧楊大眼傳》，（冊三，頁 1633）。

10　見《魏書‧崔延伯傳》，（冊三，頁 1638）；蕭寶夤事跡，見同書本傳，（冊二，頁 1313）；亦見《北史》本傳，（冊二，頁 1366）。

數寸，延醫診治，「開肉鋸骨，流血數升」，他仍談笑嬉戲，若無其事，旁人都比為關公刮骨療傷[11]；西魏文帝時，累功拜太子太傅，然半生戎馬征戰，晚年遍體生瘡，親戚兄弟均以為惡疾，而不與往來，他竟說：「聞惡疾，蝮蛇螫之不痛，試為求之，當令兄弟知我。」於南山捉得一蛇，一屁股坐下，痛楚號叫，不久，腫脹而死[12]。

（十一）陳蕭摩訶

蕭摩訶（532~604），蘭陵人（今山東省嶧縣），少即果敢有勇力，梁武帝晚年（549），侯景叛，進兵京師，其時摩訶隨姑丈蔡路養在南康（今江西省雩都縣），陳霸先（即後來的陳武帝）由嶺南率軍北上勤王，路養起兵拒之，摩訶時年十三，單騎出戰，軍中莫有當者，路養敗，歸侯安都。

敬帝紹泰元年（555），南豫州刺史任約引北齊兵入寇京師，帝遣侯安都率眾拒之，安都謂摩訶：「卿驍勇有名，千聞不如一見。」摩訶應云：「今日令公見。」及會戰，安都墜馬被圍，摩訶單槍匹馬，大呼直衝敵軍，救安都而回[13]。

宣帝太建五年（573），陳師北伐，摩訶隨都督吳明徹渡江攻秦郡（今江蘇省六合縣），是時齊遣大將尉破胡率眾十萬來援，其前鋒皆身長八尺，膂力絕倫，又有西域胡人，弦無虛發，陳師皆憚之，明徹謂摩訶：「若殪此胡，則彼軍奪氣，君有關、張之名，可斬顏良矣。」摩訶自求其形狀，將戰，明徹遣人覘伺，知胡在陣，乃自酌酒，摩訶飲畢，跨馬直衝陣前，胡人亦挺身出陣前十餘步，弓弦未張，摩訶遙擲銑鋧，正中其額，應聲而倒，大力等十餘人復出戰，又為摩訶所斬，齊軍大敗退走。

四年後，吳明徹再率師北進呂梁（今江蘇省銅山縣），與齊軍大戰，摩訶率七騎先入，手奪齊軍大旗，齊眾大潰；不久，北周武帝滅北齊，遣其將

11　見《魏書・長孫嵩傳》末附，（冊一，頁 649）。
12　見《北史・長孫道生傳》附，（冊二，頁 815），另《北史・長孫肥傳》末論曰：「關、張萬人敵，未足多也。」可見長孫家族多勇將，（冊二，頁 831）。
13　見《陳書・高祖紀》，（冊一，頁 8）。

宇文忻率眾爭呂梁，摩訶但領十二騎深入周軍，斬殺甚眾。摩訶單騎殺胡人，其精采確如關公刺顏良，可見當時武人對關公的神勇一點也不陌生[14]。

二、時人評議

關公身後，不久即為六朝的開始，直至陳末，在此數百年間，除武人注意到他，一般文士或當朝人物也偶而議論及之，或褒或貶，不像武將一味恭維。

(一) 晉戴洋、王鑑

江湖術士戴洋，吳興人，少年即好怪力亂神，往來江淮各地，據稱所言多靈應，元帝建國江東，隨祖約駐譙郡（今安徽亳縣），是時附近梁城人造反，約欲討之，洋推算說：「梁在譙北，乘德伐刑，賊必破亡，又甲子日東風而雷西行，譙在東南，雷在軍前，為軍驅除；昔吳伐關羽，天雷在前，周瑜拜賀，今與往同，故知必克。」當然，據載預測同樣神準，只是他引據孫權偷襲關公故事，時間錯亂，周瑜六年前已死，如何能看到關公敗亡[15]？

約同時代的王鑑，元帝初期（約 321），湘楚局面不穩，大批巴蜀流民移居此地，蜀人杜弢乘機自立，元帝屢遣王敦、陶侃等名將討伐，前後多年，朝野深以為憂，王鑑時為侍郎，上疏言：「吳偽主親泝長江，而關羽之首懸；袁紹猶豫後機，挫衄三分之勢。」意在勸元帝親征，以主帥聲威制壓敵人，關公、袁紹二人是疏中二例，語氣雖中性，但列其敗亡結局，有一定貶意[16]。

(二) 晉葛洪

葛洪（283~363），字稚川，丹楊句容人，以家學淵源，自幼即善神仙導引之法，然亦以儒學知名，曾參與多次軍事行動，因功封伏波將軍，賜爵關內侯，西晉末，見天下已亂，退隱羅浮山煉丹，著有《抱朴子》內外篇，

---

[14] 見《陳書·蕭摩訶傳》，（冊一，頁 409）。
[15] 見《晉書·藝術·戴洋傳》，（冊四，頁 2472）。
[16] 見《晉書·王鑑傳》，（冊三，頁 1891）。

其中，內篇談神仙修練、符籙劾治，純為道教之言，外篇則論時政得失，臧否人物，近於儒學。葛洪有官場與戰陣實際經驗，故論人不至於迂腐，在外篇中，評三國人物，欣賞東吳周瑜及甘寧，許之：「貢虎臥之興霸，故能美名垂於帝籍，弘勳著於當世。」也推崇諸葛亮，但瞧不起關張：「張飛、關羽，萬人之敵，而皆喪元辱主，授首非所。[17]」乃因舉例論上位者識人之明，以結局逆推劉備委任關張之難，帶有貶意，其後陶弘景編神仙圖譜，也不重關張，應該同樣著眼於最終敗亡上（見下章第二節）。

（三）西涼李暠

　　李暠（351~417），字玄盛，隴西成紀人（今甘肅省天水縣），西漢名將李廣十六世孫，也是唐朝開國皇帝李淵的七世祖，少好學，通經史，長則兼習武藝，通孫吳兵法。

　　後涼呂光晚年，荒耄信讒，刑罰失當，引起權貴擅權，吏治漸亂，加以列強環伺，李暠乘機崛起，控制隴西諸郡，東晉安帝隆安四年僭稱帝號（400），並於義熙元年遣使間道奉表稱藩（405），定都酒泉，史稱「西涼」，然而此時鄰近之南涼禿髮傉檀、北涼沮渠蒙遜亦皆立足附近，連年交攻，互有勝負，暠本精通文義，至此，知有生之年，「不能一同河右」，乃慨然作〈述志賦〉：

> 想孔明於草廬，運玄籌之周滯，洪操槃而慷慨，起三軍以激銳，詠群豪之高軌，嘉關張之飄傑，誓報曹而歸劉，何義勇之起出！據斷橋而橫矛，亦雄姿之壯發[18]。

對諸葛亮、關公、張飛及周瑜、魯肅多所稱揚，而對關公明確標出「報曹歸

---

17 分見《抱朴子外篇》，窮達及清鑑二節，（卷50及卷21，頁164及14）；其生平見外篇〈自敘〉，及《晉書》本傳，（冊三，頁1911）。

18 見《晉書‧涼武昭王李玄盛傳》，（冊三，頁2266），其為李淵七世祖，見《舊唐書‧高祖本紀》篇首。

劉」是「義勇」之舉，帶有濃厚的諡號意義，按《禮記‧樂記》云：「臨事而屢斷，勇也；見利而讓，義也。」綜觀關公一生事跡，此二字足以當之無愧，李暠則是繼關公同代益州傅幹，再提此二字（見上節），此後三百年，唐人郎士元用於詩中，又四百年，宋徽宗更以之當封號，一直到明末，民間沿用不斷。（見第四章）

（四）後燕趙思

　　五胡十六國時期（四世紀下半葉），中原兵連禍結，野心人士紛紛出籠，鮮卑人慕容家族尤其特別，父子兄弟叔姪傾門而出，擁眾據地，佔領河北遼東一帶，建立至少四個國家，史稱「四燕」，其中慕容德、慕容寶叔姪面對大位例不相讓，及慕容寶為魏軍所敗，遣親信趙思通款於另一親族，反被執送慕容德，德以思熟習典故，欲重用之，趙思拒絕說「昔關羽見重曹公，猶不忘先主之恩」，又義正詞嚴勸他勿學西晉趙王司馬倫叛逆，結果被殺，不久，慕容寶也被弒。在亂世中，要求臣下盡其本分，本就像孟子所謂的「緣木求魚」，趙思出使，不辱君命，能以關公不忘舊恩事例為勸，很能凸顯關公忠義大節的可貴[19]。

（五）宋劉裕、劉穆之

　　劉裕是東晉末年的重臣，安帝義熙 13 年（417），北伐關中後秦，軍抵河南，北魏于栗磾駐兵黃河渡口，守住要衝，裕畏之，修書與栗磾，引孫權偷襲關公，又謙卑自稱討伐自效的典故，請求「假道西上」，北魏明元帝有恃無恐，同意借路。劉裕此行建立大功，但率王師北伐，卻甘願自比為偷襲行徑，只為一己之利，假軍功為覬覦大位鋪路，明顯自貶身價。在此，關公平白被捲入一場兩國外交與軍事紛爭中，又令人聯想到悲劇結局[20]。

　　劉裕的好幫手劉穆之（360~417），是篡晉的腹心，以其忠心耿耿，甚受重用，平素好聚集賓客，但居心特別，必先佈滿眼線，竊聽交談，故朝野大小事故，無不知悉，又彙整上報，劉裕極為滿意，更加委任，親友相怪，

19　見《晉書‧載記‧慕容德傳》，（冊四，頁 3164）。
20　見《魏書‧于栗磾傳》，（冊一，頁 736）。

他回說：「我蒙公恩，義無隱諱，此張遼所以告關羽欲叛也。」關公要回劉備處，被他說成「欲叛」，告叛成就張遼的忠，並以此自居，對關公顯然無敬意[21]。

（六）宋文帝

宋文帝劉義隆（407~453），在位三十年，前期勵精圖治，與民休養生息，創造出南朝難得一見的榮景，史稱「元嘉之治」，即位之初，鑒於武將跋扈，戒心極重，多方寵任宗親，可惜諸弟如義恭、義真等，皆非可用之材，驕奢放縱，他不死心勸導，元嘉六年（429），義恭出鎮荊州，寫信告誡，略言：「天下艱難，家國事重，隆替安危，在吾曹爾，宜深自砥礪，思而後行，親禮國士，友接佳流，識別賢愚，鑒察邪正，然後能盡君子之心，收小人之力。」信中還列出十一條要事，殷殷提醒，其第一條「禮賢下士」，舉多位古人為例，關公名列其中：「關羽、張飛，任偏同弊，行己舉事，深宜鑑此。」明言關公、張飛欠缺識人之明，應指關公不能禮遇士大夫，又錯留糜芳、傅士仁守後方，而張飛則未提防小人，既然要求引以為鑑，當然是負面教材[22]。

（七）齊江淹

江淹（444~505），字文通，在文學史上有重要地位，〈別賦〉、〈恨賦〉等文傳頌頗廣，然雖有如是才華，歷仕南朝宋、齊、梁三代，宦途並不得意，而「江郎才盡」典故，也令他晚景失色不少。

事在宋末，沈攸之叛變，輔政蕭道成大權在握（即後來的齊高帝），心中已有盤算，仍問江淹：「天下紛紛若是，君謂何如？」淹答：「昔項強而劉弱，袁眾而曹寡，羽號令諸侯，卒受一劍之辱，紹跨蹋四州，終為奔北之虜，此謂在德不在鼎，公何疑哉？」言下之意，當年袁紹先為起義諸侯領袖，因領導無方，終為曹操所敗；而關公北攻襄樊初期，威震華夏，卻不防後方偷襲及兩國聯軍，「卒受一劍之辱」，故欲掌控大局，當憑藉德望，不

---

[21] 見《宋書‧劉穆之傳》，（冊二，頁1305）。
[22] 見《宋書‧武三王傳》，（冊二，頁1641）。

能徒恃武力，蕭道成點頭稱讚，從容部署，後來順利登上寶座。此段對話中，關公是失敗人物，江淹勸蕭道成應引以為鑑，貶意明顯[23]。

(八) 北魏孝文帝

北魏孝文帝（467~499），文化史上名人，其南遷與系列漢化措施，乃異族文化融合的典範，太和21年（497），孝文帝親自率軍南征襄沔，南齊平北將軍曹虎雖駐襄陽，但與南陽太守房伯玉不合，竟然不急於赴救，僅屯聚樊城，坐視魏軍南趨，直到城下，孝文帝極不直其作為，寫信給他：「進無陳平歸漢之智，退闕關羽殉節之忠，嬰閉窮城，憂頓長沔，機勇兩缺，何其嗟哉！」義正詞嚴引用陳平機智、關公忠勇殉國，以責罵鄰國守將，實屬罕見，而關公「殉節之忠」則作為正面事例，有十足敬意[24]。

總之，六朝時期，世人對關公的評價，基本上是正向的、崇高的，只有極少數是負面的。

第三節　唐代的輕忽

隋文帝開皇九年（589），滅陳統一南北，大帝國再度出現，近三百年的分裂局面宣告結束；但隋朝享國不長，僅三十年又現大亂，武德元年（618），李淵於長安建立唐朝，其後又經十年征討，才再一統天下。

就關公的歷史地位演變論，隋唐二代算是沈寂期。隋朝太短暫，可供討論之處較少，而唐朝近三百年內，幾乎沒有人注意到他，實在很難想像，過去數百年流傳的「關張之勇」，不過經隋末唐初的亂局，一下子竟消聲匿跡；而荊州襄陽一帶，本是關公最後駐地，照理說，至少該常有人憑弔，然而唐人幾乎皆得歷史健忘症，在三國人物中，曹操較受到青睞，評價不低，而諸葛亮則漸被神化，均值得玩味。

---

[23] 見《梁書‧江淹傳》，（頁249）。
[24] 見《南齊書‧曹虎傳》，（冊二，頁562）。

一、諸葛亮曹操揚名

諸葛亮與曹操，就是唐人最欣賞的漢末三國英雄。

西晉初，陳壽稱諸葛亮：「長於巧思，損益連弩，木牛流馬，皆出其意，推演兵法，作八陣圖。」同時代的將領馬隆，率軍討伐涼州，據稱依諸葛亮的八陣圖：「作偏箱車，地廣則鹿角車營，路狹則為木屋施於車上。」順利平定羌戎；稍後，惠帝永興年中（304），鎮南將軍劉弘至隆中，觀亮故宅，憑弔噓唏，立碣表閭，命李興撰文，云：「何思之深，何德之清！累世通夢，恨不同生，推子八陣，不在孫吳，木牛之奇，則非般模，神弩之功，一何微妙，千井齊甃，又何秘要！」視諸葛亮的八陣圖、木牛、連弩等為戰場利器，稱其用兵等同孫吳，大有不勝景仰之意。可見諸葛亮的神機妙算傳說事跡，在死後不過五十年，已為世人所津津樂道[1]。

至東晉，士人更加好奇，神跡更為廣傳，除前述，又加軍敗歐血、將星殞落等，中以「死諸葛走生仲達」一事，成為神化諸葛亮的重要指標，大大提升其歷史地位。神話源自史實，劉備死後，諸葛亮多次北伐，最後一次在建興 12 年（234），據武功五丈原（今陝西省郿縣），與司馬懿對峙，八月，亮卒於營中，先前經周密安排，佈下系列疑陣，令魏將不敢乘危追擊，蜀師全軍而退，司馬懿隨後巡行其營壘，嘆為「天下奇才」[2]。

然而，事經一百三十年左右，即東晉哀帝末年，習鑿齒撰《漢晉春秋》，平白增出不少情節：

> 楊儀等整軍而出，百姓奔告宣王，宣王追焉，姜維令（楊）儀反旗鳴鼓，若將向宣王者，宣王乃退，不敢偪；於是儀結陣而去，入谷然後

---

[1] 陳壽語，見《三國志·諸葛亮傳》末，李興文，見裴注引《蜀記》，（冊二，頁927、936）；及《晉書·馬隆傳》，（冊二，頁1555）。

[2] 俱見本傳裴注所引諸書：「軍敗歐血」出《魏書》，「將星殞落」出《晉陽秋》，「死諸葛走生仲達」見下小節所引；「木牛」、「流馬」見《諸葛亮集》，（冊二，頁926、928）。

發喪，宣王之退也，百姓為之諺曰：「死諸葛走生仲達！³」

此事不僅散播於民間，也傳到佛教，道宣是唐初律宗名僧，撰述極多，其《四分律刪繁補闕行事鈔》成書於武德九年（626），後有多家注疏，〈僧像致敬篇〉本論俗人唯內心堅正，外有威儀，必獲敬重，自註「似劉氏重孔明」，但約一百年後，大覺作注，增列不少荒誕內容：

> 孔明因致病垂死，語諸人曰：「主弱將強，為彼所難，若知我死，或遭彼伐，於幕圍之。」劉家夜中領兵還退歸蜀，彼魏國有善卜者，意轉判云：「此人未死。」何以知之？躡土照鏡，故知未死，遂不敢交戰；劉備退兵還蜀，一月餘日，魏人方知，尋往看之，唯見死人，軍兵盡散，故得免難者，孔明之策也⁴。

可知諸葛亮更加神化，連同時代的史學家劉知幾（661~721），在《史通·採撰》亦云：「諸葛猶存，此皆得之於行路，傳之於眾口。」

至於曹操，功過本不易難蓋棺論定，如同時代的周瑜說「託名漢相，其實漢賊」，陳壽則稱「非常之人，超世之傑」⁵；稍後，東晉時，徐光比擬石勒為「神武籌略邁于高皇，雄藝卓犖超絕魏祖」，而石勒則罵：「大丈夫行事當礌礌落落，如日月皎然，終不能如曹孟德、司馬仲達父子，欺他孤兒寡婦，狐媚以取天下也。」褒貶各有，但六朝時曹操歷史地位確實不低⁶。

然而，隋唐以來就不同了，評價高捧入天，歌詠作品不知凡幾。大業13 年（617），李淵為太原留守，晉陽令劉文靜從旁觀察，得知他有「四方

3　見《三國志》本傳裴注，（冊二，頁 927），而《漢晉春秋》不知成於何時，據《晉書》本傳，稱此書旨在諷桓溫僭越，而桓氏萌生異志於哀帝晚年，由此推算，（冊三，頁 2154）。

4　本段參照一粟〈談唐代的三國故事〉一文寫成。

5　周瑜語，見本傳，（冊二，頁 1261）；陳壽語見〈武帝紀〉末，（冊一，頁 55）。

6　見《晉書·載記·石勒傳》，（冊四，頁 2749）。

之志」，因深自結託，見其次子李世民沈穩內斂，顯非常人，曾私下對好友
裴寂稱讚云：「大度類於漢高，神武同於魏祖，其年雖少，乃天縱矣。」比
擬李世民為劉邦、曹操，以其起義智囊身分，確為唐人立下典範[7]。

　　高祖武德七年，詔歐陽詢等編纂《藝文類聚》，凡一百卷，四十八部[8]，
其中〈帝王部〉三國部分僅有魏武帝、魏文帝、吳大帝，而魏武帝首列《三
國志‧武帝紀》中橋玄「命世之才」數語，另載星相家殷馗於桓帝時預言
「後五十歲，當有真人起於梁沛之間，其鋒不可當也。」則不知出自何書；
另在〈將帥〉，三國列曹仁、賈逵、龐德、鄧艾、魯肅五人，〈戰伐〉僅鄧
艾一人，文中稱曹操為「命世之才」，認同其正統地位，推崇為開國明君，
又刻意漏列蜀漢劉備，參照劉文靜的話，已足以概見唐人對曹操的敬意，於
此，「關張之勇」完全消聲匿跡[9]。

　　官方之外，唐朝文人也大半皆褒，少數為貶，僅舉數例（詩見下節）。

　　朱敬則（635~709），字少連，亳州永城人，活動於高宗至中宗、睿宗
間[10]。敬則採魏晉以來君臣成敗故事，著《十代興亡論》，中有〈魏武帝
論〉一篇，對三國群雄少所稱許，認為孫權「藉父兄之資，負江海之固，未
敢爭盟上國，競鹿中原，自守未餘，何足言也。」而劉備則「抱英濟之器，
無角逐之材，遠竄荊蠻，畏曹公神武，奄有庸蜀」，所以「豈得抗衡中夏，
齊足當塗乎？」唯曹操與眾不同：「明銳權略，神變不窮，兵折而意不衰，
在危而聽不惑，臨事機，無遺悔，近古以來未之有也。」惜德行有缺，好
「以術臨人、用智濟物」，如關公來歸，於殺顏良後重歸劉備，戒左右勿
追，只是「重關羽之義」的「王霸之術」，非真正心存仁念，所以「雲長受

7　見《舊唐書‧劉文靜傳》，（冊三，頁 2290），但《新唐書》則作「豁達神武，漢
　　高帝、魏太祖之徒歟！殆天啟之也。」（冊五，頁 3733）。

8　見《舊唐書‧儒學》本傳，（冊六，頁 4947），及《四庫全書總目提要》，（冊
　　三，頁 2783）。

9　見《藝文類聚‧帝王部》，（上冊，頁 241）。

10　朱敬則生平事跡，見《舊唐書》本傳，（冊四，頁 2912）。

恩而不謝」[11]。

王勃（648~675），字子安，絳州龍門人，文才橫逸，長篇美句，下筆立成，〈滕王閣序〉尤傳頌千古，惜天才短命[12]。勃曾著《唐家千歲曆》，論歷代興廢，以為自黃帝至漢，「五運適周，土復歸唐，唐應周、漢，不可承周、隋短祚。」於是認定魏、晉以來朝代：「非真主正統，皆五行沴氣。」應是唐人中最早論及正統者[13]；勃另著〈三國論〉，評其人物得失，認為孫權承父兄餘蔭，拓土練兵，只能守成有餘，而劉備則「拙於用武，將遇非常之敵」，雖寬仁得眾，有關公、張飛萬人之敵，及諸葛亮王佐之臣，僅能力保巴蜀，不能憑險固守；唯曹操最傑出：「用兵彷彿孫吳，臨敵制奇，振威烈而清中夏，挾天子以令諸侯，信超然之雄傑矣。」唯德性有缺，「弊於褊刻，失於猜詐」，故不能「懷柔巴蜀、砥定東南」[14]。

另有張鼎，推崇曹操為開國之君，在〈古銅雀臺〉中云：「受命而創洪業，取威而定群雄，土德王始，炎靈告終，天滅漢曆，國封魏公，出入三國，芟夷四海。」在〈鄴城引〉再歌頌：「君不見漢家失統三靈變，魏武爭雄六龍戰，盪海吞江制中國，迴天運斗應南海，隱隱都城紫陌開。[15]」

總之，唐人普遍給予曹操極高的評價，又以神秘莫測看待諸葛亮，二人吸引太多關愛眼光，明顯冷落其他英雄，尤其是關公[16]。

二、唐詩評三國英雄

唐朝是中國文學史上一個重要階段，人才輩出，各種文體紛紛出現，作

11 見《文苑英華》，卷752，（冊五，頁3934）。

12 王勃生平，見《舊唐書・文苑》本傳，（冊六，頁 5004）；及《新唐書・文藝》本傳，（冊七，頁5739）。

13 此據《新唐書》，《舊唐書》作《大唐千歲曆》，且文略異。

14 見《文苑英華》，卷755，（冊五，頁3956）。

15 引文依序見《文苑英華》，卷52及卷343，（冊一，頁233；冊三，頁1775）。

16 唐朝君臣只偶而提及關公、張飛，如肅宗召見辛京杲，許之「黥、彭、關、張之流」，見《新唐書》本傳，（冊六，頁 4754）；而李德裕〈英傑論〉，嘉許劉、關、張「恩愛相結」，見《李衛公外集》卷二，（頁46）。

品多又能傳世,詩尤其可觀,清初編纂《全唐詩》,搜羅達二千二百餘家,近四萬九千首;唐詩內容豐富多樣,抒情、寫景、詠史、品評人物、憑弔古跡,可謂包羅萬象,涉及三國人物、遺跡、史事者所在多有,嘗試據此,探討唐人如何看待三國群雄,並歸納分析關公歷史地位浮沉[17]。

(一)詠史

唐詩中詠史之作不多,僅就較為明確具體者引論之。

李華,趙郡人,開元進士,卒於大曆初[18]。華有詠史詩十一首,從上古至三國,其第九首即詠三國,僅及蜀魏,稱蜀云:「蜀主相諸葛,功高名亦尊,驅馳千萬眾,怒目瞰中原。」詠魏云:「曹伯任公孫,國亡身不存,社宮久蕪沒,白雁猶飛翻。」贊蜀君臣相得,然「為蜀諒不易」,對魏則哀其所任非人,故「如曹難復論」[19]。

胡曾,邵陽人,僖宗咸通中舉進士,不第,有詩集三卷傳世。其中詠史詩一百五十二首,從上古至隋,洋洋灑灑,三國部分有〈南陽〉詠劉備三顧茅廬訪孔明,〈檀溪〉詠劉備坐騎的盧,〈五丈原〉、〈瀘水〉詠諸葛亮南征及北伐傳奇;〈銅雀臺〉詠曹操由聲勢鼎盛至家國易主,〈濡須橋〉詠曹操,稱其南征孫權「英雄才略獨無雙」,〈赤壁〉詠曹操南征受阻,周瑜力挫其百萬雄師,另有「題周瑜將軍廟」一首,同此,〈官渡〉詩嘆袁紹不聽許攸之計。綜觀其詠三國,僅及劉備、諸葛亮、曹操、袁紹、周瑜等五人,稱曹操為「魏武」、「魏帝」,而武將如關公、張飛等則無一入榜[20]。

徐夤,字昭夢,福建莆田人,昭宗時登進士第,授秘書省正字,唐亡,不仕後梁,歸隱故鄉,有詩文集傳世。夤有詠史詩多首,其中〈蜀〉一首,云「雖倚關張敵萬夫,豈勝恩信作良圖」,主題詠劉備、諸葛亮君臣,對關公、張飛的萬夫之敵沒多大敬意;〈魏〉一首,罵曹操為「姦雄」,〈吳〉

---

[17] 見《四庫全書總目提要》,(冊五,頁4217)。

[18] 李華生平,見《舊唐書·文苑》本傳,(冊六,頁5047)。

[19] 見《全唐詩》,卷153,(上冊,頁397)。

[20] 胡曾,新、舊《唐書》俱無傳,本節據《全唐詩》附註,(下冊,頁1856)。

一首，稱孫權於赤壁戰前「不迎曹操真長策」[21]。

周曇，唐末人，生平爵里不詳，其〈三國門〉六首，二首詠劉備，而後主、魯肅等四人各一首，均屬泛論[22]；孫元晏，不知何許人，有詠史詩七十五首傳世，其中詠三國，僅剩「吳」，殊為可惜，歌詠對象集中在魯肅、甘寧、呂蒙等，著重於吳軍屢敗魏師，雖如此，對曹操也無貶意，稱為「曹公」[23]；尚有單篇詠史詩，如李山甫〈讀漢史〉，僅及「曹公」；李九齡〈讀三國志〉，只歎「武侯星落周瑜死」；李中〈讀蜀志〉，稱劉備君臣相得[24]。由此可知，詠史詩中，關公不曾被當作要角。

（二）憑弔遺跡

若以關公卒年起算，距唐初約四百年，至唐末（907）則近七百年，江山多變，遺跡難存，詩人造訪，最愛的是曹操銅雀臺，其次為諸葛亮祠廟及八陣圖[25]。

銅雀臺，乃曹操於建安十五年冬所建（210），史無明文坐落何地，作何用途[26]，但觀曹操於九年攻陷鄴城，次年平定河北地區，以鄴城為軍事指揮中心，常駐於此，晚年才遷於洛陽[27]，故歷來皆認定銅雀臺位於鄴城，北魏酈道元稱銅雀台位鄴城西，然經歷三百餘年，已是「平坦略盡」，下至唐初，又百年，唐人所能見的恐怕只是一堆荒煙漫草的土丘了[28]。

唐人對銅雀台好奇無比，主因可能是唐人推崇曹操的軍事及文學成就，伴隨著銅雀台的香豔傳說。在詩中，大都稱曹操為「曹公」、「魏武」、

---

[21] 徐氏生平，見李調元編，《全五代詩》卷 80，引《後村先生題跋》等書，（下冊，頁 1203）；詩見《全唐詩》，卷 710，（下冊，頁 2044）。

[22] 見《全唐詩》，卷 729，（下冊，頁 2091）。

[23] 見《全唐詩》，卷 767，（下冊，頁 2177）。

[24] 俱見《全唐詩》，依序卷 643，（下冊，頁 1842）；卷 730，（下冊，頁 2092）。

[25] 唐人也詠赤壁，稱周瑜，但不貶曹操，而與諸葛亮、關公皆無關，故不論。

[26] 見《三國志·武帝紀》，（上冊，頁 32）。

[27] 參閱王鳴盛《十七史商榷·許鄴洛三都》，（頁 207）。

[28] 見《水經注·濁漳水》，（頁 138），酈道元於北魏孝明帝孝昌三年（527），為蕭寶夤所害，見《魏書》本傳，（冊三，頁 1925）。

「魏帝」，或簡稱「武帝」，褒遠多於貶，而褒中也非僅止於虛應故事，如岑參〈潼關懷古〉云：「行行潘生賦，赫赫曹公謀。[29]」

其次是諸葛亮遺跡，茲以杜甫為例說明之。

杜甫（712~770），字子美，河南鞏縣人，文才俊逸，詩句雄偉跌宕，名揚當代後世，然應進士不第，困於長安，天寶十五年（756），安祿山陷長安，玄宗奔蜀，甫逃出，展轉西走，南下依劍南節度使嚴武，居成都四年，遍遊名勝古跡，常造訪諸葛亮祠堂，有詩云：「久遊巴子國，屢入武侯祠。」由於習性浪漫，難以適應幕僚生活，而蜀地也不安定，又往梓州年餘，回成都，生活困頓，與嚴武關係似非融洽，曾嘆「世亂鬱鬱久為客，路難悠悠常傍人」，不得已，攜家東下，居夔州近兩年，覩諸葛亮入蜀、劉備伐吳諸遺跡，徘徊噓唏，嘆「南北逃世難」，而衣食嚴重欠缺，生活不得安穩，自嘲為「乾坤一腐儒」，再出峽，欲往江陵，未至而城陷於賊，遂南遊，過衡山，至於耒陽，由於不耐溽暑而北返，病死於潭岳之交[30]。

杜甫熟習三國史事，深知劉備君臣苦心孤詣，及孔明功業，在蜀中各地流連憑弔，許多名句等同評價蜀漢人物。

杜甫最欣賞諸葛亮，許之為三國第一人，其〈八陣圖〉云：「功蓋三分國，名成八陣圖，江流石不轉，遺恨失吞吳。」在〈詠懷古跡〉稱之「諸葛大名垂宇宙」，〈古柏行〉許之「不露文章世已驚」，雖北伐不成，功業未就，還惺惺相惜：「志士幽人莫怨嗟，古來材大難為用。」而〈謁先主廟〉，則贊劉備君臣風雲際會，患難相扶，僅一語及關公、張飛：「孰與關張並，功臨耿鄧清。」可見在杜甫詩句中，諸葛亮光彩奪目，他人皆相形失色，連〈公安縣懷古〉也只說：「野曠呂蒙營，江深劉備城。」完全沒有想到關公曾獨鎮在此，而〈寄章侍御〉竟說「湘西不得歸關某」，於吳蜀互爭

---

[29] 見《全唐詩》，卷198，（上冊，頁511）。

[30] 杜甫生平，見《舊唐書‧文苑本傳》，（冊六，頁5054），晚年遊蹤與死所，見仇兆鰲《杜詩詳註》，卷23，（頁62）。

江南三郡，胡亂評點，對關公毫無敬意[31]。

杜甫雖不欣賞關公，但畢竟為一代詩宗，曾自詡「詩是吾家事」，又稱「為人性僻耽佳句，語不驚人死不休」，致其多篇歌詠他人之佳詞美句，在明清關公信仰極盛時，被轉嫁至關公，算是身後因緣（見第五章第六節）。

（三）悼憐

關公雖不曾為詠史及憑弔詩句的主角，但他與張飛的悲劇結局，偶而會引起詩人的悼憐，如李商隱〈籌筆驛〉云：「管樂有才終不忝，關張無命欲何如？他年錦里經祠廟，梁甫吟成恨有餘。[32]」因詠孔明兼及關公、張飛，稱其「無命」，帶有幾分的悼憐之意；又如崔道融〈過隆中〉：「玄德蒼黃起臥龍，鼎分天下一言中；可憐蜀國關張後，不見商量徐庶功。」主角還是孔明，不過順便可憐關公、張飛而已[33]。

三、荊襄文士不品題

唐詩人才輩出，生平爵里不同，學養際遇各異，其對三國人物之題詠與評價自是不可能齊一，故欲從中分析唐人對關公的定位，恐有以偏概全之嫌，但荊州、襄陽乃關公最後駐地與殉難之所，詩人無論原居或宦遊，若不能睹物思人、觸景傷情，則關公在其心目中地位可知。

（一）久居

久居荊、襄一帶的詩人不少，但尋幽探勝、憑弔遺跡多不及關公。

張柬之（625~706），襄陽人，武后時，為荊州大都督長史，晚年還鄉養疾，為襄州刺史。他青晚年皆在家鄉，對本地歷史人物應極為熟悉，可惜

---

[31] 引詩見《杜詩詳註》，依次為：卷 15（頁 12）、卷 17（頁 43）、卷 15（頁 72）、卷 22（頁 12）及卷 13（頁 17）。

[32] 見《全唐詩》，卷 539，（下冊，頁 1542）。

[33] 見《全唐詩》，卷 714，（下冊，頁 2054），道融係唐末荊州人，生平見李調元，《全五代詩》，（下冊，頁 1299）。

詩句傳世僅五首，無一及三國人物[34]。

孟浩然（689~740），襄陽人，中年以前隱居家鄉鹿門山，年四十，始遊京師，玄宗時，張九齡（678~740）貶荊州長史，辟浩然於府，九齡時與友人流連題詠，有多首詩記及當地，如〈初發江陵〉、〈登襄陽峴山〉、〈登荊州城樓〉、〈登臨沮樓〉等，全不及於三國人物；而孟浩然題詠家鄉一帶詩句更多，似不善懷古，只看眼前景物[35]。

齊己（860?~?），益陽人，唐末五代人，幼出家大溈山同慶寺，徙廬山東林寺，後欲入蜀，經江陵，時為高從誨所據，留為僧正，居龍興寺，自號衡嶽沙門，半生在荊襄，遍遊各地，吟唱所得頗為可觀；不過，他仍如同其他唐朝詩人，憑弔遺跡，除了西晉羊祜外，如「三載羊公政，千年峴首碑」，無一語及三國人物[36]。

（二）路過

荊州、襄陽位居長江中遊，南來北往所必經，造訪詩人當然不少，加以本地為四戰之地，歷史掌故頗多，路過者很少錯失機會，如岑參即言：「襄陽多故事，為我訪先賢。[37]」而唐詩中，以荊州、襄陽為題首，再冠以「樂」、「歌」、「曲」、「詞」者也頗多。

且看唐朝路過荊襄的詩人，其故事、先賢多指誰？

李白（701~762），字太白，自稱李廣之後，為西涼李暠九世孫，其先因事徙西域，武后時始內遷於蜀，個性倜儻，好擊劍飲酒，喜縱橫術，輕財

---

[34] 張東之生平，見《新唐書》本傳，（冊六，頁 4321）；詩見《全唐詩》，卷 99，（上冊，頁 267）。

[35] 孟浩然、張九齡生平，并見《新唐書》本傳，（冊七，頁 5779；及冊六，頁 4424）；詩見《全唐詩》，卷 159 及卷 47，（上冊，頁 405 及 141）。

[36] 齊己，新、舊《唐書》俱無傳，其〈渚宮莫問詩〉十五首，序言「予以辛巳歲蒙主人命居龍安寺」，辛巳乃後梁末帝龍德元年（921），其第八首中有云「形骸六十餘」，據此推算，他應出生於唐懿宗咸通元年（860）左右，與他〈戊辰歲江南感懷〉中云：「老過亂離世，生在太平時」時序相符，（見《全唐詩》，卷 841，下冊，頁 2375）；生平另見贊寧，《宋高僧傳》，卷 30，（頁 418）。

[37] 見《全唐詩》，卷 200，（上冊，頁 518）。

重施，不事產業，文才橫逸，詩尤清新脫俗，後世奉為「詩仙」[38]。

他少年在蜀，二十五歲始出峽，遍歷荊襄，留下許多優美的詩篇，有〈襄陽〉四首、〈襄陽歌〉及〈憶襄陽舊遊〉各一首，詩中追念的不外是西晉羊祜、杜預及南朝梁武帝諸人，無一為三國人物；奇怪的，他曾讀諸葛亮傳，作〈讀諸葛亮武侯傳書懷〉，而今來到襄陽，卻喚不醒他的記憶[39]。

在此應先了解羊祜、杜預等人事跡。羊祜（221~278），字叔子，西晉初，江南未平，出鎮襄陽，繕甲訓卒，廣為戒備，與吳將陸抗相對，然祜採行懷柔策略，故晉吳相安，吳人暱稱為「羊公」；祜性樂山水，每遊必訪城外峴山，置酒吟詠，卒後百姓懷念，於此立碑建廟，至者莫不流連落淚，杜預命名為「墮淚碑」。

杜預（222~285），字元凱，繼羊祜鎮襄陽，文武全才，時人號為「杜武庫」，晉武帝太康元年（280），興師伐吳，平定之，進爵為當陽縣侯；預頗好名，常言「高岸為谷，深谷為陵」，乃於襄陽城外，刻石為二碑，紀其勳績，一沈萬山之下，一立峴山之上，其中以「峴山碑」為著名[40]。

羊、杜二公俱鎮襄陽，上距關公之死不過六十年，但二公一留墮淚碑，一留峴山碑，關公則當年軍威外，似未留任何遺跡，不知是否即由此因，致唐人至襄陽只記得二人，而不知有關公？其實羊、杜二碑，下至李白來訪，已 445 年，石碑不可能完整如初，應是「青苔久磨滅」，而李白仍念茲在茲，未曾引他注意往前六十年另一歷史大事，可知他心無關公。

李涉，生平里居不詳，大概是德宗至憲宗時代人，曾路過襄陽，有〈上于司空頔〉七絕一首，中有云：「歇馬獨來尋故事，逢人唯說峴山碑。」口氣如同李白，而同時代的元稹（779~831），曾貶官江陵六年，且遊遍當

---

[38] 李白生平，見《新唐書・文藝》本傳，（冊七，頁 5762），並參酌王琦〈李太白年譜〉，載《李太白全集》書後，（冊三，頁 1571~1615）。

[39] 引詩依序見《李太白全集》，卷五、卷七、卷十、卷九，（冊一，頁 294、369、520、483）。

[40] 峴山位置，見《讀史方輿紀要》，卷 79，（冊四，頁 3377）；而羊祜、杜預生平，俱見《晉書》本傳，（冊二，頁 1013、1025）。

地，更說：「羊公名漸遠，唯有峴山碑。」幾已忘了羊祜，所以〈江陵夢〉更不會夢到其前的三國英雄了[41]。

（三）劉禹錫

最後，無論久居或路過，最具代表性的要屬一人：劉禹錫（772~842），他詩才橫逸，但個性奇特，頗自負，與人多不和，憲宗初，貶官朗州（武陵郡，今常德市），其下即有漢壽縣，江北為江陵府，同為荊南節度使轄區，當然也是三國時代重要戰事要地，他在此地近十年，鬱鬱不得志，寫〈謫九年賦〉以抒情，又幾乎遊遍周邊古跡山水，發為詩文不下二三十篇，詠及史上名人如司馬錯、馬援、黃瓊等，而登上漢壽縣城也不知幾次，但他的〈漢壽城春望〉，只有楚王、伍子胥，卻沒有「漢壽亭侯關羽」；數年後，出任夔州刺史三年，多次經過荊州，詩文不少涉及三國人物，在〈荊州歌〉中云：「渚宮楊柳暗，麥城朝雉飛。」麥城乃當年關公退兵處，但他竟然只看到野雞；另在〈自江陵沿流道中〉說：「行到南朝征戰地，古來名將盡為神。」自注云：「陸遜、甘寧皆有祠宇。」如所言不假，或非吹噓過分，則爭戰江陵的三國名將，不當只有陸、甘二人，而甘寧更非獨鎮一方之大將，且其莫逆之交，荊南節度推官：董侹（?~812），已題碑敘及該地的關公廟及神話了（詳下章第四節），故而劉禹錫不該不知，則此詩自注所云，是他真正所見，或係有意疏忽[42]？

四、郎士元歌詠詩

從上所述，可知唐人幾乎遺忘了關公。

還好，絕無僅有的一首，出現於郎士元的送行詩，送行地點正在鄂州的「關羽祠」。案：郎士元（727?~780?），字君冑，中山人（今河北省正定縣），天寶15年（756）進士，曾任鄂州刺史，詩與錢起齊名，從詩文酬唱

---

[41] 見《全唐詩》，卷477，（下冊，頁1360）。

[42] 劉禹錫生平，見《劉賓客外集·子劉子自傳》，卷九，（頁98）；及《新唐書》本傳，（冊七，頁5128）；賦見《劉賓客集》，卷一，（頁24）；引詩，見卷24，（頁449）、卷26，（頁496），及《外集》，卷八，（頁67）。

看，他應該活動於玄宗至代宗間（八世紀）[43]；依里籍論，北齊郎基，可能為其遠祖，隋唐之際郎茂、郎穎兄弟或為族中前輩[44]。

郢州在唐代建置屢易，轄區亦多變化，其地正位於襄陽之南、江陵之北、當陽之東北，即今湖北省中部鍾祥市或當陽市一帶，也是關公北攻以及撤圍南下必經之地，當有不少關公遺跡傳說，或神話故事[45]。

郎職為刺史，官階由四品至從三品，屬地方二級長官，如明清時期的知府，現今之地級市長[46]，他有一首〈關羽祠送高員外還荊州〉古詩：

　　將軍稟天姿，義勇冠今昔，走馬百戰場，一劍萬人敵，誰為感恩者，
　　竟是思歸客，流落荊巫間，徘徊故鄉隔，離筵對祠宇，灑酒暮天碧，
　　去去勿復言，銜悲向陳跡[47]。

作詩地點在關羽祠，視關公為英雄，明確標榜「義勇」二字，同於關公時代的傅幹、東晉的李暠，在唐詩中是絕無僅有的特例，其中「義勇冠今昔」一句，應為宋徽宗提供改封的靈感（見下節），在關公歷史地位的轉折上，乃頌揚德業的開山之作，足見此詩之重要性，後世關公信徒編纂專書，無不競相轉載，卻也因信仰癡迷，而擅自異動字句，甚至連標題都敢更改，讀者切

---

[43] 郎士元，新舊《唐書》俱無傳，其略歷，見元朝辛文房《唐才子傳》，卷三，（冊一，頁 522）；詩文相酬酢，有錢起、盧綸、李端、戴叔倫等，（見《全唐詩》，上冊，頁 667、798、813、770），前三人列為大曆十才子中，《新唐書・文藝》載錢：「天寶中舉進士，與郎士元齊名，時語曰：『前有沈、宋，後有錢、郎。』」（冊七，頁 5786）。

[44] 郎基，見《北史》本傳，（冊三，頁 2013）；郎茂，見《隋書》本傳，（冊二，頁 1554）；茂與弟郎穎墓碑，見歐陽修《文忠集・集古錄跋尾》，卷 138，（頁 177）。

[45] 見《舊唐書・地理志》，荊州府、安州府，（冊二，頁 1551、1581）；郢州屢易所屬，至宋亦然，見《宋史・地理志》，江陵府、德安府，（冊三，頁 2192）。

[46] 參閱《日知錄・隋以後刺史》，卷 13，（頁 266）。

[47] 引詩見《文苑英華》，卷 272，（冊二，頁 1375），亦見《全唐詩》，卷 248，（下冊，頁 2782）。

要注意。

總而言之，唐人對關公表現出令人不易理解的健忘與輕忽，使得關公歷史定位不高；至於五代紛亂歷史中（907~959），也不過是唐末驕兵悍將爭權奪利的延續，文人學士，避兵逃難惟恐不及，詠物抒情，自是相對減少，有則亦不過沿承唐人之舊，故不論[48]。

第四節　北宋如唐朝

唐昭宗天祐三年（907），逼於情勢，禪位於朱全忠，唐亡，朱建國號為梁，史稱「後梁」，從此開啟中原地區五代迭相篡盜之局，而江淮各地也陸續出現十個國家，合稱「五代十國」；五十二年後，趙匡胤有樣學樣，策動兵變，篡周建立宋朝，史稱「北宋」，又經二十年征討，天下再歸一統，九傳之後，為東北之金人所逼，退至江南，後滅於元，是為「南宋」。

在五代十國數十年紛亂中，「世變多故而君子道消」，「宗廟、朝廷、人鬼，皆失其序」，史料殘缺，可論之處不多[1]；而北宋一百六十餘年間（960~1126），關公歷史地位仍然不高，一如唐朝，如果說唐人對關公是健忘與輕忽，則北宋人也不算有多大敬意，唯有至末年才稍稍改觀。

一、官修書籍

北宋早期，官方纂修多部篇幅極大的類書、叢書，皆涉及歷史人物的評價。

---

[48] 如李瀚〈蒙求〉四言長詩，羅列近六百歷史名人，三國有蜀諸葛亮、龐統、姜維等，魏有鄧艾、楊修等，吳有甘寧、陸抗等，無關公，見清李調元編《全五代詩》，卷12，（上冊，頁203~207）。

[1] 分見《新五代史》，卷34〈一行傳〉，（冊一，頁369），及卷16〈唐廢帝家人傳〉，（冊一，頁173）。

（一）《太平廣記》

本書乃李昉等人集體編纂，成書於太平興國三年（978），共五百卷，引用典籍達四百七十五種，按題材分為九十二大類，再細分為一百五十餘小類，足見其卷帙之繁。

其書「雖多談神怪，而採摭繁富，名物典故，錯出其間」，不僅文人經常引用，市上「說話人」幼習此書，而宋元的話本、雜劇諸宮調等也經常採用其中故事，至於明清戲曲小說更多從本書尋找素材，因而，即使印板流傳不廣，仍有深遠影響[2]。

本書乃分門別類轉載他書，表面看，有關歷史人物之品評原非北宋官方所為，然材料取捨之際，即寓有褒貶之意，關羽在書中，地位明顯不高。

在〈將帥〉部裡，關羽雖名列第一，與劉文靜、李靖等十九人同列，但只引《獨異志》數語：「蜀將關羽善撫士卒，而輕士大夫；張飛敬禮士大夫，而輕卒伍，二將俱不得其中，亦不得其死。」睹此數語，即知文題不符，不僅無敬意，甚且刻意貶抑；在〈驍勇〉部裡，列有趙雲、呂蒙等三十八人，其中北魏楊大眼，引《談藪》稱之「關張不過也」，既「不過」，則平平，亦非尊崇。

（二）《太平御覽》

太宗太平興國二年（977），詔李昉等人纂修，自經史子集以及百家之言，博觀約取，至八年書成，全書共一千卷，分五十五部，四千多類，引書達一千六百餘種，賜名《太平御覽》[3]。

本書與《太平廣記》一樣，同修於太宗朝，體例不同，一為叢書，一為類書，但均屬官修，故對歷史人物的評價無多大差異。

在〈人事〉部一百四十一門中，關羽只出現於三門，在〈凶夢〉中，引《蜀記》載初出師北伐襄樊，夢豬囓其足，語關平：「吾今年衰矣，然不得還。」在〈義〉中，載關羽辭曹歸劉事跡；在〈勇〉中，載其刮骨療毒。可

2　參閱《四庫全書總目提要・子部・小說家類》，（冊三，頁2955）。
3　參閱《四庫全書總目提要・子部・類書》，（冊三，頁2791）。

見本書將關羽視為「義」與「勇」的代表人物，這樣的定位是高是低？自當參較〈人事〉部其他諸門。

〈凶夢〉門這條，重在「搜奇」，以呼應關羽「不得還」的悲劇結局，不涉評價；〈義〉門則由曹操一句「事君不忘其本」，表明關羽是「天下義士」，而歸劉時，左右欲追，曹操又說「各為其主」，所以不追，固然成全關公的義，何嘗不是曹操的慧眼視英雄，以及寬弘大度呢！而〈勇〉門一事，勇則勇矣，然非戰陣之勇，若能引載萬軍中殺顏良一幕，豈不更勇？且在此二門之前，尚有〈交友〉、〈忠勇〉、〈忠貞〉諸門，典韋、許褚、張飛、嚴顏、諸葛恪、諸葛誕等都名列其中，就是沒有關羽。

可見在北宋人心目中，關羽的義勇，不算是最高德行，而編者又在文末引陳壽《三國志》本傳評語：「羽善待卒伍而驕士大夫，飛愛君子而不恤小人」，凸顯二人為人處世的缺陷，敬意更是大打折扣。

（三）《冊府元龜》

真宗景德二年（1005），詔編修歷代君臣事跡，以王欽若為提總，同修者楊億等十五人，至大中祥符六年（1013）書成，凡一千卷，目錄十卷，賜名製序。全書分三十一部，其下又分一千餘門，是書「惟取六經子史，不錄小說，於悖逆非禮之事，亦多所刊削，裁斷極為精審」，而其中義例，又多出於真宗本人，故本書對歷史人物的品評，十足代表官方[4]。

在書中，關羽只出現在〈將帥〉部，前有總序，言：「軍旅者，所以防禍機、遏亂略，將帥者所以總戎政、揚國威，入則壯乎翊衛，出則鎮其方面，士卒之存亡攸屬，邦國之休戚是繫。」所以要「採其善惡之跡，成敗之謀，忠逆之心，賢愚之效，置之於篇，以示鑑戒。」教化之意至明。

本部又細分為一百零六門，其第一門為〈佐命〉，序言：「夫帝王之興也，必有命世之人傑，折衝之虎臣，周旋翼從。」故佐命之將帥當為第一等武人，在三國時代，列有魏夏侯惇等十五人，吳周瑜等二十五人，蜀則只有關羽、張飛、馬超、黃忠、趙雲五人而已，人數分配顯然不均，東吳中竟有

---

[4] 見《四庫全書總目提要・子部・類書》，（冊三，頁2792）。

張昭、張紘等文人，而蜀漢的諸葛亮竟然只列於次一門的〈立功〉門中。無疑的，本書編纂者不太注重蜀漢方面的人物，應與當時的大環境有關。

關羽有幸名列〈將帥〉部之〈佐命〉門，定位看似不低，細看又似不盡如此。在本門裡，僅列出流水帳式的事跡，另在〈忠〉門裡載其棄曹歸劉，〈儒學〉門載其好《左氏春秋》，〈勇敢〉門載勇刺顏良、刮骨療毒，其一生重要功業則未載，不像一位佐命將帥，而他的手下敗將龐德則名列〈立功〉、〈忠〉、〈威名〉等數門中，其中〈威名〉門載其與關公接戰，射中其額，又似在貶抑關公。總之，在本書各部門中，不能感受得到關羽的尊貴地位。

（四）《武經總要》

仁宗康定年間（1040），朝廷「恐群帥昧古今之學」，於是命曾公亮、丁度等人，廣採「古兵法及本朝計謀方略」，凡五年而書成，共四十卷，御製序文，全書又分前後二集[5]。

前集重在「邊防」、「制度」，內附許多攻城、守城器具；後集載「春秋以來，列國行師制敵之謀，出奇決勝之策」，總名為〈故事〉，其中又分為十五集、一百八十五門，從〈上兵伐謀〉、〈不戰屈人之師〉，到〈辭賞〉，林林總總，而三國時代，名列榜上的極多，曹操尤其是熱門人選，但關羽則連陪榜的機會都沒有。

二、正統觀

正統是中國史學界爭論頗久的課題，很難三言兩語說明其意義，約略言之，至少有四義：

一為封建王朝：統一天下，政權一系相承，代代相繼，始則應乎天，繼則順乎人；二為血統純正：嫡系子孫，無人敢異議，覬覦者必遭誅伐；三為譜系清楚：有如學派黨派，或宗教宗派，師承分明、一脈相傳的嫡系正宗；四為合法政權：改朝換代之際，擁有廣地眾民，威望具足，能普遍為世人所承認者。

---

[5]　見《四庫全書總目提要・子部・兵家》，（冊三，頁2041）。

據此，正統所涉及的思想內涵頗為複雜，如尊王攘夷、五德終始、國勢強弱、種族文化，甚至涉及國家體面，而史家修史，引用標準紀年年號，常是正統之爭的導火線，至於正統觀念的傾斜搖擺，自然也必影響到相關歷史人物的評價[6]。

南北兩宋，可說是中國史上正統之爭最激烈的時代，而兩代觀念又截然不同，也影響到蜀漢及關公的歷史地位[7]。

（一）《太平御覽》

在北宋，最早觸及正統問題的是《太平御覽》，本書將歷代稱帝稱王者分為皇王、偏霸、僭越三部，無疑的，只有：皇王才是正統，而三國中蜀劉備、吳孫權被列於「偏霸」中，只有曹操、曹丕被列於「皇王」，上繼東漢獻帝，下啟西晉武帝，一脈相承，而蜀漢既非正統所在，人物評價當然較低。

（二）《冊府元龜》

本書將中國歷代王朝分為正統、閏位、僭偽，略同於《太平御覽》，「正統」指周、漢、魏、晉、後魏、北周、隋、唐、五代；「閏位」指秦、蜀、吳、南朝、東魏、後梁；「僭偽」指「豪傑竊起以蓄乎覬覦，強弱相凌分據乎土宇」，如劉淵、石勒等。

至於何謂正統？本書以五行終始觀點含糊解釋，認為「帝王之起，必承其王氣」，說得頗為主觀，至於三國時代，為何以魏為正統、以蜀為閏位，則無說明。

除官修書籍外，不少文士著論涉及正統觀。

（三）張方平

張方平（1007~1091），字安道，南京人，他認為「正統」即是「夫帝

6　參閱柳詒徵《國史要義・史統》，引論史上至近代梁啟超、蒙文通諸人議論精華；又饒宗頤《中國史學上之正統論》，亦頗足參考。

7　本小節參考陳芳明〈宋代正統論的形成背景及其內容〉一文，未另註明出處者即轉引自本文；而周密《癸辛雜識後集・正閏》另詳載南宋議論，足補本文。

王之作也，必膺籙受圖，改正易號，定制度於大一統，推曆數以敘五運，所以應天休命與民。」在此標準下，蜀不當居正統，而魏國是「天地有奉，生民有庇，且居先王之位，宅先王之國，子先王之人。」立論著眼在國力形勢，也附和五行終始說[8]。

（四）歐陽修

歐陽修（1007~1072），字永叔，盧陵人（今江西省吉安縣），乃北宋中期文壇舉足輕重的名人，一言一行，對當代後世都有深刻的影響，何況他還親自從事修史，撰有《新唐書》、《新五代史》二書，其正統論最具史學理論與實務基礎[9]。

歐陽修有十二篇專文討論正統，起因是太宗時，薛居正的《五代史》將後梁諸帝列於〈本紀〉，等於承認其正統，但李昉又奉命編五代年號，卻以後梁為僭偽，歐陽修以為如此相互矛盾，「於理不安」，而「治亂之跡，不可不辨」。

他反對以五德終始解釋朝代嬗遞，認為改朝換代之際，「豪傑並起而爭，而強者得之」，唯「居天下之正，合天下於一，斯正統矣。」

在此標準下，三國當以何者為正統？魏受漢禪，論國勢，自當為正統，但因其未能「合天下於一」，與蜀、吳無異，所以另創「絕統」之說，三國乃三絕之一，僅魏勉強可代表絕統時代之「正統」，而劉備蜀漢則與東晉、五代後漢同，「未嘗為正統」。

歐陽修在三國之中傾向認同曹魏，對曹操敬意較高，文中均尊稱為「曹公」，而直呼關公本名，如《集古錄跋尾・魏鍾繇表》云「曹公破關羽賀捷表」，而另表則言「曹仁、徐晃破關羽事也」，以月分不合，考證二表同為偽作，但對關公的死則未有一字褒貶[10]。

8　張方平生平，見《宋史》本傳，（冊 13，頁 10353）。
9　歐陽修生平，見《宋史》本傳，（冊 13，頁 10375）。
10　分見《文忠集》，卷 16，（頁 59），及卷 137，（頁 106）。

（五）司馬光

司馬光（1019~1086），字君實，陝州夏縣人，他是中國史學界兩「司馬」之一，撰有《資治通鑑》等書。

正當歐陽修、蘇軾等人爭論正統時，司馬光也正為修《資治通鑑》遭遇三國紀年難題，由於為編年體，按年記事，而年月須繫於年號之下，因之書中所載年號即被視為正統，此在大一統局面時，毫無問題，但於群雄並峙如三國時，各有國號年號，取捨之際，考驗史家智慧。其正統觀比較實際而理性，認為「苟不能使九州合為一統，皆有天子之名而無其實者也」，所以「正閏之際，非所敢知，但據其功業之實而言之」，排除「自上相授受」、「居中夏者」、「有道德者」等有爭議性的議題，著眼於較實際的「功業之實」，亦即以國勢大小來衡量。

依此標準：「漢傳於魏而晉受之，晉傳於宋以至於陳，而隋取之，唐傳於梁以至於周，而大宋承之。」所以在三國時，自當以魏為正統，雖然，曹操「暴戾強伉」、「蓄無君之心久矣」，但「有大功於天下」，且「取天下於盜手，而非取之於漢室也」，不愧為英雄豪傑；而劉備則名分上自稱中山靖王之後，然「族屬疏遠，不能紀世數名位」，功業不足：「不敢以光武及晉元帝為比，使得紹漢氏之遺也。」貶其偏安局面，尚不如東晉元帝。

《資治通鑑》對後世影響頗深，依其編年，蜀漢非正統，則關公之歷史地位深受牽連，觀其引陳壽語論關張之死：「羽剛而自矜，飛暴而無恩，以短取敗，理數之常也。」則知溫公還不脫「以成敗論英雄」的思維模式。

（六）蘇軾

蘇軾（1036~1101），字子瞻，眉州眉山人，其正統觀：

> 正統者何邪？名邪？實邪？正者所以正天下之不正也，統者所以合天下之不一也，不幸有天子之實而無其位，有天子之名而無其德，是二人者立於天下，天下何正何一？而正統之論決矣。……正統者，名之所在焉而已，名之所在，而不能有益乎其人，而後名輕，名輕而後實重。

大致同於歐陽修，先正名分，強調名實相符，最終既重名也重實，差異只在不視北周、北魏為正統，同時也反對章望之「霸統說」，以為等於鼓勵人臣弑君稱王[11]。總之，在如此的正統理論下，關公的歷史地位不可能很高。

三、文人品評

北宋文人論及三國形勢者遠比先前多，而詩詞吟詠反而較少，其有關關公者亦有限，有者多以神靈立論，兼及生前德行。

在北宋早期文人眼中的三國英雄，無疑的，諸葛亮仍排第一，關羽、張飛居於附屬地位，一直到北宋末，關羽的忠勇事跡才漸受注重。

田錫（940~1004），字表聖，嘉州洪雅人，歷任中外官，以敢言直諫、不避權貴著稱，於三國群雄中最稱許諸葛亮，在〈諸葛臥龍賦〉中，言劉備得之：「若龍之得水，若雲之從龍」，而「張飛、關侯為股肱，趙雲、龐統為爪足」，故能「指揮霸王成，日月若長在，永永懸應聲。」語氣如同唐人[12]；其後，宋庠（996~1066），字公序，安州安陸人，與弟祁俱以文學顯於真宗、仁宗二朝，庠詩有〈孔明〉一首，頌揚諸葛亮，云：「武侯霸王器，隆中事耕植」，「說吳若轉丸，抗魏猶席捲，談笑馭關張，從容羈梁益。」關羽、張飛成為孔明談笑用兵的棋子，近乎小說家口吻；可能家學淵源關係，其弟宋祁（998~1061），也不太看得起關張：「二者特所偏耳，身皆死於人手，是不可忽也。」責其做人處事缺失，當作負面教材[13]。

北宋人雖推崇諸葛亮，而對曹操仍是褒多於貶。

夏竦（985~1051），字子喬，江州德安人，有〈奉和御製讀三國志詩〉三首并注，第一首詠魏，有云：「漢火承前運，譙龍合舊徵。」注引讖書《春秋玉版》，載曹操父子之瑞應，明顯承認魏為正統；次首詠吳，注中

11　見《東坡全集》，卷44，（頁62~）。

12　田錫生平，見《宋史》本傳，（冊12，頁9787）；引文分見《咸平集》，卷五（頁22）、卷15（頁121）。

13　宋庠、宋祁生平，見《宋史》本傳，（冊12，頁9590、9593）；引詩見宋庠《元憲集》，（卷二，頁53），引文見宋祁《宋景文筆記》，卷二（頁44）。

兩次稱曹操為「曹公」；第三首詠蜀，帶有貶意的說：「儻乏英雄器，三分亦殆哉。[14]」稍後，蔡襄（1012~1067），仙遊縣人，以書法聞名，為人正派有義氣，任漳州判官時，出遊見陳將軍廟，作詩想到關公：「曾憑水柵誓長江，報國全軀事不雙，力屈已嗟關羽死，勢孤猶笑李陵降。」嗟嘆關公敗亡，帶有幾分敬意[15]。

中期以後，諸葛亮依然耀眼，而曹操則開始有人檢點叫罵，蜀漢方面人物漸受正眼看待，關公悲慘下場也引人同情，忠勇事跡慢慢傳開。

孔平仲（1044~1111），子義甫，臨江新喻人，與兄文仲、武仲皆以文學名江西，時號「三孔」，約與蘇東坡同時，他有多首詩詠三國人物，如〈于將軍〉云：「遙觀大船載旗鼓，聞說乃是關雲長，蒙衝直繞長堤下，勁弩強弓無敵者。」因于禁而及關羽，在北宋詩作中難得一見，不過，主角是于禁，關羽雖勝而于禁敗降，平仲卻嘆「淯水之師勇冠世，英雄成敗皆偶然。」既屬偶然，則關公軍威當然要打折扣了[16]。

同時代的蘇軾（1037~1101），亦有多篇詩文詠評三國英雄，例不假以辭色，尤其是曹操。在他看來，曹操「長於料事而不長於料人，是故有所重發而喪其功，有所輕為而致於敗」，不能統一天下，在於赤壁戰敗；評劉備「可以急取而不可以緩圖」，譏孫權「不用中原之長而與之爭於舟楫之間」，「可以計取，而不可以勢破」，最終「重發於劉備而喪其功，輕為於孫權而至於敗」，均為戰略錯誤使然；在三國群雄中，曹操能力第一，成就最高，兵多地廣而能戰，唯人品嚴重瑕疵，欺人孤兒寡婦，以權術待人，是「鬼蜮之雄」，而世人習慣「以成敗論人物」，所以「得在英雄之列」，東坡甚至稱孔融為龍，曹操為鬼[17]。

---

[14] 夏竦生平，見《宋史》本傳，（冊 12，頁 9571），引詩見《文莊集》，卷 31，（頁 30）。

[15] 見蔡襄《端明集》，卷四，（頁 121）。

[16] 孔平仲生平，見《宋史》本傳，（冊 13，頁 10933），詩見《全宋詩》，（冊 16，頁 10850）。

[17] 見《東坡全集》，卷 43，（頁 8）。

　　東坡此語難見於在北宋早期，可知曹操地位正在下降，應有助於凸顯蜀漢人物，關公定位或即因此而上升，雖無法恢復南北朝時期的勇將形象，至少已有人悲悼憐惜[18]。稍晚於蘇軾，張耒（1054~1114）曾提到當時三國故事的弄影戲：

　　　　京師有富家子，少孤專財，群無賴百方誘導之，而此子甚好看弄影戲，每弄至斬關羽，輒為之泣下，囑弄者且緩之，一日，弄者曰：「雲長，古猛將，今斬之，其鬼或能祟，請既斬而祭之。」此子聞甚喜[19]。

在故事中，關公是「古猛將」，兵敗被斬，不勝悲憫，由悲憫至景仰崇拜，應是自然趨勢。

四、頌揚忠義勇

　　北宋中晚期，有人注意及關公進退去就大節，標榜其過人德行，而非如世人只著眼在戰陣英勇以及最後敗亡上。

　　張珣，滎陽人，生平不詳，留有一首〈義勇行〉古詩：

　　　　憶昔天下初三分，猛將並驅誰軼群，桓桓膽氣萬人敵，臥龍獨許髯將軍，威吞曹瞞欲遷許，中興當日推元勳，惜哉壯繆功不就，竟令豺兒還紛紛，血食千年廟貌古，歲時歌舞今猶勤，君不見天都靈武巢未覆，撫髀常思漢壽君[20]。

---

[18] 北宋早期文人，也有罵曹操的，但較為少見，如真宗、仁宗之際的石延年，稱他「姦臣與逆子」、袁陟稱「人苦曹瞞虐」，見《全宋詩》，〈籌筆驛〉，（冊三，頁2004），及〈過金陵謁吳大帝廟〉，（冊八，頁5030）。

[19] 張耒生平，見《宋史》本傳，（冊 16，頁 13113）；引文見《明道雜志》，卷二，（頁9）。

[20] 元胡琦《關王事蹟》，明標「滎陽宋人」，轉載於呂楠《義勇武安王集》，（頁164）；另查，滎陽有張峋，字子堅，授學於邵康節，登進士第，熙寧元年授鄞縣知縣，見乾隆《滎陽縣志》，（冊四，頁 64）；及乾隆《鄞縣志》，（冊七，頁91）；及曾鞏《元豐類稿・廣德湖記》，（卷19，冊八，頁75），不知即此人否？

標題「義勇」，沿承唐朝郎士元，中引武侯「絕倫軼群」稱之，許為「桓桓膽氣萬人敵」，而後悲其功業不就，嘆「血食千年廟貌古」，有別於當時多數人，是北宋難得一見的詠關之作，惜不知廟在何方？

其次，張商英（1043~1121），字天覺，蜀州新津人（今成都市），進士及第，少年既參禪也慕道，進京應考，著黃色道服，平居遇道士化米，勸讀《金剛經》，見僧人又勸念《老子》；神宗哲宗之際，監荊南稅十年，後掌江西漕運三年，於江南一帶，與當代禪宗名僧，如克勤、常總、從悅、惠洪等往來密切，參禪頗有心得，號無盡居士，聞名叢林，可能利祿心重，心理較為脆弱，又兼修道教黃籙齋法[21]；而荊南（約今湖北省西南地區）乃關公晚年治地，尤其荊門軍（當陽縣）玉泉寺及附近關公廟俱屬勝境，而玉泉寺也早已從天台宗名山換成禪宗大叢林，因此，他一定親見當地廟會活動[22]，元豐四年（1081），關公廟重建並增建關三郎廟，落成後，撰有二篇廟記，文末有偈贊：

關侯父子為蜀將，氣蓋中原絕等倫，喑嗚叱咤山岳摧，義不稱臣曹孟德，憤烈精忠冠金石，…鐵騎咆哮汗金甲[23]。

記文附會唐朝董侹及唐末的神話（見下章第三節），關公廟仍被視同附在玉泉寺之下，關公當然也被傳為佛教弟子，地位不高，但標出其生前「義」不稱臣、憤烈精「忠」二字德行，亦屬難得。張還有〈題關侯像〉詩一首：

月缺不改光，劍折不改鋩，月缺白易滿，劍折尚帶霜，勢利尋常事，

---

[21] 張商英生平，見《宋史》本傳，（冊 14，頁 11095）；參禪論道，散見曉瑩《羅湖野錄》卷上，（頁 966、973、998），及宗杲《宗門武庫》，（頁 938）；晚年入道及墓地，見陸游《渭南文集》，卷 47，（頁 14）。

[22] 天台宗沒落與禪僧入主玉泉寺，見大訢《蒲室集・荊門州玉泉山景德禪寺碑銘》，卷 11，（頁 3）。

[23] 見光緒《玉泉寺志》，卷四〈重建關將軍廟記〉及〈建關三郎廟記〉，（頁 457）。

難屈志士腸，男兒有死節，可殺不可量[24]。

此詩主在表彰關公的「死節」，忠於所司，不為勢利而屈，許之為「志士」、「男兒」，有一定程度敬意。總之，張商英欣賞關公，推測有三因：

一為地緣關係：張於荊南後提點河東刑獄，當陽縣屬荊南，當地有關公墓及關公廟，而河東則為關公故鄉，兩地民間應早有關公文物祭典與傳說；二為禪門居士身分：北宋中期以來，禪宗高僧經常用關公作教材，以其英勇事跡比擬禪悟境界，故而宗門中敬重關公遠超俗世人士，而張常與禪僧唱和，耳濡目染，愛屋及烏亦屬自然（見下節）；三為權力慾望：張雖遊走佛道之際，應非為超脫俗累，觀其一有機會，不惜力爭權位可知，故參禪仍不忘官場優越身分，主導慾望極強，如推薦惟清禪師入住豫章觀音院，以及承皓禪師成為玉泉寺住持，但在神佛面前，他脆弱謙卑多了[25]。

稍後，哲宗元祐七年（1092），解州重修當地關公故里廟宇，落成後由縣尉鄭咸撰碑記，對關公評價極高：

> 侯以忠義大節事昭烈，為左右禦侮之臣，名聞於天下後世，雖老農稚子，皆能道之，然皆謂侯英武善戰，為萬人敵耳，此不足以知侯也，…方漢之將亡，…苟不明於忠義大節，孰肯抗強助弱，去安而就危者？夫爵祿富貴，人之所甚欲也，視萬鍾猶一芥之輕，比千乘於匹夫之賤者，豈有他哉？忠盡而義勝耳！…侯之忠義凜然，雖富貴在前，死生在後，不可奪也，…然則侯之所以勝孟德者多矣，蓋有以服其心而折其氣，豈在行陣間乎[26]？

---

[24] 見《關帝事蹟徵信編》，卷29引王禹書《關聖陵廟紀略》，（冊四，頁448），王書成於清初，專記當陽關公墓與廟，並其碑記題詠，而張之監荊南，地理吻合。

[25] 惟清，見道行《雪堂拾遺錄》，（頁958）；承皓，見曉瑩《羅湖野錄》卷上，（頁971）。

[26] 見胡琦《關王事蹟》，轉載於呂楠《義勇武安王集》，卷四〈重修武安王廟記〉，（頁139）。

碑文不談靈異，通篇著眼在「忠義大節」，許為「雖富貴在前，死生在後，不可奪也」，專從進退去就看關公，不計其最後成敗，異於當時朝野。

隨後，張商英的門下客唐庚，也就此褒揚關公。唐庚（1071~1121），字子西，眉州丹稜人，哲宗紹聖元年進士（1094），張商英薦其材，除京畿路提舉常平，張罷相，坐貶；善屬文，人稱「魯國先生」，對三國人物，他既欣賞曹操，也稱贊關公：

> 羽為曹公所厚，而終不忘其君，可謂賢矣，然戰國之士亦能之；曹公得羽不殺，厚待而用其力，可謂賢矣，然戰國之君亦能之；至羽必欲立效以報公，然後封還所賜，拜書告辭而去，雍容可觀，殆非戰國之士矣[27]。

從「不忘其君」及報恩、退財看關公，許之過於「戰國之士」，已具備儒者之忠，及遊俠之義，與張商英同樣不從軍功與結局定位，著眼在「進退去就」的德行層面上，似在呼應下層社會的「江湖道義」，看來關公遲早要浮出檯面，歷史地位逐漸挺昇，如稍後洪邁即說「至行過人曰義」（見第六章第一節），從中可見，以上四人在唐至北宋現實勢利眼中，都算是異類。

第五節　宋金褒貶

北宋宣和七年（1125），金兵南侵，未抵京城，徽宗倉皇禪位予欽宗，次年，金兵陷開封，又次年，擄徽、欽二帝北歸；高宗即位於河南，改元建炎，次年南下，遷都臨安（今杭州市），是為「南宋」。

南宋與金人多方僵持之後，只能保有江南及蜀等地，江北、中原大半地區盡歸金人所有，是個典型的偏安政權，在北有強敵下，主政者無長謀遠略，各地盜賊蜂起，政局的紛亂，國勢的衰微，看在有識之士眼中，樣樣皆

---

[27] 唐庚生平，見《宋史》本傳，（冊 16，頁 13100）；其與張商英之關係，見《大慧禪師語錄・年譜》，紹興二十六年條，（頁 690）；引文見《三國雜事》，（頁 498）。

是椎心之痛。因而，激勵人心士氣，期望良相猛將救國，幾是全民心聲，故而分析歷代興衰演變，品評歷史人物，自有一番新標準[1]。

南宋人就處於此複雜的社會背景，既要同心協力，莊敬自強，忠義輔國，又苛求完美，不免「以成敗論英雄」，所以對關公這樣的歷史英雄，僅少數人能欣賞其去就大節，多數人只看後半段。

然而，在社會基層，由於三國故事流行已久，配以進步的印刷術，小說作品出刊問世，對三國英雄，尤其是關公，歷史地位必有所提昇；而留在中原的衣冠人士，則抱著孤臣孽子之心，以異樣眼光看歷史，既同情蜀漢，也敬重關公，常有詩文題詠，還以莊嚴的雕版畫像廣傳各地；而佛教禪宗仍盛極一時，勢力依然遍及大江南北，擁有廣大同好與信眾，更稀奇的，宗門高僧對關公情有獨鍾，常以其英勇事跡為說法教材，甚或謳歌讚頌，奉為護法神靈，迥別於南宋朝士。

一、南宋文士貶損

南宋士大夫，無論是詩人、理學家等，在朝或在野，知名或不知名，大都不敬重關公。

(一) 戴少望

戴少望，不知何許人，於紹興 11 年著《將鑑論斷》（1141），取春秋以來至五代一百名將，評其功德才行，期「善可為法，惡可為戒」，於三國時代，魏有張遼等三人，蜀有關公等三人，吳則有周瑜等五人[2]。

---

[1] 如南宋初，趙期〈臨安自述〉云：「星落夜原妖氣滿，漢家麟閣待英雄，誰人共挽天河水，盡洗中原犬虜腥。」寫盡南宋人的心聲，（見《全宋詩》，冊 21，14647）；又如靈隱慧遠禪師，於孝宗時受召入大內論禪，亦云：「願陛下早復中原，以慰四海之望。」見《佛海瞎堂禪師廣錄》，（頁 934）；木庵安永禪師亦云：「雕弓高掛狼煙息，恢復山河四百州。」見《木庵永和尚語錄》，（頁 122）。

[2] 此據《宋史》，戴溪，字肖望，永嘉人，孝宗淳熙五年進士，卒於寧宗嘉定八年，（冊 16，頁 12895）；而本書序於紹興十一年，似非同人，《四庫全書總目提要》亦疑名字偶同，見〈子部・兵家類存目〉，（冊三，頁 2050）。

書中稱張遼「以少擊眾，得其指授」，司馬懿「長於料敵」，但「見利忘義」，鄧艾「有才智而無器度」；周瑜「明而有斷」，魯肅「見於未形」，呂蒙「學之有益於人」，陸遜「多智略」，陸抗「奇謀遠略」；而對諸葛亮也頗推許，稱之「有仁人君子之心，英雄豪傑之才，忠臣義士之節」，而魏延則評為「勇而不知義」，對這些人物，可說褒多於貶，唯獨對關公評價極低。

戴氏總評關公：「輕信寡謀，貪前利而忘後患，矜己傲物，犯眾怒而失士心也。」與東吳對峙過錯不斷，驅逐長吏、拒婚辱使，只恃驍勇：「慮不及遠，信呂蒙之詭計，受陸遜之甘言，其兵乃虛內而外攻襄陽，未下而江陵已降，道盡途窮，父子俱執，其與夫差、智伯之事何以異乎？」在統御部屬上也無可稱道：「不能以恩信撫循士大夫，奮其豺虎之威，使同舟盡為敵國。」致眾叛親離，「投死無所」，當然「非良將」；不過，戴氏也承認，關公「不事曹公，終歸先主」，乃是難能可貴的「忠義大節」，故仍「足以仰高於後代也」[3]。

（二）胡寅

胡寅（1093~1151），字明仲，理學家胡安國姪子兼養子，建寧崇安人，學者稱為致堂先生，在宋金對峙中，他主張「用復讎之議，而不用講和之政」，算是溫和理性的主戰派[4]。

寅著〈歷代論〉，在三國部分，評曹操「不知人」，故終其身只見三分之局，而劉備是「挾天子以劫天下，則不如曹，訓齊武備，揣料敵情則不如孫」，所用諸人又不如漢初三傑，以致功業難成，唯有孔明可算「一傑」，關公、張飛都不夠資格，行軍作戰、待人接物皆有顯著缺失：

> 乃若關雲長、張益德，雖曰萬人敵，而程昱輩奇之，然功業之著見者蓋鮮耳，雖嘗督軍敗于禁、橫矛挫曹公，然皆勇有餘而智不足者，又況

---

[3]　見《將鑑論斷》卷五，（頁 693~698）。

[4]　胡寅生平，見《宋史》本傳，（冊 16，頁 12916）；及《宋元學案》卷 41，（上冊，頁 643）。

驕士大夫而弗恤小人，躬速禍之道而身以僇沒，謂之人傑，可乎[5]？

將關、張貶為「勇有餘而智不足」，又「驕士大夫而弗恤小人」，幾乎一無是處，口氣類似戴少望。

胡寅伯父胡安國，對關公等人看法也一鼻孔出氣，他曾去過荊州、襄陽一帶，緬懷三國英雄，經赤壁是「莫言諸葛成何事，萬古忠言第一流」，過長江是「路經赤壁懷公瑾，水到柴桑憶仲謀」，可知他心中無蜀漢，更不知關公[6]。

(三) 李燾

李燾（1115~1184），字仁甫，眉州丹稜人，為唐宗室曹王之後，弱冠時，目睹國勢危急，恨金人南侵，著〈反正議〉以明志，紹興中中進士，歷官各地，留心當代要務，仿《資治通鑑》體例，撰《續資治通鑑長編》乙書，敘北宋一朝大事，用功四十年而成[7]。

燾見南宋偏安江南，岌岌可危，類似東吳、東晉，乃詳論六朝攻守形勢得失，另成《六朝制敵得失通鑑博議》，期供當朝決策參考，盡書生報國之心力。

李燾看三國人主，才氣優劣各異：「曹公以智勝，劉主以度勝，孫權以勢盛；曹公之智長於用兵，劉主之度長於用人。」而劉備僅諸葛亮可用，此外無人，當然難圖進展；而曹操雖擅用兵，孫權則靠長江天險有效剋制，故三方只能維持鼎立之局。

另就形勢論圖強之道，立足江南者：「力不足者守江，進圖中原者守淮，得中原而防北寇者守河。」所以，「吳蜀合則進圖中原而有餘，吳蜀分則自守其地而不足」，然而吳蜀不能堅守盟約，致形勢漸變，而吳人：「不得淮無以拒北寇之入，不得荊則無以固上流之勢，不得益則無以為西土之援。」所以對孫權偷襲關公，暨諒解又惋惜[8]。

5　見《十先生奧論註後集》卷二，（頁136）。

6　見《全宋詩》，（冊24，頁15746）。

7　李燾生平，見《宋史》本傳，（冊15，頁11914）。

8　見《六朝通鑑博議》卷二，（頁97）。

　　李燾同於南宋大多數文人，同情蜀漢方面之處境，欣賞諸葛亮的見識才氣，而對關公、張飛則不屑一顧，以他敘論三國攻守形勢之用心，尚且如此，不難推估關公在南宋文人心中之地位。

（四）洪邁

　　洪邁（1112~1191），字景盧，鄱陽人，父皓，建炎初奉命使金，不屈被拘留十五年，兄弟三人俱有名，邁博聞強記，涉獵極廣，著述亦多，以《容齋隨筆》、《夷堅志》二書傳頌最廣[9]。

　　邁嗜讀史書，光是《漢書》即自稱讀過：「六七十年，何啻百遍，用朱點句，亦須十本。」以《隨筆》五集幾皆論史，足證所言不虛，但他沒熟讀《三國志》，未詳究漢末三國大事，且品評人物，仍以成敗論英雄，由結局逆推其立身處世。在三國部分，認為曹操雖如鬼魊，但善於任使，能得人死力，徐晃在樊城擊退關公，是「以少制眾，分方面憂」；而孫權方面，手下周魯呂陸均為名將：「相繼居西邊三四十年，曹操、劉備、關羽皆為所挫。」對蜀漢人物則無好感，尤其瞧不起關公等覆敗將領，其〈名將晚謬〉云：

> 　　自古盛名之將，立蓋世之勳，而晚謬不克終者，多失於恃功矜能而輕敵也。關羽手殺袁紹二將顏良、文醜於萬眾之中，及攻曹仁於樊，于禁等七軍皆沒，羽威鎮華夏，曹操議徙許都以避其銳，其功名盛矣，而不悟呂蒙、陸遜之詐，竟墮孫權之計中，父子成擒以敗大事。

洪邁若以讀《漢書》之精力讀《三國志》，當知文醜非為關公所殺，也一定知道魏吳二方傾全力對付關公一人，則徐晃那來「以少制眾」？關公何嘗「恃功矜能而輕敵」？其評論可謂昧於史實，充滿偏見[10]。

9　洪邁生平，見《宋史》本傳，（冊十，頁 11558）。

10　洪邁熟讀《漢書》，見《容齋四筆》卷 11，（頁 91）；欣賞曹操用人與東吳四將，見《容齋隨筆》卷 12 及卷 13，（頁 111 及頁 17）；貶關公，見《容齋續筆》卷 11，（頁 133），然與其敘所見壽亭侯印態度似不符，見《四筆》卷八，（頁 39）。

（五）陳亮

陳亮（1143~1194），字同甫，婺州永康人，理學家鄭芮門人，學者稱
為龍川先生，為南宋中期著名狂士。亮關心國是，善議兵，好品評歷史人
物，於孝宗即帝位十七年時，更名為「同」，詣闕上書，論及荊州、襄陽地
理形勢，言諸葛亮以此輔佐先主，而立足於蜀，此後周瑜、魯肅、呂蒙、陸
遜、陸抗、鄧艾、羊祜等人，亦「皆以其地顯名」，談到荊襄三國英雄，無
一語及於關公[11]。

亮又著《三國紀年》，品評當時群雄，同情劉備「君臣反復於天意人事
之際，亦可悲哉！」稱諸葛亮「以大公之道，一整綱紀，明白洞達，民用其
情」，而對關公則帶有幾分的悲憫：

> 余論次羽事，至于禁等七軍之沒，未嘗不痛恨於呂蒙也，當是時，羽
> 威震華夏，許下之民，負擔而立，使羽捨樊、襄陽，乘銳兵徑進許，
> 以曹公之雄，豈能禁方張之勢哉？兵挫堅城之下，而徐晃得行其志
> 矣，諸葛亮不可出蜀，龐統、法正之死，天真無意於漢哉[12]？

他不像其他朝野文人只知指責，算是較能設身處地。

亮另著〈酌古論〉，詳析歷代英雄人物，在三國部分，只許可諸葛亮為
第一等人材，可惜早死，否則「孔明而無死，則仲達敗，關中平，魏可舉，
吳可并，禮樂可興。」至於對關公，則無前述悲憫之情，認為：「好勇而無
謀，恃氣而驕功，此其勢甚易誚也。」更不幸的，東鄰孫權沒有「取天下之
略」，只在乎眼前利害，呂蒙伺機偷襲，導致關公敗師喪命[13]。

（六）朱熹

朱熹（1130~1200），字元晦，徽州婺源人，是宋理學集大成之大師，

---

[11] 陳亮生平，見《宋史》本傳，（冊 16，頁 12929），及《宋元學案》，卷 56，（下
　　 冊，頁 881）。
[12] 見《三國紀年》，（頁 503）。
[13] 見《宋簽判龍川陳先生文鈔》卷上，（頁 507、509）。

著述豐，講學久，門生多，其言論對當代後世之影響難以估計[14]。

　　朱熹是「為偏安爭正統」的代表人物，他據《資治通鑑》，另編《資治通鑑綱目》，在三國，以蜀漢為正統，曹操、孫權皆為「漢賊」，然曹魏為明目張膽之「鬼蜮」，世人皆知，孫權屬陰狠險詐小人，世人不知；劉備心存漢室，無竊據之念，故孫權自當同心協力，猶如赤壁之同盟，可惜私心太重，一看劉備得荊州、據益州，便命呂蒙偷襲關公，導致此後魏方日強，吳蜀僅能自保，孫權此等行徑，「才到利害，便不相顧」，不僅無翊漢之心，反助為惡，該口誅筆伐。

　　至於害死關公的呂蒙，朱子認為他不顧大局，「首發相吞之謀」，自是歷史罪人，而呂蒙在害死關公後，不及受封即病死，是「天道不遠之意」，屬罪有應得。朱子雖同情關公，認為他是東吳陰謀的受害者，然朱子並不敬重他，以為孔明乃三代以下第一等人材，其隆中對策高明無比，可惜關公不能嚴加遵循，「恃才疏鹵，自取其敗」，指責其輕啟戰端，又疏於防範[15]。

　　朱子代表的是南宋多數士大夫之心聲，他們都熱愛國家，也對武臣充滿戒心，如岳飛（1103~1142），同情者固有，許其忠勇者亦多，但朱子卻罵他「恃才不自晦」、「驕惰不堪」，故而對關公苟薄批評，當然不稀奇[16]；至於其他多數文人，態度亦多雷同，詩文題詠極為少見，如范成大《吳船錄》、陸游《入蜀記》，二人兩次經過荊州，均未敘及關公，鄭所南《所南翁一百二十四圖詩集》，三國人物僅有劉備、諸葛亮，徐鈞《史詠詩集》，「續後漢」部分則有劉備、諸葛亮、曹丕、曹植、孫權、周瑜等六人，亦無關公。

（七）例外

　　南宋士人，唯有少數能理性看待關公，與北宋相似，如葉適（1150~

---

[14]　朱熹生平，見《宋史》本傳，（冊16，頁12751）；及《宋元學案》卷48，（上冊，頁714）。

[15]　見《御批資治通鑑綱目》，卷14，（頁829）。

[16]　見《朱子語類·歷代》，卷136，（冊八，頁5191、5046、5078）。

1223），溫州永嘉人，因與趙汝愚定計寧宗繼位，而獲得大用，對北方金人，及看三國戰事，較平心靜氣，對關公有一定的敬意，在他看來，襄陽大戰前期，攻守之間，關公與徐晃均值得稱許：「少有如關羽及徐晃，真以勇力相遇而決鬥者。[17]」

　　又如王十朋（1112~1171），溫州樂清人，早年考場受挫，直到四十七歲，高宗親試，才以狀元及第，歷官中外，因力主北伐，為當朝所抑，放歸鄉里；平素讀書評史，於三國部分，不齒曹魏，同情蜀漢，有詩：「曹公姦黠世無雙，昭烈雄才肯見容，誰把荊州資霸業，一朝雲雨起蛟龍。」孝宗時起知夔州府，溯江赴任，在巴東縣巫山界，於群山間聽說有關公廟，特地往謁，作詩記遊且敘對關公的崇敬與惋惜之意：

　　　　得勝名岡蜀虎臣，氣吞吳魏失防身，磨刀曬甲遺蹤在，英魄猶能敵萬人。

依其政治立場，欣賞關公易於理解，以「虎臣、英魄」許之，較前人敬意不只萬倍[18]。

　　再則，陸游（1125~1210），浙江山陰人，早歲登科，歷遊各地，官場不足稱述，然所過必有詩文題記，且終身手不釋卷，勤讀經史，有得必作詩，留下萬首詩作，創文學史上一大紀錄，其中〈詠史〉極多，而他同於王十朋，亦力主北伐收復失土，對三國人物，最欣賞諸葛亮，認為「出師一表真名世，千載誰堪伯仲間」，但也能敬重關公、張飛：

　　　　顏良文醜知何益，關羽張飛死可傷，等是人間號驍將，泰山寧比一毫芒[19]。

17　見《習學記言》，卷 27，葉適生平，見《宋史》本傳，（冊 16，頁 12889）。

18　王十朋生平，見《宋史》本傳，（冊 15，頁 11882）；引詩分見《梅溪前集》，卷10，（頁 141），及《梅溪後集》，卷 11，（頁 37）。

19　見《劍南詩稿》，卷 81，（頁 17），生平見《宋史》本傳，（冊 15，頁 12057）。

哀其敗亡，仍許為「驍將、泰山」，在南宋的社會氣氛下，頗為不易。又有
黃茂才，生平不詳，有〈武安王贊〉一首：

> 氣蓋世，勇而強，萬眾中，刺顏良，身歸漢，義益彰，位上將，威莫
> 當，吳人詐，失不防，質諸心，吾何傷，嚴廟貌，爵封王，佐我宋，
> 司雨暘，禱而應，弭災荒，名與澤，蒙泉長。

許之為「威莫當」的英雄，又視為「司雨暘」的神靈，民蒙其利，故威名與
福澤永垂不朽[20]。

　　稍後，又有謝采伯，在其筆記中評論赤壁之戰，云：「是時孫權運籌於
內，劉備、諸葛亮、周瑜、關侯等合謀並智，方能拒得曹操。」又列舉聯軍
兵力說：「關侯精兵一萬，周瑜督一萬，劉豫州、諸葛亮率兵卒不下一
萬。」敘及這場歷史大戰，能明確標出關公與諸英雄平起平坐，在當時環境
下，實為難得，且文中皆直稱諸人姓名，獨以「關侯」稱關公，而不用徽
宗、孝宗封號，其中若有微言大義，則非所知[21]。

　　還有，孝宗也不排斥關公，淳熙十五年（1188），大排場加封關公，此
項暖舉，或能稍稍抵擋理學家與狂士們的攻擊。（見下章第四節）

二、宋末金元題詠

　　南宋文人以蜀漢為正統，卻又憑成敗論英雄，故而心態複雜，未能設身
處地，不尊重關公此類悲劇英雄，然在金元統治下的北方文人，身陷亂局，
雖如南宋擁護蜀漢，同情劉備君臣，嚴詞咒罵曹操，對關公的敬意明顯較高；
而金朝當局基於統治需求，則善加利用關公，兩次重修解州廟，而其後目睹

---

[20] 胡琦《關王事蹟》，轉載於明呂楠《義勇武安王集》，卷四，（頁 163）；贊文列於
　　朱熹〈司馬溫公贊〉之後，故推測為南宋人，末句當引自《易經·蒙卦》。

[21] 見《密齋筆記》卷二，案：謝采伯，台州臨海縣人，宰相謝深甫之子，寧宗嘉泰二年
　　（1202）進士，乃理宗謝皇后伯叔輩，歷官各地，嘉定 16 年（1233）為大理正，
　　《宋史》無傳，生平略歷，見陳耆卿《嘉定赤城志》，卷33，（頁 1101）。

元兵侵略的南方文士，悲憤無助之餘，評價歷史人物更與先前宋人有別。

就關公家鄉解州廟來說，世宗大定三年（1163），地方官管軍范公重修，郡人南濤作記；章宗泰和四年（1204），更慎重其事，由中央明命再修，田特秀撰碑記，先批評范增「忠而識闇」，呂布「勇而義寡」，以襯托關公之「忠義勇」兼備：

> 忠而遠識，勇而篤義，事明君，抗大節，收儁功，蜚英名，磊磊落落，挺然獨立於古者，…好學通古，深識遠見，…視高爵重賞邈如草壤，…事君不忘其本，見利不失其義[22]。

碑文不計敗亡結局，著墨在高貴情操上，可視為金朝官方對關公的定評，對照前後中原士人之歌詠，上下一致，絕不像多數宋人之苛求，此下再列舉數人參證。

趙秉文（1159~1232），滏陽人（今河北省磁縣），官至禮部尚書，歷事五朝，執文柄近二十年，為金代中晚期文壇領袖。他有多首詩憑弔三國人物遺跡，在〈涿郡先主廟〉中，同情劉備「滅魏壯圖屈，窺吳遺恨存」，緬懷孔明「乾坤一草廬，鼎足事已了」，評曹操「老瞞安足雄，死而靦奸魂，仁與不仁耳，成敗何必論」，并及曹丕，說他是「盜子復為盜」；在〈三臺懷古〉中，罵曹操：「人道奸雄看似鬼，奸雄我看鬼輸君，身猶北面魏基建，骨入西陵漢鼎分。[23]」

劉昂，字次霄，濟南人，金世宗大定十九年進士（1179），他有〈讀三國志〉二首，幾乎只在罵曹操，中有云：「阿瞞狐媚無多罪，誰作桓文得到頭」，又云：「地易主賓窮赤壁，勢成螳雀事烏丸，陳言袞袞令人厭，枉就

22　見《關帝事蹟徵信編》卷八，引《武安王集》，（冊三，頁 274、280）；亦見《山西通志》，卷 202，（頁 167）；田，大定十九年（1179）進士，略歷見元好問《中州集》，卷八（頁 50）。

23　趙秉文生平，見《金史》本傳，（冊四，頁 2426）；引詩見《全金詩》，（冊二，頁 408、466）。

輸棋覆舊盤。[24]」

　　元好問（1190~1257），字裕之，號遺山，忻州秀容人（今山西省忻縣），詩文受知於趙秉文，歷官內外，所處正值金元交戰之際，親見汴京城陷之慘狀，金亡不仕，悉心著述，遊覽各地，尋訪勝跡，採摭遺逸幾三十年，著述甚豐，編有《中州集》，另有文集傳世，被譽為金代文宗。好問頗同情蜀漢君臣，在〈新野先主廟〉中云：「豪傑盡思為漢用，江山初不假吳強」，言下之意，嘆東吳偷襲關公，劉備興兵復仇，敗死永安，而後劉禪又降魏作安樂公；在〈蜀昭烈廟〉稱：「君臣灑落知無恨，庸蜀崎嶇亦可憐」；在〈銅雀台瓦硯〉中則罵曹操：「千年不作鴛鴦去，喚得書生笑老瞞。[25]」

　　詩人一再罵曹擁蜀，自然也有人留意及關公。

　　張開（?~1233），景州人（今河北東光縣），與趙秉文約略同年，但出處有別，金末元兵屢次入侵，為澤州刺使（今山西晉城市），再遷潞州宣撫使（今長治市），往來山西東南一帶十七年，該地為關公故里所在，又在家鄉組義兵抗元，他應深知各地有關關公的信仰活動，也熱心贊助參與，其時，地方人士修建關公先祖宅塔，撰有〈常平建關氏祖宅塔記〉一文：

> 義勇武安王，世祖解人，興於漢靈帝中平元年甲子，輔蜀先主，佐漢立功，勇略天資，英謀神授，盡忠義於先主，不避艱難，棄富貴於曹公，豈圖爵祿？當時志氣，曾分主上之憂，今日威靈，猶賜生民之福，…伏願神靈降佑，一境之中，萬事清吉，風調雨順，國泰民安，今開為記，略紀大王威德之萬一，深負惶恐[26]。

24　劉昂生平，見《全金詩》，卷88附傳，（冊三，頁173），引詩見同頁。

25　元好問生平，見《金史》本傳，（冊四，頁2742），引詩見《全金詩》，卷113，（頁112、148、175）。

26　張開生平，見《金史》本傳，（冊四，頁2589）；碑文見《關帝事蹟徵信編》引《武安王集》，（卷七，冊三，頁215），唯文中「本莊社人王興，將一千五十四年祖塔重加完葺」，從中平元年起算，與張開卒年不符；而篇末另引《關志》，載明徐祚〈重修記〉，言「塔上嵌片石，知為大定十七年（1177），王興重修」，核張開履歷，亦不可能於是年作記，當係某次重修之年。

記文可注意者有三：一為明確稱呼「義勇武安王」，可知徽宗以來封號為真；二為標出關公祖宅為「常平」村或里，開啟其後信徒朝聖之始，明清以來形成宅塔廟之大景點；三為記文雖不免俗，只褒不貶，但稱許「勇略、忠義」，則非南宋人可比，至於企盼「威靈、賜福」，儼然已奉為神靈，可見關公歷史定位已蓄勢待發。

　　李俊民（1176~1260），字用章，號鶴鳴，澤州晉城人（今晉城縣），金亡，隱居鄉里；元憲宗時，忽必烈攻大理，知其精於術數，召問休咎，後七年攻宋，又遣使問計，卒於中統元年，有《莊靖集》行世。李俊民有二組〈襄陽詠史〉詩，前為七景，後為四十五景，幾乎詠遍襄陽周遭古跡風物，在前七景中，有〈關將軍廟〉七絕：

　　　　鼎足相吞勢未分，誰能傾蓋得將軍，曹吳不是中原手，天下英雄有使君。

自註「廟在襄陽南九里鳳林關」，詩中貶曹抑吳，讚許關公為「天下英雄」，其語氣與敬意，已與明清文人無異[27]。

　　郝經（1226~1278），字伯常，澤州陵川人（今山西省陵川縣），金亡，又徙順天，元初為守帥張柔所知，延為上客，憲宗時，進〈東師議〉，獻平宋謀略，世祖即位，出使南宋，為宋人所拘，不屈致被留達十六年之久[28]。經讀朱子《綱目》，認同以蜀漢繼漢統，然朱子書中仍多沿用陳壽《三國志》本文，而壽書「統體不正，大義不明」，所以立志改作，在儀真拘留館中，費十三年功夫，修成《續後漢書》，起漢終晉，「以昭烈纂承漢統，魏吳為僭偽」[29]。

　　經展轉於金、元、宋三地，親經戰亂，目睹災民苦難流離，悲憫之情每溢於文表，其正蜀貶魏思想，正是文人關心世事、表彰氣節，及重視歷史教

---

[27]　李俊民生平，見《元史》本傳，（冊六，頁3733），引詩見《莊靖集》卷六，（頁12）。

[28]　郝經生平，見《元史》本傳，（冊六，頁3698）。

[29]　郝經《陵川集‧續後漢書序》，卷29，（頁321）。

育的具體作為，本書外，還有二篇擬作及一篇碑文：

一為〈漢昭烈帝討孫權檄〉：此為模擬劉備征孫權為關公報仇的檄文，對於孫權偷襲荊州，稱臣於曹魏，殺害關公，視為卑鄙陰險，不忠不義，等於「漢賊不在丕而在權」，使「天下之人不復知有我漢」。

二為〈漢丞相諭偽魏檄〉：模擬諸葛亮率師出斜谷伐魏之檄文，以為魏君臣皆是「國賊」、「鬼蜮」，而天下「一民莫非漢臣，尺地莫非漢土，衣冠右族，皆漢廷公卿之子孫，畎畝細民，皆漢家風俗之涵養」，魏方臣民不當依附「新造危亡之僭偽」，而應簞食壺漿，以迎王師。

三為〈漢義勇武安王廟碑〉：末附長詩，歌詠關公，並罵曹操：

> 漢季草澤生英雄，王自蒲坂來山東，結交四海皆兒童，燕南壯士忽相逢，義氣許與開心胸，樓桑五丈即沛豐，破屋半夜噴長虹，指天誓日除奸兇，萬折不易以死從，瞰如兩虎夾一龍，風雷盪天漢火紅，誰知京都遽蕪空，盡為曹氏妖狐蹤，忽爾陷賊當天窮，躍馬斬將萬眾中，侯印賜金還自封，橫刀拜書去曹公，千古凜凜國士風，跨有荊益事戰攻，直指許洛期一戎，操如喘鼠謀避鋒，權如黠梟示象恭，肘腋掩襲有呂蒙，遂令大業弗克終，飛死帝崩永安宮，三人在天義烈同，唯王神威地天通，血食廟祀仍軍容，操骨已死王爵隆，操鬼不食王禮崇，作詩頌王興義功，願如東坡贊孔融。

題前特加「漢」字，顯見其正統思想與崇敬蜀漢君臣，以為漢末英雄，多懷謀不軌，唯有劉備「始終守一仁」，關公「始終守一義」，二人皆「盡心於復漢，無心於代漢」，而劉備，關公、張飛三人之生死交情，是「仁之至，義之盡」，關公尤其英勇悲壯：「起義於涿郡，戰爭於徐兗，奔走於冀豫，立功於江淮，而歿於荊楚。」當前普受崇拜，「英靈義烈遍天下」、「神威地天通」，明確指出關公已成為知名神靈[30]。

---

[30]　俱見《陵川集》，卷33，（頁371、338）。

最後看南宋遺民。

鄧剡，字光薦，又字中甫，號中齋，廬陵人，文天祥同學，晚二榜進士及第，未出仕，天祥起兵，舉家從之，隨至崖山，跳海不死，隨天祥北送燕京，於南京脫歸，天祥以詩贈之，天祥殉國後，撰〈文丞相督府忠義傳〉，他敬重關公，留有〈送錢方立遊荊楚為吊雲長歌〉：

> 堂堂雲長氣蓋世，少假數月無中原，漢灰欲冷寧非天，孔明公瑾皆無年，君行為我吊其廟，薦以秋菊澆寒泉，侑以國殤古柏，與東坡赤壁之遺篇，紛紛餘子何足數，更向鹿門求老仙。

直呼關公字，而不稱新封號，可能為長期鄉居，不見世面所致，而以「堂堂氣蓋世」許之，已同於明清文人[31]。

同時代還有陳普（1244~1315），字尚德，號懼齋，福建寧德人，乃朱子學系下理學名士，宋末元兵南下，隱居家鄉，入元不仕，自居遺民，在莆中等地聚徒講學，主張「必真知實踐，求無愧於古聖賢」，世稱「石堂先生」，他有四首詠關羽詩，謹錄其一：

> 巴山漢水本興劉，諸葛才華備酇留，但得關髯師廣武，北州韓信在南州。

本詠史詩以孔明比擬為蕭何、張良，以關公匹配韓信、李左車，期許極高，但哀禍起蕭牆，功敗垂成；陳普實非一般文士，卻無南宋理學家尖酸刻薄習氣，能稱許關公將材，悼其敗亡，已屬難能了[32]。遺民中，還有龔開，藉歌詠水滸英雄而及於關公。（見第五小節）

---

31 鄧之生平，見乾隆《吉安府志》，卷24及卷45，（冊14，頁128及冊26，頁36），似以字行，所撰〈文丞相督府忠義傳〉，附於《文山先生全集》後；引文見《關帝事蹟徵信編》，卷29引《中齋稿》，（冊四，頁458）。

32 陳普略歷，見黃宗羲《宋元學案》，卷64，（下冊，頁993）；詩見《關帝事蹟徵信編》引《陳石堂集》，卷29，（冊四，頁489）。

三、金代雕版畫像

宋徽宗改封關公後，金人旋即佔領大半華北地區，留在中原的衣冠士族，並未與南宋文人一鼻孔出氣，而特別推崇關公，不僅沿用徽宗的新封號，以詩文歌詠，還用莊嚴的英雄圖像表達最高敬意，近代在甘肅黑水城發現的《義勇武安王》雕版畫像，是至今所見傳世最早的關公像[33]。

畫面布局，四周有粗線框，內圈有簡約的類青銅器紋飾，再內為細線框，框上方另為一格，標有「義勇武安王」及渲染變形之第六字，可能為「位」或「像」，格下為主圖，右上角有「平陽府徐家印」六小字。

主圖裡，右邊老松樹幹虬曲，枝條斜掩，關公正坐中央鋪豹皮的太師椅上，頭戴幞巾[34]，方面大耳，眉毛修長而上揚，眼睛細斜，微微下視右前方，炯炯有神，五絡長髯下飄，右腿彎曲，右手握拳置膝上，左腿自然下垂，左手掌張開貼在腿上，腳穿類似今日皮鞋，身披鎧甲，外罩長衫，威嚴十足；左後方一人雙手緊握大刀，右後方另一人雙手捧印，正後方一人掌「關」字令旗，前面兩人，一人穿甲背盾持刀，一人持三角旗，身軀略前傾，應在稟報軍情。

由於沒有其他文字說明，所以畫中人物尚須推敲，但今人看來絕不陌生。首先，關公的面貌，畫得極為細膩傳神，尤其眉眼，以及五絡長髯，飄過胸腹，成為關公面貌註冊商標，海內只此一人，婦人小兒一看便知，致後來戲曲小說附會出「丹鳳眼，臥蠶眉，面如重棗」。應源自此；次看大刀，雖為松枝所掩，仍能顯示刀鋒極長超大，且刀背前端成兩斜尖，這不是元明

---

[33] 參閱俄人李福清〈關羽肖像初談〉，及《關公傳說與三國演義》，（頁 46）；黑水乃西夏名城，入元屬亦集乃路，今為內蒙古自治區阿拉善盟額濟納旗，故城尚存不少遺跡，然重要文物都在上世紀初被俄人取走，後藏聖彼得堡夏宮博物館，近年陸續整理刊行成《俄藏黑水城文獻》，至 2022 年已 24 集，惜未見有此圖。

[34] 畫像中之頭巾，宋人稱為「幞頭」，沈括《夢溪筆談》稱依官階高低共五等，惟直腳為貴賤所通用，（卷一，頁 20）；然孟元老《東京夢華錄》所載，名稱則不同，（卷九及卷十，頁 166、183）；至於其在唐宋期間之演變，另見趙彥衛《雲麓漫鈔》，（卷三，頁 71）；畫中關公所戴應為直腳，顯然未能匹配其王爵。

以來傳說的「青龍偃月刀」嗎？當然也很像北宋《武經總要》中的曲刀、筆刀，稍後元代《三國志平話》插圖也類似，應是一脈相承，這把大刀，無疑增添關公的神秘與威嚴；而關公兩旁隨侍也頗特別，左方持大刀的軍官，後來被附會創造成周倉（滄，或蒼），右邊捧印的當然是關公長子關平，刀是武將隨身器物，符印則代表官位兵權，都是軍威象徵；而大令旗隨風飄揚，大刀則掩映於松枝後，顯示關公正在野外行軍，或戰場上[35]。

畫面既完整又完美，上面標題第六字若為「像」，當然屬於英雄崇拜，畫像可能掛於齋房；但若為「位」字，則可能當作英雄神靈，應掛於居家廳堂上或廟宇中，但因為仍是人物實像，欠缺象徵靈異的雲彩，可能處於成神早期，而無論被視為英雄或神靈，應都滿懷敬意，與前述士人之歌詠一致；至於標題為「義勇武安王」，顯示此圖應刊行於徽宗改封之後、孝宗增封之前，亦即南宋與金代之前期（約十二世紀）；由於是印刷品，推測流通必廣，影響到文風士習、閱讀接受及居家布置，足以形成傳媒效應，有助提升關公的知名度與歷史地位[36]。

總之，畫面布局勻稱，線條精美，神態逼真，在在都為關公畫像樹立典範，成為後世的標準版本；僅此一圖，就足以看出中原漢人或金人對關公的態度，相較於兩宋朝野人士，差異真是不可以道里計[37]。

四、禪宗教材

唐宋時期佛教盛行，其中禪宗又在盛唐壯大，以其獨特的傳心法門及教學方式，深深吸引廣大信徒，至兩宋不衰；而從北宋中晚期，陸續有不少名僧援引關公事跡作為上堂說法的教材，憑藉其廣大勢力，對傳播關公名氣有

---

[35] 坊間流傳圖像，均未註明如何取得，而李福清書所附雖清晰，然板面太小，本書所用者採自王樹村《關公百圖》，（頁13）。

[36] 參閱張高評〈宋代雕版印刷與傳媒效應〉，其中「居家布置」乃筆者所加。

[37] 胡小偉另有詳細解說，如關公坐姿為唐代佛像之「遊戲坐」，關平手勢可能為「叉手禮」，也可能為密宗手印，見《伽藍天尊》，（頁 109）；至於關公畫像之演變，另參閱李福清前引文（下）。

一定的助益，而多數禪僧視關公為一代名將，具有無比威望，少數則奉為神靈，相較於當時朝野的輕忽與貶抑，顯得極為特別[38]。

（一）慧南「智者道場關將軍打供」

黃龍慧南（1002~1069），臨濟宗高僧，門生眾多，遍布各地，儼然自成一派；神宗熙寧年間，禾山德普自蜀來江西黃龍山參謁，先以一則公案請示，慧南不予說破，而以反問及肢體動作回應：

> 南公問：「上人出蜀，曾到玉泉否？」曰：「曾到。」又問：「曾掛搭否？」曰：「一夕便發。」南公曰：「智者道場，關將軍打供！與結緣幾時何妨？」普默然，良久，理前問，南公俛首[39]。

公案主旨在「智者道場，關將軍打供」，此為唐代出現的神話（見第四章第三節），言智顗大師至當陽弘法，欲建佛寺，而關公已成神盤據當地，迫於大師神通，自願施法營建，號召諸路鬼卒，數天蓋成宏偉道場。慧南之意，德普既經此地，當珍惜親近關公威德之機緣，留寺參拜，否則捨近求遠，豈非反其道而行？故語中「關將軍」，應代表啟迪開悟的禪機。

（二）清遠「手中是關羽八十斤刀」

龍門清遠（1067~1120），北宋中晚期臨濟宗楊歧派高僧，有回上堂普說云：

> 先師（克勤禪師）一生無人我，山僧在他身伴作侍者，見多少，不曾有一念煩惱，…今人才有些言語，便要理會，有時見初機入室兄弟，祇是爭，我這裡七事隨身，手中是關羽八十斤刀，…我不是怕他，蓋不是對手[40]！

---

[38] 本小節依據拙作〈禪宗與關公〉一文簡寫而成，附於書後附錄五。
[39] 惠洪《禪林僧寶傳・德山普禪師》，卷29，（頁557）。
[40] 清遠《舒州龍門佛眼和尚語錄》，卷32，（頁610）。

這是最早提到關公兵器重量的文獻，主旨在初參學者凡心太重，意念不堅，稍有所得即逞勝鬥能，不自量力，有如「把扁擔共上將軍鬥」，實為修行之大忌，須得名師方便指引，而「手中是關羽八十斤刀」，意藉關公的威猛絕倫，破除學人心中魔障，方能生起正信。

（三）本才「關將軍露刃劍」

南北宋之際，上封本才禪師，有回小參說：

> 兄弟！一切用心總是閒，不如向父母未生前看取，若向父母未生前明得，…便與三世諸佛同體，…到這田地，若是個漢，如關將軍相似，持一口露刃劍，當八萬大軍，一時掃將去[41]！

說法前段期勉學人不要用錯心，應「向父母未生前明得」，即無我、空之意，能明得人空、法空，則一切皆空，無明淨盡，進入絕對平等的境界，圓滿無差，等同進入佛境；而佛境如何進得，本才請出「關將軍」，要參禪者學陣前關公，拋開諸念，一往向前，即人空、法空，而提起「露刃劍」，代表智慧與勇猛，在此，關公是學人的偶像，手中劍則為斬斷愚痴的法寶。

（四）慧遠「關王陣前不見顏良頭」

南宋以來，禪僧援引關公為教材更是頻繁，杭州靈隱寺名住持慧遠即為其一（1103~1176），他在說法中，曾兩次提及關公，一次為某上座開示：

> 學道如騎射，久久自中的，一句透天關，萬機具喪跡，只那喪跡處，咬定牙關，痛領將去，何難之有哉！只恐力不及、志不堅、見不徹，翻入骨董袋裡，卒未能了得，速須退步自看，乃大丈夫事，有若關王，陣前不見顏良頭，終不肯住！要在腳跟正當，力處孤危，方能抵敵死生。

---

[41] 師明《續刊古尊宿語要·佛心才禪師語》，（頁5）。

先點出參禪像射箭，須經年苦練，久而熟能生巧，然時下學人意志不堅，眼光手段不正，常誤入歧途，應效法「關王」：「陣前不見顏良頭，終不肯住！」揣摩學習關公與顏良對陣的心境，在另次法語中又作說明：

> 忠臣不畏死，故能立天下之大功，勇士不顧生，故能立天下之大名，是以納僧家因行掉臂，遇便登舟，七事隨身，八面受敵！如水入水，似金搏金，無第二見，無第二念[42]。

說明白些，學關顏對陣，就是要專心、果斷、勇猛、精進。

（五）咸傑「關將軍入大陣」

稍後，南宋孝宗時，密庵咸傑禪師（1118~1186），有年冬至小參，也引關公為例說法：

> 若要直截與生死作頭底，無非向一念欲起未起時提取，一刀兩斷，自然內空外空，有為空無為空，四方八面，空索索地，覓其空處，了不可得，到個裡回頭一覷，驀地冷灰裡豆爆，如關將軍入大陣，拚其性命，不見有百萬兵眾，⋯到遮境界，便是一個無事道人，方敢稱為行腳高士[43]。

法語中提到「內空、外空、有為空、無為空」四種「空」，是佛教中觀學派重要思想內涵，禪宗全盤移用，在此指破除邪見執著諸法，使心體純正，密庵看到時下學人，欠缺參禪的霹靂心胸手段，為塵勞所縛，被外境牽轉，故引用空法，期勉學人下定決心，徹底拋棄從前一切知解積習，讓本心空寂無相，期許「覓其空處，了不可得」，連空念也空了，如是參禪，就像「關將

---

[42] 慧遠《佛海瞎堂禪師廣錄》，卷三，（頁 962）。
[43] 咸傑《密庵禪師語錄》，卷下，（頁 450）。

軍入大陣」，不顧死生，拼命前衝，「不見有百萬兵眾」，徹底拋下所有雜念，才能澈悟究竟。

（六）道沖「關羽直入百萬軍陣裡」

密庵之後，其孫癡絕道沖禪師（1169~1250），又在兩次說法論及關公。一在蔣山太平興國禪寺，有回任命首座，上堂先舉一公案，言黃檗在南泉會中擅坐住持座位，師徒間有一番問答，隨後道沖引伸論述，加進關公：

> 黃檗譬如關羽，直入百萬軍陣裡，獨取顏良頭，其奈南泉具網羅天下英雄底籌略，不動干戈，太平坐致，蔣山正要個人，向鉢位裡坐。

黃檗為首座，卻敢坐上住持座位，本在宣示一種勇氣與承當，是參禪者的榜樣，道沖將之比喻成關公戰陣的英勇，而「百萬軍陣裡」，則比喻為橫在學人面前之千重障礙，須道心堅定，智信具足，勇往直前，才能「獨取顏良頭」，大澈大悟。

另一次，在天童山中夏普說，前後兩次提到「關將軍」。

道沖先引述禾山德普參見黃龍慧南的原委（比前引要詳細多了），言德普因疑惑而出蜀，在荊南金鑾會中見一老衲，往復辯論經義與教禪優劣，老衲告以：「經論皆紙上死語，教家謂之所知障，烏能發聖成道？」而禪宗講「直指本心，見性成佛」，強調「一切眾僧具有如來智慧、一切眾僧本來成佛」，故重「自證自悟」，不須在經論中尋言逐句，只要「人人見行本分事」，亦即自在生活即好；然而眾僧常自甘沉溺於語言名相中，迷而不返，以致「不能當面便領」，反而越陷越深，不能於平凡之中澈見本性。老衲實已明白告訴德普，是他自己「蹉過此事」，所以，解鈴還須繫鈴人。

可惜德普仍不會意，才推薦他晉見黃龍山慧南禪師，接下來，道沖在二人對話中，夾雜評語。德普初問，道沖以為「黃龍南禪師眼高一世，覷見他心肝五臟病端於其問上」，顯現高超道行；接著告以「智者道場，關將軍打供，與結緣幾時何仿？」道沖以為此語正是「倒卻門前剎竿著」的最佳註

腳，至於「俛首」，則是最高明的手段：「殺人不用刀，活人不用劍」；最後道沖總結說：「大疑之下，必有大悟，小疑小悟，不疑不悟。」用意明顯，即學人要澈悟，須從疑起，猶如有病求醫，而德普到處參請，得見老宿，以禪機「攻其膏肓」，期能到達「大安樂之地」。所以，「智者道場，關將軍打供，與結緣幾時何仿」一句，對照「倒卻門前剎竿著」、「俛首」，都是同一用意[44]。

其實，光看道沖拈評結尾，反如墜入五里迷霧中，須參看前段老衲的開示語，尤其「自證自悟」，切忌「磋過此事」，意即德普應在玉泉寺，把握機緣，面對「關將軍」，不必他求，即「當面便領」，直接照見自己心肝五臟。這就明白多了，關公當然代表參禪者證悟的機緣。

（七）慧開「奪得關將軍大刀入手」

與道沖同時，又有無門慧開禪師（1173~1250），在拈評「趙州狗子無佛性」公案中，引關公為例說明：

> 參禪須透祖師關，…如何是祖師關？只這一個無字乃宗門一關也，…莫有要透關底麼？…通身起個疑團，參個無字，晝夜提撕，莫作虛無會，莫作有無會，…蕩盡從前惡知惡覺，久久純熟，自然內外打成一片，驀然打發，驚天動地，如奪得關將軍大刀入手，逢佛殺佛，逢祖殺祖，於生死岸頭，得大自在[45]！

這是慧開《無門關》的第一關，整段拈評主旨只在一個「無」字，前後反復強調，參禪須從此字入手，日夜懷疑推敲，而「無」不是有，不是無，也不是亦有亦無，更不是非有非無，對一切既不肯定，也不否定，等於既是一切，也非一切，又超越一切，所以說「莫作虛無會，莫作有無會」，如此提撕既久，超越有無，蕩盡從前所有知覺，到達內外皆空，就是生死「打成一

44　道沖《癡絕和尚語錄》，卷上，（頁499）。
45　慧開《禪宗無門關》，（頁320）。

片」，也正是最究竟的境界。

　　慧開唯恐學人難以會意，於是以「關將軍」為例，再引老祖師臨濟義玄（?~866）名言加以說明。關公之勇與大刀之利，二者合一，已是世罕其匹，若能從關公手中奪下大刀，則威猛更在其上，觀其上陣之際，自信十足，個人死生、敵軍強弱，全然不放心上，參禪亦當如是，而從前的「惡知惡覺」，煩惱愚癡，就如擋在前面的敵兵敵將，勇敢一刀砍去，直下脫卻，此稱「逢佛殺佛，逢祖殺祖」，所有都放下了，內外皆空，當然是「大自在」，等於成佛，這正是關公在「無門關」中第一關之威德。

（八）無境徹「不是關公也大難」

　　約略同時代，又有無境徹禪師，在一則拈頌中提及關公：

> 無境徹禪師舉：「嚴頭因僧問：『塵中如何辨主？』頭曰：『銅砂鑼裡滿盛油。』」師頌曰：「百萬雄兵入漢關，威如猛虎陣如山，單刀直取顏良頭，不是關公也大難！[46]」

先就字面看，「塵」乃色體中之極細微者，眼尚難見，如何找到主體？故而乃譬喻之言，泛指諸外境，為感官認識的對象，不僅虛幻不實，且會汙染心性，引申為生活中諸多煩惱，由是，欲於塵中找主，就像銅砂鑼中找油，先已漏光，必不可得。其實，師徒對答都用隱喻方式，僧問之意，應在諸多客塵煩惱中如何找回「本心」這個主人，嚴頭答話，則是告訴他有主客差別對立之心，就隔千重障礙，一味尋找，不知本有，等於反向外求，猶如過玉泉寺而不見關公，錯失機緣。

　　無境徹禪師的詩偈就是對本公案的拈頌，其語氣同於道沖，強調參禪要智信俱足，不從他悟，應學關公上陣，聚精會神，威如猛虎，毫不猶豫，

46　淨柱《五燈會元續略》，卷三，（頁 905）；無境徹禪師，生平法號全稱不詳，《五燈會元》作者普濟（1179~1253），為其同輩堂師兄弟，見山田孝道《禪宗辭典‧禪宗系譜》，推知應為南宋中晚期禪僧。

「直取」敵將首級，不假手他人。其實，這首詩偈，不問禪意，單就頌揚關公威德來看，也夠傳神，由此足以看出禪僧對關公的敬意。

（九）清茂「關羽斬顏良」

元朝仁宗延祐年間（1315 左右），饒州永福寺古林清茂禪師（1262~1329），有回上堂說：

> 黃蘗打臨濟，興化打克賓，古今商量，咸謂事有多途，理無二致。然則明大機、顯大用，乃上古之風規，亦今時之樞要，澹湖當言不避截舌，當爐不避火逆，敢謂天下宗師，個個眼橫鼻直，只是不曾向頂門上，下這一槌，所以不知古人赤心片片，畢竟如何？關羽斬顏良[47]！

說法極為簡要，先舉二位禪師棒打門徒，點出宗門歷來就有許多類似的接引方法，都在標榜最高境界，這是「明大機」，而達到目的的方法，稱為「顯大用」，期許在大機大用之下，學人能直指本心，頓悟成佛；可惜會意者少，有負宗師苦心，其因只在不能痛下決心、直截把握，猶如騎牛覓牛：「不曾向頂門上，下這一槌。」矯治之道，清茂禪師言簡意賅丟下一句：「關羽斬顏良！」便下座了。關公斬顏良那一幕，再次成為教材，可見當年關公神勇一刀，留與後代禪僧多少靈感。

除上述，部分禪僧則奉關公為神靈，視為護法伽藍，如同天台宗及道教的雷法諸派（詳下章第四節），這些僧人在當時都有極高的聲望，入門弟子還包括許多知名文士公卿，且多得到當朝皇帝賜與封號，甚至進出內廷與皇帝坐而談禪，故其言論之影響力不容輕估，而經佛教徒多年的哄抬，關公雖然仍受到南宋文士的刻薄批評，至少在民間已找到靠山，加上北方士人的推崇，下至宋元之際，終開啟嶄新的紀元。

---

[47] 清茂《古林和尚語錄》，卷二，（頁 444）。

五、三國故事流傳

唐宋以來，社會上逐漸出現以演說前代故事為職業的基層文士，三國英雄事跡應是重要題材之一，而隨著故事流傳，也直接提高關公的知名度[48]。

（一）唐代說話

三國故事流傳極早，唐代才出現「說話」，說話者為搏取聽眾興致，會誇大附會，添油加醋，如前述諸葛亮例，同時也可能創造些許特殊形象，如李商隱〈嬌兒詩〉云：「或謔張飛鬍，或笑鄧艾吃。」鄧艾口吃，史有明文，但張飛的鬍子，明顯是說話者杜撰出來的。

（二）北宋市人小說

唐代的說話只算是初起階段，屬於「雜戲」之一，論其語言文句、人物形象、情節結構，應該都十分粗糙，宋代才逐漸細膩繁榮：

甲、遍及城鄉：大都會如東京開封，小城鎮甚至農村，都有說話者。

乙、固定場所：說話者已有固定的表演舞台，常見的是在瓦肆、勾欄，亦散見於大街小巷中。

丙、專業分工：說話者多屬特定行業，並有詳細分類，即使同為談說歷史故事，五代、三國也各有專人，孟元老即說北宋末開封府有「霍四究說三分，尹常賣五代史」；還有，撰稿與演說者可能也分工，因為能說者不一定能寫，能寫者不一定能說。

丁、特定行會：說話者不僅形成專門職業，並自組類似近代的公會，當然也應有固定的創作隊伍。

戊、題材廣泛：說話者論古說今，三國故事不過是其中之一，還當包括前朝各代。

北宋市人小說演講三國故事之實例，除前述張耒所記外（見前節），徽宗時，開封府發生一宗因聽三國故事而導致的「謀逆」烏龍案件。其時開封

---

[48] 本小節依據蕭相愷《宋元小說史》，第二章〈說話伎藝的發展與繁榮〉寫成，（頁10~30）。

知府為范仲淹第三子范純禮，有旨命鞫問享澤村民謀逆案，審問其故，答以觀戲歸途，見工匠作木桶，取戴頭上，戲言：「像劉備否？」即被木匠擒報。觀戲者著迷到想要假扮劉備，可見三國一類的故事必十分受到歡迎。

（三）南宋講史

南宋更加流行，藝人更多，市場更大，分工更精細，約有三家：

甲、講史：即講說歷史故事，約在南宋末期稱為「平話」，這是市人小說中的骨幹，也最早將稿本刻印成書。

乙、小說：意義類於今日，其中又可分為人鬼戀愛的「煙粉」、神怪事跡的「神仙」、偵察犯罪事件的「公案」，以及俠義英雄的「朴刀」等。

丙、說經：即演說佛經、佛教神話。

三家中以「講史」最為發達普及，受到上至皇室貴族，下至平民百姓的熱烈歡迎，以南宋國都臨安西湖為例，附近瓦市有南、北、中、大、蒲橋五瓦，北瓦最大；又有勾欄十三座，其中兩座專說史書，即此可以概見其餘，三國故事當然是熱門題材之一。

講史者應先編寫講材，故當有底稿，可惜大多不傳，至今所見，刊於元朝的有八種「平話」，其中兩次刊行的《新全相三國志平話》，應是南宋底稿，撰寫者可能為基層文士，或科考落第者，參照前述諸位禪宗高僧的言談，某些用語像小說家口吻，可知三國故事之普及。合理的推測，在南宋末期的民間，關公已是家戶喻曉的歷史英雄[49]。（見下節）

（四）關公後裔

晚唐時，有「關三郎」的傳說，不言而喻，是關公第三子（詳下章第四節），至北宋，歐陽修又以唐朝的關播當作關公後代，是否受傳說影響，不得而知，稍後，民間出現名為「關索」之神秘人物，既與關公同姓，又有類似忠勇事跡，朝野偶有模仿其名號，於關索前加賽字，或加姓氏，久之，好

---

[49] 鄭振鐸〈三國志演義的演化〉即認為如此，但李宜涯則持反對意見，見《元至治新刊全相平話五種研究》，（頁44~48）。

奇人士又循瓜摸藤，更往前探[50]。

龔開（?~1292 後），字聖與，號翠巖，山陽人（今淮安市），博學好古，多才能，尚節氣，宋末，李庭芝鎮淮，與愛國志士陸秀夫（1237~1279）同居幕中，彼此相知相惜，後過江南，參加義兵，又與抗元英雄文天祥等皆有往來；宋亡，悼念國事及老友，作〈文丞相傳〉、〈陸君實傳〉，又輯〈陸君實輓詩〉，稱：「處死，丈夫之能事，哀死，朋友之至情。…捨生就義，為萬世綱常。」入元不仕，流寓蘇州，善畫人物及馬，平居靠賣畫維生[51]。

以龔開如此有情有義，推想若有機會，一定也尊崇關公，當他讀王稱《東都事略》，載徽宗時，侯蒙請赦大盜宋江等人以討方臘，深入探討，發現宋乃「盜亦有道」之英雄：「義勇不相戾，識性超卓有過人者，立號既不僭侈，名稱儼然，猶循軌轍，出類拔萃，與之盜名而不辭，躬履盜跡而無諱者也。」心生景仰，作〈宋江三十六贊並序〉，果然延伸至關公，其第四位為「大刀關勝」，贊云：「大刀關勝，豈雲長孫？雲長義勇，汝其後昆？」以自問自答語，既間接亦直接頌揚關公；其第二十七位為「賽關索楊雄」，贊云：「關索之雄，超之亦賢！能持義勇，自命何全！」標榜義勇，雖無關公之名，仍易於聯想[52]。

龔開將關勝當作關公後裔，而楊雄則如同關索，皆具有關公的義勇精神，不久，當然又有人明確附會關索為關公第三子[53]。總之，藉著三國以及宋江一輩江湖好漢故事，附帶歌頌關公的德行，必然使其聲名更加深入民間。

---

[50] 林逢源《三國故事劇研究》，引余嘉錫考證，當時稱為關索的，計有十餘位，（頁 23）；另如周密《武林舊事》，載宋末「角觝」戲，即有張、賽、嚴、小等四位關索，（卷十下，頁 170）。

[51] 龔開生平，見程敏政所輯《宋遺民錄》，卷十引盧熊《姑蘇志》，並龔所撰二傳及畫贊詩文，（頁 84），惜程書未錄〈宋江三十六贊並序〉；龔開善畫，見元朝湯垕《畫鑑》卷中；及夏文彥《圖畫寶鑑》，卷五，（頁 88）；趙孟頫曾見其山水畫，見《松雪齋集》，卷五，（頁 47）。

[52] 見周密《癸辛雜識‧續集》，（頁 465）；而宋江故事，及其新發現相關文獻，參見齊裕焜《明代小說史》，第四章，（頁 95）。

[53] 參見洪淑苓《關公民間造型之研究》，第二章。

第六節　元明文人看關公

　　唐宋人士由口耳說聽傳播三國故事，元明則閱讀平話演義及觀賞戲劇，追本溯源，仍須藉由下層文人之筆，本節介紹兩本三國故事小說，以及數齣關公戲曲。

一、《新全相三國志平話》

　　南宋講說三國故事的底稿，入元之後，有心人藉更進步的印刷技術，彙整刊行，以書本型式問世，其一即《新全相三國志平話》，乃至今所見最早的三國小說，當然也可視為宋人講說三國歷史故事之總成。

（一）版本

　　現今所見元代刊本有二：一是「至治新刊」，為福建建安虞氏所刊，刊行於英宗至治年間（1321~1323）；另一為「至元新刊」，順帝至正十四年（1354），建安安書堂複刊，近人頗疑介於中間的至元時（1335~1340）可能也刊行過，亦即三十年間，建安一地已印行三次，推估其流通必廣[1]。

　　書分上中下三卷，卷下分節，共六十九節，版面獨特，上圖下文，因中卷多一圖，合計七十圖，書中關公故事，計有十一節，插圖十七幅，約占四分之一。由於是通俗讀物，錯別字百出，作者應該學養不高，難免魚魯亥豕，也可能銷售對象為社會中下階層，只求會意，不求精確。

　　內容極為簡略，上下文轉折不夠細膩完整，採「半實半虛」手法，增添許多情節，在書中，「關公」是其通稱，唯有在〈桃園結義〉中，才稱「關王」，明顯是引用宋徽宗以來流傳的封號，雖角色分量不如張飛、諸葛亮，但極多事跡都能塑造關公更完美形象。

（二）關公形貌兵器

　　關公一出場，其形貌即予人深刻印象：

---

[1] 見喬衍琯〈敘錄〉，刊卷首，實則此前另有《三分事略》乙書傳世，版本內容插圖幾乎相同，且早刊近三十年，以書多缺頁，故不論，見袁世碩〈前言〉。

> 姓關名羽，字雲長，乃平陽莆州解良人也，生得神眉鳳目虯髯，面如紫玉，身長九尺二寸，喜看《春秋左傳》，觀亂臣賊子，便生怒惡。

描寫並不實際，「神眉鳳目虯髯，面如紫玉」，像是神靈，可能取材自民間關公廟宇；而「身長九尺二寸」，換算成今日尺寸，應在二百公分以上，也非常人；文末點出「觀亂臣賊子，便生怒惡」，意在表彰其忠義情操；而錯別字極多，如莆當為蒲，良當為梁[2]。

至於關公的兵器，並未特地介紹，也無「青龍偃月刀」之稱，但在〈關公刺顏良〉二幅插圖中，則見長柄及超廣刀面，鋒刃大而呈圓弧狀，刀背中央微凸，見者無不心生震撼，過目難忘，在所有插圖中，並無任一件兵器足堪比擬。

（三）英勇本事

關公的英勇，本是史有明文的，但本書另創造數宗情節，增加神祕與威武，更易激起讀者的崇敬之意。

在單刀對陣中，有如天兵對凡夫，殺車冑是「刀砍頭落」，刺顏良是「一刀砍顏良頭落地」，誅文醜是「覷文丑便砍，連肩卸膊分為兩段」，斬蔡陽是：「鼓聲一響，被關公一刀砍了蔡陽頭，其軍亂走，名曰：『十鼓斬蔡陽』。」而〈單刀會〉乃關公隻身單刀赴會，見奏樂不鳴，即一把摔住魯肅，魯肅伏地道「不敢」，關公饒其性命，上馬歸荊州，來去自如；作者又藉人稱馬超「猿臂善射，無人可當」，關公聽了，自信的說：「無人可當關、張二將！」在在顯現關公神勇近乎當代第一[3]。

（四）忠義情操

武將英勇，已夠可敬，若再配以忠義精神，則必更令人崇拜，本書即在

---

[2] 吳洛《中國度量衡史》，魏尺合今二四公分多，隋唐以後變化不大，概算九尺二寸，合約今 220 公分，（第七章，頁 119）。

[3] 殺車冑（卷上，頁 396）、刺顏良（卷上，頁 400）、誅文丑（卷上，頁 401）、斬蔡陽（卷中，頁 406）、單刀會（卷下，頁 458）、評馬超（卷下，頁 457）。

多處刻意表彰關公的高貴情操。

甲、桃園結義

在〈桃園結義〉節裡，劉備、關公、張飛三人結拜為異姓兄弟，儀節肅穆隆重，先「宰白馬祭天，殺烏牛祭地」，發誓「不求同日生，只願同日死」，讀來真是感人肺腑！而當關公敗亡，劉備一聽噩耗，氣煞倒地，悲不可扼的說：「吾思桃園結義，弟兄三人共死泉下，有何不可？」雖經諸葛亮極力勸說，才稍冷靜，但仍執意伐吳，要為關公報仇；而張飛聞訊，同樣悲慟萬分，也要共死，幸劉備差人環抱苦勸，但在哀傷過度下，舉止乖異，遷怒手下，終被害死，不久，劉備臥病身亡，印證了「同日死」的誓言[4]。

經本書巧妙佈局，三人的悲劇下場，極易引發世人同聲哀悼，但關公在生死之間，又有兩件大事，更易激起讀者的敬意。

乙、下邳三約

曹操攻占徐州後，知關公在下邳，不知如何招降，張遼自告奮勇，面見關公，關公告以「若依我三件便降」：

> 我與夫人一宅分兩院，如知皇叔信，便往相訪，降漢不降曹，後與丞相立大功。

曹操答應，關公於是帶著甘夫人、梅（糜）氏，抱著阿斗，往見漢獻帝，受封為「壽亭侯」。

檢視其中約定：「一宅分兩院」，正是遵行「嚴男女之防」的道德教條，更是江湖上「朋友妻，不可欺」的好榜樣；而得知劉備所在，即便離去，是對兄弟的「忠」，「降漢不降曹」，則是對皇室的「忠」；「後與丞相立大功」，是知恩圖報的「義」舉，答謝曹操禮遇的高貴行為。所以，兵敗投降，本不足以言勇，經穿插此三約，反而顯現關公的忠義情操，成為一椿美事。

---

[4]　桃園結義（卷上，頁358）、關公敗亡（卷下，頁466）。

丙、華容釋曹

曹操於赤壁敗戰後，由滑榮（華容）北歸，半途遇關公埋伏，關公想起「亭侯有恩」，「三日一小宴，五日一大宴」，猶豫不決之際，放曹操離去，諸葛亮知道「關將軍仁德之人，往日蒙曹相恩，其此而脫矣。」於是不論軍法。縱敵本為軍法所不容，於公有虧職守，但於私卻合於知恩圖報的江湖道義，對下層小民而言，公忠體國可不予理會，但報恩則是為人要件之一，讀者因而更加敬重關公，於是公私對立的附會事件，反被合理化；類似的事件是拒婚，孫權遣使為子求婚，關公帶酒氣拒絕說：「吾乃龍虎之子，豈嫁種瓜之孫。」意即門戶不當，且道不同不相為謀，義正詞嚴之下，讀者反不在意關公的失禮了[5]。

總之，本書的穿插附會，隨著下層社會江湖道義的流行（詳第六章），關公的許多或真或假事件，都被諒解，甚至被美化了，其後《三國演義》就是繼承其中大部分情節，再進一步增補而成。

二、《三國演義》

本書是總結宋元三國故事之大成，以亦真亦虛筆法寫成的歷史小說，其初始版本，大概成於元明之際，作者為羅貫中（1315?~1385?），後來又經無數次的修訂增刪，才成今本，書中不少相關情節，無論依據史實、前代戲曲小說，或作者新創，對關公歷史地位的提升，具有關鍵性的影響[6]。

（一）版本演變

此書在初期可能以鈔本行世，至明代中葉始有刻本，末期又展轉改寫翻刻，因此，版本紊亂無比，約言之，可分三階段[7]：

第一期：明初，尚無刻本傳世，應只有好事者轉相謄錄，至今未見任何存書。

5　下邳三約，（卷中，頁397）、華容釋曹，（卷中，頁429）。
6　參閱齊裕焜《明代小說史》，第三章。
7　參閱英人魏安《三國演義版本考》。

第二期：集中在世宗、神宗二朝，今人所見最早者為嘉靖刊本，可能翻刻多次，書名為《三國志通俗演義》，而稍早在孝宗弘治七年（1494）庸愚子序本也歸為此期；至於萬曆間刊本則傳世較多，除官刻本外，又有江南本，即南京、蘇州、杭州、徽州等地的刊本，版本較精，有圖有文，書名同於嘉靖本；另有閩本，即福建建陽刻本，圖文較粗，又版行多次，故流傳較廣，傳世較多，書名多稱《三國志傳》，今所見者如余象斗雙峯堂本、劉龍田喬山堂本等，皆屬之。

第三期：明末，書中附有名人的評點，故又稱「評本」，有李卓吾、鍾伯敬等本，書名前多冠以「某人評本」。

第四期：清初，明清之際的評本雖造成轟動，但名人評點的氣勢幾乎壓過本文情節，成為喧賓奪主，大概有鑑於此，康熙年間，毛綸、毛宗岡父子始以李卓吾評本為基礎，對文字、內容作較大幅度刪改，成為流傳至今，且幾乎是唯一通行的版本。在此先論明本，清本則留待下下章。

（二）內容特色

《三國演義》自成書，經嘉靖、萬曆期間多次改寫翻刻，版本繁多，內容當然有差異，但其中關公事跡，尤其是完美的忠義形象，則大同小異。茲就傳世的萬曆時刊本：余象斗《雙峯堂批評三國志傳》、《湯賓尹校本三國志傳》二書殘存本，略論其內容特徵：

甲、正史與小說：書中內容既本之正史，又引用民間講史情節，兼含儒家傳統文化及社會下層的江湖道義，提倡忠孝情操，也隱含平等的朋友倫理，強調好漢不怕出身低、將相本無種。

乙、亦實亦虛：取材兼及正史與民間傳說，再加巧妙佈局、杜撰、聯想，甚至牛頭對馬嘴，形成「七實三虛」的格局。

丙、特殊形象：次要人物多依據史書，主角則採用極多民間傳說，誇大渲染，以致忠奸善惡分明，有人近於聖賢神靈，有人則成千古奸雄，最有名的莫如關公的忠義，曹操的譎詐。

丁、擁蜀貶魏：同於《三國志平話》，以蜀漢為中心，視其為正統，凡

劉備、諸葛亮、關公、張飛所為，皆千古正事，而曹操等則為奸巧狐媚，欺人孤兒寡婦，書中人物，可以明顯的區分為兩陣營，一為仁君賢相勇將，一為覬覦名位之徒。

戊、文言夾雜：書中文詞，既有史書的簡明典雅，又吸收粗獷鄙俚的民間話語，形成文言與語體結合的獨特風格，雅俗共賞[8]。

（三）書中的關公

羅貫中編寫《三國演義》，居心何在？字裡行間有何「微言大義」？由於他未留下任何序跋，故難以窺知。

在孝宗弘治七年（1494），庸愚子蔣大器為新刊本作序，似乎透漏了他的內心世界，蔣氏以為書中人物，曹操為「萬古姦賊」，孫權父子同於曹操，劉備等人則「君臣契合，輔成大業」，當中，最可敬佩的是諸葛亮的「忠」，他「昭如日星，古今仰之」；次為關公、張飛的「義」，其行事難能可貴，故「尤宜尚也」。果如此，則羅貫中意在塑造幾位忠奸人物，使後人「勸懲警懼，不致有前車之覆」，今觀當時刻行諸板，可知大致不差。

不過，蔣氏言關公、張飛的義，似是概括之言。張飛的角色，勇猛有餘，義則不足，尤其以下層社會的道德標準來衡量；唯有關公，「忠」比美當時諸人，「勇」則超越任一猛將，「義」更是直薄雲天，千古一人，且看其中數事。

甲、過關斬將

關公在殺顏良、文醜，等於報答曹操表封漢壽亭侯，且又厚禮相待，三日一小宴，五日一大宴，但關公並未因此迷失，探知劉備在袁紹陣營，毅然向曹操辭行，護送二位嫂夫人，千里獨行，沿途過五關，斬殺不願放行的五將，前至黃河渡口，又殺秦琪，合為六將。

表面來看，關公過關斬將，幾皆是手起頭落，快人快刀，看來極為過癮，好像作者有意渲染關公的「勇」，仔細推敲，才知不然。因為關公的勇，憑殺顏良一幕，已足傳頌千古，更何況當時勇將如林，各有其雄壯事

8　參閱齊裕焜《明代小說史》，第三章。

跡，勇絕非關公專利，更非受人崇拜的重要原因。

在這趟充滿驚險的旅程，作者藉著關公內心爭扎，表明了他的無奈。當渡過黃河，關公於馬上自嘆：「吾非沿途殺人，奈事不得已也，曹公知之，必以我為負恩之人矣。」他念茲在茲的是怕曹操誤會他「忘恩」，因為忘恩在江湖中是不可原諒的罪行之一，經此一句補白，關公袒蕩胸懷又完整呈現了。所以，過關斬將憑藉的是勇，但勇之中包含不忘恩之念，就是江湖義行，自然要受敬佩。

乙、華容釋曹

赤壁之戰，曹操兵敗，由華容北逃，諸葛亮預派關公埋伏於此，沒想關公一見曹操，便想起當年在許縣時的許多禮遇，以及過五關、斬六將的愧疚，又見曹軍狼狽不堪，心生憐憫，竟然不顧軍令，放曹操脫身而去。

這是縱敵，又是抗令，顯然有虧職守，既屬違法，又是不忠，本不足稱道，表面看，關公不能顧全大局，不可獨當一面。實則不然，此事重在表揚江湖道義，而非「軍令如山」、「條條王法」，推測作者是要寫給下層社會人士看的。

在釋曹情節上，感恩乃關公一貫信念，見到恩人，沒有任何理由，唯一所能做的是圖報，更何況過關斬將時已有負恩之嫌，此時更該一併彌補，雖然明知違令，只有死路一條，但有義氣之人從來就不怕死，所以毅然以自己生命交換恩情，這當然不是常人做得到的。

丙、顯靈報仇

襄陽大戰末期，關公從前線撤兵，南退至麥城，糧草用盡，士無鬥志，又突圍西走，中伏被擒，為孫權所殺。死後英靈不滅，在當陽縣玉泉山顯聖護民，附近鄉人於山上建廟奉祀；而在孫權犒賞諸將酒席中，關公顯靈附身呂蒙，大罵孫權後，隨即殺死呂蒙；二年後，劉備出兵伐吳，要為關公報仇，就在猇亭，關公次子關興，見到麥城圍攻關公的潘璋，一番追逐，潘躲入山中，關公又顯靈圍住潘璋，讓關興親手殺了。

恩仇分明，有恩報恩，有仇報仇，這是江湖道義的重要內涵。關公的殉難，乃因呂蒙偷襲，潘璋等人埋伏阻斷退路，所以是含冤而死，當然不能瞑

目，生受其害，死而為神報仇，神威更受肯定；而最重要的，生前恩情還
盡，死後仇讎報完，真是恩仇兩斷，了無負欠，是江湖上的完人，何況死後
成神，更是完人中的完神，神格當然會步步高升。

　　總之，關公的完美形象，在元代的《平話》及戲曲中，已陸續出現，到
本書又加以融匯貫通，從出場的雄偉形象，經桃園結義、討伐黃巾、下邳三
約、千里獨行、古城聚義、單刀赴會、獨鎮荊州、當陽殉難等，一生重要事
跡，面面俱到，尤其是他諸多義行，讀者必定感受極深。雖其中少數情節，
未見於其前的三國故事或戲曲中，當為作者創造，蘊有含特殊心意，作者應
深知關公此時的歷史定位，既是英雄，也是神靈，其自身可能也是關公信
徒，藉由半實半虛的情節，塑造關公完美形象，正可表達對關的崇敬之意。

三、關公戲

　　戲劇以三國故事為題材，不知起自何時，大概在南宋金元之際[9]；入元
以來，戲劇空前發展，作家輩出，作品可觀，觀眾遍及販夫走卒到公卿世
家，舞台林立，從勾欄樂棚、廟會宮廷，無所不在[10]；而戲劇以其獨特的
「唱、念、作、打」形式演出：唱是指在音樂伴奏下的歌唱，念是指人物的
道白，作是指身段動作，打就是武打，合四者為一[11]；而且，戲劇常添油加
醋，穿插感人有趣情節，雖多非史實，卻更具吸引力量，清趙翼〈揚州觀
戲〉詩云：「故事何須出史編，無稽小說易喧闐，武松打虎崑崙犬，直與關
張一樣傳。」因而，演戲可以同時達到三重目的：教授歷史、灌輸道德、供
給娛樂，故對觀眾的震撼影響，遠遠超出其他文史作品[12]。

　　在元明時期，關公地位進一步提昇，得力於戲劇處頗多，至今所見，元
雜劇中涉及三國故事的，可考者凡四十九本，全本存者二十三，殘缺二，亡

9　參閱林逢源《三國故事劇研究》，第一章第三、四兩節。

10　見《元史·百官志》，元朝官制中「教坊司散官」有十五階，俳優之徒竟與文武百官
　同敘品秩，具體反映樂舞戲劇之發達，（冊四，頁2324）。

11　參閱張燕瑾《中國戲劇史》，書前。

12　見《甌北詩鈔·絕句》，（頁499），戲劇之社會功能，見蔣夢麟《西潮》第二章。

佚二十四；其中以關公為主角的戲目，全本現存的有五，僅存曲目的也有五種；至若敘及蜀漢英雄人物的劇本則更多，此即學界所稱的「關公戲」，試以下列數本論述之，而明代因缺乏佳作，故附論於後[13]。

(一) 《劉關張桃園結義》

作者不知，寫劉備、關公、張飛三人桃園結義，而後參與討伐黃巾的故事。一開始，蒲州州尹見時局動盪，有意起兵叛亂，被關公殺了，接著關公逃往涿州，張飛在該地賣肉，張實欲藉此廣交英雄豪傑，將刀壓於千斤石頭下，揚言能搬動巨石者買肉不須付錢，關公輕易搬動，買肉又付錢，揚長而去，張飛尋著關公，敬其為人，拜之為兄；二人又遇上劉備，見其相貌非凡，邀至酒店同飲，劉備醉後，關張見金蛇出入其七竅，知異日必然富貴，於是共拜為兄長，三人同至桃園，殺白馬黑牛祭天地，其後追隨皇甫嵩共破黃巾[14]。

本劇主旨在標榜「忠」。

關公上場自我介紹「平生正直剛強，文武兼濟，喜看《春秋左傳》，觀其亂臣賊子，心生惱怒。」所以立志要「除危定亂安天下，報國虔誠輔漢朝」；張飛是「我則待交結英豪，操兵用武，指望待竭力真誠，安邊定土。」而劉備則「學成文武雙全，待時守分」，期望有朝一日，能「重安漢室奸賊滅」，而三人結義後，正值皇甫嵩奉命討黃巾，徵召天下英雄，聽到涿郡三人拜為異姓兄弟，誓言「不求同日生，只願同日死，一在三在，一亡三亡」，不覺嘆稱：「此乃人中傑士也！」

生死與共，正是兄弟間的忠，而共赴國難，則是對國家的忠，可見忠的觀念貫穿全劇；然而，襯托著主題，全劇對關公角色，又在其形貌、兵器、德行上著墨甚多，光彩遠過劉張二人。

在形貌上，特重其威武，如頭折一出場，自言：「某幼而勇猛，神眉鳳

---

[13] 參閱陳昭昭《從戲劇小說看關公形象嬗變》，第三章，（頁 65）；而「關公戲」一詞，似出自王安祈，見《明代戲曲五論・明代的關公戲》，（頁 141）。

[14] 明趙元度輯《孤本元明雜劇》，（冊 11，頁 1771~1794）。

目，鬟垂三綹，身長九尺二寸。」並表明「休說他內才，先看他外才」，明顯故意塑造其特殊形象。

在兵器上，明白揭示是「青龍偃月刀」，並說「重九九八十一斤，有萬夫不當之勇」，屠戶自以為刀法比他閑熟，卻「再吃二十年飯，也拿不起這刀來」。

再看「內才」。在劇中，作者多次表明德行之重要，如二折，當張飛得知關公搬石買肉而去，找到關公，關公訝異，張飛則認為依約搬石取刀，豬肉免費，但關公卻銀貨兩訖，這是「為人本分」，屬於「真英物」，而自己雖從來性格剛烈，但好結交好漢，最後以「拜德不拜壽」，堅持奉關公為兄長。所以，藉著買肉一節，既顯示關公天生的神勇，能搬動千斤巨石，又呈現高貴德行，依約可享免費，卻光明磊落付錢。

（二）《關雲長單刀劈四寇》

不知作者，寫董卓死後，餘黨李傕等四人繼續作亂，呂布率兵往討，但四寇勇猛無比，呂布無可奈何，不得已撤軍，四寇入長安，接受招安，不久欲劫獻帝往西涼，董承得知消息，秘密將獻帝遷往洛陽，四寇追至，遇到關公要回山西家鄉祭祖，而曹操也派來四將，為四寇所敗，關公乃披掛上陣，進擊四寇，一交兵，即單刀劈死四寇，殺退殘軍；董承為關公慶功賞官，關公基於桃園結義，生死與共之情誼，不願獨自受封，獻帝於是並封劉備、張飛[15]。

本劇之主旨在表揚關公的「義勇」精神。

在第五折，曹操於慶功宴上稱：「雲長義勇忠良將，天下聞名大丈夫。」又說：「端的是無敵慷慨英雄將，漢家豪強立廟臣。」曹操大將許褚也說：「端的是英雄無賽比，匹馬世無雙，諕四寇喪膽亡魂，一口刀平除草寇，一刀一個。」最後關公也自誇：「我這口三停無對刀，將他這四寇當時除，又不曾費甚工夫。」說來輕鬆，一刀一個，真是神勇極了。

不過，最可貴的還在後頭，劇末，董承要「飲罷酒加官賞賜」，關公卻說：「酒便關某飲，這官位不敢受也。」理由是當日桃園結義，誓言「不求

---

15 見《孤本元明雜劇》，（冊 11，頁 1795~1837）。

同日生，則願當日死，一在三在，一亡三亡。」今若獨自受封，等於「無了交情」。

在論功行賞之際，尚能想及當日生死與共的兄弟，不致志得意滿，正是人間最高貴情操，而結義誓詞除同生共死外，又加上「一在三在，一亡三亡」，更不知賺足多少英雄淚水？

（三）《關雲長千里獨行》

作者闕名，寫劉備兵敗徐州，妻小為曹操所擄，關公獨守下邳，聞劉、張被殺，甘、糜二夫人陷於曹營，不得已，約定三莊條件投降：降漢不降曹、一宅分兩院、知劉備消息即去。後在曹營，殺袁紹二將顏良、文醜，使得投身袁紹的劉備、張飛只好逃離該地，攻占古城，關公得知消息，即刻掛印封金，保護二夫人前往相會；但曹操為此大怒，依張遼設下三計欲擒關公以歸，均告失敗，再命蔡陽窮追，在古城，張飛氣關公變節降曹，不肯接納，關公立殺蔡陽明志，兄弟終得以重聚[16]。

本劇因係旦本，故對關公的英勇事跡未能妥切鋪敘，但作者善於利用他人之口以表彰關公的德行。如第三折，張遼三計不得逞之後，關公高興的說：「感謝丞相厚意，丞相之恩，我異日必報也！」於是曹操命張遼問關公「要一件回奉之物」，關公想想，許諾說：「我異日借起兵來，與您曹丞相交鋒，我若拿住你曹丞相，我這大刀下饒你曹丞相一個死。」有恩報恩，十足的江湖道義。

又在第四折，來到古城，張飛以關公「投降曹操，全不想桃園結義之心」，所以不饒他，甘夫人卻安慰說：「叔叔那擎天白玉柱，架海的紫金梁，義勇忠良，俺今日團圓日不承望。」明確說出投曹的無奈心境，及「義勇忠良」的高貴情操。而在劇末，更藉劉備之口，總結說關公不得已降曹操，身居重職，不改其志，是「仁」；不遠千里而來，張飛誤會，口不出怨恨之語，是「義」；棄印封金，辭曹歸漢，是「禮」；立斬蔡陽，是「智」；與曹操約定三事，不忘桃園結義，是「信」，故而「仁義禮智信」五德俱全。

---

[16] 見《孤本元明雜劇》，（冊11，頁745~773）。

（四）《關大王獨赴單刀會》

關漢卿作，寫東吳魯肅欲討取荊州，先問計於喬公，喬公盛稱關公英勇，魯肅不信，另求教於司馬徽，司馬徽一如喬公，贊譽關公有加；關公得信後，自恃曾千里獨行、五關斬將，不懼埋伏，帶周倉單刀赴會，而魯肅則先行算計埋伏，只惜關公發覺情況有異，挾魯上船，再釋回，安全返航。

本劇堪稱是元代「關公戲」的壓卷之作，不僅劇情結構緊湊，高潮迭起，而穿插雄渾壯麗詞曲，刻畫關公威嚴形象，尤其獨步。

戲劇開始，關公尚未出場，喬公與魯肅對唱，魯肅以為「關雲長年邁，雖勇無能」，喬公則說：「他誅文醜逞粗躁，刺顏良顯英豪，他去那百萬軍中，他將那首級輕梟，…但上陣處，憑著他坐下馬、手中刀、鞍上將，有萬夫不當之勇！」魯肅半信半疑，喬公接著唱：

> 他上陣處赤力力三綹美髯飄，雄赳赳一丈虎軀移，恰便似六丁神簇捧
> 定一個活神道，那敵軍若是見了，嚇得他七魄散，五魂消，你則索多
> 披上幾幅甲，賸穿上幾層袍，便有百萬軍，當不住他剌剌千里追風
> 騎，你便有千員將，閃不過明明偃月三停刀。

如此的開場介紹，觀眾不熱血沸騰才怪，若再聽另一人的稱頌，還會進一步受到震撼，且看司馬徽眼中的關公：

> 關雲長千里獨行覓二友，匹馬單刀鎮九州，人似巴山越嶺彪，馬跨翻
> 江混海獸，輕舉龍泉殺車胄，怒扯昆吾壞文醜，麾蓋下顏良劍標了
> 首，蔡陽英雄立取頭[17]。

聽到此，即知這場單刀會，近乎關公的獨角戲，即使他只唱幾句「大江東去浪千疊」，也會令觀眾如醉如癡，清醒後奉之如神聖。

---

[17] 見《孤本元明雜劇》，（冊11，頁23~41）。

（五）總論元戲

以上僅就元代戲曲涉及關公，取其較著者而論。約言之，元戲均推崇關公，用心塑造其特殊外形，又標榜其高貴德行，結果，關公反而不太像人。

甲、形貌

首先，就形貌言。武將通常身材魁梧，力大如牛，但元戲卻多以細膩筆法刻畫關公，如三絡美髯，長一尺，飄過胸腹；棗紅色的臉，海內只此一人；丹鳳眼，臥蠶眉，絕不像凡夫俗子；身高九尺二寸，極其高大；兵器是八十一斤重大刀，無人能拿，名稱有青龍偃月刀、三停無對刀、偃月三停刀等；坐騎是追風寶馬，色如炭火，一縱千里。

這樣的形貌，當然是文人想像出來的，全無實據，但流傳所及，世人普遍認同，久而久之，就成為關公獨家的註冊商標了，長髯代表威嚴，高大則稱神勇，紅臉等於忠心，鳳眼蠶眉近乎神靈，真是完美極了[18]。

乙、德行

其次，就德行言。戲劇不同於歷史小說，不易完整呈現一人之具體功業，卻能藉形貌、唱詞、對白加以表達。在此方面，元戲極其成功，普遍都將關公塑造成忠肝義膽的曠世英雄，忠於漢室，不避艱險，忠於弟兄，生死如之；而常人做不到的，不貪便宜，不受利祿誘惑，關公都只當做是「做人本分」，此等真真假假的超水準行為，使關公能廣受文人，及基層小民的全面尊崇。

丙、角色

最後，就角色言。戲曲中的角色，不全符合史實；不過，元戲中的關公，似在反應當前的社會現象，多半當作歷史英雄，忠義第一，少數視為平妖神靈，為世人捍患禦災，偶為鬼魂，能託夢請求報仇等等。可知，關公角色較複雜，但經有心人士的塑造，關公漸由人成神[19]。

總而言之，在關公歷史地位的演變過程中，元代戲曲的發達，「關公

18　參閱陳昭昭《從戲劇小說看關公形象嬗變》，第三章，（頁77~81）。
19　參閱洪淑苓《關公民間造型之研究》，第二章第三節，（頁95~104）。

戲」的流行，無疑是一股極大的推昇力道，至此，關公已是介於人神之際，惡言批評漸漸少了。

（六）明代關公戲

明朝的關公戲，角色多係半神半人，增加一分神秘感，但情節則多屬舊戲新演，不夠新鮮，更不如元代戲曲悲壯雄渾，但藉關公戲的流行，宣揚其神人事跡，拉攏更多的關公迷，使關公廟香火更盛。

明代關公戲已與元戲不同：其一，作者不限文人，皇室諸王也參與編劇；其二，戲曲內容不同，雖均以三國史事為依據，但新情節不斷衍生，如秉燭達旦、荊州慶壽、月下斬貂蟬等；其三，角色同為有人有神，但明戲中以關公為神靈的明顯增多[20]。

傳世的明戲劇本中，以關公為主角或配角的，「雜劇」中有二本：一是朱有燉的〈關雲長義勇辭金〉，另一是無名氏〈慶冬至共享太平宴〉，二本中關公都是人；至於「傳奇」則有十二本：計有〈古城記〉、〈草廬記〉、〈連環記〉、〈曇花記〉、〈雙鳳齊鳴記〉、〈喜逢春〉、〈觀音魚籃記〉、〈韓湘子九度文公昇仙記〉、〈雙珠記〉、〈目連救母勸善戲文〉、〈蕉帕記〉、〈畫中人〉，當中前三本是人，後九本為神，可見明戲中關公為神的分量加重不少，當然與時代環境有關。

在人戲之中，關公多自誇功業，情節大半如元戲，但也增加新內容，如秉燭達旦等，似著重在彰顯關公的人格，並且普遍用較鮮明的扮相及舞台表演藝術，強化其威儀，使得關公整體形象更加完美。

至於在神靈戲中，關公的神格還不高，仍然受宋元以來佛、道二教傳言的影響，戲中身分常是真君、護法、天將，受佛祖、呂祖，甚至玄天大帝、韓湘子、張天師等指使；而關公的神職則不外是懲戒不忠、保護善良、斬妖除怪等，似乎只在基層百姓日常生活層面，遠離中央政府的「捍患禦災」、「陰陽以時」、「皇圖遠固」等，推測主要觀賞對象應是下層民眾。

關公戲雖多鄙俚粗俗，卻是民間最常上演的劇目，演出場合最多，地方

---

[20]　本小節依王安祈《明代戲曲五論‧明代的關公戲》，（頁 141～201）寫成。

上迎神賽會尤其必見，民間信仰與民俗活動相結合，本是中國傳統社會的常態，關公的神威藉戲曲而遠播，戲曲也藉關公驅邪除煞，讓演者與觀者同時獲得安心與喜悅，關公歷史地位因之提高，信仰亦漸趨狂熱。

四、商喜《關羽擒將圖》

最早為三國英雄畫像的，當推黃初元年（221），曹丕繪於曹操墓室牆上的幾幅，雖為羞辱于禁，反而間接推崇關公，可惜沒流傳下來[21]；唐代武成王廟，從祀名將圖形於兩廡，同樣難見，而許州民間傳吳道子畫像刻石，亦難辨真偽；至南北宋之際，多處偽造關公官印，猜想應該也有畫像，如張商英即有〈題關侯像〉，惜無一能傳（見前）；元代胡琦編《關王事蹟》，卷首有幞頭像，又說：「世本所傳寫影，有坐像，有立像，有躍馬捉刀像。[22]」此後專書均列有畫像，然礙於雕版技術，皆拙劣不堪，而三國小說插圖，也只有傳神寫意之功。至今所知，傳世最早的，當推金人刻版《義勇武安王》像，其次則為明代宮廷畫師商喜的《關羽擒將圖》。

商喜（?~1450 之後），字惟吉，生平里居不詳，善畫山水人物，也畫花木翎毛、虎龍及佛像，宣宗時，以善畫召入內廷，掛籍錦衣衛指揮僉事，宣德五年（1430），曾因故被罰役，又復職，英宗初，與諸同事陞為同知[23]，其傳世作品有：《四仙拱壽》、《歲朝》、《戲貓》等，在此僅論現藏北京故宮博物院的《關羽擒將圖》[24]。

---

21 見《三國志》于禁本傳，（冊一，頁 524）。

22 引自《關帝事蹟徵信編‧雜綴》，卷 19，（冊四，頁 48）。

23 商喜略傳，最早見於武宗正德十四年，韓昂《圖畫寶鑑續編》，無里籍，僅載「善山水人物」，（頁 126）；其與另一畫家韓秀被罰役及復官，見《宣宗實錄》，宣德五年五月，（頁 1553）；陞官見《英宗實錄》，宣德十年 11 月，（頁 208）；另清初孫荳《關帝文獻會要》，稱曾見明憲宗御筆帝君圖，今則不見。

24 據《英宗實錄‧廢帝郕戾王附錄》，景泰元年三月，商喜子英代職，推估應於此時去世，（頁 3916），其孫商祚又襲職，見《憲宗實錄》，隆慶 17 年九月，（頁 3795）；明代未設畫院，畫家多寄籍錦衣衛、御用監、翰林院或工部營繕所等處，參見林莉娜〈明代宮廷繪畫之研究〉。

　　本圖乃巨幅工筆畫作，長寬各二公尺左右，畫的是襄樊之戰早期情景：
關公擒龐德，呈現關公無上軍威，惜無任何題款，取材則不限《三國志》，
已加入小說人物周倉。本畫有若壁畫，而喜本善於寺殿壁上畫龍及佛像，少
數作品流傳至清初，名士王世禎（1634~1711），即曾於聖安寺及大西天經
廠見過[25]。

　　關公位畫面左上，頭裹布巾，身穿金色鎧甲，上覆綠色披風，斜坐松下
石上，兩手合抱右膝，方臉豐潤，雙眼細長，正視前方，唇上一排髭鬚，其
旁兩鬢及下巴三綹長髯，隨風前飄，威風凜凜之餘，帶有幾分悠閒，顯然剛
打完勝仗；左下一黑臉大鬍子將軍，應是小說虛構人物周倉，左手持令符，
右手握一超長大刀，刀刃極寬大，刀背中央突出一斜尖，當然也是戲曲小說
創作的青龍偃月刀，刀柄觸地，似在等待傳令；右後一將，白面微髭，當為
關平，頭戴幞帽，左手抓劍鞘，右手拔劍中，正聚精會神待命；其前為龐
德，僅著一小褲，雙手及頭髮被反綁於身後木椿上，一兵校以兩手壓制上半
身，另一將其左腳壓在右腳下，以繩索綑綁其右腳，並用鐵鎚敲打固定於木
椿上，龐德則怒目圓睜，健壯身軀不停扭動，威武不屈，不正面看關公。

　　由於深藏宮中，外人難得一見，公私畫史俱無著錄，推測應只供皇上御
賞，流傳不廣；而宣宗朱瞻基（1399~1435），在位十年，典型的儒家信
徒，飽讀詩書，仁心仁術，不信佛道神仙，不辦齋醮法會，自稱「夙夜孜
孜，以安養軍民為心」，退朝常與重臣講論經史，評鑑歷代得失，曾頒布御
製《帝訓》、《官箴》等書，時也「偶有真趣」，寫詩作賦，提筆書畫，傳
世有多幅花鳥雞猿及墨跡[26]；但他極輕視內廷畫工，如宣德元年（1426），
武英殿待詔邊文進（?~1426?），受金濫薦官員，即切責：「小藝得官，敢
恃恩貪縱？」因已七十餘歲，雖不加刑，仍不留情面勒令為民，而商喜等人

---

[25]　見《池北偶談・商喜畫》，卷 14，（頁 55）；此圖標題乃後人所加，不知起於何
　　　時？

[26]　台北故宮博物院曾輯《明宣宗書畫合璧》，輯中說明提及宣宗畫風受邊文進影響。

輩分又在邊下，當然難得禮遇，從其因故罰役可知[27]。

畫上缺題款，意境可任人解讀，內容半真半假，同於三國小說，商喜可能看過金人雕版《義勇武安王》像，仔細比對二者，除設色與白描、正坐與斜坐、關平捧印與握劍外，關公之穿著、臉龐、眼神均極為神似，而周倉提刀立前，更像制式規格，商喜除加以皇家珍貴色料，並無多大創作；然而，本圖繪於關公歷史地位尚未最高之際，仍當敘及，至若欲評估其影響，應有困難，相對於此，民間已流傳極多的畫像及贊頌[28]。

五、明人貶評

元明文人普遍推崇關公，尊之為英雄或神靈，小說戲劇作品中大都如此，然並非普天之下皆無異議，仍有少數對關公略有微詞。（詩文歌頌另見下章第六節）

(一) 屠隆

屠隆（1544~1605），字長卿，又字緯真，號一衲道人，鄞縣人，萬曆五年（1577）進士，歷任潁上、青浦知縣，官至禮部主事，12 年罷官家居[29]。他才華橫逸，自視甚高，惜宦場失意，不免憤世疾俗，自稱：「流浪四十年，行類滑稽而心戁雛，忘機剗偽，世共指以為愚。[30]」他有回竟然編造故事，嘲笑關公與蘇東坡，被子侄輩沈德符寫進書中：

> 屠緯真在湖上，一日忽對余曰：「昨日吾解一大紛，關壯繆、蘇文忠各來枉顧，二人素未識面，偶蘇舉曹劉並稱，壯繆震怒，謂：『小子

---

27 散見《宣宗實錄》，宣德八年四月，（頁 2258 及 2269）；貶邊，元年十二月，（頁 618），餘不俱注；邊景昭，字文進，略傳見《圖畫寶鑑續編》，（頁 127）。

28 參見《關帝事蹟徵信編・贊頌》，卷28，（冊四，頁 410~）。

29 屠隆生平，見《明史》本傳，（冊十，頁 7388）；屠另有〈祭武安王謝雨文〉，稱關公「耿亮正直」、「磊落千古」，乃任潁上知縣所作，見《季漢五志》，卷七，（頁 202）。

30 見《白榆集・自讚》，卷19，（冊16，頁 39）。

何敢辱吾兄，至與阿瞞伍？」蘇爭之甚不服，兩相搏鬥不休，若非余力解，則東坡飽老拳矣。[31]」

沈回憶此則往事，在萬曆三十四年前後，此時關公已香火滿天下，但屠竟只稱為「關壯繆」，還將之編成粗魯武人，一語即嗔怒鬧事，參照世上眾多頌揚文章，則其對關公敬意可想而知了；而屠之嬉笑怒罵，頗符《金瓶梅》中部分情節，與此則故事也能先後輝映，難怪魏子雲教授考訂他應是《金瓶梅》早期版本作者[32]。

（二）謝肇淛

謝肇淛（1567~1624），字在杭，福建長樂人，萬曆三十年進士（1602），歷官各地，終於廣西右布政使，他與屠隆、沈德符等皆有交情，不知是否即因此而不欣賞關公？

他相信相法，以為「鬚長過髮，名為倒掛，必主兵厄。」又列舉了數位髮長之人為例，如崔琰、謝靈運、關公等人，最後皆非壽終正寢，所以說「驗之往往奇中」。

對歷史人物之品評，也異於他人，如推崇項羽，許之「拔山扛鼎，意氣雄豪，自是古今第一人」，又說「雖不遂，未失為千古英雄也」；但對關公等人則另有意見，他認為，武將必須兼備勇力、忠義、智術：「大凡勇力蓋世者，當本之以忠義，濟之以智術，忠義不明，徒一劇賊爾。」而關公、張飛號稱萬人敵，並非僅以勇力見長，同時「忠肝義烈，蓋有國士之風！」可惜二人「智術不足」，三項缺一，故「吾不能無憾焉」。

至於五月十三日，世人早就傳言是關公生日，但他說：「五月十三日是『龍生日』，栽竹多茂盛，一云是『竹醉日』。」可知他心無關公，可能連

---

[31] 見《萬曆野獲編》，卷17，（頁441），是書序於萬曆34年，但載及封關公為「大帝天尊」事，應為子孫追加。

[32] 參見《金瓶梅的問世與演變》及《金瓶梅研究二十年》二書。

關公廟都沒進過呢[33]！

（三）唐順之

　　在明人編撰的兵書中，也有對關公較為不敬的，唐順之的《武編》即是其一。唐順之（1507~1560），字應德，號荊川，武進人，博學高才，好兵書，又以曾督師討倭，兼具兵法素養與實戰經驗，後仿北宋《武經總要》，編《武編》乙書。書分前後二集，前集自將士行陣，至器用火藥等，共五十四門；後集徵引古事，自料敵撫事，至堅壁摧標，共九十七門。

　　在三國吳蜀名將中，他明顯推崇呂蒙，貶抑關公，事關關公的，都是失敗例子，而有關呂蒙的，都是應變得宜，如在〈招降〉中，第二例即是呂蒙對糜芳、傅士仁；〈內間〉中，第二例為呂蒙誘騙零陵太守郝普；〈卑〉的第二例也是關公北伐樊城，陸遜代呂蒙，投書以謙卑語氣誤導關公，致撤走後方守軍；〈不備〉中，第二例又是呂蒙裝病，騙關公，文末是「羽竟為吳師所擒，荊州遂平。」表面上看，書中只引史事，不另置一詞，似不涉個人好惡，實則已寓褒貶於其中，因名以事顯，從所徵引數例中，已知其在彰顯關公之平凡，以及兵敗荊州[34]。

　　唐雖任官南北各地，但不曾到過山西，也未熟讀史志，認識關公不深，徒以其文名，為解州關公廟樂樓作記，評價一樣不高：

> 侯始識玄德於草莽，卒然之遇，而遂授以肝膽死生之信，至於崎嶇顛沛，東西奔竄，而其氣愈不可奪，窮於俘虜之中，而其志愈明，蓋侯之大節磊磊如此，而論者特稱侯雄勇蓋世，而深惜其功之不就，以為侯之兵不先加於藏戈背伺之吳，而先加於露刃而拒之魏，故其勝魏也未足以肥蜀，而其信吳也乃足以自斃，噫！此亦有數焉！…伏劍死綏

---

[33] 謝之略歷，見《明史·文苑》，（冊十，頁 7357）；引文，見《五雜組》，卷五，（頁 3515、3545），及卷二，（頁 3249）；案竹醉日，見北宋范致明《岳陽風土記》末條，雖為抄錄，若對照各地關公廟會，也當有旁注。

[34] 唐之生平，見《明史》本傳，（冊十，頁 7382）；引論，見《武編·後集》，卷二及卷三，（頁 561~）。

　　之將，風采傳於後世。

見識同前，雖稱關公「大節磊磊」，卻假借論者之口，貶評其襄樊之戰犯嚴
重錯誤，尤其二句「其勝魏也未足以肥蜀，而其信吳也乃足以自斃」，真不
知其戰略涵養與歷史知識為何？其後，嘉靖三十五年，常州一帶倭亂暫平，
地方官修關公廟，請他撰廟記，仍然不知各處關公廟宇分布，竟稱「侯之廟
盛於北，而江南諸郡廟侯自今始」，又言孫權實為漢賊，而關公「齎志以
沒」，自當靈應庇佑東吳，只談神異，敬意不高[35]。

　　以上批評與暗示，都不看重關公，與南宋文人相同，然南宋人因偏處江
南而同情東吳，明人應無此項顧慮，則在舉世香火與歌頌聲中，其力持異
議，又當如何解釋？也許只能說蓋棺不能論定吧。

---

[35]　見《荊川集》，卷13，（頁622及625）。

第四章　神　靈

　　英雄成神，自古即是世人共同的期望，然而，古來英雄何其多，若人人成神，則神靈積累必多，多則不貴，勢難久受尊崇，是以只有少數英雄才能成神，而成神的英雄中，又須具備特殊事跡與神跡者，始得長享血食，揚名立萬。

　　關公一生忠勇悲壯事跡，生前死後被視為英雄，當然不必懷疑，但要成神，廣受崇拜供奉，仍得等待機緣，如特殊的國家處境，不同的社會價值，以及慧眼識英雄的信徒；而在成神的過程中，與同代或前後人物相較，也是遷延極久，大概在盛唐，才有供奉他的廟宇，而神跡故事，則在稍後次第傳開，至於廟宇普及，香火鼎盛，已是元朝以後了。

　　在中國民間，經常有新出的神靈取代舊有的神靈，成為民間的顯神，亦即神靈地位也有興衰起伏，但關公則較為奇特，成神較遲，初期名氣不大，香火不盛，歷經數百年，才漸受世人重視，地位步步高升，到了明朝初年，終成為官方及民間普遍崇奉的神靈之一，再經明末的加封帝號，清初朝野的刻意推崇，方成近於至尊神靈，又下迄今數百年，盛況不衰。

　　本章主題為「神靈」，旨在探討關公成神的過程，由南北朝談起，至明末，約一千二百年，顯而易見的，與「英雄」期大半部分重疊，以主題不同，脈絡有異，不得已分章論述，至於從明神宗奉為大帝、天尊，到清初多次加封，已是神格最高時期，則留待下章。

第一節　民間信仰與英雄成神

關公成為神靈，是英雄中武將成神的一例，但關公潛伏期頗長，而成神後，神格漸升，後來直冲上天，更是英雄成神的特例；但無論如何，這都是中國「民間信仰」的範疇，不屬於任何宗教或教派，有者皆為依託或附會。

一、民間信仰

民間信仰，乃基於古代流傳的泛靈信仰，自然發生於民間，長久結合儒家思想及其他宗教教義，普遍為基層百姓所信仰的一種宗教，如媽祖信仰、關公信仰等，既不可歸之道教、佛教，更非儒家、道家，而是上述各學派及宗教的綜合體，與之並行千年，在民間擁有眾多信徒，具備極大影響力量，其特徵如下[1]：

（一）自然發生：即不知何人創造、何時出現的信仰，早已流行於遠古社會中，如各種天體的自然崇拜、祭祀祖先亡靈及英雄，此等信仰，難探源頭，至今不衰，舉例言之，每逢考試時期，考生及家長虔誠祭拜的文昌帝君，本為北斗七星附近的星體，因傳言其主宰刑賞利祿，為士人所供奉，至晉代，結合亡靈崇拜，成為民間有名有姓的神靈，宋朝以後，加上扶箕術，藉猜測考題，更令讀書人趨之若鶩，在今日，民間香火甚至盛於孔廟。

（二）結合傳統：傳統文化中的道德倫理、價值標準、審美情趣，以及民族精神等等內涵，都深深影響著民間信仰，而忠、孝、仁、義等儒家道德，尤為其思想核心，因此，民間信仰神靈體系中少有邪神或破壞神，大半皆為偉大的愛國者、忠勇兼備的英雄、義行感人的奇俠等，也必然是最高貴德性的化身或代表，如神機妙算、鞠躬盡粹的孔明，被莫須有罪名害死的岳飛，屢敗不屈、被囚三年而死的文天祥，以及集忠義勇於一身的關公等，其行誼即等同宗教教義，致有人據以稱之為「中國教」[2]。

---

[1]　本節參酌馮佐哲、李富華合著《中國民間宗教史》第一章寫成，書中稱為「民間宗教」，筆者以其散漫、無組織，改為「民間信仰」。

[2]　見阮昌銳《中國民間宗教之研究》，「中國教」一詞即出自此書，（頁385）。

（三）民俗色彩：既在民間，當然代代傳承，久而演為民俗活動，如今日之端午節，早期本為悼念屈原，附近百姓包粽子，繼而各地文人憑弔吟詠，成為詩人節，而後加上龍舟競渡，所以，一個端午節，源自屈原的孤忠苦節，衍生為包粽子、作詩文、筏龍舟，以及祭祖、驅瘟等系列民俗活動。

（四）欠缺神學體系：民間信仰來自多重的傳說及其他宗教管道，欠缺創教人物的天啟或名僧高道的開創，故有別於制度化的宗教，不具完備的教義，及哲理化的神學思想，常因不同時地而變更其信仰內容，又易受其他宗教影響，故而兼容并蓄，甚且雜亂無章。略言之，中國民間信仰，含儒家思想最多，如忠孝節義，次為佛教，如輪迴報應說，又次為道教，如其神仙譜系，致常見孔子、老子及釋迦同在一神龕內，因此，難以列出基本經典，有則多係三教合一，如明清之際出現眾多關公專書，主題不外忠孝節義，當然是儒家產物，但也宣揚佛教的輪迴報應，而關公的神格、神職，又類同於道教的天尊大帝，不必懷疑，此即貨真價實的民間信仰，胡亂援引或歸類都是不恰當的[3]。

（五）神靈譜系不明：任何宗教都有眾多神靈，以供信徒膜拜祈求，民間信仰亦然，但因無基本經典，欠缺完整神學體系，致神界組織不明確，神靈數目不斷增減變化，如六朝時期，項羽、伍子胥、蔣子文等是民間廣受崇拜的神靈，唐朝出現城隍神，宋元以來又有眾多扶箕神，而媽祖出現於北宋，關公信仰則流行於元明以來，新神靈經常出現，取代舊神靈成為民間顯神，故而無法描繪其天國版圖，但累代嬗遞變化中，仍可找出數位超級神靈，香火至今不衰，且在可預見的未來中，仍將廣受崇拜，關公就是知名的代表之一。

二、民間神靈

依宗教學之觀點，任何宗教之神靈，多由人類幻想創造，在真實人類社

---

[3] 台灣的宗教政策是放任式的，如內政部宗教司的寺廟登記檔案中，許多關公廟、天后宮等都被列在「道教」，對照本節論述，讀者感受如何？

會中難以理性驗證其存在，如猶太教的耶和華、基督教的上帝、回教的阿拉、佛教的菩薩、道教的天尊等，民間信仰中固然也有類似的神靈，如天神上帝，但大致說來，其神靈多半來自歷史上的真人，即非如此，也會結合某真人亡靈而成，賦予真人般的姓名，所以民間信仰的神靈與信徒的距離不會很遠。

　　然則，民間信仰的神靈有多少？如何歸類？此非本書所當論述，但為深入認識關公成神過程及關公信仰的意涵，也當約略涉及。茲試以清初蒲松齡為例（1640~1715），就其《聊齋誌異》所列民間神靈，歸類說明，書中情節虛多實少，但相關的宗教行為及民間神靈，則多為真實，頗有參考價值[4]：

　　（一）自然神：自然界的各種神靈，從天上星體，自然界雷電，地上山川河嶽、動物植物等，神格最高的是天帝，星體人格化的如文昌帝君，而日常生活中可觸及的雷、雹、山、水、土地等神靈皆屬之。

　　（二）英雄神：史上有功的英雄，死後被奉為神靈，源自古代亡靈及英雄崇拜，如關公、諸葛亮等。

　　（三）職能神：某種社會職業的原創者，或某種行業成敗之操縱者，如公輸般為木匠神、媽祖為航海神、文昌帝君為讀書人守護神等。

　　（四）龍神：古代中國人認為龍是真正存在的，擁有法力，唐宋以來，則轉司行雲佈雨，主管江河湖海，久旱必定至祠祈禱。

　　（五）邪神：能危害或戲弄民間的神靈，有五通神、紫姑神等，在中國民間極少。（此二神僅在蒲氏書中如此）

　　（六）道教神仙：道教本是中國民間衍生的宗教，道士們擅於創造神仙譜系，以致有極多的天尊、星君，多是不食人間煙火者，也有少數由人修煉而成者，來往人間天上，知名度最高的就是呂洞賓。

　　（七）佛教神靈：佛教神靈多為外來，最著名的如觀世音菩薩、彌勒佛、阿彌陀佛等。

　　以上神靈當中，與本書主題有關就是英雄神靈。

4　參閱拙著《蒲松齡的宗教世界》，第三章第三節，（頁123）。

三、英雄成神

自古多數英雄大都廣受崇拜，還能成為神靈，但香火則不見得代代相傳，唯有少數例外。在此，先看古人如何論斷英雄？如何崇拜？先從古代公家祭典談起。

（一）英雄崇拜

自然界的神祕變化，遠超人們想像，於是常人所不能理解的，盡歸諸神意，《中庸》云：「鬼神之為德，其盛矣乎！視之而弗見，聽之而弗聞，體物而不可遺。」神靈如是偉大，由此而生敬畏心，於是有祭祀，《禮記・祭統》云：「祭者，非物自外至者也，自中出生於心也，心怵而奉之以禮。」明言祭祀須心誠身潔，不可虛應故事，才能「交於神明」，而「受其福」，而既期望神靈在受祭之餘，能福國庇民，祭祀自然成為軍國要務，《左傳・成公十三年》云：「國之大事，在祀與戎。」任何當權者皆不敢輕忽，久之，出現眾多的神靈及繁雜的祭典，依《禮記・祭法》，神靈可歸為三類：

甲、自然神：天地、日月、星辰、山林、川谷等自然界諸神靈，凡人生活其間，施受取予，盡皆於此。

乙、祖宗：祖有功，宗有德，己身一切禍福之所從出，乃最親近的神靈。

丙、人鬼：於國於家有大貢獻之英靈，《國語・魯語》云：「夫聖王之制祭祀也，法施於民則祀之，以死勤事則祀之，以勞定國則祀之，能禦大災則祀之，能扞大患則祀之。」依此，計有五種：一是「法施於民」，即建立國家各種制度者，如五帝、殷契、周文王；二是「以死勤事」，即為國奔波而死者，如落水而死的殷冥、遍尋百穀而死於山的周棄；三是「以勞定國」，即勤於國事者，歷代名君賢相皆是；四是「能禦大災」，即能抵抗天然災害者，如治水多年，三過其門而不入的夏禹；五是「能扞大患」，即能解除人民生活苦難者，如放夏桀的殷湯、伐商紂的周武王[5]。

5　見《國語・魯語》，乃柳下惠語臧文仲不當祭祀海鳥語，（頁 166），而《禮記・祭法》文句略異。

此五等有功於世的聖君賢相或歷史名人，雖事跡各異，但「皆有功烈於民者」、或「民所瞻仰」、或「民所取財用」，故概稱為英雄，當無不可。

（二）美化神靈

因崇拜英雄而奉為神靈，制定各種祭典，又經由想像、創造而美化神靈，然而其職能與形象，非一日而定型，也非一成不變，約略說來，古人多視之為神秘莫測、擁有超人能力者，如《易・繫辭》云：「陰陽不測之謂神」，「能成天下之務，唯神也，故不疾而速，不行而至。」《莊子・大宗師》中的「真人」，則能「登高不慄，入水不濡，入火不熱」，而《楚辭・九歌》也有「入不言兮出不辭，乘回風兮載雲旗。」茲再依近代宗教學界論點，歸納神靈之特徵[6]：

甲、超自然：神靈能力遠超於常人，人做不到的，神靈輕而易舉，人受自然界限制，神靈則可超越，人有生有死，神則常生不死，故而，人是遵循自然法則之物，神靈則是超自然存在。

乙、人格化：神靈雖然有別於常人，但都被設想成與人同形同性，無論何方神靈，基本都是人形，不過比人更完美、更氣派；而思想、感情、慾望、道德價值等方面，亦皆與人相同，當然也會主持正義，守護公理。

丙、神聖化：神靈既有超自然能力，又與人同形而更完美，與人同性而更偉大，能得人類信賴與崇敬，神威由此建立，《左傳・莊公三十二年》載史嚚言：「神，聰明正值而壹者也。」因而常人對之畢恭畢敬，不敢褻瀆，遭逢不幸，當自認是神意，所求不遂，也當反躬檢討，不可苛責神明。

（三）英雄神靈

神靈雖有，畢竟不能客觀顯現，以證明其必然存在，因而宗教學上，通常視神靈為人類經由想像，融會人性所成的神聖，亦即：非神靈創造人，乃人創造神靈。

既如此，人類在創造神靈過程中，除幻想外，很自然的會從人類中尋找

6　參閱呂大吉《宗教學通論》，第二章第二節，（頁167）。

範本，上述五種前代英雄，其豐功偉跡、雄才大略，很自然的投射到神靈身上，於是人類經由祭祀、崇拜、創造等歷程，完美呈現英雄神靈，清趙翼〈古詩〉即云：「唯有古賢傑，身去留其神，或文采映發，或英烈炳麟，照耀人耳目，千載猶鮮新。[7]」而稍前的紀曉嵐，於英雄人物之死後出處，更有特別見解：

> 尋常人，死後餘氣消散，便無鬼，其不消者有六氣：一、忠孝節義之正氣，二、猛將勁卒之剛氣，三、碩學通儒之靈氣，四、冤魂恨魄之怨氣，五、大富大貴之盛氣，六、兇殘狠毒之戾氣[8]。

此不消散之六氣，與前述國家祀典之五種英雄神靈，其實相通，引伸一個有趣的問題：關公具備幾氣？

四、史上各類宗教

民間信仰既是宗教大雜膾，對中國宗教發展瞭解不深者，或別有居心者，極易將之混同於佛教或道教，以致或誤認關公信仰歸屬於道教，或認同關公成為佛教護法伽藍，甚至成為民間秘密宗教神靈。因此，還必要區別歷史上同時存在的：「民間信仰」、「制度宗教」及「民間秘要宗教」。

（一）民間信仰：概如上述，源遠流長，日新又新，中國人不管其宗教信仰為何，都不可避免，如每年祭祖掃墓，平常拜媽祖、關公、土地神，考試拜文昌帝君等，信仰虔敬程度雖有別，與日常生活結合則同。

（二）制度宗教：有可信的創教主，明確創立時間地點，眾多教內經典，非剽竊或借用，能建立自家的神學體系，有學術及倫理的價值；獨特的教義、戒律、儀節，供信徒修行及教內管理之依據；層級節制的組織及神職人員，能如行政體系之運作；公開的傳教活動，能得世人普遍信服，具備以

7　見《甌北詩鈔》，（頁3）。
8　見《紀曉嵐家書‧寄內子辯論生人見鬼》，（頁六下）。

上條件者，如佛教、天主教、回教、猶太教等[9]。

　　（三）民間秘密宗教：不同於前二者，乃以民間信仰為基礎，剽取佛道二教部分教義，雜糅發展而成，教派眾多，不相統屬，主旨在宣揚劫災來臨，信奉救世主如無生老母（或無極老祖），信徒皆為下層百姓，被視為異端，不見容於正統教派，或執政當局，因而活動隱密，也經常參與基層民眾起義活動。此類宗教大約起於南宋，盛於明代中葉至清末，數百年來，部分仍流行，多半已消失無蹤，或則化暗為明，轉型為較近於制度宗教之教派[10]。

　　認識中國史上三類宗教，當知關公是民間信仰中的英雄神靈，信仰關公即是典型的民間信仰，不歸道教，不屬佛教，更非民間秘密宗教，雖在關公成神過程中，各教皆曾參與宣揚神跡，藉重神威，甚至在神格高升之際，扮演推手，不過，自始至今，關公就是關公，佛教、道教、民間秘密宗教援引比附，目的就要依附壯大而已；當然，關公信仰流行已久，仍不能單靠狂熱信徒傳承，尤其廟宇林立，互不統屬，雖大都已具宗教雛形，仍欠缺組織，除非高人倡導整合，否則教務與影響力必然受限。（參見第六章第二節）

第二節　古來名將多為神

　　自古英雄成神，所在多有，而武將成神，也已不乏先例，唐朝德宗時，詩人劉禹錫過江陵城，觀覽前代遺跡，留詩有云：「行到南朝征戰地，古來名將盡為神。」此語實有誇大之嫌，故改易一字以為標題[1]。茲試以關公卒後，六朝民間崇祀的顯神及道教的神譜，看武將成神的傳統，兼看關公歷史地位演變，對照「關張之勇」，或許會發現，歷史本就隱含許多謎題。

---

[9]　參閱董芳苑《認識台灣民間信仰》，其中〈台灣民間信仰之認識〉，以世界三大宗教（制度宗教）與台灣民間信仰作比較，而歸納出六項現象，以說明其差異。

[10]　參閱喻松青《民間秘密宗教經卷研究》，（頁 27）。

[1]　見《劉賓客外集・自江陵沿流道中》，卷八，（頁 67）。

一、六朝顯神

從關公卒後，歷三國、西晉、東晉到南朝止，民間香火最盛的神靈計有伍子胥、項羽、劉章、蔣子文諸神，而土地神、城隍神也漸次普及，奇怪的是未見任何三國名將被奉為神靈[2]。

（一）伍子胥

伍子胥（?~-485），名員，春秋時楚國人，父奢兄尚，其父為楚平王太子太傅（-528~-516 在位），而少傅費無忌日夜讒譖太子，平王昏庸，殺太子不成，轉殺奢、尚，伍子胥逃往吳國，與兵法家孫武共事吳王闔廬，藉吳兵破楚；闔廬卒，夫差繼位（-495~-473 在位），在伐越、伐齊諸事意見相左，又因太宰嚭之讒言，被吳王賜死；他死時頗為怨懟，夫差極怒，乃取其屍縛於鴟夷革，漂浮江中，吳人憐其冤曲，立廟江邊，歲時祭祀。

伍子胥死於夫差十一年（周敬王三十五年），死後雖即有廟宇，但一直要經過五百年，即東漢時代，王充（27~96）才記載其神跡，並言錢塘江邊多立祠廟[3]。

伍子胥堪謂允文允武，然個性剛烈，又含恨被殺，死後民間傳其驅海濤為患，江浙一帶居民多立廟水邊，香火歷經東漢、六朝不絕，至唐代，盛況如昔，高宗時，狄仁傑巡撫江南，因吳、楚多淫祠，有礙人民生計，乃禁毀一千七百所，僅留下夏禹、吳太伯、季札及伍子胥四廟而已，足見其深得民心，下迄宋元，香火歷久不衰[4]。

（二）項羽

項羽（-186~-202），下相人（今江蘇省宿遷市），先人世世為楚國名將，秦二世元年（-209）起兵於會稽（今紹興市），後渡江轉戰各地，秦

---

[2] 本小節參照顧炎武《日知錄・古今神祠》，卷 30，（頁 873）；及趙翼《陔餘叢考》，卷 35〈城陽王秣陵尉〉等條，（頁 397）。

[3] 伍子胥相關事跡，散見《左傳》，（頁 844、929），及《國語・吳語》，（頁 592），另參閱《史記》本傳，（冊四，頁 2171）。

[4] 見《舊唐書・狄仁傑傳》，（冊五，頁 4208）。

滅，與劉邦爭天下，歷五年，兵敗垓下，突圍南至烏江，自刎而死[5]。項羽為一代名將，久經戰事，從會稽起義，渡河救趙，西入涵谷關，陳兵霸上，無不威風八面；但其智謀嚴重不足，亂封諸侯，急於東歸，不能當機立斷，又無知人納諫之明，終敗於劉邦，是個典型悲劇英雄，留給世人無限的哀嘆，可能因此由同情悲憫，而奉之為神靈。

項羽死後，經兩漢至東晉，未見有奉為神靈之記載，但從南朝起，神跡傳開，當初起義之地，即吳興一帶，居民多立廟供奉，虔敬無比，稱之為「憤王」，至南朝陳武帝永定二年（558），甚至封之為「楚帝」，神威傳遍江南[6]；唐狄仁傑毀淫祠，項羽廟亦在其列，但毀不勝毀，民間私奉者仍多，至南宋，靈異事跡仍流傳各地。

（三）劉章

劉章（-200~-176），漢高祖劉邦孫，父肥封為齊王，肥死，子襄繼，章即為襄弟；惠帝崩，呂太后稱制，劉章入京宿衛，封為朱虛侯，並妻以太后姪呂祿之女；此時呂太后大封諸呂為王，劉章時年二十，極表不滿，嘗因藉侍酒機會，拔劍斬殺一逃酒之呂家人士，為劉氏所賞識，成為反呂家的健將，呂太后崩，諸呂稍不安分，劉章與朝中大臣連謀，盡殺諸呂；文帝繼位，知劉章本欲立其兄為帝，故不另封賞，章自此鬱鬱不樂，年餘，始改封為城陽王[7]。

劉章事跡如此，他對西漢劉家王權之鞏固，雖有貢獻，但生性驃悍，疾恨呂家，竟不分男女老幼，闔門誅死，可謂滿手血腥，照理說，他不應成神；西漢末年，天下大亂，關中一帶傳出劉章顯靈，依附巫覡傳達神意，至東漢末，泰山縣令應劭記載，在劉章的封地城陽（今青島市城陽區），自瑯琊、青州等六郡，及渤海一帶城鄉，多立祠供奉：「立服帶綬，備置官屬，

---

5 項羽生平，見《史記‧項羽本紀》，（冊一，頁295）。

6 憤王，見《梁書‧蕭琛傳》，（頁397）；楚帝，見《南史‧陳本紀》，（冊一，頁273）。

7 劉章生平，見《漢書‧高五王傳》，（冊三，頁1991）。

烹殺謳歌，紛籍連日，轉相誑曜。」可謂癡迷至極，後經陳蕃、曹操、應劭
禁絕而稍收歛，但不久死灰復燃，至兩晉北朝仍有其祠，此後盛況不再[8]。

（四）蔣子文

　　蔣子文，正史中無此人，干寶載其為廣陵人（今揚州市），東漢末年，
為秣陵尉（今南京市），為人輕佻，嗜酒好色，但頗自負，常稱自己「骨
清」，死後當為神靈；一日，率眾逐賊至鍾山下，遭擊中額，傷重而死；三
國時代，當地傳出多起怪異神話，言不立廟供奉則將危害地方，居民認為
「鬼有所歸，乃不為厲」，於是立廟祭祀之，東吳又改鍾山為蔣山，封為
「中都侯」，而後災疫始消[9]。

　　蔣子文從此顯靈於六朝民間，迷信一再增溫，先前晉宋僅尊為蔣侯，齊
東昏侯時，加封為「假黃鉞、使持節、相國、太宰、大將軍、錄尚書、揚州
牧、鍾山王」，隨即又尊為「皇帝」，還迎神像入宮，而陳武帝更崇拜他，
兩次幸鍾山廟祭祀，影響所及，祠廟遍州郡，此後歷千年，香火不衰[10]；唐
宋文人謁蔣帝廟留詩者所在多有，至明初，仍是官立南京十廟之一。

　　總之，英雄成神，悲憫事跡當為首要條件，伍子胥忠於吳而冤死，項羽
當王天下而兵敗垓下，無顏重返江東，自刎於烏江；劉章捍衛本家政權，不
惜濫殺無辜，可惜繼位的皇帝非其親兄，有違厚望，兩年即齎志以歿；而蔣
子文遊戲人間，為公戰死，讓地方人士噓唏不已。依此，若他們能成神，關
公為何不可？

二、道教神譜

　　關公殉難前後，正是道教發展壯大的重要階段，於此，先論早期道教的

8　應劭《風俗通義》，卷九，（頁 638）。

9　見《搜神記》，卷五，（頁 9663）；干寶生平，見《晉書》本傳，（冊三，頁
　　2193）。

10　散見《晉書‧簡文三子傳》，（冊三，頁 1738）；《宋書‧文九王傳》，（冊三，
　　頁 1857）；《南齊書‧東昏侯本紀》，（冊一，頁 105）；及《陳書‧高祖本紀》，
　　（頁 33、39）。

演變，約可分三階段：

　　首先，東漢末年，原始道教崛起，有太平道、五斗米道，關公等人就為征討由太平道化身的黃巾之亂而初出江湖的；其次，三國兩晉，乃過渡期，民間道教發展趨於停滯，如五斗米道組織分化，神仙道教逐漸興起，兩者部分合流；而後，東晉南北朝，經百餘年發展，成熟的神仙道教出現，以修真成仙為主要訴求[11]。

　　仔細對照，關公卒後三百年，「關張之勇」雄風遠揚之際，正是神仙道教發展與成熟之時，道士為「求長生、修至道」，流傳各種修煉方術，而修行有先後，成就有品級，所以有神仙圖譜，羅列眾多神仙，不易理解的，其中竟然多含古代英雄或名人。

（一）編造神靈

　　古今中外，任何宗教皆會造神，尤其新興宗教或宗教發展初期，而造神都涉及死後世界，如天堂有天神，地獄有鬼官，形成各式各樣的天堂地獄體係；然道教較特別，既模仿佛教建構天堂地獄，更重視現世修真成仙，宣言「仙學可致」，依法修練即登仙界，長生不老，不必死後魂遊天堂，唯有常人才下地獄，等於視死後世界為次要，甚至不必面對。

　　神仙道教既講求現世成仙，故其神仙圖譜，除最上位元始天尊，大部分皆為歷史人物，推測其意圖，應是用以說服信徒天人相通，修行可期，將相本無種，神仙亦由凡人做，如在《太平經》中，神仙分六等：「一為神人，二為真人，三為仙人，四為道人，五為聖人，六為賢人。」而聖賢二級皆為歷史上的真人；至張修、張魯五斗米道，另編出天、地、水三官，不明確指明，實則三者皆與信徒日常生活息息相關，可視為現實世界的神靈。

　　東晉時，葛洪（283~363）更進一步發揮，其術主要是「內修形神」、「外攘邪惡」，內修首重金丹，次為寶精、行氣，外攘則是守一分形及藉重符籙，如此內外齊修，則「長生可得」、「仙人無種」；但因修行方式及火候

11　參閱任繼愈等《中國道教史》，上篇前言，（上冊，頁4）。

不一，成就必然不同，所以有天仙、地仙、尸解仙等名目，皆由凡人修成[12]。

總之，此前神仙名目不一，多為歷史名人或當代真人，尚未編成一并然有條的神仙世界，直待陶弘景來完成。

（二）神仙圖譜

陶弘景（456~536），字通明，丹陽秣陵人（今南京市），活動於南朝齊、梁之際，尤得梁武帝推崇，他兼有文人、官僚、道士數種身分，多才多藝，學養俱高，崇儒奉道又不反佛，是南朝道教之集大成者，上清教團即由他創立[13]。

陶著有《洞玄靈寶真靈位業圖》，建構完整的道教神仙體系，排定品位，從上至下，共計七階，每階有一主神在中位，其餘分列左右位，又有散仙、女仙等諸多名目[14]：

第一階玉清境：乃最高階，元始天尊居中，共五十神仙；第二階上清境：共一百一十五神仙，中有東晉時許穆；第三階太清境：共八十四神仙，中有堯、禹、孔丘、顏回、老聃、莊周等，以上三階諸神仙，其所居合稱為「三清境」；第四階：太上老君為主神，下有一百七十四位神仙，張良、葛洪等名列其中；第五階：九宮尚書為主神，下有三十六神仙；第六階：中茅君茅固為主神，下有一百七十三神仙，其中有晉代的葛玄、許邁等；第七階：酆都北陰大帝為主神，乃是「天下鬼神之宗」，下統各仙官、鬼官，共一百一十七位。

神譜的第七階最值得討論，此階等於佛道二教的地獄諸官，職司在管鬼，也許「人死為鬼」，所以陶弘景認為管鬼最好由人，故此階諸官職除人名「未顯」者外，全是古代、近代歷史真人，又可歸為三類：一是歷代帝王，如秦始皇、漢高祖、魏武帝、晉宣帝等，而劉備也在其中；二是文士謀

---

[12] 見《中國道教史》第三章，（頁 81~100）。

[13] 陶弘景生平，見《梁書》本傳，（頁 742）；及《中國道教史》第四章，（頁 183）。

[14] 見《洞玄靈寶真靈位業圖》，收在《正統道藏》，（冊三，頁 1791）。

臣，如虞翻、孔融、徐庶、何晏、郭嘉等；三是武將，如孫策、龐德、張繡、曹洪、曹仁等。

仔細算來，陶弘景在此階的仙官、鬼官中，引進了三十位三國人物，固然由其生活年代距之不過二百年左右，可解釋為熟悉近代掌故，但更重要的，圖譜中的三國神仙官品及稱號，實即蘊含歷史評價，甚至涉及正統政權歸屬。

先看帝王，曹操、司馬懿不稱姓名，直呼為魏武帝、晉宣帝，而劉備則指名叫姓，明顯的以魏晉為正統，由於他與南朝齊梁君臣關係均極密切，故而承認魏晉南朝為正統，排斥蜀漢，可以理解；次看文臣武將，名列其中的以魏國最多，次為東吳，而漢末人物，像公孫度、韓遂等皆能獲得青睞，論其事跡，並非傑出，而蜀漢方面，如關公等人，竟無一上榜。

總之，從六朝流傳的關張之勇，對比古來英雄成神，關公應當名列其中，只惜機緣未到，再參照道教神譜，關公實該名登榜上，也遭有意無意疏忽，關公在六朝的地位，就出現如此尷尬之局，一方面，他是武將的表率，另一方面，英雄多能成神，而他不能成神，竟不如同代的軍閥。

第三節　唐朝成神

六朝盛傳「關張之勇」，但民間普遍供奉伍子胥等神靈，關公無緣擠進廟堂之上；唐人不重視關公，其歷史地位大幅滑落，卻短暫成為武成王祭典的陪祀弟子，民間則有零星廟宇，顯然的，關公直到此時才被奉為神靈。要言之，關公約在盛唐時期成靈，除中央的公家祭典，另在他晚年獨鎮及殉難的江陵一帶，也有些許香火，隨後又出現神話，至唐末五代，越傳越多，雖成神，神格不高，應與唐人那支筆有關。

一、武成王廟制

唐承隋制，國家祭典分為三種：「大祀」祭天地、宗廟，「中祀」祭日月星辰、先代帝王及孔子等，「小祀」祭風雨雷電、山林川澤等，可見仍延

續古代泛靈崇拜之傳統，其中祭祀先代帝王及孔子，則間接促成武成王廟的出現，讓關公現身公家祭典中。詳言之，「武成王廟」之出現，乃基於二種制度的影響：

其一，文廟系統：以周公、孔子為代表的文廟系統，已定制於唐初，「釋奠準中祀」，太宗云：「朕雖以武功定天下，終當以文德綏天下，文武之道，各隨其時。」文武二途相輔相成，則知文廟一成，武廟自是呼之欲出[1]。

其二，先代帝王祭典：帝王之祭先代帝王，可謂歷史悠久，其義不僅在推崇其開國垂統，相互標榜，還藉機以「神道設教」，而先代帝王不獨自血食，必有其文武大臣陪祀，其中武臣之祭典隨即演變為武廟制度[2]。

先代帝王祭典中，周文王由齊太公呂尚配享，呂尚（紀元前十一二世紀），姓姜，呂氏，名尚，字子牙，佐文王、武王定天下，靠「兵權與奇計」，建立周朝，致「後世之言兵及周之陰權，皆宗為本謀」，故而呂尚早就被認定為中國兵學的開山人物，不久即從先代帝王的配享地位中獨立出來[3]。

玄宗開元十九年（731），詔長安、洛陽兩京及天下諸州皆立「太公尚父廟」，每年春秋二祭，以張良配享，諸州賓貢武舉，「準明經、進士行鄉飲酒禮」，凡國家出師、命將、辭訖、發日等皆至廟引辭，並選古來名將十人，仿孔廟十哲之例從祀之，大為凸顯太公的兵學獨尊身分，也為中國的武廟制度定下基礎[4]。

其後略有變化。肅宗上元元年（760），追封太公為「武成王」，並置亞聖及十哲，仍以張良為亞聖，另選古今名將白起等人為十哲配享；德宗建中三年（782），再定十哲，選秦白起、漢韓信、蜀諸葛亮、唐李靖、李勣坐侍於左，漢張良、齊田穰苴、吳孫武、魏吳起、燕樂毅坐侍於右，另加古來名將七十二人為弟子，實際為六十四人，圖形於廟堂，東西各三十二人，

---

1 見《舊唐書‧禮儀志》，（冊二，頁 819）；太宗言，見同書〈音樂志〉，（冊二，頁 1045）。

2 參閱陶希聖〈武廟之政治社會的演變〉乙文。

3 見《史記‧齊太公世家》，（冊三，頁 1478）。

4 本段以下參考高明士〈唐朝的武舉與武廟〉乙文寫成。

從春秋范蠡至近代郭子儀，其中三國名將多人入選，關公列於東邊北壁，名為「蜀前將軍漢壽亭侯關羽」。

四年後，刑部尚書關播以賢聖錯雜，古今並列，建請削去名將配享之儀及十哲之稱，從之，七十二弟子當然也被削。可知關公名列廟堂，不過四年，且其名分，僅是「弟子」。

然而，武成王廟制並未就此定型，此後歷德宗一朝，文武群臣仍為其比擬文宣王廟制及禮儀過隆而爭論不休，大抵文臣都以為不該有文武二廟並立之制，武臣則贊同，由於德宗堅持，武成王廟制流傳下來了。

總之，因武成王廟制，關公短期出現於唐朝的公家廟堂上，但因祭儀與名分之爭，很快又被除名，到底唐人對關公印象為何，仍得多方觀察。

二、郢州等地廟宇

關公雖名列武成王廟中，短期享用公家香火，但莊嚴肅穆的祠宇距離民間太遙遠，故對關公歷史定位影響不大，還須從地方看起。

最早記載關公廟宇的是盛唐時代的郎士元，其〈關羽祠送高員外還荊南〉古詩就是明證（見前章），郎時為郢州刺史，詩中自稱「流落荊巫間」，送行地點就在當地關公廟，而郢州位江陵郡當陽縣之東，距關公殉難地不遠，此地既有關公廟，則江陵一帶亦應有廟才是，可惜文獻闕如，不得其詳。

目前所得，僅知當陽縣西之玉泉寺，其西北不遠處亦有關公廟（詳下）；此外，另據相關地理志書之記載，唐時各地亦零星的廟宇，如滄州慶雲縣，於高宗永徽中（650 左右）即有廟；薊州屬縣，於文宗太和六年（832）亦建廟，而江西、陝西等地，亦有廟[5]。

然而，最值得論述的是關公神話故事開始流傳，郎士元於郢州關公廟作詩送行後，約五十年後，西偏當陽縣一帶（今當陽市），傳出南北朝梁陳時

---

[5] 見光緒《畿輔通志》，卷 112，（冊四，頁 4425）；陝西、江西亦有，以其不甚明確，不引。

代多項關公神話，計有神力建造玉泉寺，以及協助地方抵禦外寇等，至唐末五代，又有數種神跡傳說。

三、董侹碑記神話

德宗貞元 18 年（802），荊南節度使裴冑重修當陽縣玉泉寺附近關公廟，落成後，幕僚董侹撰記勒碑，頌揚關公英勇德行，也附會數項神跡：

> 玉泉寺在覆船山東，去當陽縣三十里，…寺西北三百步，有蜀將軍都督荊州事關公遺廟存焉，…先是，陳光大中，智顗禪師者，至自天台，晏坐喬木之下，夜分忽與神遇，云：「願捨此地為僧坊，請師出山，以觀其用。」指期之夕，萬壑震動，風號雷虩，前劈巨嶺，下埋澄潭，瑰材叢什，周匝其上，輪奐之用，則無乏焉。唯將軍當三國之時，負萬人之敵，孟德且避其銳，孔明謂之絕倫，其於狥義感恩，死生一致，斬良擒禁，此其效也。嗚呼！生為英賢，歿為神明，精靈所托，此山之下，邦之興廢，歲之豐荒，于是乎係：昔陸法和假神以擄任約，梁宣帝咨神以拒王琳，聆其故老，安可誣也？至今緇素入寺，皆若嚴官在旁，無敢褻瀆！…攘彼妖昏，祐我蒸庶，…唯曩時禪坐之樹，今則延袤數十圍矣，神明扶持，不凋不衰，胡可度思[6]？

案：董侹（?~812），字庶中，隴西人，少好學，善詩文，歷官崇文館校書郎、大理寺評事，中年以前奉佛，晚年崇道，大概嚮往南國美景，至江陵投荊南節度使裴冑，任推官，作此碑記後三年，詩人劉禹錫（772~842）貶官至朗州（今常德市），該地為節度使轄區，董為幕僚，因緣際會，二人惺惺相惜，時有詩文唱和，董數年後辭官，遨遊於武陵桃源一帶，有《武陵集》

6　同治《當陽縣志》，卷 16，（冊二，頁 29），作董挺，然劉禹錫為作墓誌銘，傳世諸版本，或作侹，或作挺；文中「江陵尹裴公」，諸書多作裴均，唯《關帝事蹟徵信編》考證當為裴冑，（卷九，冊三，頁 317）；又諸本碑記皆多舛誤，已斟酌訂正。

一書傳世[7]。碑記中盛讚關公：「狥義感恩，死生一致。」同於先前郎士元口氣，且「生為英賢，歿為神明」，已靈應異常，因再附會三件神跡：

　　首先，建玉泉寺：據云南朝陳廢帝光大年間（567 左右），智顗禪師來此，夜半禪坐，關公忽現身，稱自願捨地建寺，乃運用神力，不數日即完成美輪美奐的玉泉寺；其次，助陸法和擒任約：據云梁朝叛將侯景率兵寇京師，另命任約襲江陵，鎮守當地的乃武帝七子蕭繹（即其後之梁元帝），而精於幻術的陸法和，則自召蠻夷子弟往援，並遣附近神靈助軍，關公為地方護法神靈，亦出而助陸，一戰而擒任約；最後，助梁宣帝拒王琳：據云蕭詧串通北魏叛梁，殺元帝自立，而王琳據湘州，志圖匡復，屢次遣兵襲江陵，因關公助守，王琳敗退。

　　此為最早的關公神話，絕對具有宗教信仰上的特殊意義，然其中所涉及的歷史事件，則經不起文獻驗證。

（一）建玉泉寺

　　玉泉寺之開山為智顗（538~597），乃天台宗的實際創宗高僧，活動於南朝陳末及隋朝初，弘法於荊襄、金陵、揚州、天台等地，度化信眾無數，造寺三十六所，開皇十二年（592），至荊州，得晉王楊廣（即其後之隋煬帝），及地方信眾之助，於當陽縣西覆船山造寺，不久落成，是為玉泉寺，大師在此弘法，傳頌佛學界的《摩訶止觀》，即在此演說而成[8]。

　　玉泉寺之建造，當然純係人為，初落成時，當陽縣令皇甫毗即撰刻〈玉泉寺碑〉，明言：「爾乃信心檀越、積善通人，咸施一材，俱投一瓦，憑茲眾力，事若神功，營之不日而成飾矣，經時而就。」而寺成隔年，文帝另給敕賜額，連同大師與楊廣等往來信函等文獻，經纂輯成《國清百錄》，至今

7　董侹生平，見劉禹錫《劉賓客集·董氏武陵集紀》，卷 19，（頁 368），及《外集·故唐荊南節度推官董府君墓誌銘》，卷 10，（頁 113）；碑文末「貞元十八年辛卯」，是年為壬午，應為誤載。

8　智顗生平，見唐道宣《續高僧傳》，卷 17，（冊三，頁 515）。

尚存；而唐初道宣撰《續高僧傳》，有關智顗與玉泉寺之建造，亦未附會任何神跡[9]。

因而，董侹引進關公造寺神話，讓關公皈依在智顗大師門下，可能與其奉佛有關，而更重要的，背後應涉及天台宗之興衰，其好友且曾為他的詩集作紀，並撰寫墓誌銘的劉禹錫，即列出當前三座名山：「言禪寂者宗嵩山」，「言神通者宗清涼山」，「言律藏者宗衡山」，還說「是三名山為莊嚴國，必有達者與山比崇」，明顯不包括天台宗與玉泉山寺，可知時移勢異，天台宗早已不復大師當年盛況，稍後更為沒落，而創造神話或可振衰起敝，只是不知神話已流傳多久？董侹主動彙集成篇？或玉泉寺天台宗僧提供[10]？

其實，本則神話亦易體會，當陽乃關公含恨殉難之地，玉泉寺為當地名勝，智顗為一代大師，讓關公在大師前略施法力，非常符合英雄崇拜的心理；更何況，玉泉寺在盛唐即與天台國清寺等並稱四大佛寺，憑著佛教盛行，加上大師名望，神話當更具影響力；然而，中唐以後，天台宗盛況不再，玉泉寺亦無大師住持，至北宋真宗時，住持換為禪宗高僧，成為禪宗叢林，僧人若借助關公神威，有如南宋末的志磐，亦屬合理[11]。（見下節）

最後，董侹到過玉泉寺及寺後之關公廟否？很值得懷疑。與他約略同代，有不少文人如張九齡、孟浩然、李白、賈島、周樸等，確定登上玉泉寺，李白還在寺中喝長老的仙人掌茶，諸人俱有詩文歌詠，卻無一語涉及靈異，董侹如何聽聞或獲取這些神話？不言可喻[12]。

（二）梁朝禦寇

玉泉寺開山外，記中二項神跡亦悖離史實。

---

[9]　皇甫毘碑文，收在灌頂《國清百錄》，卷四，（頁819）。

[10]　見《劉賓客集‧唐故衡嶽大師湘潭唐興寺儼公碑》，卷四，（頁90），其中清涼山即五台山。

[11]　天台宗自唐末沒落，北宋中期禪宗高僧入住玉泉寺，見元朝大訢《蒲室集‧荊門州玉泉山景德禪寺碑銘》，卷11，（頁3）。

[12]　唐人詠玉泉寺詩，參見光緒《玉泉寺志‧詞翰》，卷五，（頁537~）；李白詩，亦見《李太白全集》，卷19，（冊二，頁897）。

　　陸法和助梁元帝蕭繹事跡，俱載《北史》，雖語涉虛幻，如言：「江陵多神祠，人俗恒所祈禱，自法和軍出，無復一驗，人以為神皆從行故也。」但事件結局則為千真萬確，且史文並未明言江陵有那些神靈從行，董侹則冒然迸出關公助軍神話，所憑的竟然只是「詢之故老」。

　　至於元帝即位於江陵，鎮守襄陽的蕭詧因與之不睦，叛通西魏，陷江陵，元帝督師前線，被擄遇害，蕭詧遂稱帝，是為宣帝，史稱「後梁」，其後王琳多次興兵進剿，其事跡亦見《北史》蕭詧本傳，王琳兵力較弱，戰事不利，乃理所當然，董侹以自由心證方式，說成關公助蕭詧，其意應認為關公晚年久鎮江陵一帶，死後成神，自當暗助本地，為人民「捍患禦災」，任何軍隊來襲，都視為寇仇，迎頭痛擊，當然可以大快人心了[13]。

四、當陽關公墓廟

　　董文稱關公廟為重修，則此廟當係先前所建，可惜不知始建於何時？如與郎士元詩參閱，可知盛唐時期的江陵一帶，應有多處關公廟；還有，董侹詞語隱晦，讀者極易誤以為關公廟即附在玉泉寺內，甚至認定寺廟一體，玉泉寺即關公廟。然而，事實並非如此，因此需要釐清「玉泉寺」與「關公廟」、「關公墓」之地理方位。

　　玉泉寺在當陽縣西覆船山上，山因寺而成名，故又稱為玉泉山，而關公廟則在寺西北處，宋朝以後稱為顯烈山，早在智者到前即已建成，董亦承認，二者不可混為一談；另在寺東數十里，即當陽縣城西郊五里的玉陽鄉山上，即其前之章（漳）鄉，還有關公墓，乃關公屍身葬處，宋元之際，地方稱為「大王塚」，明清則稱為「關陵」，故而「關公廟」、「關公墓」與「玉泉寺」，乃三地不同建築，不可不分，唯玉泉寺正當官道旁，位置較優，承平時期易於吸引香客，戰亂時則可能反成為焚掠目標；而關公廟則香火漸盛，成為宋代賜額及改封的本山，當然也不可避免遭逢兵燹，元武宗時

---

[13]　俱見《北史‧藝術》，（冊四，頁2942及3087）。

改建於稍遠處青溪山上[14]。

不過，論唐代香火，關公廟或關公墓應皆不及玉泉寺，故神話中關公地位低於智者大師，乃形勢使然，但天台宗式微於中唐，至唐末而沒落不堪，玉泉寺自受影響，北宋真宗以後，住持換成禪師，且從此一脈相承，禪宗也繼續傳承天台宗神話，是以關公廟與玉泉寺表面仍合而為一；然而，南宋以來，形勢逐漸逆轉，關公信仰興起，關公墓與關公廟逐漸成名，玉泉寺僧人見風轉舵，也拿香跟拜，熱衷依附地方官，請求朝廷加封關公、題記賜額；至於天台宗則更為沒落，宗僧只好再造神話，企圖借花獻佛，但力不從心，更不幸的，戰火無情，玉泉寺至少三次遭劫，至元朝，寺僧甚至要協助守護關公墓與關公廟，至明憲宗時，關公墓旁建廟，而後墓廟規模擴大，久而成為龐大宮廟群，幾乎獨享香火，不僅嚴重影響玉泉寺，連遠處關公廟也難逃趨於冷寂。（見下節第三及第五小節）

總之，以上數則神話不應當作幻想，而應解讀為英雄崇拜與英雄成神，神話開始傳播，意味著神靈已有不少信徒，就如董侹，記末連松柏長青，不凋不衰，也視為「神明扶持」，白龜出橋，看出「若有所感」，讚嘆「胡可度思」，因而祈求關公「攘彼妖昏，祐我蒸庶」，等於不僅奉為地方守護神靈，還自居為信徒，理所當然的傳播神跡。

五、唐末五代神話

董侹之後，荊州及附近地區，神話接而連三出現，直到五代宋初。

（一）段成式《酉陽雜俎》

段成式，字柯古，其父段文昌（773~835），於穆宗至文宗時，累官西川節度史、荊南節度使、劍南節度使，出將入相，歷任顯重，所以他是典型

---

[14] 玉泉寺在官道旁，見元稹《元氏長慶集》：「松門接官路，泉脈連僧房。」卷七，（頁14）；墓見同治《當陽縣志》，卷二，（頁167）；關公廟於元代改建於後山，見呂楠《義勇武安王集》引胡琦《關王事蹟》，（卷一，頁45）；廟與寺之方位，見《玉泉寺志·山圖》，（頁37）；及《當陽縣志》，載袁中道二遊記（頁135）。

的紈綺子弟，大概活動於唐末武宗至僖宗時，由於居荊州、蜀地頗久，故對當地風物頗為嫺熟，著有《酉陽雜俎》，多載荒誕不經事跡，而書稱「酉陽」，乃古地名，東漢置縣，（今為重慶市下轄縣），與關公封地漢壽縣同屬武陵郡（今湖南省沅陵縣），在書中有二則隱約與關公有關的神話[15]。

甲、盜挖劉備墓：

> 近有盜發蜀先主墓墓穴，盜數人，齊見兩人張燈對棋，侍衛十餘，盜驚懼拜謝，一人顧曰：「爾飲乎？」乃各飲以一杯，兼乞，與玉腰帶數條，命速出，盜至外口，已漆矣，帶乃巨虵也，視其穴已如舊矣[16]。

劉備墓中，兩人張燈對奕，不問可知，應是關公、張飛，而墓穴不可盜，所賜腰帶竟然成蛇，才出墓室，即又合圍，可知二人必然是神。

乙、關將軍取木：

> 武宗之元年，戎州水漲，浮木塞江，刺史趙士宗召水軍接木，約獲百餘段，…因併修開元寺；後月餘日，有夷人逢一人如猴，著故青衣，亦不辯何製，云：「關將軍差來採木，今被此州接去，不知為計，要須明年卻來取。」夷人說於州人，至二年七月，天欲曙，忽暴水至州城，臨江枕山，…旬月後，舊州地方乾，除大石外，更無一物[17]。

文中「關將軍」，雖不直言，但明眼人一看，即知是誰，而差人山上採木，放流而下，即使州人攔截，言明來年取回，也未有絲毫差錯，關公的神威已在此顯露無餘了。

---

[15] 段成式及其父段文昌生平，見《舊唐書》本傳，（冊五，頁 4369）；酉陽地名演變，見《後漢書·郡國志》，（冊五，頁3484）。

[16] 見《酉陽雜俎》，卷 13，（頁 1141）。

[17] 見《酉陽雜俎續集》，卷三，（頁 1194）。

（二）范攄《雲溪友議》

范攄，生平不詳，自號五雲溪人、雲溪子，著有《雲溪友議》乙書，從書中所錄，率皆中唐以後雜事，並僖宗、黃巢時代干支紀年，推斷應為唐末人，書中有一則玉泉寺關三郎神話[18]：

> 蜀前將軍關羽守荊州，夢豬嚙足，自知不祥，語其子曰：「吾衰暮矣，是若征吳，必不返爾！」果為吳將呂蒙麾下所殛，蜀遂亡荊州；玉泉祠，天下謂四絕之境，或言此祠，鬼助土木之功而成，祠曰「三郎神」，三郎，即關三郎也，允敬者，則彷彿似覿之，緇侶居者，外戶不閉，財帛縱橫，莫敢盜者，廚中或先嘗食者，頃刻大掌痕出其面，歷旬愈明；侮慢者，則長蛇毒獸隨其後，所以懼神之靈，如覆冰谷[19]。

先稱關羽守荊州及殉亡於此，再言玉泉寺為「鬼助土木之功」，參照前引董侹碑記，則鬼為何人，不言可知；次言寺中關三郎，推測當指關公三子，然關公僅有二子一女，何來三子？可知此為最早關公三子傳說，宋元以來「關索」神話或源於此，而關三郎之嚴明正直，疾惡如仇，不也正是關公本性的投射[20]？

（三）孫光憲《北夢瑣言》

孫光憲（?~968），字孟文，號葆光子，陵州貴平人（今四川省仁壽縣），仕唐為陵州判官，後游學荊州，高從誨見而重之，署為從事，宋初，因建議高氏降宋，授黃州刺史，卒於官；他半生在荊州一帶，與齊己略同，應極了解附近風土民情，有《北夢瑣言》傳世，所載皆唐末及五代事，其中

---

[18] 參閱《四庫全書總目提要‧子部‧小說家類》，（冊三，頁2891）。

[19] 見《雲溪友議》，卷三，（頁3767）。

[20] 關索傳說，參閱羅錦堂〈花關索傳說考〉，刊《中外文學》，（第九卷第九期，1981.2.）。

也有關三郎神話[21]：

> 咸通亂離後，坊巷訛言關三郎鬼兵入城，家家恐悚，罹其患者令人熱
> 寒戰慄，亦無大苦，弘農楊達挈家自駱谷路入洋源，行及秦嶺，回望
> 京師，乃曰：「此處應免關三郎相隨也。」語未終，一時股慄，斯又
> 何哉？夫喪亂之間，陰屬旁作，心既疑矣，邪亦隨之，「關袄」之
> 說，正謂是也[22]。

故事背景在唐僖宗時，即黃巢亂後，與范攄所載同時，地點在漢中，主角仍
是「關三郎」，但像耍弄愚民的小鬼，非荊州的正直之神，故稱「關袄」。
可知唐末關三郎名氣已傳播開來，而其部分動力，可能來自黃巢。

　　案：黃巢起義，其行軍路線，初起於河南南部、湖北東部及安徽西部，
併王仙芝所部後，兵力劇增，整師轉而南向，經和州下江南，入杭州，又南
向陷福州、廣州，再西北向桂州、永州，入湖南，經長沙、澧州，渡江入荊
州江陵城，再東向渡江，入江西饒州、上饒，又北上過江至和州、滁州，再
西入信陽，而後向西北進軍，入長安，最後撤出長安，東逃，死於泰山狼虎
谷。所以，黃巢進軍，等於繞國境一圈有餘，中間經江陵等地，應略聞關公
神跡，而關三郎神話或即由此傳出[23]。

（四）黃休復《益州名畫錄》

　　黃休復，字歸本，蜀人，活動於五代後蜀至北宋真宗年間，可能為火居
道士，雅好搜集書畫，又擅丹道，著有《茅亭客話》等書傳世[24]，在另一著
作《益州名畫錄》中，載有後蜀畫家趙忠義所繪〈關將軍起玉泉寺圖〉，文
稱「自運材斲基，以至丹楹刻桷，皆役鬼神，疊拱下昂，地架一坐佛殿，將

---

[21]　孫光憲生平，見《宋史・世家》附傳，（冊17，頁13956）。

[22]　見《北夢瑣言》，卷11，（頁1534）。

[23]　參閱岑仲勉《隋唐史》，卷下第五十一節及附圖，（頁479）。

[24]　黃休復生平，據《益州名畫錄》書前李畋序，並參照黃氏另著《茅亭客話》。

欲起立。」可見此圖乃本董侹碑記所載神話,畫關公建玉泉寺之場景,時在後蜀孟昶明德年間(934 左右),上距董侹作碑記約一百三十年[25]。

總之,廟宇加上神話,對關公神靈威名傳播,以及神格提昇,皆有一定的助力;不過,由於唐代文人普遍不重關公,欠缺一枝筆,終究動能不足,所以不可能看到關公神威遠鎮,此時仍只是地方性的神靈,特顯於荊州一帶,至於關公家鄉解州,及洛陽屍身葬處,均仍未為世人所注意。

第四節 宋代神靈

關公作為一位歷史名將,宋代官方普遍不給予正面評價,武成王廟祭典中,也時而地位不保,但在民間,靈異事跡逐步傳開,神宗時有助軍神話,徽宗則多次改易封號,南宋初,再傳示警金人入侵,以及各地紛紛發現「亭侯印」,而道教、佛教也善用造神借將本事,雷法派以關公為神將,天台宗由玉泉寺神話改編為護法神靈,禪宗僧人則援用為教材,加上三國故事流傳,英雄與神靈完美結合,而國家處境危急,君臣心餘力絀之際,不免求助神靈,孝宗之加封,或即基於此背景。因此,推測南宋中晚期以來,無論江南華北,其廟宇已多,神靈地位雖不高,基層信徒應已不少。

一、武成王廟制演變

武成王廟制起於唐,五代、北宋,屢有更革,當然與關公歷史地位演變有關。

五代由於長年戰亂,祭典難以定期舉行,後唐明宗天成四年(929)史臣言:「武成王廟,久曠時祭。」可為明證,而禮儀亦往往有缺,如後梁「廢從祀之祭,後唐復之」,又如後唐明宗長興三年(932),國子博士蔡同文奏:「武成王廟中,每上戊釋奠漢留侯張良,配坐武安君、吳起等為十哲,當排祭之時,止於武成王、張良、十哲面前,其范蠡等六十四人,圖形

---

25 見《益州名畫錄》,上卷,(頁 2330)。

於四壁，面前並無酒醢，今後乞准本朝舊制例，武成王廟四壁諸英賢畫像面前，請各設一豆一爵祀享。」議定從之[1]。

後周太祖顯德五年（958），兵部奏每歲春秋上戊釋奠武成王廟，每祭差獻官三員，初獻官上將軍充，亞獻官大將軍充，終獻官將軍充，但從北漢高祖乾祐三年（950）以來，不差上將軍，只差大將軍，遂改亞獻、終獻為二獻、三獻[2]。

由此可知，五代武成王廟制與唐約略相同，祭奠準中祀，十哲配座、六十四人圖形於四壁陪祀，關公應仍是陪祀武將之一；北宋國家祭典大致沿襲唐代，武成王廟制仍列在中祀，偶而皇帝還會親祭，不過從祀名將多所變更，主因在於太祖對歷代名將評價不同於前。

建隆二年（961），太祖臨幸武成王廟，歷觀所畫名將，指白起云：「殺已降，不武之甚。」意指白起於秦昭王 47 年（-260），在長平坑殺趙國降卒四十萬，武德有缺，不可陪祀；此外，太祖對很多人都有意見，要張昭、竇儀、高錫等「取歷代謀臣名將，功業始終無瑕者配享」，要求頗苛；次年，詔於開封舊城南新建武成王廟，與國學相對，命崔頌、盧德岳等董督其役，仍令再檢討唐末以來「謀臣名將、勳績尤著者具名以聞」，又令武舉權就武成王廟舉行，可見太祖特別著重武將的德行，此自與其掌權背景有關，鑑於五代武人擅權亂政，因而戒心極重，前一年，巧妙的以杯酒解除石守信等人兵權，今又藉挑選武成王廟陪祀名將，對世人作機會教育，從祀名將自然要大幅變更了。

次年四月（乾德元年），武成王廟落成，太祖臨幸，觀廊下名將圖畫，再指白起「殺已降」，不可陪祀，以手杖畫除；六月，高錫奏言配享七十二賢之一的南朝王僧辨「不克令終，慮非全德」，請加裁定，詔張竇等詳議，不久奏上：「新入歷代功臣二十三人」，從漢灌嬰、耿純，到後唐周德威等，而「舊配享功臣退二十二人」，從戰國吳起到唐郭元振等，三國時代鄧

1　分見《舊五代史·唐明宗紀》，（冊一，頁 553），及《宋史·禮志》，（冊四，頁 2556）。

2　王溥《五代會要·武成王廟》，卷三，（頁 37）。

艾、關羽、張飛都在除名之列，太祖指示：管仲宜塑像升於堂，吳起宜畫像
降於廡，其餘依議[3]；然而同時，直史館梁周翰上言：「諸葛亮之傅事偏方
之主，…關羽則為仇國所擒，張飛則為帳下所害，凡此名將，悉皆人雄，苟
欲指瑕，誰當無累？…況其功業穹隆，名稱烜赫，樵夫牧稚，咸所聞知。」
建請慎勿「吹毛求異」，太祖仍以配享有懲勸之意，不從[4]。

武成王廟祀外，太祖慮及不免有遺珠之憾，另詔就前代功臣、烈士詳其
勳業優劣以聞，有司言從戰國孫臏至唐段秀實等，「皆勳德高邁，為當時之
冠」，中間包括劉備、關羽、張飛、諸葛亮等人，命各設守冢三戶，算是對
除名陪祀名將或未列名者之補償。總之，太祖一朝武成王廟制的演變，對北
宋具有一定的約束力，關公地位自是難以提昇[5]。

真宗咸平三年（1000），詔詳定武舉、武選入官資序，因故未及實行；
景德四年（1007），詔於西京洛陽擇地建武成王廟，一如東京開封；次年，
加諡武成王「昭烈」二字[6]；仁宗天聖七年（1029）置武舉，次年親試十二
人，以策論為初試，弓馬為複試，慶曆三年（1043），詔置武學於武成王
廟，不久中輟。可見如真宗，有意藉武舉、武學提振戰力，可惜二者皆未能
開花結果，旋罷廢；同時，各種禮儀制度專書也經多次纂修，以檢討太祖時
的升降配享人員，依先前舊制，自管仲、張良以下，依舊配享，可能連被除
名的關羽等人又再列名其中，回復至類似於唐時規模。

北宋晚期，各種祭祀禮儀又有增損。徽宗時，其陪祀制為：張良配享殿
上，管仲、孫武、樂毅、諸葛亮、李勣等五人西向，田穰苴、范蠡、韓信、
李靖、郭子儀等五人東向；而殿下東廡有白起等二十九人，並西向，三國有
鄧艾、張飛、呂蒙、陸抗；西廡有吳起等三十二人，並東向，三國有張遼、

3　俱見《宋會要輯稿・禮・幸武學》，（冊 16，頁 140），乾德元年記為建隆四年。

4　見《續資治通鑑長編》，乾德元年六月，（卷四，頁 77）。

5　見《宋史・禮志》，（冊四，頁 2559）。

6　見《宋會要輯稿・選舉・武舉》，（冊 114，頁 124），亦見《宋史・選舉志》，
　　（冊五，頁 3679）。

關羽、周瑜、陸遜，總計陪祀名將七十二人，關羽是其一[7]。

至於南宋時期，國家多難，和戰無常，君臣心餘力絀，不遑寧處，當然較難兼顧，偶見禮臣議論，實際儀制多缺[8]；而北方金朝，禮制多仿自宋朝，武成王廟亦不例外，然其詳不可得聞，僅在章宗時，曾詔張行簡、蒲察思忠論議配享排列，思忠奏：「武成王廟配享諸將，不以世代為先後，案唐祀典：李靖、李勣居吳起、樂毅上，盛朝與前代之將，各以功德間列可也。」而章宗究竟有何作為，不得而知[9]。

二、義勇武安王

歷代謀臣猛將中，追封為王爵最有名的當然是姜子牙，關公先因之沾到福分，成為陪祀弟子，至北宋晚期，可能國家處境艱險，激起朝野更為強烈的泛靈信仰，大量改封加封山林川澤、歷代名人名將之爵位、諡號，且爵位至少較前晉升一級，原為侯者加為公，再為王，其前之諡號則每次二字，而多次加封竟然主要集中在徽宗一朝，史上難得一見，對關公而言，「義勇武安王」六字尤其意義深遠。

（一）徽宗多次改封

在徽宗一朝，受封的武成王廟陪祀名將，其中三國部分，集中在蜀漢，有關公、張飛、諸葛亮三人，另有關平、甘寧二位非陪祀者，而南宋初，也一再追加封號。

先看張飛，後主原追諡為桓侯，大觀二年（1108），賜涪州廟額雄威，又改封肅濟侯，似與關公同時受封，而低一級；政和二年（1112），加封武

7　見《宋史・禮志》云：「初，建隆議升歷代功臣二十三人，舊配享者退二十二人，慶曆儀，自張良、管仲而下，依舊配享，不用建隆升降之次。」（冊四，頁2556）。

8　僅見李燾、樓鑰二人，分見《宋史》本傳，（冊15，頁11917及12045）；吳自牧《夢粱錄・祠祭》，詳載各神祠祭儀祭日，而文末僅稱「武學祀昭烈武成王，配留侯，祀歷代忠烈臣子」，（卷14，頁74）。

9　見《金史・蒲察思忠傳》，（冊四，頁2299），（然鼎文書局版「先後」二字錯開，斷句錯誤）。

烈公，仍比關公低；南宋紹興中，進封忠顯王[10]。

次看諸葛亮，後主原贈武鄉侯印綬，又改忠武侯，宣和五年（1123），改封順興侯，在陪祀武成王廟制上稱「蜀丞相諸葛亮順興侯」；南宋高宗紹興元年（1131），賜封襄陽廟為威烈武靈仁濟王；但 32 年，封定軍山廟仍為仁智忠武侯，封號不統一，乃太常寺無完整檔案，致同神而各地廟宇封號不同，如屈原、李冰等，諸葛亮亦如此[11]。

至於關公，則為較早受到關注。崇寧元年二月（1102），封「忠惠公」，而其子關平，廟附於覆船山之玉泉寺，亦得賜廟額昭貺，政和二年追封為武靈侯；大觀二年（1108），改「武安王」，後又加「義勇」二字，宣和五年（1123），在武成王廟制中稱「蜀將武安王」[12]。

在歷次加封陪祀諸將中，以徽宗宣和五年這次規模最大，凡陪祀名將未有封爵者由禮部擬進，目的似在統一加封，但奇怪的是，徽宗改封諸葛亮、張飛多用新的謚字，如諸葛亮的興、靈、仁，與張飛的濟，而關公則全依稍前蘇洵新編的《謚法》，不知何故[13]？

（二）封號解析

至於「忠惠」、「武安」、「義勇」三次改封共用六字，而後四字又很

---

[10] 見《宋會要輯稿·禮二十上》，（冊 19，頁 59），南宋改封，見《建炎以來繫年要錄》紹興元年 12 月，卷 50，（頁 43）。

[11] 宣和改封，見《宋史·禮志》，（冊四，頁 2557），南宋改封，見《宋會要輯稿·禮二十上》，（冊 19，頁 58）；同人不同封號，見政和元年秘書監何志同言，（同冊，頁 19）。

[12] 見《宋會要輯稿·禮·蜀漢壽亭侯祠》，（冊 19，頁 58），唯何時加「義勇」二字，史無明文，《關帝事蹟徵信編》引胡琦《關王事蹟》，載李燾《續資治通鑑長編》：「宣和五年正月己卯，禮部奏：關某敕封『義勇武安王』，今已從祀武成王廟，契勘從祀諸將，例不顯謚號，合稱『蜀將武安王』，從之。」而今本《長編》徽宗朝，乃清黃以周另據他書輯補，未見此條。

[13] 帝王擅用新謚字，屢見不鮮，如梁武帝以蕭子顯「恃才傲物」，謚為驕，見《梁書》本傳，（頁 512）；南朝陳文帝以周敷為同宗周迪所騙並被害，謚為脫，見《陳書》本傳，（冊一，頁 201）。

快取代前二字，相較於蜀漢後主的「壯繆」二字，都是全新的謚號，當然涉及關公的歷史定位，所以有必要探討其本意。

案：北宋仁宗時，因鑒於傳世的《謚法》，其文字與字意已不敷需求，嘉祐六年（1061），敕范鎮、姚闢、蘇洵等重編，稱《六家謚法》，洵另撰新書《謚法》，於前人諸書多所增刪，或改併或新補，訂為 168 字、311 義，書成雖未頒布施行，下至徽宗時，不過四代六十年，應有一定的參考價值，且原本今存，或較能推論其真正意義；而唐朝張守節《史記正義》所附的《周書謚法》，距此也不過四百年，一併參考詳釋[14]。

甲、忠惠

忠惠一詞，最早出現於《孟子‧離婁》：「分人以財謂之惠，教人以善謂之忠。」用在封謚上，意義略有差別。

「忠」字，張守節本，僅「危身奉上」一義，下注「險不辭難」；蘇洵本有「盛衰純固、臨患不忘國、推賢盡誠、廉公方正」，共四義；關公忠於漢室、忠於劉備及弟兄，屢經患難，一本初衷，永不變節，所以，以上二本五義，關公全然當之無愧。

「惠」字，張本二義：一為「柔質慈民」，下注「知其性」；二為「愛民好與」，下注「與謂施」，似是針對古代循吏，應無貶意；蘇本則省為「愛民好與」一義，下注：「孔子以子產為惠人，而孟子亦譏其惠而不知為政，然則惠者結愛於人而不知禮者也。」對象為文官，且已成「好行小惠」，即有私心，明顯含褒貶二意。

以上二本三義，無論褒貶關公，都甚為勉強；然而，惠字謚號卻常出現於北宋，遍及宰相、樞密使等，且不分文武官員，如開國名將王審琦、曹彬、潘美，通常多加另一字，而稍後的武官吳元扆就是「忠惠」，故徽宗此

---

[14] 見《宋會要輯稿‧禮四十》，（冊 40，頁 8），洵書收在《四庫全書》中；另太宗太平興國八年，已詔增《周公謚法》，其中美謚 29 字，平謚及惡謚各 13 字，見《太宗實錄》，附於《宋史》前；張守節《周書謚法》，附《史記》後，與蘇書均篇幅有限，文中所引，不標頁碼。

封也非創舉[15]。

　　乙、武安

　　可能忠惠二字難以彰顯關公的身分與功業，僅六年即又改封「武安」。

　　「武」為古老諡字，張本有五義：一為「剛彊直理」，下注「剛無欲，彊不屈，懷忠恕，正曲直」；二為「威彊敵德」，下注「與有德者敵」；三為「克定禍亂」，下注「以兵征，故能定」；四為「刑民克服」，下注「法以正民，能使服」；五為「夸志多窮」，下注「大志行兵，多所窮極」。對象是武將，而前四義皆為褒揚，最後一義為得意好戰，當然非美諡。

　　蘇本更動不少，共有六義：一為「克定禍亂」，依張本；二為「保大定功」，下注「既以武克敵，又能保有其大，安定其功，此武之大成也，《左傳》楚莊王：為武者有七德，此其二也。」三為「威彊叡德」，下注「劉熙曰：叡，智也，威而強果，加之以謀，故曰武。」四為「剛強以順」，下注「新改，舊法：剛強理直曰武、師眾以順曰武，並之以此。」五為「闢土斥境」，六為「折衝禦侮」，此二義均為新補。所以，無論依舊意、或稍改補，蘇本之六義皆屬褒揚，全無貶意。

　　由上可知，「武」字純為武將專用之諡字，而張本之「武」雖能呈現武將之威，亦有窮兵黷武、晚節不保之義，可算是八分美諡、二分惡諡，蘇本則為十足美諡，無論如何，應皆適用於關公。

　　至於「安」，張本一義「好和不爭」，下注「生而少斷」；蘇本有二義：「好和不爭、兆民寧賴」，依二本三義，此字對象應該是文官，或身段柔軟的武將，不當用於關公。

　　以上純就諡號論，實則「武安」二字，在先秦常為官階位號，如戰國中期，蘇秦倡合縱抗秦有成，趙肅侯封為「武安君」，稍後，秦昭王名將白起、趙幽繆王時李牧，也得此官號，而秦末群雄起義，楚懷王心封劉邦為「武安侯」，更晉升為爵位，而四人俱皆生前得封。由是言之，徽宗之改

---

[15] 見宋敏求《春明退朝錄》，（卷上，頁 13），吳元宸亦見《宋史》本傳，（冊 11，頁 8951）。

封，仍含爵諡合一意義[16]。

丙、義勇

　　此二字連稱，最早見於《論語‧陽貨》：「君子有勇而無義，為亂，小人有勇而無義，為盜。」至《禮記‧樂記》，進一步闡釋：「臨事而屢斷，勇也；見利而讓，義也。」同時也出現於莊子「盜亦有道」中，而用於頌揚關公，則為同代益州的傅幹，其後又有西涼李暠、唐朝郎士元，以及北宋張珣。

　　在諡法上，「義勇」仍為新字，「義」在張本未見，蘇本有五義：一為「制事合宜」，二為「見利能終」，下注「新補，《易》曰：知至至之，可與幾也；知終終之，可與存義也。王弼曰：通物之始者，義不若利，成物之終者，利不若義；然則所貴乎義者，取其不役於利，而有所重為也。」三為「除去天地之害」，四為「先君後己」，下注「新補，孟子曰：未有仁而遺其親者也，未有義而後其君者也。」五為「取而不貪」。觀此五義，除卻神聖外，已近乎人臣最高德行，難怪南宋洪邁說：「至行過人曰義。」這五意應完全適用於關公，若再配以民間江湖道義流傳，義字遲早會成為「超道德行為」，對塑造關公民間形象有極大的推升力道[17]。

　　「勇」亦為新字，張本未見，蘇本僅一義：「率義共用」，下注云：「晉狼談為右先軫黜之，怒，其友曰：盍死之，吾與汝為難。談曰：周志有之：勇則害上，不登於明堂；共用之謂勇，吾以勇為右，死而不義，非勇也。」此段說明，勇應是謙恭為上所用，明尊卑之分，不犯上作亂[18]。

　　由是言之，「義勇」之單字，或二字聯用，關公均足以當之，然徽宗非

---

[16] 俱見《史記》，蘇秦、白起見本傳，（冊四，頁 2262、2331）；李牧見〈趙世家〉，（冊三，頁 1832），劉邦見〈項羽本紀〉，（冊一，頁 304），其後史上尚有數位，不俱引。

[17] 傅幹語見《三國志‧先主傳》裴注，（冊二，頁 883）；李暠語見《晉書‧涼武昭王李玄盛傳》，（冊三，頁 2266）；洪邁語見《容齋隨筆‧人物以義為名》，卷八，（頁 745）。

[18] 見《左傳‧文公二年》，談或作瞫，乃追敘狼瞫於秦晉殽之戰之英勇，晉襄公拔擢為右軍，但二年後，彭衙之戰為先軫所黜，狼引為奇恥大辱，友人勸他殺先軫，狼答以上言，表明絕不犯上，從容赴戰殉國，（頁 303）。

獨贈關公，先在大觀二年（1108），已封梓潼神手下五將軍為義勇侯[19]；而若僅表面理解勇字，甚至易於聯想有勇無謀，如王陽明即言：「勇不得為仁。[20]」據此，敬意可能要稍打折扣。

丁、公爵

公乃周代五等爵制度中之最上位，春秋時代，公國林立，多則無奇，野心者常思僭越，加以周室衰微，諸侯爭霸稱王，由是，公爵也因之降為次位，然仍不失其尊貴，如後來王莽稱帝前就是安漢公，曹操為魏王前是魏公，而南北朝以來，稱王稱公的更不知有幾，爵位有限下，為酬庸武人，又衍伸出勳官，還是不敷分配。

隋唐以來，王爵下多出郡王等級，公爵則有國公、郡公、縣公等等之別；至兩宋，爵位更加繁衍，共計有十二級：王爵有王、嗣王、郡王三級，公爵有國公、郡公等五級，而後為侯伯子男四級，大致言之，在宋代，公爵除頒與皇室宗親外，現任及前任正副宰相也能享有，如文彥博封潞國公，歐陽修封開國公，當然，公爵也常用以追贈，關公的忠惠公是為其一[21]。

戊、王爵

周制本無王爵，王之意即天子，高高在上，乃天下共主，故又稱天王，但在王室失去威信後，其號即成為諸侯覬覦之物，如楚國熊通自立（-740），攻隨，要脅「請王室尊吾號」，不成，怒言：「成王舉我先公，乃以子男田令居楚，蠻夷皆率服，而王不加位，我自尊耳。」於是自行稱王，史稱「楚武王」，從此王號不再專屬天子，儼然成為六等爵之第一位[22]。

秦末天下大亂，項羽入關，封劉邦等十七王，而自稱「西楚霸王」，其上尚有名為天下共主但無實權的「義帝」[23]；其後劉邦建立漢朝，由漢王成

19　見《宋會要輯稿·禮二十上》，（冊19，頁112）。

20　見《王陽明全書·書錄·與黃宗賢》，（冊二，頁5）。

21　見《宋史·職官》，（冊五，頁4060）；文，見《宋史》本傳，（冊13，頁10261）；歐陽，見《文忠集·年譜》，（列於書前，頁68）。

22　見《史記·楚世家》，乃楚武王35年（-706），攻隨國後語，（冊三，頁1695）。

23　見《史記·項羽本紀》，（冊一，頁316）。

為漢帝，封建體制又有變化，雖無明令更改五等爵，然功臣百餘人多封侯，極少數才封王，故實際上僅剩王侯二級，其中，封王的有三類：

一是劉邦宗親：劉邦兄弟子侄共九位封王，即所謂「諸侯王」，此風為後代所繼承，隋唐以後演變成眾多的親王、郡王。

二是項羽所封：扣除楚漢，應有十六位，但在楚漢之際或漢初，多數已廢為郡，短期存者則屬地名稱多有變化，如吳芮，由項羽所封的衡山王，改為長沙王，有些則改封宗親。

三是功臣老友：如韓信為楚王，彭越為梁王，盧綰為燕王等，與前類合稱為「異姓諸侯王」。

綜上所述，漢初不過分封十八位異姓及九位同姓諸侯王，但異姓王除長沙王吳芮外，均因或叛或薨而滅絕，嚴格說，劉邦僅封十王，而九位是宗親，足見王爵之珍稀[24]；此後王爵就成為開國元勳、太子與帝室宗親的專利品，名位尊貴，非比尋常，當然也是有心者努力追尋的目標，而覬覦大位者通常也以此為進身之階。唐宋以來，封王除前述，尚有二途：

一為拯救國家危難：顯著的例子，如平定安史之亂的郭子儀，封汾陽郡王，李光弼封臨淮王，渾瑊封咸寧郡王，李光進封武威郡王等[25]；而在宋朝，僅有抗金名將韓世忠，以絕世功勳，生即封為咸安郡王，（秦檜的建康郡王不值得一論）[26]。

二為追贈榮銜：許多有功文武大臣，若非宗室，生前都無福分封王，唯有死後才追贈，等於是虛榮，如石守信的威武郡王、王安石的舒王、岳飛的鄂王，以及韓世忠的蘄王[27]。

---

[24] 見《史記·漢興以來諸侯王年表》，言至太初時僅剩十王，（冊二，頁 801）；而《漢書》二表則統稱十八王，（冊一，頁 364、406）。

[25] 分見《舊唐書》諸人本傳，（依序為冊四，3454、3311、3707，及冊五，頁 4217）。

[26] 見《宋史》本傳，（冊 14，頁 11367）。

[27] 分見《宋史》諸人本傳，（冊 11，頁 8811；冊 13，頁 10550；及冊 14，頁 11395）；另參閱李心傳《建炎雜記乙集·中興異姓七王》，卷 12（頁 92）。

　　總之，關公的「義勇武安王」封號從此傳開，一直到明末，如這段期間，民間流傳極廣的《三教源流搜神大全》，即用之為通稱；而封號意義明確，加上至尊王爵，榮寵十足，對提升關公歷史地位有很大的作用[28]。

（三）改封原因

　　徽宗為何改封關公等數位三國英雄？由於沒留下任何誄文、誥命，難以探知其因，也許可以從宣和年間幾件大事推敲。

　　先從朝中看起，徽宗迷信道教，自封「教主道君皇帝」，寵信林靈素，於天下廣建神霄宮，蒐羅奇珍的花石綱四出擾民，而奸臣蔡京、童貫當權，排斥忠良，狎近群小，不顧民生困苦，呈現一片玩物喪志景象。

　　次看軍事外交，東北金人崛起，不斷蠶食遼國，基於家恨國仇，乃聯金攻遼，但只短暫收復燕京空城，而接納叛徒，又給金人出兵藉口，所以，徽宗時，大敵已到家門口，華北早就人心惶惶。

　　後看民間，君臣逸豫，國力耗竭，地方則盜賊四起，較有名的，如宋江縱橫於河南、淮南一帶，方臘劫掠於東南，合理推測，就算沒外患，宋朝也可能隨時亡於內亂。

　　對於當前局勢，徽宗會昏庸到一無所知否？應該不至若是。所以，宣和年間贈與關公的「義勇武安王」五字，其實含有極深的期許，有如其後南宋的孝宗，及元朝文宗（見下）；可能也是一種沉溺不可自拔的心理補償作為，不盡人事而聽鬼神，兩年後，金人兵分兩路南侵，大軍未至，徽宗就下詔罪己，禪位於欽宗，不久，北宋結束了。

（四）影響評估

　　王爵加上前面四字封號，表面看來極為體面，但欲評估其影響，則須多方觀察。而北宋一朝，加封為王爵的，遍及前代歷史名人，或在地方具有特殊事跡者，而山海河湖及居於其中的龍神泉神尤多，甚至壁鏡也稱王，蜥蜴

28　明刊本《三教源流搜神大全》，文中紀年常引至宋代，故判為宋元舊本新刊。

則為侯[29]。

　　由於其中神靈眾多且角色有別，難以羅列比較，在此，僅就徽宗一朝前後，看看先後受封的歷史人物上：先秦有唐叔、伍子胥、李冰及其二子，（屈原則封公），西漢路博德，東漢崔瑗、馬援（神宗時封），同為漢末三國的，諸葛亮、張飛仍為侯，（而甘寧則早在太祖時即封為褒國公），而晉朝張惡子早就受封，還有北魏李沖、東晉桓彝（其子桓溫差點也得到加封），隋朝韓擒虎，唐朝李靖、唐末楊晟，五代王延稟、歐陽祐，（陳元光則為公爵）。

　　值得注意的，受封者皆先有廟宇，由地方官員或住廟僧道請求，理由不一，有期許捍患禦災的，如四川水利先驅李冰，後蜀兩次封王，仁宗時封其次子為侯，徽宗時晉為公，川人號為「護國靈應王」，亦即民間俗稱之「二郎神」，但由於徽宗崇奉道教，李冰在龍興府廟（九江）則封號屢變，徘徊於公、王、真人之際；有屢傳靈異的，如梓潼地區傳奇人物張惡子，真宗時封王，徽宗又追封其父母妻及屬下五將軍為侯，當然也有很多不明原因的[30]。

　　關公受封，乃針對當陽縣廟宇，先前哲宗時賜廟額「顯烈」，徽宗先封「忠惠公」，再晉為「武安王」、「義勇武安王」，依仁宗時定制：「無爵號者賜廟額，已賜廟額者加封爵，初封侯，再封公，次封王；先有爵位者，從其本號。[31]」若此，則哲宗賜額，及徽宗之多次改封加封，不用「漢壽亭侯」本封及「壯繆」諡號，實不符合體制，張飛、諸葛亮亦如此，是對歷史的無知？或不滿「壯繆」非美諡？文獻不足，無法推測，但至少王爵之封，

29　宋朝追封山林川澤及歷史人物等爵號，散見於《宋會要輯稿》，〈禮 20 上下～禮 21〉，難以列舉，文中所引，非特別者不標頁碼；而皮場大王璧鏡，先封侯，再晉為王，見〈禮20上〉及〈禮21〉，（冊19，頁7及冊21，頁46）；蜥蜴封侯，見〈禮 20 下〉，（冊20，頁122）。

30　李冰父子，見《宋會要輯稿・禮 20 上》，（冊 19，頁 48）；張惡子見同卷，（頁 110）。

31　見《宋會要輯稿・禮21》，（冊21，頁 7）。

相較於二位親密戰友及甘寧高出一級，雖是徽宗朝眾多受追封者之一，其歷史或神靈地位還不足以因此而驟升，但至少有一定權威性，傳播也較容易。

三、民間廟宇

由於文獻不足，只能看到分散各地的廟宇。

(一) 北宋

北宋官方對關公評價不高，連武成王廟的陪祀地位也常不保，所以京師、大城沒有關公廟，唯偏遠地區及殉難的當陽縣一帶，有些零星的記載。

甲、當陽縣

當陽縣共有二座：其一，在縣城西，不知建自何時，稱為「蜀漢壽亭侯祠」，哲宗紹聖二年（1095）五月，賜額「顯烈」，徽宗崇寧元年二月封「忠惠公」，大觀二年進封「武安王」，本寺均有記載，依其意，官方似乎以此為關公廟的本山，依方位研判，當為玉泉寺西北之廟；其二，位城東隅，附在仇香寺內，合佛寺及民間祠廟為一，也不知建於何時，當地民間相傳，有此寺即有此祠，香火頗盛，邑民若有疫癘，必來祭禱，寺內僧人即據此獲得衣食[32]。

乙、桂州

廣南西路靜江府荔浦縣（今桂林市），乃西南偏僻小城，鄰近蠻夷居地，為邊界軍事要地之一，可能常有蠻夷入侵，居民生活不安，轉而求助於英雄神靈「捍患禦災」，所以此地早建有關公廟。

仁宗皇祐四年（1052），廣源州（今廣西越南交界）蠻儂智高攻陷邕州（今南寧市），北進至此地關公廟，擲杯求助，不應，怒而焚之；次年，狄青平定亂事，奏請復建，仁宗特賜廟額以表揚靈跡。

丙、沁州

---

[32] 見《宋會要輯稿‧禮‧蜀漢壽亭侯祠》，（冊 19，頁 58）；元豐重建，見張商英〈重建關將軍廟記〉及〈建關三郎廟記〉，刊光緒《玉泉寺志‧詞翰補遺》，（頁457）。

　　廣西經儂智高亂後，仍不得安寧，神宗熙寧九年（1076），南鄰交阯（今北越）也入侵，陷邕州，詔發兵討伐，並招募西北兵壯，威勝軍（即沁州，今沁源縣）勇士應募，大軍經廣西荔浦縣關公廟，聽故老談古廟往事，虔誠祝禱，期能平亂又安返故鄉，結果一如所願，回山西後四年，集資建廟，並由李漢傑撰文，勒石記功[33]：

> 夫辰象之精，嶽瀆之靈，天地融粹，爰生英烈，英而秀者，華國以文，烈而毅者，衛時以武。將軍關侯，秉武之烈，而為虎臣，遺風可仰，廟貌興焉，…關張將略，達於合變，…愚謂飛可在前，遼當居後，而瑜處其中，關公逸群過孟德者甚遠[34]。

文稱「將軍關侯」，集生前最高武職與爵位，頌揚其威德，滿懷敬意，相較於當時朝野，實有天壤之別，也下開金元文士歌頌風氣之先，記中還提及「迄今江淮之間，尊其廟像，尤以為神」，可見華中一帶多有廟宇，應為南北行軍時所親見，而其稱頌關公，語氣略同於張珣、張商英、鄭咸、唐庚諸人。（見前章第四節）

　丁、解州

　　陝西路河中府解州解縣乃關公故里，當然早已有廟，廟在城西，北宋兩次重建，一在真宗時，另一在哲宗元祐七年（1092），知州張杲之主其事，縣尉鄭咸有碑記，言世人「皆謂侯英武善戰為萬人敵，此不足以知侯也」，實

---

[33] 交阯入侵陷邕州，見《宋史》仁宗、神宗本紀，（冊一，頁 232 及冊二，頁 290）；神宗徵兵至河東，見〈外戚・李評傳〉，（冊 17，頁 13571）；而神虎軍，乃真宗時以河東兵組成之禁軍，見《宋史・兵志》，（冊六，頁 4573）。

[34] 見《山西通志》，（卷 201，頁 95），而在〈祠廟・沁州〉，則敘仁宗時儂智高之亂，且稱應募者為銅川勇士，（卷 166，頁 81），然銅川乃忻州舊稱，（見《隋書・地理志》），不屬沁州；另據胡小偉《歷代關廟碑刻輯存》，知李碑尚存，題作〈威勝軍新建蜀漢寇將軍關侯廟記〉，（頁 299），威勝軍即沁州，文中所敘銅鞮縣，轄區相符，（見《宋史・地理志》），並附有捐建者名錄，文極詳，且明記為元豐三年，故判定《通志》誤儂智高與交阯事為一。

則關公最可敬的是：「忠義凜然，雖富貴在前，死生在後，不可奪也。」特地標榜其高貴情操，不從戰陣之勇與勝敗立論，實屬難得[35]，而由地方官負責修廟，也理所當然；其後，徽宗多次改封關公，於政和五年整修此廟[36]。

戊、他地

除上述，尚有散見於公私地理志書者，併列於下：

岳州府平江縣：在縣東小溪旁，地方傳言，關公南征，嘗於此小憩，後人稱為「關羽瀨」，不知何時建廟，民間稱石瀨廟。實則此為訛傳，關羽瀨在益陽[37]。

京兆府咸陽縣：在縣治北，太祖開寶六年（973）建。

延安府保安軍：在南城門外，不確定建於何年。

鳳翔府鳳翔縣：在城內，北宋時建，亦不知何年[38]。

建寧府邵武軍：在城東，神宗元豐八年（1085）建[39]。

總之，史料有限，不易全面呈現關公廟宇之分佈，更不能論及民間的信仰實況，如前引李漢傑碑文，江淮之際應有不少廟宇，惜不得其詳，由此推估，北宋關公廟多位於城鄉小鎮，都會未見，如孟元老《東京夢華錄》，詳載汴京城大小壇廟寺觀、官方祭典及民間信仰活動，都未見有關史料。

（二）南宋

南宋時，關公歷史地位仍然不高，但都會郊區已有廟宇，神話故事漸多，可能與三國故事的流傳，及國家處境有關。

甲、壽亭侯印

此時各地紛傳發現關公爵位章「壽亭侯印」，推測皆由民間廟宇流出，

---

[35] 見元胡琦《關王事蹟》，載呂楠《義勇武安王集》，卷四，（頁139）。

[36] 見胡琦前書，載南濤重修記，卷四，（頁145）。

[37] 范致明《岳陽風土記》，（頁125），范於哲宗時登進士第，本書乃其以宣德郎謫監岳州所作。

[38] 俱見《陝西通志·祠祀》，卷28，（冊二，頁802、821、824），其中府縣軍逕改為宋代名稱。

[39] 見《福建通志·壇廟》，卷26，（冊一，頁631）。

依洪邁於寧宗慶元三年所記（1196），共有四顆：

一在荊門玉泉寺關將軍廟：上有大環，直徑四寸，下連四環，皆繫於印上，傳為紹興年間洞庭湖漁人所撈得，再獻於潭州府，後歸寺中。荊門軍，南宋屬荊湖北路德安府，即唐代郢州部分轄區，漢代的當陽縣，位於江陵之東、德安路之西，縣治一度在當陽，玉泉山在西北郊，山上有玉泉寺，關公廟在寺後方。其實此地乃當年關公北伐與南下必經之處，早已有廟，洪邁稱為關將軍廟，不用徽宗封號，且明顯從俗誤認寺廟為一。

二在復州寶相院：傳於建炎二年（1128），三門邊伐木，於土中四尺深處掘得，環背有文：「漢建安二十年壽亭侯印」，因被認定為古物，後歸左藏庫妥存。案：復州與荊門軍同隸德安府，州治在沔陽縣，位漢水之東北，湖北之中北部，關公北攻時，大軍曾到襄樊北郊一帶，所以此地應會流傳相關故事，建廟亦屬理所當然，而寶相院，觀其名稱當為佛寺。

三在邵州守黃沃處：傳言州守黃叔敲從郡人張氏買得，印文與前同，只欠五環；邵州屬邵陽府，後改寶慶府，位湘地西南區，州守得之何處，未明言。

四在嘉興王仲言處：嘉興府隸兩浙路，王仲言是誰？如何取得？邁未詳言[40]。

關公爵位為「漢壽亭侯」，不明典章的當朝大臣都可能誤解，基層文士更不論，推測印章當非有心人偽造，應係鄉下關公信徒屈解、仿造所成，其後失散而已，故洪邁判定流落人間者「其數必多」，而三四十年間出現四顆，由其分散各地看，可推知南宋中期城鄉關公廟已甚普及，關公已受到基層百姓崇拜，視為英雄與神靈，與上層士大夫態度迥別。

乙、臨安城

南宋國都臨安城，城內壇廟祠宇，幾皆沿襲北宋汴京之舊，而關公知名度雖漸提昇，城鄉廟宇也漸多，但關公廟仍進不了城區，僅知附郭有二廟：

一在西溪市：位法華山，紹興 32 年建（1161），名為「義勇武安王

---

[40] 見《容齋四筆》，卷八，（冊二，頁 39），而約略同時的趙彥衛，在其《雲麓漫鈔》卷五，記載則略異，（頁 159）。

廟」，鄰近清源真君廟（二郎神），用徽宗封號。

二在半道紅市：位西湖北山路半道紅街，該街因種滿桃花，取盛開時景緻，故名，廟之創建時代不詳[41]。

此二廟應均民間所建，在眾多祠宇中不算醒目，當然無法列進公家祀典中，而其香火可能也非特盛，至少與當時頗受重視的城隍神、二郎神、梓潼帝君、順濟聖妃（媽祖）等神相比，當為冷寂得多，更不能與同為英雄成神的岳飛較勁[42]。

丙、當陽縣

當陽縣為關公殉難之地，故早有「關公墓」及「關公廟」，唐代中期，傳出神話，宋代以來，信徒漸多。廟在玉泉寺西北，哲宗紹聖三年（1096），賜廟額「顯烈」。

墓地則在當陽縣西郊五里玉陽鄉山上，傳言即當年漳鄉（章鄉），鄉民稱為「大王塚」，孝宗淳熙五年（1178），知荊門軍王銖鑑於關公香火漸盛，居民虔禱，絡繹不絕，乃與擴建，加祭亭垣墻，廣植松柏，至此，墓地也漸成祠宇。

14 年，王銖再上疏求請朝廷加封，以「褒崇節概，不吝爵號」，次年孝宗追贈「英濟」，連同徽宗時所封，而成「義勇武安英濟王」。

南宋末年，元兵進至附近，兵火頻仍，玉泉寺及關公廟都不免受損，入元，玉泉寺多次改建，而關公廟也遷至寺後山上，不同的是廟已喧賓奪主，聲勢凌駕寺上，而墓園也漸顯名，明憲宗時建廟其旁，又漸取代廟方地位[43]。

---

[41] 吳自牧《夢粱錄》，卷 14〈土俗祠〉，（頁 90），而西溪市及半道紅市，乃臨安府附郭二赤縣下之市鎮，見卷 13〈兩赤縣市鎮〉，（頁 42）；西溪市廟之起建時間，見潛說友《咸淳臨安志》，卷 73〈祠祀〉，（頁 743）；路名，見周密《武林舊事》，卷五〈湖山勝概〉，（頁 107）。

[42] 案《夢粱錄》記載極多當時官方及民間祭祀活動，無關公，至於文人題記，如孝宗乾道六年，陸游自浙至蜀寫《入蜀記》，而淳熙四年，范成大自蜀至吳寫《吳船錄》，二者記沿途寺廟至多，均無關公廟。

[43] 見呂楠《義勇武安王集》引胡琦〈關王事蹟〉，（卷一，頁 37 及 45），及楊琚〈重修武安王墓祠碑〉，（卷三，頁 132）；孝宗加封，見下下節。

丁、他地

根據其他地理志書的記載，江南一帶，尚有數處關公廟：

福建路汀州府長汀縣：在縣城下，理宗寶祐年間建（約 1253）[44]。

江南西路建昌軍（今江西省南城縣）：在府城內，俗稱「崇寧宮」，可能建於北宋徽宗時，南宋紹興中改名[45]。

戊、附廟

關公廟當然主祀關公，但關公此時尚非顯赫神靈，故偶而附在他廟內：

一在甘寧廟下：廟在興國軍富池鎮（今湖北省陽新縣，即武昌市東，長江南岸），關公附在甘寧廟前廡下，顯得不倫不類。然此亦為民間信仰特色之一，神譜不清，常有增減，合眾神於一堂，信徒期能「捍患禦災」，求取靈應而已[46]。案：宋人不知何故，頗推崇甘寧，長江中下游一帶，建有多座祠宇，宋太祖開寶六年（973）封褒國公，神宗元豐五年（1082）加武靈二字，南宋進為王，並封及妻子，貴顯無比，神話亦多，算是南北宋之際江上第一顯神，連岳飛督師過江，都要為他刷新祠宇，此時關公神威顯然不如，故屈居廡下[47]。

二在劉備廟下：廟在成都，大殿後另祀諸葛亮、關公、張飛等人。實則劉備、諸葛亮廟宇中，多配祀二人，此廟增修於高宗紹興二十九年（1159），次年落成，任淵作記，只誦劉備、諸葛亮君臣相得，無一語及於關公[48]。

三是當陽縣玉泉寺：玉泉寺神話流傳頗廣，寺中併祀關公已久，而後關公知名度提高，寺方也推崇關公，如孝宗追封給敕，乃賜予寺西北處關公廟，但玉泉寺住山慶思和尚卻深感榮幸，特請荊門軍教諭蕭軫作記頌揚，推

---

[44]　見《福建通志·壇廟》，卷27，（冊一，頁639）。

[45]　見《江西通志·建置略》，卷76，（冊四，頁1663），依《宋史·地理志》逕改為宋代建置名稱。

[46]　陸游認為「雲長不應祀於興霸之廟」，見《渭南文集·入蜀記》，卷46，（頁6）。

[47]　見《宋會要輯稿·禮》，（冊19，頁60）；亦見張邦基《墨莊漫錄》，卷九，（頁820）。

[48]　見《四川通志·祠廟》，卷34，（冊三，頁1393）。

測寺中關公神座可能附於旁殿，而關公要脫離附廟，成為廟中唯一主神，需到清世宗時代[49]。

（三）金朝

南宋時的華北，大半為金人所據，金人極為敬重關公，遠超宋人，如章宗時，解梁軍知州田特秀，奉命重修關公家鄉廟，落成撰文稱：「忠而遠識，勇而篤義，事明君，抗大節，收雋功，飛英名，磊磊落落，挺然獨立千古。」此與江南南宋人之刻意貶評關公，真有天壤之別[50]。以下看看金人在控制華北的百年內，新建多座關公廟，同時也善加維護既有古廟。

同州廟：廟在京兆府路同州（今陝西省大荔縣），位州城內，建於章宗泰和元年（南宋寧宗嘉泰元年，1201）[51]。

樂平廟：廟在河東北路太原府平定州樂平縣（今山西省昔陽縣），曾有多次遷建，哀宗正大四年（1227），縣令范改築於南門內，金元之際，又遷城北，每遷一次，即擴大規模，元朝仁宗延祐元年（1314）又遷城南[52]。

固安廟：廟在中都路固安縣（今河北省），章宗明昌年間建（1190~1195），稱「關侯廟」，入元於仁宗延祐時重修（1318），石碑至清尚存[53]。

中都廟：在順天軍（今北京市），金亡不久，守帥倡建，儒生郝經撰碑記，盛讚關公威靈顯赫，還載本地二廟，已有定期廟會[54]。（另詳下節）

解州廟：即關公故里廟宇，不知始建於何時，北宋二次修，南宋一修，金世宗大定三年（1163），管軍范公就宋人前建規模續修；而此時也傳出附近有關公祖宅，宅上有廟，廟旁有塔；十七年，莊人重修塔廟，章宗泰和四

49　見同治《當陽縣志·藝文》，卷16〈加封英濟王碑記〉，（冊二，頁33）。

50　胡琦《關王事蹟》，轉載於呂楠《義勇武安王集》，卷四，（頁142）。

51　見《陝西通志·祠祀》，卷28，（冊二，頁850）。

52　見《山西通志·藝文》，卷204，元宋超〈義勇武安王廟記〉，（頁35）。

53　見《日下舊聞考》，卷124，（頁133）。

54　見《陵川集·漢義勇武安王廟碑》，卷33，（頁371）。

年（1204）再修，均有碑記。兩代多次續修，足見關公故里聲名漸盛[55]。

洛陽廟：廟在河南府洛陽縣，位府治西北，世宗大定三年建；至於城外關公首級埋葬處，則尚未見有廟[56]。

鞏昌廟：位鞏昌府仁壽山上（今甘肅省隴西縣），不知建於何時，相傳世宗大定間（南宋孝宗時），西夏兵來侵，城幾不守，賴關公顯靈退敵，統帥汪德臣乃予擴建，而由於汪家代出名將，且虔奉關公，故此地廟宇成為西部邊陲的關公信仰重鎮[57]。

總而言之，史料闕如，只能大略推估南宋關公廟分佈概況，而華北金人修廟的熱誠，明顯超出宋人，整體而言，關公廟雖漸普及，仍有多處確定無廟，特別是東南沿海一帶，與明清盛況仍有大段差距[58]。

四、護國助軍神話

唐末五代以來，流傳不少神話，北宋亦然，但不同的，內容不再單顯靈異，或僅為民生瑣事，而是涉及軍國重務，這是其他神靈所少見的，依此趨勢看，關公神威必然有朝一日要遠鎮天下。

（一）助軍平亂

交阯（今越南）向來難與中國和平相處，北宋早期就有多次衝突，神宗初年，更不安分，多次入侵邊界，熙寧九年（1076），攻陷邕州（今南寧市），殺知州蘇緘，朝廷命已故名將郭遵之弟郭逵為都總管，率諸軍往征，郭另請以其前河東、西北舊屬精兵相隨，再令「諸路募武勇赴廣西」，於是山西威勝軍勇士應募（即沁州，今沁源縣），編為神虎第七軍，途經荔浦縣

55　胡琦《關王事蹟》，轉載於呂楠《義勇武安王集》，載張開及田特秀碑記，卷一及卷四，（頁 36 及 142）；及《關帝事蹟徵信編》，卷八引《解州志》，（冊三，頁274）。

56　見《關帝事蹟徵信篇‧祠廟》，卷八引沈荃《河南通志》，（冊三，頁293）。

57　參閱胡小偉《多元一統‧女真族的關羽崇拜》，（頁80）。

58　從《四庫全書‧史部‧地理類》所收當時志書，如歐陽忞《輿地廣記》、祝穆《方輿勝覽》，梁克家《淳熙三山志》、范成大《吳郡志》等十二部，確定均無關公廟。

關公廟，聽居民訴說先前儂智高叛兵焚廟，於是許願：

> 向也交阯入寇，…銅川神虎第七軍以矯健應募者，…行逾桂州，駐旌
> 荔浦，過將軍之祠下，詢其居民，對曰：「皇祐中，儂賊陷邕州，禱
> 是廟妄求福助，擲杯不應，怒而焚之，狄丞相破智高，表乞再完，仁
> 宗賜額，以旌靈貺。」眾駭其異，羅拜於庭，與神約曰：「一軍瞻假
> 威靈，平蠻得儂，長歌示喜，高躡太行而北歸舊里，當為將軍構飾祠
> 宇，復請木刀繪馬，執為前驅。」…既捷，策勳爵賞者二十六人。

案：儂智高叛於皇祐元年（1049），妄求關公相助，不成而廟宇被焚，五
年，狄青平亂後復建，仁宗題賜廟額，可知此地早在北宋初就有關公廟，碑
記最後敘述戰場上靈異，感應關公默助，得以凱旋北歸，乃在故鄉建廟還
願：

> 廣源以南，地多深林，密于櫛比，蠻預伐木橫絕其路，結營息眾，勢
> 莫能前，夜有大風暴發，怒號之聲，若摑萬聲，遲明視之，臥木飛
> 盡，九軍得以並進；我軍之戰也，眾與敵均，俄有陰兵旗幟戈甲，彌
> 互山野，敵人顧望，惴恐而敗，…神以符效，應人之禱。

戰場上風雲變化本就難測，歸諸鬼神亦無不可，何況心誠則靈，相信關公
「應人之禱」，而後立下戰功，雖然整體遠征軍並未符合期望，但其中的山
西勇士則圓滿達成部分任務，穿插此段神話，可說人神都有福分[59]。

（二）勸勇抗金

徽宗宣和七年（1025），金兵多路南侵，次年（靖康元年年底），汴京
城陷，隔年五月，高宗即位於南京（河南商丘），十月移駐揚州，建炎二年

---

[59] 碑文出處及征募兵，見前小節，另參范祖禹《范太史集‧郭逵墓誌銘》，（卷40，
頁39）。

年初（1128），以謝昵為提點京西南北路，謝於河南一帶關公廟中，得〈勸勇文〉一篇，文辭熱情聳動，云敵兵有五事易殺：「連年戰，辛苦易殺；馬倒便不能起，易殺；深入重地，力孤，易殺；多帶金銀，易殺；做虛聲嚇人，易殺。」作者不知，應是有心人士借重關公神威，激勵鄉人抗金，高宗於兵荒馬亂中見之，即令兵部雕版印刷，廣為散布於各地[60]。

（三）示警外患

靖康之禍，少數忠臣義士死難，其可歌可泣事跡經數十年，不知何故，竟與關公糾結在一起，南宋初，朝野流傳一則神話：

> 忠愍李公若水，宣和壬寅（二年，1122），尉大名之元城，有村民持書至，云：「關大王有書。」公甚駭愕，視其緘云：「書上元城縣尉李尚書，前將軍關雲長押。」詰民何自得之，云：「夜夢金甲將軍告某曰：『汝來日詣縣，由某地，逢著鐵冠道士，索取關大王書，下與李縣尉。』既覺驚異，勉如其言，果遇道士得書，不敢不持達。」公發書，其間皆預言靖康禍變，以事涉怪，即火其書，遣其人不復問，作詩紀之云：「金甲將軍傳好夢，鐵冠道士寄新書，我與雲長隔異代，翻疑此事太荒虛。」公後果貴顯，卒蹈圍城之禍，兆朕之萌，神告之矣[61]。

神話明言關公為神，能知未來，預言李若水後為尚書，並告以金兵即將南侵，國將有大禍，關公以「前將軍」自稱，而不用徽宗封號。

案：李若水（1093~1127），字清卿，河北洺州曲周人，父祖三代為儒者，徽宗政和八年（1118），賜同上舍出身，初任大名府元城縣尉，又為平

---

[60] 見李心傳《建炎以來繫年要錄》，建炎二年正月己丑，未明載地點，（頁9）。

[61] 見郭象《睽車志》，卷二，（頁505），又：曾敏行《獨醒雜志》卷八，（頁569），及徐夢莘《三朝北盟會編》，卷82引《中興遺史及別錄》，（頁108），所載皆略同，三人生卒年相近，故可確知此則神話應在南宋初開始流傳。

陽府司錄，該地位關公家鄉解州稍北，可能於此聽聞關公靈異事跡，因而與關公結緣；宣和六年（1124）春闈第一，除濟南府教授，轉太常博士，金兵南侵，徽宗倉皇禪位欽宗，若水奉命使金，至太原，途中上言應加強守備，不可徒恃和議，回朝再出使，中途遇金兵，被脅至京城外，拘於道觀中，應對金將威武不屈，作詩：「戰馬南來久不歸，山河殘破一身微，艱難重有君親念，血淚斑斑滿客衣。」明示將以身許國，靖康二年二月，京城淪陷，金人挾持宋朝君臣，若水隨王履（1080~1127），三至金營，無懼於敵將飛揚跋扈，仍正言侃侃，俱被害，年僅三十五歲。

高宗即位，諡忠愍，贈官、子孫恩澤及特加美諡，舉朝贊頌，無人異議，尚書省贈官劄子告詞：「奮不顧身，義形於色，仁必有勇！」臣僚乞賜諡劄子亦稱：「獨以鴻毛之命，爭論刀鋸之側，義形於色，卒殞非命，志節凜然，不愧古人！」高宗則說：「始終漢節，威武不屈，意氣自如。」因此，他與王履等人是靖康之難殉國忠臣，不知愧煞多少宋人，金人罵說：「大遼死難者二十餘人，你南朝只李侍郎一人。」斡里雅布也稱讚：「南朝得人若此二子，豈有今日之事？」故而，以此忠臣烈士配關公，實為完美組合，再由忠義之神示警，即使為有心人士所杜撰，也非常符合世人期望，何況他確實曾任關公家鄉地方官[62]。

總之，亂世危急之際，藉助於神靈，當屬正常心理反應，除此三例，約略同時期，還有類似靈異事跡，並論於此。靖康二年四月，徽欽二帝被擄北遷，過河十餘日，途經洺州，扈隨曹勛傳出韋太后（徽宗賢妃、高宗生母），在宮中虔奉北極四聖，因而四聖顯靈護駕；其後高宗定都杭州，又附會出崔府君於磁州護送高宗南下過黃河，民間稱為「泥馬渡康王」，而北極四聖源自道教，崔府君信仰則始於唐代，二廟香火皆非特別興旺，當是高宗偏安江左，面對北方金人虎視眈眈，君臣心餘力絀，為攏絡民心，強調其正

---

[62] 李若水詳細生平，見徐夢莘《三朝北盟會編》，卷 81 引〈靖康忠愍曲周縣李公事跡〉，（頁 77），及卷 82〈副使節使王履事跡〉，（頁 110），而王稱《東都事略》及《宋史》本傳皆有誤載，如〈臨終絕命詞〉，實為王履所作。

統，所以編出濃厚政治色彩的神話，不像早期關公信仰，多由民間自發[63]。

五、孝宗再加封

神話流傳，自然足令信仰增溫，久之，引起地方與中央的重視，至南宋孝宗時，又大張旗鼓加贈封號；不過，與北宋哲題賜廟額、徽宗多次改封不同，關公腳色乃英雄與神靈合一，而其背後竟與千年古剎玉泉寺有關[64]。

孝宗趙昚（1163~1189 在位），在南宋諸帝中較有主見及作為，即位初平反岳飛，肅清秦檜餘黨，並命張浚北伐，雖敗於金世宗，仍能相持於黃淮一帶，對立而穩定，此後保有二十餘年的小康局面，不失為一位英主。

孝宗常召見禪宗高僧進宮論道，如靈隱慧遠、育王德光，語氣平和，態度謙卑，而儘管南宋文士多詆毀關公，但當陽一帶關公墓與關公廟已香火轉盛，信徒絡繹不絕，玉泉寺反失去往日光澤，住持已非天台宗僧，而改為禪宗大德，終在地方官吏及寺僧催請下，關公封號又增二字[65]。

淳熙五年，當陽縣令王銖有見於關公墓香火漸盛，乃予擴建，加祭亭垣牆，環以松柏，墓地漸成祠宇，14 年，王又上請朝廷加封，15 年（1188），孝宗加「英濟」二字，連同先前徽宗封號，而成「義勇武安英濟王」，並依禮頒佈誥命：

> 生立大節，與天地以並傳，沒為神明，亙古今而不朽，…義勇武安王
> 名著史冊，功存生民，一方所依，千載如在，凡有禱於水旱雨暘之
> 際，若或見於君蒿悽愴之間，英烈言言，可畏而仰，廟貌奕奕，雖遠

63　見曹勛《北狩見聞錄》，（頁 14）；而崔府君神跡，實由高宗君臣刻意塑造，成為即位諸多祥瑞之一，《高宗瑞應圖》為其總集，清代趙翼自稱親見九幅，題為「曹勛畫」，其一即崔府君廟，跋云「廳子馬不肯行」，見《陔餘叢考》，卷20，（頁208）；另可參閱鄧小南〈關於泥馬渡康王〉，及蔡涵墨〈曹勛與太祖誓約的傳說〉二文。

64　元朝胡琦《關王事蹟》載，南宋高宗建炎三年，加封關公為「壯繆義勇王」，還載誥辭，觀其號乃刪徽宗封號加後主諡號，應無是理，故不錄，轉載於呂楠《義勇武安王集》，卷一，（頁51）。

65　孝宗召見禪僧，見《佛海瞎堂禪師廣錄》卷，及《佛照禪師奏對錄》。

益新，爰啟王封，仍加美號，豈特顯爾神威德之盛，亦以慰此邦父老
之情。

既標榜忠義大節，又讚揚神威，等於英雄神靈合體，而誥命副署官員，有左
丞相周必大、參知政事蕭燧、吏部尚書顏師魯、中書舍人尤袤等，及相關部
會主事者共十人，程序完整，還令「牒到奉行」，顯見加封之莊嚴隆重[66]。

誥命於年底下達抵當陽，地方大肆張揚：「奉安之日，遐邇歡騰，老稚
夾道縱觀，舉手加額。」文士蕭軫撰記：

> 為臣而忠於君，世固有之，均於忠而處之難者為可尚，衽金革，至死
> 不厭，非難也，當其義利之未分，是非之莫辨，而見之在我者一定，
> 誠難也，胥不盡忠於楚而盡忠於吳，忠不足推也，平不謀於項而謀於
> 劉，義不足取也；三國鼎峙，漢祚已移，天下英雄豪傑，雲合響應，
> 孰不願為曹公執鞭弭以馳驅者？關侯嘗受曹之恩矣，其於先主，君臣
> 之分未定也，惓惓於先主，不渝其初，非見之明、守之確、行之剛
> 者，詎能爾耶？

記中先論忠義大節，舉亂世英雄擇主而侍，以伍子胥「忠不足推」，陳平
「義不足取」，德行明顯有缺，點出關公「不渝其初」的忠義雙全，乃世間
最難得見之情操，接著說精誠所至，死後為神，庇護鄉邦，靈應無比：

> 天數人事不符，功業垂成，山虧一簣，遺英餘烈，猶為千載之福澤，
> 何其盛哉！記謂能禦大災、能捍大患者祀之，邦人於王，食焉必祀，
> 事焉必咨，奚求弗獲，奚禱弗應，曰雨而雨，曰暘而暘，王之力也，

---

[66] 見《關帝事蹟徵信編》，卷三引《關王事蹟》，（冊三，頁 148），唯誥命詞僅載官
銜與名字，經核《宋史》相關紀傳，始知其姓氏，蕭燧誤為璲，其任參知政事確在是
年正月，足見胡琦所載可信；而誥命乃宋朝皇帝七命令之三，用於「封敘、贈典」，
見《宋史‧職官志》。

> 疫癘不作，饑饉不臻，王之恩也，盜賊屏息，田里舉安，王之陰騭
> 也。

鄉民幾乎無所不求，十足馨香禱祝熱誠，已約略呈現明清民間信仰景象[67]。

文末又云：「王廟食當陽覆船之玉泉寺，住山比丘慶思來請記。」含混合玉泉寺與關公廟為一，但也由此可知，加封之誥命送達地，乃「玉泉寺」附近之「關公廟」，非當陽縣城西五里玉陽山之「關公墓」；然令人不解的，請求加封、擴建廟場，來自當陽縣令王銖與地方仕紳，發起建碑作記的，卻是玉泉寺住持慶思，為何玉泉寺僧人如此盛情？推測有三因：

其一，住持改為禪僧：玉泉寺自北宋中期以來，住持皆為禪宗高僧，如真宗時慕容、仁宗時務本及稍後張商英強力推薦的承皓禪師，南宋仍如此，而禪宗早列關公事跡為教材（見前章第四節），於是合英雄與護法神為一。

其二，禪宗方便設施：禪僧多深入民間，明瞭關公信仰實況，其教學本重善巧隨宜，則參與關公慶典活動，追隨民間信仰，也有益於傳法，可謂一舉兩得。

其三，兵災影響香火：世事難料，南宋初及末年，荊州一帶兵連禍結，玉泉寺至少被燒毀三次，關公廟則無恙，寺之重建，或要靠關公廟香火，故推崇關公，既利人又利己[68]。

六、道教雷法神將

介紹道教雷法，先須釐清內丹、外丹及符籙道術。

道教自魏晉以來，特別是葛洪的仙道思想，丹藥服食成為修行主軸，此

---

[67] 見同治《當陽縣志》，卷 16，（頁 375），其後尚有鄭南碑記，所載南宋諸帝加封名號年代，多與他書不同，不知何故？據上引《關王事蹟》，加封確在淳熙十五年。

[68] 此後當陽縣廟修建，皆僧人發起，見胡琦《關王事蹟》，玉泉塚圖及玉泉顯烈廟圖下之說明，轉載於呂楠《義勇武安王集》，（卷一，頁 37 及 45）；玉泉寺由禪僧住持，見大訢《蒲室集》，（卷 11，頁 3），及光緒《玉泉寺志》，（卷二，頁 169），然慶思在大訢文中作「慶恩、思達」，明顯為二僧；餘見前。

即「外丹派」，意為「假求於外物以自堅固」，歷經南北朝至隋唐數百年，盛況達於顛峰，然而期望煉成金丹，一服成仙，雖比比皆是，但往往「或疾或暴夭，悉不過中年」，久之，不再單靠丹藥，而轉向內煉，從自身體內「精氣神」用功夫，此即「內丹派」，盛行於北宋中期以後。

還有，從漢末三國，道教教團出現以來，流行於民間的符籙道術，靠畫符作法，為人治病除瘟、祈雨求晴、度亡濟死等，也依然細水長流，千年不絕，在內丹術盛行之際，此派道士也結合「內丹」與「符籙」二法，創立「雷法」，主張內煉金丹，即利用人身本有五行之氣，加以外用符籙，以驅使五雷神將，而此時關公神靈威名已漸普及於民間，於是被雷法家延攬入譜系中，成為神將之一[69]。

（一）外丹派之盛衰

唐代外丹術盛極一時，信徒遍及帝王公卿、文人學士，連唐太宗也不例外，晚年竟「發使天下，采諸奇藥異石」，以供提煉長生之藥；李白與道教關係也非等閒，他「十五游神仙」，登泰山「裂素寫道經」，期望「玉女四五人，飄飄下九垓，含笑引素手，遺我流霞杯」，至會稽，望天台山，想的是「服藥煉金骨」，絕意仕途，立志要「煉丹費火石，採藥窮山川」，不久在齊州受道籙，正式入道，他傳世的詩作，與丹藥、煉師有關的不下百篇；而白居易也廣交金丹道士，學習燒煉，在廬山建草堂，並非為清修。

然而，外丹術並無足夠可觀的成就，反而副作用層出不窮，如唐太宗晚年，親近方士、胡僧，服藥罹怪疾而暴斃，其後憲宗、穆宗、敬宗、武宗、宣宗等諸帝也不能記取教訓，步上其後塵；而大臣服藥而死的則有杜伏威、李道古、李抱真等，白居易更親見多位服藥友人的悽慘下場：「退之服硫磺，一病訖不痊，微之煉秋石，未老身溘然，杜子得丹訣，崔君誇藥力，…或疾或暴夭，悉不過中年。」難怪歐陽修說：「自古有道無仙。[70]」然而，

---

[69]　以下參見任繼愈等《中國道教史》，第三章、第十章及第十五章。

[70]　分見《白氏長慶集》，卷29，（頁11），及《文忠集・刪正黃庭經序》，卷65，（頁34）。

多少世人信得？還好，唐末部分世人終能體認此說的荒唐，發展出另一套深具哲理的內丹術以取代之。

（二）張伯端的內丹學

內丹學的興盛，在北宋神宗朝以後，要歸功於張伯端、王嚞二人，其中後者全真道無雷法，不論，在此單論張伯端。

張伯端（987~1082），字平叔，號紫陽山人，天台人，少年學儒，曾中進士，因連坐貶官，退居幕僚，碌碌數十年，但好異端，博學多聞，神宗熙寧年間，自稱於四川遇真人，授以金丹火候之學，聞一悟百，於是擷取北宋以前的內丹學精華，並吸收儒家、禪宗、道家諸說，合而融之成系統化新教派，著有《悟真篇》。

其說以人身為一小天地，化生之原理與真天地相同，乃由道而氣，氣生陰陽，陰陽合和，成精氣神，稱為「三寶」，由三寶再化生萬物。所以，道乃神秘力量之本源，人若欲內煉成仙，須先安鼎立爐，效法乾坤大道，逆行其化生萬物之序，以期返本歸元，與道合一，此稱為「顛倒術」；而欲逆行還元，須先認清人身之「真鉛汞」，即真陰、真陽二氣藏處，真鉛在上丹田，即頭部，真汞在下丹田，即腹部，真鉛真汞稱為「二物」，二物相交，再加以「真土」，即心中真意，如此調和，則內丹可成。

更具體而言，張伯端以人身為鼎爐，以精氣為藥物，以神為火候，經由內煉調息，入於靜定忘我之境，使陰陽、三寶、五行合和為一，最終結成內丹；其修煉境界分四階段：築基、煉精化氣、煉氣化神、煉神還虛，每一階段皆呈現不同的神秘境界，唯有靠實踐體驗，不易以言語表白。

總之，如此的內丹學，除卻特定術語，及最終登真成仙，實與儒家的心性涵養功夫，禪宗的明心見性頓悟成佛，均已無甚差別，而其調息入靜之法，更取自南北朝以來流行的氣法，等於集諸家、諸宗、諸學、諸術於一體，因簡易可行，無須任何條件，全看個人意志，自然容易吸引信徒，難怪在張伯端之後，內丹學如火燎原，傳遍天下，更何況，宋王朝還有不少皇帝是道教的狂熱信徒，如其前的真宗及徽宗、理宗，對道教勢力的壯大，及內

丹、雷法的流行貢獻極大。

（三）雷法

雷法始創於王文卿（1093~1153），王字述道，號沖和子，建昌南豐人，自稱於宋徽宗宣和元年（1119），巧遇異人，傳授飛神謁帝之法及嘯命風雷之書，能召神役雷，禱雨伏妖，所在多有應驗，由是聞名，徽宗曾多次召見，封為凝神殿侍宸。

王文卿的雷法係結合舊有的符籙道術，及新近的內丹學而成，主張「以道為體，以法為用」，道指內修，學內丹諸法，法即指符籙，其內丹法源自張伯端，以守竅調息為入手功夫，主張長期靜坐默朝，久之「神氣精自然混凝」，此時「一點圓明，湛然不動，靈光遍照」，而通於大道，顯現自身之本性元神，配以符籙，即能驅役雷神，雷神有二：一在本身體內，乃精氣神三寶，及五臟之氣，交感激盪而成，由元神所支配；另一在自然界，元神支配體內雷神，又可感通外界陰陽五行諸氣及其神靈，致內外皆為我所用，由於驅使體內或自然界諸雷神，其經、咒、符、訣多呈雲雷閃電形狀，故稱為「雷篆」（參閱附圖）[71]。

王文卿雖創雷法，但未創教派，其雷法由林靈素、張繼先等人傳播開來。

林靈素（?~1121），學王文卿雷法，為同道薦於徽宗，大言「天有九霄，而神霄最高」，並阿諛偽稱徽宗乃上帝長子「神霄玉清王」轉世，大受重用，成為徽宗的寵臣，在天下諸州皆建「神霄萬壽宮」，其雷法即藉此傳遍各地，後人因稱為「神霄雷法」[72]。

張繼先（1092~1127），字嘉聞，號修然子，為江南道教「正一派」第三十代天師，此派自三國張魯四子張盛遷居龍虎山以來，代代傳習符籙道

---

[71] 王文卿略歷及雷法，參閱《中國道教史》，第十五章，（頁 612）。

[72] 林靈素生平及相關事跡，參閱趙與時《賓退錄》所載耿延禧〈林靈素傳〉，（卷一，頁 24）；另參閱《宋史‧方技》本傳，（冊 17，頁 13528），二者多所牴觸，當以前者為是。

術，與閣皂山之「靈寶派」、茅山之「上清派」，通稱為道教三大教派，歷
史悠久，信眾遍各地，此派本無內丹及雷法，但他能順應潮流，從王文卿學
雷法，又廣攝儒釋道諸家新說，創出別具品味的內丹學，講究內煉「明
真」，使本性不迷，而後「靈光一點」，再書符、畫咒、飛章、取氣，進而
通於天神，其雷法循正一的舊路線，其很快傳遍江南。

除林、張二人外，當時道教各教派，無論新舊，也都追隨時麾，運用起
雷法，如舊符籙教派靈寶派本重齋醮祭煉，此時也引進內丹、雷法，而新教
派如華北太一道、四川清微派、武當山清微派，以及宋元之際盛於西蜀、東
南的天心派等，相繼如法泡製。

雷法雖部分取經於內丹學，基本上仍屬符籙道術，其運用主要仍是入世
的、實用的，與民生關係最密切的，如祈雨、求晴、驅邪、趕鬼、治病、禳
災、超渡亡魂等，因此，雷法不同於內丹學，能廣受文人如朱熹等所喜愛，
但深入社會基層，其影響於民眾則同於內丹學，如其後《水滸傳》中的公孫
勝，及《金瓶梅》中的潘道士，施行的法術都是「天心五雷正法」[73]。

（四）雷法中的關公

僅管早期的雷法，重內輕外，即以體內雷神為主要役使對象，不重視外
界諸神，但此法不易為下層民眾所體會，雷法家仍不得不多藉重外界諸神，
尤其是民間知名度高、香火普及的神靈，於是許多的名道士、真英雄都被引
進雷法神譜。

不過，要清楚排列雷法神將有其困難，理由：一、雷法家通常只宣示原
理，未詳敘作法儀節、程序；二、雷法派別眾多，儀節、雷神多所不同；
三、各家雷法典籍多輯於元明之際，前後混雜，雖然推知可能皆是宋元時代
法術，但依託作品定是不少。茲依元明之際所輯成的二部雷法集：《道法會

---

[73] 見七十回本《水滸傳》，第五十三回，（頁 527）；百回詞話本《金瓶梅詞話》，第
六十二回，（冊二，頁 442）。

元》、《法海遺珠》，就其中所列雷部神將，看關公在道教雷法中的地位[74]。

甲、〈蓬玄攝正雷書〉

乃〈清微馬趙溫關四帥大法〉之四，觀其名稱，知為清微派雷法，於南宋中期以來盛行於蜀地、武當山及江南一帶，此法以關公為主帥，在帥班中，稱關公為「轟雷攝正青靈上衛上將關元帥」，下註「諱羽」，副將趙將軍，應為關公隨從都督趙累，下有將佐四人，後附有速催、治病、吞服等符，故知此法重在治病。

乙、〈神捷五雷祈禱檢式〉

文中飛章上奏玉帝，自稱「天師張」，但另一「誥文」範例又稱上「清微宗主真元妙化上帝」，看來既似正一派，又像清微派，雷將有六：飛捷大使張亞，陽雷神君荀留吉，陰雷神君畢宗遠，地司猛使殷郊、地祇陰雷主者溫瓊，以及關公，稱為「酆都朗靈元帥關羽」，或「酆都馘魔元帥」，用途不明[75]。

丙、〈地祇馘魔關元帥祕法〉

主法聖師北極紫微大帝，主將即關公，稱號冗長：「雷部斬邪使、興風撥雲上將、馘魔大將、護國都統軍、平章政事、崇寧真君關元帥」，其下標註容顏衣服刀馬云：「諱羽，字雲長，重棗色面，鳳眼，三牙鬚，長髯一尺八寸，天青結巾，大紅朝服，玉束帶，皂朝靴，執龍頭大刀，有赤兔馬隨，常用喜容，如馘攝，怒容自雷門而至。」下有忠義立誓等咒，及催生、保童等符，可知此法重在驅邪治病，極為特別的是兵器稱為「龍頭大刀」。

丁、〈酆都考召大法〉

觀其詳細介紹酆都山諸宮，及帥班編制，似近於正一派，雷將帥班有九，關公名列第七，稱為「酆都朗靈馘魔大神」，形貌為「赤面、長髯、皂巾、手執大刀、綠靴」，其下有內外壇神將、典吏、力士、使者及各級冥

---

[74] 任繼愈等《道藏提要》，斷定此二書為輯於元明之際，是宋元之際的雷法集，（頁961、921）；另朱越利〈道法會元中的關元帥〉一文，認定《道法會元》編纂者為趙宜真，編於洪武三年以前。

[75] 甲乙二法，分見《道法會元》，卷36及卷49，（冊24，頁20956及21024）。

官,均受「酆都大帝」節制,稱「酆都號令,萬神咸聽,上至九天,下及幽冥」,依此看來,酆都大帝等於上帝,同樣不知其用途[76]。

戊、〈酆都朗靈關元帥秘法〉

自言主法「祖師三十代天師虛靖張真君」,判為宋元時代正一派雷法,主將為「酆都朗靈馘魔大將關元帥」,下註「諱羽」,很具有傳統正一派驅邪伏妖之意,其下有副將趙昊,及飛天八將;其「召攝咒」乃假北帝之名,稱關公「大威德、大忿怒、大勇敢、大化身、統天御地、澄托將軍、酆都馘魔大將」,而「助贊咒」則云:「馘魔大將,英烈威靈,在生忠勇,死後為神,忠貫日月,德合乾坤,寶刀在手,怒氣凌空,誅斬妖魔,賓服不臣,鬼妖輒逆,怒目一嗔,化為微塵。」用詞頗為誇張。

案:「酆都北陰大帝」,或簡稱北帝,最早出現於南朝陶弘景的《真靈位業圖》(見本章第二節),是道教陰間最高主宰,如民間的東嶽泰山帝君、佛教的閻羅王,位尊權高,雷法中欲召役諸神,往往假借其名。

咒後有符,符中有圖,其一為大刀,已與《新全相三國志平話》一書中所附者相同,今人一看,即知是青龍偃月刀;另一為關公持刀凌空圖,可惜一體漆黑,缺輪郭線條,致分不清面目[77]。

此法傳至後來,名稱增加數字為「酆都西台朗靈馘魔關元帥秘法」,主將亦增九字形容詞,強調其神威,而為「酆都大威德統天御地朗靈煞鬼馘魔大將關元帥」,並完整加註面貌服飾刀馬,云:「戴青長結巾,重棗色面,鳳眼美鬚,官綠雁花袍,袒襟露甲,綠吊橄靴,乘赤馬,手提大刀。」而在「本身符」中另增「火之英魄,忿怒轟煞,火之真精,威德朗靈」,觀其詞意,同在提升關公威德,符後附圖,略同於前者,但同樣用途不明[78]。

案:在唐宋元明的興服中,均未見有類似長結巾、綠雁花袍、吊橄靴一類的服飾,且綠色亦非高官服色,推測編纂道士應不明官制,可能取材於戲

---

[76] 丙丁二法,分見《道法會元》,卷259及262,(冊25,頁22129及22140)。

[77] 見《道法會元》,卷260,(冊25,頁22134)。

[78] 見《法海遺珠》,卷39,(冊22,頁19511),此法從稱呼、形貌描繪皆增詳,故判定晚於前者。

曲小說，所以看來威風凜凜，實則為士庶階層或戲曲道具類裝扮。

己、〈雷霆諸帥秘要〉

此法自稱為「王侍宸之秘旨」，難斷教派，其中有召役諸帥的雷篆，帥班計有鄧、辛、張、馬、趙、溫、關七位，關帥，無疑的是關公，在此為七帥之末，諸帥均無冗長稱呼，可能為早期雷法，職司不外「救護眾生，邪精斬斷」，後附有多道化生、解冤、催生、催胎符，其中催胎符稱「毛髮已全，身體已成，子母分娩，天道順行」，說得非常貼切，可知雷法用在醫護上，關公在此法中為婦人小兒的守護神。

庚、〈太玄煞鬼關帥大法〉

觀其名稱，可能是正一派的雷法，關公為將班唯一神將，稱為「鹹魔提刑上將太煞鬼」，形貌為「赤棗面、勇猛相、乘赤馬、洞靈帽、青結巾、皂靴」，下附有圖，與元明以來民間流傳的關公像略為相似，後又附有治瘟、斷後、斷法、變身、藏形諸訣，可見此法用途極廣，包括醫療、旅行平安等[79]。（參見附圖）

（五）影響評估

雷法的流行，無疑可以提高關公知名度，使之深入民間基層，但其影響仍有待評估，未可完全正面看待：

甲、名稱混亂鄙俚：作為雷部神將，諸派稱呼關公均極不統一，不知者看後一定眼花撩亂，基層善男信女應不明所以，更何況鹹魔、煞鬼諸詞，與民間所崇奉的忠義化身、捍患禦災形象差距頗大。

乙、職能位階不高：中國民間神靈，除職能神外，大都是全能神，從驅邪、治病到求雨祈晴，無所不能，本無足為奇，但觀上述諸法，關公管的只是日常生活中小事，雖偶有冗長形容威德之稱呼，但與護國助軍神話相較，其位階顯然過於低俗；而其後的神怪小說也受影響，如《西遊記》中，鎮守南天門的廣目天王，手下馬、趙、溫、關四元帥，不仔細看，還不知其一即關公；《北遊記》中，關公拜玄天上帝為師，成為三十六將之一；《東遊

---

[79] 己庚二法，分見《法海遺珠》，卷16及卷43，（冊22，頁19410及19543）。

記》中，馬、趙、溫、關四天將，奉玉帝之命大戰八仙，此數書中，關公地位都不高。

丙、奉命被動召攝：雷法畢竟是道士的把戲，善男信女不可能認清其內容，而法術之施行，則有一定的儀軌，並為教中高階道士所主持，關公的出現，都是被「召攝」或「敕召」的，其敕咒或立降咒之尾語，往往就是世人所熟習的「急急如律令」，或「符到奉行」，等於召之即來，揮之即去，到底有幾分尊崇之意，讀者自行論斷好了[80]。所以，如果承認關公的神將地位，等於也承認雷法道士的超級法術語地位，而若參照今日台灣鸞堂之莊嚴肅穆，其請神送神儀節之隆重與尊崇，實有天壤之別[81]。

丁、可能影響明神宗：雷法流行數百年，至明朝，由於歷代帝王幾皆崇奉道教，而道教流派雖多，雷法諸派應也在其中，如世宗燒鉛煉丹扶乩、神宗宮中「作好事」，都與此派法術有關，道士自然容易移植關公的神將角色，所以，後來神宗加封關公，其稱號竟像極雷法神將，或許有此歷史因緣。（詳下章）

七、佛教護法伽藍

就在道教雷法盛行，並且普遍以關公為神將之際，佛教徒也依樣畫葫蘆，廣向外界借將，用以壯大自己，而史上的文人學士、沙場英雄、達官顯要，甚至當朝皇帝，都成為延攬的對象，關公自然也是目標之一。

縱觀中國歷史，佛教從東漢傳入以來，即與儒家有過衝突，南北朝之際，道教壯大，二者更是形同水火，交鋒不斷，相互詆譭，歷千年而難止息，其間雖然也相互觀摩學習，也多次有人高唱「三教合一」，但皆效果不彰。至南宋中晚期，關公知名度更高，佛教徒動作更積極，天台宗敷衍玉泉

---

[80] 案「急急如律令」本東漢公移用語，張天師引入道流，又轉為「符到奉行」等語，參見趙彥衛《雲麓漫鈔》，卷七，（頁22）。

[81] 筆者雖未能目睹宋元雷法儀節，卻親見「中華玉線玄門真宗」請神送神過程，該宗奉關公為唯一主神，鸞壇莊嚴無比，儀節冗長隆重，信徒畢恭畢敬，絕非如雷法道士之敢「召攝」關公。

寺創建神話，再次收編關公，禪宗則將歷代有名君臣納入燈錄中，顯示佛教徒為高抬身價，暗與道教較勁。

（一）佛道衝突

佛道二教之衝突與融合，非三言二語所能交待清楚，茲依時代先後，簡單羅列說明[82]。

西晉道士王浮撰《老子化胡經》，言老子西出流沙，化身創佛教，宣說大法，正式開啟二教長期又激烈之論爭；東晉孫盛撰〈老聃非大聖論〉、〈老子疑問反訊〉，又某僧人撰〈正誣論〉，都在駁《化胡經》。

南朝劉宋，道士顧歡撰〈夷夏論〉，再辯二教同異優劣，以道教為「中華正數」，佛教為「西夷異法」，再次點燃戰火，多位佛教徒撰文反駁；而齊梁之際，某道士又托名作〈三破論〉攻擊佛教，認為佛教「入國破國，入家破家，入身破身」，齊僧則作〈釋三破論〉以駁之，至梁劉勰又作〈滅惑論〉為佛教辯護；而此時同情道教的范縝也作〈神滅論〉，認為「形存則神存，形滅則神滅」，所以無佛可信，並且攻擊佛教「浮屠害政，桑門蠹俗」，於是又引發佛教界之騷動，法雲等六十三人群起而攻之，連梁武帝也加入追剿。

在北朝，二教同樣不能和平相處，北魏太武帝尊崇名道士寇謙之，以其天師道為國教，指佛教為胡教，有礙禮義，下令毀佛，明帝較溫和，集二教論先後；而北魏分為周齊二國後，北齊文宣帝親佛，下令廢道，但北齊為北周武帝所滅，武帝崇道，又集論毀佛，雖有慧遠法師抗詔，仍無濟於事。

隋朝文帝、煬帝俱崇佛，佛教明顯佔上風，而唐朝因老子姓李，攀親搭故，崇道抑佛，自高祖、太宗、玄宗多次明令以道教居佛教之上，文人反佛者也不少，傅奕、韓愈是較有名的二位，而唐武宗的反佛行動尤為激烈，繼北朝再一次毀佛。不過佛教勢力原比道教大，加上禪宗出現，以其獨特的入世修行方式，擁有極多信徒，故佛教仍有可觀的勢力，足與道教抗衡。

---

[82] 本小節主要參考呂大吉等《宗教學通論》，第五章，（頁 743~）；並參酌《中國學術名著提要‧宗教卷‧弘明集》寫成，（頁 28），引文不另註明出處。

　　五代時，各地兵荒馬亂，本是宗教界休養生聚的良機，但周世宗又一次大規模毀佛，使得佛教趨於衰落，至北宋，僅剩禪宗一枝獨秀；而道教則獲得諸帝的寵信，進入飛黃騰達的顛峯期，內丹派、雷法都在中晚期以後陸續出現，更助長其氣焰；而禪宗的發展則遭遇瓶頸，先前不立文字，直指本心的主張，此時卻有大批的燈錄、語錄、公案，又衍生出許多奇怪的教學、修行方法，其危機已經顯現，雖則二教並無正面衝突，但基於謀求壯大與延續，需向外取經，而道教正是討厭又值得學習的對手，於是學習道教造神、借將之法，偽造譜系，吸納歷史名人，而天台宗僧人更一不作、二不休，甘脆把關公納為門徒，然二方均效果有限。

（二）佛道融合

　　佛道二教歷來衝突不斷，但也增加彼此了解，創造學習觀摩之機會，而謀求二教的融合，早在六朝之際，許多名僧高道就已努力過，如慧琳主張「六度與五教並行，信順與慈悲齊立」，張融說「道也與佛逗極無二」、「致本則同」；而王公大臣、名士學者，很多也三教或二教兼修，如梁武帝三教皆精，陶弘景崇儒奉道不反佛，陳張譏、北周沈重皆同講三教教義。

　　至於教義之相互吸附，更為習見，佛教般若學明顯引進玄學，在僧肇的中道義中斑斑可考；道教當然也學習佛教，如北朝寇謙之北天師道，乃改造五斗米道，並吸收佛教輪迴報應說及各種戒規儀節而成，梁陶弘景的《真誥》中，多模仿《四十二章經》，其三清天，也有人懷疑引伸自佛教的三身而成，至於天堂地獄說，道教也多抄襲佛教[83]。

　　唐代雖因政治因素而崇道，但主政者的宗教政策，除玄宗、武宗外，多較理性務實，如太宗重道，但不貶佛，依然禮敬玄奘；武則天崇佛，也明白宣示，佛道與儒任務無二，令人撰寫《三教珠英》，朝中大典，也讓三教代表上殿宣講各自經典；德宗更於生辰，令三教會同講論經義，明令禁止佛道相互攻擊。

---

[83]　參閱《中國道教史》，第四章第四節，（頁 183）；及蕭登福《漢魏六朝佛道兩教之天堂地獄說》、《道教術儀與密教典籍》二書。

　　至於大臣、學者中，出入三教的也所在多有，如韋渠牟，初讀儒經，後做道士，又出家當和尚，並積極參加三教會講；而佛教密宗神祇，不少取自道教，符咒、儀節也多以道教為師；至於禪宗，在世俗化、生活化的演變下，與傳統道教合流，僧人多兼通醫術、占卜、巫術，乃至道教的養生術。

　　宋代以後，儘管二教依然涇渭分明，但激烈衝突已不再見，而此時也正是道教蓬勃壯大之際，佛教徒回頭看道教，向東方取經，不也是一種生存之道嗎？

（三）禪宗援引比附

　　中國禪宗實際創於慧能（638~713），主張「不立文字、直指本心」，修行於運水搬材中，成佛靠機緣頓悟，然祖師之奇言異行，自有足資後人學習處，故在慧能創教後約三百年，第一部「燈錄」問世了。

　　禪門以法能開愚，猶燈能照暗，故以燈喻法，將師徒間之傳承關係稱為「傳燈」，而記載傳承世系及機鋒語句之作，稱為「傳燈錄」，最早的是《祖堂集》，成於五代後唐保大十年（952），此後代有續作，至南宋理宗淳祐十二年（1252），釋普濟彙整成《五燈會元》。

　　本節即以此書為本，看禪門人物如何廣納各路英雄好漢，以光耀其傳承歷史。照理說，燈錄應忠實記載師承關係，不曾入門的、私淑的、同情的，甚至全不相干的，皆不當載入，然書中實非如此，多處不當的納編比附，目的皆在虛張聲勢，暗中與道教較勁，甚且故意矮化道教人物，居心叵測。且看下列諸人，會是佛教徒或禪宗信徒嗎？

甲、宋太宗

　　宋太宗趙匡義，從其傳世詩文集看，游走佛道之際，對二教教義皆略有所涉，不易論斷其崇佛或奉道，但若就其帝王之尊言，明顯偏好道教，他多次接見當時的名道士，如終南山种放、張守真、華山陳摶，分別賜予封號，又命徐鉉、王禹偁整理道教典籍，編纂大套書籍，如《太平廣記》、《太平御覽》，與其年號「太平興國」，皆令人易於聯想到道教早期經典《太平經》，特別是其「興國廣嗣之道」，雖然他也信佛，畢竟不如近道。

　　此外，他還利用道教，編纂神話以文飾自己繼位的合法性。即位不久，朝野傳出「燭影斧聲」，暗示篡位，因此命終南山道士張守貞捏造神話，偽稱上帝輔臣「翊聖真君」降臨，要太祖傳位晉王，晉王即是他本人，此後，經傳不曾顯名的翊聖真君即成為大宋王朝供奉尊神之一。所以，這樣一位皇帝，如何習禪[84]？

乙、宋徽宗

　　宋徽宗趙佶，乃宋代最有名的崇道皇帝，但不知何故，也被引進禪門。

　　他即位之初，因無子嗣，召見茅山第二十五代宗師劉混康，得「廣嗣之法」，生子後，劉大獲寵信，多次上供靈丹、仙餌、神符；此外，也常召見龍虎山第三十代天師張繼先、泰州道士徐神翁。

　　政和以後，徽宗把信仰與政治結合起來，開始系列大規模宗教活動，雷法創始人王文卿雖蒙召見，似未獲實權，政和六年，林靈素入見，偽稱徽宗為九天最高之神霄玉清王者，大獲榮寵，在林策畫下，徽宗自號「天主道君皇帝」，命天下諸州建神霄玉清萬壽宮，又令地方仿照儒學設立「道學」，還依文武官品秩，設立道職；而鑑於佛教徒水陸法會常合祀孔子、老子，有貶抑儒道之嫌，遂嚴令禁止，宣和元年，甘脆下詔損佛，佛陀改號為大覺金仙，其餘為仙人。

　　還有，徽宗對道教最大的貢獻，是整理編纂道經，即位不久，多次下令全國搜訪道教逸書，招集道士校勘，編成《政和萬壽道藏》，全部付刊，為國史上第一部全刊本的道教典籍叢書。

　　不過，他也被擠進燈錄中，且被描繪成接見禪僧有省，親製三偈，「令繪像頒行」，似乎是虔誠的禪宗僧徒，豈不可笑[85]？

丙、呂洞賓

　　呂洞賓，一看此三字，無論是婦人孺子，皆知是道教神仙，也是民間的「八仙」之一，但他竟然也成為禪宗門徒。

---

[84] 《全宋詩》搜集他許多詩文可知，（冊一，頁 311）；另參閱《中國道教史》，第十二章，（下冊，頁 507）；習禪，見《五燈會元》，卷六，（中冊，頁 353）。

[85] 見《五燈會元》，卷六，（中冊，頁 353）。

其真實生平事跡難考，從可靠史料推估，大概活動於唐末、五代及宋初，乃道教知名內丹家，張伯端的金丹南宗及王嚞的全真道皆奉為祖師之一，傳言宋徽宗封他為妙通真人，元世祖加封純陽演正警化真君，武宗又加孚佑二字，故後世通稱「孚佑帝君」，或簡稱「呂純陽」[86]。

呂洞賓不僅名重於道教內丹派，在民間，神話更高居第一，幾達家喻戶曉的地步，南宋陸游即說「天下家家畫呂公」，對於這樣一位貨真價實的道教人物，禪宗竟敢說他棄道歸禪，稱他遇鍾離權，得延命術，不久，道經鄂州黃龍山，值誨機禪師陞堂開示，遂入謁，黃龍數語即折服他，呂另以寶劍相要脅，又輸，乃拜黃龍為師，一語頓悟，頌偈有云：「自從一見黃龍後，始覺從前錯用心。」從此成為青原行思下八世第子，怪也不怪[87]？

丁、蘇東坡

蘇東坡是文學史上的全能天才，詩詞文賦，無一不精，要「以文會友」，當然易如反掌，而同代名僧、高道也都兼曉文墨，彼此言情詠物，可謂通達無礙。因此，蘇東坡有不少僧道方外之交，但要判定他崇佛或親道，實在困難，然令人納悶的，他竟也名列禪門弟子，在書中，稱東坡上廬山，宿東林興龍寺，與常總禪師對談有省，黎明獻偈，後又至玉泉寺，受挫於承皓禪師，從此，東坡成為常總的入室弟子，名列南嶽懷讓下十三世譜系中。

其實，東坡的佛道朋友極多，輩分高低、交情深淺不一，如離黃州下廬山，南遷上羅浮山，都是既訪僧也參道，甚至僧道同遊，而他幼年在鄉，從道士讀書三年，長大後常談養生術，喜好內外丹，游宦各地，道士朋友往來頻繁，書信不絕，終其一生，不曾批駁道教，至於民間的扶乩、抽籤，同時也不排斥；而他所處的時代，正是禪宗鼎盛期，士大夫參禪者眾多，因而與京師、蘇杭及各地高僧皆有交往，曾說：「吳越多名僧，與予善者常十

---

[86] 呂洞賓略歷及其相關神話，見南宋吳曾《能改齋漫錄》，卷 18〈呂洞賓唐末人〉、〈呂洞賓傳神仙之法〉二條，（頁 186）；另參閱趙翼，《陔餘叢考‧八仙》，卷 34，（頁 392）。

[87] 見《五燈會元‧呂巖洞賓真人》，卷八，（中冊，頁 497）；陸游語，見《渭南文集‧呂真人贊》，卷 22，（頁 143）。

九。」眾多高僧中，東坡最尊敬的是大覺懷璉，以其為父親老友，常互贈珍貴藝品，兩代交情深厚無比，而大覺弟子中，金山寶覺及徑山維琳也有往來，維琳且是東坡死前約見不成的最後一位方外友人；其次是天台宗的辯才元淨法師，他德高望重，曾醫治三子蘇迨疾病，書信中常稱為老師；而最親近的則是道潛參寥子，貶黃州，他千里相從，在杭州，日夕留連，後來遠竄惠州，問遺不間；至於詩文書信唱和最多，當是佛印了元，佛印常贈美味給東坡，東坡則回以珍貴的玉帶及黃州怪石，情誼可知，但東坡常以輕薄語氣戲耍他，可能如此，才被後人附會出許多趣事來；再次是蘇州定慧守欽、同鄉同姓寶月惟簡，他如法雲法秀、惠林宗本、佛日契嵩、黃龍惟清、蔣山法泉等當代叢林高僧，也都有數面之緣，或詩文書信往返[88]。

　　總之，東坡應該是以儒為主，釋道為輔，民間信仰又其次，他與東林常總的因緣，唯有贈詩一首，另加一篇寫真贊，一生往來，不過如此，如何會是其弟子？東坡外，同代楊億、趙抃，唐朝韓愈、白居易等，也都赫然在列，燈錄作者如此，當然是別有目的[89]。檢視古今中外宗教界相互批評、貶抑或收編對方神靈，故意降低其神格，本無足為奇，但往往導致更尖銳對立，引發激烈反擊，從上述諸例，再看元代的佛道衝突，就不會感到意外。

　　戊、印肅禪師

　　不過，禪門中倒有不少高僧是真心看待本書主角關公的，先以其英勇事

---

[88]　見《五燈會元》，卷17，（下冊，頁1146）；餘散見《東坡全集》書信碑記中，擬另寫一文：〈論東坡的佛道因緣〉，故不詳註卷次頁碼。

[89]　韓愈畢生反佛，始終如一，早年態度，見送惠師、文暢師二詩文，（分見《昌黎文集》，卷二，頁15及卷20，頁7），晚年立場，見〈論佛骨表〉，潮州與大顛往來，見〈與孟簡尚書書〉，（卷39，頁5及卷18，頁11），但《祖堂集》卻編出許多情節，使韓愈成為大顛弟子，其後諸燈錄繼承此說，甚且有《韓退之外傳》，均屬無稽；白居易則迥異，中年前徘徊於佛道，通內外丹術，而宦遊之交，不乏鍊師、上人，後定居洛陽，皈依淨土，但信仰不純，時而飲酒食肉，晚年四友之一，即禪宗的佛光如滿，而內心則仍是常見的「三教合一」，故而絕非禪門弟子，只須讀其〈醉吟先生傳〉及〈醉吟先生墓誌銘〉即知，見《白氏長慶集》，（卷70，頁25及卷71，頁16）。

跡為教材，而後又當作護法神靈。（參見前章第五節）

　　南宋初的普庵印肅禪師（1115~1169），乃龍門清遠徒孫，有名於時，出世主持慈化寺極久，常與文士相唱和，門生遍各地，留下不少法語、拈頌、詩詞，有〈贊護教〉短歌一首，讚頌土地、二王、南嶽靖王、五通、關公等五位中土民間神靈，以及梵王、普賢二位印度神靈，關公名列第四，稱為「關王」，讚詞云：「因權反正，辦道玉泉，無相無空，義足先天。」前二句言關公因孫權偷襲後方，兵敗不屈就義，死後成神，建玉泉寺供養智顗大師；中句頌其戰場英勇及有死無回精神，喻為學人參禪應斷盡內外干擾，以期達到「無相無空」境界，末句許其義冠古今，無人能[90]。

　　關公身分，則既是英雄也是神靈，由詩題可知已被奉為宗門護法神靈，至於是否造像供養，無從得知。此應為最早有關關公成為佛寺護法神靈的記載，雖然同被供奉的尚有其他四位民間神靈，但他們都是地緣關係密切，關公則非如此，依此看來，禪宗真的是極為看重關公。

（四）天台宗神話

　　禪宗援引各方名人以壯大其聲勢，佛教其他宗派也起而效之。然經晚唐、五代紛亂，尤其是唐武宗、後周世宗之毀佛，佛教勢力大挫，歷兩宋仍難恢復，除禪宗獨大，其餘都走向衰頹，為提振士氣，僧人只好相互觀摩，在南宋晚期，天台宗也請出了關公，只是，天台宗僧人是將關公踩在腳下，手段最為特別。

　　度宗咸淳五年（1269），天台宗僧人志磐撰《佛祖統紀》，模仿正史體例，分為本紀、世家、列傳、表、志五體，其中〈本紀〉八卷，記釋迦牟尼佛，及天台宗西土二十四祖、東土十七祖等，智顗列為東土四祖；本紀外，各體皆重在天台宗人物，搜羅完備，向為佛教及史學界所重，但在智顗事跡上明顯造偽，目的應如禪宗，拉抬聲勢，且看志磐重編的玉泉寺神話：

---

[90] 見《普庵印肅禪師語錄》，（卷中，頁 607）；生平見書後〈年譜〉及〈塔銘〉，
　　（頁 530）。

師至荊州，欲卜清溪以為道場，…乃於其處趺坐入定，一日，天地晦
冥，風雨號怒，妖怪殊形，…其夕，雲開月明，見二人威儀如王長
者，美髯而豐厚，少者冠帽而秀發，前致敬曰：「予即關羽，漢末紛
亂，九州瓜裂，曹操不仁，孫權自保，予義臣蜀漢，期復帝室，時事
相違，有志不遂，死有餘烈，故王此山，大德聖師，何枉神足？」師
曰：「欲於此地建立道場，以報生身之德耳。」神曰：「願哀閔我
愚，特垂攝受，…弟子當與子平建寺化供，護持佛法。」…神運鬼
工，其速若是。…一日，神白師曰：「弟子今日獲聞出世間法，願洗
心易念，求受戒，永為菩提之本。」師即秉鑪，授以五戒，於是神之
威德昭布千里[91]。

神話內容可歸納為四項：

甲、關公為清溪山神：成神理由是「有志不遂，死有餘烈」，意即怨氣
沖天，化而為神，其意應是非依佛道修行，功德有缺，難達圓滿境界；至於
為何在此稱王，大概殉難於臨沮，距此不遠，故就近盤據。

乙、關公主動要求度化：關公得知大師欲在此建道場，即謙卑主動自請
「哀閔我愚」，大概清溪山非如其他名山，在此稱王，亦屬有愧當年，所以
「山不轉路轉」；而為何要「護持佛法」，應是關公先率眾妖怪脅迫，見智
顗定力高深，不為所動，於是心生景仰。

丙、關公七天完成建寺：當關公親見智顗之高深道行，也想展現神力，
作為入門之功德，於是驅役鬼神，迅速將山川化為平地，並建成宏偉的佛教
道場。

丁、關公皈依證道：關公稱王於清溪山以來，所與為鄰的皆為邪魔外
道，其「神運鬼工」，仍為民間法術，不具智慧威德，有諸多煩惱痛苦，尚
須天台宗上乘法門開示，所以經智顗「授以五戒」，從此「洗心易念」，善

---

[91] 見《佛祖統紀》，卷六，（頁 183）；志磐略歷，見書前自序，其前理宗端平三年，
另有曇照《天台智者大師別傳註》，亦有神話，只引用董侹碑文，未多作附會。

護鄉邦，與晉王楊廣等成為大師之入室弟子。

對照四百多年前董侹碑文，即知志磐抄襲前者，再經想像、杜撰、誣蔑而成。在董文裡，關公與智顗平起平坐，展現神力，自有其威嚴，然到志磐之手，關公近於邪神，屈服於智顗，經過度化，才算功德圓滿。

當然，志磐作賊心虛，先就晉王楊廣呈智顗信文中斷章取義，以為內有「既事出神心，理生望表」，判定智顗上文帝玉泉圖中，應有關公神話，並因此責怪為智顗作傳的章安（即灌頂），「略不及關王事，殊所未曉」，所以另據玉泉碑補全；不過，他不引附在信後的皇甫昆碑文，卻肆意附會改寫董侹神話，其目的倒不敢隱瞞：「用彰吾祖之聖德。」則其私心已昭然若揭，他為何如此？這像得道高僧嗎？能提升天台宗勢力否？

還有，志磐手段也不高明，破綻百出，開頭「欲卜清溪以為道場」，即嚴重不符地理方位，其實，玉泉寺附近有三座名山：清溪山、覆船山、紫蓋山，各有出名道觀寺廟，玉泉寺在「覆船山」上，位於官道旁，而清溪山在其西北數里外，位置較偏僻，應非誤記，此語當從三方面推敲[92]。

一、荊州地理方位：其地乃四方往來要衝，平時商務繁榮，佛寺香火鼎盛，玉泉寺財源不虞匱乏，戰亂時則不同，散兵遊民覬覦其財，常受其害；而關公廟位在另一方，平時香火雨露均霑，戰亂時則以武將神靈威嚴具有震懾嚇阻力量，當然較為安全，觀北宋神宗時，銅川神虎軍在荔浦縣關公廟禱告可知。

二、宋末荊襄局勢：志磐成書前一年，元兵圍攻樊城，而附近早經多年戰亂，稍南之江陵、當陽一帶，必已人心惶惶，官道旁玉泉寺應已極不安全，他不可能不知[93]。

三、玉泉寺多遭不幸：古剎加上名山勝水，過去玉泉寺曾享有數百年榮

---

[92] 玉泉寺附近山形水勢，見光緒《玉泉寺志》書前山圖，及袁中道〈遊玉泉記〉、〈遊紫蓋山記〉二文，載同治《當陽縣志》，公安三袁皆參與明神宗時改建玉泉寺，所記最真，而青谿山或作清溪山，（卷17，頁135、145）。

[93] 見《宋史·度宗本紀》，（冊二，頁901），及《元史·世祖本紀》，（冊一，頁121）。

景，但絕佳位置也必有其致命之處，南宋以來，寺方已遭逢多次劫掠，元初大昕禪師（1284~1344）即說：「地當楚蜀之交，時稍亂即屯重兵，故自唐季五代、宋靖康，墟而復葺者數矣，而咸淳末獨甚，兵火其寺，唯關氏一廟存。」實則南宋玉泉寺至少有三次大災難，一在咸淳十年，即志磐作紀後五年，其前二次在紹興中及端平元年，而關公廟則能靠武將神威倖存[94]。

　　所以，志磐含混合稱關公廟與玉泉寺，稍後元初大昕亦同，判斷此時寺方衣食應已十分拮据，需靠遠方關公廟之香火支援，故不能像唐朝董侹，以關公廟附在玉泉寺下，反而以關公廟代表玉泉寺，將玉泉寺附在關公廟下，真是風水輪流轉，元初胡琦編《關王事跡》，進士李鑑序云：「玉泉山川托神而靈，瞿曇之教得神而盛。」說得最為直接明白[95]。

（五）護法神靈

　　中國的門神起源頗早，東漢末年應劭《風俗通義‧祀典》云：「縣官常以臘除夕，飾（神荼、鬱壘）桃人，垂葦茭，畫虎於門。」

　　佛寺也有類似門神的守護神將，如《楞嚴經》即云：「退歸精舍，祇見伽藍。」應指早期印度，此風傳至中土，北宋道誠《釋氏要覽》即載有十八位，但均為印度外來，未見有本土神祇[96]；至南宋，禪宗從俗，開始供奉民間神靈，而天台宗志磐改編智顗度化關公神話，以大師的神聖地位作號召，加上關公在民間之知名度，兩者相輔相成，天台宗的寺廟，很快的就奉關公為「護法之神」，稱為「關王菩薩」，置於佛殿之旁[97]；後來，甚至供奉六

---

[94] 大昕《蒲室集‧荊門州玉泉山景德禪寺碑銘》，卷 11，（頁 3）；及光緒《玉泉寺志‧營建志》，（頁 56、64）。

[95] 見《關帝事蹟徵信編‧書略》，卷 30，（冊四，頁 501），呂楠纂《義勇武安王集》，未載此序。

[96] 原書《釋氏要覽》未見，轉引自《佛光大辭典》。

[97] 無盡《天台山方外志‧關王菩薩》，云：「凡台教伽藍，莫不祀為護法之神。」（卷十，頁 732）書成於明萬曆 29 年，文中係追敘，不過神話既出自志磐，則天台宗寺廟供奉關公也當在南宋末年以後；另外，普陀山上也供奉關公，及明周應賓《重修普陀山志‧建置》，（卷二，頁 140），見下節。

祖真身的南華寺，其附近亦有關公廟[98]。

不難想像，此後佛教很多寺廟，不再只是口念「伽藍護法」，而是更直接的將關公塑像置於山中，或塑立於佛菩薩之側、或另建旁殿供奉，此種「當門而立」，或「拱侍於旁」的作法，當然是想「竊英靈、借往聖」以自壯，又不想喪失顏面，於是表面尊之，暗地貶之。

總之，宗教人士造神借將，目的不外為弘法，從禪宗的廣徵各路英雄好漢，天台宗的收編關公，大概皆不出此意。其實，比較佛道二教手法，實難分高下，只因道教為本土宗教，其與民間信仰長年千糾百纏，國人習以為常，佛教則為外來，本就少有中土神靈，故而天台宗作法就顯得突兀，明代以來，關公神格遽升，衛道人士自不容許佛道教徒之依附，終引來韃伐。（見下下節）

第五節　元代關公信仰

南宋中晚期，蒙古崛起，統一大漠後南侵，而其南方的金朝正值衰微之際，蒙古人強取強求，中原各地烽火連天，處於戰亂的漢人，其顛沛流離之苦實難想像，大概是「板蕩識忠臣」的心理激勵，文人雅士歌詠蜀漢君臣者較前為多，而關公經多年蘊釀，歷史地位與神靈威信已非先前可比。

元帝國建立後，逐步佔領大江南北，蒙古人並不排斥漢人信仰，重要關公廟宇都得到更完善照護，道教雷法依然盛行，關公仍為神將之一，密宗則借政治力量成為首屈一指的國教，又從道教學習各種術儀，移植關公神將腳色成為都城慶典的監壇神靈；還有，三國故事流傳、戲曲盛行，因此，大一統局面對傳播關公神威自是一項無比的助力。

---

[98] 見真樸《曹溪通志》，卷一附圖，（頁 13），此書初修於萬曆 27 年，續修於清康熙十年。

一、廟宇漸次普及

南北宋的關公廟，大都在郊區，或偏僻城鎮，但大帝國時代已非如此寒酸，欲概略了解其普及情形，數篇碑記足為佐證：

一為順天〈漢義勇武安王廟碑〉：金朝順天軍，位中都稍南（今北京市），當地原有關公廟，金亡不久，（即南宋理宗端平元年，1234，元朝尚未建立），節度使新官上任，嫌其卑小，覓地另建新廟，命儒生郝經撰碑文，稱關公：「英靈義烈遍天下，故所在廟祀，福善禍惡，神威赫然，人咸畏而敬之，而燕趙荊楚為尤篤，郡國州縣、鄉邑閭井皆有廟。[1]」

二為固安州〈關侯廟碑記〉：廟在大都南郊，金明昌中建，仁宗延祐四年重修（1317），教諭李全撰文，稱關公：「英風烈氣罔間遐邇，赫赫顯應，福利民生如響，豈非得孟氏浩然之氣者，生為名臣，沒為名神者歟？[2]」

三為唐山縣〈重修關王廟碑記〉：唐山在此前後亦建廟，名士馮子振撰記，盛讚關公：「廟食滂沛於九州，長河之北，大江之南，陋之而偏州，迂之而僻縣，枌然數十家之聚，輒哀金券地，畚土伐木，寧鶉衣百結，不敢虛丹艧於雲長之祀事，寧蝸挺一角，不敢乏牲酒於雲長之龕宮，矧大邦劇邑人物充斥之鄉乎？[3]」

記文難免吹噓，仍可見其概況，而都城附近如此，他地可以推想，茲據傳世文人筆記、地理志書，概要羅列金元時期各地關公廟。

（一）大都

蒙古人攻佔中原後，至元八年定國號為元（1271），隔年，擴建金朝燕京舊城，稱為大都[4]。關公廟宇遍及南北新舊城，依時人熊夢祥所記，共計

1　郝經《陵川集》，卷33，（頁75）。

2　見光緒《順天府志·祠祀》，（冊13，頁6）。

3　見光緒《畿輔通志·祀典》，卷112，（冊四，頁4442）。

4　大都之建城，見《元史·地理志》，及〈劉秉忠傳〉，（冊三，頁1347，及冊六，頁3687）；析津，乃後晉幽州，石敬瑭割興遼，太宗升為南京，聖宗改為燕京，金改為大興府，入元擴建，稱為大都，見《金史》及《元史》地理志，（冊一，頁573，及冊三，頁1347）。

二十餘處，較有名的有五處，皆沿用宋徽宗封號，稱為「武安王廟」：

　　甲、舊城彰義門內黑樓子街：世祖曾令每月固定支給馬匹草料，而每年二月「游皇城」祭典，即以此廟關公像當監壇神。

　　乙、北城羊市角北街西：有二石碑，上載關公靈應事跡；

　　丙、太醫院前：有揭曼碩碑記；

　　丁、南城陽春門東官窯場南：有田教授碑記；

　　戊、開遠坊：有待制趙燈所撰碑。

熊記頗簡，未載碑文，致分不清官建或民建，但有名人撰文勒碑，顯然具一定規模，非如鄉村小廟可比，而此眾多廟宇，在當地所有寺院宮觀中，約占七分之一，顯見關公神威已蓄勢待發，其中兩廟值得再加探討[5]：

　　彰義門內廟：元朝皇室最為青睞，每年國家重要宗教慶典「游皇城」，其關公神像即來自本廟，直至元末，都城禁衛軍「怯薛」還十分虔敬奉祀，明朝以來，成祖選定為官祭之廟宇，民間稱「白馬廟」（參見下節）。

　　羊市角街廟：此廟應該傳承久遠，明神宗時，宛平縣令沈榜記發祥坊有廟，建於元文宗天曆二年（1329），清高宗時，詳細調查都城附近古跡祠宇，載及西城阜成門內「雙關帝廟」，稱泰定二年（1325）重修，與沈所記略同，另載元朝李用、吳律二碑，也合於熊所記，推估應為同一廟，後又有明英宗、孝宗、世宗三碑，而文武二神像並祀及改名，應在明清之際[6]。

　　還有，榆垡廟：位右安門外榆垡村中（今北京市大興區榆垡鎮），不知建自何時，文宗天曆三年立碑，韓師虁撰〈武安王廟記〉，翟峴中正書；又，易州亦於至正十三年建廟（1353），郭執中撰有〈關王廟記〉，二廟均應不小[7]。

5　見《析津志輯佚·祠廟儀祭》，（頁 57），另據本書〈寺觀〉篇，載諸寺院宮觀，
　　共 170 餘座；熊之生平略歷，參閱書前李致忠〈整理說明〉，活動於元末明初。

6　見《宛署雜記》，卷 19，（頁 232）；及《日下舊聞考》，卷 52，（頁 21）。

7　二碑記俱見光緒《畿輔通志·金石》，卷 139 及 150，（頁 5422 及 5803），唯天曆
　　無三年。

（二）大定府

　　大定府（約今承德市北方），建城於遼聖宗統和 25 年（宋真宗景德三年，1006），遷漢戶以居，號為中京，金朝歸北京路，元隸大寧路，至此已歷三百年，必有規模，居民中漢人應不少，仁宗皇慶元年（1312），於府之西關建「義勇武安王廟」，乃關外漢人及遊牧民族歌哭重要所在，香火延續至盛清[8]。

（三）河北

　　順天路，即宋代保州、金代順天軍，元滅金，升為順天路，後改為保定路；清苑縣（今保定市）為總管府所在，俗稱順天府，位大都西南；金末，此地有二座關公廟，惜皆破舊矮小，年久失修，不足以顯現神威，金亡三年（南宋嘉熙元年，蒙古太宗九年，1237），權帥府事苑德於城外雞水南湖之旁另建新廟，供昭烈皇帝劉備，關公、張飛陪侍於側，不久，以「廟無二主，尊無二上」，乃另建昭烈皇帝廟，而本廟專稱「漢義勇武安王廟」；附近唐山縣廟也頗具規模，有馮子振碑記。

　　另外，在大都東偏的鉅鹿縣，也有鄉人籌資建廟，完工後，教諭杜紹先撰記立碑，清時猶存；而正南固安州（今廊坊市），原有金章宗時所建廟，入元一樣香火鼎盛，仁宗延祐三年大規模重修（1316），並改名，五年，翰林院編修牛師厚書匾「義勇武安王廟」，次年，教諭豫章人李全撰碑記；而西南的易州，至正 13 年也建廟（1353），郭執中撰碑記，清末猶存[9]。

（四）解州與當陽

　　解州廟：關公故里解州廟宇，南北宋及金時各兩次重修，金人並於城東建關家祖宅塔，入元以後，屢詔守臣依時致祭，又經多次修建，最早在至元三年（1266），世祖欽點名道士姜善信負責，姜另於廟左建道院，號為「崇寧宮」，此後即有「提點崇寧宮」之官稱；二次在武宗大德七年（1303），

8　見《熱河志》，卷 82，（頁 10）；大定府之沿革，參見遼金元三史〈地理志〉。
9　杜郭二碑，俱見光緒《畿輔通志》，卷 147 及 150，（冊四，頁 5687 及 5803）；固安廟修建沿革及李全碑文，見光緒《順天府志》，（冊 13，頁 6）。

大地震後，由姜之孫張志安整建，仁宗皇慶元年（1312），張繼其祖監守本寺，魯王泰定元年（1324），張又重修；後在順帝至正 25 年（1365），郡人蔡榮父子等募款重修，前後歷三十餘年，均留下碑記，至此，此廟已形成規模龐大的宮廟群[10]。

案：姜善信，本華山道士，後居山西龍門山，時隱居修真練性，也入世度人，曾募建禹堯二廟，因是知名，得元世祖青睞，封靜應真人，由他護持關公廟，當然別具意義[11]。可能因此廟香火鼎盛，關公威名遠播，元末河南紅軍起義，名將察罕帖穆爾率軍鎮壓，軍事告一段落即遣人至此祭祀，稱關公「忠義智湧，卓冠當代」，期許「戡我戎事，佑我邦家」[12]。

當陽地區，本有關公廟、關公墓及玉泉寺，三者香火在宋末元初以來已形勢丕變。南宋末年，荊州一帶兵連禍結，玉泉寺被燒光，唯附近關公廟獨存，而當陽城西的關公墓也不受影響，僧人衣食拮据，轉而依附關公墓廟，至元 12 年（1275），住山惠珍助修墓地行祠大門，可能依此獲取香火，二年後，惠珍募緣重建玉泉寺，但不順利，直至至大二年廣鑄掌門時方竣工（1309），歷三十餘年。

廣鑄在前一年，也改建關公廟於寺後山上，師徒信眾協力，起正殿三間，名「武安廟」，廟貌雄偉，神像用王者冠服，其所在為覆船山西北之青谿山；廣鑄另又修舊廟，加建左祠稱感應，右祠為協應，至延祐二年落成（1315），《關王事蹟》作者胡琦自稱「親睹盛事」。

不過，此二廟盛況似乎不再，主因乃當陽墓廟已漸取而代之，關公墓在當陽城西郊玉陽鄉，傳言即古之章鄉，附近人士原稱為「大王塚」，自惠珍

---

10 見呂楠《義勇武安王集》，引胡琦《關王事蹟》，載崇寧宮圖及說明，卷一，（頁41）；及王緯〈重修廟記〉，卷四，（頁145）。

11 姜之略歷，見乾隆《河津縣志》，卷八，（冊五，頁25）。

12 見呂楠《義勇武安王集》，卷四，（頁156）；察罕事跡，見《元史》本傳，（冊五，頁3384）。

建廟於墓前，已合墓廟為一，規模雖不如前二廟，但已蓄勢待發[13]。

（五）他地

昌國州廟：昌國州（今浙江省舟山市），位浙東道外海，州城在島北，乃北宋熙寧六年（1073），鄞縣令王安石所設，入元升為州。關公廟在州城之東，名為「關王廟」，規模不明[14]，州城之南即聞名的「普陀山」，南宋以來，相傳為觀世音菩薩道場，佛寺極多，善男信女以及高僧爭往朝山，香火鼎盛，歷久不衰，後來與峨嵋、九華、五臺共稱為佛教四大名山，數百年來的佛教聖地，現在竟有關公廟，其珍稀正如孔林附近之廟宇[15]。

襄陽府廟：廟在城南九里鳳林關，金亡，詩人李俊民因兼精術數，得忽必烈多次召見，因而離鄉南遊，至襄陽，有詠史詩多首，其一即〈關將軍廟〉，有云：「曹吳不是中原手，天下英雄有使君。[16]」用曹操在許縣稱讚劉備的典故，轉而嫁接至關公上，此「牛頭對馬嘴」手法，乃明清許多關公信徒所慣用，李可謂開風氣之先。

洛陽廟：金人於河南府治西北建廟後，元人似直認此為關公廟本山，文宗天曆元年（1328），加封關公「顯靈」，並遣官至此廟致祭，其〈加封文〉、〈代祀文〉碑記俱存；至於曹操埋葬關公首級於城南處，由於墓地不顯，尚未建廟[17]。

江都廟：在揚州路府城內，乃城隍廟西廡所拆建，廟前有〈三絕碑〉，文乃蘇昌齡起句，名士馮子振續成，書法家趙孟頫膽寫，故有名於時，每年春秋二季及關公誕辰，由知府率同所屬公祭[18]。

---

[13] 大昕《蒲室集》，卷 11，（頁 3）；呂柟《義勇武安王集》，引胡琦《關王事蹟》，卷一，（頁 45）；玉泉寺與新建關公廟方位，見光緒《玉泉寺志》書前山圖。

[14] 馮復京《昌國州圖志・敘祠》，卷七，（頁 316）。

[15] 普陀山，南宋時多稱補陀山，或補陀落伽山，香火已極盛，禪僧如天童正覺即多次朝聖，見《宏智正覺禪師廣錄》，卷四，（頁 761、764）；其建置沿革，參閱周應賓《重修普陀山志》。

[16] 見《莊靖集》，卷六，（頁 12）。

[17] 見《關帝事蹟徵信編》，卷八引龔松林《新洛陽縣志》，（冊三，頁 150、293）。

[18] 雍正《江都縣志》，卷 11，（冊八，頁 27），前引唐山縣碑當為複刻本。

徐州廟：在歸德路府城外呂梁洪，即漕運險灘旁，廟并奉關公及唐尉遲敬德，元朝董恩建，趙孟頫撰有廟記[19]。

此外，江西之袁州（今宜春市），亦於元初建廟[20]；河北真定路之晉州、鉅鹿縣，也有廟；陝西華州蒲城縣，於仁宗延祐五年建（1318）；鄜州廟則建於順帝至正 11 年（1351）；延安安塞縣廟建於成宗大德中（約1297）[21]。

總之，關公廟的分佈，應較先前為廣，昌國州普陀山下廟的出現，尤為難能可貴，可說關公神威已近於全面擴散[22]；但也不意味著廟宇遍佈全國，如東南一帶仍未見有廟，更不能說關公香火獨霸天下，如城隍神，應可與之分庭抗禮[23]。

二、定期廟會

在傳統民間信仰中，常有祭典與民俗活動結合之情事，如宋代岳州一帶端午節龍舟競渡即是著名的一例；金（南宋）元之際，北方的關公廟也出現了定期的廟會活動，而京城更有大型宗教慶典，但奇怪的是，唐宋以來的「武成王廟」祭典，卻僅以孫武、諸葛亮等十人從祀，關公被除名[24]。

---

[19] 見《關帝事蹟徵信編・祠廟》，卷九，（冊三，頁 310）。依雍正《江都縣志》，唐山碑當為複刻本，（卷 11，冊八，頁 27）。

[20] 見《江西通志・壇廟》，卷 74，（冊四，頁 1602）。

[21] 分見光緒《畿輔通志》，卷 112 及卷 148，（頁 4435 及 5687）；及《陝西通志・祠祀》，卷 28、卷 29，（冊二，頁 860、871、819）。

[22] 其餘如蒙、藏、女真族及畏兀兒地區，參閱胡小偉《多元一統》，（頁 53），唯胡氏以為「元時關廟已遍及全國」，所見與本書異。

[23] 元代地理志書，明確載有其他祠宇，而無關公廟的，如徐碩《至元嘉禾志》、袁桷《延祐四明志》、于欽《齊乘》、張鉉《至大金陵志》等，故關公廟仍未普及至各地；而其時城隍廟香火亦盛，都城修廟立碑，至清初尚存者七，見光緒《畿輔通志・金石》，卷 138，（頁 5405）。

[24] 見范致明《岳陽風土記》，（頁 124）；及《元史・祭祀》，（冊三，頁 1903）。

（一）順天府廟會

史上最早的關公廟定期廟會，出現於順天府，活動在五月十三日及九月十三日，據郝經云：「大為祈賽，整仗威儀，旌甲旗鼓，長刀赤驥，儼如王生。」神像配上大刀、赤兔馬，神轎及甲仗旗鼓均有如王者，顯現無比威嚴，廣場洶湧人群，廟前豐盛牲禮，乩童起舞，香煙嬝嬝，紙錢狂飛，善男信女，喃喃禱祝，可藉陸游〈賽神曲〉以會通古今：

> 叢祠千歲臨江渚，拜貺今年那可數，須晴得晴雨得雨，人意所向神輒許，嘉禾九穗持上府，廟前女巫遞歌舞，嗚嗚歌謳坎坎鼓，香煙成雲神降語，大餅如槃牲腊肥，再拜獻神神不違，晚來人醉相扶歸，蟬聲滿廟鎖斜暉[25]。

見過台灣民間廟會者，對此一定不陌生，至於廟會定在此二日，有何傳說與原因，郝經沒有交待，不得其詳，但前者很快被官方接納，明初在南京建關公廟，即以五月十三日為關公誕辰，遣太常寺官致祭，此後沿襲，而在他地，則各有傳說，而九月十三日，明末解州地區認定為關公忌辰。

定期廟會背後，意味關公廟宇具備基本的體制，有固定職事人員，安排祭典廟會，收受香火捐獻，管理廟產，組織信徒，而廟產中可能也有廟田。凡此，皆足以令關公信仰在基層社會中更易紮根擴充[26]。

（二）大都游皇城

元帝國定都大都後，時天下尚未一統，而忽必烈也經常來往開平與燕京，兩地官方宗教活動當然具有示範作用，而由喇嘛主導，屬於藏傳密教系統，另結合關公，帶有濃厚的多元民俗色彩。

忽必烈偏好喇嘛教，即位之初，封八思巴為國師，重要慶典皆聽其統籌規畫，「游皇城」尤為著名，至元七年（1270，隔年建國號為元），八思巴

---

[25] 見《劍南詩稿》，共有五首〈賽神曲〉，所引見卷16，（頁25）。

[26] 如解州關公廟即有田，見《關帝事蹟徵信編‧祀典》，卷11，（冊三，頁374）。

建議，於皇宮大明殿御座上建白傘蓋，上覆素緞，以泥金書寫梵文「鎮伏邪魔護安國剎」，並另在崇天門右豎立數丈高鐵柱，以四條鐵索牢繫，上置金輪，象徵「金轉輪王」統治四夷天下，並定例：此後每年二月十五日，迎此傘蓋，週遊皇城內外，「與眾生袚除不祥，導迎福祉」[27]。

活動早預為籌畫，正月十五日開始調撥人手，計有傘鼓手 120 人、殿後軍甲馬 500 人、擡异「監壇漢關羽」神轎軍雜用 500 人，及僧人、倡優、樂舞等，共 15824 人，皆供給鎧甲、袍服、器仗，裝束鮮麗整齊；二月十三日，先迎太子，异高塑神像入城，十四日，帝師率梵僧 500 人在殿內做佛事，十五日，恭迎傘蓋，從西宮門出，繞行皇城一週，僧徒首尾三十餘里，都城士女，沿途圍觀，帝及后妃公主亦另搭高壇俯覽，至十六日結束，稱為「游皇城」。另外，夏季六月中，在上京開平（今內蒙古自治區錫林郭勒盟），也依此舉行。

游皇城雖是官方宗教慶典，但都城居民亦熱心參與，達官貴族更藉機炫耀，顯現都城無比繁榮與熱鬧，據熊夢祥記：

> 各宰輔自辦孺子車，凡寶玩珍奇，稀罕番國之物，與夫百禽異獸諸雜辦，獻賞貢奇，互相夸耀，於以見京師極天下之壯麗，於以見聖上兆開太平，與民同樂之意；…各投下分辦簇馬只孫筵會，俱是小小舍人盛飾以顯豪奢，凡兩京權勢之家，所蓄寶玩，盡以角富[28]。

此時尚未統一天下，世祖自許為「金轉輪王」，明示開創大一統新局，兼顧與民同樂，立意頗佳，許多士人皆親眼目睹，如袁桷即有〈皇城曲〉長詩一首，略云：

---

27 見《元史・祭祀》，其中人馬乃據所述推算，（冊三，頁 1926）；另《析津志輯佚》，慶典始於至元四年，並載白傘蓋遊行路線，可補《元史》不足，（頁 214）。

28 見《析津志輯佚・歲紀》，（頁 215）；只孫，或作質孫，乃內庭大宴官服，見《元史・輿服志》，（冊三，頁 1938）。

歲時相仍作游事，皇城集隊喧憧憧，吹螺擊鼓雜部伎，千優百戲群追
從，寶車瑰奇耀晴日，舞馬裝彎搖玲瓏，紅衣飄裙火山聳，白傘撐空
雲葉叢，王官跪酒頭叩地，朱輪獨坐顏酡烘，蚩氓聚觀汗揮雨，士女
簇坐唇搖風[29]。

描繪都城市民慶典活動細節，極為逼真。

游皇城的最高法力象徵為白傘蓋，其佛像、經文、符籙不得其詳，但傘
蓋後面有被稱作「監壇」的關公神像神轎，其神像來自彰義門內關公廟，關
公在此活動中的神格極高，難怪連元朝的禁衛軍都崇拜，很明顯的，其名
稱、神職均有雷法的影子，也具有濃厚的密宗色彩，至於白傘蓋稱「鎮伏邪
魔」，是否會影響到後來明神宗的「伏魔」封號，有待推敲。

忽必烈除推動大規模的游皇城宗教慶典，開啟關公神靈腳色的新紀元，
另於至元 15 年（1278）下詔「禁玉泉山樵採漁弋」，是何原因，史未明
言。而元兵佔領長江中游，至此時也不過三年，南宋殘餘勢力猶在，但世人
應不陌生，從盛唐、兩宋以來，玉泉山與關公廟已被誤認為一，對照兩京游
皇城，推測此舉應與崇奉關公有關，皇家苑囿、宗廟、名人祠宇等重地，本
就禁民「樵採漁弋」，而關公已貴為監壇神將，其神話發跡處不再任人褻
瀆，也屬合理[30]。

八思巴為藏人（1235~1280），既受世祖禮遇，也懂得追隨民間關公信
仰，規劃游皇城祭典，後來多次回藏，將關公的神威帶至藏蒙地區[31]。

游皇城在世祖之後，可能因政局動盪，而未常年舉行[32]，然關公信仰正

---

29 見《清榕居士集》，卷 16，（頁 95），袁桷官至翰林直學士、知制誥同修國史，故
　詩中所敘，當為在京城所親見，生平見《元史》本傳，（冊六，頁 4025）。

30 見《元史‧世祖本紀》，（冊一，頁 207）。

31 參閱胡小偉《多元一統‧藏區密教與關羽崇拜》，（頁 53），巴斯八生平，見《元
　史‧釋老志》，（冊七，頁 4517）。

32 依《元史‧文宗本紀》，世祖後，僅見天曆二年二月，（冊二，頁 730）；而熊夢祥
　亦直言「自此以後，未見重舉」，（頁 216）。

蓄勢待發，因而都城人士可能受順天府定期廟會影響，端午節有「賽關王會」，熊夢祥曾目睹：

> 南北城人於是日「賽關王會」，有案極侈麗，貂鼠局曾以白銀鼠染作五色毛，縫砌成關王畫一軸，盤一金龍，若鼓樂、行院，相角華麗[33]。

活動為公私合辦，漢藏混合，其中以銀鼠毛染色，堆砌成「關王畫」，應是早期藏族「唐卡」，而畫身上盤繞金龍，已加入漢族信仰[34]。

三、關公專書

關公由英雄而成神，再由區域性神靈擴至各地，崇拜者越來越多，至元朝中期，出現虔誠而狂熱的信徒，自以肩負傳教使命，開始熱心研究關公，搜集史傳記載、相關遺物、後人題詠以及民間神話故事，並編刊成書，廣為流傳，此即本書所謂的「關公專書」。

（一）內容特色

關公專書並非嚴謹的史學論著，乃關公信仰盛行之際的產物，若以關公為主要研究對象，論其生平事跡、歷史地位、神話演變及讚頌詩文碑記，可稱為「關公學」，則「關公專書」無疑是其不可或缺的史料來源[35]。茲綜合元明清專以刊載關公相關事跡之專書為例，歸納說明其特色[36]：

甲、作者為虔誠信徒：對關公無比崇敬，視之為忠義典範，等同聖賢，甚至比美孔子，成為文武導師；而關公死後為神，已神威遠震，靈應如響，其在神界猶如人間之帝王。

---

[33] 見《析津志輯佚‧歲紀》，（頁219）。

[34] 參見胡小偉前引書，（頁50）。

[35] 案「關公學」似起自饒宗頤先生，見李福清《關公傳說與三國演義》，書前饒序。

[36] 據《關帝事蹟徵信編‧書略》，卷30，所列元明清之專書簡介、序文寫成，（冊四，頁499）。

乙、強烈宗教使命感：編者咸認為宣揚關公忠義事跡，及靈驗神話，乃「有功名教」，「使後之為臣為子者知所競勸」，能令「聞風者鼓舞，瞻像者肅敬」；至於世人偶而對關公略有微詞，或傳聞不足彰顯神威，皆視為褻瀆，必嚴正駁斥，編刊書籍就是實際的衛道行動：「足為希聖之助，可使藝林生色」。

丙、事跡揚長護短：作者信仰近於癡迷，故不夠理性，以為關公生平事跡皆係「正義參天」，偉大絕倫，無絲毫瑕疵，得罪同袍，兵敗殉難，皆可合理解釋；至於死後為神，更是千真萬確，「祭則受福」，不容懷疑，故而宣揚靈異，創造神跡，均樂此不疲。

丁、內容真假駁雜：生平事跡來源除史傳外，又經比附聯想，加進三國小說及民間神話故事，並且向上下古今延伸，先祖世系、後代裔孫、生前手跡、印信，也都紛然出現，至於能彰顯關公高貴人格精神，及有求必應之靈異故事，更是幾乎必有的情節。

總之，通俗淺顯專書的問世，顯示已提升關公神格至更高地位，其在民間之信仰進入另一階段，信徒包含基層文士，中央地方官吏，幾乎遍及全國。

（二）胡琦《關王事蹟》

最早的關公專書，出現在武宗至大元年（1308），即胡琦的《關王事蹟》，琦字光瑋，巴郡人（今巴中市），號漳濱隱士，大概是位窮書生，活動於社會基層，抑鬱不得志，讀《三國志》關公傳，易產生同病相憐之心，自稱：「未嘗不釋卷而嘆，想見其為人，而哀其志之不得伸也。」其後，親至當陽章鄉：「每過之，尚凜凜如生，未嘗不徘徊顧瞻，慨然感動，而嘉其大節之不可奪也。」然後想起各地關公信仰：「不維四方祠詠，靈應如響」，可惜相關事跡，多屬「道聽塗說，鄙俚怪誕」，幸得前當陽縣令孫吉甫之鼓勵，多方蒐羅，又得現任縣令李夢卿之協助，而後完成此書；此書為關公專書開山之作，於元代明代均經多次翻刻增補，至今所見，以世宗初，呂楠《義勇武安王集》所載為最早，胡書絕大半內容都保留，偶

有節刪[37]。

此書共計五卷，分為〈實錄〉、〈論說〉、〈八圖〉、〈四門〉四部：

〈實錄〉即關公傳記，以《三國志》關公本傳為主，再「旁搜前史，互閱故書，校其同異，差次而推衍之」，而「其文則因於舊，其事則詳於前」，今閱讀全文，知符其所自許，不失學術水平。

〈論說〉部，先載陳壽、胡寅二評，琦著論駁之，為關公行軍做人缺失辯護；後載胡自作四篇短文，考證長坂赤壁方位、關張年歲，及附和唐庚史評，均很夠水準；但接著轉載十一篇關公靈異事跡，已超越董偓玉泉寺神話，又加進天台顯靈、解池斬妖、崇寧平祟等，遍引古記，惹來呂楠批判。

〈八圖〉乃關公相關遺物圖文，計有神像圖、世系圖、年譜圖、司馬印圖、壽亭侯印圖、大王冢圖、顯烈廟圖、追封爵號圖等，輯圖用意在「稽古驗今」，但方法是「輒用己意」。胡信仰頗誠，將關公世系上推至夏大夫關龍逄，又信古印發光神話，爵號也錯，一百多年前洪邁已力辨其偽，胡氏竟然沿用，可能受限學識；大王塚圖即關公墓廟圖，文字說明歷載宋元整建，中稱今為大德十年（1306）；玉泉顯烈廟圖即關公廟圖，用北宋哲宗廟號，敘宋元多次修建，還說「親睹盛事」，而記玉泉寺諸住持，也同於禪宗名僧大昕之碑記，足見其說可信。（見前節）

〈四門〉包括靈異、制命、碑記、題詠，其中靈異項即民間流傳的關公神話，書後附有《玉泉記》三卷，即關公助建玉泉寺，及各地靈異事跡總集；制命為皇帝最正式文書，如南宋孝宗加封文；碑記即修建廟宇或改封始末，如鄭咸、張商英、蕭軫、張開、田特秀、毛德、王緯等文，皆為首載。

總之，本書為關公專書之首作，從出刊至明武宗正德三年（1508），二百年間已增刻二三次，而其間據之潤飾推衍之作又不知凡幾，故其對關公信仰之傳播貢獻，當然毫無疑問，明中葉以前，所有的專書幾皆以此為藍本，再酌以增補，故本書的問世，具有劃時代的意義及不可取代的學術價值：

---

[37] 胡序見呂楠《義勇武安王集》，卷三，（頁120）；另《關帝事蹟微信編》，卷30，則尚有李鑑序，為呂所刪，（冊四，頁500）；呂書善本，今藏哈佛大學燕京圖書館。

　　其一，珍貴史料：書中載有多篇官方檔案，如南宋孝宗改封誥命，蕭軫、張開等人之碑記，及唐宋文人題詠，若非本書，可能早已散佚，保留珍貴史料，功在學界。

　　其二，區隔墓廟與玉泉寺：書中之大王冢圖、顯烈廟圖，明顯區別當陽之「關公墓」與「關公廟」，且與「玉泉寺」並列，讓世人知曉三者有別，雖然作者仍信玉泉神話，連墓地都稱「玉泉塚」，但以墓廟鼎盛香火，終將擺脫佛教附會。

　　其三，佛教反轉依託：其前文士僧人偽造神話，以關公依附在佛門下，今則情勢丕變，觀書前李鑑序言：「玉泉山川托神而靈，瞿曇之教得神而盛。」明確點出當陽關公墓廟威靈已遠非當年可比，而玉泉寺香火則趨岑寂，不僅天台宗沒落，禪宗也盛況不再，反而均須借重關公，（實則南宋孝宗改封已見端倪）。

　　其四，流傳更快更廣：學術著作與民間傳播乃兩條不同之路途，尤其涉及宗教信仰較感性的領域，俚俗作品往往更具有說服力量，比較《三國志》與《三國演義》就清楚不過，則本書對關公歷史地位演變之影響豈同小可？

四、文宗加封

　　元帝國中葉，因繼位而引發多次兵變，政局十分不穩，從成宗到順帝四十年（1294~1333），就更易十個君主，每次嗣位皆有政變或戰爭。

　　天順元年九月十三日（文宗天曆元年，1328），文宗即位於兵荒馬亂的大都，戰情吃緊，九天後，加封關公「顯靈」二字，而成為「義勇武安英濟顯靈王」，並且遣官至洛陽關公廟致祭，代祀官於次年正月抵洛，擇定吉日，備妥禮儀，於十五日隆重宣讀加封文，中有云：「迺者傳云：默相國家，神力禦侮。」可知此次加封，當係宮中藉機傳言關公顯靈，助平叛賊，而加封不僅報達神恩，真正意圖在振奮人心士氣：「匡助王室，表率臣鄰，…通天以時風雨，佑世以降禎祥，福淑禍愿，輔治補化。」即假藉神威，鞏固政局，因文宗地位不穩，尚無法控制中央，而月底其長兄即位於漠北，兵力不弱。至於為何是選定洛陽廟，而非游皇城神像的彰義門廟，或解

州廟、當陽廟？史未明言，若論名氣，後三者都在洛陽廟之上，若論距離也非最宜，於此實難窺知文宗內心境界[38]。

不過，加封對政局影響不大。天曆二年三月，文宗迫於形勢，遜位與其兄，是為明宗，八月，明宗暴死，文宗復位，政局依然動盪，文宗極為迷信，不斷支遣僧道，從事法會、祓祭、齋醮，京師寺廟、武當山及龍虎山道觀一時熱鬧無比，又加封大都城隍神為「護國保寧王」，稍後又加封天妃為「護國庇民廣濟福惠明著天妃」，並賜廟額「靈慈」，期望諸神庇佑[39]。

隔年五月改元為至順，七八月之際，河南大旱，河南府同知博樂普化請遣官至洛陽關公廟祈雨，文宗派監察御史阿臘和實代祀，洛陽縣令穆雪作碑記，感謝關公「內難並作」之際，顯靈「以勘大亂」，因而祈求「維綱國家，鎮衛社稷」。

其實，文宗如此作為，並非開風氣之先，政局不穩，或國家處境危急之際，君臣是否已盡人事雖未可知，但求助神靈「捍患禦災」則為常見，如前述南宋孝宗之所為。總之，文宗加封致祭關公，結果就是進一步提昇關公神威，以及洛陽廟的知名度，同時引發揣測，在此前後，民間謠傳另外給予關公更多稀奇古怪的封號[40]。

---

[38] 案《元史‧文宗本紀》僅云：「遣使祠其廟」（冊二，頁 711），另據《關帝事蹟徵信編》，卷三，引龔崧林《洛陽縣志》，始知所祭為洛陽廟，（冊三，頁 150）。

[39] 俱見《元史‧文宗本紀》，（冊二，頁 740、742）。

[40] 阿魯威〈義勇武安王碑〉云：「大元贈敕封：齊天護國大將軍、檢校尚書、守管淮南節度使，兼山東、河北四門關鎮都招討使，兼提調遍天下諸公神煞、無地分巡按官、中書門下平章政事、開府儀同三司、金紫光祿大夫、駕前都統軍、無佞侯、壯穆義勇武安英濟王、崇寧護國真君。」碑立於泰定元年（1324），另在寧鄉〈關廟詔碑〉，及《太上大聖朗靈上將護國妙經》，亦同，（見胡小偉《多元一統》，頁 76）；但也遭駁斥，見武元亨〈大元加封顯靈英濟義勇武安王碑銘〉，以上諸碑俱存，另見胡氏《歷代關廟碑刻輯存》，（頁 323，331，334）。另據吳輔宏《大同府志‧祠廟》，載廟前有「泰定間勅降封號紫石小碣，今不存」，則封號似又不假，（卷15，頁 62）。

第六節　明代顯神

　　元朝享國短暫，於入主及退出中原前後，皆有數十年戰爭，然亂事對關公信仰不僅未造成破壞，反有加溫效果，人民易於體諒忠義大節之可貴，如郝經出使南宋，被拘留十六年，著《續後漢書》，旨在「明道術，闢異端，辨姦邪，表風節，甄義烈」，又虛擬劉備為關公報仇討伐孫權檄文：「哭羽荊楚，尸權秣陵」[1]。

　　明朝開國皇帝朱元璋來自社會底層，深知民間信仰實況，即位後陸續建立南京神廟，其一即關公廟，定期遣官致祭，其後成祖於北京也建有關公廟；而在民間，《三國演義》問世，關公戲劇流行，專書接二連三編刊，文人題詠稱頌，且廟宇已遍佈州縣村鎮，靈跡普傳，至神宗萬曆晚期加封十六字封號，不過錦上添花罷了。

一、明初宗教政策

　　神宗改封關公，絕非事出突然，必有原委，先看明初諸帝對待佛教、道教之態度，以及其間諸多糾結。

　　太祖朱元璋（1368~1398 在位），自稱「取天下於群雄之手」，極為珍惜既得，經常訓示子孫臣下創業維艱，在宗教上嚴加管控，限發度牒，以「天豈有師」，降天師為真人，僧尼須考試評定道行，造《知周冊》以備驗證身分，各州縣只准留一大寺觀，不得新建，系列措施皆為鞏固統治著想[2]；然相關作為頗多矛盾，如常引見名道士，先有周顛仙、張鐵冠，後有丘玄清、劉淵然，而丘竟由一介全真道士，超擢至太常寺卿，成為中央部會首長；龍虎山正一派道號雖降，仍保世襲制度，賜予僚佐，地位未變；又重建

1　郝經《陵川集》，卷29〈續後漢書序〉，及卷31〈漢昭烈討吳孫權檄〉，（頁321、338）。

2　俱見《太祖實錄》，自稱語，見洪武七年，（頁1607）；管控佛道二教措施極多，以24年為代表，（頁3109）；造冊，見25年，（頁3268）。

朝天宮，以該宮道士供事中央各級祭典[3]；而朱元璋雖修建數座佛教古剎，如天禧寺、靈谷寺等，但明顯偏信道教，洪武元年，招集浙右諸山住持齊集京師天界寺，十位高僧當場坐化，以死抗議，應是禮數極其欠周，而後來修南京城牆，竟有觀音、佛寧二門，怪也不怪[4]？

傳統諸神祭典也略變，歷代忠臣烈士「悉依初封」，去除「後世溢美之稱」，特重歷代帝王、孔子、當代功臣及城隍神，尤其後者，廟遍天下且用王者儀仗，親撰文以祝；不立武成王廟，對前代名臣名將祀典無清晰概念，晚年才集中於京師雞鳴山建廟，祀蔣子文、關羽等神靈[5]。

成祖朱棣（1403~1425 在位），自稱「奉天靖難」、「不得已舉兵自救」，取得大位後，繼承太祖政策，管制似更加嚴格，如永樂十八年山東唐賽兒叛亂，官軍進剿時遁逃，為防其削髮為尼或混處女道士中，竟令天下女尼及道姑悉送京師，似有意要以儒治國[6]。

實則不然，成祖信仰極為癡迷，遠超其父，且佛道兼信，在北京藩國時，親近僧人道衍，即位後，復姓賜名姚廣孝（1335~1418），改建大興隆寺，命為住持，卒時親製碑文，猜測其無論就國或在京，身邊必早有不少僧道[7]；奪下帝位才三月，即於朝天宮建「金籙大齋」，聲稱「薦福皇考皇妣」，此後定期舉辦齋醮法會，編《神僧傳》、《神仙傳》及《大藏經》，御製序文，刊行天下[8]；又頗好藏傳佛教，廣封國師、法王，尤其優厚噶舉

---

[3] 同上，諸名道士依序：癸卯年，（頁 168）、洪武 26 年，（頁 3348、3298、3364）；龍虎山，元年，（頁 601）；朝天宮，28 年，（頁 3535）。

[4] 見《愚庵智及禪師語錄》，卷十，（頁 369）；城門名，見《實錄》，洪武 23 年，（頁 3007）。

[5] 俱見《實錄》，革封號，洪武三年，（頁 1033）；封京都城隍為王及州縣公侯伯，二年，（頁 755）；令天下設廟及用王者儀仗，三年，（頁 1050、1088）。

[6] 俱見《太宗實錄》，引語見永樂七年，（頁 1168 及 1172）；唐賽兒，18 年，（頁 2212）。

[7] 同上，永樂二年及 16 年，（頁 533 及 2073），亦見《明史》本傳，（冊六，頁 4079）；大興隆寺，見《帝京景物略》，卷四，（頁 37）。

[8] 俱見《實錄》，齋醮法會極多，不注；僧仙二書，見永樂 15 年及 17 年，（頁 1977 及 2155）；《大藏經》，見《英宗實錄》，正統五年，（頁 1413）。

派，賜其高僧哈立麻（1403~1425）二十字封號，在京師及五台山廣建法
會，官軍護送出入，各地通行無阻[9]；更甚的，宣揚真武大帝顯靈神話，隱
然自居化身，大內建「欽安殿」，又以鉅資費時興建武當山道場，殿觀門堂
1500 餘楹，天柱峰頂矗立金像，賜名「太嶽太和山」，設諸執事官，二百
道士供灑掃，賜田 277 頃，此山從而成為皇室家廟群，齋醮法會不絕[10]。

　　二帝不良示範在先，對後世影響極深，兒孫輩有樣學樣，宣宗（1426~
1435 在位）雖較理性，但廢胡皇后，令居長安宮修道，號「靜慈仙師」，
以及崇奉雷法道士周思得，又似在增加道教勢力[11]；憲宗時（1465~1487 在
位），齋醮法會又大盛，廣度僧道，濫授左道官位，如顯靈宮廟祝顧玒，憑
扶鸞術當上太常寺卿，而李孜省也以邪術晉至禮部左侍郎[12]。至孝宗（1488~
1505 在位），更加著迷方術法會，真人、佛子隨處可見，即位未半年，禮
官即請求全面檢討諸神祭典，他雖唯唯，實則更加縱容，武當山道士編制加
大至 800 餘、道僮千餘，重鑄真武金像，齎送隊伍即用快船六十餘艘、工匠
八十餘人，一次升朝天宮 43 道士，而其請求封號更多達 18 字，禮部主管也
有道士，如崔志端由樂舞生陞為太常寺卿、禮部尚書[13]。

　　英宗靠奪門兵變復辟（1457），隨即大肆犒賞有功人員，也無情的誅僇
景帝大臣，朝中悲喜兩極，依附者升官，靠錯邊者下場悽慘，山西按察使俞
本奏言：「上被留虜庭，曾禱關羽廟，冀陰佑上還京，請加羽徽號，彰其靈
應，且備錄所告祭詩文以聞。」英宗下其章於禮部，竟被該部科臣視為「巧

9　哈立麻受封及成祖親幸靈谷寺，見《實錄》，永樂五年，（頁 915 及 938）；其相關
　事跡及續往五台山弘法，另參羅文華〈明大寶法王建普渡大齋長卷〉一文。

10　見《實錄》，永樂 16 年，（頁 2113），實則此後仍續施工；其相關設施祭典，另參
　范學鋒〈玄帝信仰與明代太嶽太和山志〉一文。

11　見《明史・后妃》，（冊六，頁 3513）；及《宣宗實錄》，宣德三年，（頁 969）。

12　見《憲宗實錄》，濫度僧道，以成化 15 年為代表，其前十年共度十四萬餘，（頁
　3444）；顧，見 19 年，（頁 4062）；李，見《孝宗實錄》，成化 23 年，（頁
　178）。

13　俱見《孝宗實錄》，武當山，弘治二年及 14 年，（頁 571 及 3255）；朝天宮，16 年
　及 17 年，（頁 3804 及 3870）；崔志端，17 年，（頁 3852）。

言希進，乖憲體」，下令逮問。一位正三品方面官請求加封關公，即鋃鐺入獄，雖或有私心，但朝中絲毫不給情面，應為關公信仰史上唯一特例[14]。

案：俞本，字立初，華亭人（今上海市），永樂進士，初由御史任山東按察司副使，景泰三年，陞山西按察使，直至英宗初，在山西近五年，而當地為關公故鄉，他一定親見香火鼎盛，展拜之際，祈求庇佑身陷瓦拉蒙古的英宗，實屬合理，然因此被斥退，推測有二因：其一，為官風骨，按察使為司法官員，檢審違法亂紀者，其家鄉方志載：「墨吏望風解印綬去，才賢爭自濯磨，無敢為非，法紀凜然。」因而可能過於自信，沒依附石亨、徐有貞等功臣集團，致上疏被曲解；其二，時機未至，此時期的關公，官方仍只視為定期祭典眾神之一，與民間廟宇普及差距極大，何況祖訓不遠。然相較於英宗同時廣封真人、國師，題贈八十寺廟匾額，似難理解，推測若在中晚期，科臣應無此斗膽，英宗也不當如是絕情[15]。

二、中葉偏道

中葉以後，荒唐天子極多，武宗為其一（1506~1521 在位），他「佛經梵語無不通曉」，偏好密宗，於禁城建豹房，內建佛寺，日習佛其中，與番僧披服演法，貯藏金銀佛像及佛頭牙骨無數，自封「大慶法王西天覺道圓明自在大定慧佛」，但並未打壓道流，崔志端仍安然掛名禮部，還以公費修龍虎山上清宮，故而道教勢力依舊。

當然，他不會排斥關公，仍定期於每年五月十三日遣太常寺官致祭，也賜予山東登州廟宇匾額，稱為「忠義武安王」，又慷慨答應太監劉瑾請求，於其家鄉陝西興平縣馬嵬鎮建「義勇武安王廟」，賜額「忠義」，又令：

---

[14] 見《英宗實錄》，天順元年四月，（頁 5903）。

[15] 俞本略歷，見嘉慶《松江府志》，卷 51，然載「由御史陞山東按察使」，略誤，（冊 42，頁 46）；其中進士及里籍，見《皇明貢舉考》，（冊四，頁 74），晚于謙一榜，（頁 59）；由山東陞任山西，見《英宗實錄·廢帝郕戾王附錄》，景泰三年，（頁 4807）；英宗賜 80 寺額，天順元年，（頁 6081 及 6098）。

「有司歲供祀事,頒敕防護,立碑鐫祭器房屋之數,以禁侵盜。[16]」

其後,世宗(1522~1567 在位)極度重道,焚毀宮中先前所藏佛像骨牙,禁止僧人開戒壇,先寵信龍虎山道士邵元節,繼而陶仲文,皆官至禮部尚書,更加崇奉玄天上帝,紫禁城北欽安殿改名為「玄極寶殿」,不惜巨資重修武當山,大規模營建西苑,內有大高玄殿,又毀佛寺建「仙庭」,以便扶乩,長駐苑內煉丹求長生,經常虔叩玄威、歸功玄休、酬謝玄恩,諸宮觀齋醮法會不斷,隨時拜奏青詞,近於走火入魔,嘉靖 35 年(15556),上皇考「法主、聖尊、大帝」三十字道號,皇妣為「法主、聖母、天后、元君」,而自稱「靈霄上清統雷元陽妙一飛玄真君」,後加號「九天弘教普濟生靈掌陰陽功過大道思仁紫極仙翁、一陽真人、元虛圓應開化伏魔忠孝帝君」,再改「太上大羅天仙、紫極長生聖智昭靈統元證應玉虛總掌五雷大真人、玄都境萬壽帝君」。總之,他想當神仙,不以當皇帝為滿足,難怪海瑞指責他,年號嘉靖「實為家家皆乾淨而無餘財也」[17]。

世宗雖好道,仍不敢荒廢傳統祭典,天地日月山川城隍諸神歲時祭祀,依禮而行,流傳至今之天壇即其傑作,而對關公也有幾分敬意,嘉靖十年,南京太常寺卿黃芳上奏:「祀漢關羽,宜稱漢壽亭侯,蓋漢壽地名,亭侯爵也,今去漢而稱壽亭,訛也。」即如禮部覆議改正,黃應該是見到先前偶而誤寫所致;12 年四月底,以久旱諭禮部,自己將致齋三日祈雨,並預遣諸大官分禱於北極、東嶽、城隍等神靈,太常寺卿陳道瀛則赴「漢壽亭侯之神」廟,還殷殷交代「務秉潔誠,以迓神貺」[18]。

茲所當注意者,武宗自號有二名,世宗則真君、仙翁、真人並列,還有

---

[16] 俱見《武宗實錄》,要者為正德五年,(頁 1397、1407);佛像骨,見《世宗實錄》嘉靖 15 年,(頁 3957);致祭關公,參見〈附錄三〉,餘分見正德二年及四年,(頁 659 及 1045)。

[17] 散見《實錄》中,改殿名,見嘉靖 15 年,(頁 4103);仙庭扶乩,見 24 年,(頁 5712);重修武當山,見 32 年,(頁 7065);封號,見《明史》陶仲文傳,(冊 11,頁 7897);海瑞語,見《備忘集》,卷一,(頁 17)。

[18] 俱見《實錄》,黃奏,嘉靖十年,(頁 3087);禱雨,12 年,(頁 3432)。

「伏魔忠孝帝君」，對後來神宗改封關公一定有所啟發。總之，明代中期以前官方看待關公，概如前述，其稱號頗多，茲另列一表。（見附錄三）

三、廟遍天下

關公信仰並非單憑公家宣揚，廟宇也非僅由官建，元末大都，即有二十餘廟，應多數為民建，至明代，政治、社會、文學戲曲等各方面，都更益於信仰普傳，而官建廟宇出現，民間也紛紛新建增建，禁令已徒具虛文，其結果可想而知。誠然，明代關公廟之密集，不必一一列舉，從數位文人武士題記即可窺知。

成化 17 年（1478），禮部侍郎周洪謨為解州關公廟作記，提及西北及雲貴各地也都有廟：「西川之夔，西土之臨洮，南徼之永寧、思南、都勻，亦皆有廟。」周為四川長寧人（今宜賓市），所言自可信[19]。

稍後，長城內外關公香火尤盛，萬全都司已建有四廟（今張家口市），密雲縣古北口同為邊防重鎮，亦早建廟，軍士多崇拜關公，定期祭祀外，「出入必致禱以祈祥」，參將楊照（1524~1563）尤為誠敬，刺「盡心報國」四字於胸前背後以自勵，嘉靖 36 年（1557），以原廟卑陋，擇地擴建，未完工而升任密雲、遼東總兵，由繼任瞿、魯二將續成，規制宏敞，落成後，縣人祝增撰文，言楊所在戰功彪炳，卻屢遭讒構，賴關公神威庇護：「德望猶泰山北斗，心事如青天白日，亦神之默佑而潛孚者也。」楊後來殉難於關外遼東[20]。

名將戚繼光（1528~1588）也是關公迷，隆慶二年（1568）調薊鎮，其屬下石塘副將陳勛費時七年，於校閱武場旁建成關公廟，牌坊廟門戟門正殿

---

19 見《關帝事蹟徵信編》，卷八，（冊三，頁 283）；周之生平，見《明史》本傳，（冊七，頁 4873）。

20 見光緒《順天府志》，（冊 14，頁 4 及冊 42，頁 38），唯祝文簡略，另參《四鎮三關志》，始確定丁巳歲年代，（卷八，頁 673）；楊陞官及戰歿，見《世宗實錄》，（頁 7553、8536 及 8561）；祝，監生出身，嘉靖五年任青陽知縣，後陞刑部主事，見光緒《青陽縣志》，卷二，（頁 441）。

兩廡俱全，宏偉壯麗甲於一方，作記大嘆：「當壇而一，鼓舞士卒，莫不憑藉之而爭敵愾矣。」還有，其誓師誓將大典也在關公廟前舉行[21]。

萬曆初，徐渭出遊關外（1521~1593），過居庸關，至馬水口要塞，見到參軍李如松捐建的關公廟，為之作記：「蜀漢前將軍關侯之神，與吾孔子之道，並行於天下，然祠孔子者，止郡縣而已，而侯則居九州之廣，上自都城，下至墟落，雖烟火數家，亦靡不醵，並構祠肖像以臨，球馬弓刀，窮其力之所辦。[22]」

此外，神宗亦曾撰聯讚頌關公，云：「五夜何人能秉燭，九州無處不焚香。」聯句引自三國小說典故，十足道出香火盛況，萬曆 22 年（1594），由永平糧儲李開芳隸書謄寫，題贈北京正陽門廟[23]。依上述，足以推估明代關公廟之密度，茲另詳舉數例。

(一) 南京

初期，朱元璋除傳統嶽鎮海瀆山川城隍等外，並不重視前代功臣名將與民間神靈，洪武 13 年，才遣官致祭蔣子文等「五廟」，又因防「文武分途」，不准禮部議設武舉兼建「武成王廟」，前代名將轉而從祀於「歷代帝王廟」，後來才次第於都城雞鳴山建立神祠[24]；27 年正月（1394），關公廟新建完工，稱為「漢前將軍漢壽亭侯廟」，其旁廟另供真武、寶誌、都城隍、張渤海、五通、蔣子文、卞壼、曹彬、劉仁瞻、福壽等，以及功臣、歷

---

21 見《止止堂集·橫槊稿》，（頁 262），誓師誓將另見下小節。

22 見《徐文長逸稿》，卷 19，（頁 64）；其出關外，始於萬曆四年，乃赴總督吳兌及參將李如松幕，見〈自著畸譜〉，（頁 132）；馬水口要塞屬真保鎮，見《四鎮三關志》，卷二，（頁 53）。

23 見胡棟《關帝誌》，末署「萬曆甲午永平糧儲李開芳隸書」，轉載於《關帝事蹟徵信編》，卷八，（冊三，頁 263），甲午為 22 年，神宗何時撰聯或謠傳則未知；此聯可能非木刻或石刻，至清初已不見，參見《日下舊聞考》，卷 44，（頁 83）；詳細考釋，另見本書開宗第一條註釋。

24 俱見《太祖實錄》，五廟，見洪武 13 年，（頁 2061）；廢武成王廟，見 20 年及 21 年，（頁 2759 及 2817）；但軍中仍有廟，見《英宗實錄》，正統七年，（頁 1963）。

代帝王等，通稱「十廟」；再後又加天妃、太倉、馬神，統稱「十五廟」。雞鳴山關公廟雖新落成，乃自玄津橋舊廟改遷，可知南京先前即有廟，惜不知始於何時[25]？

　　解讀諸神靈，卞壼（281~328），為東晉明成二帝輔臣，抗王敦，拒蘇峻，後兵敗陣亡；劉仁瞻（900~957），為南唐將領，周世宗親征淮南，堅守壽州至最後一刻，世宗稱之：「盡忠所事，抗節無虧，前代名臣，幾人可比。」而福壽（?~1352），乃元末集慶路（今南京市）守將，至正 16 年，明兵陷城，激戰至府衙前，猶端坐胡床指揮，不屈被殺。可知諸人與蔣子文傳說事跡雷同，也可聯想到關公，皆因盡忠而享祭，無可挑剔；唯有曹彬（931~999），乃北宋開國名將，福壽雙全，列此頗不對稱，或著眼於征江南[26]？而天妃信仰由來已久，宋元皆有褒封；歷代帝王，著重於繼承大統，如其親祭元世祖，即自稱「取天下於群雄之手」，功臣廟則在酬功與念舊，推崇城隍神，期望「諸神聽命於天，而眾鬼神聽命於神」，有陰陽共治天下之意；而其餘諸神靈，幾皆列名於元明以來民間神靈集《三教源流搜神大全》中，應是回應當時民間香火。

（二）北京

　　永樂 19 年（1421），成祖遷都北京，先前已在當地營建多所神廟，其規制多仿自南京，但所供神靈略有不同，計有真武、泰山、都城隍、馬神、太倉、文天祥、元世祖、天妃、徐氏二真君，以及關公等[27]。泰山馬倉神本常見於公家祀典，文天祥為宋末忠臣，奉元世祖則傳承自太祖，二徐加封真

---

[25] 十廟，見《實錄》，洪武 27 年，（頁 3377），神名未全列且關公稱號無誤；其後武宗《明會典》則稱 11 廟或 15 廟，且所列神靈有異，而關公稱號則缺「壽」字，（卷 85，頁 133）。

[26] 分見《晉書》、新舊《五代史》、《元史》、《宋史》諸人本傳，（依序：冊三，頁 1866；冊一，頁 351 及冊三，頁 1707；冊五，頁 3441；冊 11，頁 8977）。

[27] 見武宗《明會典》，（頁 138）；封神號，見《太宗實錄》，永樂七年及 15 年，（頁 1152 及 1993）；天妃信仰源流，見《日下舊聞考‧天妃宮》，卷 88，（頁 92），遍引清前諸書，極具參考價值。

君大仙,因靈應異常;所當注意者為海神「天妃」,永樂七年,改封十二字封號,成祖於此前後正大規模派軍下西洋,崇奉乃理所當然。總之,含括山川名人,兼顧民間信仰熱潮。

北京關公廟眾多,成祖選定宛平縣東之廟為公祭處,賜龍鳳黃紵絲旗,揭竿樹於廟前,以彰威靈,每年五月十三日遣太常寺官致祭,其後傳說英宗夢關公騎白馬至此,故又稱為「白馬關王廟」,憲宗成化13年增修(1477),商輅撰碑記:「正殿兩廊皆煥然一新,內製暗花柳黃紵絲旗揭之,並製紵絲大紅織金等袍服,青織金雲幡被之懸之,添設神桌神龕、黃綾帷幔、硃紅竹簾、黃銅香爐、花瓶燭台,凡供用之器,鮮有不備。…內植松柏,外列垣墉,規模廣大,觀者起敬。」另添購廟後民地,以供香燈之助,觀所載冠服及壇宇布置,已近至尊等級,後來神宗改封帝號,實為一脈相承[28]。

(三) 北京內外

北京的城內和城外,關公廟極多,香火之盛,難以想像,而史料完整,有賴宛平縣令沈榜所著《宛署雜記》一書,沈(?~1592 後),湖廣臨湘縣人,字子登,舉人出身,歷縣丞、主簿、典史,後任河南內鄉、山東東明等地縣令,萬曆 18 年升任宛平縣令(1590),鑒於京城下首善之區,竟缺方志,於是「博求戶口、厄塞、風俗、政治盛衰」,歷經三年,於萬曆 20 年成書,其中宮觀寺廟,鉅細靡遺,明確記載地理位置的關公廟宇,共計五十一座,均稱為「關王廟」:

甲、城內

計有二十座:一在積慶坊,宋時建,英宗因夢關公騎白馬至此,敕命重修,故名「白馬關王廟」;二在安富坊,憲宗時建;三、四、五俱在大時雍坊,分別建於孝宗、武宗及世宗時;六、七俱在小時雍坊,分別建於英宗及世宗嘉靖十年(1531);八、九、十俱在朝天日中坊,分別建於孝宗弘治17年(1504)、憲宗成化13年及世宗嘉靖21年(1542);十一、十二、十

---

[28] 見沈榜《宛署雜記》,卷20,(頁242),載正旦冬至及每月朔望遣官行禮,與《明會典》略異。

三俱在鳴玉坊，分別建於英宗正統十年（1445）、世宗嘉靖四年及不詳年代；十四、十五俱在金城坊，十六、十七在阜財坊，以上四座不詳創建年代；十八、十九俱在發祥坊，分別建於元文宗天曆二年（1329，此廟參見上節），及明憲宗時；二十在北城日中坊，世宗嘉靖 35 年建。

乙、城外

計有三十一座：一在阜城門外一里，孝宗弘治 16 年建；二在阜城門外平則關，離城二里；三在亭子村，離城五里；四在蘆溝橋，神宗萬曆八年敕修（1580）；五在上下庄，六在北新安，以上離城三十里；七在高店村，八在三家店，九在軍庄，十在天宮院，以上離城六十里；十一在龐各庄，十二在橋兒澗，十三在馬安山，十四在大營村，十五在黑垡村，十六在常各村，十七在窑子頭，十八在南茨榆村，十九在東庄營，以上離城約七十里；二十在張公垡，廿一在張各庄，廿二在義塘村，廿三在西黃垡村，以上離城八十里；廿四在流石庄，廿五在賈河村，廿六在大新庄，廿七在曹各庄，廿八在黃垡庄，廿九在黑垡村，三十在南個庄，以上離城約一百里；卅一在胡林店，離城一百十里。

除上述，尚有「三義廟」，供奉劉備、張飛及關公，城內二座，一在小時雍坊，憲宗成化 22 年重修（1486）；二在朝天日中坊，世宗嘉靖 35 年建；而城外則有九座，一在阜城門外，二在七里屯，三四在義井村，五在八角庄，六在張各庄，七在大台村，八在大營村，九在榆垡村。若再計此十一座，則關公廟總數已達六十餘座。

同時，沈榜也記載當地所有稱為「廟」者共計 206 座，依此，關公廟等於占四分之一強，（若加計佛道之寺、菴、宮、觀、堂、祠，則共 575 座），較諸前引熊夢祥所載，更加密集；而宛平縣不過是京師八府一百餘縣中之一縣，盛況如是。

沈乃傳統儒者，所有祠廟均劃歸佛道二教，簡稱「二氏」，認為皆藏汙納垢，無益於「朝廷之用」，他當然也非關公信徒，故記載其廟宇略嫌簡略，另當關注者，白馬廟外，尚有香火極盛二廟：團營廟、正陽門廟，不知

即所載何廟？抑或闕漏[29]？

丙、團營廟

位北京城稍北，景帝時，于謙（1395~1457）為兵部尚書時，精選兵源，分為十營團練，號「團營」，營址位德勝門外土城關，營區北立旗纛神廟，前殿祀玄天上帝，後殿祀六纛之神，俗稱西紅廟；東北則建關公廟，俗稱東紅廟，乃團營官兵拜禱關公之處，正德四年重修（1509），廟前立有吏部尚書李東陽及禮部尚書費宷二碑。

行軍號令必藉旗纛，故兵營祭旗纛之神乃理所必然，而成祖創玄天上帝神話，致宮中諸門皆懸其像，民間香火鼎盛，軍中供奉也不稀奇；而關公廟宇獨立於營區，自有特殊意涵，當為強化軍人武德，尤其忠義精神，萬曆初，徐渭經此，撰聯：「遺恨在偏安，未了蛟龍池上雨；棲神臨校閱，如聞泥馬夜來嘶。」而明中葉以來，漢蒙邊界之「攢刀盟誓」，即在關公神像前舉行，自非偶然；旗纛廟在清朝前就失修，關公廟則得到清朝高度重視，世祖重修賜碑，改名「忠義廟」[30]。不僅如此，滿清早於未入關前，也在承德及寧遠之練兵教場建廟，立意皆同。（分見下章二、四節）

丁、正陽門廟

英宗時，北京九門俱加建正樓及月樓，而正陽門位皇城之正南，隔天安門廣場與宮門相望，地位獨尊，月樓加建左右中三樓；神宗初年，不知何人於月城西側建關公廟，故此廟算是新廟，然集京城地利及文人雅士之倡導，香火不可一世，神籤尤靈，傳說萬曆 22 年（1594），神宗曾賜廟聯：「五夜何人能秉燭，九州無處不焚香。」其前後又立有三碑，分別為：五年趙端庭撰、白紹經書，41 年張橋撰、耿志煒書，以及焦竑撰、董其昌書，可謂

29　見《宛署雜記》，卷 19，（頁 232~）；其略歷見〈自序〉、〈職官〉二章；另見清人楊允長〈宛平沈令尹傳〉，刊李開泰《宛平縣志》，卷六，（冊七，頁 75）。

30　見《英宗實錄・廢帝郕戾王附錄》，景泰三年，（頁 4856）；及《日下舊聞考》，卷 107，（頁 126），原廟名不知，清人統稱為「關帝廟」；明朝宮門多掛玄天上帝像，見劉若愚《酌中志》，卷 17，（頁 150）；聯句，見《徐文長逸稿》，卷 24，（頁 141）。

相得益彰；更甚者，萬曆 42 年，神宗改封關公為大帝天尊，一說即由司禮監太監李恩在此代頒詔令，由是神威普傳，被視為京師第一廟[31]。

（四）他地

甲、洛陽

關公首級葬於洛陽，但墓在何處，至明神宗時始為世人所知，萬曆 23 年（1595），知府王公增建墓旁廟坊，又上請廟額，得賜「義烈」二字；47 年，司禮張太監、提督礦稅胡太監又先後捐修；而府城內亦有廟，金、元多次整修，元文宗遣官致祭，但明人似不太重視，僅在洪武、正統二次重修，其盛況應不如解州、當陽，然附近有大小祠宇計達三十餘所。

乙、解州

關公故里解州，從北宋哲宗時傳出有廟，經金、元二代續修，隨著關公信仰加溫，至明代，地方官、巡按來此者，又多次增修、擴建，似乎若未能積此功德，就有褻瀆、不敬之嫌。

仁宗洪熙元年（1425），住院道士募款重修；憲宗成化 14 年（1478），知州張寧重修；武宗正德五年（1510），知州李文敏重修；世宗嘉靖初，巡按御史王秀重修，知州呂柟題坊「如在其上」；22 年（1543）知州解情重修樂樓，25 年，知州孔天敘重修，27 年，知州樊問仁重修，37 年，該處大地震後，廟宇幾毀，知州王維寧重建，不久，又兩次重修午門及樂樓；神宗萬曆初，建麟經閣，22 年（1594），道士張通厚上請，賜額「英烈」，36 年重修，38 年，又增修。

總計明朝一代，重修十一次，大規模整建一次，平均 23 年一次，不能說不頻繁了；其中，世宗一朝即六次，還包括震毀重建，尤為特別，而每次

---

[31] 正陽門樓，修於正統四年，見《英宗實錄》，（頁 1047）；三碑，見《日下舊聞考》，卷 43，（頁 5），明末續有二碑，見下章；神鐵，見劉侗《帝京景物略》，卷三，（頁 9）。

修建，皆有文人作碑記，甚至是數位名人同記，足見時人之虔敬慎重[32]。

　　至於城東，傳為關公故里之常平村，村內有關家祖廟，旁有塔，從金世宗時兩次修建，入明以來，似乎與解州城西廟宇同受重視，多次重修，憲宗成化 12 年（1476），村人重修；世宗嘉靖二年（1523），再修，巡按御史王秀題坊「關王故里」，七年後，又修，34 年，知解州徐祚運用官銀重修，並作碑記，44 年，知州陳秉正又修；穆宗隆慶二年（1568），知州呂文南又修；神宗萬曆 21 年（1593），知州魏養蒙又修。總計前後重修七次，並且均留有碑記。

　　明末，又有人找到祖墓，思宗崇禎二年（1629），分守河東道張法孔奏請動支官銀，買田收租，為定期祭典之用，且定清明節遣官致祭，「以補千百年缺典」。

丙、當陽

　　關公殉難當陽臨沮，而孫權傳首洛陽，曹操以王侯禮葬之，故關公有二墓，（成都另有招魂墓，不顯），隨著關公神威普傳，墓旁皆有廟，而當陽墓規模愈修越大，久而合墓廟為一宮廟群。

　　當陽關公墓，元時稱為「大王冢」，入明經多次擴建，成化三年（1467），僉事沈慶重修，知縣黃恕另在墓旁建廟，大殿外，前有門，旁有祭臺，後有堂，規模已達大廟水平，並請每年賜予春秋二祭；15 年，鎮守太監捐資，由知縣姜英重修，加寢宮垣牆，18 年完工，孝宗弘治十年（1497），知縣劉松增修，嘉靖 35 年（1556），司禮監太監黃錦、都督陸炳合出巨資，大規模擴建，請大學士徐階作記，以關公比美孔子；思宗崇禎 12 年（1639），知縣區懷瑞重修，次年，督理京營太監劉元斌買田擴建。總計前後修建六次，且均留有碑記。

　　墓廟規模愈大，當然影響附近廟宇之香火，而覆船山玉泉寺及西邊青溪山上的關公古廟，雖久享盛名，但中葉以來，香火已轉向，二者均不免沒

32　參見呂楠《義勇武安王集》，卷四所載明地方官重修廟記，（頁 147~155）；嘉靖 34 年年底，晉豫陜交界大地震，蒲州尤為嚴重，粗估死傷至少 83 萬人，見《世宗實錄》，（頁 7430），解州災情應該不輕，關公廟宇群也遭重創，致須多年修復。

落，世宗嘉靖中，提學副使孫繼魯來謁（1498~1547），命知縣督玉泉寺僧重修，落成親撰碑記，訓斥僧人，但此古廟新修，也難恢復其前盛況，已漸被墓地宮廟群取代[33]。

（五）朝鮮及日本

古朝鮮，傳為周代箕子所封之國，漢武帝於其地置四郡，漢末高氏乘亂據之自立，改國號為高麗，五代時為王氏所滅，明初，內亂又起，李成桂代王氏，向明朝納貢稱臣，國號又改為朝鮮，通稱李朝，其與中國往來悠久又密切，人民漢化頗深，當然也接受關公信仰。

明神宗萬曆 20 年（1592），平秀吉統一日本，率軍侵略朝鮮，於釜山登陸後北上，一路勢如破竹，二十天即進至平壤，朝鮮無法抵擋，求救明朝，明朝先後以宋應昌為經略、李如松為東征提督、邢玠為總督，率軍往援，互有勝敗，前後在此對陣七年，而此時關公神威正盛，軍中也常傳言顯靈，不久，廟宇出現了[34]。

先從漢城談起，明軍在漢城建有二座關公廟：

一座位於南門外，俗稱「南廟」，發起者為明朝游擊將軍陳寅，時在萬曆 26 年，不久，經略楊鎬改建，經費來自軍餉及朝鮮君臣捐助，春夏之交落成後，朝鮮大臣柳成龍作碑記，云廟中關公像以泥土塑成，「面如重棗，蠶眉鳳目，髯垂過腹，左右塑二人持大劍侍立，謂之關平、周倉，儼然如生。」不久，即五月十三日關公生日，朝鮮君臣及明軍高級將領皆前往致祭，國王「進跪焚香，連奠三爵」，此後香火日盛，明軍經過附近，皆派員上香行禮，同年八月，中日謀和不成，神宗另委兵部尚書邢玠總督薊遼，玠抵漢城，會同當地明軍按察二人、提督三人，詣關公廟會盟，書寫一帖，大

---

[33] 三地祠廟，分見《關帝事蹟徵信編》，卷七〈墓寢〉及卷八〈祠廟〉，（冊三，頁224、293、274、207 及 237）；當陽廟，另參同治《當陽縣志‧祀典志》，卷八，（冊一，頁436）。

[34] 本節參考金榮華〈漢城關廟的傳說和特色〉，及李成煥〈韓國朝鮮中期的關帝信仰〉，并《明史》相關傳記寫成；段末日本廟，引自王復禮《季漢五志》，卷十，（頁309）。

意謂「同心戮力，剿滅倭奴，否則死於此，不得歸家。」諸人先於桌前四拜，邢於案前燒香，連進三獻，使人讀祝文，再四拜，執事宰白雞，取血和酒，邢又親讀誓帖，飲血畢，依序行禮如儀，而後一拜三叩頭出。此次會盟祭典，莊嚴隆重，旁觀贊禮者多朝鮮人，以其漢化之深，要崇拜關公，散播其神威，應無困難，而參與籌建的宰相李恒福，很快成為關公信徒，影響所及，朝鮮人爭先恐後要赴廟行香祈禱，由於人多口雜，秩序常失控，使得官方必須下令禁止。

另一座位東門外，俗稱為「東廟」。由於明軍主要駐紮南門，其廟不足以容納眾多信徒，故議增建，朝鮮人基於風水盈虛之說，主張建於東門，明人從之。東廟之建造，從萬曆 27 年八月至 29 年八月，時正值楊鎬兵敗喪師，由天津巡撫萬世德代領其眾，萬履任時攜有神宗特賜的建廟款項，後落成時，平秀吉已死，倭軍俱歸，戰事已停，明軍亦準備返國，而廟前庭院尚未美化完工，原計畫植松，因時節不宜，明軍將領臨行，尚念念不忘此事，諄諄告戒朝鮮人，來春移植時應行注意事項。

漢城以外，朝鮮南部尚有四廟：一在康津，都督陳璘建；二在南京，遊戎藍芳威建；三在星州，游擊茅國器建，均建於萬曆 25 年；四在安東，都司薛虎臣建於 26 年。

總之，朝鮮六座關公廟，皆明朝援軍所建，前後不過十年，而廟並未隨明朝撤軍而消失，朝鮮人短期間毫無保留的接納關公，奉之為顯神，不僅與明軍並肩作戰的軍人，連婦人孺子，乃至朝中大臣、國王，都崇敬關公，漢城二廟，在明人離開後，官方仍妥善維護管理，其主管官階為六品，在每年定期祭典中，國王或親臨致祭，或遣官代行，也曾題賜匾聯、撰文寫詩，足見朝鮮人對關公一直禮敬不衰。

朝鮮鄰近的日本，也漢化頗深，在朝鮮陸續建成數座關公廟的同時，日本可能也經由與明軍的接觸，而引進關公信仰，邢玠《日本國圖說》即載「五島乃路」有關公廟。

四、戚繼光廟前誓師

戚繼光（1528~1588），字元敬，山東登州人，父為武官，嘉靖中繼父職，備倭家鄉，後改浙江，初無戰功，另請招募地方子弟，教以擊刺法，長短兵互用，再以地形列陣法，改良器械，因而戰力遽增，「戚家軍」由是聞名；世宗末入閩，剿倭有功，穆宗初，北邊多警，朝臣力薦，隆慶二年北調薊鎮（1568），蒞任以來，加築臺牆，整飭軍紀，武備大修，多次擊退來犯蒙古人，邊境稍安[35]。

戚繼光迷信鬼神，尤敬信關公，而轄下即有多地關公廟，皆為軍士所籌建。初至薊鎮，得知參將陳勛費七年功夫建成關公廟，為之作記，稱關公神威乃因「忠勇冤憤」而發，而廟在石塘關演武場旁，更可收「鼓舞士卒而爭敵愾」之功；隆慶三年，親至薊鎮總部三屯營旁關公廟致祭，稱「惟公英明如日月行天，正直如雷霆振世，威澤越古今而獨存」[36]。

隆慶六年（1572），戚繼光更於關公廟舉行誓師大典，稱：「所轄地方二千餘里，五標十一路，主客偏裨殆以數千計，軍民兵勇且十餘萬，而醜虜不時侵犯，其勢常倍我軍」，可惜積習已深，軍紀欠佳，士氣不振，難以禦虜建功，故親率部將禱於神前，再發毒誓：「不推心任事，不齊志協力，不撫卹調停，願神鑒察，降與天災人禍瘟疫水火等厄，使全家立見死亡消敗，絕子絕孫。[37]」

萬曆三年三月（1575），戚繼光費三年重建薊鎮總部於三屯營，制撫臺鎮廳舍畢具，西為閱武場，旁建關公等神祠（應為舊建新修），如于謙時之團營廟；而在此同時，蒙古朵彥衛多次入侵，戚繼光攻守得宜，俘虜其首領長禿，逼其侄長昂率族人款塞，戚繼光親至喜峰口受降，蒙人感愧：「詣刀澮壞，對天會盟」，邊境獲得喘息；然而，戚繼光仍不敢時刻鬆懈，也知軍

---

35 戚之生平，見《明史》本傳，（冊八，頁5610）；及戚祚國《戚少保年譜耆編》。
36 見《止止堂集・橫槊稿》中及下，（頁262及332）；陳勛，山西宣府人，曾任燕河路及石塘路參將，見《四鎮三關志・職官考》，（頁670及674）。
37 見《止止堂集・橫槊稿下》，（頁352）。

中上下良莠不齊，偷雞摸狗輩充斥，八年七月八日，再於關公廟前擂鼓撞鐘，舉行「誓將」大典，先言十三年來悉心經營，守備稍固，但虜情萬變，仍深深寄望關公威靈庇佑，稱「生而忠義，震懾人寰，歿而神明，充塞天地」，繼而發誓「自今日同心同口，定擬軍機之後，如有面既是而背非，口已諾而心違，別倡異端，冀為後路，及不極力奉行者，天災人禍一時並至，男盜女娼十代不免。[38]」

總之，以戚繼光剿倭禦蒙之絕世功勳，及其在北邊十六年之名望，諸多推崇雖得自傳承，亦易仿效，關公神威從而遠揚蒙古地區，故而不久，漢蒙盟誓典禮就在關公神像前舉行了。（見下章第二節）

五、官民祭祀活動

元代關公廟的定期廟會，所知僅京城一帶，至明朝，不僅中央政府定期遣官致祭，不定期撥銀修廟，皇室諸王、地方官吏等也都熱心參與祭典活動，對下層社會影響極大，而地方則靈異頻傳，善男信女，奔相走告，因而出現許多不同的定期廟會。

明朝官方祭典，仍分大祀、中祀、小祀三級，大祀含圜丘、方澤、宗廟、社稷、朝日、夕月等，每年定期祭祀 13 日；中祀含太歲、星辰、風雲雷雨、嶽海、山川、歷代帝王、先師等，每年定期祭祀 25 日；小祀即南北京廟諸神，有真武、城隍、東嶽帝君及關公等，每年定期祭祀八日。

三祀中，大祀最為隆重，從祭器、祭服、牲醴至玉帛樂舞等，皆極為考究；中祀次之，小祀又次之。天子親祭的有天地、宗廟、社稷、山川；而中祀、小祀皆遣官致祭，唯歷代帝王、孔子則另有禮儀更莊嚴的「傳制特遣」，即特命重臣致祭，關公廟祭典屬小祀[39]。

---

38 分見《戚少保年譜耆編》，（頁 40），而《明史》本傳則稱為「攢刀盟誓」，（冊八，頁 5610）；誓將見《止止堂集・橫槊稿下》，（頁 380）。

39 見《明史・禮志》，（冊三，頁 1225）；祭品祝文，見《關帝事蹟徵信編》，卷 11 引《南京太常寺志》等書，（冊三，頁 355）。

（一）京城祭典

太祖洪武 27 年（1394），遷建關公廟於城外雞鳴山南，定例每年四季初、年底，遣應天府官致祭，而五月十三日，作為關公生日，另遣南京太常寺官致祭。據此則每年共定期祭祀六次，牲禮為少牢；北京祭典大致相同，五月十三日作為關公誕辰，例由太常寺官代表致祭，地點為「白馬關王廟」；另外，國家有重大事件，如行軍作戰，則另行遣官祝告。

祭典陳設，計有三爵，一羊、一豬、一帛、果品三件，另四十件祭品，即「少牢」禮，與文天祥等小祀神靈同，但不如東嶽帝君、都城隍的「太牢」，即少一牛；行禮儀注則簡要隆重，其祝文為定型稿本，中云：「唯神生稟忠義，死後神靈，禦災捍患，歷代昭著。」則蘊含著深切的欽敬與期許。

明朝諸帝都很迷信，太祖、成祖之後，傳言英宗因夢見關公騎白馬，即命重修積慶坊古廟，憲宗成化 13 年（1477），再命太監宿政重修，捐贈精美帝王等級法器服飾，撥付香火錢，令大學士商輅撰碑，足見慎重。（見前）

（二）地方公祭

官方祭典除南北二京外，解州、當陽及淮安高家堰等地關公廟亦有，此皆由地方奏請，而特別舉行的殊禮。

當陽縣墓廟：憲宗成化三年（1467），知縣黃恕奏請重修，門殿堂及祭臺，一應俱全，又請每年春秋二次賜予官祭。

淮安高家堰廟：神宗萬曆年間，黃河屢次潰堤，淹及淮河、運河，總督河道潘季馴（1521~1595）奉命治河，因增修高家堰難成，萬曆七年（1579）正月，親自督工清江浦（今淮安市運河邊），夜夢關公，示以合龍門工法，五日後大功告成，因奏請築廟堤上；18 年，另請賜額「顯佑」二字，並獲准嗣後每年得調發一條鞭銀，以供祭祀之用，另遣官致祭，宣讀御祭文[40]。

---

[40] 見潘季馴〈新建武安王廟記〉、〈乞賜高堰廟額祭文疏〉，載《關帝事蹟徵信編》，卷九及卷 15，（冊三，頁 309 及 505）；未見於潘氏所著《河防一覽》、《潘司空奏疏》中，然年月史實皆合；御祭文，見《季漢五志》，卷七，（頁 199）。

解州廟：成化 17 年九月十三日（1481），特命御用監太監梁芳代祭，稱關公為「崇寧義勇武安王」，祭文有「冀佑皇圖之永固，…統陰符之兵，剿滅蚩尤之妖怪」，頗為荒誕[41]；梁迷信方術，雖極受寵任，並非正直宦官，濫引左道，李孜省即因之以進，代祭關公也算投其所好；孝宗弘治三年（1490），解州監生蒲昭上疏，言廟旁公田為地方豪民所強買，因請下地方官妥處，以其田租供辦春秋二祭，應係關公威靈庇佑，中央回應遠超所求，廟田迅速歸還，春秋二祭由地方官吏辦理，祭儀比照社稷禮，而稍後祭祀對象又擴及關公祖先，甚至引進道教的齋醮活動，祭典愈加隆重，儀注文書詳備，牲體豐厚，祝文、祭文同於中央[42]。

（三）地方廟會

各地關公廟的公家祭典，通常隆重中兼帶肅穆，欠缺喧鬧喜悅，與地方廟會截然不同，由於關公廟遍天下，各地靈異普傳，定期活動更加頻繁，而廟會日期則各自賦予一定意義，如生辰、受封、殉難、昇天、成神等，不一而足。

甲、北京

北京有官方祭典，又有更加熱鬧的民俗活動，如正陽門旁的關公廟，雖非官建，然香火之盛，冠於京城，靈籤尤其有名，以五月十三日為關公誕辰，慶典重頭戲在進刀馬，據劉侗記載：

> 進刀馬於關帝廟，刀以鐵，其重以八十斤，紙馬高二丈，鞍韉繡文，轡銜金色，旗鼓頭踏導之[43]。

41　見呂柟《義勇武安王集》，卷四，（頁 158）；下引蒲昭疏，見《關帝事蹟徵信編》，卷 11，（冊三，頁 374）。

42　梁芳，《憲宗實錄》作梁方，應係奉命赴河南、山西開礦，順道致祭，見成化 20 年，其薦李孜省，見 15 年，（頁 4307、3361）；而《孝宗實錄》則同為梁芳，見弘治元年，（頁 190）。

43　見《帝京景物略・春場》，卷二，（冊二，頁 76）。

進刀馬作用何在？劉侗沒交待，猜想可能藉此獻祭儀式，令廟中信物更具神威，能捍患禦災，福國佑民，當然更具威儀與號召力量，可吸引更多信徒。

　　乙、解州

　　解州為關公故里，鄉人奉祀之誠，不亞於他地，但傳聞則較為奇特，以四月八日為關公受封日，六月二十二日為誕辰，九月十三日為忌日[44]，而受封日尤其熱鬧：

> 　　遠近男女，皆刲擊羊豕，伐鼓嘯篪，俳優巫覡，舞樂娛悅，秦晉燕齊汴衛之人，肩摩轂擊，相與試槍棒、較拳勇，傾動半天下。

活動包括「試槍棒、較拳勇」，既以獻神，兼及娛民，而善男信女來自鄰近「秦晉燕齊汴衛」各地，規模應該不小[45]。

　　丙、洛陽

　　洛陽關公墓廟傳聞又不同，以正月十六日祭掃墓廟，如清明節，推測鄉民以是日為關公祭日，因建安二十五年正月，孫權送關公首級至此，曹操以諸侯禮葬之，姑以葬日為忌日。

　　丁、當陽

　　當陽乃關公殉難地，早有墓地與廟宇，神話最為早出，傳聞以關公生於六月二十二日，關平生於五月十三日，士民於此二日，相率「朝拜祭賽，遠近輻輳」，可以想像其喧鬧景象；至於關公陵墓，元代以來，俗稱為「大王冢」，在官方未有定期祭祀前，地方皆於清明節順道祭掃。

　　各地祭賽活動雖瘋狂熱鬧，但也過於鄙俚雜亂，地方官吏皆未曾介入輔導，有識之士咸以為言，如世宗晚年，解州出身的進士李瑤即說：「里人陳樂於斯者，鼓吹既鳴矣，干戚既舞矣，金石絲竹，翕然並奏，而亂雅害德之音，迭相唱和，俳優侏儒，雜戲於前，果何為哉？流弊至此，將歆王耶？抑

44　見《季漢五志》，卷十〈解州常平祖塋祀田始末〉，（頁301）。

45　三地祭典，同見《關帝事蹟徵信編·祀典》，卷11，依序引《重編武安王集》、胡棟《關帝志》、胡琦《關王事蹟》，（頁374、381及382）。

藝王耶？[46]」同時代的孫宜，也不直當陽地區佛道二教假關公神威以建齋醮法會，而對賽會之「濁亂攪揉，男女互會，豬狗嘈喋」，更難忍受，至希望官方出面「為將軍盡灑此恨」[47]。

六、扶乩術與經典

扶乩，或稱扶箕、飛鸞、降筆，最早可溯至南北朝，唐宋以來，科舉興盛，因乩仙多通文墨，能猜測試題，故文士趨之若鶩，流風所及，傳遍天下，其起源與法術，據近代許地山言：

> 扶箕與受誥直書（如陶弘景《真誥》中很多仙人降語）的現象原來差不多，前者最初只以箸插箕上，受術者扶著動的箕，使箸在沙盤上寫字，毋須筆墨，後來才改箕為丁字形桿，插筆於垂直一端，用兩手或兩個人執著橫的兩端，在紙上寫字，或不用筆，只彎曲垂直的一端安置在沙盤上，用兩手或兩人扶著橫的兩端在沙上書寫，隨即記錄下來[48]。

而南宋陸游〈箕卜〉詩，描繪也頗為傳神：

> 孟春百草靈，古俗迎紫姑，冒以婦裙襦，豎子夾扶持，插筆祝其書，俄若有物憑，對答不須臾，豈必考中否，一笑聊相娛，詩章亦間作，酒食隨所須，興闌忽辭去，誰能執其袪，持箕畀竈婢，棄筆臥墻隅，

---

[46] 同上，卷八〈祠廟〉，（冊三，頁 286）；李瑤為解州人，嘉靖 32 年進士，見《皇明貢舉考》，卷七，（冊八，頁 157）。

[47] 見康熙《湖廣通志》，卷 68，（冊 23，頁 202）；孫宜為華容人，舉人，生平見王世貞《弇州四部稿・洞庭漁人傳》，卷 84，（頁 2）。

[48] 許地山《扶箕迷信的研究》，第一章，（頁 13），扶箕術仍盛行於今日台灣民間。

几席亦已撤，狼藉果與蔬，紛紛竟何益，人鬼均一愚[49]。

綜上所述，此術主要法器，先前為箕或筆，後改為丁字或分叉形木，執箕木者有單人雙手、雙人單手，亦有法師與信徒共執者，壇場除正乩法師外，還有監壇、唱生、筆生、三才等多位執事人員，而請神送神，與問卜答應筆錄，禮儀繁簡不一[50]。

扶乩地點並不挑剔，私家、廟宇，或私人壇堂皆可，元代以來稱為飛鸞，故又稱「鸞堂」。扶乩當然是民間的廟會活動之一，而最重要的，因為有此術，才留下不少的關公經典，降乩者早期皆稱紫姑，或仙姑一類女仙，南北宋時，出現許多山人、道人、居士，或歷史名人如岳飛，明朝以來，再增加當時有名的神靈，如關公、呂洞賓、文昌帝君等。

乩仙對信徒的請示作回答，其範圍包括考題、功名、生死、國事，也有漫無目的的酬對，如詩詞唱和、猜謎、對對、辯論；偶而談及修心養性、做人處世的道理，甚至開立藥方，不一而足。因此，與乩仙對談筆錄，多是條列式的，只有少數針對一主題，且經多次開示論難者，才能編輯成書，或成為經典。

明代中期以來，扶乩術盛行，遍及城鄉皇宮，如憲宗時，北京「大德靈顯宮」廟祝顧玒，僅憑此術，就能攀附一群宦官，輕易進出內廷，進而被任為太常寺卿，負責祭典禮儀；世宗在西苑建「仙庭」，豢養一批道士，日夜沉迷仙箕[51]；而社風敗壞，災癘頻傳，民間秘密宗教堀起，開山人物紛紛著書立說，闡明教旨，藉以吸收信徒，而信徒多為社會下層百姓，教育水平較

---

[49] 見《劍南詩稿》，卷 50，（頁 53）；紫姑神出現於南北朝，後成為箕神，北宋已頗知名，如歐陽修詞：「應卜紫姑神，問歸期。」見《文忠集》，卷 133，（頁 89）；而蘇東坡在黃州也有記，見《東坡全集‧紫姑神記》，卷 38，（頁 111）。

[50] 參閱玄門真宗《與神靈對話古老儀式》，詳細介紹扶鸞壇場布置、執事人員、箕器種類及執持方式、請神送神等相關儀節。

[51] 見《憲宗實錄》，成化 19 年，（頁 4062）；《世宗實錄》，嘉靖 24 年及 44 年，（頁 5712 及 8823）。

低，故經文多淺顯通俗，兩者相互激盪，勸人多積功德的善書也就大量出現了。

善書，即勸人為善之書，主要根據輪迴報應，勸人行善積德，以期福惠本身、家人、親友，死後昇天，避免下地獄受罪，其書多由廟觀或善心人士捐刻，置於公共場所，任人取閱，少部分為不知名文士由宗教典籍匯鈔而成，如《太上感應篇》，大部分則以乩術記錄成書，書名前多冠以乩仙神靈，通常所謂「善書」即指此[52]。

此時期民間最受崇奉的神靈，如關公、呂洞賓、文昌帝君等，經常降筆宣講，滿紙忠孝節義，「足以師世淑人，用發誠心」，再經刊刻成書，迅速廣為傳播，大量出現在中期以後，其中有名的，如《文昌帝君陰騭文》、《關聖帝君忠孝（義）經》等，影響實難以估計。

萬曆 42 年，神宗改封關公為大帝天尊，流傳御祭文有云：「所傳經懺，足以師世淑人。」而天啟年間，金嘉會自言，其兄因夢關公而病癒，謁廟謝神，於香爐中得〈內訓〉、〈外訓〉兩篇，字體符篆皆非今人所有，文中多為勸善之句，其後丁內艱，歸途又獲《關帝忠孝經》，書中「如與天語」，令他如得至寶。由此可知，當時已有不少關公經典，只惜展轉傳抄改寫，或翻印頻仍，至清初多已面目全非，已難推知是否為明代作品，故缺而不錄。（參見下章）

七、神靈封號演變

明朝皇帝多迷信，對神靈態度不盡相同，故封號及祭典也有差異。

（一）太祖盡革諸神封號

朱元璋迷信而不失理性，其宗教政策較為務實，洪武元年（1368），命郡縣訪求各地名山大川、聖帝明王、忠臣烈士，凡有功於國家及惠愛在民者，明訂於祀典，官方依時致祭；次年，詔天下，神靈事跡昭著者，雖不致

---

[52] 參閱宋光宇〈關於善書的研究及其展望〉，及酒井忠夫著、劉岳兵譯《中國善書研究》。

祭，仍禁破壞祠宇。

太祖還創例，盡罷諸神靈封號，洪武三年六月，下詔「凡後世溢美之稱皆革去」，僅以原名稱之，如東嶽泰山之神、東海之神等，而城隍神之公侯封號當然也剷除，止稱某府州縣城隍之神，至於忠臣烈士之神，「雖可加以封號，亦唯當時為宜」，故不用唐宋以來封號，連「武成王廟」也不容存在；雖如此，他還能普察民情，另選民間香火較盛神靈集中建廟，定期致祭。

依此，宋元以來關公之公王封號當然不用，洪武 27 年，南京雞鳴山廟落成，稱關公為「漢前將軍漢壽亭侯」，僅用原來官名與爵位，不加諡號。太祖之制由此傳承下來，歷代子孫幾無改變。

（二）孝宗檢討封號祭典

弘治元年（1488），鑑於官方祭祀過於浮濫，禮科給事中張九功上言，請求「一切左道惑人之事通為禁止」，舉出多位神靈不當列於祀典中，經一番論難，禮部尚書周洪謨建議裁汰十二神靈：

釋迦牟尼佛，其三身說有欺人之嫌，敬事亦無驗，如梁武帝崇奉，竟餓死臺城，當罷大興隆寺遣祭；三清尊神，仿自佛教，凌駕昊天上帝，嗣後不當再建吉祥齋醮，而朝天宮之祭亦當省；紫微大帝，乃天樞星，今竟塑像為人，荒唐無據，當廢除；普化天尊，乃道教雷神，當并祀於風雲雷雨之祭中；張道陵，已封正一嗣教真人，子孫符法自相授受，不當列在公家祀典中；大小青龍神，本為雨神，然近年全無靈應，不必再奉祀；梓潼帝君，乃晉時蜀人張亞子，道教人士稱其死後掌管人間祿籍，遂與文昌星神合一，不倫不類，其祠廟建於地方學校者，亦應拆除[53]；真武神，乃北方星體，道教散佈神話稱其助平天下，故於京城、武當山等地廣建廟宇，耗費公帑，請依太祖詔令，止於定期以素羞致祭；崇恩、隆恩真君，乃雷法家薩堅及王靈官，其術已無靈驗，袍服宮廟費用均宜免除；金闕、玉闕上帝，乃五代南唐時徐知証、徐知諤兄弟，傳以靈異而累受加封，今已時移勢異，當削號罷

---

53 梓潼神，本晉張惡子，戰死後，歷南北朝唐宋，屢傳靈異，宋真宗封為顯靈王，民間誤為張亞子，見《宋會要輯稿·禮二十上》，（冊19，頁111）。

祀；東嶽泰山之神，泰安州山下本有廟，每年南郊及山川壇又有合祭之禮，今京城竟又有廟，耗費公帑，當省；京師都城隍之神，已定期遣官致祭，然城池之神，並非人鬼，怎有誕辰？當罷[54]。

周所列諸神靈，於當時民間均香火極盛，而他竟有遠識，敢於挑戰神威，尤其釋迦牟尼乃佛教創教人物，在教中有其至尊地位，而三清天尊則為道教最高天界神靈，其中之道德天尊即老子，更是道教及道家之代表人物，罷免二者祀典，幾等於廢除佛道二教，茲事不可謂不大；然孝宗另有考量，批示「修建齋醮，遣官祭告，並東嶽、真武、城隍、靈濟宮俱仍舊」，只革去二徐帝號，袍服改為六年一換，而犧牲前面七神靈。解析孝宗的內心世界，齋醮起自成祖，至今代代不絕，泰山為五嶽之尊，真武乃成祖替身，城隍可陰陽共治天下，而靈濟宮雖祀二徐，實為扶鸞齋醮及各種法術之大本營，始建於成祖，三月前，其住持崔鳳尚在宮中廣結英雄好漢呢！孝宗當然知道，怎有斗膽罷省[55]？

慶幸的，關公不在黑名單中，應非遺漏，而是其神威已深入民心，實則，成化14年（1478），周洪謨任禮部侍郎時，即為解州關公廟撰碑記，稱關公「得春秋攘夷狄尊王室之意，其於義見之明而乃之果，豈特後人所謂萬人敵為虎臣而已。」記中還提及西川雲貴各地都有關公廟宇，乃「忠義之氣充乎宇宙，而英禖焄奕有以致人心之感。」故而如此英雄神靈，怎須檢討[56]？

（三）關公封號錯亂

關公原始爵號封地，從南宋以來，常被誤解割裂，洪邁記「壽亭侯印」時，已曾辨正，惜無知世人多未理會；明初，太祖「悉依初封」，諸帝《實錄》所載關公爵號均完整無缺，孝宗時程敏政又撰文強調，並為關公「壯繆」謚號尋求正解，反駁南宋戴溪的惡意貶抑（見下下小節）；至世宗初，

---

54 見《孝宗實錄》，弘治元年四月，（頁304），張惡子誤為張亞子。

55 靈濟宮始建及加封二徐，見《太宗實錄》，永樂15年，（頁1993）；崔鳳，見《孝宗實錄》，弘治元年，（頁203）。

56 見《關帝事蹟徵信編‧祠廟》，卷八引丁鑛《關志》，（冊三，頁283）；周之生平，見《明史》本傳，（冊七，頁4873）。

形勢丕變，所修《武宗實錄》，五次有二次省一字[57]，嘉靖十年（1531），太常寺卿黃芳大概也只看錯誤，未見正確者，上奏請訂正為原封「漢前將軍漢壽亭侯」，似乎短期得到效果，《穆宗實錄》六年有四次正確記載，其後則依然故我，多次重修《大明會典》，以及《神宗實錄》，偶又犯錯，足見關公爵號之難解[58]。

　　或許關公封號易於誤解，又因歷代改封，以致難以統一，如武宗既曾賜予登州廟額為「忠義武安王」，而太監劉瑾於陝西家鄉建廟，稱為「義勇武安王」，又另賜額「忠義」，如此一時即有三號，不知何者為是？為求快速盡見明代關公稱號，茲另列一表附後以供查參。（附錄三）

八、專書刊行

　　元代的關公專書，至今所知，僅胡琦《關王事蹟》而已，明代則多得令人眼花撩亂，茲以清初所見且較重要者列於後[59]。

　　（一）張寧《義勇錄》：憲宗成化年間刊，寧字永安，河南夏邑人，景泰四年舉人，成化五年（1469）任解州知州，在州頗久，14 年重修關公廟，依胡琦《關王事蹟》稍加增補而成本書，書名顯然根據宋徽宗封號。解州地方官撰關公專書，張為第一人，從此蔚為風尚，直至盛清。

　　（二）任福《義勇集》：任，陝右人，孝宗弘治二年（1489）知解州，慕關公忠義精神，因依張寧書，補入宋元明各代碑銘題詠，然福掛名而已，實際參與編纂者為吳睿、趙珩兩位學官，趙序稱：「王之身雖歿，而王貞固之氣不散」，故「禱而必應，感而遂通，歲時享祀，遠近畢集」[60]。

---

[57] 明初俱見諸帝《實錄》，洪武 27 年，（頁 3377），永樂 21 年，（頁 2377），及天順七年，（頁 7139）；而《武宗實錄》五載中誤者為元年及三年，五年、六年及十年則無誤；穆宗時唯三四年缺載。

[58] 案《神宗實錄》凡二載，誤者為 13 年，正者為 43 年；而《會典》則經三修，不知誤自何時。

[59] 此小節據《關帝事蹟徵信編・書略》寫成，卷 30，（冊四，頁 499~）。

[60] 張寧里籍科名，見《歸德府志・選舉表》，卷七，（頁 350）；趙序，見王復禮《季漢五志》，卷九，（冊七，頁 22）。

　　（三）楊巽《重訂關王義勇錄》：弘治間刊，巽，登州人，孝宗初，為
解州知州，弘治三年，監生蒲昭上疏請求處理關公廟田事宜，巽乃就舊書略
加刪汰而刊刻行世，並請御史姜洪作序，極力詆譭佛道二家，不齒其偽造神
話，致使關公成為伽藍神，及任由天師召喚，認為是「鄙玷莫甚」。

　　（四）呂楠《義勇武安王集》：世宗嘉靖四年（1525）刊，本書今存。
楠，字仲木，別號涇野，高陵人（今西安市），官至南京禮部右侍郎，世宗
初，因議禮貶解州，在州見胡琦書已增刊多次，板本模糊，詞句多訛缺，乃
加釐訂，增益元明近世以來記文而成，書中仍保留胡琦書絕大半內容，自序
稱關公乃「勇而善用聖賢之道」、「配義與道」、「可當孔孟所論直仁
者」，視關公為孔孟信徒，文中載有傳為關公名言「日在天之上，心在人之
內」，廣為關迷所愛，流播頗廣。呂為正德三年進士狀元，官場雖不順遂，
然所至勤於講學，為著名理學家，門生眾多，在當時足以與王守仁分庭抗
禮，由他為關公編書，更有加分效果[61]。

　　（五）呂文南《重訂義勇武安王集》：穆宗隆慶元年（1567）刊，文
南，字連峰，咸寧人（今西安市），官至解州知州，到州晚於呂楠四十餘
年，因呂書已罕見，而解州廟宇又經多次增修改建，碑銘題記增加，因與李
瑤等人依呂書增補之，並附有 41 幅圖像，教瑜王都序，稱此書可以「作
忠」、「激勇」、「觀政」，「行一事而三善備」，所以編刊關公專書等於
是解州知州的分內工作。

　　（六）方瑩《重刻漢壽亭侯集》：神宗萬曆二年（1574）刊，方為浙東
處士，慕關公為人，四處尋訪專書，經三十餘年，始於淮安一帶獲得舊有刻
本，又搜集傳為關公所繪之《風雨二竹圖》，及海內名人贊頌詩文，重新增
補刊行，張幼學作序，稱關公「祠宇滿華夷，碑記盈朝野」，本書價值在有
益於世道人心，激勵忠義。

　　（七）趙欽湯《關侯祠志》：神宗萬曆 26 年刊於浙江，29 年重刻於山

61　姜、呂二人事跡，俱見《明史》本傳，（冊七，頁 4790 及冊十，頁 7243）；呂，另
　　見《明儒學案・河東學案》，卷二，（頁 3）；呂書完整序文，見《涇野先生文
　　集》，卷一，（頁 44）；本書萬曆刊本，現藏哈佛大學燕京圖書館。

東；趙，字新盤，解州人，隆慶二年進士（1568），歷官至浙江按察司，其同榜有多位關公信徒，如金學曾、趙惟卿等[62]；本書多次增補翻刻，山東巡撫黃克纘作跋語，稱關公「所欲為者極難耳」，故而「一腔忠義，堅如金石，明如日月，雖三尺童子，無不憐而思之，敬而事之。[63]」

　　（八）焦竑《關公祠志》：神宗萬曆 31 年（1603）刊，竑，字弱侯，號澹園，江寧人（今南京市），進士出身，高才博學，有名於時；本書乃據趙欽湯前作增補而成，自序稱關公之可敬乃因「自始至終，不以死生利害為秋毫顧慮」，故「拜公祠而識其面目，無不勃勃感動」。

　　以上舉重要者言，其展轉翻刻，實不易交待。總之，從作者身分看，有解州知州、各地地方官、朝中大臣，及不知名文士，包含社會各階層，而編刊專書皆基於虔誠信仰，視關公為聖賢兼神靈，此舉為有益世教；內容多虛實參半，史傳、碑記、題詠等，又有遺物遺跡，並有極多靈異神話，此風延續，成為明清通例。

九、稱頌與考辨

　　明初關公廟已極多，再經不斷增建、改修，每一次動及土木，幾皆有碑記，而文人參謁，必然詩興大發，平時展讀相關書籍、圖像，也贊頌一番，聽聞神異事跡或參拜祈禱靈驗，又必作記稱揚，所以明人對關公的題詠，包括贊、頌、銘、碑記、祭文、募疏、詩詞等，可謂林林總總，堆積如山，影響所及，少數文人也注意及關公生平事跡，參照史傳，考辨、批評亦復不少。（批評者見前章第六節）

---

[62] 趙欽湯略歷，見《神宗實錄》，萬曆 42 年，（頁 9750）；同榜諸進士，見張朝瑞《皇明貢舉考》，卷八，（冊九，頁 31），黃克纘為萬曆庚辰榜，見卷九，（頁 140）；趙惟卿虔信關公，見〈緒論〉，金學曾子嘉會纂書，見下章第二節。

[63] 黃克纘，字紹夫，福建晉江人，見乾隆《福建通志》，卷 45，（頁 89）；任山東巡撫，見《神宗實錄》，萬曆 29 年 11 月，（頁 6825）；引文見《季漢五志》，卷九，（冊七，頁 42）；下引焦序，亦見《澹園集》，卷 14，（頁 24）。

（一）稱頌

明人絕大多數崇拜關公，既當英雄，又當神靈，而發為詩文，頌揚其德行，比喻為聖賢，也樂於傳播神跡。

甲、忠義大節

明人頌揚關公，大致著重在忠義二字，忠於劉備，忠於蜀漢，鞠躬盡瘁，死而後已；而得曹操百般禮遇，亦在殺敵報恩之後才離去，則是最難能可貴之義舉。

明初方孝孺（1357~1402），就非常崇敬關公，以其不僅具有「武夫之勇」，且「忠義之氣固足以服天下」，故而神靈永存。方後來在靖難之役敢於犯顏抗辯，作絕命詞：「忠臣發憤兮血淚交流，以此殉君兮抑又何求？嗚呼哀哉兮庶不我尤！」慷慨受死，一股正氣，前後輝映[64]。

當陽關公墓顯名於元朝，但直至憲宗初，地方官才於其旁建廟，不久又擴建，另購置廟田，成化 18 年（1482），參議楊琚撰文，稱：「惟王忠義大節，播譽于當代，垂名于竹帛，血食于天下後世。」孝宗時再增修，請僧人整頓廟務，清理被占廟田，孟鑛作記，稱：「王之祀窮天地，亘古今者，其功烈在漢庭，忠義懔人心，流芳溢青史，與宇宙相為悠久，令人秉彝好德之心，自不能泯爾。[65]」

孝宗時禮部尚書周洪謨（1420~1491），認為關公一生功業乃「得春秋攘夷狄、尊王室之意」，古今少見，「忠義之氣充乎宇宙」，所以能垂名千古，成神而祠廟遍天下；同代徐溥（?~1499）所見略同，稱關公不顧險阻，始終追隨劉備，「固已雄蓋天下」，而後兵敗荊州，乃是「失天時，違地利，非人力所能強者」，忠義之氣「極六合而無間，歷百世而彌光」。

稍後，有許讚（1473~1548），約於武宗時督學解州，拜謁關公故居，

---

[64] 方之生平，見《明史》本傳，（冊六，頁 4017）；引文見《遜志齋集》，卷 22，（冊 11，頁 2）。

[65] 見呂楠《義勇武安王集・重修武安王墓祠碑》，卷三，（頁 132）；楊琚，江西泰和縣人，景泰五年進士，見《皇明貢舉考》，卷四，（頁 65）；其作記時職司撫治流民，後升右參政，見《憲宗實錄》，成化 11 年及 21 年，（頁 2578 及 4590）。

作賦稱頌其義勇，並哀悼之：「義，理也，勇，氣也，義非勇力不足以濟事，勇非義見不足以徹理，義以作勇，勇以濟義，…故漢壽亭侯，古今稱其義勇，至宋加王號，尊信畏敬王者，無間於遠近，無間於古今，無間於夷夏，侯何以得此於人哉？蓋忠義英勇之性本之天植，雖萬屈而不回者也。[66]」

世宗初年，故城縣孫緒，為故鄉甘露寺加修伽藍殿以奉關公作記，稱關公「天下村鎮，所在立祠」，其因在「交有所定不可變，恩有所懷不可忘，心有所許、義有所激不可避，…尊崇莫動於哀愫，顛沛不負於初心，片言偶符，終以死報，凡有血氣，莫不景慕而不忍忘。[67]」嘉靖34年（1555），河東地區大地震，解州關公廟毀損嚴重，而神像儼然獨存，地方官民同心協力迅速修建，胡志夔作記，認為地震雖破壞有形祠廟，終不能侵及關公「與天地同悠久正大之氣」。

其後，呂文南任解州知州，不僅重刊專書，又倡修廟宇，落成於隆慶二年（1568），州丞毛為光作記，云：「生為正人，則沒為明神，王之忠義正直，與日月爭光，天地合德，純然一誠而無偽。[68]」稍後，許州人盧懋德，也就忠義精神加以發揮：

> 余以為人之忠義，出於一時之感慨者為多，持之久而不少變者惟公之心。當其時，炎漢孤弱，曹瞞昌熾，天下知有曹，不知有漢，公以昭烈為帝胄，起而輔之，以興復漢室為志，可謂能擇主矣；一旦不得已而制於曹，真有身可殺而志不可奪者，…此其出於公義私恩之間，誠若青天白日，可以快天下萬世之心者也。

---

[66] 許讚生平，見《明史》本傳，（冊七，頁 4927）；督學山西，見《武宗實錄》，正德 14 年，（頁 3439）；引文，見《關帝事蹟徵信編》，錄其所著《松阜集》，（冊三，頁 409）。

[67] 見《沙溪集・碑記》，卷四，（頁 25）；其生平，見本章末注釋。

[68] 自許至毛五段引文，俱見《關帝事蹟徵信編》，卷七〈墓寢〉及卷八〈祠廟〉篇中，（依序：冊三，頁 245、283；冊四，頁 294；冊三，頁 283、218）。

又說關公也因「仗忠義而卒以毀敗」，但精神長存，有若「青天白日」，為世楷模，所以：「民祀其德，非祀其人。」所說的德行，指的是忠義，已隱含流傳久遠的江湖道義，也是關公信仰能深入社會基層的動力之一[69]。

乙、無事不美

忠義本是人間高尚情操，非人人所能具備，久之，有人改變語氣，從偉大轉向完美，在世宗以後，許多文人歌頌關公，幾乎等同於虔誠宗教信徒，認為關公一生功業毫無瑕玼，無事不美。

嘉靖 26 年（1547），河南光州關公廟改建完成，州人喻時作記，綜觀關公一生重大事跡，認為件件皆難能可貴：「封還曹金、橫刀拜書不為難，謝絕吳婚、峻辭大詬不為險，刺良誅醜、擒德獵禁不為猛，征獎討裏、指許顧洛不為異」，其中隱含偉大德性，即是「義」，而最後敗亡，則不能操之在我，是「命」。喻為進士出身，歷官各地，巡按山西四川，後為三邊總督，所至有政聲，為學主躬行實踐，立身端嚴，在官在家皆為一時典型，乃真儒者真本事，由他推崇關公，可謂相得益彰[70]。

同時代大名士王世貞（1529~1593），也有類似語氣，認為關公「故主之誼」、「討賊之忠」均極可敬，「不以間關而廢兄弟，不以離亂而廢君臣」，高節與日月山川共存，故能「互萬古而猶神」[71]。

丙、比美孔子

頌揚關公的文筆一再翻新，有人甚至有以關公比美孔子，最早提出者，乃世宗時大學士徐階（1503~1583），嘉靖 35 年（1556），重修當陽關公墓廟，落成後特由徐作記：

69　盧，隆慶戊午舉人，家族自祖父至其子皆科第出身，見《許州志・選舉》，（卷六，頁 623），萬曆 20 年起任興平知縣，見《興平縣志》，（卷四，頁 174）；引文見《關帝事蹟徵信編》，卷八，（冊三，頁 298）。

70　喻，嘉靖 17 年進士，關公廟位喻家巷，應為其家附近，俱見光緒《光州志》，卷八及卷二，（冊一，頁 1007 及頁 160）；引文，見《關帝事蹟徵信編》，引其著《吳皋集》，（冊四，頁 311）。

71　見《弇州四部稿》，卷 102，（頁 25）。

廟祀遍天下，與孔子等，何其盛也！自古有功德於人者，死則必食其
報，…獨忠義之士接於耳目，而有激於心，則不必功德之及我，而慨
想感泣，自有曠百世而不能已者，所謂民之秉彝也，非忠義之尤者
乎？孔子述六經，垂訓萬世，感人以功德，王感人以忠義，其廟祀遍
天下，固宜也。

記中以孔子「述六經」，與關公「感人以忠義」並稱，孔子之歷史地位向來
無異議，嘉靖九年，世宗才更正祀典復稱「至聖先師」，至此不過幾年，他
竟提出此說，「至聖」已非唯一，其為內閣首輔，影響非同小可，仿效者自
然紛至沓來[72]。

　　神宗萬曆初，文士徐渭遊關外，過居庸關，在馬水口要塞謁見李如松所
捐建之關公廟，為之作記，先稱當前各地關公廟已比孔廟多，再說：「蜀漢
前將軍關侯之神，與吾孔子之道，並行於天下！」還以為「論人貴舉其
全」，故而評價關公，不能僅憑眾所皆知之事，如辭曹歸劉、拒婚罵使等，
也不可只看小節，如小說中的一宅兩院、手刃貂蟬等，但當從劉備、諸葛亮
與關公之關係看，諸葛亮一生只稱關公一人「絕群逸倫」，而劉備則在關公
死後，不計後果，起兵復仇，於此二事，可概見關公之為人[73]。

　　稍後，有王建中，萬曆 34 年因故謫解州（1606），新修廟宇，見前神
宗賜額「英烈」（見下章第一節），作記稱：「山東相、山西將，稱『宇內
雙絕』。」意即太行山以東出文人，為孔孟信徒，以西出武將，最知名者為
關公，二者相互比美，各為文武導師。此說流傳至清初，就有人稱關公廟為
「武廟」了[74]。（見下章第三節）

---

[72] 見《當陽縣志》，卷 16，（冊二，頁 55）；徐階生平，見《明史》本傳，（冊八，
　　頁 5631）；世宗復稱孔子，見〈本紀〉，（冊一，頁 223）。

[73] 見《徐文長逸稿》，卷 19，（頁 64），集中還有〈雲長公像贊〉、〈題關雲長身後
　　有平贊〉，卷 17，（頁 23 及 29）；團營廟聯，已見前，卷 24，（頁 141）。

[74] 見《季漢五志》，卷八，（冊六，頁 19）；案：王建中，字維新，嘉興人，萬曆 14
　　年進士，初任給事中，升至參議，見乾隆《平湖縣志》卷八及卷九，（冊 12，頁 21
　　及冊 14，頁 31），並見《神宗實錄》，19 年 11 月，（頁 4569、4663）。

丁、靈應如響

　　元明以來，關公的神靈地位已穩如泰山，靈異事跡普傳，從而吸引更多信徒，久之，文人也像善男信女一樣祈禱歌頌，如神宗初時大學士余有丁：

　　無論名都大邑，即一井一聚，望侯廟則趨，睹侯則瞿然顧化，語侯威
　　靈則面赤目眩，舌撟而不能下，此無他，侯之精靈翕霍于上，而時人
　　誠信專一格之于下，故人病則禱，厄難則禱，兵火旱潦則禱，百禱百
　　應，若鼓答枹，若磁遇石，毋不較然彰彰明著者。…侯不獨智於聖
　　人，且與天合也。

以「誠信專一」及「百禱百應」，合德行加靈異，道出關公神威遠鎮的原因。案：余有丁（？~1584），鄞縣人，嘉靖進士，萬曆十年六月，得張居正臨終首薦，繼為文淵閣大學士，而貴為朝中大臣，竟也追隨流俗，娓娓道出民間關公信仰實況[75]。

戊、高僧附和

　　宋元時期之佛教，禪宗獨大，至明而趨於沒落，淨土宗取而代之，然高僧多揚棄門戶之見，「性相融會、禪教合一」，部分甚至也附和關公信仰，如明末四大高僧中之真可、德清，二僧都有詩偈讚頌。

　　紫柏真可（1543~1603），明末奇僧，十七歲出家，自言「嗣德不嗣法」，歷參尊宿，行腳遍天下，「浪跡江湖將四十年」，致師承譜系不明，被歸為「禪門達者」，然道行高深，悲願宏偉，曾重興古剎十五所，倡印藏經無數，所至好與士民論道，深得信服，有舉家皈依者，又曾得神宗垂問疑意，以偈語進呈，慈聖皇太后特賜紫衣，故而聞名天下，立身為人，首重忠孝大節，「入佛殿見萬歲牌必致敬，閱曆書必加額而後覽」，正義感十足，多次以實際行動聲援礦稅受害大臣，及宗門知交德清禪師，當然也欣賞關

---

[75] 見《余文敏公集・漢壽亭侯關公神應記》，卷五，即〈張進士回生記〉，（冊四，頁12），引文為記末讚頌；而《明史》無傳，其歷官各地，入閣與略歷，散見《神宗實錄》中，（頁2335、2865）。

公，其〈漢壽亭侯關將軍贊〉云：

> 今日之光，力行之效，宜乎千古，如雷如霆，如日如光，震諸昏蟄，
> 破諸幽暗，賢哉壽亭，是故贊之！

以雷霆日月為喻，明指關公當前歷史定位與神格崇高，末二句則為殷切期
許，如佛菩薩蒞世，掃蕩官場妖氛，扭轉世風，完全符合當前民間認知，他
圓寂後十一年，神宗加封關公[76]。

憨山德清（1546~1623），明末高僧宗師，幼年出家，遍參名山大德，
亦好與文士論道，朝野俗家弟子眾多，聲望崇高，為學會通三教，著述甚
豐，除註解佛經，兼及老莊、儒經，萬曆 23 年，因佛事費用被牽連下獄，
遭嚴訊拷打，以事涉神宗生母，唯答「愧為僧無以報國恩」，毅然承當所有
責任，被下放雷州，可謂忠義不落人後，他深知此時關公信仰熱潮，當然會
推崇關公，其〈漢壽亭侯贊〉云：

> 凜凜若生，明明若在，耿耿孤忠，堂堂氣概，面上精神，胸中磊塊，
> 處處逢人愛現身，應是未了英雄債！

此應為關公畫像贊，先頌其英勇威風及忠義德行，末二句點出神威鼎盛，廟
遍天下，與真可前讚及神宗「九州無處不焚香」，可謂前後呼應，而末句
「英雄債」則隱含期許，如保家衛國、消災解厄，礙於文體，未能明言[77]。

（二）考辨

考評關公生平相關事跡、為人及功業，似起於南北宋之際，如唐庚，至

---

76 見《紫柏尊者別集》，（卷三，頁 127），此贊後也贊岳飛，但口氣不同，敬意稍
次；其生平，見集後附傳，（頁 145），及德清《憨山老人夢遊集·徑山達觀可禪師
塔銘》，（卷27，頁 590）。

77 見《憨山老人夢遊集》，卷 35，（頁 723）；生平，見自訂年譜，卷 54，（頁
964）。

明代中葉，此風尤盛，而明人所欲辨明的，事業功過外，擴及爵位漢壽亭侯之誤引、諡號壯繆之本義等數項。

甲、事業功過

開風氣之先的是程敏政（1445~1499），程，字克勤，休寧人（今黃山市），活動於英宗至孝宗之際，博學高才，平生推崇蜀漢人物，尤重諸葛亮、關公，最瞧不起曹操，認為他是「穿窬之雄」，而由於此時關公神威已傳遍海內，他似乎注意及當時官方祭典中的「壽亭侯」稱號有誤，撰文考辨，以為「漢壽者封邑，而亭侯者爵也。」但未引人注意。

程參閱前人論著，讀南宋戴溪書，對其極力貶抑關公非常反感，乃作〈讀將鑑博議〉，引證史實，一一批駁：

一為棄曹歸劉，報恩而後去，是「惇天下之大信」；二為計畫暗殺曹操，若成功，則漢室可以中興，此與其後北攻襄樊、威震許都不謀而合；三為荊州爭奪，孫權本無力獨自抗曹，故藉重劉備，赤壁戰後野心變大，反欲霸佔荊州，與關公衝突，故屈在孫權，罵使絕婚只因早就認清孫權為「反覆小人」，此為「知春秋、識禮義」，有何不宜？四為傅士仁、糜芳軍資不給，表明當以軍法處置，乃行軍作戰原則，不能如此，「則失其所以為將者矣」。總之，程敏政認為關公具備忠義大節，是「足以仰高於後代」的良將，戴溪近於誣衊的評論，應當用在孫權、曹操身上[78]。

程之後，王世貞（1526~1590）也能徵引史傳，為關公平冤，以為喪失荊州責在劉備：「委公與操角，而不為之後繼也，其不備吳則次之也。」所以關公敗亡，明顯是劉備戰略佈署錯誤所致；另就關公一生功業而言，人人耳熟能詳，但很少能體諒關公最可貴的「孤忠亮節」，亦即百折不回的心志，明知不可為而為，又能為人所不能為，「間關萬死，跡故主於一錐莫立之地，抗漢賊扶漢爐於一線未盡之息」，高貴情操，化為偉大力量，「可以貫金石，後三光，終始萬物」，故能永為世人崇拜[79]。

---

[78] 程之生平，見《明史》本傳，（冊十，頁 7343）；引文見《篁墩文集》，卷 58，（頁 5）。

[79] 見《弇州四部稿·史論》，卷110，（頁21）；及《弇州續稿·廟記》，卷61，（頁81）。

　　王世貞的文友胡應麟（1551~1602），則直言關公「精忠大節，而世有責之備者」，而呂蒙「鼠跡狐踪，而世有贊其能者」，不能稽考史實，公平褒貶古人，所以他要「廢書太息」[80]。

乙、繆字音義

　　關公諡號為「壯繆」，其中壯字意義甚明，繆字則較難理解，然歷千年而無人發聲，元代胡琦為關公作傳，以為「繆」之音義即為「穆」，明中葉，程敏政也附和胡說，程之後，又有數人，論證亦不出此範圍，茲舉郎瑛一人，以概其餘：

　　　　繆字有四音：穆音則為諡，妙音則為姓，綢繆則為事情也，紕繆則為
　　　　背戾。綢繆、紕繆、姓，人知而用之，穆音為諡，漢以上人識之，故
　　　　關公諡繆，今人只知為背戾之義，以諡之不當也，殊不思秦繆、魯
　　　　繆，《禮記》大傳序以昭繆是也，宋以繆醜諡秦檜，故晉欲諡何曾，
　　　　武帝不從，肯以繆諡關乎？觀張飛諡桓可知矣[81]。

論述雖較詳，結論則一，仍以為「壯繆」即「壯穆」，未能綜觀關公前後人物諡號，引證不足，明人幾皆持相同論點，故不值得一一列舉。案：郎瑛（1487~1566 後），字仁寶，仁和人（今杭州市），幼年多疾，無意仕進，而家本殷富，又好搜購圖書，竟日危坐諷讀齋下，「攬要蹴華，刺抉眇細，摘瑕指纇，辯同異得失」，有得則整理刊行，著有《七修類稿》等書，是典型特立獨行讀書人，崇敬關公，而於佛教智顗度化、道教解池平妖，及羅貫中皈依普淨諸神話，則嗤之以鼻[82]。

80　胡應麟《少室山房集・筆叢》，卷 14，（頁 282）；然胡氏並非極推崇關公，其「古
　　今三將」並不包含關公，（頁 284）。

81　見《七修續稿・繆諡》，卷三，（頁 56），郎之外，又有張萱、郭子章等人，論說
　　皆同，見《季漢五志》，卷九，（頁 269）；明人也有以繆為謬的，如嘉靖寧夏葉堡
　　〈漢壽亭侯壯謬關公祠碑〉，見胡小偉《歷代關廟碑刻輯存》，（頁 356）。

82　見《七修續稿・關雲長》，卷三，（頁 70）；郎生年及 80 歲以後，見陳善序；略
　　歷，見許應元〈草橋先生郎瑛傳〉，刊焦竑《國朝獻徵錄》，卷 115，（頁 153）。

丙、伽藍神將

　　關公在唐代就被天台宗利用過，南宋以來，又被道教雷法及佛教禪宗吸收，再被天台宗醜化，元代喇嘛教也有樣學樣，當作監壇神將，至明朝，天台宗沒落不堪，喇嘛教護教王朝被逐出中原，而雷法在民間尚稱活躍，然皆積習難改，關公即使已神威遠鎮，仍常被宗教界收編。

　　先說天台宗。此宗在南宋末，志磐屈解玉泉寺神話後，該宗就奉關公為護法之神，至明萬曆年間，改稱「關王菩薩」，地位稍微提高，但宗內人士仍盡可能把關公留在智顗大師門墻內，如無盡和尚，重引志磐按語，又以為《三國演義》中以關公皈依普靜，有嚴重謬誤：其一，三國君臣必不知有佛教，關公不可能遇佛教徒；其二，三國時無玉泉寺，也無普靜其人；其三，關公如有皈依，必是「道德隆厚，古今傳聞」，而三國尚無是類名僧，最後又迂迴說是智顗大師。論述部分符合史實，結語則是一廂情願，還好，他對關公尚有幾分敬意，書中列舉三條關公顯靈保護天台宗和尚神跡[83]。

　　次看道教。宋代雷法引關公為神將，其後演變成另類神話，如解池斬蛟、大戰蚩尤，皆牽涉鹽課，略言有巨蛟盤據解池，嚴重妨礙塩產，以其關係國計民生至鉅，致予道教人士見縫插針之機會。神話最早見於北宋徽宗時，由道士陳希微所撰的〈地祇馘魔關元帥祕法〉，內容是「關羽斬蛟」，言龍虎山張繼先命關公至解池斬殺蛟龍，恢復鹽產，徽宗賜關公號「崇寧真君」，後來神話繼續演變，蛟龍換為蚩尤，時間也往前推至真宗時，成為「解池平妖」。無論如何變化，掌控法術的都是龍虎山天師，關公只是被召攝的神將，談不上尊榮[84]。

　　神話傳開後，神怪小說又加油添醋，關公角色更低，如《西遊記》中，鎮守南天門的廣目天王，手下馬、趙、溫、關四元帥，不仔細看，還不知其一即關公；《北遊記》中，關公拜玄天上帝為師，成為三十六將之一；《東

---

[83]　釋無盡《天台山方外志》，卷十，（頁732）。

[84]　參閱朱越利〈道法會元中的關元帥〉一文，而《三教源流搜神大全·義勇武安王》，則言事在真宗大中祥符七年，明代《漢天師世家》，又附會張天師為徽宗時的張繼先，可知神話皆為道士所杜撰。

遊記》中，馬、趙、溫、關四天將，奉玉帝之命大戰八仙；另外，在戲曲中也有不少類似的情節。所以，後來道教宮觀將關公塑像放在天神旁，也理所當然[85]。

其實，解池早就有神廟與神話，如北宋中晚期，沈括（1031~1095）已提到「蚩尤血」，明顯與關公無關，而池邊也早已有池神廟，亦無關公；至元代，王緯撰解池廟碑，亦無神話，而明代與程敏政、姜洪同時的李東陽（1447~1516），在〈重建解州鹽池神祠記〉，載當地諸神祠，同樣無任何傳說，以上諸人，在在都否定道士們所編造的鬼話，但宗教界為何還經常利用關公？理由十分簡單，一是關公香火鼎盛，移花接木可藉機壯大，事半功倍，更何況佛教早有先例；二為解州乃關公故里，創造關公為家鄉賣力神話，輕易令人信服，何樂不為[86]？

總之，佛道二教的神將腳色，都遠不及當時民間所認定的關公神格，對崇拜關公人士而言，近乎恥辱，撰文批駁的自然不少，最早發難的，乃孝宗時姜洪，他序楊巽《重訂關王義勇錄》，認為關公天生義勇壯烈，凜凜不可侵犯，死則忠憤未雪，化而為神，百世同欽，竟被佛道人士矮化，受天師召喚平妖，又被指使為智顗捨山建寺、授戒護法，簡直「鄙玷莫甚」，而關公「正大通乎天地，浩然塞乎宇宙，肯伏躬於異端耶？」陶輔看完此序，大呼過癮：「姜公能開正氣千年晦蝕之疑，其於輔世之功大矣！[87]」

其次為孫繼魯（1498~1547），於嘉靖初出任湖廣提學副使，巡行全楚，過當陽，上覆舟山玉泉寺，見其壯麗無比，再往謁山後關公廟，卻見屋老壁頹，草木莽莽，想起附近乃關公殉難地，玉泉寺因關公威名而香火鼎盛，受關公庇佑極多，而僧徒不思感恩修廟，反偽造神話，謊稱護法，不覺怒從中來，乃下令知府、知縣監督僧徒重修關公廟，落成後，親自作記勒

85　分見《西遊記》，第 16、51 及 58 回；《北遊記》第 12 回；《東遊記》第 56 回。

86　見《夢溪筆談》，卷三，（頁 55）；解池早先神廟，散見《宋會要輯稿·禮二十》中，不俱引；王緯文，見胡琦《關王事蹟》，轉載於呂楠《義勇武安王集》，卷四，（頁 145）；李文，見《懷麓堂集》，卷 65，（頁 103）。

87　見《關帝事蹟徵信編》，卷 30，（冊四，頁 504）。

碑，頌揚關公的「精忠」大節，並鄭重警告玉泉寺僧徒三事：「*毋壞侯廟，毋重忘所自，毋誣侯願護法！*[88]」

　　同時有孫緒，字誠甫，號沙溪，河北故城縣人（今衡水市），弘治進士，官至太僕寺卿，以杖死屬吏免官；晚年鄉居，親見地方各行業奉祀關公，皆不足以彰顯神威，如佛教稱為護法伽藍，道教稱為玄帝、英帥，巫覡卜筮諸家則稱驅邪壇將，而佛教供於殿左，名為伽藍殿，然關公「征討叛逆，誅戮何限」，與其宗旨「好生惡殺」本不相容，因見神威遠傳，為傳教之便，援引入廟，不過是「藉英靈，竊往聖，以尊其教，神其說。[89]」

　　稍後有孫宜（1507~1556），字仲可，湖廣華容人，鄉試後屢應進士不第，遂隱於鄉，讀書自娛，常遨遊於山水間，自號洞庭漁人，後見當地士民祭祀關公，心態不健全，初由惜而悲，由悲而慕，再奉而為神，而後由畏而諂，由諂而邀，於是「偽妄增加」，如道士動輒燒符念咒，聲稱召攝關公，儺祭以關公像為前導，倡優戲仔摩肩擦背於後，而各地祠宇庵觀也亂塑關公神像，凡此種種，關公成為「巫覡之走卒，魑魅之侍胥」，等同褻瀆，因此撰文呼籲地方官，應迅速釐正祀典，加強管理，為關公「盡灑此恨」[90]。

[88] 見同治《當陽縣志》，卷 16，（頁 51）；孫之生平，見《明史》本傳，（冊八，頁 5384）。

[89] 孫緒生平，見光緒《故城縣志》，卷七，（頁 748），與王守仁同為弘治己未榜進士，見《皇明貢舉考》，（卷五，頁 202）；其任免官，見《武宗實錄》，正德十年及 11 年，（頁 2416 及 2768）；引文及歷官剛正不阿，自居為儒者，見《沙溪集》，卷四，（頁 25）。

[90] 康熙《湖廣通志》，卷 68，（冊 23，頁 202）；生平，見《弇州四部稿》，卷 84，（頁 2）。

第五章 關聖帝君

　　明朝中晚期以來，關公的信徒，下自販夫走卒，中經文人學士，上至公卿帝王，幾乎無所不在，萬曆 42 年（1614），在特殊機緣下，神宗改封為「三界伏魔大帝神威遠鎮天尊關聖帝君」，而世人則通稱為「關聖帝君」，等同集英雄、聖賢、神靈於一身。

　　是時，東北滿清政權已經崛起，兩方衝突隨後展開，交戰區由關外漸延伸至中原一帶，不過三十年，新王朝建立了，在多年戰亂中，清人於關外毫無阻滯的接受關公信仰，入關建國，又屢次加封，配以多項尊崇措施，影響所及，政治力量加上宗教熱誠，關公當然更易「神威遠鎮」！

　　另外，民間在熊熊香火引導下，專書大量刊行，《三國演義》改寫問世，扶乩術更流行，善書及經典紛紛出現，文人多方題詠頌揚，神話及靈應事跡傳遍各角落，當然信徒更多且更癡迷。

　　總之，從明神宗改封到清初（十七世紀初至十九世紀初），共約兩百年間，是關公成神成聖、歷史地位達於頂峰的時代，很值得一探究竟。當然，並非此後即趨沒落，而是熱度不減，持續至今，這是史上難得一見的特例。

第一節　明神宗改封

　　明初以來，關公的歷史地位節節高升，至中晚期，已由英雄而成聖賢，由眾神之一而成近乎至上神，民間香火鼎盛，靈異普傳，而明神宗又改封，等於火上加油，然任何歷史大事，看似突發，其實背後必有委曲。

一、荒唐神宗

關公封號最大改變，來自明神宗朱翊鈞（1563~1620），而他正是史上難得一見的荒唐皇帝，其昏聵事跡，罄竹難書[1]，九歲登基，十五歲就稱患有痼疾，二十歲出頭，已經常不上朝，藉口多是「頭目眩暈」，而躲在深宮中，在位四十八年，竟然近三十年幾乎不見朝臣，然子女仍一個個出生，故而「綱紀廢弛，君臣否隔」，大臣省親養病給假充滿林下，中外缺官「大僚不補，小吏弗敍」，至親駙馬被辱，公主上奏也不予理會，乾清宮遭火，二十年仍未復建完工，京城門面正陽門箭樓焚毀，六年修不好；而東北則滿人崛起，東南倭患連年，境內各地白蓮教等秘密宗教接連起義，在在說明已是亂世前兆，難怪清高宗說他「孤其天職」[2]。

更奇特的，他連天地、社稷、宗廟等國家大祀都不親祭，卻對靈異境界多所嚮往，後宮中道流進出，番經廠、道經廠編制龐大，隨時待命以備「做好事」（即齋醮法會），由於內外隔絕，所與為伍的盡是宦官與道士，終難以自拔[3]；而在改封關公稱號上，還有二人對他影響極大：

第一位是生母慈聖太后：李太后（1543~1614），於神宗幼時管教極嚴，即位後仍緊迫盯人，時加訓斥，難得的是，神宗畢生對她百依百順，不曾拂逆，印佛經建佛寺，有求必應，曾言：「諸所焚修祝釐，護國保民者，朕一一欽承，無所愛惜。」慈寧宮所屬宮莊田高達 168 頃，多過乾清宮的

---

[1] 神宗之荒唐，見《明史‧本紀》論贊即可知，其駙馬被辱，見〈楊鶴傳〉，（冊九，頁 6725）；下引清高宗語，見《御製詩四集》，卷 49，（頁 78）；亦可參閱黃仁宇《萬曆十五年》。

[2] 俱見《神宗實錄》，嘆痼疾，起自萬曆 15 年，此後不斷；缺官不補，見 33 年、34年；三殿火於 24 年，至 44 年仍未修好；正陽門箭樓毀於 38 年，至 43 年閏八月才開工，不具注頁碼。

[3] 見劉若愚《酌中志》，卷 16，（頁 80）；而神宗常藉病不臨朝，卻多生子女，見同書卷 22，足補《明史》公主傳之不足，（頁 98）。

111 頃，連帶對其外家也極寬厚，爵位、家廟、領地准予世襲[4]。

李太后十分迷信，奉佛極虔，也信民間神靈。萬曆二年，先於涿州城北建東嶽廟，命張居正撰碑記，四年藉為祈穆宗冥福兼為神宗求子，於西郊建慈壽寺及十三級高塔，三年才完工，實則慶祝其三十六歲大壽；八年於北城區建千佛寺，光是眾多佛像即費二年，17 年，又以公帑費四年重修普陀山寺，而為慶壽，增修漷縣家廟，其間，也屢次頒賜各寺院《藏經》[5]；民間神靈部分，她虔信關公，如慈壽寺塔下石碑，即刻有觀音及關公像並贊文，後來又於家廟旁加建華嚴寺及關公廟，還有，她晚年隱然自居為「碧霞元君」化身，於泰安州建靈應宮，極其華麗，該神傳為泰山帝君左右，至 42 年二月死時尚未完工，神宗多次催促，還說：「聖母升遐，宜與元君在帝左右。[6]」總之，她的信仰無疑直間接影響到神宗。

第二位是龍虎山張國祥：真人張國祥（?~1610），字心湛，萬曆初入都，繼為五十代天師，留京師十三年，主持重修《道藏》，深獲賞識，回山增修《龍虎山志》，利用關公信仰，重演解池斬蛟神話故事，宣揚天師威信，26 年夏，京師大旱，奉命詣西郊龍王廟禱雨，獲賜玉帶銀幣，次年，御頒《道藏》安供山上大上清宮，31 年，因兩宮火災修復初告一段落，回京主持黃籙大醮，法會中故弄玄虛，亂耍神通，35 年，《續道藏》編成，自稱「奉旨校梓，靈佑宮供奉」；而他又深懂人情世故，每年八月、十一月神宗及太后誕辰前必上章拜禱，以致寵遇不衰，37 年，龍虎山上清宮為大水所毀，神宗慷慨的賜予江西一年歲銀三萬兩重修，可見他在神宗心

---

[4] 李太后生平，見《明史》本傳，（冊六，頁 3535）；宮莊，見沈榜《宛署雜記》，卷八，（頁 65）；餘見《實錄》，萬曆 34 年、36 年、37 年，（頁 8066、8525、8563）。

[5] 修寺賜經，見《實錄》，23 年及 30 年，（頁 5281 及 7143）；餘見《日下舊聞考》，東嶽廟，卷 129，（頁 13），稱「慈聖太后敕修」；慈壽寺塔，卷 97，（頁 4）；千佛寺，卷 54，（頁 158）。

[6] 見《實錄》，萬曆 42 年 11 月及 43 年四月，（頁 9892 及 9997），記載極簡，不知廟之所在；另據乾隆《泰安府志》，云：「萬曆中敕建，蓋元君之下廟也。」（卷七，冊四，頁 107）。

目中的地位，而最重要的，他死後四年，神宗更改關公封號，近乎是道教神靈名稱[7]。

二、賜額建廟立碑

（一）運河解州廟額

神宗萬曆初年，黃河潰堤與淮河合流，大水東灌，危及護衛運河的高家堰，河道總督潘季馴親赴前線督工，傳言夜夢關公，示以合龍工法，不久隄成，屬下皆以關公庇佑，建請朝廷加封致祭，潘以事涉幽怪，不許，僅於隄上建廟；萬曆 18 年（1590），淮河上游因連日大雨泛濫，再次危及隄防，河工人員至廟拜禱，不久風轉雨收，隄防無損，乃又上奇跡，潘季馴這回不敢怠慢，疏請加封諭祭，得賜予廟額「顯佑」，並頒〈御祭文〉，稱關公「庇民福國之功，孰非忠義顯應之助？[8]」另據地方傳言，是年神宗改封關公為「協天護國忠義大帝」，不知可信否[9]？

另在關公故里解州城西門外，北宋以來早有關公廟，民間俗稱崇寧宮，駐有道士，明初地方官多次捐資倡建，萬曆 23 年，駐廟道士張通厚奏請賜予廟額，禮部祠祀司郎中楊鳳等力贊其事，乃得賜「英烈」，並記載於《神宗實錄》中，文中稱「漢前將軍漢壽亭侯關羽」，顯見此事非同小可[10]。

7　張國祥略歷，見婁近垣《龍虎山志》，（卷六，頁 77）；賣弄神通，見劉若愚《酌中志》，卷 22，（頁 85）；餘俱見《實錄》，禱雨，萬曆 26 年，（頁 5973）；重修上清宮，38 年，（頁 8802）；拜壽賜禮，33 年，（頁 7815）；編《道藏》成案語，見書後《續道藏經目錄》卷末。

8　王復禮《季漢五志》，卷七、卷九，（頁 199、239），唯潘季馴疏文，未載於《河防一覽》中，其治河事跡，見拙著《明代治理黃河述略》，第三章。

9　見乾隆《蘇州府志》，載臥龍街廟及歷代封號，42 年封號完整正確，（卷 32，冊二，頁 843）；而同時代《山東通志》，亦載有此號，唯少大字，額名英烈，（卷167，頁 20）；另朝鮮亦傳 13 年封協天大帝，見李光燾〈清太宗與三國演義〉，引《朝鮮實錄》。

10　見《神宗實錄》，萬曆 23 年七月，（頁 5322）；楊鳳，河南杞縣人，萬曆 11 年進士，與李開芳、盧大中同榜，見《皇明貢舉考》，卷七，（冊九，頁 167~176）。

（二）潞縣廟宇碑文

　　神宗生母李氏，娘家在順天府通州潞縣永樂店，因生神宗而貴顯，穆宗贈其父侯爵，又賜家鄉七百頃贍養地，貴後建家廟，規模不小，萬曆 35 年十一月李太后壽誕前，另增修殿宇，稱為「景命殿」，而殿左建華嚴寺，右建「漢壽亭侯祠」，別名「顯忠廟」，顧名思義，即為祈壽延福之用[11]。

　　關公稱號完整正確，已不同於十二年前，其神靈地位自也水漲船高，但為何不用宋徽宗的封號？或係遵從太祖訓示？然明年卻又改成不倫不類之稱，將如何解釋？其實，約一百年前，即武宗正德四年（1509），太監劉瑾為誇示地方，選在其家鄉陝西興平縣馬嵬鎮建關公廟，即稱為「義勇武安王廟」。所以，太監都不理祖訓了，神宗會嗎[12]？

　　次年九月，太后命於華嚴寺前加「保國慈孝」四字，顯忠廟改為「護國崇寧至德真君廟」，亦即關公由漢壽亭侯變成真君，神宗有碑文，稱先前已撥贈養地，太后另購贈 25 頃；此外，神宗還有建寺及建廟碑文二篇：

> 侯起步衣，佐義旅，從故主於垂危，扶正統於將絕，精忠一念，天地式臨，以故血食萬方，肸享千載，戾夫聞而斂容，宵人望之素息，蓋其靈爽，如日當空，無幽不燭，如泉行地，有觸則通。…侯禦災捍患，扶困拯危，為福於天下者，不可屢數，今寧惟佑我聖母，其運玄機翊隆，理陰陽，調風雨。

文中稱關公為「侯」，標出「精忠」大節，均符於史實，再頌揚神威「血食萬方」，等於載明現況，而後既祈母壽，也求護國，誠心可嘉，用詞典雅[13]。

---

[11] 見《神宗實錄》，萬曆 35 年 11 月，及 12 月，（頁 8349 及 8365），相距十天，可能為利用原有屋舍。

[12] 見《武宗實錄》，正德四年正月，（頁 1045）。

[13] 見《神宗實錄》，萬曆 36 年九月，（頁 8514 及 8520）；而贍養地乃穆宗賜予后父李偉，至此已三代，戶部尚書趙世卿請收回，帝批「李家正枝子孫自行管業，後不為例」，故知此本為李氏家廟，僅稍加增修，（頁 8525）。

然而，文題並不相符，一侯一真君，且標題即為「崇寧真君」加數字而成，實則此號乃北宋徽宗時，雷法道士陳希微所撰的《地祇馘魔關元帥祕法》所創造（詳上章第六節），此外從未見載於任何文獻中，而今神宗竟冒然引用，又未敘及改號原委，也無類似「解池平妖」神跡，推測神宗身旁及李太后後宮已充斥道流，若對照《龍虎山志》，還可看出張國祥的手筆痕跡，故而六年後出現更為道教化的封號。

三、大帝天尊帝君

神宗晚年，似乎認為其前「真君」二字不足以彰顯關公神威，萬曆 42 年（1614），再改封為「三界伏魔大帝神威遠鎮天尊關聖帝君」，前面還有「敕封」二字，封號字數極多，似多種神靈名稱合併而成，到底為官、爵、謚？或神靈名稱？均有待探討；然而，不可思議的，此等軍國大事，在官方文獻中，如《神宗實錄》不載，唯有民間文人筆記才見得到，更甚者，《實錄》不載此事，卻於十一月載改封泰山碧霞元君為「天仙」，隔年五月，另載「遣官祭漢壽亭侯」，完全不像有改封關公之事，相較於六年前太后家立廟建碑之詳載，且敕諭天下，實不可同日而語，故必須詳加推敲[14]。

（一）民間記載

神宗此舉，唯一可確定的，即不依正常程序，致無官方記載，但仍迅速引起海內外注意，傳聞頗多，文人相傳轉載，或稱有本有據，或以訛傳訛，茲取其較為詳實者論列於後。

甲、張士第碑記

萬全都指揮使司（今河北省宣化市），宣宗時析宣府鎮下十六衛所成立，為京都西北軍事重地，軍民雜處，故各種信仰設施，如傳統壇廟、僧道分司皆同內地[15]；其中，公私立關公廟當然不少，轄下懷安衛（今為縣）亦本有廟，改封消息傳出，署中上下共出資增修，落成後，請米脂知縣張士第

14　見《神宗實錄》是年11月，（頁9889），及隔年五月，（頁10024）。

15　散見《宣宗實錄》，宣德四年、五年及六年等，（頁1222、1671、1805 及2397）。

作記，云：「今皇御宇之四十三年，敕封『三界伏魔大帝』。」

　　案：張士第，本地人，字魁宇，又字兩樂，出身書香門第，父為教授，弟為進士，他於萬曆間選貢生，出任陝西米脂縣知縣，時值荒欠，急請蠲租賑災，並整頓吏治，縣民感懷，以病告歸，崇禎時，闖賊至鄉，知其名而避其家，入清不仕，自號無名氏以終。作記時遠在陝西，可能道途遙遠，聽聞較晚，然文中深憂憤懣，顯現其對國是之關懷[16]。

　　乙、董其昌疏記

　　董其昌（1554~1636），字元宰，松江華亭人（今上海市），萬曆 17 年進士，官至南京禮部尚書，熹宗時，與修《神宗實錄》，擅書畫，望重一時；而福建巡撫金學曾，家族虔信關公，感受靈驗，見杭州廟宇卑陋，45年，發願重建於西湖孤山，董為作〈特建關帝君殿募疏〉，載關公靈異事跡、遷建始末，並及神宗改封：

> 關神進封帝君，自甲寅詔書始也，是時皇上夢感聖母，中夜傳制，表忠勸孝，合之雙美，華夏蠻貊，罔不快觀，于景德、宣和祈年受籙之陋，度越遠矣。…易兜鍪而袞冕，易大纛而九旒，五帝同尊，萬靈受職，寶號所云蕩魔，正謂陰誅亂賊耳。

董是時在南京，距改封才三年，照理應知當代大事，但他不曾細究關公歷史地位演變，僅略知傳聞前代封號過於鄙陋，有道教化之嫌，所記寶號略為「帝君」、「蕩魔」，但指出關公已換掉戰帽、大旗等武將裝扮，改為帝王等級冠冕服飾，又說「五帝同尊，萬靈受職」，明言其神靈地位極高。綜觀此疏，用詞含混，可能出自傳聞，孤山廟落成後，天啟二年，董又撰〈西湖建關帝殿碑記〉，夾雜佛語，言：「孔曰成仁，孟曰取義，與法華一大事之旨何異也？」而是時滿清已屢屢侵及遼西，記末寄望關公「能報曹而有不報

---

[16] 見乾隆《懷安縣志》，卷 18，（冊五，頁 68）；卷 20，（冊六，頁 16）；及卷 24，（冊八，頁 12）；同時尚有同名同姓張士第者，乃山東章邱人，勿混為一。

神宗者乎？[17]」

　　丙、《酌中志》

　　宦官劉若愚（1584~明末），其先南直隸定遠人（今安徽滁州市），十五歲自宮，萬曆 29 年選入後宮，初隸陳矩，又歸李永貞，歷司禮監、御馬監，從寫字升監承，又降為答應，再被貶南京種菜，回京又所遇非人，一生多災多難，然為人正直，好學有文采，歷神宗至思宗四朝，親見明末宮廷奪權鬥爭，及內廷與外朝勾結較勁諸大小事跡，天啟初，因整肅魏忠賢輩，被牽連入獄論斬，積延多年而不決，於獄中著《酌中志》，自稱「纍臣」，故神宗朝重大事跡當略知一二，其載「道經廠」時云：

> 此廠掌廠林朝者，神廟時有寵，如漢壽亭侯關君為「敕封三界伏魔大帝」之號，實朝所奏請也[18]。

劉在後宮廠監司局之地位不低，所記當為親所聞見，其言又與張士第相同，惜語焉不詳，所記關公封號可能是略稱。

　　丁、《帝京景物略》

　　湖北人劉侗、周損，少年赴北京進學，定居五年，與宛平人于奕正交遊，感於先前記載京城名勝禮俗諸書偽漏俚漫，立志新編，于負責蒐集資料，周採文人詩詞題詠，後由劉彙總，於思宗崇禎八年成書（1635），由於三人足跡遍及各地，所以當時京城大小事件，應親見親聞，書中記正陽門關公廟香火之盛，兼及改封事：

17　董之生平，見《明史》本傳，（冊 10，頁 7395）；碑文見《容臺文集》，卷四，（冊四，頁 77）；照膽台廟之募緣疏及碑記刻石，詳載於鄒在寅《照膽臺志略·藝文》，（頁 33）。

18　見《酌中志·纍臣自敘》，（卷 23，頁 109），此書傳世版本極多，其自序紀年有崇禎七年、十年及十一年，可見多次改寫；而其書自 16 卷至 20 卷，又被呂毖節成《明宮史》，文多改易，本段引文見〈木集〉，（頁 54），四庫全書本不載此條，本書參考諸本，取其重要史料如本條，剔除其錯誤，如宮中諸門掛關聖像。

> 萬曆四十二年十月十一日，司禮監太監李恩，齎捧九旒冠、玉帶、龍
> 袍、金牌，牌書「敕封三界伏魔大帝神威遠鎮天尊關聖帝君」，于正
> 陽門祠建醮三日，頒知天下；然太常祭祀，則仍舊稱，…天啟四年七
> 月，禮部題覆得旨，祭始稱帝[19]。

記載詳及年月日，明確稱封號為「敕封三界伏魔大帝神威遠鎮天尊關聖帝
君」，完完整整，又說「太常祭祀，則仍舊稱」，等於說此非正式頒詔禮
儀，而提及直至天啟四年「禮部題覆得旨，祭始稱帝」，也符合史實。此書
之成，距改封不過二十一年，且于奕正當時就在北京，所載應最可信[20]。

戊、《季漢五治》

　　再看清初王復禮（1645~?），王，錢塘人，字需人，乃王陽明五世孫，
雖為理學家子弟，家族仍世代崇奉關公，無事不求，他自幼耳濡目染，及長
有感於關公庇佑靈驗極多，因悉心蒐集相關文獻，歷三十餘年而成書，名為
《季漢五志》[21]，書中載神宗改封，先據劉侗書載十八字封號，次引親見其
事的劉道開言：

> 是時頒行天下郡邑，各刻黃紙一張，余時十四歲，猶見其全文，自封
> 侯之外，并封夫人為九靈懿德武肅英皇后，長子平為竭忠王，次子興
> 為顯忠王，將軍張（周）倉為威靈忠勇公，賜左丞相一員：宋丞相陸
> 秀夫，右丞相一員：宋將軍張世傑，其道壇朗靈上將、三界馘魔元帥，
> 以宋忠臣鄂王岳飛代，其釋教伽藍、崇寧護國真君，以唐忠臣鄂公尉
> 遲恭代；優人搬演，不許仍扮關帝，以恣褻瀆，違者地方官治罪。

---

[19] 見《帝京景物略·關帝廟》，卷三，（冊三，頁6）。

[20] 劉、周略歷，見光緒《麻城縣志》，卷20，（頁134及144），劉於書成前一年方進
　　士及第，乃復社名士，見《復社紀略》，卷一，（頁79）；于為京城世家子弟，豪
　　邁善交，書成南遊，將另撰《南京景物略》，未成客死當地，見周亮工《因樹屋書
　　影》，卷五，（冊四，頁67）。

[21] 王復禮生平，見《關帝事蹟徵信編》，卷30，（冊四，頁541）。

記加封及妻子隨扈，惜未指出真正封號，但從文意可知視之為帝，故妻后子為王，並賜兩歷史名人為丞相，另調岳飛充道教雷法神將、尉遲恭代佛教護法。王書中另收神宗〈加封帝號建醮文〉，載全真派道士建醮事：

> 恭惟明神，生前忠義，振萬古之綱常，身後威靈，保歷朝之泰運，…宜崇帝號之封，所傳經懺，足以師世淑人，用發誠心，頒賜帑金印造，特命全真道士周宏真等，齎請前去，安供名山，鎮定方隅，肅清中外，今萬曆四十二年十月十五日，加封「三界伏魔大帝」之號，自今伊始，永安帝位，不在將班，鑑觀萬天，巡遊三界，悉清人鬼之妖，全消未萌之患。…故特命全真道眾，啟建祈天慶賀醮典三晝夜，藉此經懺之功，祈釋民物之厄，清時豐歲，佑國寧邦[22]。

封號僅「三界伏魔大帝」六字，與張士第、劉若愚同，比劉侗少二號。總之，官方文書不載，民間則傳聞互異，當需酌予考訂。

（二）相關疑問

最大疑問當然是實錄及禮書不載，而綜上五家，記載整體事件最詳細者當屬劉侗，人事時地清楚，應據可靠文案，非道聽塗說者所能為，然比較之下，仍有諸多疑點：

就時間言：劉若愚、董其昌、劉侗、王復禮都明言是萬曆 42 年，而後二者所記竟只相差四日。

就地點言：只有二人明確說出，頒詔不在朝廷，劉侗先記正陽門廟的香火與信徒，再點出頒詔就在此廟；王復禮則說特命全真道士安供名山，而京師西便門外白雲觀正是全真派祖庭，然建醮與頒詔不一定同時地。

就封號言：張士第、劉若愚、王復禮都明言是「三界伏魔大帝」，其前應還有「敕封」二字，只有劉侗說是十八字，明顯為三神合稱，但上段六字又與前三人全同。

---

[22] 俱見《季漢五志》，卷十，（冊八，頁 25），及卷七，（冊五，頁 16）。

　　就頒詔者言：因頒詔儀冗長費時，若此事為真，以神宗之昏聵，不太可能親臨主持，則代頒者為誰，劉若愚僅提道經廠掌廠林朝奏請，未續言詳情，劉侗說是司禮監李恩，均是太監，而王復禮則說是全真道士周宏真。

　　總之，記載者從高官、後宮宦官、地方小官到文士，其身分含括社會各階層，判斷此事不可能偽造或謠傳，時間應在萬曆四十二年，月分則不確知，劉侗說是十月十一日，王復禮則說是十月十五日，且均說建醮三日，並頒知天下。

　　促成改封的幕後功臣，最可能的當然是道士，其中有正一派、全真派，依其封號皆為道教神靈名稱可知；其次是太監，怠忽朝政的皇帝自然最倚重他們，因為朝夕伺候左右。不過，如此重大事件，可能僅經由數位名位不相當的人士所擔綱，欠缺官方禮儀，僅有宗教法會，靠民間虔誠信徒傳播，可謂瑕疵百端，實有損國家法令尊嚴，大概唯有荒唐皇帝才做得出來：

甲、儀節欠缺

　　此事確定未依法定程序，先看明朝的文書作業程序，及「頒詔儀」，再推論誰的話較為可信。案明代皇帝誥命、敕命、冊表、寶文、玉碟等，必先由翰林或內府草擬文稿，再交中書科舍人書寫，繕具上呈，而副本存檔、文書校對編號，要經古今通集庫，往來皆有一定程序；改封大事，當須遵照禮儀，由皇帝親自主持，文武百官就位，詔書往來，程序冗長莊嚴[23]。

　　還有，太監、道士在官方活動中，無論如何受寵，原都不能獨當一面，但能「逢君作奸」，然而，荒唐皇帝的種種作為本難以常理臆度，神宗連全國缺官都不補，駙馬爺被宦官欺負也不在乎，改封關公怎會行禮如儀？他又多年身居大內，不通朝臣，重要禮儀由道士、宦官代行反成為可能，若看其後熹宗時補足措施，可知此事未依正常程序頒布，以致人言言殊。

乙、道士介入

　　神宗在位十餘年起即怠忽職守，深居內廷，幾與外朝隔絕，故而早就受

---

[23] 分見《明史》，〈禮志・頒詔儀〉，（冊三，頁 1415），〈職官志〉之翰林院及中書科，（冊四，頁 1875 及 1807）。

到包圍，推測其改封關公，應是太監、道士的幕後奔走所致，而明朝皇室早
有崇道傳統，加上道士之鑽營能力本不亞於俗人，要親近權力核心，則管道
多有。

　　明朝道教諸派，被官方認可的只有全真、正一，其中以正一派最受寵
任，龍虎山的正一真人官階高達正二品，齋醮、方術皆為此派專長，藉此壯
大勢力，令他派相形見絀，尤其第五十代天師張國祥，居京師多年，後雖回
山，仍時進京奏事，深得神宗寵信，他南北奔波，必然深知此時民間關公信
仰現況，利用機會改編北宋雷法名號「崇寧真君」神話，希望將關公納編到
龍虎山系神將內，以抬高身價，太后潞縣家廟中關公神號，明顯有他著墨痕
跡，他死於萬曆 38 年，沒見到改封，仍不能忽略其影響[24]。

　　另外，道教全真派雖趨式微，缺少名師，但在北京城，因祖師基業根深
蒂固，又能迎合民俗活動，故尚有影響力，且看白雲觀的「淹九節」：

> 京師正月燈市，例以十八日收燈，城中遊冶頓寂，至次日，都中士女
> 傾國出城西郊所謂白雲觀者，聯袂嬉遊，席地布飲，都人名為耍煙
> 九。…然京師是日，不但遊人塞途，而四方全真道人，不期而集者不
> 下數萬，狀貌詭異，衣冠瑰僻，分曹而談出世之業[25]。

案：全真教創自王重陽（1112~1170），時在金末（約南宋孝宗時），以
「三教圓融，識心見性，獨全其真」為宗旨，在道教流派上被歸為「內丹北
宗」，修行上講究極端的苦行、禁慾，雖有離世、悲觀的傾向，但對傳統儒
家的倫理道德也極力擁護，置忠孝於修行之首，故能得金、元二代皇帝尊
崇，盛極一時，至明朝始漸沉寂。而白雲觀，位北京西便門外，為該教派三

---

[24] 道士勾結大臣，參見《中國道教史》，第十六章，（頁 669）；道士品秩，見《明
　　史・職官志・道錄司》，（冊四，頁 1817）。

[25] 沈德符《萬曆野獲編・補遺》，卷三，（頁 901），沈亦載神宗改封誥命，見前編，
　　卷 14，（頁 364）；而淹九節亦見《析津志輯佚・歲紀》，（頁 213）。

大祖庭之首，其號稱七真之一的丘處機（1148~1227），死後即安厝觀內[26]。

明代全真教勢力雖不如正一派，但齋醮、煉渡也是專長，藉此親近權貴，本無困難，而其教義又重忠孝仁義，必不排斥關公一類的英雄神靈，對關公的信仰實況應也不陌生，所以若有機會，相輔相成，也極合理。因此，王復禮所錄的建醮文，中云「特命全真道士周宏真等齋請前去」，可能神宗身邊就有此派道士，藉機設壇作醮，既宣揚關公威德，又可壯大教派。

還有，加封次年，神宗又建二廟：一為宏仁萬壽宮：略稱萬壽東宮，位盆兒衚衕，主祀文昌帝君，其左為「天樞上相諸葛孔明」，右為「天樞左相文信國」，對照前引劉道開言，均為類似的道教神靈；二為萬壽西宮：主祀關公及呂洞賓，殿前均有神宗御製石碑[27]。

由此，可見神宗與道教之密切關係，要言之，加封關公，必有道士介入，若再依大帝、天尊、帝君之封號，非民間即道教神靈，更是明顯不過。

丙、宦官促成

明朝的宦官本受嚴密管制，成祖靖難，進軍南京，宦官多潛逃至營，漏洩京城虛實，於是大獲賞識，即位後多所委任，出使、專征、監軍、分鎮、刺探臣民隱事等，從此開始嘗試權力滋味，而此輩本多欠學養，一旦掌權，禍國殃民，敗家喪身乃是必然結局，終明之世，宦官「利一害百」。

宣宗時，為培育宦官，在宮中設內書堂，令大學士教習之，從此定制，宦官因而略通文墨，而宣宗又定下成規，重用內閣大學士，所有章奏先經內閣以小票具陳意見，貼於其上，稱為「票擬」，再由皇帝「硃批」，不幸的，宣宗以後皇帝，多係昏庸頹廢之徒，只喜燕遊，怠忽國事，硃批的神聖權力竟落入宦官之手，等於倒持太阿，難求其奉公守法。

宦官權力中心在司禮監，職位不少，如掌印太監，負責登錄內外章奏，而秉筆太監及隨堂太監則代批票擬，等於皇帝之替身，而中期以後，皇帝降旨，竟也以此輩代筆，寫出條目，交由內閣擬稿，故而章奏上呈或詔令下達

---

[26] 全真教之興衰，見《中國道教史》，第十四、十七兩章；白雲觀建置沿革，參閱李養正《新編北京白雲觀志》。

[27] 見《日下舊聞考》，卷60，（頁70），惜未載神宗碑文。

皆經其手，要從中竊權，或假傳聖旨，實易如反掌，明代害朝亂政的太監，如武宗時劉瑾、熹宗時魏忠賢等人，皆出自此監，而神宗長年深居後宮，當賴此輩溝通內外，因此可推知，在改封大事中，宦官必也是要角之一。

故而，劉若愚《酌中志》說道經廠掌廠太監林朝（?~1625?），於神宗時有寵，關公受封即由他奏請，劉就在宮中，當為親所聞見，而「道經廠」正是負責宮中所有道教齋醮法會之機構，由其奏請，神號為道教常見之「大帝」、「天尊」，更為理所當然，且林朝由道經廠掌廠，升乾清宮管事，顯然頗受重用，如萬曆 43 年，神宗於西城外建宏仁萬壽宮，祀文昌帝君，即由他督工，時為司設監太監，次年，西郊昌運宮重修，亦由他監造，縱觀此數年，他與道教關係匪淺，劉若愚之言或應可信[28]。

另據劉侗說，司禮監太監李恩受命持信物至正陽門廟佈達建醮，而李恩（?~?），也是神宗晚年最為倚重的宦官之一，如萬曆 43 年五月張差廷擊案，朝臣多懷疑其目標為皇太子，背後主謀乃福王之母鄭貴妃，神宗為釋疑，令李恩傳召百官入宮禮拜太后靈位，次月又令李主持訊鞫內應太監；45年八月生日，再派他款待輔臣，簡直視同替身，故合劉若愚及劉侗之說，證以當時宮廷局勢，由林朝奏請，李恩代行大禮，實有可能[29]。

還有，宦官崇拜關公，早有先例，如當陽一帶關公廟之修建，宦官即曾出力過，而憲宗也曾派遣梁芳往解州祭祀關公，武宗時劉瑾，請於家鄉陝西興平縣馬嵬鎮建「義勇武安王廟」，完工又請賜額「忠義」，令有司歲時祭祀，用以炫耀鄉民（見前章）；而約略同此時，司禮監太監王迪，也在北京南方霸州大城縣（今廊坊市），建關公廟，民間稱為「關王廟」，故而太監崇拜關公，並非新鮮事，影響所及，甚至宮女、皇子、后妃，連皇帝，都可能是關公信徒[30]。

---

[28] 林朝之略歷，見《酌中志》，卷 16，（頁 84），後為魏忠賢所害；督造二宮廟，見《日下舊聞考》，卷 60 及卷 99，文中誤作「林潮」，（頁 70 及頁 81）。

[29] 李恩之受重用，見《神宗實錄》，萬曆 43 年五月、六月及 45 年八月、11 月（頁 10047、10064 及 10569、10237）。

[30] 見光緒《順天府志・地理志・祠廟》，（冊 14，頁 59），為當地三廟之一。

丁、先人榜樣

明代中晚期以來，荒唐皇帝不只神宗，其伯祖武宗、祖父世宗，一樣莫名其妙，每每自加宗教意涵的封號，分不清是皇帝，還是高僧高道。

武宗即位以來，近乎不務正業，先自號「大慶法王西天覺道圓明自在大定慧佛」，命鑄印以進，並頒誥命，印成，定為天字一號，其後又多次加號，連本名都改，有大將軍、總兵官、鎮國公、太師等等，已近於戲謔，天下無不竊笑；而他同輩的繼任者世宗也是一丘之貉，濫用帝位，在位不久，即寵任道士邵元節、陶仲文，忙於齋醮燒煉，妄想長生久視，自封元陽帝君，不久，又號「靈霄上清統雷元陽妙一飛玄真君」，後加號「九天弘教普濟生靈掌陰陽功過大道思仁紫極仙翁、一陽真人、元虛圓應開化伏魔忠孝帝君」，再改「太上大羅天仙、紫極長生聖智昭靈統元證應玉虛總掌五雷大真人、玄都境萬壽帝君」，有真君、仙翁、真人、帝君等等。（見上章第六節）

二帝之自號，參照神宗封號，可有似曾相識之感？尤其「伏魔忠孝帝君」，再溯自宋元雷法中諸多關公的神將稱號，元初游皇城的「鎮伏邪魔護安國剎」白傘蓋，以及解池平妖、崇寧真君神話，應皆有前後相續的關係。

戊、神宗問題

神宗年輕即怠忽職守，其後愈演愈烈，荒唐難解，故有必要進一步探討其身心問題。

其一，肉身健康：神宗二十餘歲，已常告知輔臣有病，甚至說「朕之疾已痼矣」，推測應非惰怠之藉口，體質不良，意志不堅，實得自先天，早朝對他而言，乃天大苦差事，而大祀祭典冗長，起於清晨，他因「腰痛腳軟」，不能久站，只好遣官代祭，而朝政紛亂，沒耐性閱讀章奏，不知如何處置，只得相應不理[31]。

其二，涵養不足：肉身先已影響心理，加上學養不夠，以致氣血不平，健康每況愈下，引發惡性循環，經常動怒，雒于仁說：「臣入京閱歲餘，僅朝見於皇上者三，此外唯見經年動火，常日體軟。…臣以是知皇上之恙，藥

---

[31] 神宗嘆痼疾之例極多，文中引語，見《實錄》，萬曆18年正月，（頁4097、4101）。

餌難攻者也。…皇上之病，在酒色財氣者也。」於是獻上〈四箴〉，要療其心病，他當然更氣；三年後，大學士王家屏退休辭朝，臨行依依，勸「慎起居，平喜怒，敬天勤民，視朝聽講」等多事，不久，趙志皋又獻上傳說為孫思邈、真德秀的〈衛生歌〉，要他參酌援用，似乎都如牛彈琴[32]。

其三，科道言重：明制，凡百官布衣，皆得上書言事，而科道官員如御史、六科給事中，其權責更重，朝中大小案件、臣民隱事，無所不參，後演變成意氣相爭，結黨營私，更糟的，神宗不遵循祖制，皇子教育、封王及立儲等多猶豫不決，朝中屢以為言，他逐漸難以忍受，亟欲擺脫，萬曆 21 年初，突下詔三皇子並封為王，滿朝驚愕，大學士王錫爵請「多官會議」，回以「朕意已定，不必廷議」，百官接連奏疏諫止，不得已延見輔臣，雖說下重話：「朕為人君，恥為臣下挾制。」仍無可奈何，十一日後，忿忿不平下令取消。此事對他打擊頗大，當然又「積火上升」了[33]。

其四，私心作祟：神宗未掌握先機，不能理性處理國事，其中一因即私心太重，厚待母后外家，已如前述，立太子一案，尤為可議，朝臣早已看穿他的私心，一被戳破，必勃然大怒，如二十年初，李獻可疏請預教皇子，心虛誤以為催他立儲，痛罵「小臣煩激，違旨侮君」，連帶貶降三位科臣，又告訴大學士王家屏，說他們是「不義之徒，挾君廢政，沽名逸臥」，一疏即可吵鬧十天，正事當然難辦，更可見他對言官不滿，已非一日[34]；不難想像，皇后一直無子，而寵愛的鄭貴妃已生皇三子，則不欲立庶長子為儲君，屢屢違背祖制，不理朝臣奏議，安能政清人和？

上述環環相扣，而不依禮儀程序改封關公，乃神宗諸多荒唐行徑之一，頗似三王並封，他應知若循規蹈矩，必為朝臣所阻，則直接旨由中出、中夜太監宣詔，當然可能。總之，其所留下諸多疑問，有待其後熹宗時釐清收

---

[32] 雜疏，見《實錄》，萬曆 17 年十二月，（頁 4085）；王疏，見 20 年三月，（頁 4580）；趙疏，見同年七月，（頁 4652）；衛生歌，見高濂《遵生八箋》卷一，初刊於前一年，所錄俱為民間俗傳，非真為二人所撰。

[33] 見《實錄》，21 年一月及二月，（頁 4761 及 4778）。

[34] 見《實錄》，20 年正月，（頁 4553~4561）。

拾。雖如此，此事在關公神威鼎盛之際，經由廣大信徒，及多重管道散布天下，關公稱號從此告別傳統的爵諡系統，而被道教同化。

（三）真正封號

諸家所載不一，主因應是神宗私相授受，不循常理，以致公家檔案闕如。熹宗天啟元年二月（1621），即傳聞改封後九年，太常寺少卿李宗延上疏言：「近覲漢壽亭侯改封大帝，然本寺執掌未有遵承，倘果係皇祖加恩，不妨命閣臣撰制，頒之本寺，然後通行天下。」太常寺主掌祭祀禮樂，而他竟說「未有遵承」，即知改封程序不全，可惜此疏未獲理會；四年六月，該寺寺卿盧大中再申前議，熹宗始正式交付禮部及太常寺，七月完成法定程序，頒布天下，稱為「敕封三界伏魔大帝、神威遠鎮天尊、關聖帝君」，共計十八字，上引諸人只有劉侗說對。由於封號太長，其後通常單稱「關聖帝君」，此號集英雄、聖賢、神靈而成，故流傳最廣，再略為關帝，或關聖、帝君、聖帝等等。

四、封號闡釋

神宗改封關公的封號，可一拆為三：即「三界伏魔大帝」、「神威遠鎮天尊」及「關聖帝君」，分明為三位神靈名稱，「大帝」、「帝君」乃民間香火較盛的神靈，「天尊」為道教位階極高的天神，而其前之形容詞，「三界」是佛家語，非民間所常見，「伏魔」則為俚俗用語，唯有「神威遠鎮」四字，既典雅又寫實。在此，僅先闡釋前二者神號，而「關聖帝君」則留待下節。

（一）三界

三界，佛家語，係指佛教的天堂，因天堂眾多，故又稱「三界諸天」，乃依眾生生前善惡行為，決定其輪迴轉生之上者，雖未達究竟，不能了脫生死，更還未成佛，但已遠超出其他眾生的歸宿，細言之，三界為「欲界」、「色界」、「無色界」[35]。

---

[35] 本小節參考蕭登福《漢魏六朝佛道兩教之天堂地獄說》，上編第一章寫成。

「欲界」，乃因此中眾生俱有淫食二欲，故名，包含地獄、餓鬼、畜生、人、阿修羅五道，以及天道中的前六天，即四天王天、忉利天、夜摩天、兜率天、化樂天、他化自在天。

「色界」，乃因此界眾生皆形體殊妙精好，無男女相之別，由修習禪定往生，故以禪悅法喜為食，不食人間煙火，依其禪定功夫，又分為初禪、二禪、三禪、四禪，每禪又有多種不同的境界，總共二十三天。

「無色界」，此界眾生已無形體等相，唯有識心，處於深妙禪定中，故名。又分為四天：能厭棄外色而思空，稱「空智天」；能空外色，並厭棄外空而思識心者，稱「識智天」；而併內識亦厭棄而思無所有者，稱「無所有智天」；最上者，其識心不同於色界四禪及無色前三者之粗定思想，名為「非想」，而非想並非無心，故又稱「非非想」，以其識心處於「非想非非想」之境界，故稱「非想非非想天」。

以上三界，雖已是少數眾生修行極佳歸宿，但仍須受業因決定轉世，生生輪迴，不能脫離苦海，故尚非最高尚，仍被視為「迷界」，其中由少數「天王」統治，故三界並非自由自在、了無拘束，《楞嚴經》經末云：「知有涅槃，不戀三界。」即勉勵信徒尚須精進修行，以悟入妙境。

三界說後被道教吸收，轉為其天堂系統，約言之，道教天堂有二：一是取自傳統九天，再加演化；另一為三天，即結合佛教三界說及自創的三清而成，在此僅論後者。

道教的三天，是指三清天、四種民天、三界三十二天，其中「三清天」是玉清天、上清天、太清天，乃最高境界之天堂，所居為最高天神，即元始天尊、靈寶天尊、道德天尊，一般神仙當然遙不可即，遑論凡人。

三界三十二天，乃依東西南北四方，每方各八天，又仿三界之稱，在此天界中，有諸多天帝及大魔王，天帝統率群仙，大魔王主試修真鍊道，監看學仙之人，還有掌理世人生死禍福的五斗，掌人魂魄、精氣血的五帝，及掃除妖鬼不祥、總領鬼兵的五帝大魔王，均位在群仙之上。

由此可知，道教的三十二天系統，除借用三界之稱，一概另創，同時，三界諸天並非天界中心，中心在「三清天」，正如佛教之「涅槃」。

總之，無論佛道，三界皆非最高之天，故以之封關公，參照其下俚俗名號，到底有幾分尊崇？然依民間通俗見解，三界實含至大至廣之意，所以王復禮說「永安帝位，不在將班，鑑觀萬天，巡遊三界」，董其昌也說「五帝同尊，萬靈受職」，均已跳脫佛道意涵。

（二）伏魔

伏魔一詞就如捉妖，民間認為居家各地、山林川澤，到處有鬼怪精靈，可能加害於人，如《易‧睽卦》上九云：「見豕負塗，載鬼一車。」竟然在野外見到滿車的鬼，難怪連堅持無神無鬼的王充，在《論衡》中也有「紀妖」、「訂鬼」，如此眾多的鬼怪，以概稱為妖、魔者較為常見。

對於妖魔，消極作為是躲避，積極的則為威赫降伏，佛、道二教出現以來，國人態度並未多大改變，大抵而言，佛教中雖有天魔一類稱呼，但較之道教或民間，並非同義，乃譬喻用語，指稱修行或禪定中所遇的障礙，以「四魔」為例：一為煩惱魔，指貪瞋等煩惱，能迷惑危害身心；二為五陰魔，指色受想行識五法，凡天地萬物、人身皆因之而成形，亦因之而生種種苦惱；三為死魔，死亡原因種種，但生命終了多非人所願，故視為魔；四為他化自在天魔，乃欲界第六天之魔王，能阻礙人做善事，使之墮落[36]。

然而，佛教在中土生根後，也要面對同樣的環境，必須學會如何應付眾多的妖魔鬼怪恐懼，傳言梁武帝創設「水陸法會」，廣施齋食，供養諸多有情，救拔餓鬼，免於危害眾生，明顯參酌國情，其後歷代名僧據之增刪，演成眾多名目，如護國法會、三壇大戒法會、光明燈法會、消災法會、放生法會等，但並無「伏魔」之稱。

因此，關公封號中的「伏魔」要從道教中找。道教不同於佛教，繼承民間遺產，要面對眾多的鬼怪，伏魔就是修行及傳教必備的法術，茲以東晉葛洪為例。案：葛洪（283~363），他認為「仙學可致」，一生孜孜矻矻，追求金丹大道，希望一服成仙，而採藥必須登山，然「山無大小，皆有神靈，山大則神大，山小則神小，入山而無術，必有患害」，故「不可輕入山」，

---

[36] 參閱《佛光大辭典》，「四魔」等條。

所謂神，實即鬼怪，且看其登山必備：

> 上士入山，持〈三皇文〉及〈五嶽真形圖〉，所在召山神，及按鬼
> 錄，召州社及山卿宅尉問之，則木石之怪、山川之精，不敢來示人；
> 其次，即立七十二精鎮符，以制百邪之章，及朱官印、包元十二印，
> 封所住之四方，亦百邪不敢近也；其次，執八威之節，佩老子玉策，
> 則山神可使，豈敢為害乎[37]？

登山要配備符節玉策等物以自保，令妖怪不敢為害，甚至能召問、驅使，則
不等於「伏魔」嗎？

其實，在佛教法會前，道教已有多種齋醮法事，為帝王國主或世俗民眾
祈福禳災、治病救渡、超拔亡靈，如南朝宋陸修靜（406~477）即制定有「九
等齋十二法」，其法事大多流傳下來，代有增刪，名目多過佛教法會[38]。

南宋雷法盛行以後，傳統齋醮又有大幅改變，其中劾鬼召神、捉妖禳
災，部分轉至雷法師，雷部神將如「馬、趙、溫、關」遂成為民間守護神
靈，擁有較高知名度，成書於明代中晚期的《金瓶梅》，其中載西門慶每年
正月都到玉皇廟打醮，李瓶兒重病，請潘道士解禳祭燈，他「手執五明降鬼
扇」，焚符召攝「胸懸雷部赤銅牌」之黃巾力士，所行當然是雷法；而李瓶
兒死後五七，西門慶另請黃真人建壇場，做一日夜水火煉度，以薦引亡魂。
《金瓶梅》為寫實小說，從中可以看出道教法術在民間的流行概況[39]；而京
師之顯靈宮供宋代雷法家薩堅、王靈官，始建於成祖，扶鸞術大興於成化以
後，憲宗、世宗頗為癡迷，香火傳承不絕，神宗當亦深知[40]。

在清初，道教各派雖趨於衰頹，但類似情節仍輕易可見，如成書於盛清

---

[37] 見《抱朴子內篇‧登涉》，卷17，（頁299）。

[38] 參閱《中國道教史》，第四章，（上冊，頁175）。

[39] 見《金瓶梅詞話》，第62回，（冊二，頁452）。

[40] 見《憲宗實錄》，成化19年及22年，（頁4062及4644）；《世宗實錄》，嘉靖24
年及44年，（頁5712及8823）。

時期的《紅樓夢》，載林黛玉死後，大觀園不復往日風光，鳳姐、尤氏相繼受到驚嚇而得病，府內上下傳言園中有妖怪，只好請真人府的法官來驅邪，其壇場上供三清聖像，旁設二十八宿并馬趙溫周四大將，做法時手持寶劍、七星黑旗及打妖鞭。這一幕，不正是宋元明道士看家本事[41]？

可見雷法於仍流行於民間，而關公受封正在此時，「伏魔」本是雷法的重要任務之一，關公封號當然可能受到影響。至於神宗為何以此鄙俚用語加在關公身上？固然可能受到道士影響，但民間謠傳，即神宗作了一個奇怪的夢，夢境為何？人言言殊。

董其昌說「是時皇上夢感聖母」，神宗生母慈聖皇太后卒於萬曆 42 年二月，即加封關公前數月，后於神宗幼時管教頗嚴，即位後仍敬畏有加，死後數月有夢，亦屬人情之常，且太后崇信鬼神，遺誥交代「毋廢郊廟百神之祀」，她既好佛，也崇奉關公，死前七年，才在家廟中加建關公廟，此時因夢而更改關公神號，也屬合理[42]。

另一說則與神宗三子常洵有關。常洵於萬曆 29 年受封為福王，42 年三月就藩洛陽，不久加封關公，傳說他在當地，有祭關公文，稱「憶余分封之歲，神顯赫濯之靈，保皇父于深宮，誅妖魔于內苑。」民間又流傳其〈洛陽關帝籤簿序〉云：「前予承命，分封河南，關公以單刀，伏魔于皇父宮中，托之寢寐間，果驗，是以大隆徽號，敕天下尊崇之。」依此，則神宗加封關公「伏魔」二字，背後有一段深宮奇遇，雖過於玄虛，也不無可能，蓋因神宗長年深居後宮，庭院廣闊，晚年疑神疑鬼，「伏魔」封號既用以示恩，兼求心安，一舉兩得，有何不可[43]？

第三說則牽連解池平妖神話。故事起於鹽課，以其關係國計民生至鉅，給予道教人士創造附會機會，最早見於北宋徽宗時，後來繼續演變，但無論斬蛟，或平蚩尤，掌控法術的都是龍虎山天師，關公只為被召攝的神將，談

---

[41] 見程甲本《紅樓夢》，第 102 回，（頁 903）。

[42] 太后遺誥，見《神宗實錄》，是年二月，（頁 9749）；神宗夢境，見《關帝事蹟徵信編》，卷四，所錄諸家碑記，（冊四，頁 346、354）。

[43] 見《季漢五志》卷七，（頁 200）；《關帝事蹟徵信編》卷 18，（冊四，頁 29）。

不上尊榮，實在配不上此時的神威。神話雖為杜撰，但流傳頗廣，連憲宗〈御祭文〉也有「統陰符之兵，剿滅蚩尤之妖怪」語，可見相信者大有人在，「伏魔」之號，或即反應這項傳說[44]。（參見上章末節）

（三）大帝

任何宗教皆須造神，並根據眾多神靈建構天國，而人之想像力有其極限，須參酌現世情景，於是天國組織如同人世，人間九五之尊稱為皇帝，天國尊神稱為大帝、天尊、上帝、帝君，也合常理。關公在「三界」、「伏魔」之後，加「大帝」，自是榮銜，但也不到尊崇無比地步，因為民間顯神被封此號的，關公不是第一位。

神靈中最早被尊為「帝」的，應是六朝時期的蔣子文，大概靈應無比，民間尊為「蔣帝」；其次是嵩山神，唐高宗封禪泰山，武則天轉而尊崇嵩山，稱其神為「神岳天中皇帝」[45]；宋元以來，神靈被封以帝號的愈來愈多，在《三教源流搜神大全》中，有玉皇大帝、玄天上帝、梓潼帝君、東華帝君、三元大帝、祠山張大帝、蔣莊武帝等七位，多即不尊，如孝宗時，周洪謨所列建議裁汰的神靈，其中五位有此頭銜。

至此，關公再加入其列，帝本只能有一，先前已有多位，若再加民間俗稱的孚佑帝君的呂洞賓、天齊皇帝泰山帝君，則帝號已超越十位數了，在封帝的神靈中，都有道教的影子，《道藏》中均有假藉其名義的經典，而即使是孔子，早在憲宗時，也曾爭論是否加封帝號[46]。

（四）天尊

天尊乃道地的道教神靈，道教各教派都講究升天成仙，又爭相造神，因而天仙眾神極多，其名目有天皇、天帝、天罡、天尊等。

天尊一詞大概出現於晉末南朝，由於上清派、靈寶派經典，多依託其名

---

[44] 胡琦記載，見《關帝事蹟徵信編・靈異》，卷 14，（冊三，頁 451）；而〈明憲宗御祭文〉，則見《季漢五志》卷七，（頁 199）。

[45] 見《舊唐書・禮儀》，（冊二，頁 891）。

[46] 見《憲宗實錄》，成化 12 年七月，（頁 2834）。

傳授，稱為「元始天王」或「元始天尊」，位尊名高，在陶弘景《真靈位業圖》中，居於「三清」境的玉清天，總管群仙，俯視萬民，儼然宇宙之主，後來可能受佛教三身說影響，才出現三清尊神，玉清天為元始天尊，上青天為靈寶天尊，太清天為道德天尊。

由是天尊由一而三，由三而九，至唐，又有天尊禪位輪代說，明顯受到古代禪讓及佛教三世說的影響，如潘師正云：「三代天尊者，過去元始天尊，現在天上玉皇天尊，未來金闕玉晨天尊。[47]」天尊不斷演變，到北宋，張君房奉敕編《雲笈七籤》時，又說天尊有十：「第一為自然，第二為無極，第三為大道，第四為至真，第五為太上，第六為道君，第七為高皇，第八為天尊，第九為玉帝，第十為陛下。[48]」

先前，新上位神靈不斷出現，南宋雷法盛行後，民間又有好多的神將稱為天尊，如雷聲普化天尊、太乙救苦天尊等，品位趨於浮濫，故周洪謨建議裁撤的神靈之一，即是「雷聲普化天尊」，號為天尊，竟不得人尊，而關公被封為天尊，遠在諸多天尊之後，則固有尊崇之意，已非獨尊。

總之，由神宗宮中「道經廠」的龐大編制，以及寵信龍虎山真人張國祥，再看關公封號，改封一事，道教人士當然是重要幕後推手，推測可能有數派爭奪運作，神宗難以取捨，不得已合三者為一，以致疊床架屋。

（五）結論

合而觀之，神宗封號，實不足以登大雅之堂，若從道教發展演變，及武宗、世宗所立下壞榜樣看，改封實非創舉，不過具體反映明代中晚期以來皇帝的昏庸荒唐：

甲、湊合三神：封號分明是「三界伏魔大帝」、「神威遠鎮天尊」及「關聖帝君」，既是「大帝」、「天尊」，又是「帝君」，一為三，三為一，在歷代神靈稱呼中無此先例，唯有其前的武宗及世宗，曾有類似多神合一的自號。

47　引自蕭登福《漢魏六朝佛道兩教之天堂地獄說》，下編第三章，（頁267）。
48　見《雲笈七籤・道教三洞宗元》，卷三，（頁115）。

　　乙、鄙俚不堪：神靈之稱號重在尊崇，大多冠上神秘的天堂境界，或加以頌揚神威的形容語詞，但此號前段卻是像極民間俗稱捉妖的「伏魔」，欠缺莊嚴意義，推測加封時應是群小包圍，身旁既無高道高僧，又無文人雅士，只有宦官、道士等不學無術之徒，難怪失於膚淺，比較清初的改封，就知明朝無人。

　　丙、神譜不明：神宗封號中之大帝、天尊及帝君，雖皆屬位高名尊，但在當時佛道二教及民間的認知上，其天國神界定位仍不清晰，如與道教之元始天尊、酆都北陰大帝，民間的玉皇上帝、或傳統的泰山帝君，將如何相提並論？

　　丁、錦上添花：關公在此時，已是香火遍地，神威無比顯赫，但神宗畢竟為一國之君，有其一言半字褒揚，對聲望傳播及地位提昇，仍有不可磨滅的貢獻，自此，關帝、伏魔帝、關聖帝君等稱號，連婦孺都能琅琅上口了。

第二節　明末信仰盛況

　　神宗改封關公，以未依照相關作業程序，致官方各部門無所依循，還好，時在關公信仰最盛之際，消息迅速流傳，有識之士很快看出民間與官方不相同步，主事官員倡議應補足儀節，並賴《邸報》及關公信徒之專書保留完整檔案，才使得真正封號大白於世。

一、熹宗確認封號

　　《邸報》即如今之政府公報，張貼於中央及各地機關門前，容人傳抄，匯抄最完整的是沈國元《兩朝從信錄》；而「關公專書」則是虔誠信徒所作，專載關公生平、靈異事跡、歷代褒封、歌詠、碑記、考證等內容，偶亦錄《邸報》奏疏[1]。

　　熹宗天啟元年二月（1621），太常寺少卿李宗延上疏〈乞修明禮樂十

---

[1]　參閱吳振漢〈明代邸報的政治功能與史料價值〉一文。

款〉，其第六款云：

> 臣伏覩漢壽亭侯，精忠空古今，節義震乾坤，太祖建廟於雞鳴山南，成祖建廟於宛平縣東，本寺出香帛等物，歲時致祭，至成化十三年，奉敕重建，屹然宸居之北，永作臣民之瞻，列聖相承，崇奉一念，臣于本年正月，親詣本廟，內標「三界伏魔大帝神威遠鎮天尊關聖帝君」，冠冕俱係帝服，然本寺執掌，初無憑也，如訛傳敕封，自有三尺，倘果係皇祖加恩，不妨命閣臣撰制，容本寺先行改正，然後通行天下，是亦表揚忠義之典[2]。

疏中明列十六字封號，而改封至此不過七年，李竟言所見公祭廟匾「如訛傳敕旨」，又說「果係皇祖加恩？」於此即知神宗之不遵祖制，及隨興行政風格，惜熹宗相應不理；四年五月，該寺寺卿盧大中再申前議：

> 欽承皇上遣祀漢前將軍漢壽亭侯，讀祭神之祝文，與久傳之封號，全不相蒙，當皇祖朝，臣居山日，已聞漢壽亭侯奉敕旨封帝號矣，業已帝，而祝文則猶生前封爵，仰祈敕下禮部查議。惟是漢壽亭侯，迄今耿耿不磨，故每歲仲夏遣官享祀，牲帛祝號悉照祀典，從來未有「三界伏魔大帝、神威遠鎮天尊」，有云：自萬曆四十二年間，中官捧袞冕並神號至廟中，謂此典出自皇祖特封，此時無知會臣寺，而臣寺無由奉行。

盧言事在「萬曆四十二年間」，封號則省後面「關聖帝君」四字，又說「久傳、已聞」，參照前疏，確知神宗改封之黑箱作業，此回禮部迅速覆議，御

2 　見《熹宗實錄》，乃節抄，（頁 286）；沈國元《兩朝從信錄》則完整載錄全疏，（卷五，冊六，頁 93）；李，河南汝寧縣人，萬曆 14 年進士，泰昌元年任是職；下引盧大中，直隸永年縣人，萬曆 11 年進士，天啟三年任，俱見《太常續考》，卷七，（頁 141 及 115），盧與李開芳、楊鳳同榜。

批：「這神號著遵照皇祖特加『敕封三界伏魔大帝神威遠鎮天尊』，欽此！」實則後面尚有「關聖帝君」四字，經此，禮部及太常寺遵行，七月完成禮儀程序，題文另鐫於正陽門廟，稱〈定祀典碑〉，而公家祭典所在的宛平廟則無作為，從中可見香火冷熱之別[3]。

二、專書密集刊行

此時期專書大量刊行，或新撰，或增補舊書，其中讚頌、考辨及靈異事跡不斷推陳出新，稱呼皆改為「關帝」，而刊刻之頻繁，亦非先前可比，二十餘年內有八部之多，這是清所尚存者，其為後輩增補改名、或失傳者定亦不少[4]。

（一）朱國盛《關帝實錄》：萬曆 47 年（1619）刊，朱字敬韜，華亭人（今上海市），萬曆 38 年進士，天啟元年（1621），任南河郎中，以功加陞河南參政職銜，是書外，另與同僚編有《南河志》，在系列專書中，最早直稱「關帝」[5]。

（二）沈泰灝《關帝紀》：天啟元年刊於南京（1621），泰灝字無懷，生平里居不詳；本書採納《三國演義》中情節，虛多實少，書前有孝廉王嗣奭序，以關公比擬孔子：「先師，仁之極也；帝，義之極也，相輔而行，與天地並。」

（三）胡棟《關帝誌》：天啟初刊，棟字中子，河南滑縣人，參訂者為其弟胡權，字巽印，天啟二年進士[6]；書前有胡權同榜進士劉必達、王極二

3　盧疏於《熹宗實錄》中汙損難辨，《兩朝從信錄》為節抄，然神號完整，後有關聖帝君四字，（卷 23，冊 24，頁 17）；此疏賴胡棟《關帝誌》全錄，又轉載於《關帝事蹟徵信編》，（卷三，冊三，頁 158）；而〈定祀典碑〉，見《日下舊聞考》，（卷 43，頁 5），為該廟明代五碑之一。

4　本小節據《關帝事蹟徵信編‧書略》寫成，（卷 30，冊四，頁 516~）。

5　朱之略歷，見《南河志》，卷二，（頁 23），下引邱兆麟為同榜進士。

6　胡權略歷，見乾隆《滑縣志》，卷 12，（冊七，頁 94），志中另載其〈滑縣關帝廟記〉，卷四，（冊三，頁 7）；劉必達，湖廣天門人，官至太子右中允；王極，沔陽人，官提學，二人亦天啟二年進士，見《湖廣通志》，卷 32，（頁 106 及 107）。

序，王序稱：「一展卷而往跡遺蹤，如列顏眉，勃勃有生氣，樵夫牧豎讀此書，無不感且泣，神動而不自已也。」本書應有多次續刊增補，也多轉載《邸報》，如前引盧大中奏疏全文，即賴之保存，而一書有三位同年進士合力襄贊，實屬罕見[7]。

（四）金嘉會《西湖關帝廟廣紀》：天啟四年刊，嘉會字季真，邑庠生，仁和人（今杭州市），家族皆虔信關公，父學曾，曾任福建巡撫，夢關公助平倭患，而嘉會兄弟於母歿後，因故失和，夜夢關公「拔髯為劍」，因赴廟參拜，得〈內訓〉、〈外訓〉等古文書，有所感悟，遂和睦如初；又見杭州廟宇破舊，發願另建，後覓得西湖孤山古廟遺址，結合地方名流募款興工，始於萬曆 45 年，三年後竣工，後人稱為「照膽臺」，本書即載其籌建始末，並關公靈異事跡，翰林院編修陳仁錫作序。然是書毀於明清之際，幸賴日本保存[8]。

（五）侯加乘《關帝祠志》：天啟間刊，清初重刊；加乘，解州人，萬曆 16 年舉人，官至興安知州，有感於呂楠書刊行已九十年，趙欽湯書亦已三十餘年，近世靈異事跡極多，乃增刪損益，得巡撫邱兆麟贊助，由其子侯世汾重訂而成，主要為遺像、祠墓、印圖、書畫、年譜世系及本傳、褒典、碑記題詠，蒐羅極廣，書前有州人喬廷桂序，言作者「亟亟先輯此志，亦敬神親親之懿念。[9]」

（六）辛全《關帝集》：崇禎六年刊（1633），全字復元，山西絳州人，為當地名儒，人稱辛夫子；他崇拜關公，近於癡情，自序中認為「罵權絕婚，輕慢糜傳」，足可等同孟子「胸次」，而「經學信孔，氣魄類孟」，

7　王極完整序文，見《季漢五志》，卷九，（冊七，頁 27）；盧大中疏，見前小節。

8　金學曾與趙欽湯、趙惟卿俱為同榜進士，已見前章，其任福建巡撫，立常平倉嘉惠地方，列名循吏，見《神宗實錄》，萬曆 23 年及 29 年，（頁 5281 及 6856）；本書諸序石刻，收在清末鄒在寅《照膽臺志略》中；該廟雖以關公為主神，實融合淨土、天台，見何淑宜〈晚明士人的信仰世界：以西湖孤山關帝廟的創建為中心〉。

9　邱，臨川人，萬曆 38 年進士，天啟元年巡按河南山西，見《江西通志》，卷 55，（頁 75）；喬，崇禎 16 年進士，官侍讀學士，見《山西通志》，卷 69，（頁 49）。

可謂前有古人，後無來者，是國史上難得一見的聖賢[10]。辛之後，晚輩黃希聲、陶世徵繼於清初續編。（見下節）

（七）丁鑛《關志》：崇禎 15 年刊，鑛字九貢，浙江嘉善人，天啟元年，南雍鄉試副榜，父丁賓，隆慶五年進士（1571），官至南京工部尚書，正直有為，急公好義，又虔祀關公，鑛自序稱幼隨父於金陵官署，見塾堂以半龕供關公神像，又常聽父親講說關公忠義事跡，耳濡目染，因而也成關公信徒，甚而更為癡迷，認為「忠之至，義之盡，與日星之朗然，河嶽之互然，共相彪炳，又安在不殂豆並乾坤，而降鑑同日月也？」顯然視關公如同至上神，但序文中仍僅稱「侯」[11]。

（八）王鐸《關公世家》：成書於明末，鐸，字覺斯，洪洞人，天啟二年進士，書畫具有名於時，明亡仕清，官至禮部尚書。本書在清初又有多人據以增刪，書名相同[12]。

總之，作者不限山西人，幾乎遍及各地，其身分不僅解州地方官，還包含他地文士，足見關公信徒分布之廣，而來自不同地方之同榜進士，每每相互援引，如朱國盛與邱兆麟，胡權與劉必達、王極，而先前有李開芳、楊鳳、盧大中，以及趙欽湯、金學曾、趙惟卿等，可知信仰感染傳播之功。

三、邊疆屬國廟宇

明末關公的神威不僅傳遍中原各地，又蔓延至邊疆、海外，內地已是「九州無處不焚香」了，可不論，在此看看北方及西南。

---

[10] 案《季漢五志》作《關侯集》，序文見卷九，（冊七，頁 28）；辛全略歷，見魏象樞〈辛復元徵君贊並引〉，載《山西通志》，卷 216，（頁 82）；並見乾隆《直隸絳州志》，卷 11，（頁 85）；《關聖帝君聖蹟圖誌全集》載其〈題關帝集〉、〈讀麟經像贊〉、〈關帝贊〉、〈關帝篆贊〉，卷五，（冊五，頁 67、87）；其師承淵源，見所輯《經世石畫》。

[11] 丁賓事跡，見《明史》本傳，（冊八，頁 5829）；丁鑛完整序文，見《季漢五志》，卷九，（冊七，頁 29）。

[12] 王鐸略歷，見《山西通志》，（卷 70，頁 115）。

（一）北邊及雲南

　　長城沿邊廟宇多集中在萬全都司一帶（今河北省張家口市），由於位居京畿西北方，轄區包括長城沿邊內外，故駐有重兵[13]；而廟宇顯然與駐軍有關，附近先前共建有五廟：一建於成祖永樂 17 年（1419），一建於英宗正統七年（1442），保安州一廟建於正統元年，赤城堡一廟，建於正統年間。

　　神宗改封之後，該地建廟最慎重的要屬懷安衛（今懷安縣），萬曆 43 年，衛中兵吏聚資擴建舊廟，落成後，請當地人時任米脂縣令的張士第撰文，勒碑廟前。萬全都司乃關外護衛首都的軍事重地，視同近畿，而一個軍營附近竟有五廟，絕對是奇跡。（見前節）

　　至於西南的雲南地區，本屬多民族共居，唐宋以來，南詔、大理相繼建國，對中原漢王朝雖納貢稱臣，也叛服無常，至明代多次用兵，仍未能完全掌控，英宗時，王驥三征麓川，明末劉綎繼續用兵，主因在天然形勢險峻及民族複雜[14]；然當地與中原交通無礙，居民漢化頗深，明末，探險家徐霞客來此「遊山」探險（1586~1641），前後三年餘，在昆明滇池西坡，見到處處「梵宇仙宮」，其中有關帝殿，而在大理附近，又見四座關帝廟：一在大理府雲南縣（今祥雲縣），二在鶴慶府劍川州（今劍川縣），三在大理府浪穹縣（今洱源縣），四在大理府城西城南隅，都有一定規模；而在更西南邊陲的騰越州（今騰沖縣），城南大盈江瀑布為著名風景（今稱疊水河瀑布），對面山頭有龍光臺，臺上也有關帝殿，該地居民多奉佛教，佛寺遍佈，偶見合祀玉皇真武之庵觀以及回教清真寺，但能見到獨奉關公之廟宇，更為難得；又，桂林靖江王府城，南門上也建有關帝殿，西下即大將軍幕府[15]。

（二）漢蒙互市盟誓

　　明朝的北邊大患是韃靼，即元朝後裔，通稱蒙古。洪武元年八月（1368），大將軍徐達入北京，元人北遁，然仍不時侵擾沿邊，故明朝於長

---

[13] 萬全都司轄下衛所，見《明史·地理志》，（冊二，頁 902）。

[14] 分見《明史》王驥、劉綎二人本傳，（冊七，頁 4559，及冊九，頁 6389）。

[15] 見《徐霞客遊記》，（下冊，頁 236、326、374、381、398、422 及上冊，頁 119）。

城外建置不少據點，另就元朝上都路順寧府改設萬全都指揮使司，以統制沿邊武事，南衛中原；而稍西的山西一帶，尤其大同、宣府等地，也駐有重兵，同樣的，二地都以駐軍或商貿等因而引進關公信仰。

中葉以後，蒙古諸部相互攻伐，世宗時俺答入據河套，勢盛一時，多次入寇，剽掠邊塞並要求互市，至穆宗隆慶五年議和（1571），封俺答為順義王，並訂定互市規約，容許蒙人以金、銀、牛馬、皮革、馬尾等物，交換漢人綢緞、布匹、釜鍋，邊界才獲得喘息。互市規約一成，蒙人至邊駱驛不絕，漢人亦多北上，邊界一時安寧，而塞下人士生活困苦者亦藉機於沿邊墾種，中以山西人居多，此時正值「民間秘密宗教」滋生發展，而白蓮教分支已深入山西內地，後漸拓展至關外，在當地建立村鎮[16]。

山西的民間秘密宗教信徒如此，推測移民中必也有信奉關公者，因為山西正是關公故里，關公信仰可能由移民帶到邊界一帶，初期應先建廟宇，有固定的祭祀與活動場所，中葉以來，漢蒙互市接觸日多，關公也成為蒙人崇拜的神靈，如嘉靖 30 年（1551），俺達子脫脫率十餘騎詣宣府寧遠堡暗門，呼翻譯通事出，先示誠意，自行「攢刀為誓」，再要求通貢互市，督撫蘇祐等令「留使為質，俘叛示信」後，勉予同意[17]。

神宗改封後，關公神威鼎盛，互市規約更借重關公監誓，思宗崇禎九年十二月（1636），宣大總督盧象昇（1600~1639）奏陳邊界的「攢刀盟誓」：

> 有二小台吉隨帶王印，並各夷目等，約定今日攢刀說誓，我們隨牽白馬一匹、黃犬一隻，前來歃血盟誓，…俱到牆上，先將議定邊約宣諭畢，各夷拱聽，叩頭遵守，請「關聖帝君」神像到牆，傍立大刀二口，下立腰刀四十餘口，擺設香案祀奠，用黃表寫二台吉、並各頭目年庚誓狀一通，有各夷目攢刀盟誓，將血酒拋天遍飲。

16　見《明史》，（冊 11，頁 8463），及喻松青《明清白蓮教研究》，（頁 8）。

17　見《世宗實錄》，嘉靖 30 年七月，（頁 6621）；寧遠堡在赤城縣，嘉靖 28 年築，45 年磚甃，見乾隆《宣化府志》，卷八，（冊四，頁 103）。

疏中「攢刀盟誓」禮儀排場，前面擺設香案，其後「立大刀二口，下立腰刀四十餘口」，形成刀陣，再後靠牆是「關聖帝君神像」，程序為先燒香祈禱，宣講規約，議定後殺犬馬取血，眾人依序低身攢伏刀陣下，至「關聖帝君神像」前，於議定邊約書蓋上雙方印信，再飲血酒而成禮，略同於古代「歃血」儀式。隔年閏四月，宣府總兵楊國柱也陳報：

> 初八日午時，親到市口台上，在「關聖廟」祭祀，焚燒香紙畢，隨將夷人頭目先行放進講誓，每年止許春秋賣馬二次，如過限罰馬等情講明，各夷一一遵依，當立漢番字樣合同，即於關聖神前叩頭發誓，攢刀三傳[18]。

盟誓中「攢刀三傳」，不知是否為曲腿低伏刀陣下繞行三次？而合同列漢蒙二種文字，再經關公監誓，此種盟誓禮儀應已行之有年，萬曆二年（1575），戚繼光釋放朵顏部俘虜，十年，李成梁受北關虜降，亦均如此行禮[19]。

（三）朝鮮

漢城關公廟原有二座，明末又增建乙座。朝鮮戰事結束，明軍撤離，然關公香火仍日盛一日，四十五年後，朝鮮國王仁祖另建一座，由於位在城北，故稱「北廟」，此廟規制同於南廟，塑像均為紅臉，落成於思宗崇禎16年十月（1643），仁祖親行祭奠禮，並記文勒碑，由碑文知，增建此廟乃因前一年兵變，情況危急，幸迅速敉平，而夜與王妃皆夢見關公，「諄諄

---

[18] 盧、楊二疏，引自李光濤〈清太宗與三國演義〉一文之「註三」，未見於《盧忠肅公集・宣雲奏議》中，應是漏列，而盧在同月他疏，如〈密奏卜夷納款疏〉，其中也提及「攢刀說誓，自願守邊」，（卷五，頁686）。

[19] 見《明史》戚、李二人本傳，（冊八，頁5616，及冊九，頁6188），俱作「攢」，同於《世宗實錄》；戚祚國《戚少保年譜耆編》列在三年七月，作「詣刀飧壞，對天盟誓」，（冊11，頁40）；然盧疏則作「闇」，此字僅見於《康熙字典》，列於身部，言「隱入也，今官牒多用此字，音未詳」。

若眷佑者」，因之判斷為關公顯靈助軍，於是撥款再建此廟[20]。

四、滿清人崇拜

滿清人為女真後裔，其先在北宋時建立金朝，後為蒙古所滅，遺族散居故地，元帝國被逐出中原，女真諸部轉而歸屬於明朝，直到神宗時，努爾哈赤統一各部，建立後金，才和明朝翻臉，其子皇太極改號為清，自稱滿州。

有明近三百年，北邊大患主要在蒙古，故明人並未認真經營東北，直到金人崛起，才加強守備，而先前雙方往來應無多大阻隔，從努爾哈赤父子早期有關活動記載可知，而後對立中和戰無常，滿人多藉重漢人與明朝週旋，從中學到更多的漢文化，關公信仰應也藉此傳遞過去。

（一）薩滿信仰

薩滿信仰盛行於北亞游牧民族，從東北，經蒙古草原，到阿爾泰山一帶，相信萬物有靈，以自然、祖先崇拜為基礎，廣泛奉祀天地、日月、星辰、山川、動物等神靈，具有原始巫術色彩，容易接受外來宗教及神靈[21]。

隋唐時代，東北的靺鞨族已經信仰佛教，而同為東北族群的金人隨後繼之而起，滅渤海國後裔遼國，並入侵中原，建立金朝，其漢化之深，又遠過前人，金人不僅信仰佛教，也信道教，更追隨漢人，崇奉關公，在其領地，修建多所關公廟。

金、宋後來雖均滅於北方的蒙古人，但蒙古人在軍事上勝利，在宗教信仰上卻是輸家，金人、漢人所信奉的，蒙古人照單全收；滿清人是金人之後，宗教信仰自是一脈相承，而其崛起又在漢人崇拜關公趨於狂熱之際，其受影響自不待言。

滿州舊俗，多神並祀，其中「每月祭天」、「堂子立杆大祭」等，應在後金早期建立，結合薩滿教及漢人建壇祭天之禮而成，因日祭、月祭、季

20　見金榮華〈漢城關廟的傳說和特色〉一文。
21　本小節參酌莊吉發〈從薩滿信仰及秘密會黨的盛行分析清代關帝崇拜的普及〉一文寫成。

祭、歲祭頻繁，很快引進各種神靈，有鄧將軍、佛、菩薩、關公，甚至蒙古神靈、馬神、貂神等，故在後金早期，關公應只是眾神之一，隨著政軍社會局勢演變，關公地位不斷升高，神靈也有變化增減，後來，連每日朝祭也祭天，而主神只剩「佛、菩薩、關帝」[22]。（參見第四節）

（二）《三國演義》傳入

《三國演義》傳至關外，應不晚於明末，因努爾哈赤、皇太極父子二人對書中情節已頗為熟習，而滿清人敬信關公，與其愛好此書有關[23]。

努爾哈赤（1559~1626）未發跡時，撫順一帶，已有不少漢人定居，他應在此地結交漢人，並接觸《三國演義》，據載：

> 太祖對於漢人情形，多自撫順市上得之，萬曆十一年，彼喪其父祖，多寄活於此，因是而聞見益廣，交結四方之士，幼時愛讀《三國演義》，又愛《水滸傳》，此因交識漢人，而得其賜也。

以努爾哈赤的草莽個性，多交漢人，可以相信，但說他幼時愛讀此書則有待推敲，可能當地也有說書人，他從此聽到三國故事，而後又親見漢人崇拜關公，以及漢蒙互市由關公監誓，影響他也敬信關公，後來建立後金，其小朝廷中，文書章奏須藉重於漢人，而漢人中愛讀此書者應該不少，章奏中常見相關情節及詞語。

皇太極（1592~1643）自幼耳濡目染，自然也是《三國演義》的愛好者，還從書中學到各種戰略戰術，並實際應用在爭戰上，如思宗崇禎二年（1629），進軍逼近京師，路上俘獲二太監，交副將監收，藉機耳語，言已與袁崇煥有約，隨後又故意放走二人，思宗未予明察，竟殺崇煥。此招為

22　見《欽定滿州祭神祭天典禮》，（頁 624）；其中鄧將軍，見楊賓《柳邊紀略》，卷三（頁 83）；另參閱蕭一山《清代通史》，卷上第三章〈宗教及風俗述要〉，（冊一，頁 67）。

23　本小節根據李光濤〈清太宗與三國演義〉寫成。

「反間計」，出自周瑜耍弄蔣幹典故，皇太極近乎照本宣科；另一例，崇禎11年，皇太極致書明朝總兵祖大壽：

> 朕之夢寐，亦時與將軍相會，未識將軍願見與否耳？昔劉、關、張三人異姓，自立盟之後，始終不渝，名垂萬年，到今稱焉，將軍其見斯而速答之。

先稱讚劉關張的生死之交，再挑撥祖棄明與清結盟，將如三人交情之堅，可知皇太極運用《三國演義》謀略，連帶信仰關公，其謀士王儒說：「本朝未入關之先，以翻譯《三國演義》為兵略，故極崇拜關羽。」再後來，皇太極為使滿人更容易讀《三國演義》，命達海等人譯成滿文，關公的英勇事跡及忠義大節，由此更深入滿人心中[24]。

（三）東北廟宇

皇太極著迷《三國演義》，在其心目中，關公不僅是武將，也近於聖賢，「敬上而愛下」，「以義為尚」，崇德八年（明思宗崇禎16年，1643），於承德地載門外興建關公廟，題額「義高千古」，廟址即為城西演訓部隊之教場，將關公信仰帶進軍中，與明代所建「團營廟」相似[25]。

五、關聖帝君釋義

明神宗新封關公，末四字即「關聖帝君」，由於簡單典雅，明清世人幾乎都用此稱，詩文賦記連篇頌揚，其中，關是姓，餘三字用於彰顯其崇高地位，因之關公的德行、事功及神威傳遍海內外，以下詳釋之。

（一）聖

「聖」字，《說文》訓為「通」，意即多才多能，無所不精，遠超常人。古代多用以指稱名君賢相，在先秦諸子及古經書，其意義常不甚明確具

---

[24] 見莊吉發前引文。

[25] 見乾隆《盛京通志》，卷97，（頁90）；亦見乾隆《熱河志》，卷81，（頁88）。

體，能提綱挈領，勾勒其意涵的，要推《易・繫詞》：

> 《易》有聖人之道四焉：以言者尚其辭，以動者尚其變，以制器者尚
> 其象，以卜筮者尚其占。夫《易》，聖人之所以極深而研幾也，唯深
> 也，故能通天下之志；唯幾也，故能成天下之務；唯神也，故不疾而
> 速，不行而至。

依此，聖有三義：「通天下之志」，意為涵養高深，「成天下之務」，指能
力與成就，「不疾而速，不行而至」，言有若神靈，此三義常被應用於明清
之際的關公。

甲、高貴德行

心性涵養達於最高境界者，稱為「聖人」，《易・乾卦》九四爻辭：
「知進退存亡，而不失其正者，其唯聖人乎！」而《荀子・禮論》亦云：
「聖人者，道之極也。」而《楚辭・漁父》也說：「夫聖人者，不凝滯於
物，而能與世推移。」涵養高深，無憂無懼，當然「無入而不自得」，如孔
子所稱「隨心所欲，不逾矩」的老境，然聖境不易得，故孔子也自嘆：
「聖，吾不得而見之矣。」還說：「若聖與仁，則吾豈敢？」

聖人雖不多，且德行不全相同，但憑藉學養功夫，「誠於中而形於
外」，能為人所不能為，積累日久，高貴德目漸次浮現，《孟子・萬章》即
為聖人作分類，稱伯夷為「聖之清者」，言其潔身自愛，操持堅貞，可為楷
模；稱伊尹為「聖之任者」，言其能以天下為己任，福惠百姓；稱柳下惠為
「聖之和者」，言其處濁亂之世而能特立獨行，且明哲保身；而稱孔子為
「聖之時者」，言其出處進退，皆得其宜，堪為百世師表，可知孟子重在學
養，秦漢以來，儒家人物繼續發揚此意，久之，出現忠孝仁義等道德條目。

乙、偉大事功

聖人通常具備過人能力，並有偉大事功，德澤嘉惠當代後世，然而，聖
人事功不見得都很實際，如《易・乾卦》九五爻辭：「雲從龍，風從虎，聖
人作而萬物賭。」《禮記・樂記》云：「聖人之道，洋羊洋乎發育萬物，峻

極於天。」皆是將天地萬物、人倫社會之秩序，歸諸聖人的成就。

當然，也有著眼於國家社會的具體建樹上，如《國語・魯語》即把有功於世的聖賢豪傑分為五類：一為「法施於民」，指為國建立各種制度者，如五帝、三皇、殷始祖契、周文王等；二為「以死勤事」，即為國奔波死難者，如殷冥落水而死、周棄遍尋百穀而死於山等；三為「以勞定國」，指勤於國事者，歷代名君賢相皆屬之；四為「能禦大災」，指能抵抗消除自然災害者，如夏禹治水；五為「能扞大患」，指能解除人民若難者，如商湯、周武王討伐夏桀、商紂等。所以，偉大事功是成聖成神的重要條件。

丙、神秘威嚴

聖人非學養高超，即有具體事功，故對凡人而言，聖人既完美又偉大，當然不可能平易親切，而具有神秘威儀，令人「仰之彌高，讚之彌堅」。《書・大禹謨》云：「乃聖乃神，乃文乃武。」意指聖神合一，文武兼備，而《易・繫辭》釋神為「陰陽不測」，即聖神相通，高深莫測。

自孟子以下，「聖人」含意變得愈加神秘而偉大，如《孟子・盡心》云：「大而化之之謂『聖』。」其後《大戴禮》進一步說：「智通于大道，應變而不窮，配于天地，參于日月。」至東漢末，應劭《風俗通義・聖人》云：「聖者，通也，道也，聲也，道無所不通，明無所不照，聞聲知情，與天地合德，日月合明，四時合序，鬼神合吉凶。」至此，「聖」與「神」已近乎同義了。

（二）帝君

民間對香火較盛的神靈，常稱為帝、大帝、上帝或帝君，在《三教源流搜神大全》中，有東華帝君、梓潼帝君、玄天上帝、三元大帝、蔣莊武帝等，諸神固皆有其香火信徒，然尚非神格至高。

帝君是道教神靈名稱，教中許多天神有此名號，如五方尊神，東方為青靈帝君、南方為丹靈帝君、西方為皓靈帝君、北方為玄靈帝君、中央為元靈帝君，後來被引用至民間知名度較高的神靈上，關公在此時加入帝君之列，也是時代趨勢使然。

（三）世人頌揚

聖既有德行、功業及神威三義，自然的，明末世人所頌揚的「關聖帝君」也不外乎此三項，其中張鼐（?~1628）可為代表：

> 無上之謂帝，無能名之謂天，心之精神之謂聖，聖而不可知之謂神，神而天，帝而聖，其關帝君乎！是故雲行雨施，帝君澤也，白日青天，帝君衷也，日月昭臨，帝君明也，雷動電掣，帝君威也，混茫閶闔，帝君時也，變化上下，帝君靈也。帝之為帝，無不之也。

張，字世調，華亭人，萬曆 23 年進士，熹宗時官至少詹事，以上書忤魏忠賢被黜，思宗初起故官，未赴卒。他將帝、天、聖、神四字全加在關公身上，視同至上神靈，顯示無比的宗教信仰熱誠，明末世人頌揚關公的詩文記載，多如牛毛，茲擇要依此三項分述之[26]。

甲、高貴德行

世宗時代，王世貞即稱贊關公的「孤忠亮節」，後來何采也說關公「生平無事不正且陽」，著眼在進退去就上，讚嘆其光明磊落，恩怨分明；還有，蘇州人馮夢龍（1574~1646），於熹宗天啟四年編纂《警世通言》，無礙居士為之作序，舉里中小孩聽聞關公故事，再申論云：

> 里中兒代庖而剄其指，不呼痛，或怪之，曰：「吾頃從玄妙觀聽說《三國志》來，關雲長刮骨療毒，且談笑自若，我何痛為？」夫能使里中兒有刮骨療毒之勇，推此說孝而孝，說忠而忠，說節義而節義，觸性性通，導情情出。

聽三國故事，從刮骨療傷學到忠孝節義，等於說關公具備人間最高貴的情

---

[26] 見嘉慶《松江府志》，卷 54，（頁 86）；引文見《關帝事蹟徵信編》，卷 26，（冊四，頁 346）。

操，有功名教，足以貫通上下古今[27]。

乙、偉大事功

德行與事功，有時不易區別，高貴德行，堪為世人楷模，即等於事功，而孔子一生行誼，早被奉為「萬世師表」，關公立身處世，同樣堪為後人楷模，因而有人關孔並稱，以孔子代表文、關公代表武，分別為文武導師。

明末人多認為，關公的高貴德行是一種不言的身教，堪為人師，如楊廷樞（1595~1647），於思宗崇禎四年（1631），在家鄉蘇州臥龍街關公廟聚徒講學，上課前，集諸生盟誓：

> 毋妄言，毋妄動，毋失足於人，毋失色於人，毋失口於人，亂爾儀毋傲，安爾志毋遷，恪爾躬毋暴，毋荒於嬉，毋比於匪，毋忘爾忠孝，毋棄爾廉恥，毋辭實而受名，毋務華而絕根，毋行之不飾，而惟文藝之是圖，其毋或不敬，以辱爾師，作神明羞，神其鑑之。

諄諄告誡，要遵行儒家道德條目，及日常生活禮儀，還請關公監誓：「誰獨忘孔氏之訓，敢忘帝哉？」案：楊廷樞（1595~1647），字維斗，吳縣人，為諸生即以氣節文章負重名，倡應社於家鄉，又擴為「復社」，「以文章氣誼為重，尤以獎進後輩為務」，講學分經立課，主張為文章必傳經意，力矯世俗詭譎之習，南京城陷，隱居不出，順治四年，參與蘇民抗清，事敗被逮，裂衣服作遺書，云：「吾自少讀書，慕文信國之為人，今日之事乃其志也。」不屈被殺[28]。

同時，另一特立獨行文士：王思任（?~1646），號謔庵，紹興人，進士出身，仕途極不順遂，通籍五十年，大半鄉居，與徐渭、黃道周等志節之士皆有往來，思宗殉國後，魯王繼立於紹興，上書痛責權臣馬士英，清兵至，

27　馮之略歷，參見吳妤《馮夢龍研究》，（蘇州大學出版社，2019）。

28　見《季漢五志‧敘關廟盟始並告同志疏》，卷九，（冊七，頁 6）；生平，見嘉慶《蘇州府志》，卷 89，（冊四，頁 1525）；王復禮記廟所在正確，見同書〈壇廟〉，卷 32，（冊一，頁 843）；另參陸世儀《復設紀略》，卷一，（頁 49）。

閉門書「不降」二大字，堅持「不朝見，不剃髮，不入城」，最後餓死；他崇拜關公，稱其在生忠勇，縱橫於三國英雄間，是「天下之大陽破天下之大陰」，死而為神，世人「目懾其土木之像，即口或譏之，莫不角崩心竦，匪為尊之，而又親之」，故而可以「補佛助孔，橫天遍土」²⁹。

　　約略同時代的山西夫子辛全，在所纂輯的《關帝集》中，序言稱贊關公生平事跡，「一一符合聖賢之繩尺」，如秉燭達旦、封還賜金、兄事昭烈、罵權絕婚、輕賢慢士等，均為「胸次高潔，眼界清朗」，甚至「經學信孔，氣魄類孟」，足以比美孔孟，已超越許多儒家門徒，擠身聖賢之列³⁰。

　　稍後的倪元璐（1593~1644），同樣癡迷，甚至拋開孔子，只承認關公一人為文武二途的導師，其〈關神像贊〉云：

> 吾儒而吾，彼氏即彼，凡乎三教，統資綱紀，文予文人，武畀武士，凡茲二塗，咸曰弟子，咸爽禁非，嚴于律禮！吉凶前民，疑乎易旨，帝王宗之，隆於五祀，庶民奉之，過其祖禰，嗚呼，開闢一來，唯公一人！

視關公德業事跡為絕佳教材，是文武楷模，敬為古今一人。倪為明末朝中正人君子，官至戶部尚書，雅負時望，平素推崇關公、顏真卿等忠義人士，疾恨逆閹奸小，蘇州張溥等創復社，奉為導師之一；李自成陷京師，束帶拜闕，酌酒敬奉關公，又自浮三大白，云：「吾即幸生，亦何面目見此公乎？」而後自縊死，信仰虔誠，且身體力行，實無愧於往聖先賢³¹。

　　不過，直將整飭朝綱、驅除小人寄望關公的，要屬前引張士第，神宗改

29　見張岱《瑯嬛文集・王謔庵先生傳》，卷六，（頁 132）；引文見《謔庵文飯小品・羅墳關聖帝君廟碑記》，卷四，（頁 108）。

30　見《季漢五志》，卷九，（冊七，頁 28）。

31　見《倪文貞集》，卷 17，（頁 57）；生平見《明史》本傳，（冊九，頁 6835）；及陸世儀《復社紀略》，卷二，（頁 35）；自縊事跡，見《關帝事蹟徵信編》，卷末引王介錫《名家文傳》，（冊四，頁 594）。

封後，張為家鄉關公廟作碑記，痛心當前政局紛亂，若有所指的闡釋：

> 魔者，邪也，邪之氣鍾於人，則為奸臣、為逆子，號曰人妖；邪之氣鍾於物，則為魑魅、為魍魎，號曰物怪；大都怪生有因，政以兆妖，妖不自滅，必得正氣不阿者，始如冰雪之遇曦陽。

接著讚頌關公正氣參天，企盼藉其超級神威，令奸小喪身青龍刀下：

> 帝在漢時，莫奸如曹，壽亭不以屈節，莫宄如孫，虎子羞與為戚；凡夫貫天達地之凶、么麼小醜之孽，直以之膏青龍而潤三尺，噫嘻噓哉！凡此皆魔也，皆伏也！皆正氣之所必不見容，而為世道人心標砥柱也。

末後，將維繫家國重任寄託關公：

> 況乎崇屬沴氛，其應不寧在物，一觸以義膽忠腸，肯使肆然宇中耶？嗟嗟！以維漢世者維萬世，以伏漢世奸魔者伏萬世魔，海晏河清，…然埏垓之廣，林總之眾，尚其戴夫子而更戴帝君也！

希望以其「義膽忠腸」，能「伏萬世魔」，期待「海晏河清」，更以關公比擬為孔子，敬意十足，乃闡釋神宗封號的壓卷之作[32]！

丙、神秘威嚴

　　明末很少人不視關公為超級神靈，因而頌揚其神威之作極多，碑記、詩文、贊頌等處處可見，隨舉數例，贊頌聖神合一的，有劉道開：

> 其為氣也，至大至剛，塞乎天地之間，君臣也、兄弟也、朋友之交

---

[32] 見乾隆《懷安縣志》，卷24，（冊八，頁12）。

也，充類至義之盡也，三分天下，直道而行，亂臣賊子懼，殺身以成仁，舍生而取義，仰不愧于天，俯不怍于人，富貴不能淫，威武不能屈，是以聲名洋溢乎中國，施及蠻貊，凡有血氣者莫不尊親，聖而不可知謂神[33]。

將儒家極力推崇的仁義德行，及孟子標榜的「洗然之氣」、「大丈夫」等加諸關公，由聖而神，等於古今第一完人。至於贊頌關公神威靈應，簡直就是連篇累牘，僅舉一例，如前引王思任說：

> 帝之浩然赫赫，自中國以至夷狄，惟姓隻行，毋論目懾其土木之像，即口或幾之，莫不角崩心竦，而窮鄉婦孺，小有災患，又惟帝是呼是籲，匪惟尊之，而又親之。

以浩然正氣稱頌其神威，信徒見像均肅然起敬，凡有災患，無不拜禱祈求，又說關公在生之忠義，以及死後靈應，能為國為民捍患禦災，皆為「天下之大陽破天下之大陰」。

六、狂熱中的異類

　　明代以來，關公香火雖盛，仍有少數文人力持異議，對其德行功業略有微詞，神宗改封以後，依然如此，在舉世狂熱信仰中，顯得極為奇異。（當與前章第六節末參看）

（一）《金瓶梅》

　　《金瓶梅》，明代晚期小說作品，依據魏子雲教授研究，初期以手抄本傳世，約成於萬曆 24 年前後（1596），今已失傳，作者為屠隆，所寫的雖環繞在西門慶一家，實為「政治諷喻的書」，內容多觸禁忌，故而不敢刊刻，後經展轉改寫，刪除影射時事之內容，始於熹宗天啟初年，以《金瓶梅

---

[33] 見《季漢五志》，卷九，（冊七，頁 13）。

詞話》本問世，書中充斥著兩性淫穢事跡，也記載當代極多民間生活禮俗，是一部寫實小說[34]。

然而，《金瓶梅詞話》問世時，正為關公神威最盛之際，可是書中只有零星關公記載，殊難理解。書中載有不少佛教寺廟，如永福寺、報恩寺、觀音庵等，也有道教宮觀，如玉皇廟、玄明觀，還有民間高知名度的神靈廟宇，如東嶽廟、真武廟等，獨不見關公廟。

書中也載有不少宗教活動，如佛教的魚籃會、水陸道場等，甚至喇嘛教的結壇跳沙，帶有民間秘密宗教色彩的宣卷等；屬道教的，有打醮、雷法、水火煉渡等，而民間常見的如拜星斗、安胎、看相算命、改風水、抽籤等，也處處可見。同樣的，無一項與關公有關，只有在西門慶於玉皇廟打醮時，其中一張符命文書有「是請正法馬、趙、溫、關四大元帥」，原為宋元雷法術語，不過一筆帶過。其實，以關公當時的神威，合理的推測，西門慶要為官哥、李瓶兒祈福治病，在機關用盡後，應會到關公廟祝禱才是，可惜不知是作者偏見，或有意無意迴避，所以關公的神威無法出現在書中[35]。

本書直捷了當提及關公的，只有二處：一在第五十七回，追敘山東東平永福寺的殘破說：「荒荒涼涼，燒香的也不來，主顧門徒、做道場的、薦亡的，多是『關大王賣豆腐』，鬼兒也沒的上門。」只是引用一句俚語；另一在第六十九回，載西門慶進王三官後宅，見裡頭供著他祖爺王景崇的影身圖：「穿著大紅團就蟒衣玉帶，虎皮校椅，坐著觀看兵書，有若『關王』之像，只是髯鬚短些，傍邊列著鎗刀弓矢。」不稱關帝，而用關王。

作者或改寫者為何如此？若「詞話本」仍依初稿，則屠隆原有編造故事貶抑關公的前科，較易理解（見第三章末節）；若為改寫，則非在此所能論，當有其因，待高明續考。

（二）明熹宗

熹宗朱由校（1621~1627 在位），乃神宗長孫，其父光宗在位一月即病

---

34 參閱魏子雲《金瓶梅的問世與演變》及《金瓶梅研究二十年》二書。
35 參閱拙作〈金瓶梅中的民間宗教行為〉一文。

逝，他匆匆登上帝位，時年十六歲，照理說，神宗朝各項措施均應略曉一二，如六年前改封關公，他不該不知，但他似乎對關公沒有深刻的印象，長年在宮中的太監劉若愚，追敘明末宮中「水傀儡戲」：

> 其製用輕木雕成海外四夷蠻王，及仙聖、將軍、士卒之像，⋯水內用活魚、蝦、蟹⋯之類浮水上；聖駕陞殿，座向南，則鐘鼓司官在圍屏之內，將節次人物，各以竹片托浮水上，遊鬥頑耍，另有一人，執鑼在旁宣白題目，贊傀儡登答道揚喝采。

先詳述傀儡戲之場景、道具及各種戲碼，然後說先朝熹宗的特殊嗜好：

> 最好武戲，於懋勤殿陞座，多點〈岳武穆戲〉文，至瘋和尚罵秦檜處，逆賢常避而不視，左右多笑之[36]。

熹宗好武戲，不必探討，但多點岳飛戲文，實有點不近情理。明代戲曲之流行，宮中演戲之頻繁，熹宗當然知道關公是重要角色，岳飛的分量應該稍次，但對岳飛情有獨鍾，顯得頗不尋常，值得推敲，且從其父光宗談起。

光宗朱常洛，神宗長子，母親王氏乃慈寧宮宮人，在偶然機緣下獲得龍種，萬曆十年生下他，然而不久，神宗專寵鄭貴妃，又生下常洵，母以子貴，鄭貴妃從此獨擅後宮，也註定常洛的坎坷命運。

由於神宗偏心，在常洛、常洵相繼成長後，宮中朝中，怪事不斷。神宗有意立常洵為太子，未獲在朝大臣認同，因而冊立大事，一波三折，從萬曆14 年一月，吵到 29 年十月，整整十五年，才心不甘情不願、草草完成大典；然常洛雖為太子，地位並不穩固，其餘四兄弟也冊封為王，最受注目的當然是封為福王的常洵，領地在河南；不久，「妖書」事件發生，中外震驚，32 年，常洵完婚，開始營造洛陽王府宅第，直到 40 年才完工，耗費帑

---

[36] 劉若愚《酌中志·內府衙門執掌》，卷 16，鐘鼓司條，（頁 17）。

金頗鉅，群臣接二連三上疏要求送王就藩，神宗相應不理，在恩賜莊田四萬頃，又搜括各地珍寶後，才勉強訂於42年三月成行，即改封關公之前。

有嫌疑要奪位的福王走後，照理說，後宮應該安寧，實則不然。一年後，「梃擊案」發生，一瘋男子張差手持棗木棍，從東華門一路打進太子寢宮慈慶宮，擊傷多人始被捕，經深入調查，多人懷疑係鄭貴妃操控的奪嫡陰謀，但在神宗巧妙授意下，殺幾位替死鬼，也就不了了之。

萬曆48年七月（1620），神宗駕崩，八月一日常洛即位，是為光宗；但他有限的青春，幾皆活在鄭貴妃的奪嫡陰影下，身心俱受嚴重打擊，雖登基，卻無福消受，在位才十天，即得重病，延至月底，眼看即將不起，此時，鴻臚寺丞李可灼進仙丹，言可治百病，遂服一粒，自稱「煖潤疏暢」，再進第二丸，答說「平安如前」，沒想到隔天就逝世，這天是九月一日，在位一月整，已訂立的年號「泰昌」元年都還沒開始呢！

常洛的長子朱由校九月六日繼位，是為熹宗，朝中議處有關人員，又是一番擾嚷，他直登帝位，沒有其父親的波折，但一樣受鄭貴妃陰謀威脅，十六年不愉快的生活陰影，可能深烙心中，而即位不久，又有「移宮案」發生，當然還是牽連到鄭貴妃，自又勾引起痛若往事之回憶[37]。凡此種種，可能使得熹宗在即位後，帶有叛逆性格，先人所喜歡或崇拜的，故意疏忽，作為一種無言的抗議。當然，這只是推論，答案可能永遠找不到。

（三）明思宗

思宗朱由檢（1628~1644在位），在位十六年餘，是個亡國之君，還未即位，滿清人已打到家門口，而各股流寇起義，天下騷動，他心餘力絀，卻急於建功，以致舉措失當，委任非宜，胡亂誅殺大臣，經常「臨朝浩歎」，終也無可如何，國事如麻，可能受到徐光啟及耶穌會士的誘引，他一度改信基督教，拋開威靈顯赫的關公信仰，甚至傳出毀壞宮中神像經卷[38]。

37　明末宮中大事，散見三朝《實錄》中，不詳注；另參閱魏子雲《金瓶梅的問世與演變》，上編第五節，（頁64）。

38　參閱胡小偉《晚明社會與關羽崇拜》，中篇，而南明桂王亦同，（頁424及444）。

不過，思宗的作為並未產生影響，崇信關公仍為大勢所趨，如關永傑（?~1642），鞏昌衛人（今甘肅省隴西縣），狀貌奇偉，很像傳世關公模樣，好讀書，每見忠義事跡，則謄錄貼於書房牆壁，崇禎四年（1631），進京參加會試，與同輩參謁關公廟，住持道士一見，進前言：「昨夢神告：吾後人當有登第者，後且繼我忠義，可語之。」永傑且驚且喜，果如預言登第，歷官各地，後為都師楊嗣昌所荐，任兵備僉事，駐紮陳州（今河南省），崇禎 15 年二月，李自成率數十萬眾來攻，永傑與地方官民同心堅守，自成派人說降，砍說客頭掛城上，最終不敵，城破壯烈殉職；又，南明弘光元年（1645），何騰蛟不從左良玉造反，在漢陽江上跳水，漂流十餘里，被魚舟救起，前面竟是關公廟。上述二例，僅僅是巧合嗎[39]？

（四）民間秘密宗教

民間秘密宗教，最盛於明武宗至清朝中葉以前，約三百餘年，前後共出現一百八十餘家教派，信徒主要為基層百姓，乃「世界歷史上擁有最多的徒眾、最廣泛的思想影響，以及和政治鬥爭最為密切關連的宗教派別」[40]。

民間秘密宗教的流行，與關公信仰的鼎盛期相互重疊，明清之際，因多係草創，皆具有濃厚的叛逆性格及異端色彩，也常依託關公神威以拓展教務，從而關公也成了民間秘密宗教中少數教派神靈。

甲、主要教派

民間秘密宗教起源頗早，但真正教派林立且影響深遠，則在明朝嘉靖、萬曆以後到清朝中期。

開風氣之先的是羅清（1442~1527），於武宗正德年間創立羅教，著有《苦功悟道卷》等五部六冊經卷，揉合儒、釋、道三家思想，以「真空家鄉，無生父母」八字真訣為宗，宣揚人人皆可成道成佛，又稱劫災頻仍，世

---

[39] 俱見《明史·忠義》，（冊十，頁 7512 及 7172）。

[40] 本段參閱馮佐哲、李富華《中國民間宗教史》，第八、九兩章；及喻松青，《明清白蓮教研究》二書寫成，文中所引，不另註明出處。

界末劫將近，勸人盡速歸宗真空，藉此以吸收凡眾愚生入教，其五部六冊，乃所謂「寶卷」的開山之作，也幾乎是此後所有教派的共同經典，其教義通俗，修行方便，多為貧苦百姓著想，教務發展順利快速，而所標榜的宇宙本源「無生父母」，很快轉為「無生老母」，再演變為「無極老母」、「無極天尊」等不同稱號，是明清之際大部分教派的至上神靈。

羅教之後，又出現數個教派：

黃天道：世宗嘉靖 13 年創立（1554），創教者為李賓（1604~1640），道號普明，自稱當陽佛轉世，倡導男女平等、夫妻同修，他詛咒釋迦，崇拜彌勒，表達對現世的極端不滿，以及對未來的憧憬，說法很具叛逆性。

聞香教：萬曆時王森所創（?~1619），自稱得仙狐異香，因獲神功，主張每日早晚在佛祖前燒香、供清茶，言此可治百病，延年益壽，以河北灤州為根據地，四處傳教，二十餘年間，進展迅速，蔓延至北方各地，號稱徒眾二百萬，組織嚴密，又廣納錢糧，財大氣粗，野心已是路人皆知，難怪不久即造反。

弘陽教：又稱洪（宏、紅）陽教，萬曆 22 年韓太湖創（1594），自稱飄高祖，教義幾皆取自羅教，但門徒兼靠行醫治病傳教，教內神靈頗多，「無生教母」即為其一。

初期教派如上，但不斷滋生繁衍，致教派林立，名目極多，入清以後，仍不斷推陳出新，由於活動神秘，主張特異，多被定為邪教，屢遭取締，經卷及相關資料流失嚴重，殘存者已不易斷定年代，故合明末清初並敘，本小節所述，重在此時期關公在部分教派中的神格[41]。

乙、長生教中的關公

李賓的黃天道，三傳之後，其中一支由汪普善接掌，轉至浙江衢州，另創教門，稱為「長生教」，其時正值明末，亦即聞香教起義失敗之後。

---

[41] 以下二段，據喻松青《明清白蓮教研究》，其中〈清茶門教考析〉、〈江浙長生教和眾喜寶卷〉、〈破邪詳辨淺析〉三篇寫成。

　　長生教雖源自黃天道，但神界組織有別，以「盤聖母」為至上神，據稱從先秦到明朝，盤聖母曾五次命令神佛下凡，第一次為「儒童玉佛」，即孔子，推行的是儒教；第二次為燃燈古佛，推行道教；第三次為釋迦古佛，推行佛教；第四次為天地諸神，在唐朝，要「普渡皇胎歸家」；第五次，即明朝神宗萬曆年間，再命儒童玉佛下凡，創設「長生教」，要拯救眾生。可知汪普善自居天神孔子下凡，當然除盤聖母外，他是人間第一神。

　　長生教在浙江各地擁有許多齋堂，堂內供奉各種神佛，有觀世音菩薩、三官大帝、關公等，乃集道教、民間神靈及佛教菩薩而成，神界組織系統不明，但由盤聖母命諸天神下凡看，在齋堂內的神佛，不過是追隨民間習俗而已，地位不高，關公也是如此，當然不能反應此時關公信仰實況。

丙、清茶門教中的關公經卷

　　王森創聞香教，以河北灤州石佛口為中心，四處傳教，萬曆 42 年被捕，五年後死於獄中，而其三子王好賢繼續帶領徒眾，他素有政治野心，藉傳教到處搜羅人才，糾合亡命；熹宗初，東北遼東屢遭清兵侵襲，明朝抽調不少精兵前往應戰，中原空虛，好賢遂與各地教首約定，將於天啟二年八月中十方同起，但消息走漏，其同夥徐鴻儒遂先反於山東，三月後被平定，鴻儒死，次年，好賢亦被捕伏誅，該教至此受重創，但王氏子孫潛逃各地，仍暗中傳教。

　　清朝初年，王森的後代一支仍盤據灤州石佛口，另一支則遷往盧龍縣，仍然傳習祖傳教務，但此時已改名為「大乘教」，不久又改為「清茶門教」，教務拓展至河南、湖北及江南等地，勢力更盛於明末，支派頗多，儀節、教規不全相同，但普遍皆主張每日於佛前供清水及茶，故名。

　　清茶門教所供奉的神佛極多，同時也吸收民間顯赫的神靈，關公為其一，因神靈頗多，天國組織混亂，難以確定關公的神格，教中有二部以關公為說法主之經卷：

　　一是《護國佑民伏魔寶卷》：分二十四品，卷中稱關公為「關帝」，開宗自陳生平，次闡述善因自種、福慧自修等因果報應說，文詞鄙俚，多取自佛教，淺顯通俗。此經卷可能成於明末清初之際，「伏魔」取自明神宗封

號，「護國佑民」則可能由「捍患禦災」衍伸而來。

二是《三義護國佑民伏魔功案寶卷》：前半依《三國演義》，敘述關公事跡，後半則為觀世音菩薩化身師羅，度關公還原歸天為神。

由於清茶門教主要供奉彌勒佛，視為未來光明及希望，故觀世音菩薩地位非最高，而關公又為所度化，位階自在其下，難與「神威遠鎮」相稱。

第三節　清朝崇奉

滿清人在關外已接受關公信仰，入關建國，又親見中原漢人的癡迷，照理說，信仰應該一系相承，然清初二帝並不熱衷，世宗以後局面才改觀，陸續頒布多項尊崇措施，既為統治利益著想，又迎合漢人所好。

一、清初

清初，各方同以「關聖帝君」尊稱關公，民間香火一樣旺盛，但官方的祭典則冷落不少。

（一）世祖改封

世祖六歲即位，少不更事，十四歲親政，在位十八年（1644~1661），中間有多爾袞跋扈擅政，又有南明餘黨盤據江南各地，連年征戰，二十四歲即英年崩逝。所以，軍國重務已彈精竭慮，當然不太有閒情注意及關公。

順治元年，整修地安門外宛平縣關帝廟，訂定每年五月十三日，遣太常寺官員往祭，不致齋；九年四月，改封關公為「忠義神武關聖大帝」，仍以該廟為常祀之所，每年聖誕日遣太常寺堂官致祭，供品升為牛羊豕三牲兼備的太牢，有完整祭儀、定型祝文，為系列公家祭典之一，約仍沿襲明制[1]。

茲所可議者，定期祭祀僅為一次，不如明朝六祭，而且「不致齋」，亦即代祭官不行禁忌、不必閉關，《孟子・離婁》云：「雖有惡人，齋戒沐浴，則可以祀上帝。」反面解讀，未能如是行禮，知世祖敬意不夠，而祀典

---

[1] 見光緒《大清會典事例》，卷 438，（冊 219，頁 80）。

列於「群祀」，等級也低。顯然的，世祖還未慎重看待關公，或因循前朝舊制[2]？

最重要的，為何改封？由於官方史籍未載，難以確認，推測應有二因：

其一，神宗封號過於俚俗：伏魔等語詞畢竟不夠莊重，對照新封號，前四字典雅寫實，且為《諡法》中所常見，「忠義」用以標榜高尚情操，「神武」用以頌揚威名，均極為傳神，而後四字則近於明末以來世人慣用的稱呼，合「關聖帝君」與「大帝」為一，也易為世人所接受。

其二，藉機安撫中原漢人：忠義既是關公高貴情操，也是統治者最喜好的教材，改封如同收編，以「神道設教」，等於昭告天下臣民，應以關公追隨劉備為榜樣。因此時，南方有吳三桂等四王，東南有魯王、鄭成功，西南有桂王，清廷還未能穩固掌控天下。

四年後，京師德勝門外另座關公廟，因年久失修，地方官上請，世祖同意撥款增修，落成，有〈御製重建忠義廟碑記〉，文中稱頌關公「神威赫奕，忠義昭然，有感必應，有禱即靈」，後云「是豈無緣而致之也哉？」德勝門廟名氣不大，不知何故只增修此廟[3]？

（二）聖祖增設博士

聖祖（1662~1722 在位），八歲即位，十四歲親政，二十歲吳三桂造反，八年才平定，而中間又有鄭成功及其子孫佔領東南，約略說，從清軍入關，近四十年來，幾乎年年有戰爭；然聖祖在位六十一年，扣除前二十餘年的征剿，他算是真正統一天下的皇帝，足足享盡四十年的太平盛世，曾六次南巡江南，四次北幸五台山，多次遊關外，晚年又有創舉，設千叟宴於乾清宮前，所以他應有充裕閒情處理不急之務[4]。

2　案致齋、散齋，見《禮記》之〈祭義〉、〈祭統〉、〈坊記〉諸篇，另據《舊唐書‧禮儀志》，載其禁忌，致齋為「惟為祀事得行，其餘悉斷」，散齋則禁戒較寬，（冊二，頁819）。

3　見《關帝事蹟徵信編》，卷首〈御製〉，此事未載於《實錄》中。

4　首次出遊五台山，在康熙二十二年，詳見高士奇《扈從西巡日錄》，書中亦見北宋時，張商英送蘇東坡的藥草「長松」（卷一）。

　　聖祖當然知道此時關公神威，如康熙 42 年三月，第四次南巡北返，至寶應縣視察高家堰隄防，即兩夜駐蹕隄上關公廟，但此年十月，西巡至山西太原，南下經洪洞、安邑，至蒲州渡河，關公故里解州近在眼前，過門而不入，可見他非關公迷[5]。

　　不過，聖祖還是開風氣之先，贈與關公後裔博士職位。其前，康熙 57 年（1718），題匾「義炳乾坤」，懸掛於解州廟[6]；次年，賜關公裔孫關霦為世襲翰林院五經博士，以奉祀洛陽墓廟，此事起自刑部尚書張廷樞，這年四月上疏：

> 臣前在河南，…參謁關聖大帝陵寢，據守陵奉祀生關霦呈，稱原籍河東解州，遷洛守陵，經年已久，切見洛陽宋儒邵子、程子，俱蒙聖天子恩賜，世襲翰林院五經博士，霦祖關聖，陵寢在洛，春秋大祭，與邵程並舉，而博士奉祀，未得同沐國恩。…臣伏思：邵程發明忠孝節義之理，關聖一生，力行忠孝節義之實，我皇上表彰理學，尤重實行，關聖大帝兩間正氣，千載名臣，本朝封號獨尊，御書襃崇極至，可否依允所請？

疏文中，讚頌關公「力行忠孝節義之實」、「兩間正氣，千載名臣」，可謂敬意十足，然其中有二處可議：一稱洛陽關公墓為陵寢，猶如皇帝，或許明清以來，世人皆視關公為帝君、大帝，故此稱也無可厚非；另一為稱「春秋二祭」，案清初京師關公廟宇，僅五月一祭，莫非地方另有二祭？或其間已有變革？

　　禮部隨即覆議，言邵子、程子後裔已獲賜博士，但聖祖不太重視此案，

5　見《聖祖實錄》，記載行程鉅細無遺，（冊 11，頁 2837）；《關帝事蹟徵信編》，卷八另載：「聖祖西巡臨解，發帑金一千兩重修」，（冊三，頁 277）。

6　見《山西通志》，另載世祖改封，每年四月八日及五月十三日遣官祭祀，卷 167，（頁 15）。

下令再議，禮部引世祖改封及祭典祝文，稱關公「允文允武，乃聖乃神，功高當世，德被民生，兩間正氣，歷代明禋」，又驗明嫡派世系圖譜，疏入，聖祖挑剔：「博士係一微員，何用題本？」責怪小題大作，終才勉予同意[7]；再經河南巡撫取具證明，稱關燽是「關聖大帝五十六代正支嫡派後裔」，才行文吏部「照例給劄」，計半年公文往返，洛陽博士才告定案[8]。

二、世宗

世宗在位十三年（1723~1735），較聖祖、高宗為短，然性情嚴苛，精力過人，以全心付諸軍政大事，夜晚詳閱奏疏，累計朱批多達五千萬字之多，大臣無不兢兢業業，故能為盛清國力奠下深厚基礎，不愧為一代明君，但侈談符瑞，妄求長生，「禱祠林立，封神殆遍」，實為盛德之累。

世宗理性冷酷，宗教政策較為務實，而非表面式的狂熱，如他頗好禪學，自選《歷代禪師語錄》，不喜者排除在外；喜談煉養，寵任婁近垣、賈士芳等道士，但稍妄為即誅僇不留情；為親近藏蒙外族，認章嘉活佛為師，成為密宗弟子；同樣的，他明察民間關公香火，頒布系列尊崇措施[9]。

（一）追封三代

雍正三年四月（1725），追封關公曾祖為光昭公、祖為裕昌公、父為成忠公。在年初，禮部及相關人員即有多次往返論辯，因康熙17年（1678），解州傳出有人濬井得磚，上有關公父祖名諱及生卒甲子，此物被關迷們奉為寶物，爭相傳播，但有識之士，皆知其偽，朝中最後決議，聽從給事中李蘭意見，仿孟子父稱先賢孟孫氏例，僅書爵號而不著名氏，禮部覆議文展現週密計畫：

---

7 題本、奏本之稱，見《明史·職官志》，其中題本為「事關機密重大者」，（冊四，頁1780），此制清朝大致沿用。

8 見《關帝事蹟徵信編》，卷五引關禮《洛陽關氏圖譜》，（冊三，頁182），此事《實錄》不載。

9 參閱蕭一山《清代通史》，卷上第29章，（冊一，頁888）。

其追封爵號字樣，交與內閣撰擬進呈，神牌供器等項，交與工部製
造，造完之日，交與欽天監擇選吉期，於京師白馬關帝廟後殿供奉，
遣官一員告祭，其遣官及祭祀事宜，交與太常寺奏請備辦，祭文交與
翰林院撰擬，其白馬廟後殿有應行修葺之處，亦交與工部酌量修理；
關帝原係山西解州人，應行文山西巡撫轉行解州，將關帝三代製造神
牌，供奉廟內後殿；其後嗣五經博士關霨，河南洛陽縣守墓，應令於
家廟一體置主奉祀；仍通行直隸、各省，轉行所屬府州縣地方，每處
擇一關帝廟之大者，置主供奉後殿，每歲春秋有司致祭，京師白馬關
帝廟，除五月致祭外，亦於春秋二次致祭[10]。

可知此次追封，各部門分工精確：內閣草擬爵號，翰林院草擬祭文，工部負
責神牌製造及廟宇後殿修建，欽天監選定黃道吉日，太常寺統籌推選代祭官
及祭典事宜，禮部則行文解州、洛陽比照辦理，並通令全國各州縣一體遵
行；還有，公家祭典次數已增，即春秋及五月共三次。一件事情辦得如此條
理分明，面面兼顧，就知世宗是何等君主了，關公在天，亦當頷首稱謝。

（二）再增博士

解州為關公故里，關公雖少小離家，一生東征西討，不曾回鄉，然應有
同宗後裔仍居當地；而江陵乃關公最後鎮守及殉難之地，不知有無同宗寓
居，但明清以來，二地均有關姓人士自稱為關公後裔。

甲、解州博士

雍正四年十一月（1726），總督管理山西巡撫事務伊都立上疏：

惟我昭代之表彰尤著，按之襃崇先聖成例：山東曲阜縣既設有博士
等員，而浙江西安縣為孔聖後裔大宗所在，復設博士一員；先賢朱

---

[10] 見《世宗實錄》，（冊13，頁461）；禮部覆議文，見《關帝事蹟徵信編》，卷四引
〈邸抄〉，（冊三，頁168）。

子，在福建崇安縣已設有博士，而江南婺源縣為朱子祖籍，復設博士一員，今關聖在洛陽，已奉特恩准設博士，而解梁原籍，似可一視同仁[11]。

前引張廷樞疏只以關公比邵子、程子，此疏則以關公直比孔子、朱子，禮部覆議，以為孔子後裔，在曲阜及浙江均有博士，而朱子後裔朱煌，已於順治 12 年授博士於婺源奉祀，康熙 29 年又授另一後裔朱之俊博士，於福建崇安奉祀。然禮部不敢援引孔子後裔之例，只請比照朱子，疏入，世宗不像聖祖，也不在乎嫡系或旁支，爽快的核定關公 52 代裔孫關居斌為解州博士。

乙、江陵博士

雍正十年，湖廣巡撫王士俊，題請增設博士，以奉祀當陽關公陵墓：

> 關聖大帝，義勇丕昭，神威遠振，人之生也直，秉正氣于乾坤，臣事君以忠，揭丹心于日月，以《春秋》之志為志，以川嶽之靈為靈，…荊土係建武功之場，而當陽又藏毅魄之所，風車雲馬，尤著精誠，丹荔黃蕉，宜增守祀[12]。

王援引先例，請另增博士以奉祀當陽墓廟，他深知世宗個性，也看準此項請求必定獲准，所以已有萬全考慮，先據武昌布政使徐本、按察使唐繼祖、荊州知府周鍾瑄、江陵知縣喬汸等，合准地方士紳，公推關公五十二代裔孫關朝泰，另檢具相關宗派圖譜切結，再聯合湖廣總督邁柱、湖北學政凌如煥合題，不出所料，世宗也不追問細節，依禮部覆議，交付施行。

（三）祭典變革

雍正五年，京師白馬廟修葺告成，世宗頒布新祭典禮儀：

---

[11]　見《世宗實錄》，（冊 13，頁 768）。

[12]　見《關帝事蹟徵信編》，卷五，（冊三，頁 188），未載於《世宗實錄》。

> 其春秋致祭，前殿祭品，照常陳設，承祭官行三跪九叩頭禮，後殿係
> 封公爵，祭品不用牛，餘照前殿例，承祭官行二跪六叩頭禮；又舊例
> 遣太常寺堂官行禮，今前後殿分祭，前殿另遣大臣一員，後殿用太常
> 寺堂官。

除重申每年三次致祭外，承祭官也非如先前的太常寺堂官，改為「另遣大
臣」，並行「三跪九叩頭禮」，顯得格外慎重；供品是：「制帛一，白色，
白磁爵三，牛一、羊一、豕一；果品五：核桃、荔枝、圓眼、棗栗各一盤，
酒一尊。」牛羊豕三牲具備，即「太牢」，是最尊貴的牲禮；而祭典禮儀，
從祝版、祭服、供品、壇場佈置、執事人員、樂舞，乃至儀節程序、定型化
祝文，皆明訂於其後編成的《會典》中[13]。

(四) 關聖帝君部

　　刊行於雍正六年的《古今圖書集成》，其中有〈關聖帝君部〉，當然也
是一項殊榮。清初自聖祖以來，即不斷編纂大部類書、叢書，以籠絡漢族讀
書人，其成果如《全唐詩》、《康熙字典》等，世宗雖較無興趣，也在因緣
巧合下，編出《古今圖書集成》，該書原為陳夢雷（1650~1740）獨自擔綱
纂輯，始於康熙四十年，初具規模後，因依附皇三子胤阯，無端捲入皇位繼
承漩渦，最終成功者為皇四子胤禎，即世宗，上位後展開清算報復，陳因之
被流放東北，編纂中斷，世宗隨命蔣廷錫等續成，於雍正六年刊行，前後費
時約二十八年[14]。

　　本書規模宏偉，計有六〈彙編〉、三十二〈典〉、六千餘〈部〉，被譽
為國史上最偉大的類書，體例當非陳夢雷舊觀，視為世宗御製亦無不可，所
以書中若有關公，也應是揣摩上意，或順應時代潮流而來。

　　其中〈博物彙編·神異典〉值得介紹，顧名思義，專載鬼神，從天地日
月、龍馬農蠶、瘟疫冥司、佛道仙至雜鬼神，共有七十部之多，多數為古來

13　見《大清會典》，卷49，（頁26）。
14　參閱裴芹《古今圖書集成研究》，（頁27）。

流傳於民間的神靈，然名列其中的英雄神靈只有二位：關公、岳飛，編為〈關聖帝君部〉、〈岳忠武王部〉，在〈關聖帝君部〉中，有彙考、總論、藝文、紀事、雜論、外編六項，列於三十七、三十八兩卷，觀其內容，相較於其前後之關公專書，並無突出之處，且篇幅有限，故若論其學術研究之史料價值，或傳播神威之功效，應該不高；然此部之出現，當參照世宗其他崇奉措施，視為禮遇，內容已不重要，所以其後周廣業、崔應榴合編《關帝事蹟徵信編》，即載目錄於卷首，稱「俾覽是編者咸快先睹焉」。

（五）相關措施

除前述，在此前後，世宗尚陸續有多項的尊崇措施。

甲、題賜匾聯

雍正五年，京師白馬廟修葺完成，御書「忠貫天人」匾懸置廟中；十年，承德府西南街廟宇落成，又題「忠義伏魔」匾賜之[15]。

乙、神像正坐

民間廟宇偶而諸神並祠，故而關公神像供於旁殿，以當前關公神威，已不能為虔誠信徒所接受，同年，宣化總兵李如柏條奏：

> 關帝忠義神武，超越今古，今「武廟」及各寺廟神牌塑像，侍立側坐，誠為輕褻，如本廟有空間正屋，應飭令移請正座供奉，或無空間正屋，飭令移請就近關帝廟中，一體奉祀，務須加謹移請，毋我毀壞；并飭知各該地方，嗣後有塑裝關帝神像供奉者，不許再塑侍立側坐之像[16]。

請求關公神像必須「正座供奉」，不許「侍立側坐」，世宗照准。而其所稱

---

[15] 匾聯俱載《關帝事蹟徵信編》卷首，（頁54、66），亦見《日下舊聞考》，卷44，（頁83）；承德廟，見《熱河志》，卷81，（頁88）。

[16] 見《關帝事蹟徵信編》，卷九，（冊三，頁339），未載於《世宗實錄》；李如柏，寧夏人，雍正五年任，見乾隆《宣化府志》，卷22，（冊九，頁6）。

「側坐」，應為「三義廟」、「昭烈廟」一類廟宇，此類廟宇當然劉備正坐中央，關公、張飛二人侍立或側坐，如今，世宗都要更改，意即關公必須獨尊，至於新建廟宇，關公當然必是唯一主神。

從此，關公神像正坐確立，官民廟宇無一例外，如北京「歷代帝王廟」，乃帝王祭祀前代帝王之場所，不知何時，陪祀名臣中已無關公，而於其旁另建一「關帝廟」，形成「廟中廟」之奇特景象，當為絕無僅有的殊禮。（見下下節）

在民間，佛教禪宗雖然盛況不再，以先前基業，其道院依然遍布各地，部分也追隨流俗，奉關公為護法神，其像「或當戶而立，或拱侍於旁」，然當前關公近乎獨尊之態勢下，衛道分子當然不能容忍，同時代的郁世燮就認為關公：「大義匡時，則古之忠臣也，楷模百代，則人之師表也，能庇佑人而人感慕，又不嘗祖先。」故而安可「負壇而立，倚楯而侍，為之弟子孫曾？」所以，要求：「門者徙之於庭，旁者易之以正，並戒後之設像者，宜坐不宜立。」可說上下呼應[17]。

丙、撰刻祭文碑記

雍正 12 年十月，世宗於加封關公前三代公爵後，另撰多篇祭文碑記，多方表彰關公的德業神威：

1、〈關帝廟後殿崇祀三代碑文〉：文中以「先師孔子」及「關聖大帝」並稱，且明訂其祭典為天地山川諸神外最隆重者，原因是「孔子以聖」，「關帝以神」，因而加封先師前五代及關公前三代，而關公神威尤著：「福國庇民，禦災捍患，英風冠古，浩氣不磨。」碑文以孔關及文武對稱，難怪地方官及信徒要稱關公廟為「武廟」了。

2、〈追封關帝三代祭文〉：文中盛贊關公事跡有功名教，能：「啟後昆之忠義大節，炳於日星；景先世之風規令範，昭於弓冶，…懷英風而佐化」。

---

17 見《季漢五志‧伽藍辨》，卷九，（冊七，頁 70）；郁之里居略歷，見《關帝事蹟徵信編》，卷 30〈書略‧忠義經注〉附註，（冊四，頁 553）。

3、〈關帝告祭文〉：稱關公「素志忠誠，天姿勇毅」，又「學宗洙泗，生平誦習春秋」，視為孔孟弟子，言其「高名完節」及「福國庇人」，足以「昭垂宇宙」。

4、〈關帝廟碑亭告成祭文〉：稱頌關公「氣壯乾坤，靈昭宇宙」[18]。

總之，世宗在位十三年，從追封關公祖先三代，變革祭典，增設兩地博士，全國神像正坐，親書碑匾祭文等，雖有「以政御教」之圖，也算空前。

丁、傳說尊為武廟

世宗系列尊崇措施，關公迷當然受到極大鼓舞，於是，傳說關公廟另稱為「武廟」，等於與孔子之「文廟」相對，可以文武並列了。

故事起於雍正五年，宣化總兵李如柏疏中已有此稱，觀前後文句，當為簡稱，但此風一起，自有仿效者；11 年，江西大庾縣關公廟為大水所毀，重修竣工後，南安知府游紹安撰〈新修武廟記〉，六年後，府城另建新廟，再撰〈新立武廟記〉，游留心民瘼，於當地頗有建樹，禁溺女錮婢為一大德政，而由知名循吏道出此號，似更有倡導力量[19]；高宗以後，此稱更為常見，如周廣業纂輯《關帝事蹟徵信編》，即言雍正八年，「詔改關帝廟為武廟」；而乾隆 26 年，台灣府彰化縣重修廟宇竣工，知縣張世珍撰碑記，稱：「我朝崇功報德，榮及前代，故祀關帝者稱曰武廟。[20]」

官方民間如此，實皆關迷一廂情願，在公文書中，尤其纂集典禮變革之《會典則例》一類典籍俱不見，然此稱已在民間流傳，呈現的應該是信仰熱誠，推究其因，可借用《紅樓夢》中李紈所說的「從這敬愛上穿鑿出來」！（見下節及末節）

---

[18] 見《世宗憲皇帝御製文集》，依序：卷 15（頁 79）、卷 18（頁 22 及 24）、卷 20（頁 54）。

[19] 見乾隆《大庾縣志》，卷 19，（冊八，頁 3 及 39）；游，字心水，福清人，任南安知府 18 年，略歷見乾隆《南安府志》，卷 11，（冊七，頁 74），其為雍正元年進士，見《福建通志》，卷 41，（頁 28）；周語，見《關帝事蹟徵信編》，卷九，（冊三，頁 339）。

[20] 見道光《彰化縣志》，卷 12，（頁 703），張之略歷，見同書，卷三，（頁 193）；此碑現仍立於彰化市「彰邑關帝廟」中，已無法辨識。

三、高宗

　　高宗在位六十年（1736~1795），繼承父祖遺蔭，接掌國力達於鼎盛的
大帝國，一生近乎無憂，故享受之奢華，古今罕見，他學聖祖出遊，四謁東
北祖陵，六上五台山禮佛，六下江南巡行，八次東祭孔廟，十次親祀泰山及
三次登頂，晚年一樣舉辦千叟宴；他比聖祖還有福氣，除邊疆偶有戰事，中
原正值太平盛世，物阜民豐，以致閒情雅致高於他帝，遊園、作詩、玩賞書
畫骨董等，俱是他日常重要休閒活動。

　　他出遊所至，必繫時賦詩紀念，共留下二萬多首作品，堪稱為「詩人皇
帝」，故要推敲其行蹤及信仰世界並不困難，約略而言，他生長於佛教家
庭，母親乃虔誠釋家子弟，其父為太子時居住的雍和宮，即有多座佛寺，而
各處皇家園林更是不缺，很自然的，出遊必定瞻禮佛寺，而對道教則欠缺好
感，多次嘲笑道士誦經、養生，過北京名景點白雲觀，唱反調：「廣成世間
少，訪道且遲遲。」但理性上基於統治需求，仍自居為儒家弟子，常為多方
禮佛辯護，然他畢竟遊遍大江南北、長城內外，深知此時的關公神威，也會
善加利用[21]。

（一）詩詠匾聯

　　乾隆六年二三月間（1741），高宗有〈關聖祠〉古詩一首：

> 蕭寺疏鐘引客尋，覆階松柏綠森森，壁圖省識風雲氣，天漢長懸忠勇
> 心，繞屋竹風翻妙偈，當空水月滌塵襟，茲焉為紀生平跡，饒有閒情
> 論古今。

案世宗潛邸雍和宮中就有一關公廟，應有一定規模（見下節），作詩可能在
此，院落松柏，殿中壁畫，讚賞關公「忠勇」，但夾雜在蕭寺疏鐘的佛禪偈

---

[21] 高宗《御製詩集》共有四集，瞻禮佛寺盈篇，不引；多次嘲道士誦經，只引其一，見
　　《三集》，卷55，（頁82）；嘲無術養生，見同集，卷64，（頁47）；諷白雲觀，
　　見《初集》，卷36，（頁137）；為禮佛辯護，見《二集》，卷90，（頁41）。

語中，較諸時人詩文及其後重要措施，敬意不高，卻很難得，因為這是他一生中唯一一次進廟禮讚關公，此後巡行各地，踏遍名寺古剎，甚至五進西湖岳飛廟及一進湯陰家鄉廟，皆賦詩，卻不曾再進入關公廟一步，而西湖孤山關公廟距北山岳廟不遠，可知遠不及對岳飛的推尊[22]。

　　雖如此，高宗仍不吝為關公廟題字，如乾隆九年（1744），題薊州盤山隆福寺關帝殿「浩然正氣」[23]；15 年，西遊至洛陽，只贈匾香山、迎恩二寺，而對城南關公葬處「關林」則十分慷慨，題匾「聲靈於鑠」，又贈聯句：「翊漢表神功，龍門並峻；扶綱伸浩氣，伊水同流。」雖未親自展謁，誠意已夠；19 年東北謁陵，為承德縣教場廟題匾「靈護神京」，至吉林，又為北頂山廟題「靈著齒歧」[24]；而多次南巡亦有作品，如16年，贈燕子磯廟「氣攝怒濤」；22 年，贈高閔寺殿「氣塞宇宙」，上方山殿「神佛賢豪」，加上聯句「丹心自比午日炯，浩氣常存宇宙周」，及宏覺寺殿匾「赫聲濯靈」，回至山東分水口廟，贈匾「赫濯同欽」，聯句「本正大之情，放海而準；體神明之德，如川斯流」；33 年前後，又題京師白馬廟廟聯：「浩氣丹心，萬古忠誠昭日月；佑民福國，千秋俎豆永山河。[25]」至於皇家園林如圓明園等園中廟，匾聯更多。

（二）避諱

　　避諱乃中國古禮，早在《禮記·內則》就列有不能命名的原則，後來演變成行文之際，避開往聖先賢、近世帝王或尊親的名字，以缺一筆、或以同意字取代，更甚者須避開某事不能做，以示尊敬之意[26]。避近世帝王名諱，

---

[22] 見《御製詩初集》，卷五，（頁71），其禮讚岳飛，無關主題，不引。

[23] 盤山廟匾，見《日下舊聞考》，卷 117，（頁 124）；白馬廟聯，見卷 44，（頁 88），未繫年月，而《關帝事蹟徵信編》卷首，則作「雍正年間御題」，（頁 66）。

[24] 關林匾聯，見嘉慶《洛陽縣志》，卷二，（頁 63）；東北二匾，見《盛京通志》，卷 97 及卷 99，（頁 90 及頁 58）。

[25] 第三次南巡諸匾聯，見《關帝事蹟徵信編》卷首，（頁 57）。

[26] 韓愈有〈諱辯〉一文，論李賀因父名晉肅，遂不敢應進士舉，見《昌黎文集》，（卷 12，頁 18）；然辨之最詳的要屬南宋王觀國，見《學林·名諱》，（卷三，頁 106）。

可以顯現權威，而往聖先賢中，除孔子外，無第二人。二者之外，史上尚無人有此特權，關公應是唯一的例外。

在明清之祭，關公的地位近乎「超于聖賢仙佛」，自然的，避諱的請求出現了，乾隆十年六月，廣東肇高學政金洪銓上奏云：

> 歷代聖賢名諱原難盡避，然如關帝，神靈赫濯，竟將神名字樣，納之懷中，置之包裹，實為褻慢。…公文緊要者封面概填雙羽飛遞四字，塘兵在意攜帶，或納懷中，或置包裹，輕褻殊甚！伏思往古聖賢名字，原不能悉避，然以神聲靈赫濯，護國庇民，不應文移習套輒干神諱，可否將雙羽字樣改為雙翼，嗣後直省公文，雙羽字樣，概行禁止[27]。

建議將緊文封面「雙羽」改為「雙翼」，說得振振有詞，高宗照准。在文網最密的時代，文人之詩詞著作，隨處皆可能觸犯禁忌而興起文字獄，雖未見因觸關公名諱而受懲處案例，卻是雅士舞文弄墨題材，袁枚曾開笑說：

> 乾隆三十年，有陳秀才某，夢金甲神，自稱：「我漢朝將軍張翼德也，今世俗驛遞公文，避家兄雲長之諱，而反犯我之諱，何太不公道耶？」彼此大笑而寤，蓋近日公文改羽遞為飛遞故也[28]。

以張飛吃醋，凸顯避諱之不公，大概關公享受如此殊禮，引起部分信徒的聯想，歷來避孔子名諱，「丘」字常缺一筆，所以，仁宗嘉慶12年（1807），有人建議仿照辦理，然經一番討論，認為當由世人「自避」，不必強行禁制[29]。

（三）改諡神勇

關公諡號壯繆，清初普遍認為不是美諡，乾隆 25 年正月，山東按察使司沈廷芳上奏：

---

[27]　見《關帝事蹟徵信編》，卷三及卷末，（冊三，頁 160，及冊四，頁 566）。

[28]　見《子不語‧張飛棺》，卷 12，（頁 5384）。

[29]　見《關帝事蹟徵信編》，卷末，（冊四，頁 613）。

> 王者有易名之典，…要以折衷至當，名實庶幾相符，…敬惟關帝，烈
> 著漢朝，浩氣凌宵，遍九州而威震，丹忱貫日，冠三國以名高，當後
> 主繼統之年，始加進諡，…曰壯曰繆，即兩字而疑偽良多，蓋為功德
> 之不符，即屬典章之有缺，…茲當武成大告之後，式睹神威默相之
> 靈，宜錫懿稱，用熙美報，…敬請易諡。

沈氏明言壯繆「疑偽良多」，意非美諡，還指歷代追封為「功德之不符」，
建請更改，經禮部覆議，再經內閣撰擬，高宗選定「神勇」二字[30]。

（四）加封靈佑

　　先前改諡，其相關儀節，禮部全都疏忽，且未通令全國，故官方仍沿用
舊號，此事若在世宗朝，應有人要被摘掉烏紗帽了，久之，高宗查覺，33
年三月，上諭云：

> 關帝歷代尊崇，…皆考行定名，俾彰義烈，若夫靈威默相，屢荷嘉
> 庥，宜備懿稱，益昭美報，可加封忠義神武靈佑關聖大帝，其官建祠
> 宇秩在祀典者，並依新號，敬謹設立神牌，以申崇奉。

此令一出，隨即由禮部行文各省督撫遵辦，又另奏陳：

> 順治九年敕封「忠義神武關聖大帝」，曾否致祭，無案可稽；乾隆二
> 十五年，因關帝原諡未協，欽定易為「神勇」，經臣部通行各直省，
> 亦未經議及致祭，…令工部製造牌位，翰林院撰祭文，太常寺備辦祭
> 品、奏請遣官讀文致祭在案[31]。

至此才補足禮儀，但也等於否定八年前的「神勇」，而成為「忠義神武靈佑

30　見《關帝事蹟徵信編》，卷三引〈邸抄〉，（冊三，頁161）。

31　見《關帝事蹟徵信編》，卷三引〈邸報〉，（冊三，頁163）。

關聖大帝」，觀此，高宗朝君臣辦事能力顯然遜色不少。

（五）三改諡號

　　高宗雖改關公諡號，並昭告天下，但對新諡號似仍不甚滿意，而乾隆 37 年起，纂修《四庫全書》，見陳壽《三國志》關公本傳內原諡，又與時下所頒行者不同，乃於 41 年七月下令：

> 關帝在當時，力扶炎漢，志節凜然，乃史書所諡，並非嘉名，陳壽於蜀漢有嫌，所撰《三國志》，多存私見，遂不為之論定，豈得謂公？…夫以神之義烈忠誠，海內咸知敬祀，而正史猶存舊諡，隱寓譏評，非所以傳信萬世也，今當鈔錄《四庫全書》，不可相沿陋習，所有志內關帝之諡，應改為忠義，第本傳相沿已久，民間所行必廣，難於更易，著交武英殿將此旨刊載傳末，用垂久遠，其官板及內府陳設書籍，並著改刊[32]。

高宗此令，僅交與負責校刻經史典籍的武英殿，刊載於《四庫全書》本之《三國志》中，又命其餘官板依此改刊，並未通令全國各直省，也未要求禮部協同相關部會籌辦，因此，應非正式改定關公諡號。

（六）易蓋黃瓦

　　高宗還有驚人創舉，同年年中，重修白馬廟，命改易門殿為黃瓦，完工後再親撰碑記，闡釋原由，並引蘇東坡言以讚關公：「神在天下，如水之在地中，無所往而不在。」43 年，熱河廳改為承德府，隔年，重修麗正門右廟（當地有六廟），命重臣英廉及和珅督理，原來綠瓦也改為黃瓦，殿宇崇閎，規制大備，完工後，命戶部尚書梁國治撰文，足見高宗之慎重，沒有明說的，高宗已追隨其父，默認關公比美孔子了[33]。

---

[32] 見《四庫全書總目提要》，卷首〈辦理四庫全書歷代聖諭〉，未載於《高宗實錄》中。

[33] 御撰碑記，見《日下舊聞考》，卷 44，（頁 93）；梁文，見光緒《畿輔通志》，卷 111，（冊四，頁 4402）。

（七）內廷大戲

看戲是宮廷重要娛樂，清初宮廷演戲由南府掌管，選用太監及民間戲班優伶操演，隨時以備御覽，而每逢重要慶典，另行徵召各地戲團入京，每連演近月，如聖祖六十大壽，全國各地無不組團，進京獻演及誦經，彼此暗中較勁，爭取青睞，光長蘆一地即有二臺一團，熱鬧排場非比尋常；而高宗雅興一點也不輸其祖，其八十大壽慶典，演戲一樣是重要活動，而演戲或誦經大都借用廟場，關公廟因此常熱鬧非凡[34]。

宮廷戲團之大戲劇本，大都編纂於高宗時代，據稍後滿清宗室昭槤記載，可分為：一、月令承載：元旦、燈節、端午、關公生日、中秋等節日演出者；二、法宮雅奏：內廷喜慶，如皇室成員婚嫁、添丁、或后妃冊封等所演出者；三、九九大慶：太后、皇上之萬壽令節演出者；四、勸善金科：佛教中勸善神跡戲，如目連救母，於年終演出；五、昇平寶筏：唐玄奘西方取經故事戲，於上元節前後演出；六、鼎峙春秋：俗稱歷史大戲，演三國故事；七、忠義璇圖：宋金交兵、梁山水滸故事戲[35]。

其中成就最高者為歷史大戲，劇本冗長，結構宏偉完整，每部十本二百四十齣，須數日才演完一本，後有百餘齣、數十齣之刪節本，雖稱「乾隆敕撰」，實由莊親王允祿籌編，所聘多係不知名文人，未見有名劇作家參與。

「鼎峙春秋」，演的是三國故事，取材不外《三國演義》及元明傳奇、雜劇，其中有關公忠義英勇情節的，計有「關夫子夜讀春秋」、「萍蹤合酒肆訂交」、「蘭契投桃園結義」、「叔姪乍逢聯玉牒」、「王孫受職慚孤弟」、「奮神威停杯斬將」、「巧賺堅城將立誅」、「遊說客較短論長」、「從權持正暫歸曹」、「表義明心高秉燭」、「承燕會堅志袪金」、「赤兔

---

[34] 聖祖慶壽，見《萬壽盛典初集》，西華門外關帝廟誦經圖，（卷 41，頁 170），及圖記解說，（卷 42，頁 15）；高宗慶壽，見《八旬萬壽盛典》，二書皆圖文並茂。

[35] 見《嘯亭續錄‧大戲節戲》，卷一，（頁 14）；其詞曲修改，及民間戲班諸腔、名伶等，另見李斗《揚州畫舫錄》，卷五，（冊三，頁 2）。

馬歸真主御」、「青龍刀振厥夫誅」、「掛印封金尋舊主」、「紅袍藥酒餞賢侯」、「邂逅莊翁書別贈」、「隄防關將命輕捐」、「洛陽關立誅孱將」、「淨國寺重遇高僧」、「熄火漏風消暗謀」、「棄邪歸正投明主」、「弟兄反目因相拒」、「甥舅聯情欲報仇」、「家人歡會古城中」、「絕無生處卻逢生」、「老將甘為明聖用」、「孔明印授美髯公」、「荊州坐鎮威華夏」、「褒封甫受遄興旅」、「智勇兼施立取城」、「戰樊城一陣功成」、「入峽口七軍覆沒」、「班勝旅虜囚授首」、「宴嘉賓地主銷魂」等，共三十四齣，相關的尚有四十三齣，可謂戲分極重[36]。

鼎峙重秋既專供御前觀賞，主題自然著重在忠君上，故關公性格被雕塑成「智勇兼施」及「忠君義士」，其為人處事瑕疵者，如嫉妒馬超、輕視黃忠、華容釋曹、兵敗臨沮等等全然不見，編劇者護短之意至為明顯[37]。

歷史大戲內容已不如先前新鮮刺激，觀眾又界定在皇室高官，充斥至尊品味，限縮其部分傳播功能；然而，劇場不僅內廷，還包括都城外皇家苑囿，如西郊圓明園及熱河避暑山莊清音閣等處，而排場宏偉，演員及道具眾多，籌辦相關「行頭」，即足以聳人耳目，對關公及三國人物，自是附帶宣傳，更易引領民間風潮，如稍前，正定縣關公廟改建，即加蓋大門戲樓，樓後茶房，門內兩旁看棚及東西廂房，一個地方都會，演戲看戲排場已是如此，足以上與中央交相呼應，使得關公一干人物容貌逐漸定型，其忠義形像更加深入民心[38]。

（八）去敕封字

乾隆六十年（1795），高宗發覺所有加於關公之封號，其前皆有「敕封」二字，顯非尊敬之意，因而下令：

---

[36] 參閱陳昭昭《從戲劇小說看關公形像嬗變》，第三章第三節，（頁125）。

[37] 參閱林逢源《三國故事劇研究‧鼎峙春秋》，第四章，（頁305）。

[38] 見光緒《畿輔通志》，卷112，（冊四，頁4426），並見下小節；「行頭」即戲具，含「衣盔雜把」四箱，其相關成色，見《揚州畫舫錄》，卷五，（冊三，頁57）。

　　所有各寺廟，供奉關帝神位，以及匾額內有「敕封」字樣者，殊非敬神之義，著將此二字節去[39]。

　　次年，高宗禪位與太子，自居為太上皇，又四年崩逝，故而此次措施，可視為高宗晚年對關公的定論。

四、中葉以後

　　高宗之後，歷仁宗、宣宗、文宗三朝，因傳言關公顯靈助軍平亂而多次加封，並晉升祭典至「中祀」。

（一）仁宗加封仁勇

　　仁宗嘉慶 18 年（1813），天理教徒林清、李文成等於直隸、山東、河南三地同時起兵，林清一支叛軍幾已突入禁門，終以眾寡懸殊，援兵不至而全數被殲；而河南一支由李文成領軍，初則順利攻占滑縣，三月後為各路會援官軍所陷，亦全部被誅[40]。

　　這場民間秘密宗教的叛變事件，本無靈異成分，但在陝甘總督那彥成的奏疏中，卻加入關公顯靈助軍的神話，仁宗認為「屢荷關帝靈爽翊衛」，乃於 19 年加封「仁勇」二字，而成為「忠義神武靈佑仁勇關聖大帝」。

　　仁宗同時學其祖父世宗，設想週到，由禮部通令在京各衙門，並各直省督撫、盛京禮部等處，轉知所屬一體遵照；又令太常寺於冬至前選訂黃道吉日，在地安門外關公廟特祭，禮儀如同春秋二祭之例，並遣皇子行禮[41]。

　　案：那彥成，字繹堂，滿州人，祖為大學士阿桂，乾隆進士，歷任中央地方顯要，治軍無能，賴眾將之力平定天理教亂，然崇奉關公，每藉機利用。道光五年任直隸總督（1825），正定知府金洙重修關公廟，加建戲樓看

---

[39] 見《關帝事蹟徵信編》卷首，（頁 67）。

[40] 天理教案始末，參閱戴玄之《中國秘密宗教與秘密會社》甲編，（上冊，頁 17~）。

[41] 見《關帝事蹟徵信編》卷首，（頁 68），亦載於《仁宗實錄》中，（冊 51，頁 4129）。

棚廂房，完工請他作記，頌揚關公，稱東漢靈帝光和六年（183），關公有志於天下，由家鄉前往涿郡，此後來往於太行滹沱之間，必經正定，故此地乃關公馳騁戎馬、經營天下，「固所嘗寓目而恍心者」，且「其民質直勇伉，其風趣最為近古」，由是關公威靈顯著，四方官民商賈「廟下瞻拜，莫不聳然而動，生其恪懼，欽其邪肆，況生聚作息於其地，能不俯仰震肅、畏神服教也乎？」因此，修廟是「將揚神烈而宣武威，鎮華夏而衛畿輔，通神之道以治人，以及天下四夷。」信仰態度前後一致[42]。

（二）宣宗加封威顯

宣宗道光七年（1827），新疆地區回民張格爾叛變，官兵往剿，大獲全勝；次年正月，揚威將軍長齡奏報戰果，言及戰事緊急之際的奇跡：「活賊僉供：遙見風中紅光沖天，兵馬高大，不能抵敵，遂各敗走，致被斬擒。」而官兵也稱「關帝顯聖助佑，始獲勝仗」，於是請求再加關公封號，期許「塞外蠢夷，益加敬畏，而邊疆永慶」。

宣宗不懷疑，認為「我朝定鼎以來，關帝屢彰靈佑」，此次再顯神威，當然應「加展誠敬，以期億萬年護國安民」，乃於次年正月，加封關公「威顯」二字，而成為「忠義神武靈佑仁勇威顯關聖大帝」[43]。

（三）文宗提列中祀

最推尊關公的清朝皇帝，世宗、高宗外，就是文宗（1851~1861 在位）。然此時的大清帝國已危機四伏，內憂外患接踵而至，滿朝君臣，盡人事外，又想藉重神靈，於是當時香火最盛的關公、媽祖、文昌帝君等神靈，成為求助對象[44]。

咸豐二年（1852），加封關公「護國」二字封號，三年，再加「保

---

[42] 那彥成事跡，見《清史稿》本傳，（冊 122，頁 18）；引文，見光緒《畿輔通志》，卷 112，（冊四，頁 4426）。

[43] 見《關帝事蹟徵信編》卷首，亦載於《宣宗實錄》中，（冊 57，頁 2403）。

[44] 文宗以後加封，見光緒《大清會典事例》，卷 438，（冊 219，頁 80）；《清史稿·禮志》所載較簡，且年代有別，當以前書為準。

民」；四年，祭典提升至「中祀」等級，與孔子、歷代帝王相同，還特別諭令：舞用八佾，文舞武舞並用，承祭官為親王、郡王，祀前致齋一日，聖誕日禁止屠宰；又諭太常寺呈進《關帝廟圖式》一摺，特加解說，雖礙於禮制，承祭官行二跪六叩禮，強調此為滿州舊習；另定皇帝親祭儀，將行三跪九叩禮，「用申儆恪之誠」，八月十四日親自詣廟行禮，足見文宗之慎重，而稍晚的湖南地方官楊恩壽也說：「關帝升列中祀，典禮甚隆，自不許梨園子弟登場搬演，京師戲館早已禁革。」則如劉道開所言明神宗之禁令[45]。

五年，另議祭典樂章，另加封關公前三代為王；六年加封「精誠」，七年加「綏靖」，又將「關聖大帝」神牌改為「關聖帝君」，親書「萬世人極」匾額，懸掛於地安門外廟，並摹勒頒發各直省府州縣一體懸掛，另晉陞關公前三代祖先為王爵。總之，至此，關公稱號已成「忠義神武靈佑仁勇威顯護國保民精誠綏靖關聖帝君」，末四字同於明神宗所封。

（四）清末加封親祭

文宗後又有加封，穆宗同治三年（1864），親詣地安門廟行香；七年，捻亂平，又親至廟行禮；九年，加封「翊贊」，12 年，再親祭；德宗光緒五年（1879），另加「宣德」，13 年，親祭，可見清末二帝共親祭四次。

總計從仁宗至德宗，封號足足又增加十二字，合高宗前十字，成為「忠義神武靈佑仁勇威顯護國保民精誠綏靖翊贊宣德關聖帝君」，共二十六字，封號如此冗長，對基層信徒而言，已不知如何記憶了。（參閱〈附錄二〉）

（五）帝王廟中廟

新朝追祀前代帝王之故事，起源極早，如秦始皇出巡，至雲夢祭舜，上會稽祀禹，漢高祖詔令天下立靈星祠，祀后稷以配之，此習後代因之，明太祖洪武六年（1373），於南京建立「歷代帝王廟」，定期集中祭祀，世宗時另於北京建廟，此廟至今尚存。

歷代帝王廟當然主祀歷代帝王，從三皇五帝至近代創業及守成帝王，然

---

45 見《詞餘叢話》，卷二，（維基文字版，無頁碼）。

帝王必有文武功臣陪祀，其數目代有變化增減，而陪祀名臣中之謀臣猛將，於唐代獨立為「武成王廟」，演成後世之「武廟」，與關公信仰之關係尤為密切。

明朝歷代帝王廟之祭祀制度，清人完全繼承，又從而發揚光大之。世宗雍正七年（1729），大規模整建，且大幅增加主祀帝王及從祀名臣，又五次親祭。

高宗一朝，對建立整體祭祀制度更是貢獻至大，乾隆三年（1738），親自致祭，29 年整修，主殿規格比照乾清宮等級，屋瓦為黃色，名為「景德崇聖殿」，主祀歷代帝王增至 188 位，從祀名臣為 79 位，還在此前後，共六次親祭，七次撰寫碑記詩文、御題匾額楹聯，宣示「中華統緒，絕不斷線」，還一再告誡「善可為法，惡可為戒」，足見其用心良苦[46]。

從此，歷代帝王廟制，除些許變化，近乎定型。茲所關心者，從祀名臣中有無關公？當然沒有！但在清朝中晚期以來，廟的西院中，另有一座「關帝廟」，規制弘敞，正殿南向，外圍垣墻、重門下馬碑、鐘樓，院內祭器庫、遣官房、齋宿房、樂武執事房、典守房、看守房等，一應俱全，而正殿及御碑亭，皆用黃色琉璃瓦，觀此即知為最尊貴的建築形制，此種奇特的「廟中廟」景象，當然天下唯一，對關公的禮遇與殊榮，人見人知[47]。

由於帝王廟中的關帝廟已於近代拆除，碑記遺物無存，文獻記載又缺，唯咸豐四年，諭太常寺呈進《關帝廟圖式》，可能針對白馬廟而非此廟，故廟建於何時何帝，不易論定[48]。慶幸的，歷代帝王廟已於近年重新修繕，而廟中廟的關帝廟，也參照承德現存的世宗敕建廟宇原樣重建，以博物館名義對外開放[49]。

---

[46] 見《日下舊聞考》，卷 51，（頁 108），另參許偉等〈乾隆皇帝對歷代帝王廟的三大貢獻〉。

[47] 見光緒《大清會典圖說》，〈帝王廟圖〉後文字說明，（冊二，頁 1295）。

[48] 見光緒《大清會典事例》，卷 438，（冊 219，頁 89）。

[49] 參閱《北京歷代帝王廟古建築修繕工程專輯》，修繕工程已於 2004 年告竣，（頁 165）。

五、諸神評比

單憑前述，可能容易誤會，以為關公乃當時海內至高無上神靈，而如果再參照虔誠信徒近於阿諛的稱頌：「三國一人，一人萬代」，「天地合德，君師同功，聖神文武，百世所崇」，更可能受到誤導，以為關公神威已凌駕所有聖賢、仙佛[50]。

真象如何？關公神威鼎盛，從中央政府到基層民間，無不虔心奉祀，當為事實，不必懷疑。問題在：關公是否因此而成為當時海內第一神？恐怕不易回答，實則當時同樣擁有眾多信徒的神靈極多，清初蒲松齡（1640~1715）即說：

> 佛道中惟觀自在，仙道中惟純陽子，神道中惟伏魔帝，此三聖願力宏大，欲普渡三千世界，拔盡一切苦惱，以是故祥雲寶馬，常雜處人間，與人最近[51]。

蒲氏指出觀世音菩薩、呂洞賓、關公三位為「至靈之神」，不過又說關公「靈跡尤著」。其實蒲氏不過大略說說，憑情而論，在當時，文昌帝君、城隍、天妃等神靈，一樣廟宇遍佈，香火鼎盛，信徒也很多，中國人向來即偏向多神崇拜，「見神叩頭，遇廟燒香」，因此，將關公的神格視為「獨尊」當然是不恰當的。

再試以盛清時期紀昀（1724~1805）為例說明之。他參加考試是拜孔子及文昌帝君，卜問功名休咎是藉扶乩，而乩神極多，平常以東嶽帝君為第一神靈，貶官至新疆則大談關公神跡，看到關公廟抽籤猜考題也深信不疑，可知他非專信一神[52]。

---

[50] 此二句為蕭文蔚、張鵬翮之贊語，見《關帝事蹟徵信編》，卷28，（冊四，頁428、430）。

[51] 見《聊齋文集・關帝廟碑記》，卷二，載《蒲松齡集》，（上冊，頁43）。

[52] 參閱拙作〈紀曉嵐的神鬼世界〉一文。

　　至於清初諸帝的崇奉關公，是否已到獨尊的地步？當然不是，只能說較為尊崇而已；而尊關能否比美尊孔？或關公在官家地位可否比擬孔子？答案同樣是否定的，以下嘗試比較說明之。

（一）尊孔與尊關

甲、尊孔措施

　　尊崇關公，已如前述，另看尊孔措施，試以流水帳形式羅列如下[53]：

　　世祖：順治元年（1644），以京師國子監為太學，立文廟；二年，定稱孔子為「大成至聖文宣先師孔子」；九年，巡視太學，親釋奠先師，王公百官齋戒陪祀；同年，授孔子後裔南宗博士一員，於浙江西安奉祀；14 年，改稱孔子為「至聖先師」；17 年，又親至太學釋奠。

　　聖祖：康熙八年（1669），親至太學釋奠；23 年東巡，親詣闕里行禮，御書「萬世師表」匾額懸大成殿，並頒直省學宮；28 年，御製〈孔子贊〉、〈顏曾思孟四子贊〉二文，勒碑立於太學，揭其文頒直省；次年，頒令學宮前「凡官民人馬經過者皆下馬」。

　　世宗：雍正元年（1723），諭議追封孔子五代先祖為王；二年，親幸太學廟釋奠；三年，頒令避孔子聖諱，贈前三代為公；四年，再親詣釋奠，並訂皇帝親祭儀；五年，定八月二十七日為先師誕辰，全國官民軍士齋戒一日，不得屠宰；六年，御書「生民未有」匾，頒懸殿中；七年，重修闕里孔廟，親詣太學告祭；八年，曲阜孔廟落成，特命皇五子前往告祭，並諭內閣：「至聖先師孔子，道冠百王，功高萬世」，增聖廟執事官為四十員；11 年，親祭[54]。

　　高宗：乾隆二年（1737），改闕里大成殿及大門瓦為黃色，御書「與天地參」匾，國子監廟亦覆黃瓦；三年及其後，親幸太學釋奠共九次；四年，撰〈文廟碑文〉，稱：「孔子功參乎覆載，明並乎日月，生民以來未有盛焉

---

[53] 據光緒《大清會典事例》，卷 436，（冊 218，頁 39），並參《清史稿校註・禮志》，（冊四，頁 2743），二者互補，年代有異，依前者，其中高宗朝差異較大。

[54] 見《世宗實錄》，（冊 15，頁 1511）。

者也。」13 年，東巡謁曲阜廟，撰〈闕里十贊〉，稱孔子「粹容如日月麗天，聖跡似江河行地」[55]；33 年，修廟落成，御書大門「先師廟」及正殿「大成」匾額，並撰碑記；36 年，再謁曲阜孔廟；50 年，親幸太學釋奠；55 年，三謁曲阜孔廟。

　　中葉以後，諸帝仍不斷題匾、讚頌、親祭，總而言之，尊孔確實遠過於尊關，如皇帝親祭，在中葉以前，乃關公所享受不到的尊榮，聖祖南巡曾駐高家堰關公廟，未見遣官致祭，西巡至山西，也是過大門而不入；而高宗六度南巡，遊杭州西湖，五度瞻禮湖邊岳飛廟，卻未枉顧附近關公廟，可知在皇帝心目中關孔地位是不同的，直到中葉以後才稍改觀。

乙、祭典及壇廟規制

　　在祭典儀節及壇廟規制上，關公也比不上孔子[56]。

　　孔子祭典，明清皆列為中祀，以京師太學之「大成殿」為常祭之所，每年春秋仲月二次遣官釋奠，偶而皇帝親詣主持，或謁曲阜廟行禮；祭典以四配十二哲侑饗殿中，以先賢先儒從祀兩廡，排場宏偉，配以「樂六奏、舞八佾」，祭前預習多次，承祭官先前一日齋戒，行禮莊嚴，儀節冗長隆重，皇帝親祭，三上香行二跪六拜禮，王公百官均隨行禮；若遣官，則為王、公或大學士，行三跪九叩禮；壇廟規制也是中祀之最，街門三間、大成門五間、大成殿七間、兩廡各十九間，還有垣牆、井亭、列舍、甬道、碣鼓等，而最重要的是正殿正門碑亭，均覆黃色琉璃瓦，黃色乃最尊貴顏色。

　　關公祭典，中期以前皆列於「群祀」，即小祀，在大祀、中祀之下，群祀中，有北極佑聖真君（即玄天上帝）、東嶽神（即泰山帝君）、火神、礮神、都城隍神、龍神（有四）、后土、窯神及門神（許多）、倉神、先醫（有三）、禦災捍患神（有伍子胥、李冰、張巡等九神）、賢良神（許多）及關公等，其祭典當然不如中祀：

55　見清高宗《御製文初集》，卷 16 及卷 28，（頁 141、243）。

56　祭典及壇廟規制，分見乾隆《大清會典》，卷 45〈禮部〉，（頁 387、429）、卷 71〈工部〉，（頁 658、662），及卷 82〈太常寺〉，（頁 773）。

　　其一，群祀無配，即無從祀配享之神靈，乃單操一個；其二，太常寺官代表致祭，非高階重臣；其三，無樂舞，會場規模較小；其四，承祭官不齋戒，也無預習。凡此，直到文宗提列為中祀才改變，而後甚至皇帝親祭。

　　祭品及祭器，群祀與中祀略同，如皆為「帛一、牛一、羊一、豕一、登一、鉶二、簠簋各二、籩豆各十、尊一、爵三、鑪一、鐙二」；又如行禮，都是三上香、三跪九叩。此項中祀群祀差異較小，何況雍正五年，世宗已將關公廟祭品改為太牢。

　　至於壇廟規模，關公廟當然較小。清朝官方始終以地安門外，俗稱白馬廟之廟宇為公祭之所，其佈局為「廟門一間，左右門各一，正門三間，前殿三間三出，陛各五級，東西廡各三間」，再加碑亭、燎鑪、齋室、後殿等，最明顯的，正殿門廡均覆蓋綠色琉璃瓦，而非黃色。直到乾隆 41 年，因再改關公諡號，並重修白馬廟，門殿才易蓋黃瓦，三年後，承德府廟也改。

　　總之，祭典及壇廟規制均稍差一級，世宗雖有過變革與提升，高宗也特准用黃瓦，然基本禮制已定，直到咸豐時升至中祀，其後，穆宗、德宗又親臨致祭，關孔二者才差堪比擬。

（二）關公與文昌帝君及媽祖

　　在中國數千年多神信仰的傳統下，不太可能有任何力量能讓人民獨尊一神。其實，在關公神威漸盛過程，即有數位神靈與之齊頭併進，同樣擁有眾多信徒，並也受到中央政府的高度重視，在清初，同時也有數項尊崇措施，在此僅舉文昌帝君、媽祖二例說明之。

甲、尊崇文昌帝君

　　文昌帝君是星體信仰與英靈崇拜的混合物，《史記‧天官書》載，北斗七星附近有文昌宮，計有六星，其職司為功名利祿刑賞，與讀書人命運密切攸關，很自然成為守護神。

　　另一毫不相干的是梓潼神，出現於晉代，傳言名張惡子，梓潼人，戰死後靈應非常，居民立廟祠之，香火漸盛，宋代以來，四川地區傳出能預測科舉考題，此本為文昌宮神職司，經附會乃合而為一，此後民間即簡稱「梓潼

帝君」或「文昌帝君」[57]。

　　明初，南北二京廟宇，雖均無奉文昌帝君者，但在民間，香火已極盛，而讀書人奉祀尤為虔誠，影響所及，各地學校內除供奉孔子外，亦兼祠之，而扶乩術風行一時，文昌帝君也是乩神之一，信徒當然更多。

　　清初，在尊崇關公、媽祖等神之際，雖不及於文昌帝君，但仁宗嘉慶五年（1800），川楚白蓮教亂稍告一段落，由於四川梓潼縣又傳出顯靈神話，仁宗不僅撥帑修建京師廟宇，落成又親自至廟祭拜，下詔褒揚：「帝君主持文運，崇聖闢邪，海內尊奉，與關聖同，允宜列入祀典。」由大學士朱珪撰碑記，詳考歷代靈異及加封，禮部則論定祭典，最後定議列為小祀，每年二祭，禮儀比照關公；文宗咸豐六年（1856），與關公同升至中祀，隔年親祭，其後穆宗、德宗再各親祭乙次[58]。

乙、加封媽祖

　　媽祖是中世以來沿海各地普遍信仰的神靈，傳言名林默娘（943?~987?），為福建興化軍莆田縣湄州嶼人，五代閩王兵馬使林願之女，少女時期即屢傳靈異，死後成神，威靈漸次傳及沿海各地，北宋以來，屢受褒封，計宋代四次，元代五次，明代四次，有聖妃、天妃、元君等稱號[59]。

　　清初，媽祖受到朝廷重視，其關鍵在台灣之爭奪戰。盤據在台灣的明鄭軍民，本信奉玄天上帝，而負責攻台的將領如萬正色、施琅等乃善用媽祖，多次藉機宣揚靈異事跡，攻占台灣後加封不斷，由天妃晉升為天后[60]：

　　康熙 19 年（1680），傳因助萬正色克廈門，加封「護國庇民妙靈昭應宏仁普濟天妃」；22 年，施琅順利攻占台灣，上奏〈為神靈顯助破逆請乞

---

[57] 張惡子，其靈異事跡及宋以前歷代褒封，見《宋會要輯稿・禮二十上・梓潼帝祠》，（冊 19，頁 110）。

[58] 見光緒《大清會典事例》，卷 438，（冊 21，頁 97~），並參《清史稿校註・禮志》，（冊四，頁 2750）。

[59] 宋代封號，見《宋會要輯稿・禮》，（頁 123）；其生卒年及清前歷代褒封，見《日下舊聞考》，卷 88，（頁 75）；另參見周煌《琉球國志略》，卷七，（頁 10）。

[60] 見光緒《大清會典事例》，卷 444~，（冊 222，頁 86~），又參周煌《琉球國志略》補，二書所載略異；另參蔡相煇《北港朝天宮》，世宗二區，見此。

皇恩崇加敕封事〉摺子，次年改封為「護國庇民妙靈昭應仁慈天后」。

雍正四年（1726），因平定朱一貴之亂，世宗特頒「神昭海表」御書匾額，懸掛於湄州、台灣、廈門三地廟內；11 年，又賜匾「錫福安瀾」，並令沿海各省建廟致祭，禮儀比照「關公」。

乾隆二年（1737），加封「福佑群生」四字；22 年，又加「誠感咸孚」四字；53 年，因平定林爽文，再加「顯神贊順」四字。

仁宗以後，仍是加封不斷，封號極長，穆宗不得不要求定在四十字內，但他也未遵守，同治 11 年（1872），再加「嘉佑」二字，至此，累積封號已多達六十四字，可見媽祖也是清初諸帝「神道設教」的主神之一。

總之，盛清時期顯赫神靈不少，都受到朝野的崇奉，只是關公得到較多關照，而非獨尊，如帝王廟中廟，此等殊榮當然足以助漲其威名。

第四節　海內外癡迷

南宋以來，敬祀關公多發自民間，配以歷代官方相關尊崇措施，相互激盪，更具加油升溫作用，清初，官方及民間熱鬧景象，又跨前一大步。

一、廟宇普及四夷

元明之後，關公廟宇逐漸分佈至全國，清初中原各地已不必浪費筆墨，值得注意的是漠北、東北、新疆、西藏、台灣、各藩屬國，而皇城內廷，京城周邊皇家園林，如圓明園等，及曲阜孔廟附近廟宇，尤具有指標意義。

（一）皇城內廷

皇城內廷遍布殿宇堂閣，清室崇佛，故其中多處雖無佛寺之名，實則供有佛像，但觀德殿之東，有一座「護國忠義廟」，範鑄「關帝立馬像」，尊崇顯然不在諸佛菩薩之下。

次為「雍和宮」，乃世宗藩邸，位皇城東北，即位後改名，其中壇宇祠廟林立，佛寺尤多，而斗壇之西，有一座特別廟宇，名為「關帝廟」，既稱

為廟，知為獨立建築，而內廷有兩座關公廟，相較於其他神靈，應算獨尊[1]。

（二）京城內外

北京城內及郊區，於明神宗時有廟五十餘座，大多保存下來，明清之際，略有增減，少數名氣更加響亮，大多極為親民，非僅供私家或權貴瞻拜，香火鼎盛，不擬一一重複，僅論其特別者。

郊區廟宇，有二座清帝青睞者，一在西郊香山顯應寺西，聖祖賜額「忠義伏魔」；二在附近恩濟莊，原是世宗賜予內官塋地，另建關帝廟以鎮之，高宗時落成，御書「威靈普護」匾懸殿中，請關公保佑太監亡靈，一改明代太監廣建佛寺道觀，為皇家先人祈福之風[2]。

城內廟宇，清廷延續明代，官方祭祀仍在「白馬廟」，其有關尊崇措施俱至此廟頒布，如世祖改封，世宗加封前三代，又增修贈匾，及高宗系列尊崇等，而每年春秋二仲月，及傳說關公生日的五月十三日，共三次定期遣官致祭。此外，「京城九門，月城俱有關帝廟」，已足以說明關公的神威[3]。

還有一廟，需再加介紹。正陽門關帝廟：正陽門位北京內城天安門廣場之正南，屬交通要道，居民往來輻輳，其月城之西側有關公廟，此廟建於明神宗初年，先有董其昌、焦竑等三碑記，神宗改封之後，熹宗天啟元年（1621），又有「義聖忠王」四大字碑，七年確認關公封號，禮部題文，勒石廟內，稱〈定祀典碑〉，合稱「明代五碑」，（前三碑見前章）；而香客如織，列隊拜禱抽籤，熱鬧無比，劉侗說：「萬國朝者，退必謁，輻輳至者，至必祈也，…祠籤跪而搖，報而頓首謝者恒數人，旁跪而代者恒數人，挨擠而竢者，恒數十人，日無虛刻，籤語答一如其來事，各惕然去，休咎後

---

[1] 見《國朝宮史》，卷14，（頁115），及卷16，（頁116），此書增修於乾隆26年。

[2] 見《日下舊聞考》，卷97，（頁27及16）；明朝太監修寺廟，如武宗時，張永建昌運宮，主祀玄天上帝，萬曆末，太監林潮（當作朝）重修；又，萬曆初，馮保建雙林寺，大膽以自己的字作為寺名，見同書，卷99及卷97，（頁81及28）。

[3] 見《日下舊聞考》，卷44，（頁83）。

無爽者。[4]」至清初，廟場雖仍不大，香火依然鼎盛，翰林侍讀學士何采寫出其景象：「貌無甚崇閎，然寨帷垂旒，紛紛俞俞，具肅穆苾馨之氣，…刀環侍從，仿佛有聲，而五方都會，九衢雜遝，凡仕宦者商賈者，以及疾癘田廬往來休咎之事，無不叩而若答，答而必應。[5]」聖祖康熙 16 年（1677），賜御書「忠義」匾，此廟流傳有極多靈驗事跡，惜毀於近世。

（三）皇家園林

北京城西南各地，明代已有多處公私莊園，清初收歸國有，又陸續營建眾多富麗堂皇的皇家園林，計有暢春園、西花園（即清華園）、圓明園、長春園、清漪園、靜明園、靜宜園，共計七大名園，各園基於清朝宗室禮佛需求，當然佛寺最多，偶見少數民間祠宇，其中四園內都有關公廟，而圓明園更有五座之多。

甲、暢春園

此園本為明神宗母舅李偉別業，清初收為國有，聖祖改建，增設多所佛寺，復健一座「關帝廟」，御書「忠義」懸大殿，又命十二歲的皇孫弘曆等人入園讀書，高宗即位後，生母皇太后對此園情有獨鍾，長年頤養於此，他每隔數日必定入園請安，而後優遊於各園之間，則此園同樣對他意義非凡，其〈關聖祠〉詩，若非作於雍和宮，則可能作於此園[6]。

乙、清漪園

此園位圓明園之西，高宗為籌慶母后六十大壽，截西山諸水為昆明湖，清淤為萬壽山，仿海上三神山，湖中建三島，其上閣樓寺宇林立，在石舫景

---

4 諸碑匾，見《日下舊聞考》，卷 43，（頁 5）；神籤，見《帝京景物略》，卷三，（頁九）。

5 何采，桐城人，順治己丑進士，明思宗大學士何如寵孫，官至侍讀學士，見康熙《桐城縣志》，卷三及卷四，（冊六，頁 15 及冊九，頁 11）；引文見《關帝事蹟徵信編》，卷八，（冊三，頁 265）。

6 七座名園，見《日下舊聞考・國朝苑囿》，卷 76~87；暢春園廟，見卷 76，（頁 112）；高宗幼年讀書園內，見《御製詩三集》，（卷 88，頁 40）；及《四集》，（卷 26，頁 50；卷 91，頁 87）。

區之北，建有城關，上有樓坊，供「關聖」，高宗御書「浩然正氣」，湖邊又有龍神、文昌神、蠶神等廟；此園後來燬於英法聯軍，慈禧太后整建為「頤和園」，名聞中外，再燬於八國聯軍[7]。

丙、靜明園

園在玉泉山之南，本為古老燕山景區，康熙時整建，高宗續建且列出十六名景，在「竹爐山房」景區內，有一「雙關帝廟」，高宗御書「文經武緯」，就其文意，應該供奉二座關公神像：一為文關公，判斷為文裝，手捧《春秋經》；二為武關公，應該身穿甲胄，持青龍偃月刀；附近尚有觀音、呂祖、真武三座神洞，均有高宗御書[8]。

丁、圓明園

圓明園是史上最有名的皇家苑囿，初建於世祖時，康熙48年（1709），聖祖賜太子為藩邸，命眾皇孫入園讀書；又經世宗續建，正名為「圓明園」，題額十四景，為之撰詩，輯為《圓明園圖詠》；至於高宗，他為皇孫時，已先住長春園，再入此園桃花塢（即武陵春色），又移長春仙館，對園區景緻自然耳熟能詳，即位後續有修建，乾隆三年（1738），命畫院繪《圓明園全圖》，九年題詩〈圓明園四十景〉，從「正大光明」到「洞天深處」，合刊成《圓明園四十景圖詠》。總之，此園至此已歷四代，前後近百年之久[9]。

圓明園景緻眾多，處處美不勝收，其興建原為「避喧聽政」之處，高宗則進為皇帝公私生活重地，故而既融合公務處理及日常遊憩，則宗教信仰設施必是不可欠缺，佛寺當然最多，而關公等諸神也引進園區。

四十景中之一，稱「慈雲普護」，前殿三楹，南臨後湖，乃歡喜佛場，北為後殿，樓房三楹，上供觀音，樓下奉關公，殿前掛刻漏鐘，旁有道士廬，東旁龍王殿，祀圓明園昭福龍王，三處皆有世宗御書匾額，關帝殿額稱

7　見《日下舊聞考》，卷84，（頁131）；並參閱劉鳳翰《圓明園興亡史》。

8　見《日下舊聞考》，卷85，（頁16）。

9　見《日下舊聞考》，卷80，（頁2~46）；另參考劉鳳翰《圓明園興亡史》，又《圓明園四十景圖詠》，現藏巴黎法國國家圖書館，台灣有影印本。

「昭明宇宙」；然而，乾隆九年，高宗作〈慈雲普護詞〉歌詠，無一句提及關公。

　　另一景「日天琳宇」，乃仿世宗潛邸「雍和宮」佛樓，建築複雜又不對稱，分西中東三大棟，又有前後樓，中以穿堂、天橋相接，其中殿閣遍供佛菩薩，但在西前樓上供玉皇大帝，中前樓樓上則祀關公，世宗題「極樂世界」，高宗另題「赫聲濯靈」，楹聯：「千載丹心扶大義，兩間正氣護皇圖。」可見此為佛教寺廟雜以民間祠宇[10]。

　　另一景「北遠山村」，乃仿農居村市所成，立意應是讓皇帝也能體驗農村生活，中有蘭野、水村、繪雨精舍及眾多軒堂閣廬諸景，其中一景為「關帝廟」，其旁有龍王廟。

　　附近另一景「麯院風荷」，區內有眾多園城街堂，最南多寶閣規模頗大，有山門，正殿稱為壽國壽民，中為仁慈殿，後為普福宮，閣內祀關公，有世宗御書匾額「至聖大勇」，前此二景均無詩詞題詠[11]。除上述園內廟，諸園門口牆邊尚有數座廟宇。（不俱引）

（四）曲阜

　　曲阜乃孔子家鄉，城中「闕里」傳為孔子故宅，孔子死後，魯哀公立廟於此，因廟內藏有孔子平生「衣冠琴書」，故為後世全國各地孔廟的「祖庭」[12]。

　　由於孔子地位尊崇無比，闕里孔廟歷代均有修建，規制宏敞，海內無匹，附近無任何佛道寺觀，聖祖康熙 23 年（1684），兗州知府張鵬翮說：

　　　闕里至今無寺觀，邑人不用佛老，李東陽詩云：「一方煙火無庵觀，三氏絃歌有子孫。」蓋實錄也。

---

[10] 二景中廟，見《日下舊聞考》，卷80，（頁71），及卷81，（頁132）。

[11] 二景中廟，見《日下舊聞考》，卷82，（頁12及頁56）。

[12] 見《史記‧孔子世家》，（冊三，頁1944）。

然而，這年冬天，張將調任河東鹽運使，臨行，赴闕里晉謁，禮畢，與孔子後裔衍聖公孔毓圻遊覽泗水名勝，竟然看到一座關公廟，不禁大嘆：「旌節至此，俱非凡壤！」其意義自是非比尋常，有如在普陀山一樣稀奇[13]。

（五）東北

東北為滿清人原居地，該地於明末即已傳入關公信仰，建有少數廟宇，清初，配合中央的崇奉措施，各地出現了更多的廟宇。

天命十年（明熹宗天啟五年，1625），努爾哈赤定都瀋陽，太宗天聰八年（明思宗崇禎七年，1634），改稱盛京，清初以其為祖先所居，盡撤明時衛所，改由八旗駐防，後又改為地方將軍，其轄區含括今東北全境及熱河地區，各地關公廟極多，幾乎遍佈都會及偏僻村落。茲以乾隆44年（1779），敕修《盛京通志》為依據，列出所屬各地廟宇，而此志書前即列有〈關帝廟圖〉，可見編纂人員之重視[14]。

奉天府（今瀋陽市）：承德縣三座、遼陽州二座、海城縣二座、蓋平縣三座、開原縣三座、鐵嶺縣二座、復州七座、寧海縣一座、岫巖城二座、鳳皇城一座，共計二十六座。

錦州府：錦縣十六座、寧遠州十六座、廣寧縣六座、義州六座及一座三義廟，共計四十四座。

吉林府：吉林三座、寧古塔三座、白都訥一座、三姓及阿勒楚喀與打牲烏拉各二座、拉林一座，共計十四座。

黑龍江府：齊齊哈爾三座、墨爾根、黑龍江、呼蘭布爾、呼蘭各一座，共計六座。

以上合計共九十座，廟皆殿宇宏敞，大門、前殿、旁廡、後院、鐘鼓樓等一應俱全，非私設壇宇可比，其中數座值得再加介紹。

---

[13] 張鵬翮〈關夫子志序〉，載王復禮，《季漢五志》，卷九，（頁 255）；然張文未明言衍聖公為誰，另據孔毓圻《幸魯盛典》補；張之生平，見《清史稿》，（冊 102，頁 94）。

[14] 見《盛京通志・祠祀》，卷 97～卷 99，俱不詳標頁碼；另參閱莊吉發〈從薩滿信仰及秘密會黨的盛行分析清代關帝崇拜的普及〉。

　　寧古塔廟：位東北極邊數千里（約今之黑龍江省東北），傳為金太祖阿骨打起兵處，人煙稀少，天寒地凍，清初為流放罪犯之處，久而漢人略集，關公廟應運而生，共有三座：其一在東南，大門、正殿、三代殿各三楹，左有文昌祠，右為馬神廟，是當地七廟之一；其二在城西，大門、正殿各三楹，東西配廡各五楹，左右鐘鼓樓各一；其三在城西南，大門、正殿各三楹，東西配廡各五楹。由此可知，雖遠在極邊，關公廟仍絲毫不寒酸[15]。

　　吉林廟：二座極有名，其一在小東門外，大門二楹，正殿、三代殿各三楹，左右配廡各八楹，鐘鼓樓各一，春秋致祭；其二在北門外北頂山，正殿、禪房各三楹，乾隆 19 年（1754），高宗東遊至此，御書「靈著幽岐」懸正殿，以東北比喻為周朝發跡地，大概唯有此廟有此福分。

　　遼陽州廟：其一位西門外，元世祖至元 22 年（1285）建，明憲宗、清聖祖兩次重修，規制宏敞；其二位城東北大堡，康熙 59 年（1720）建，廟內有演戲臺。

　　寧遠州廟：共有十六座，其中二座皆在城南八十里之教場，連前承德廟，共三座皆在軍營附近，足見滿人練兵之苦心。

　　承德府廟：共六座，其一位在地載門外之教場，太宗崇德八年建（崇禎 16 年，1643），賜額「義高千古」，乾隆 19 年（1254），賜匾「靈護神京」，廟在教場，用意極深，類似明朝的「團營廟」；另二座分在天祐門外及城北，均明載其規模，殿閣樓垣具備，還稱「皆係名剎」，即知非民間小廟[16]；又一在西南街，雍正十年（1732）建，御題「忠義伏魔」匾賜之，此廟即為近代重建歷代帝王廟內關帝廟之範本；五在二道街，聖祖時建，乾隆時重修，題額「忠義」，後殿供佛；六在麗正門右，乾隆 44 年重修，改易

---

[15] 楊賓《柳邊紀略》，卷三，（頁 86），此外還有觀音、龍神及火神、三官、子孫娘娘、城隍、土地廟；此廟規模，另見《盛京通志》卷 99，（頁 62），楊為流人，所見受限，故不知其前二廟。

[16] 見《盛京通志》，依序為吉林廟，見卷 99，（頁 58）；遼陽州廟，見同卷，（頁 114）；承德縣廟，卷 97，（頁 90）；其中承德縣，後升為府，轄區較廣，光緒朝之《承德府志》則列有 21 座建於清初者，可能少數規模較小，故不為《通志》所列。

黃瓦，殿宇崇閎，戶部尚書梁國治作記[17]。不過，令人不解，附近熱河行宮內廟宇極多，卻沒有關公廟。

（六）漠北、新疆、西藏及海外

在明末，塞下漢蒙互市盟約，已請關公監誓，清初，漠北一帶戰事頻仍，蒙人相互侵擾，清軍多次征討，短期並駐有重兵，於是，如同明朝軍援朝鮮，隨著漢人、滿人軍隊所至，關公廟出現了。

漠北約即今之外蒙古，東西廣袤數千里，從東北滿州接壤起，西至科不多，向為蒙人遊牧之地，到處「天蒼蒼，野茫茫，風吹草低見牛羊」，當然無城郭宮室，因清軍進駐，偶而出現農業社會的生活景觀，關公廟自然是駐軍謳歌祝禱、休閒娛樂的處所，而新疆、西藏及川藏接壤一帶，也有廟宇。

甲、歸化城

歸化城，即今呼和浩特舊城，清初屬土默特部，位大漠正南、喜峰口外西北，東南至京師千里，東為養馬息廠，西為喀爾沁部，東南為盛京邊牆，北即喀爾喀左翼。明末清初，此地有幾場戰事，官軍進駐，建城稱為「歸化城」，顧名思義，即在彰顯大清王朝的軍威[18]。

此地在聖祖初年即有廟，康熙 27 年（1688），由於俄羅斯人不斷侵擾東北邊界，幾經協商，最後雙方議定派遣重臣會勘，張鵬翮奉命出使，此年五月一日出喜峰口，十八日抵達，見城牆周圍不過二里，唯倉庫及都統署為瓦屋，餘唯土屋數間，城南一座關公廟，匾額「關聖帝君」，住持為漢僧關暹，竟有蒙古妻室，可見附近居民，既信喇嘛教，也奉關公；張本為虔誠關公信徒，數年前任河東鹽運使，編有《關夫子志》乙書，至此，謁廟賦詩後，乃留書二冊，稱「欲使遠人知忠義之道」[19]。

17　見《熱河志》，另載多廟，可能與前引重複，不俱列，卷 81，（頁 87）；第六廟，見光緒《畿輔通志》，卷 111，（冊四，頁 4402）。

18　謝濟世〈歸化關侯廟記〉，稱在土默特部，載《關帝事蹟徵信編》，卷九，（冊三，頁 337）。

19　見《奉使俄羅斯日記》，（頁 5802）。

康熙 52 年，當地僧人靜修又於城內建廟，塑關公騎馬像，而城外也有新建廟宇，至雍正五年（1727），共計三座，時被流放此地謝濟世特為城內廟宇作碑記，稱關公威靈已「中外一家，聲教四訖」，有城郭宮室即有廟宇，「既顯靈於中國，亦顯靈於塞外。[20]」

乙、杭愛山

世宗時用兵西北，大批清軍開赴前線，在外蒙古西北的杭愛山一帶建立據點，而不少官員因故被貶斥，派至此地效命贖罪。

御史謝濟世（1689~1755），原被貶至阿爾泰軍前，又展轉各地，調歸化城，再轉杭愛山陀羅海兵馬營，在漠北東西奔走，前後近十年之久，當地駐軍及商旅合資建廟，就地取材，落成後，謝撰文稱：「塗泥為墙，外環以柵，中揭之竿。」另請同貶至該地的陳學海畫像於墙上。此地距京師六千里，竟然也見到關公香火，雖因陋就簡，也夠難能可貴。

外蒙古的關公廟雖多為清軍或漢人所建立，而蒙古人原無漢人之廟宇，清高宗曾詳載「鄂博」形式：

> 蒙古不建祠廟，山川神祇著靈應者，壘石象山，家懸帛以致禱，報賽
> 則植木為表，謂之「鄂博」，過者無敢犯[21]。

故此地廟宇略具蒙古風格，乃形勢使然，而蒙古人也沒有排斥關公，也很快模仿漢人建關公廟，乾隆 37 年（1772），一位在俄羅斯工作的德國學者，行經恰克圖對岸的買賣城，即見當地有關公廟，蒙人稱為「格斯爾廟」，而格斯爾乃蒙藏二族人傳說中的英雄，二族人同樣信奉喇嘛教，傳進關公信仰，兩者結合，所以後來喇嘛教中的戰神，與關公同為紅臉。

另外，阜新的瑞應寺旁也有關公廟，建於仁宗嘉慶 11 年（1806），傳

---

[20] 見《關帝事蹟徵信編》，卷九，（冊三，頁 337）；而謝濟世《西北域記》傳世諸本，詳略差異頗大，其中數本不載此文，生平見《清史稿》本傳，（冊 105，頁 73）。
[21] 見《御製詩二集·蒙古土風》，卷 51〈鄂博序〉，（頁 94）。

說關公曾託夢給寺中活佛,助其解脫苦難,故建廟供奉,殿中藏有蒙文本的
《關聖帝君靈籤百籤》,連關公籤都傳進來了[22]。

丙、西藏

西藏在元明以來大都信奉喇嘛教,而喇嘛教又與中原各地佛教、道教相
互觀摩學習,自然地也引進部分傳統的民間信仰,關公大約在明朝中期成為
藏人信奉的神靈之一。

初期,關公被供在古老的佛寺中,最有名的是薩木秧寺,當地俗稱「桑
鳶寺」,乃唐代五世藏王所建,已一千餘年歷史,位拉薩東二日山南坡,傳
說當地多鬼怪,於是迎請關公鎮攝,自此居民始安,藏人敬稱關公為「革塞
結波」,推測關公應在旁殿,等於是祔廟,亦不知始於何時?另在康熙 24
年(1685),當地盜起,朝中派兵征剿,焦應旂隨軍轉糧四年,足跡遍及藏
東,也親見藏人於此寺奉祀關公,此時清朝尚未完全控制藏區[23]。

康熙晚年,藏區又不寧,清朝大軍進駐,軍人多崇奉關公,廟宇由此
擴散,西部日喀則陸續建二廟,舊廟位札什倫布營官寨前,至乾隆 56 年
(1791),廓爾喀蒙古侵略後藏,大將軍福康安等帶兵平亂,晉謁山上廟,
傳出顯靈,亂事迅速底定,次年另於磨盤山頂建新廟,撰文稱:「不三月而
藏績,自非神祐不至也。」而舊廟由工部尚書和琳重修,碑記云:「王師所
向,靡不誠服,關聖帝君默佑焉。」

在打箭爐地區(今康定市),有不少漢人廟宇,如關公廟、武侯廟、郭
將軍廟、漢人寺等,而郭將軍廟則附會野史,稱將軍名郭達,奉諸葛亮命在
此造箭,故後人稱此地為「打箭爐」;還有,裏塘(今理塘縣)也有廟,乃
移墾漢人所建立[24]。

以上數廟,有官建有私建,在廣袤西藏地區稀疏錯落,於此佛教國度中
已屬難得,其建築應為漢族風格,碑記遺跡至今多存,而清軍中本有許多關

---

22 參閱俄國人李福清《關公傳說與三國演義》,(頁 68)。
23 見嘉慶《衛藏通志》,卷六,(冊四,頁 44);及焦應旂《西藏志》,(頁 80)。
24 俱見嘉慶《衛藏通志》,卷六,(冊四,頁 44~82)。

公信徒，部分因駐期較長，或娶藏族姑娘，成家立業後，關公信仰隨之落地生根，影響及藏人，後來廟宇由喇嘛看管，神籤也譯成藏文；而藏人本有一英雄神靈「格薩爾」，其神話事跡又附會關公，其廟中也塑關公神像，由是關公廟又稱為「格薩拉康」[25]。仔細讀讀，「格薩爾」與「革塞結波」，及前述蒙古「格斯爾」，三者發音俱有幾分神似，看來世人所見略同。

丁、新疆

清初，天山北路諸部，叛服無常，歷經聖祖、世宗多次征討，至乾隆20年（1755），軍事行動才告一段落，清廷於伊犁、烏魯木齊等地派兵駐防，並設伊犁將軍統領之，因新歸附國土，故名「新疆」，而烏魯木齊也改稱為「迪化」，不少漢人隨軍前往，城池擴建，關公廟很快出現在該地。

巴爾庫爾：鎮西府所在，漢代月氏故地，原稱巴里坤，後改譯此名（今哈密市巴里坤縣），當地景緻壯觀優美，有「巴里坤八景」之稱，至今仍為旅遊勝地，高宗前，共建三座關公廟，一在城西北三里，康熙57年，靖逆將軍富寧安所建，趙熊詔撰有碑記；二在轄下奇台縣城內，建於乾隆57年，規模雄偉，正殿至今猶存；三在縣西九十里之古城南城，此外，可能尚有民間私建廟[26]。

烏魯木齊：轄內共有四座關公廟，乾隆20年，於舊城北另建新城，而舊城西、新城東、西方鞏寧城，以及昌吉縣，各地皆有關公廟[27]。知名文人紀昀（1724~1805），乾隆33年因故被革職，發往軍前效力，在當地經常進謁廟宇，親見種種神跡，也聽回人談說關公顯靈助軍平亂，而其詩文曾被轉錄在關公廟牆壁上，又被謠傳為關公題詩，可見諸廟香客應不少[28]。

---

[25] 參見朱正明《中國關帝文化尋踪·西藏高原尋武聖》；及胡小偉《護國佑民：西藏地區的關羽崇拜》，（頁57）。

[26] 見乾隆《皇輿西域圖志》，卷九，（頁48、62、70）；碑記見《趙裘萼公剩稿》，卷一，（冊五，頁45）。

[27] 見乾隆《皇輿西域圖志》，卷十，（頁88~105）。

[28] 參閱拙作〈紀曉嵐的神鬼世界〉一文；紀之生平，見《清史稿》，（冊112，頁27）。

惠寧城：在新疆極西，伊犁將軍駐紮地，其旁共築八座衛星城鎮，合稱伊犁九城，乾隆 35 年，偏東的惠寧城，因旗兵移防，擴建城池，同時建有關公廟，將軍伊勒圖撰文，稱讚關公：「忠義浩氣充塞於宇宙之間，如日月之經天，江河之行地，無乎往而不在也。[29]」

烏什縣廟：天山南麓烏什縣也有廟（今阿克蘇），尤其宏敞壯麗，高宗賜匾「靈鎮岩疆」，及對聯：「鐵輪名炳千秋日，靖遠威行萬里風。[30]」

另外，一位流放文人，與關公也有一段因緣。洪亮吉（1746~1809），常州陽湖人，字君直，號北江，治學踏實，尤長於史地，然科場不順，四十五歲方以恩科高捷，為人如其字，對基層佛道齋醮法會深惡痛絕，見關公廟內塑周倉、關索持刀侍立，評為「里儒之見」，故被近世學界歸為無神論者，但很奇特，他不僅不排斥關公，還敬信其忠義大節[31]；嘉慶四年（1799），高宗崩逝，仁宗親政，上疏言時政，因語詞過激，有如明朝海瑞，被遠貶伊犁，隔年京師大旱，祈禱無應，大臣言事日稀，仁宗感悟其誠，赦歸，京師即日大雨，計在戍地不過百日；而往來西域所見，幾乎村村都有關公廟，回至長流水（今哈密市伊州區），里民重修祠宇，為之撰記，稱關公「忠義之氣塞天地」，故能「歷百世如一日」，又說：「余以罪戍伊犁，出嘉峪關，抵惠遠城，東西六千餘里，所過鎮堡城戍，人戶眾者多僅百家，少則十家、六七家不等，然必有廟，廟必祀神武。」寥寥數句，已足以描述新疆關公廟宇之普及[32]。

戌、安南及琉球

安南即今越南，唐代在當地建安南都護府，統治其北部地區，五代以後，時叛時服，清初，南北二部相互攻伐，到乾隆 54 年才內附（1789）。由於緊鄰中國南疆，人民漢化頗深，漢人至該地謀生者亦復不少，關公信仰

---

[29] 見胡小偉《歷代關廟碑刻輯存》，（頁 495）。

[30] 見薛宗正《中國新疆古代的社會生活史》，第八章第一節，（頁 630）。

[31] 參見吳德玲〈洪亮吉的無神論思想〉，（中興大學研究生論文集創刊號，1996）。

[32] 見《更生齋集・文甲集》，卷三，（頁 20），記中稱關公為「神武」，乃略稱世祖封號；其生平，見《清史稿》，（冊 119，頁 45）。

自然也被引進[33]。

東海琉球國，介於日本與中國間，史上依違無常，然漢化極深，明初通貢求封，太祖並封三王，成祖時中山王統一全島，從此信使往來，代代不絕；明清之際，因雙方均政局不穩而暫時中斷，直到康熙元年（1662），始正式敕封其王，遣使頒詔[34]；12年，國都建文廟，22年，另於天妃廟旁建關公廟，冊封大使汪楫題匾「莫不尊親」，該國程順則撰廟記：

> 予至中華，見所在神祠，血食鄉土者甚多，獨關帝廟貌清肅莊嚴，上自公卿大夫，下至健兒牧豎，莫不凜然起敬，瞻禮恐後也，帝果何以得此於人哉？蓋吾嘗聞英雄之生也，其氣足以凌霄漢，其節足以激怒濤，當漢獻孱弱，群雄割據，有一才一技者孰不思有所依附以成功名，而帝獨識昭烈為帝室之胄，委心事之，間關勞苦百折不回，且其時江東有權，許都有操，亦足稱一代人傑，…均非光明磊落之所為，視帝之忠義奚啻天壤也，其心折於帝宜哉！…余嘗讀帝廟聯，有云：後文宣而聖，山東一人，山西一人。由此觀之，中朝以帝為聖，其尊帝可謂至矣。茲琉球國已建孔子廟，而獨於帝闕其祀典，豈帝之聲名，止洋溢於中夏，而不能遠播於海外歟？…從此俎豆馨香，帝之靈爽，實式憑焉。

可知關公廟繼孔子、媽祖出現在琉球，而建廟之莊重，倡者乃清朝冊封大使；其後，乾隆冊封大使徐葆光再贈聯：「赤心常掛扶桑日，正氣時通大海風。[35]」

此外，明清之際，亦有不少東南居民遷往南洋及海外各地，如同關外或

---

[33] 見《關帝事蹟徵信編》，卷九引釋大汕《海外紀事》，（冊三，頁 338），另參陳益源〈越南關帝信仰〉。

[34] 見《清史稿》，（冊 162，頁 109）；及周煌《琉球國志略》，（冊一，頁 16 及冊二，頁 6）。

[35] 見周煌《琉球國志略》，卷七及卷 15，（冊五，頁 35 及冊七，頁 77）。

東北，移民必然也將原有信仰帶往新居地，對關公或其他地方守護神，都有一定的傳播作用[36]。

二、孔關文武並稱

從清初系列尊崇措施，加上關公廟遍布各地，虔誠信徒已認定關公足以與孔子並稱，孔廟習稱「文廟」，關公廟當然可以稱為「武廟」，而曲阜之文廟與孔家墓地之「孔林」，每被視為帝王級之陵廟，則當陽、洛陽之關公墓與廟也已擴大成一信仰園區，自然有人也稱為「關聖陵廟」，茲以當陽墓廟為例論之。

關公屍身葬於章鄉，其西有著名的玉泉寺與關公廟，元代以前，關公墓未為人所重，胡琦《關王事蹟》刊行，指當陽縣玉陽鄉乃古之章鄉，有關公墓，當地人稱為「大王冢」，每於清明節順便祭掃，才漸引人注意，然仍只視為英雄墳塚，香火有限；直到明憲宗成化三年（1467），地方官於墓旁建廟，並請求朝廷春秋賜祭，其後又經四次擴建，從此墓地與廟宇合一，久而一再增修，香客更多。

清初聖祖時，墓園區又三次重修擴建，倡建者從總督、巡撫、州守、知縣及鄉紳，康熙 34 年（1695），其規模尤其空前，廟基增至五十畝，院地達十畝，祀田八百餘畝，已非一般寺廟可比，荊州太守魏勤又徵調玉泉寺老僧經理廟務，而當陽教諭王禹書，則輯其始末及碑記吟詠成書，名《關聖陵廟紀略》，十年後，知縣張士琪再修，並撰文：

> 從古稱夫子者，尼山而外，未見其偶，在天下萬世，曰孔夫子，又曰關夫子，而章鄉之陵廟，與曲阜之陵廟，可後先媲美，若夫浪鎖長江，黃鬚兒之朽骨安在？春深銅雀，老阿瞞之疑冢何存？即當日之豐功偉烈，亦付之風流雲散，獨留此一抔土，歷於萬世而不壞。

---

[36] 另參閱胡小偉《移民和海外關羽崇拜》，（頁 561）。

明確表達關孔齊名，墓廟直接稱為「陵廟」[37]。

　　至於關公廟被略稱為「武廟」，似起於世宗時，如雍正五年（1727），李如柏疏中即有此稱（見前節），當時似未引人注意；13 年，台灣府彰化縣知縣秦士望〈關帝廟碑〉又云：「其德配尼山，聖分文武。」也近乎明說有文廟，即該有武廟；乾隆 26 年（1761），同縣另一知縣張世珍在〈武廟碑記〉不僅直稱，文中更說：「我朝崇功報德，榮及前代，故祀關帝者稱武廟。[38]」而 39 年，虔誠信徒周廣業，在《關帝事蹟徵信編》書中更直說，世宗早於雍正八年，下令更改各地關公廟為「武廟」；乾隆 54 年，台灣知府楊廷理，於〈重修郡西關帝廟碑記〉中，開宗明義說：「台灣府西定坊武廟，為春秋秩祀所在。」都在表明關公廟可與孔子廟相對，文武並稱[39]。

　　然而，如此實為關公迷一廂情願說法，「武廟」之稱只在地方流傳，未見於中央，如乾隆朝纂集典禮變革的《欽定大清會典則例》，及其他相關官方典籍，俱無此稱，不過地方已經傳開，久之習以為常，至於「文衡帝君」一類稱號，亦如宋元時期的「崇寧真君」，均為「里儒之見」，不足以登大雅之堂[40]；而清朝官方雖無「武成王」廟祭典，於京畿保定、大名及天津一帶仍有廟宇，偶亦簡稱為「武廟」，確定非關公廟[41]。

---

[37] 明清二代之整建，及文中引語，見《關帝事蹟徵信編》，卷七〈墓寢〉，（冊三，頁238），及卷末〈補遺〉，（冊四，頁 568）。

[38] 二碑尚存於彰化市彰邑關帝廟中，已漫滅不可辨識，道光《彰化縣志》載其文，（卷12，頁 703）。

[39] 周言，見《關帝事蹟徵信編》，（冊三，頁 339）；台灣府碑，現存台南市大關帝廟，早期拓本清晰照片，俱存國史館台灣文獻館，有電子檔可供申請引用；而四川地區亦有類似武廟傳言，見胡小偉《歷代關廟碑刻輯存》，（頁 502）。

[40] 趙宗潤〈重建關帝廟增建更衣亭碑記〉，記首即稱「郡城文衡聖殿，創建多年。」碑立於乾隆 30 年；又佚名麻豆〈重建虞朝莊關帝廟碑記〉，亦有「文衡左句」語，二碑均存，同上。

[41] 見雍正《畿輔通志》，卷 49 及卷 50，（冊 19，頁 33、48 及 89）。

三、台灣的廟宇

明末以來，關公信仰已傳至邊疆各地，而東南外海的台灣島，也早有漢人移墾，照理說，此地也應有廟宇，可惜文獻欠缺，不得其詳，而明清之際，台灣為荷蘭所據（1624~1662），直到被鄭成功驅逐，其後有關民間諸廟宇才見諸記載，至清代，也漸如內地[42]。

（一）明鄭時期

順治十八年（永曆十五年，1661），鄭成功（1624~1662）攻佔台灣，趕走荷蘭人，進據南台灣，初設承天府，下轄二縣，北為天興縣，南為萬年縣，控制今台南市、高雄市、屏東縣一帶，順便帶來故鄉宗教信仰，而關公廟宇多在其子孫時所建，共九座：

甲、大關帝廟：位在寧南坊，即今台南市中區內，建於明永曆 22 年（康熙六年，1667），寧靖王朱術桂親書「古今一人」懸於廟中，康熙時三次重修，雍正時，台灣道吳昌祚撥鳳山縣大港社田租粟六十石以供燈香，乾隆時又經三次重修。

乙、小關帝廟：位在西定坊港口，即今台南市安平區內，創建年代不詳。

丙、安平關帝廟：位在安平鎮，即今台南市安平區內，初建即有相當規模，康熙年間又予拓建，宏麗甲於一方。

丁、鳳山關帝廟：位鳳山縣土墼埕保，即今台南市內，應為早期所建，神像原祀於金門烈嶼，鄭成功在當地與清軍相拒時，清廷下令遷界，規定沿海十里內不准居住，洪姓里民攜神像隨軍來台，集資建廟祀之。

戊、目加溜關帝廟：位諸羅縣善化里目加溜灣街，即今台南市安定鄉內，馬兵營吳大明募建，康熙時又經二次修建。

己、永康關帝廟：位在永康里保舍甲，即今永康區內，早期建，康熙時重修，台廈道陳璸贈匾「停驂默禱」。

---

[42] 本節依據蔡相煇《關聖帝君》，書首〈總論〉，及〈明鄭台灣之真武崇祀〉寫成。

　　庚、永康關帝廟：位在永康里許厝甲，即今永康區內，應屬早期創建，初建以茅草為屋頂，康熙時改易為瓦。

　　辛、長興關帝廟：位在長興里，即今台南市仁德區內，創建年代不詳，康熙晚年重修。

　　壬、新豐關帝廟：位在新豐里，即今台南市關廟村內，不詳創建年代，康熙晚年里人重修。

　　以上九座，分佈於南台灣各地，而鄭成功係福建南安縣人，其故鄉守護神乃玄天上帝，竟然在移居地能容納不同神靈，可見時人對民間神靈的廣泛包容雅量，當然也是關公神威鼎盛所致。

（二）清初

　　聖祖康熙 22 年（1683），施琅率軍攻佔台灣，鄭克塽投降，清軍並未大肆壞，對各地舊有廟宇，都能極力維修，且亦如先前，於駐地建廟，而每當民變發生，地方官員也會藉機宣揚關公顯靈，以爭取民心，而隨後渡海來台者，同樣攜來故鄉守護神靈，關公、媽祖等香火較勝者最為常見，因而不斷有新建廟宇，計有十五座：

　　甲、寧南坊關帝廟：位在台廈道標營房內，即今台南市中區內，康熙23 年，台廈道合標軍人同建；雍正三年（1725），台灣道吳昌祚另撥附近社田租粟以供香燈；乾隆 17 年（1752），台灣道金溶鼎另予改建。

　　乙、保大關帝廟：位在保大東里，即今台南市關廟區內，康熙 56 年，鄉人同建。

　　丙、法華關帝廟：位在法華寺左，即今台南市東區內，乾隆 57 年，台灣府知府楊廷理倡建，起因五年前，林爽文抗清，南路軍圍攻台灣府時，楊即藉宣揚關公顯靈激勵民心士氣，事平後建廟。

　　丁、澎湖關帝廟：位在媽祖宮澳西偏，即今澎湖縣馬公市內，康熙 36 年，澎湖水師副將尚宣倡建；乾隆 31 年，澎湖廳同知胡建偉會同駐地諸軍營合力改建，此後又有多次增修。另外，附近的吉貝嶼、瓦侗港、及澎湖協營，也都有廟，創建年代不詳。合計澎湖一地，即新建四廟。

戊、鳳山關帝廟：位鳳山縣興隆莊縣治東門內，即今高雄市左營區，雍正五年，知縣蕭震倡建，乾隆 28 年，知縣王瑛曾重建，並祀關公先祖三代於後殿，後又有多次增修。另附近半屏山大灣亦有廟，康熙間里民合建。

己、內門關帝廟：位在鳳山縣觀音里中衝崎莊，即今高雄市內門區，康熙時里民合建。

庚、屏東關帝廟：位在鳳山縣港西里阿猴街，即今屏東市內，乾隆 45 年，里民郭萃等募建。

辛、嘉義關帝廟：位嘉義縣署東北，即今嘉義市內，康熙 52 年，北路營參將翁國楨倡建，三年始落成。

壬、彰化關帝廟：在彰化縣治南門內，即今彰化市區，雍正 12 年，彰化縣令秦士望倡建，距本地設縣不過十一年；乾隆 24 年，縣令張世珍重修，後殿祀關公先祖三代，後又經多次重修。另外，又有鹿港廟，位王宮（今王功漁港），乾隆 37 年，福建省南靖縣移民建。

癸、新竹關帝廟：位在淡水廳治南門內，即今新竹市北區內，乾隆 41 年，淡水同知王右弼建，後經多次重建。

以上十五廟，分佈於西部台灣，大約從今之新竹南至鳳山、屏東，同於明鄭時期，漢人所到之處即有廟，而倡建者有武將、文官及各地里民。

四、三國演義改寫定版

《三國演義》在明代版本眾多，內容不盡全同，但均有關公忠義英勇情節，清初，毛宗崗父子採集傳世諸版本，加以潤飾增刪，又順應關公信仰熱潮，附上評語，貶抑曹操，尊崇關公，迎合大眾口味，故頗具吸引力，此書一出，他本幾皆銷聲匿跡。案：毛綸，字德音，號聲山，其子宗崗（1632~1709），字序始，號子庵，長洲人（今蘇州市），父子俱無功名，然與家鄉著名文人如尤侗、金聖嘆等皆有往來，父子學金聖嘆批點《水滸傳》而作此

書，當然也受民間關公信仰的影響，其評點筆法頗為特別[43]：

（一）枝節增刪改寫

毛氏父子改寫本，大都繼承前人，內容更動不多，唯枝節刪改增飾，約言之，有下列數項：

甲、刪改舊本「齟齬不通」及「詞語冗長，每多複遝處」，使之「頗覺直捷痛快」。

乙、將「參差不對，錯亂無章」之回題，改為七言對偶。

丙、刪除明人如周靜軒、後人、史官等所加詩句，易以唐宋名人作品。

丁、刪除李卓吾等人評語，易以毛氏新批。

戊、重寫有違史實之處，如關公受封為「漢壽亭侯」，而非「壽亭侯」。

己、刪除年代不符、荒誕不經情節，及題詠對象錯誤詩句。

庚、增加部分內容，如秉燭達旦，另多載表檄之類文字。

辛、書前加載明楊慎〈廿一史彈詞‧說秦漢〉之臨江仙詞，要讀者看「浪花淘盡英雄」，詞後又有「楔子」，介紹漢高祖至靈帝歷代大事，並以「話說天下大勢，分久必合，合久必分」為開場白。

總之，改寫後，內容較多合於史實，文字簡潔流暢，更能雅俗共賞；然毛氏之改寫本，較諸同代數本歷史小說，如蔡元放《東周列國志》、褚人穫《隋唐演義》、錢彩《說岳全傳》等書，並不見得高明，為何獨以其書能享譽文壇，並在後世廣為流通？應與其評語有關。

（二）擁關貶曹評語

明代多種版本中，已有批評，至今所知者有余象斗、李卓吾等人，而清初又有李漁，其形式多附在文中詞句下，或夾於兩行中間，或頁面上空白處；而毛氏批評極為獨特，書前有總評，回前有回評，重要情節又有夾行分

---

[43] 本小節參考齊裕焜《明代小說史》第三章，及鄭振鐸〈三國演義的演化〉一文，二者皆未論及關公信仰之影響，書中引文不另註明出處；毛宗崗事跡，參見陳翔華〈毛宗崗的生平與三國演義毛評本的金序問題〉，及陸林〈毛宗崗事跡補考〉二文。

評，評語之多，可謂空前絕後；而總評前之〈讀三國志法〉，更像在指導讀者如何褒貶歷史人物，最重要的是要人尊崇關公、貶抑曹操，故其筆法對關曹二人的歷史定位，有絕大的影響。

甲、處處咒罵曹操

在其前各本，乃至毛氏改寫本，曹操雖有奸詐之處，但多不致罪不可赦，而明人評語，罵之、稱之及中立者皆有，故批評尚稱平允，至毛氏父子則將曹操打入十八層地獄。

開場白，在依託金聖嘆之序文即說：「彼曹操一生，罪惡貫盈，神人共怒，檄之、罵之、刺之、藥之、燒之、劫之、割鬚折齒、墮馬落塹。」意即曹操早已「神人共憤」；次看書前〈讀三國志法〉，第一條要讀者「當知有正統閏運僭國之別」，正統乃蜀漢，僭國是吳魏，閏運是晉，而魏既為篡國之賊，故在所當奪，咒罵曹操自是理所當然了；復次，點出三國故事之迷人，乃因有「三絕」，孔明、關公各為一絕，而曹操則為另一絕，他是「古今來奸雄中第一奇人」，一生行事似乎忠、似乎順、似乎寬、又似乎義，實則一無是處，咒罵他等於有功名教。

最後，看文中批語。毛氏處處咒罵曹操，又每每意猶未盡，罵了還罵，越罵越毒，罵到不須理由，如第一回，罵他「自幼便奸」，「喜得惡，喜得險，喜得直，喜得無禮，喜得不平，喜得不懷好意，只此一喜，便是奸雄本色！」而回中曹操出場，又說出身卑賤，「世系如此」，等於罵他祖宗十八代；又如第二十三回，引《曇花記》說「冥王坐勘曹操，考之、問之、打之、罵之」，又說「理應如是」；又如第七十八回，總論曹操一生，「平生無真，至死猶假」，「欲欺盡天下後世之人」，「真奸雄之尤哉！」又說：「果報昭然，厲鬼終當殺賊，地獄既設，遊魂難至銅雀台，我嘆曹操之巧，終笑曹操之愚！」

乙、句句推崇關公

毛氏對關公則截然有別，顯然「舉之升天」，在〈讀三國志法〉中，稱贊：

> 歷稽載籍，名將如雲，而絕倫超群者，莫如雲長，青史對青燈，則極
> 其儒雅！赤心如赤面，則極其英靈！秉燭達旦，人傳其大節，單力赴
> 會，世服其神威，獨行千里，報主之志堅，義釋華容，酬恩之誼重，
> 作事如青天白日，待人如霽月光風，心則趙抃焚香告帝之心，而磊落
> 過之，意則阮籍白眼傲物之意，而嚴正過之，是古今來名將中第一奇
> 人！

文情並茂，推崇之意，躍然紙上，未讀完全篇，已足以令人熱血沸騰。

　　次看第一回回評，關公未出場，先標明「今人結盟，必拜關帝。」明眼
人一看，即知書中的關公，即今日普天同尊的「關帝」，未看書，一股虔敬
之心已生；再看書中各回，稱頌之處，不勝枚舉，如第二十五回關公降曹，
說：「漢是漢，曹是曹，將兩下劃分開，較然明白，是雲長十分學問，十分
見識。」文中關公提「降漢不降曹」等條件，評為「辨君臣之分」、「明兄
弟之義」；而第二十六回敘掛印封金：

> 獨至關公，而心戀故主，堅如鐵石，金銀美女之賜不足以移之，偏將
> 軍、漢壽亭侯之封不足以動之，分庭抗禮、杯酒交歡之異數不足以奪
> 之，夫而後奸雄之術窮矣！奸雄之術既窮，始駭天壤間不受駕馭、不
> 受籠絡者，乃有如此之一人，即欲不吁嗟敬仰，安可得乎？

能以豪傑折服奸雄，關公已近於古今第一完人！又如第五十回，關公華容釋
放曹操，不責反褒，說是「許田之欲殺，忠也；華容之不殺，義也！」視為
高貴德行，故「忠可干霄，義亦貫日，真千古一人！」又如第六十六回敘關
公單刀赴會：

> 前日之五關斬將，妙在攔擋不住，今日之扁舟江上，又妙在無人攔
> 擋，前日之獨行千里，妙在來得明白，去得明白，今日之單刀赴會，
> 又妙在來得軒昂！讀書至此，而嘆公之往來自得，旁若無人，豈但在

一時為當？豈但在一國為然哉？直將獨往獨來於天地古今之中耳！

頌語越來越激昂，關公既是英雄，也是聖賢。最後，在第七十七回關公之殉難，說「不以生死而異」，意即「死而不亡」、「萬古長存」、「英靈不滅」，在看盡世間多少不平事後，「恨不借雲長青龍刀一斬其魔障也」！

　　總而言之，在毛氏《三國演義》正文中，關公是一位歷史人物，道地的三國英雄，具有高超珍貴的德行，但在其批評當中，關公則合聖賢、神靈及江湖大哥而為一，角色完美又神秘，非常符合當前現況。

　　當然，毛氏父子俱非碩材通儒，更非學有淵源之歷史學家，其所改寫之《三國演義》價值，留與他人評定，而其擁關貶曹批語，也不能視為關公、曹操的最後定論，而其書初刊於康熙年間，此時清廷崇奉措施不多，但已香火遍天下，故其筆法及評語，視為眾多關公迷虔信下之產物，或者更易體會。簡言之，毛評受關公信仰之影響，同時毛評也助長關公信仰。

五、民間活動

　　明清以來，由於關公廟遍佈城鄉，信徒眾多，拜禱請示，絡繹不絕，平日廟內即熱鬧無比，常見活動如跳神、扶箕、抽籤等，跳神前已敘及，本節談後二者，而天地會是高宗中期所出現的民間秘密會社，其開山儀式中也拜關公，一併論述。

（一）廟會

　　關公廟的定期廟會起自元朝，至清初而愈盛，各地多沿承舊習，少數出現新的傳說與儀節。

甲、荊州

　　荊州一帶，仍以五月十三日為關公生日，廟會盛況空前，有單刀會、磨刀雨等，據載：

　　　　五月十三日，相傳關帝誕辰也，遠近走祀如鶩，是日類多風雨，謂之

> 磨刀雨，村坊少年具法駕鼓樂，導神出遊，各以梔子、榴花插鬢，彩
> 衣繡襪，觀者塞衢，先期，父老設棚演忠義傳奇，云以娛神，亦教鄉
> 之愚子弟也。

演戲及遶境，父老子弟熱心參與，今日台灣依然可見，雖相距三百年，所差
無幾；另外，上元節前後又有不同的活動：

> 上元張燈，自十一日起，至十三、十四、十五三夜尤盛，影燈栽繪，
> 剪紙像人物花果魚龍禽鳥，聚於南門關廟，謂之燈市[44]。

上元燈節相關活動在關公廟舉行，呈現關公廟的超級人氣。

乙、杭州

杭州的關公誕辰廟會，盛況如他地，但不夠莊嚴，不良神棍每藉機擾
民：

> 杭人好為神會，近歲有於雲長公誕日，盛陳驄從，廣列隊仗，八轎輿
> 神，百樂並奏，門阜馬兵旂卒劍手，皆庶人在官者發心當役，路逢神
> 廟，一夫充健步者辦作符官，持帖拜客，彼廟祝者跪稟，云：「本神
> 出外，失候。」此猶未甚害，或一時舁轎人自謂身不由己，突入富
> 家，端坐正廳，多人舁不能動，主人再拜，許施種種供養，方可舉
> 移。

可見有歹徒假託關公神威詐騙，而在杭州偏北的海寧州，廟會定在寒食節，
即清明節之前：

> 吾寧神會，率在寒食前後，每會必擇壯夫，戎裝先驅，俗呼副將，或

44　見《關帝事蹟徵信編・雜綴》，卷19，（冊四，頁77）。

直斥周將軍名，鎧甲儀衛，踵接於塗，多者乃至十數，男女聚觀誇美，否則黯淡無色，相沿既久，不知自昉[45]。

神像神轎居中，前驅後擁，街道兩旁信徒拜禱圍觀，典型傳統迎神賽會活動。

丙、蒙古聚落

關公廟早已出現在蒙古草原，廟會也如漢人村鎮，康熙 27 年（1688），張鵬翮奉命會勘中俄邊界，五月一日出喜峰口，十三日抵呼盧蘇泰，想起為關公誕辰，詢問土人，始知當地有廟會，聽說若下雨，代表關公親至，日間見各地蒙人湧入，至夜果然下雨，張大感詫異，嘆「關夫子之神，靈及外國！[46]」

（二）抽籤

廟內神案前置竹籤，籤上有詩，概言人之吉凶禍福，或籤上有干支號碼，另置籤詩於旁，問卜者於神前燒香默禱，隨取一籤，再以擲筊方式決定籤號或籤詩，即所謂「抽籤」。簡言之，抽籤即以擲筊請示神靈，而籤詩則為神靈之指示，此乃明清以來民間廟宇最常見的問卜方式。

甲、籤詩

擲筊抽籤是骨卜及著筮的演變，紀昀曾略論其源流：「古以龜卜，孔子繫易，極言著德，而龜漸廢；《火珠林》始以錢代著，然猶煩六擲，《靈棋經》始以一擲成卦，然猶煩排列；至神祠之籤，則一掣而得，更簡易矣。」說明占卜工具之演變，由灼龜板、排著草、擲銅錢，過程皆複雜又費時，中世以來出現抽籤，簡單方便，故後來居上，幾乎取而代之[47]。

---

[45] 同上。

[46] 見《奉使俄羅斯日記》，（頁 5802）。

[47] 見《閱微草堂筆記》，卷六，（頁 103）；另程大昌《演繁露・卜教》，考其演變尤詳，（卷三，頁 83）。

　　抽籤大概起於唐代，韓愈〈謁衡嶽廟〉詩云：「手持杯筊導我擲」，而
筊的種類繁多，以竹頭略彎而剖成兩半者最為常見，台灣民間稱之為「神
杯」，擲筊即利用筊杯陰陽面組合，以窺探神意的宗教行為；而籤詩可溯源
至《易經》的卦辭、爻辭，可能在五代末期，經有心人整理而成，常見引用
名詩句，如杜甫等之作品，其型式一直流傳至今，詩中常有語意不明處，故
又有解籤書籍[48]。

　　人生偶有失意，祈求神靈釋疑，本無足為奇，而藉由抽籤，北宋時已極
流行，如蘇東坡貶謫海南，道經虔州，即曾至天慶觀，求《北極真聖靈
籤》，至海南，同樣樂此不疲；而南宋陸游文名雖盛，官運則不夠亨通，在
蜀九年，東歸時也曾至射洪縣陸使君廟問卜，得杜甫〈遣興〉籤詩，大概詩
意打中內心痛處，十四年後，嘆「決意不復仕進，愧吾宗人多矣。[49]」

　　乙、宋元明籤詩簿

　　宋元以來，流傳在民間的籤詩，到底有多少？恐怕已不易搜羅統計，明
代兩次纂修道教典籍，即正統十年《正統道藏》（1445），及萬曆 35 年
《萬曆續道藏》（1607），其中共收進八部神籤，僅以此為例：

　　1、《四聖真君靈籤》：計四十九條，四聖之封在北宋，故此籤應在北
宋後才出現，書乃合籤詩、聖意、釋文三者為一。

　　2、《玄真靈應寶籤》：計三百六十五條，卷首有〈文昌帝君寶誥〉，
而文昌帝君又為元代所封，故此籤應出在元末或明初，每條籤詩後附有駢體
之釋文。

　　3、《大慈好生九天衛房聖母元君靈應寶籤》：計九十九條，神靈不
詳，可能為九天玄母娘娘，籤詩後附有「解曰」之釋文。

　　4、《洪恩靈濟真君靈籤》：計五十三條，神名封號乃永樂時所加，故
知籤詩應在明代中期出現，本書只有籤詩，無釋文。

---

[48] 參見李亦園《信仰與文化・說占卜》，（頁 69）。

[49] 分見《東坡全集・志林》，卷 103，（頁 119）；陸游《老學庵筆記》，卷二，（頁
　　 7），及《渭南文集》，卷 28，（頁 17）。

5、《靈濟真君注生堂靈籤》：計有六十四條，明代所出，同前書，只有籤詩。

6、《扶乩廣聖如意靈籤》：計一百二十條，合籤詩及釋籤文為一，神靈不詳，但知為扶乩所成書。

7、《護國嘉濟江東王靈籤》：計有一百條，每條後附四言、三言各一首之釋文，神靈據稱乃秦人石固，籤詩判為南宋傅燁所撰之《繇辭百章》，釋文當又在其後，故本書應出於宋元之際。

8、《玄天上帝百字聖號》：計四十九條，籤詩後附有釋文。

以上八部是否能概括當時民間多數神籤，不得而知，令人不解的是未見有關公、呂祖的神籤[50]。

丙、關公神籤

關公廟何時有神籤，恐不易考證，茲以明朝郭子章為例說明之。

郭子章（?~1618），號青螺，江西泰和人，隆慶五年進士（1571），萬曆初，按察山西，輯《聖門人物志》，後任貴州巡撫，參與征討播州土司之亂，在當地頗久，曾說：「王香火遍天下，每借籤以顯應，則凡我有決策於王者，獨不可借此乎？」故抄錄關公神籤成小冊，隨身攜帶，有疑「輒望空默視，隨手揭一籤視之，罔不應驗」。另外，傳說神宗三子福王朱常洵在洛陽藩邸時，曾作〈洛陽關帝籤序〉，而在清初，東鄰的日本也流行「關帝靈籤」[51]。

依此看來，至遲在明神宗時代，民間的關公神籤應已頗為普及，明末劉侗記載北京正陽門關公廟的抽籤情景：

---

50 此八部籤詩簿，前七部見《正統道藏・正一納》，（冊55，頁323）；後一部見《萬曆續道藏・續冠》，（冊60，頁347）；文中解說，另參《道藏提要》。

51 郭中進士，見《皇明貢舉考》，卷八，（頁70），晚趙欽湯、趙惟卿、金學曾一榜；其略歷，分見《神宗實錄》，萬曆46年七月，（頁10809），及覺羅石麟《山西通志》，（卷86，頁12）；抽籤見《關帝事蹟徵信編》，卷18及卷19，（冊四，頁29及90）。

跪而搖，報而頓首謝者恒數人，旁跪而代者恒數人，挨擠而伺者，恒數十人，日無虛刻，籤語答一如其來事，各惕然去，休咎後無爽者[52]。

描繪善男信女，隊進隊出，虔誠求籤之場景。

丁、神籤靈驗事跡

盛清時期，關公廟宇抽籤的盛況如舊，極多頗負盛名的文人學士都有過應驗，茲以王士禎、紀昀二人為例。

王士禎（1634~1711），字子真，號阮亭，又號漁洋山人，山東新城人，才華橫逸，詩文俱有名，二十五歲進士及第，短暫任職地方，後至刑部尚書，晚年鄉居，從事著述，與同代蒲松齡、稍後紀昀，都喜歡談神說鬼，也迷信扶乩、抽籤；王平素尊崇關公，曾記多處關公靈跡，而對不當批評者，則疾之如仇：

> 亡友韓郎中聖秋姬人某氏，好臨摹晉唐人法帖，獨廢鍾書，韓詰所以，對曰：「季漢正統，關侯忠義，而斥以賊帥，狂誖甚矣，書雖工，抑何足道？[53]」

傳世鍾繇書跡，乃上曹操疏表，賀曹仁、徐晃破關羽事，故俗稱《賀捷表》，有兩本，以次表開頭「戎路兼行」，故又稱《戎路帖》，而其文中有「建安二十四年閏月九日」語，歐陽修請行家友人推算，知為閏十月，其時關公尚未敗亡，鍾繇不該賀捷，故斷為偽作[54]；然書界仍視為寶物，如《宣和書譜》即許為：「備盡法度，為正書之祖。」而這位侍姬只因帖中「羽已被手刃」一語，即棄之不顧，可見此時關公的神聖偶像已深入民心，不容褻

---

52 見《帝京景物略》，卷三，（冊三，頁6）。

53 王之生平，見《清史稿》本傳，（冊100，頁57）；引文見《居易錄》，卷一，（頁4598）。

54 見《文忠集・集古錄跋尾》，卷137，（頁106）。

瀆；王又記自己的經驗：

> 京師前門關帝廟籤，夙稱奇驗，予順治己亥謁選，往祈初得籤云：
> 「今君庚申未亨通，且向江頭作釣翁，玉兔重生應發跡，萬人頭上逞
> 英雄。」又云：「玉兔重生當得志，恰如枯木再逢春。」爾時殊不
> 解，是年十月，得揚州推官，以明年庚子春之任，在廣陵五年，以甲
> 辰十月內遷禮部，所謂庚申者，蓋合始終言之，揚郡瀕江，故曰江頭
> 也；然終未悟後二句所指，至庚申年（康熙 19 年，1680）八月置
> 閏，而予以崇禎甲戌（七年，1634）生，實在閏八月，過閏中秋四閱
> 月，遂蒙聖恩擢拜國子祭酒，於是乃悟玉兔重生之義[55]。

不管籤詩是否明言，但將往後際遇分析解釋，再主動套合，以示籤詩奇準，
可見他對抽籤的執著，也包含對關公的崇拜。

　　紀昀（1724～1805），字曉嵐，號春帆，又號孤石老人、觀奕道人，直
隸河間府獻縣人，博學高才，望重士林，中年出任《四庫全書》總纂官，晚
年借餘暇談神說鬼，著成《閱微草堂筆記》，他對民間信仰耳熟能詳，尤迷
信扶乩，也喜歡抽籤，譯解籤詩，在京極久，親覩關公廟抽籤熱鬧景象：

> 神祠率有籤，而莫靈於關帝，關帝之籤，莫靈於正陽門側之祠，蓋一
> 歲之中，自元旦至除夕，一日中，自昧爽至黃昏，搖筒恒琅琅然，一
> 筒不給，置數筒焉，雜遝紛紜，倏然萬狀，非惟無暇於檢核，亦並不
> 容於思議，雖千手千目，亦不能遍應也，然所得之籤，皆驗如面語，
> 是何故歟？

比較明末劉侗的記載，二人所言，各擅勝場，紀昀本身雖無靈應經驗，但看
到乾隆 17 年（1752）一位江南考生的奇妙事跡：

---

[55] 見《池北偶談・籤驗》，卷 22，（頁 131）。

乾隆壬申鄉試，一南士於三月朔日，齋沐以禱，乞示試題，得一籤
曰：「陰裡相看怪爾曹，舟中敵國笑中刀，藩籬剖破渾無事，一種天
生惜羽毛。」是科《孟子》題為「曹交問曰：人皆可以為堯舜，至湯
九尺。」應首句也；《論語》題為「夫子莞爾而笑曰：割雞焉用牛
刀。」應第二句也；《中庸》題為「故天之生物必因其材而篤焉」，
應第四句也，是真不可測矣[56]！

一句「真不可測」，道盡關公的神威與信徒的虔誠，而關公神籤之靈驗與其
神威是相輔相成的，推測各地廟內應都有神籤，其籤詩是否雷同，無人能
知，盧湛《關聖帝君聖蹟圖誌全集》，載有《一百零一籤》，號稱是順治八
年關公降乩親授的（1651），有志者可據之校對；同時，神籤也傳至蒙古、
西藏，甚至日本，台灣當然有許多版本[57]。

（三）扶乩

　　明清以來，扶乩依然風行於民間，如《紅樓夢》中，應天知府賈雨村，
藉扶乩斷薛蟠殺人案，而賈寶玉遺失通靈寶玉，遍尋不著，也求妙玉扶乩，
而她是帶髮修行的尼姑，請的卻似是類似密宗神靈，可見乩神不斷推陳出
新，此時關公香火正盛，必然是重要乩神之一[58]。

　　關公降乩地點不限廟宇，一般小型神壇，或士民住家，均為常見，從袁
枚、紀昀等人的筆記可知，而周廣業更說，順治年間，關公曾親自降乩於其
叔祖周近墅家[59]。

56　見《閱微草堂筆記》，卷六，（頁 103）；而袁枚《隨園詩話》亦有類例，（卷七，
　　頁 228）。

57　見《關聖帝君聖蹟圖誌全集》，（頁 563），及《關帝事蹟徵信編》，卷 19，（冊
　　四，頁 91），另參丁煌《台灣南部寺廟調查暨研究報告》。

58　見《紅樓夢》第 4 回及 94 回，（頁 30、836）；另見孫溫繪《畫說紅樓》，畫中乩筆
　　扶持方式極為特別，壇上乩神似為密宗神靈，（下卷，頁 191）。

59　見《關帝事蹟徵信編・雜綴》，卷 19，（冊四，頁 48）。

此時經扶乩與信徒對談，再筆錄而成書者極多，內容不外感嘆人心不古、人生無常，勸人要行善積德，可歸於善書之列，也可稱為經典，少數則託名關公自敘身世、功業，可列於專書之內。（另見第五節）

（四）跳神

跳神是民間古早的宗教行為，藉神媒狂歌浪舞，耍弄劍棍，口念咒語，以使鬼神附體，再由信徒請示休咎，而神媒有男有女，《國語‧楚語》云：「在男曰覡，在女曰巫。」而巫覡歌舞景象，《楚辭‧九歌》也載：

> 吉日兮辰良，穆將愉兮上皇，撫長劍兮玉珥，璆鏘鳴兮琳琅，…奠桂酒兮椒漿，揚枹兮拊鼓，疏緩節兮安歌，陳竽瑟兮浩倡，靈偃蹇兮姣服，芳菲菲兮滿堂，五音紛兮繁會，君欣欣兮樂康。

完整呈現巫覡動作、會場佈置及其喧鬧氣氛，與今日鄉間廟會跳神仍十分相似，而滿人本有多項巫術，跳神亦為其一，清初，蒲松齡曾目睹：

> 濟俗：民間有病者，閨中以神卜，倩老巫擊鐵環單面鼓，婆娑作態，名曰跳神，…堂中肉於案，酒於盆，盛設几上，燒巨燭，明於晝，婦束短幅裙，屈一足，作商羊舞，兩人捉臂，左右扶掖之，婦刺刺瑣絮，似歌又似祝，…既而首垂，目斜睇，立全須人，失扶則仆，旋忽伸頸巨躍，離地尺有咫，…始共爇燭，傴僂問休咎。

這一幕，與前引可相會通，蒲氏接著說：

> 滿州婦女，奉祀尤虔，小有疑，必以決，時嚴妝騎假虎假馬，執長兵，舞榻上，名曰跳虎神，馬虎勢作威怒，尸者聲傖儜，或言關、張、玄壇，不一號，赫氣慘凜，尤能畏怖人。

案：蒲氏（1640~1715），山東淄川人，失意科場，終身窮秀才，大半生皆在家鄉，所載當然是山東民間跳神場景，所請乃關公、張飛及趙公明一類神靈[60]。

滿州又有「關瑪法」，與蒲記有別，滿人稱爺爺為瑪法，由於崇拜關公，故稱，清朝宗室昭槤記載頗詳，先釀造好酒，前三日每日獻牲，前一日打糕，然後才是重頭戲：

> 主人吉服西向跪，設神幄嚮東，供糕酒素食，其中設如來、觀音、關聖位，巫人吉服舞刀，祝詞曰：「敬獻糕餌，以祈康年」諸詞，主人跪擊神版，諸護衛擊神版及彈玄箏、月琴以和之。

以下還有不少儀節，計三日才結束，實乃融和滿州人敬天祭祖活動、薩滿信仰，再加佛道及漢人民間信仰而成，昭槤（1776~1829）為滿清宗室後裔，其先乃努爾哈赤次子代善，襲爵禮親王，主要活動於乾隆、嘉慶年間，所以看到的應是清初入關滿州人的舊俗[61]。

（五）天地會

天地會出現於盛清，中經多次演變，各有特殊的時代背景及任務，至今尚存於台灣及海外華人社會中，乃中國近代史上影響力最大、組織最複雜的「民間秘密會社」[62]。

天地會的出現，正在關公神威極盛之時，而其發展又須藉會員間的生死相許，亦即對會黨的忠，及會員彼此間的義，故而崇拜關公乃理所當然。

60　見《聊齋誌異》，卷六，（冊二，頁 755）；蒲氏生平，參見拙作《蒲松齡的宗教世界》。

61　見《嘯亭雜錄》，卷九，（冊七，頁 26），實則此前，流放寧古塔之漢人，早已敘及原始的跳神儀，未奉關公，見吳振臣《寧古塔紀略》，（頁 61）。

62　本小節依據戴玄之《中國秘密宗教與秘密會社》，有關天地會部分寫成，（下冊，頁 707~），另參考莊吉發〈從薩滿信仰及秘密會黨的盛行分析清代關帝崇拜的普及〉。

甲、創立及演變

天地會又稱洪門，創立人為洪二和尚，亦稱萬和尚，法名提喜，號雲龍禪師，俗姓鄭，乳名洪，排行第二，福建省漳州府漳浦縣高溪鄉觀音寺和尚，乾隆32年（1767），在家鄉創立天地會。

天地會創立宗旨為「反清復明」，初期為躲避清廷查緝，故編有暗號，如「開口不離本」，又有隱語，如「喫茶、喫煙俱用三指」，自稱姓洪，乃漢字拆去中土而成，也可能暗指創立人鄭洪，代號為「五點二十一」，後又衍生成「三八二十一」，故又被稱為「洪門」，其演變歷程，約可分為五期：

第一期：由乾隆32年至51年（1767~1786），草創初期，名稱、宗旨未變。

第二期：由乾隆51年至60年（1786~1795），因台灣林爽文起義，清廷大肆殺戮，會員散逃福建、廣東、台灣等地，衍生出多種名稱，有添弟會、復興會、重興天地會等。

第三期：仁宗嘉慶元年至宣宗道光30年（1796~1850），由於川楚白蓮教大起義，會員藉機活動，遍及江南及南洋各地，名稱極多，如三合會、三點會、父母會等，不下數十種。

第四期：由文宗咸豐元年至穆宗同治13年（1851~1874），由於太平天國及捻回苗之亂，各地會黨趁機起義，名稱更多，有大刀會、小刀會、哥老會、江湖會、致公堂等，活動擴至黃河流域、四川、西北及海外地區。

第五期：由德宗光緒元年至清末（1875~1911），因革命黨出現，部分會黨參與，宗旨乃由反清復明變為反清興漢、復興中華，活動遍及全國，名稱更複雜，如華興會、光復會、自立會、共進會等。

乙、會中神靈

早期天地會具有濃厚民族情感，其入會結盟儀式，受道教影響頗深，請神表中列有六級神靈：第一級為皇天玉帝、元始天尊、太上老君等；第二級為如來佛、阿彌陀佛、觀世音菩薩、達摩等佛教神靈；第三級為玄天上帝、關聖帝君、鬼谷子等；第四級為左右天蓬、三十六天罡、七十二地煞等；第

五級為金身佛祖、白定祖母、土地、財神等；第六級為始祖朱洪英、大哥萬雲龍等。

由此可知，在早期天地會所供多方神靈中，關公與玄天上帝等共列第三級，算是中級神靈；不過，秘密社會早已演變出特殊的道德標準，最重忠義，因而關公於會中神靈地位快速上升，仁宗嘉慶 11 年（1806），盧盛海等人的盟誓單，其開頭即說：

> 自古稱忠孝兼全，未有過於關聖帝君者也，溯其桃園結義以來，兄弟不啻同胞，患難相顧，疾病相扶，芳名耿耿，至今不棄[63]。

此時距其成立，不過十餘年，判斷其獨尊關公，應在創會早期，稍後之入會儀式中，關公已成為唯一神靈。（參見附圖）

丙、開山儀式

天地會員入會稱為開香堂，或簡稱開山，亦稱唱戲。

開山儀式複雜，香堂多設在郊區或關公廟，深夜舉行，若無關公廟，則另設壇場，劃地五丈見方，分內中外三區，儀式在內室舉行，稱為紅花亭，室中設關公神位，外面門上匾額為「忠義堂」，神位前有供桌，上有多項供品：最上為木斗，稱木楊城，仿自傳統的星斗崇拜及道教的斗燈；七星劍，示欲殺滿人；算盤，用以計算滿清滅亡年代；尺，稱量會員行為功過；秤，表示公平正義；鏡，照破一切善惡；剪刀，撥開蔽空的烏雲，為人民伸張正義；桃枝，表示如劉關張三人結義情誼；還有，亭內張掛紅燈，代表洪門精神。

香堂周遭，以竹圈圍起，派弟兄持刀把守，入會者次第跪爬而過，類似明末長城沿邊「攢刀盟誓」；會員就位，儀式開始進行，有上香、宣誓、斬香、封位，最後合飲血酒，即「歃血同盟」之意。前後儀節，以入門為開始，以拜斗為最重，即所謂「拜斗攢刀」，而關公就高坐神桌上，與明末漢

---

[63] 以下見莊吉發前引文。

蒙盟誓場景，同樣顯現關公無上神威。（參見第二節）

　　丁、隱語

　　天地會自始即為反清而成，會員活動隱密，故平時溝通，多用暗號隱語，其中常提到關公，如〈古廟問答〉：

　　　　問：「兄弟可知共有多少廟宇？」答：「三個廟宇。」問：「名稱如何？」答：「觀音廟、關帝廟、高溪廟。」

又如〈過橋問答〉：

　　　　問：「兄弟，爾橋上過？橋下過？」答：「橋下過。」問：「然何橋上又不過？」答：「有三人把守。」問：「何人把守？」答：「橋頭有關聖帝君，橋中有觀音娘娘，橋尾有土地伯公。」

又有關公廟詩句，如「歷朝義氣是雲長，洪家兄弟效忠良」，還有特殊儀式，如「喫茶、喫煙俱用三指」，以及素珠牌裡「起手不離三，開口不離本」，也代表劉關張三人結義，與關公當然有關。

　　戊、其他會黨

　　對關公的崇拜，在各會黨中也大概類似，部分會黨直接用關公名號，如乾隆元年（1736），福建邵武縣出現「關聖會」；乾隆 12 年，江西人蕭其能等人在宜黃縣加入「關帝會」；其後在宣宗道光 27 年（1847），江西長寧縣又有「關爺會」。

　　總之，在天地會一類的秘密會社中，普遍崇拜關公，且至今依然如此，每年「洪門世界總會」慶典，其壇場仍號稱「忠義堂」，正中唯掛關公神像，其至尊地位無可撼動，足見此風源遠流長。

第五節　專書與經典

盛清時期，在特殊社會環境下，關公專書與經典自然層出不窮，從而更廣泛深入影響信徒，相較於其他神靈，極為特別，高宗時，周廣業蒐羅諸作稱「自胡漳濱以來凡五十餘家」，茲依其書，記乾隆中所見者羅列於後[1]。

一、專書

清初的專書頗多，明顯超越前代，茲以刊行先後，分三代列出。

（一）聖祖時期

1、顧湄《重編義勇武安王集》：康熙八年刊（1669），本書先為錢謙益所編，乃為答謝關公示夢躲過盜賊，參考胡琦、呂楠二書，再由顧增刪考訂而成，文中引雜劇及《三國演義》，舉其與史傳相牴牾者駁正之；錢另囑顧走訪碑記，顧輯為《附錄》刊行。書末有周亮工跋，稱關公為「武安王」，認為其所以能名揚古今，得於「學」及「氣」，而其節概乃「人倫之宗極」，本書為「六經之輔翼，四子之鼓吹」。案：湄字伊人，蘇州太倉人，養父為經學家及復社成員顧夢麟，他雖無功名，然詩文俱有名，曾就館於徐乾學家，時納蘭成德正籌刊《通志堂經解》，因參與校讎，故而可謂學有淵源[2]。

2、李葉《武安王集補遺》：乃顧湄書之附編，康熙十年刊，葉字倚江，昭陽人，自稱幼得父親授〈蜀漢壽亭侯傳〉，讀之如同《春秋經》，因之更加虔祀關公，刊書前二年，參加北闈鄉試，未抵涿州，夢關公，入闈又夢，本欲建廟以謝神恩，因思廟已普及，不如編書，乃採一二軼事，附於顧

1　本節依據《關帝事蹟徵信編‧書略》寫成，周語，見卷末案語，卷 30，（冊四，頁 560）。

2　見《牧齋先生尺牘‧與顧伊人書》，六首之四、五，（頁 172）；錢曾《讀書敏求記》，卷二，（冊二，頁 61）；略歷見嘉慶《太倉州志》，卷 27 及卷 36，（冊 16，頁 43 及冊 20，頁 6）；及陸世儀《復設紀略》，卷一，（冊一，頁 48）。

書之後，序文稱關公為侯，言：「生而干城，歿而俎豆，其鬚眉肝膽，不猶赫赫簡編哉！俾忠孝之士，讀之而油然興，忤逆之夫，覽之而惕然阻。」

　　3、王朱旦《續關帝祠志》：康熙 17 年刊，王字字曰，號昇菴，鄞縣人，功貢生，前一年出任解州知州，州人于昌自稱日夢關公，於廟殿西見人浚井，獲一碎磚，上有殘缺字樣，獻於州署，王遽認為關家先人名諱及生卒年代，作〈關侯祖墓碑記〉，再加增補而成；序稱關公「祖考名字未彰，丘壠頹蕪」，雖多牽強附會，亦偶有見識，如懷疑桃園結義之假，以及神宗封號為「黃冠外典詞語，非儒家所稱說，亦非朝廷品名」[3]。

　　4、冉覲祖《關壯繆考》：康熙 20 年刊，冉字永光，號蟬庵，河南中牟人，康熙二年鄉試解元，30 年進士，官至翰林院檢討，歸田後從事著述。是書分十八目，有姓氏、發跡、爵謚、廟祀、評騭等，全依正史，力闢《三國演義》、傳奇等雜說，序稱關公「漢之忠臣義士，而千古之正人君子」，然世人多曲解之，竟尊之為神，使操禍福之權，等同阿諛，而俗說誤人，如王朱旦等書，關公生卒年歲干支竟成星命家臆測之依據，與史傳全然不合，故而「考之以實」，而成本書。案：冉為名儒，生平潛心理學，曾主講請見及嵩陽二書院，教人以敦本立品為先，一言一行必與聖賢印合，湯斌嘆服為真名士，黃叔琳謂為孔孟功臣、程朱後身，足見時人所重，而由一代宗師為關公著書考辨，史上絕對少見[4]。

　　5、張鵬翮《關夫子志》：康熙 24 年刊，張，字運青，四川人，前任兗州知府，親見孔子家鄉關公廟，大為驚奇，轉河東鹽運使，於祭廟時又夢關公，有感「聞侯之名，莫不敬之畏之，雖未登洙泗之堂，而剛大之氣，忠義之概，暗與道合」，故「稱之夫子，誰曰不宜？」及閱王朱旦書，親訪當時浚井諸人，知王故意曲解，遂力辯其誣，編刊為本書，然不能免俗，書中仍有《三國演義》等情節[5]。

---

[3]　李葉及王朱旦完整序文，俱見王復禮《季漢五志》，卷九，（冊七，頁 34 及 37）。

[4]　冉之略歷，見乾隆《中牟縣志》，卷八，（冊七，頁 47）；序文見《季漢五志》，卷九，（冊七，頁 36）。

[5]　張完整序文，見《季漢五志》，卷九，（冊七，頁 35）。

6、朱雯《關聖帝君靈感記》：康熙 24 年刊，雯，字喬三，浙江石門人，康熙三年進士，15 年由孝感知縣升江寧府同知，在任，多次感受關公示夢，覺靈驗異常，乃多方搜羅而為本書[6]。

7、游擂笏《神武傳》：康熙間刊，游，蘄水人，生平不詳。書前列關公經典，後列各項神跡，故知與前書同，均屬通俗之書，然是書得蘇州知府王風采，及杭州知府黃明兩次重刻，可見仍受時人重視。

8、黃希聲《關侯類編》：康熙 32 年刊，黃，山西絳州人，字太音，號幼髯，應為辛全晚輩（見前節），崇禎 15 年舉人，博涉經史，闖變後杜門不出，日與同鄉陶世徵等肆力於古文辭；本書乃集明代趙、焦、方、辛諸書，再加增補編次而成，陶世徵序言：「是輯蓋為天顯微，如詩書所稱，可卜其應於千餘年之下也，…俾侯千百年之心事，恆與天日為昭，要亦天理之不容已者。」又稱書名關侯，乃因關公大節俱在獻帝朝，故用生爵，不用褒封，不失見識。案：陶，字視庵，經學世家子弟，與兄陶註俱不求進取，講學家鄉，教授生徒四十餘年，實為一代醇儒，而絳州南臨解州，關公家鄉近在咫尺，地方理學昌明，自辛夫子後，代有傳人，儒者首重忠孝節義，觀黃之號「幼髯」，顯然已自居為小關公，而陶則加入復社，與諸生同以文章氣節相期許，當然推崇關公[7]。

9、孫百齡《關夫子聖蹟圖》：康熙 32 年刊，孫，字錫菴，歲貢生，平生虔奉關公，因仿《孔子家語圖例》，據王朱旦關公祖墓碑記，採《三國演義》中多項情節，將關公一生分成五十一段，繪圖編輯成書。

10、盧湛《關聖帝君聖蹟圖誌全集》：康熙 32 年刊，盧，字澹深，湖南桃源縣人，廩監生考補史館，其敬祀關公極癡迷，多方彙集前作，加孫氏五十一圖而成書，初版即請河道總督于成龍、兵部侍郎王維珍等六位名人作序，乾隆時再版，又有禮部尚書沈德潛序，是書凡涉及關公名號皆大肆刪

---

6 朱之略歷，見康熙《石門縣志》，卷五，（冊四，頁 44）。

7 黃、陶略歷，見乾隆《直隸絳州志》，卷 11，（冊四，頁 87、84）；陶為復社成員，見《復社紀略》，卷一，（冊一，頁 84）；陶完整序文及黃陶多篇論文，俱見《季漢五志》，卷九，（冊七，頁 39 及頁 50）。

改，故搜羅雖廣，訛誤百出，然內容通俗，頗能迎合下層社會信徒，流通極廣，一再翻刻，儼然為關公專書龍頭，雖多經批駁，仍難損其地位，時過三百年，尚輕易可見[8]。

11、王遜《關帝事蹟紀略》：康熙 36 年刊，王，字子律，號東圃，錢塘人，郡諸生。本書全據王朱旦碑記而成。

12、方熊《忠義集》：康熙 37 年刊，方，字望子，浙江新安人，隱居黃山、虞山間。乃據顧湄、李葉二書重編而成，內容龐雜，立論俚俗。

13、王禹書《關聖陵廟紀略》：康熙 40 年刊，王，字大夏，湘潭人，貢生，當陽縣教諭。本書之纂輯，乃因總督蔡毓榮、巡撫年遐齡及荊州太守魏勳捐俸增修漳鄉關公陵廟，落成撰碑以記其事，王因另據黃希聲書增刪而成，獨詳於當陽一帶，即關公墓與廟，本書不載靈異事跡，認為關公正大光明，「不待徵之吉凶禍福也」，同於冉覲祖，而北宋張商英詠關公詩，獨見於本書[9]。

14、王復禮《季漢五志》：康熙 41 年刊，王，字需人，世居山陰（今紹興市），乃王守仁五世孫，著述頗多，有名於時，人稱草堂先生，由於王家數代皆虔奉關公，感受靈驗之餘，苦無關公專書之善本，因立志窮搜博採，歷三十餘年，稿經數易，又以關公與劉備、諸葛亮、張飛、趙雲五人，乃「一時風雲際會」，遂並輯而成書，然獨詳於關公，其下分：世系、年譜、本傳、著述、藝文、遺蹟、雜記、追封、賜額、祀典、祭期、靈異等項，書中所輯及其立論，頗具學術水平，乃眾多專書之佼佼者[10]。

15、王柱國《重修關夫子志》：康熙 44 年刊，王，正黃旗人，監生，康熙 40 年任解州知州，依張鵬翮書稍加增補而成。

8　盧之歷，見書前「彙輯並捐資」欄下自敘，（頁 124）。

9　蔡、魏及當陽張縣令各有記，俱見《關帝事蹟徵信編・補遺》，蔡言完工後「更招玉泉老僧來居之」，（冊四，頁 568）；王之里籍，見同治《當陽縣志》，卷十，（頁 544）。

10　周崔二人似未詳讀本書，所列篇章異於原書。

16、曹廣憲《蒲東關夫子家乘考》：康熙 44 年刊，曹，號雪莊，生平里居不詳。書實即王朱旦之祖墓碑記，另增數事而成。

17、孫苣《關帝文獻會要》：康熙 49 年刊，孫，字澧有，華亭人，生平不詳。是書乃據盧湛靈異事跡，另增贊頌詩文碑銘而成，蒐羅雖廣，龐雜俚俗則一，然符合當前信仰熱潮，書成請得提督師懿德及鄉前輩陳元龍二人作序[11]。

18、相欽拔《重訂忠義公考》：康熙 56 年刊，相字君璜，解州人，本書即據冉覲祖所著，加以增刪評注而成，所引多出稗官野史，醇疵參半。

19、陳常《關公考》：不知刊刻年代，陳，武林人，書中考列十餘則，唯〈辨漢壽〉最詳。

（二）世宗時期

1、宋兆隆、裘宣敘《關夫子編年集杜詩傳》：雍正三年刊（1725），宋字中菴，天都人，裘字帝書，仁和人，生平俱不詳。本書編排格式特別，仿年譜體例，依年代列事於前，再引杜甫五言律詩附於其後，故名；然杜詩詠及關公者極少，書中多牽強附會，不免以牛頭對馬嘴，將頌揚他人詩句強套於關公上，顯現其敬信熱誠。（參見第三章第三節）

2、李歲芳《關聖全書》：雍正七年刊，李，字竹堂，通州人，貢生，官至海寧西路場大使。本書據盧湛書稍加增刪，又取《三國演義》情節作補傳，俚俗可知。

3、葛倫《關帝聖蹟圖誌》：雍正 11 年刊，葛，字星濤，揚州人。本書同樣節採盧書而成，生平略為十一圖。

（三）高宗時期

1、蔣光祖《重訂關聖全書》：乾隆 12 年刊（1747），蔣，字振裘，號南村，江蘇泰興人，雍正七年拔貢生，高宗時歷官河南武安縣、虞城縣知縣

---

[11] 師，寧夏人，康熙 48 年任，見《江南通志》，卷 111，（頁 48）；陳，時任翰林學士掌院事，略歷見乾隆《杭州府志》，卷 82，（冊 70，頁 30）。

及鄧州知州，所至勤於蒐羅地方掌故，主編有《武安縣志》、《鄧州志》等，本書乃於虞城署所刻，依李歲芳書略增數事而成[12]。

2、姚大源《關帝全書》：乾隆 20 年刊，姚，字雨方，山陰人，生平不詳。本書乃據盧、李二氏所輯，再增刪而成。

3、張鎮《關帝志》：乾隆 22 年刊，張，字東侯，海豐縣人，監生出身，乾隆 20 年任解州知州，依張鵬翮原書，加考辨諸文，訂正謬誤，發明義理，較他書高明。本書實際應為鄉紳喬壽愷等所輯，喬序中稱不必強尊關公，以期比擬孔子，然關公確係：「豪傑而有聖賢之學者，至大至剛而配道義，故能與日月齊其光，山海齊其量。」

4、范心《關聖帝君真蹟傳》：乾隆 24 年刊，范，自號宿垣散人，杭州人。據其自序，此書乃輯關公降箕自述，再作補注而成。

5、徐觀海《聖蹟纂要》：乾隆 29 年刊，徐，字匯川，舉人，官至四川安岳知縣。此書乃依蔣光祖書刪削而成。

6、彭宗古《關聖帝君實錄》：乾隆 31 年刊，彭，字信亭，忠州人，官至山東德平縣令。本書乃依張鵬翮、盧湛二書稍加釐正而成，雖裁汰井磚、關索等俗說，訛偽仍多；但書中所引宋元明諸人詩文，均恢復原貌，不像盧湛擅加更動，可記一功，書前有巡撫崔應階、觀察鄭大進及自序。

7、周懋勤《乾坤正氣錄》：乾隆 32 年刊，周字少如，金谿人，生平不詳，乃本盧氏書而刪其圖誌、籤詩。

8、彭紹升《關聖帝君全書》：乾隆 37 年刊，彭，字允初，蘇州長洲人，與馮夢龍、尤侗、錢曾同鄉，乾隆 26 年進士，其父為兵部尚書彭啟豐，為學以儒為主，私下則依違於佛及民間信仰之際，崇拜關公，好扶乩，然尚氣節，急公好施，本書乃刪削盧書，再加關公降鸞法語而成，前有其父序文[13]。

---

[12] 見嘉慶《泰興縣志》，卷四（頁 596）；《武安縣志》，卷 12（頁 95）；及《鄧州志》，卷 11（冊三，頁 111）。

[13] 彭之傳略，見道光《蘇州府志》，卷 102，（冊五，頁 461）。

9、周廣業、崔應榴《關帝事蹟徵信編》：乾隆 39 年刊於浙江，道光四年（1824）又刊於北京，光緒八年（1882）三刊。周，字耕厓，海寧人；崔，字秋谷，海鹽人，兩家皆數代崇奉關公，感受靈驗，鑑於關公專書眾多，而「擬議附會，荒誕不稽」者過半，乃發憤搜羅，去蕪存菁，再參核考訂而成，計分：傳、紀事本末、爵諡、追封、蔭嗣、將吏、墓寢、祠廟、祀典、軼聞、名蹟、靈異、雜綴、考辨、評論、碑記，贊頌、詩詞、書略、補遺，共二十門，三十二卷。由於二人均無功名，周也只鄉試副榜，祖父二代俱為舉人，憑堅定信仰，踏實著作，不攀龍附鳳，書成亦無名公巨卿代序，然史料之詳瞻，立論之精闢，雖偶而不免擁關過度，卻無損其地位，在所有是類專書中，堪稱最上乘著作，最具學術參考價值[14]。

二、經典

善書大量出現在明清之祭，大都藉名神靈降乩開示，再由信徒筆錄而成，此時關公神威正盛，故依託其自述或訓示而成的書籍也相繼問世，虔誠士人還為之傳鈔、編纂或作注，又經展轉翻刻，數目可觀，大都不能確知出版時地及作者，如明天啟時，陳仁錫為《西湖關帝廟廣紀》作序，已提及《關帝忠孝經》，而清周廣業則說似同《關帝忠義經》而略異，此類典籍因流傳頗廣，影響極大，仍值得介紹。

（一）郁世變《忠義經注》：康熙年間刊，郁，字驥雲，康熙 44 年順天舉人（1705），不知郁注是否即據明本《關帝忠孝經》、《關帝忠義經》等經典，而在盧湛書中也列此經，前有明兵部尚書楊博序，稱此經為「帝自製也」，但序文所列楊之經歷與《明史》本傳不合，故判為依託，疑此經可能來自湖廣地區乩筆，而郁即據以作注，經文多引佛教輪迴報應說以勸人為善。

---

[14] 周及其父祖科第，見道光《海寧州志》，卷八，（冊七，頁 150、126 及 116），載其字勤圃；下引沈維基，見同卷，（頁 147）。

（二）《關聖帝君經懺傳》：康熙 29 年刊，不知作者，分三部：〈經〉乃關公自敘受封經過，勸人敦品力學，以獲福報；〈懺〉勸人念誦寶號，以求靈驗；〈傳〉則纂輯感應事跡。此書流傳極廣，在當時「村廟皆有之」。

（三）馮景《和降乩詩》：康熙 48 年刊，馮，字山公，一字少渠，錢塘人，監生，天才橫溢，於學無所不窺，尤邃古文，曾著論駁閻若璩《四書釋地》十條，大為時賢所重，又於時勢見解超卓，與友人以道義相期許，所至得達官顯要賞識；然淡泊名利，終身布衣，平素虔奉關公，自記是年秋得異夢，次晨於關公廟壁間得〈垂訓二十四則〉，及七絕詩十八首，然據其旁注，知係少詹事邵遠平於康熙 39 年，在清河縣關公廟所錄乩詩，馮另和詩數首，又作〈聖訓十解〉，並輯為本書[15]。

（四）夏綸《覺世篇註證》：乾隆十年刊（1745），夏，字言絲，號惺齋，錢塘人，考場失意，寄情於戲曲，撰《無瑕璧傳奇》六種，時人稱：「以為濟世之具，凡無裨世教者，非惟不敢作，亦不屑作，而惟於忠孝節義之事有取焉。」另據其自序，關公於康熙七年夏降乩，不久經文傳播於世，其前，雍正九年京師善康堂刊刻行世（1731），附有圖註，本書即依此，另增入四百餘條近時靈異事跡而成，今觀其傳奇諸作，則編此書亦在裨益世教，傳播忠孝節義事跡[16]。

（五）沈維基《戒士文圖說》：乾隆 31 年刊，沈，字抑恭，號心齋，海寧人，鄉試副榜貢生，與周廣業同鄉同榜，後出任永興、東平，官至延平知府，辭官家居後，刊刻善書數種，本書即為其一。

（六）沈維基《覺世寶訓圖說》：乾隆 35 年刊，經文不知出自何時何地，本書乃模仿流傳頗久的《太上感應篇》、《文昌帝君陰騭文》圖說像注而成。

---

[15] 見杭世駿《道古堂文集・馮景傳》，卷 33，（冊 17，頁 2），撰於其卒後 50 年。

[16] 夏綸略歷，見《惺齋五種》書前壺天隱叟序；王樹村《關公百圖》，收本書插圖一幅，（頁 50）。

（七）《報恩懺》：據稱高天君敬演，不知刊刻年月時地，書前有序，稱關公憫念群生「負兩大之恩」，致劫災頻仍，乃命天君下凡傳此經文，故知為乩詩乩文，多據儒家三綱、五倫諸說，文中有協天、伏魔稱號。

（八）吳育行《關聖帝君寶懺》：乾隆 36 年刊，吳，字懷新，海鹽人，與崔應榴同鄉，生平不詳，晚年纂輯此書，用以勸善。

（九）《伏魔經》：全名《太上洞真三界伏魔神功廣濟真經》，不知作者，亦無刊行年月，觀其名稱，應係道教典籍，文稱：太上老君與諸聖真法會，忽見天地晦暗，老君知是群魔為害眾生，以關公「威神無極，在天伏天魔，在地伏地魔，在世伏世魔」，故遣之下凡，而傳此經[17]。

（十）顧得聞《如是集》：本書所收皆關公降箕訓示法語，稱關公為「崇寧真君」，文中有云：「學道之人，剛德不可不少加損益，《易》云：『剛健中正。』若剛而不健，其行必屈，健而不中，其性必戾，中而不正，其理必僻，此四字當聯絡貫串，若有間則剛非天德，乃血氣之勇耳。」亦頗符合儒家理趣。

（十一）徐德瑜《省吾集》：自序稱「關老人降書於葆真齋」，文體為駢偶對稱，勸有志之士，應「潛心默運，跡追呼吸於洪荒，養氣靜通，挽回列缺於倒景」，終而「主敬存誠」，以期「葆真」，融儒道二家之說，典型善書語氣，兼具理學意涵；書後跋語，稱書成後關公曾降筆嘉許，並賜序，所以此書：「言為聖經，字成珠玉，如日月經天，江河行地，焚香靜讀一過，頓覺陰翳消而天良現。[18]」

除上述外，在清初所編輯的《道藏輯要》，也有數部，如《關聖帝君窮理盡性至命上品說》、《三界伏魔關聖帝君忠孝忠義真經》、《三界伏魔關帝忠孝護國翊運真經》、《關聖帝君濟世消災集福忠義經》等，由於《道藏輯要》後又經多次增編、改編，今本已不復清初面目，其中所收，已難確定出版時地，僅附論於此。

---

[17] 見《關帝事蹟徵信編・補遺》，卷末，（冊四，頁 610）。

[18] 顧、徐二書，俱見《關帝事蹟徵信編・雜綴》，卷 19，（冊四，頁 63）。

第六節　題考與異議

盛清時期，關公神威如日中天，而文人原本就好賣弄筆墨，若配以虔誠信仰，則雅興更高，以致題詠、考辨充斥，題詠類文體，有詩、詞、贊、頌、銘、記等，歌頌方式不一，滿懷虔誠則同；考辨類有短篇論文或專書，二者均多於先前，內容駁雜，含括關公生平相關事跡，甚至擴及先祖、妻兒，重在表達敬意，不容褻瀆神威，若偶有微詞，常引來一陣撻伐；然而，仍如先前，同樣有人見解特別，不能普天同尊，曹雪芹、王夫之是其代表。

一、題詠

頌揚當然以文字最易傳播保存，可細分為：正面歌頌、迂迴宣揚、拼湊詩詞、傳播神跡等，也有他途，如繪製神像、倡建廟宇、編印圖書等。

（一）正面歌頌

對關公無比崇敬，提筆頌揚，敬意永遠表達不完，措字遣詞無不費心雕琢，後人讀來，雖覺誠心十足，總嫌其誇大、阿諛，清初文人，大都如此。此類文章，多到汗牛充棟，高宗時，崔應榴、周廣業二人廣為蒐輯，僅詩詞即達一千餘首，碑記、贊頌等也不少，在此只引數例：

清初尤侗（1618~1704），字同人，號悔庵，蘇州長洲人，康熙時博學鴻辭科，授翰林院檢討，與修《明史》，撰列傳三百餘篇，藝文志五卷，其同鄉多人，如錢謙益、彭紹升等俱崇拜關公，他有〈關帝讀春秋像贊〉云：

> 公亦漢臣耳，而尊之曰帝，三國諸君安在哉？而公威靈如出今世，匪直也勇！匪直也智！其一心乎漢室者，蓋曰竊取乎春秋之義！

又有〈關夫子畫像贊〉：

> 公不云乎曰在天之上，心在人之中，斯言也實聖賢理學之宗，故秉大

義，靖孤忠，存兩間之正氣，起百世之清風，自王公以至士庶，莫不想見其形容，嗚呼！此彝之絕倫超群也[1]！

而稍晚，張鵬翮也有〈關夫子像贊〉：

公義存漢室，致主以忠，春秋之旨，獨得其宗，天地合德，君師同功，聖神文武，百世所崇！

字詞中帶有狂熱的信仰，而阮封〈關帝贊〉，則說得更為神奇：

如日如月，無隙不光，如雷如電，無隱不彰，掃我堂奧，奉之中央，永朝永夕，趨於其旁，敬心日起，斯乃慎獨之良方，畏心日起，斯乃改過之剛腸；爇爾香，燃爾燭，雞豚豐且熟，求帝享爾福，帝視爾心而不視爾之鹿鹿，然則欲正天下之人心，無過聖像之一幅[2]。

言面對聖像，生起敬畏心，足以提升涵養，而拜禱祈求，也不在豐豚肥雞，心誠則靈，因關公乃「視爾心而不視爾之鹿鹿」，而末句「正天下之人心」，寄望更為殷切，也頗寫實；另如康熙間，王公弼自稱：

凡宦遊地，率各創祠以奉之，南則祠於池陽，西則祠於栗州，里中祠於余帆園，實寸忱景仰之誠，不敢斯須忘其神靈也[3]。

---

[1] 尤侗詳傳，見朱彝尊《曝書亭集》，卷 76，（冊 18，頁 16）；潘耒《遂初堂文集》，卷 18，（冊 12，頁 10）；贊文見《西堂文集》，一集卷六，（頁 9），及三集卷七，（頁 59）。

[2] 張阮二贊文，見《關帝事蹟微信編》，卷 28，（冊四，頁 431、433），另載尤侗〈題唐寅畫關夫子像贊〉，未見，（頁 429）。

[3] 見光緒《畿輔通志》，卷 112 及卷 113，（冊七，頁 3621、3671）；文中「栗州」在河南上蔡縣，見《水經注‧汝水》，（卷 21，頁 268）。

案：王公弼，號梅和，滄州人，萬曆 44 年進士（1616），曾任職河南上蔡縣，天啟時為寧國知府，陞徽安道兵備，駐池州，入清仕至戶部侍郎，五十歲辭官歸養鄉居，其前宦遊南北多地，所至皆建關公廟，以伸「寸忱景仰之誠」，平素最好扶關帝鸞，由於是遺腹子，甚至求乩神描畫其父遺像，與前輩趙惟卿「所至必懸像設爐」，是不是一樣癡迷呢[4]？

　　至於纂輯《關帝事蹟徵信編》的周廣業、崔應榴，編書雖主「徵信」，畢竟也是虔誠信徒，行文之際，每每藉機讚頌，如在〈本末〉篇後論：

> 曹操之死，去章鄉之難僅一月，而丕即以操死之年篡漢，使阿蒙無掣肘之虞，荊州無破巢之患，雖曹仁堅守，徐晃力戰，而操死可待，帝師可整，吾知逆丕之眾方盱食不暇，敢從容肆志以圖禪代乎？是帝之一身，實四百年漢業所繫，…以見漢之亡，由於帝之亡。

稱關公「一身實四百年漢業所繫」，似為誇大推崇；另又詳載關公三處墓地廟宇之修建歷程，即洛陽葬首級處、當陽葬身處及成都招魂處，總結言：「帝墓之崇奉，今且幾與孔林相埒，則其食報亦豐矣。」兼敘曹操疑冢七十二，真墓仍被盜挖，拽屍碎骨，孫權墓幾不保，呂蒙曝骨，而陸遜則墓上建關公廟，還說此為「報施之巧」[5]。

（二）迂迴宣揚

　　妄改他人詩文，代以極其卑躬奉承詞句，以表達對關公的誠敬，雖極易被揭穿，但傳播神威的功效不容忽視，此即清初纂輯關公專書者所最常用，前引《關夫子編年集杜詩傳》，正是此中代表，至於他書，也屢見不鮮。

　　有識者雖知此法愧對古人，於是相互譏評，自我標榜忠於原文，但批評

4　王之中舉，見雍正《畿輔通志》，（卷 62，頁 160）；略歷見《寧國府志》，（卷三，頁 4）；及《國朝滄州詩鈔》，引《秋坪新語》等書，（卷二，頁 114）；趙惟卿事，見本書〈緒論〉注 2。

5　俱見《關帝事蹟徵信編》，卷末補遺、卷三及卷七，（冊四，頁 572；冊三，頁 140及 256）。

者往往也同於被批評者，基於無比的主觀敬意，不容前人語句不合己意，於是又擅自增刪，結果當然相沿成風。

最著名的例子，唐朝郎士元〈關羽祠送高員外還荊州〉，前二句為「將軍稟天姿，義勇冠今昔」，乃歌詠關公的名詩作，雖敬重關公，但絕非奉為天神聖賢，以其為早期之作，自然成為關迷開刀之首要對象，如盧湛《關聖帝君蹟圖誌全集》，題目改為〈謁關帝廟〉，首句「將軍」改為「聖帝」；而崔應榴、周廣業書雖號稱徵信，仍改「關羽」為「關某」，此書尚且如此，其餘可想而知。

稍後，王復禮輯《季漢五志》，有感於盧湛書中引文多所增刪，已至「無知妄改，獲戾前人，迷誤後學，所關非淺」地步，所以作〈妄改詩文辨〉，考訂其十誤[6]：

一為命題：唐郎士元詩，及明朝李東陽古樂府都被改；二為押韻：明朝林祖述祭文，凡侯皆改為帝；三為避諱：如鄧光堂文中的雲長換以他字；四為預稱：如金張開〈常平塚記〉，文中大王改為聖帝，明唐順之、王世貞等人文中的侯均改為帝或帝君；五為刪削：如吳獻台、顧璘、李東陽等人詩作，均被刪一句至二句不等，詩體不完整；六為奏對：如明潘季馴疏中的關羽，俱被改為關聖；七為出典：如王世貞、李葉、張商英等文，俱有多處被改得面目全非；八為錯認：如李葉文中的尊王改為尊劉，以為關公設想；九為鄙俚：引文中之將軍、關侯、壯繆，全改為聖帝；十為失考：明人碑記後往往附有詞曰，書中不載記文，只錄後者，且列於詩詞中，不知碑記體例。

盧湛學養有限，編書誠心十足，卻謬誤百出，故時人多有所指責，而王復禮自以為用功最深，也知不該妄改前人作品，但他也犯同樣陋習，自己承認的就有多處，如明吳國倫〈山東肥城關廟記〉，末有「侯不能自為命，而又能於百世後福乎人哉？」認為「大失立廟之義」，故逕為刪削；又如宋張商英〈關三郎廟記〉，記中既稱頌關公，也附帶論及觀音菩薩，此數句當然被刪；又如明姚希孟〈關壯繆定本序〉中，類似詞句也被刪；又如明謝陛

6　見《季漢五志》，卷九，（冊七，頁85）。

〈答問〉，中有「侯與忠武氣調未合」，認為有悖常理，當然要刪[7]。不只如此，後來崔應榴、周廣業又陸續發現王復禮所刪削或更改的還很多，可見此時期文人編書大都如此[8]。

（三）拼湊詞句

將前代名詩人，如杜甫，取其歌詠他人詩句拼湊成篇，轉而頌揚關公，正如俗語之「牛頭對馬嘴」及「張冠李戴」，在清初也頗流行。

甲、周珽《唐詩選脈會通》

珽為周廣業六世叔祖，當為明人，曾集唐人詩句，末附〈詩訓〉，附會關公事跡，如杜甫〈八陣圖〉後之〈詩訓〉云：「武侯以荊州託守雲長，囑曰：『北拒曹操，東和孫權。』此八字，不知出自何典？」案〈八陣圖〉為杜甫詠孔明之名作，其中「功蓋三分國」一句，尤其是關迷最想引用，於是附會他事，以拉近關公與諸葛亮關係，在清初，顧得聞《如是集》就載有關公降箕訓示語：「憶我當年，鎮守荊襄時，曾奉教於臥龍先生曰：『君荷重任，當北拒曹操，東和孫權。』」兩書合觀，即知其手法[9]。

乙、劉源《凌淵閣功臣圖》

明朝中晚期以來，隨著關公神威，畫像自多，廟宇外，私家壇堂也常見，如徐渭即有二篇畫像贊（見前章），清初當然更為常見。劉源，世祖時供奉內庭，康熙七年（1668），繪《凌淵閣功臣圖》，有感於當前香火，圖後再繪觀世音及關公像各三幀，另輯杜甫詩句，仿歷代書界名家筆法，拚湊騰寫於旁，前有標題，自署「弟子源」、「恕庵源」。（見書前附圖，並參下五小節）

一為〈千秋鐵石〉：繪關公戎裝，左手高舉巨燭，臉仰視，右手下垂，握住下飄長髯，左腰佩寶劍，詩句為「翊戴歸先主，紀綱正所持。」此圖主

---

[7] 俱見《季漢五志》，依序卷八，（冊六，頁 50、60）；卷九，（冊七，頁 23）；及卷十，（冊八，頁 12）。

[8] 分見《關帝事蹟徵信編》，卷 25 及 26，（冊四，頁 290、298、313）。

[9] 見《關帝事蹟徵信編》，卷 19，（冊四，頁 56）。

題應是關公的忠義。

二為〈列國兵冊〉：繪關公便裝，斜臥榻上，枕邊兵書一冊，正聚精會神閱讀，左下一長髯將軍侍立，應是俗傳之周倉，手握青龍偃月刀，刀刃極為醒目，刀柄觸地，旁為一帙書函，應是兵法類書，詩句「功蓋三分國，山河夢始終」，主題應是關公的英勇。

三為〈至聖青圭〉：繪關公常服，頭戴布巾，臉呈圓方型，厚重威嚴，長髯披胸，其前周倉右手持青龍偃月刀，置於右肩上，刀刃極長，令人望而生畏；二人腳下各有雲彩，表示均為天神，詩句「颯然精靈合，直上赤霄行」，主題應是關公的神威。

劉源畫像為線描，功力高超，神靈活現，顯現虔敬之意，然不免附和，因杜甫並不看重關公（見第三章第三節），故引其詩句，均以假借手法，將歌詠對象湊合用於關公，第一圖「翌戴歸先主」，出自〈諸葛廟〉，當然是詠諸葛亮，而「紀綱正所持」，出自〈送殿中楊監赴蜀〉，乃勉楊戮力從公；第二圖「功蓋三分國」，出自〈八陣圖〉，同為詠諸葛亮，而「山河夢始終」，出自〈投贈歌舒開府翰〉，當然是詠歌舒翰，唯改誓為夢；第三圖「颯然精靈合」，出自〈牽牛織女〉，乃詠七夕情人哀怨事，而「直上赤霄行」，出自〈送覃二判官〉，唯以直易亦，原句赤霄為殿名，非青天，乃「懷君戀闕」之作，與〈赤霄行〉篇異意[10]。

丙、宋兆隆、裴宣敘《關夫子編年集杜詩傳》

此書係集杜甫詩句，附於編年關公事跡下，分四部：一為〈集杜詩傳〉，標事於前，按年列詩於後；二為〈年譜全傳〉，仿年譜條列事跡；三為〈歷代藝文〉，另輯前代詩句而成；四為〈集杜五律〉，集杜甫五言律詩中名句而成，以詠關公，如劉源所作[11]。

---

10 劉源《凌淵閣功臣圖》，書前自敘及書後插圖；引詩，俱見《杜詩詳註》，依序為卷19（頁33）、卷15（頁60）、卷15（頁12）、卷3（頁21）、卷15（頁43）、卷22（頁15），而〈赤霄行〉，見卷14（頁36）。

11 見《關帝事蹟徵信編》，卷30，（冊四，頁546），原書未見，引詩不得其詳。

（四）傳播神跡

各地關公廟香火，與靈應事跡本是相輔相成，而虔誠文人每自許肩負傳播使命，編書、撰文、口傳、繪圖等，無不為此而服務，如周廣業說可以「正人心，扶世教」，崔應榴則說「分形現相，極之千萬變化，而各愜所願」，所以不是「姑妄言之」，讀者當然不可以「姑聽之」了[12]。

甲、親歷

傳播神跡，常以自己親身經歷說起，欲令人不得不信。

王復禮輯《季漢五志》，自序稱關公庇佑家族三代，如曾祖母病危，夢關公指示療方而癒，父婚後得重病幾死，亦夢關公而更生，父久婚不育，賴祖父供奉關公像，日夜膜拜，又夢關公而得孫，即王復禮本人，因此，長大後當然要修書以答神恩了。

王復禮立志修書，窮搜博採，前後三十餘年，歷嘗艱辛，中間又以六次奇遇，百思不得其解：一次在浙東江上遇風，默禱片刻即風平浪靜；二是家藏廿一史遭火焚失，好友於舊書攤買得《三國志》舊本，正巧王復禮來訪，遂以為贈；三是好友之友借走《關聖類編》，展轉相告而要回，當夜其家即發生火災；四是有一關公專書新刊，尚未購得，好友即贈予一部；五是三十年前抽一籤，不知其意，至康熙十七年王朱旦在解州獲井磚，撰文揭露關公父祖名字，王多方探聽，知同為浙江人，於是直造其家，得其原稿，始知籤詩之意；六是久欲購《解州祠志》，適因事遊山西，竟於友人處得此書，大喜過望。六次奇遇，雖有「友人之高誼」，其實乃「神明默助」，意《季漢五志》乃關公默佑而成[13]。

王復禮外，其他專書，乃至誌怪筆記小說，幾乎不可避免的要載及關公神跡，即以考證精詳的《關帝事蹟徵信編》而言，崔、周二人用心之專，不亞於王復禮，但二人也不能免俗，於書中常加案語，敘及親身經歷，如關公示夢、降箕等，靈驗非常。

---

12 見《關帝事蹟徵信編》，卷 18 卷末案語，（冊四，頁 42）；及卷 15，（冊四，頁 33）。

13 見《季漢五志》，書前〈凡例〉。

乙、傳聞

關公專書中的神跡，不少來自傳聞，而文人筆記小說中更多，如紀昀，中年負責總纂《四庫全書》，出入各地，藉機以文會友，晚年追憶舊聞，彙成《閱微草堂筆記》，其中即有不少關公神跡，如廟籤之靈、降箕訓示、助平叛亂等，大半來自傳聞；而稍早的袁枚（1716~1797），三十三歲辭官退隱，過悠閒瀟灑的筆耕生活，其號稱「隨園戲編」的《子不語》，更是「滿紙荒唐言」，自然也少不了關公神跡，其中以降箕訓示最多，幾皆非親歷。

丙、轉載

神跡不只靠口耳相傳，有心人又旁搜廣採，爭相轉載，是以同一神跡，往往散見各書，內容則大同小異，關公神話從中唐出現，歷五代宋元，至胡琦編《關王事蹟》，其四門之首即〈靈異〉，轉載先前舊聞，此後，明清關公專書除極少數外，都列有此門，而專書一再傳鈔翻刻，神跡傳播更廣；高宗時期，崔、周合著《關帝事蹟徵信編》，其〈靈異〉門即搜集前代代神跡，共計 227 則，每則均注明出處，而神跡不斷流傳轉載，久之自然走樣，如解池斬蛟、玉泉顯靈、預警李若水等，傳世皆有數本。

丁、附會

虔誠信徒奉關公為神力無邊，無所不能，但少數奇特事件難以理解，理性者視之偶然巧合，有心人士則不作如是觀，往往牽強附會。

最早的例子是南北朝江陵地區的幾場戰役，只因該地多神祠，居民好巫術，中唐的董侹即附會成關公助軍，並言：「聆之故老，安可誣也。」此說即流傳下來，成為所有關公神跡的首篇，崔應榴、周廣業雖略有懷疑，詳加考訂後，明知董侹胡扯，仍一如其他關公信徒，寧可信其有，也不明確拆穿真相，只勉強說「雖乏明文以証董記，庶或有當也」[14]。

其次是荊州玉泉寺的建造神話。該寺是智顗大師所募建，相關史料俱存，與關公全不相關，但七百年後，志磐又據四百多年前董侹碑記，笨拙的附會改造，試圖再令關公歸化天台宗，助建玉泉寺就成為第二件神跡，同樣

---

[14] 見《關帝事蹟徵信編》，卷18案語，（冊四，頁1）。

的，崔、周廣引史籍，早知董逌、志磐一派胡言，仍不明文辯駁，反而又列黃休復、郭若虛、張商英等人附會之說，讀者一看即知，他們正要勸人寧可相信關公神跡，何必太計較呢[15]？

類似例子極多，像王士禎、紀昀所載關公神籤的應驗事跡，其手法皆是逆推式的，即以後來事件勉強套合，以期與先前所抽籤詩相符，而籤詩皆語意籠統，可做不同解說，附會並不困難。

戊、創造

神跡也可以經由創造，不過，創造者不一定是信徒，而是誌怪小說家。早在南宋，就已有關公示警李若水的神話，而清初關公香火正盛，創造神話更是大好機會，能迅速而廣泛吸引讀者，蒲松齡為此中翹楚，在《聊齋誌異》首篇〈考城隍〉，監考官之一是關公，最後也由他決定更換城隍；〈酆都御史〉篇，載關公巡行陰府，助誤闖士人逃離；〈大男〉篇，載小孝子每過關公廟宇，必入拜，其後千里尋父，終達成心願；〈董公子〉篇，載關公主持正義，神乎其技縫合公子被砍頭顱，又用暴雷雨掩護，砍死謀逆婢僕，情節尤為離奇曲折，令人過目難忘，展現蒲氏高妙筆法，兼可傳播關公神威。此外，袁枚《子不語》也有不少神話故事。文人如此好奇，自然使得關公神威更易遠傳。

（五）摹繪神像

關公特殊形象大概在宋元之際逐漸定型，經由戲曲及小說渲染，而後深入民間，元代胡琦《關王事蹟》已有〈神像圖〉，而金元之際也傳《義勇武安王像》，明代中葉，宮廷畫家商喜，繪有《關羽擒將圖》，描寫龐德被俘不屈情狀，筆畫細膩傳神，設色鮮豔，尤為人物畫之經典，清初以來，摹繪關公像，更成為表達敬意、累積功德的美事，有志者樂此不疲[16]。

《關帝事蹟徵信編》載有清初所見各種神像，如許州石刻像，「立馬提

---

15 見《關帝事蹟徵信編》，卷14案語，（冊三，頁449）。

16 商喜《關羽擒將圖》，現藏北京故宮博物院，拙作《武聖關公畫傳》曾申請轉載為封面。

刀，方頤大目，疏髭長鬚」，傳為唐吳道子所畫；解州廟有遺像碑，臉有七痣，鬚髯稀疏，傳說是五十三歲真容；京師像更多，張鵬翮曾見一張，面色正紅，上有七痣，兩顆特大者在鼻上，傳說是明末從宮廷大內流落至市上的；又有人說看過明憲宗所畫像，而宏覺禪師則說世祖曾於宮中造《關夫子勒馬聽風像》，身披黃金鎧甲，用五色寶石鑲嵌而成[17]。

其他關公專書，也幾皆千篇一律，卷首及書中都附有數張神像，並且都稱出自名家手筆，如盧湛即自誇，家中藏有北宋李龍眠所畫像，其同志孫百齡又仿《孔子家語圖》，將關公一生事跡分為五十一節，每節繪圖，再編入《關聖帝君聖蹟圖誌全集》。

然而，繪像最精的，除明代商喜外，要推清初劉源（?~1715 前），劉字半阮，號恕庵，河南祥符人，天才橫溢，兼擅書畫篆刻、陶瓷製墨，能於一笏上刻〈滕王閣序〉及《心經》，世祖時，供奉內廷，曾繪呈磁圖百種，被列為官窯樣本，所製墨也得高宗鑑賞賦詩；劉官至刑部主事，無子，卒後作品流散，著名的《凌煙閣功臣圖》，幸得乾隆時雕刻家朱圭描摹刊印行世，保留至今[18]。（參見書前附圖）

劉源於康熙七年作此畫，自稱欲令觀者「置身將相之林」，即以古鑑今，又以「大士之慈悲，帝君之忠烈」，各加繪三圖，云「以紀風雲之盛，立仁義之極」，期許「有益世教」；此圖集傳頌朝野，前輩國子祭酒吳偉業（1609~1672），一展卷即譽之為「閻立本復出無以過也」，雖未謀面，「想像其為人，意必嶔崎磊落，有凌霄御風之氣」，末後嘆「余之老，不足以追陪名輩」，極其推崇[19]。

---

[17] 俱見《關帝事蹟徵信編》，卷19，（冊四，頁45）。

[18] 劉源略歷，見劉廷璣《在園雜志》，卷一，（頁 33），孔尚任為是書作序於康熙乙未，而二劉同鄉同宗同年，所記最真，惜事跡皆未繫年；高宗詩，見《御製詩三集》，下注「劉源者，康熙初年間人也，內府藏所製博古墨。」（卷87，頁 109）；朱圭摩刻，見書前唐蘭序。

[19] 見《梅村集‧題劉伴阮凌煙閣圖》，未提及圖後觀音及關公像，（卷七，頁 151）。

二、考辨

宋元以來，戲曲小說流行，及宗教家為傳教等因素，關公生平逐漸被添加虛假情節，在明清神威極盛時，更易衍生附會，涉及層面頗廣，理性探討雖為常見，亦每受虔誠信仰影響，致有不近合理之推測與評論。

(一) 綜論功過

綜論關公一生功過，自宋至明，代代有人，褒貶參半，但清初以來所謂的考辨、評論、雜辨等，幾皆只褒不貶，自認其所作為「表闡盛德」而已，茲舉宋實穎〈漢關侯論辨〉以概其餘：

> 合兩國之君臣，老謀譎計，處心積慮，以當侯一旅無繼之師，神鬼變幻於俄頃之間，雖使太公、穰苴復生，亦不能不敗，故漢之亡，不亡於秋風五丈原之星隕，而亡於麥城臨沮之一跌也，此天道使然，豈戰之罪乎？然侯無蚍蜉蟻子之援，而慷慨赴難，父子俱死，上以報君臣朋友之大義，下以壯千古忠臣志士之聲靈，使吳雖能害侯之身，未嘗不悚惕震動於侯之遺威，如雷霆怒潮之不可褻視也，侯之功何如哉？侯之德何如哉？

案：宋實穎，字既庭，蘇州人，順治八年舉人，官至興化教諭，淹貫經史，講學尚經術、斥浮夸，詩文典雅，為詞壇名宿，兼又宅心仁厚，喜獎拔晚輩，故為人所重，是篇能客觀立論，稱魏吳「合兩國之君臣」，以對付關公，言人所未言，而稱其悲壯殉難，足以激勵「千古忠臣志士」，也符合關公的歷史定位[20]。

(二) 關孔並稱

以關公比美孔子，並稱人間雙聖，起自明代，至清初更多，世宗即認為

---

[20] 宋之略歷，見道光《蘇州府志》，卷100，（冊五，頁333）；引文見《關帝事蹟徵信編》，卷23，（冊四，頁226）。

「孔子以聖」、「關公以神」，故追封孔子前五代為王，也追封關公前三代為公。

皇帝都如此，臣下當然藉機大肆宣揚，先前劉凌雲說：「春秋有孔子，後漢有關公，固名教之宗，神聖之極也。」稍後崔琳說：「孔子而外，所當尊崇者惟聖帝。」因而民間傳言關公廟已稱為「武廟」，與孔子「文廟」門當戶對，如康熙中期當陽縣令張士琪即說：「章鄉之陵廟，與曲阜之陵廟，可後先媲美。[21]」

不管真假，若有人膽敢堅持異議，很快就有衛道者挺身而出，如顧亭林考證古今神靈興衰演變，略為懷疑的說：「豈鬼神之道，亦與時為代謝者乎？」而全軌則直言，關公不可比擬孔子：「廟祭，禮所不禁，至遍郡國立之，與社稷、孔子等，其瀆已甚！」顧、全二說，引來崔應榴、周廣業二人長篇大論反駁，言關公「困阨以死，天能不予富貴福澤於生前，不能靳英爽於死後」，卒後推尊乃理所必然，正如岳飛、文天祥，而意猶未盡，再引《魯論》批駁：

> 彼知非直無以為生，則必求所謂正直者為之標準而奉事之，禱祠之，且古來正直者不獨有帝，其人或以奇功著，或以令名終，皆以直生，獨帝以直死，直而生，一世為生，直而死，以千萬世為生，帝以直感人，人以生應帝，其不帝之祀者，是誣罔正直之道也，幸而免，世或有之，我未之見也。夫帝祠廟之盛，乃天理所由長存，人心所由不死，又何疑之有哉？

字字句句均帶有虔誠信仰，衛道之心昭昭彰著[22]。

---

21 俱見光緒《畿輔通志》，卷112，劉記在康熙41年，崔記在雍正13年，（冊四，頁4432、4426）；及《關帝事蹟徵信編》卷末補遺，（冊四，頁572）。

22 見《日知錄》，卷30，（頁875）；及《關帝事蹟徵信編》卷末，（冊四，頁576及580）。

（三）氏族源流

關公世系源流之爭，起自歐陽修《新唐書·宰相世系》，稱關家出自商大夫關龍逢，唐德宗時關播乃其裔孫，未知歐氏何所據，時因關公歷史地位不高，不易引人注意，而南宋鄭樵重彈此調，附和者仍稀。

清初，很多人對關公先世有興趣，康熙 17 年（1678），解州知州王朱旦根據廟旁古井之破磚字跡，曲解附會，稱其中有關公父祖名字及關公生卒干支，此文一出，反應兩極。

甲、關家先祖

關公是否出自關龍逢，源流本末難尋，不易確定，但有不少人極感興趣。冉覲祖撰〈壯繆公考〉，稱「公之世系無考」，但又說：「一忠於夏，一忠於漢，可謂異代同心，淵源有自。」其意似也在附和歐說。

陳常作〈關公考〉，先據解州馮家村傳言，關馮二姓本同宗，而關公本姓馮，少年殺人，故變姓逃亡，陳以為史籍不載，難定真偽；至於龐會入蜀，盡殺關公子孫，可能有避仇易姓者躲過一劫，其後「或復或仍，是以兩存至今」，乃推測「雖無明文，事或如是」。

周廣業則引前代譜牒及地理志書，以為關龍逢有二墓，一在山東安邑縣，一在河南靈寶縣，兩地皆近於解州，所以大膽結論：「其為帝鼻祖，復何疑焉？」至於關公避仇改姓，則又引關公同代之馬忠、王平、張燕、朱然等人為例，雖暫改姓，後皆恢復本姓，關公「豈智反出王馬下？」而《蜀記》載龐會盡殺關公子孫，且不問是否為真，若真，也不過居於成都者，在解州故鄉者何必全改姓，所以應是馮家村人攀龍附鳳之言，「自侈其先世」，當然不可信[23]。

乙、父祖名諱

康熙時，王朱旦開啟關公父祖名諱之爭，據稱解州常平村人于昌讀書關公廟，晝夢關公手書「大易」二字，並說：「汝視殿西為何物？」醒後直奔該處，見人浚井，泥中有碎磚二塊，上有數字，合併讀之，左行五字：「生

---

[23] 見《關帝事蹟徵信編·考辨》，卷21，（冊四，頁119）。

于永元二」，右行三字：「永壽三」，中行十七字：「先考石磐易麟隱士關公，諱審，字問之靈位」，旁有數字：「男毅供」，磚背有二字：「道遠」。

于昌將磚片獻與知州王朱旦，王當下即根據上述二十八字，指認為關公父祖名字，撰〈關帝祖墓碑記〉，大肆發揮：

> 帝祖石磐公，諱審，字問之，以漢和帝永元二年庚寅生，居解梁常平村寶池里五里，…桓帝永壽三年丁酉終，壽六十八；子諱毅，字道遠，…終喪歸村居，為桓帝延熹二歲，明年庚子六月二十四日，生聖帝。

此說一出，附會者不少，馮景據之撰〈關侯祖父名字記〉，說父祖名諱「章章可考，顧忍軼之哉？」林璐也作〈關帝君祖父碑記〉，力讚其說。

後二年，新知州張大本，令巡檢鹽池王閏翻修石盤溝墓地，挖得舊碑，上有楷書大字：「漢壽亭侯關公祖考石磐公之墓」，惜無建碑歲月、建碑人姓氏字樣。雖如此，參照王朱旦之說，更易使信徒們相信關公父祖名諱為真。果然，新州守潘天植一上任，即改書「關聖帝君祖墓」。

其實，王朱旦屈解附會，稍有學養者皆不認同。康熙 24 年，張鵬翮任河東鹽運使，另據明末張法孔〈建祀田記〉中，題神道只稱「關帝祖」，而無名字，判定關家先人早已失考，王朱旦所得碎磚字，亦未明書關公名字，當然不能定為關公祖考，且石磐乃溝名，應係「後人為侯立祖家，求其名而不得，始以地識之」，所以結論，王朱旦是「臆加名諱」。

張鵬翮並未細訪碎磚及墓碑出土始末，所以立論不夠明確有力。康熙 31 年，江闓新任解州知州，二年後公事稍閒，作〈崇寧宮碑〉及〈常平寢殿記〉，欲考關公先世，想起王朱旦碑記，乃傳喚于昌、王閏求證，知其真相，作〈關侯祖父辨〉，將當日浚井及修碑過程公諸於世，又總結說：

> 殘磚上初無關某祖、關某父之說，及碑出，亦未備載某代某年幾世孫立石，安知同姓中別無其人？安知所遺楷書無歲月一碑，不由于後世

之穿鑿傅會者造作哉？輒臆斷為某之父若祖，其謬實甚！

所以結論：「闕之可也，存疑可也，可杜撰乎？」

　　然而，江闓仍未能撼動關迷之心，康熙 34 年，盧湛編《關聖帝君聖蹟圖誌全集》，再附會王朱旦，七年後，王復禮輯《季漢五志》，遍載先前諸家反駁之文，又親自考辯，足見王朱旦造假影響多大了。

　　乾隆 39 年（1774），周廣業再提五點論證以辨「井磚之不可據」：

　　其一，依《儀禮‧士喪禮》，及司馬彪《續漢志》，大喪以木為重，「從未聞有刻靈位於磚者」；其二，依古禮，祭先人自稱孝子，自宋歐陽修始自稱為男，東漢不應如此；其三，稱《春秋》為《麟經》，乃後世村學究之說，而磚中名字互訓，亦極淺顯鄙俚，應非漢人所為；其五，漢墓碑多以漢隸書寫，雖字體略近於後世楷書，但仍有別，而于昌明言楷書，故知非漢隸，自非當時所立[24]。

　　乾隆 55 年，史學家趙翼也加入辯駁之列，認定王朱旦說有四可疑：

　　其一，東漢人尚無別號，而「今既名審，字問之，則石盤乃別號」；其二，東漢時〈中庸〉尚列於《禮記》中，而「名審則字問之，名毅則字道遠」，皆取《論語》、〈中庸〉之文，豈非巧合？其三，關公有二子，碑中「既載其兄，何不載其弟？」顯然昧於史實，又違常理；其四，關公卒後，子孫在蜀，然解州故里可能尚有族孫，碑中不載何地何時何人所立，故斷言，王說不足採信[25]。

（四）生卒干支

　　王朱旦的碑記，明確列出關公出生年月干支及生日，自然也引發論辨。

甲、關公年紀

　　最早推論關公年紀的為元朝胡琦，根據《三國志》，劉備生於桓帝延熹

---

[24] 見《關帝事蹟徵信編‧考辨》，卷 21，（冊四，頁 125）；及王復禮《季漢五志》，卷九，引張鵬翮、江闓及王復禮等之論文（冊七，頁 73）。

[25] 見《陔餘叢考‧關壯繆》，卷 35，（頁 400）。

四年（161），卒於章武三年（223），年六十三，再依宋朝吳泳說張飛享年五十，則關公應出生於靈帝熹平二年（173），而關張皆以兄禮待劉備，關又年長張數歲，故言劉備最大，關公次之，張飛最小。

　　胡琦所言僅如此，王朱旦則直指關公出生於桓帝延熹三年（160），卒於建安24年底（220年初），判定關公享年五十九歲。此說可議，其後，冉覲祖撰《關忠義公考》，依史推論，以為關公遇害時，劉備年五十九，而關公以兄事之，必當稍次，判定關公卒年約「在五十以上，六十以下」，方符合自稱「年衰」之說。

　　乙、關公生日

　　王朱旦說關公出生於六月二十四日，迥異於當時眾多的傳說。

　　最早有關公生日傳說的可能在北宋末年，孟元老《東京夢華錄》中稱六月六日「是日崇寧真君生」，因民間傳說徽宗曾改封關公，然是時關公地位不高，故極少人注意；至元朝，郝經說五月十三日、九月十三日兩天，順天當地關公廟「大為祈賽」，未言此二日之含意；明太祖建南京諸廟，擇定五月十三日，定期遣官祭祀，推測大概擇自郝經之說，此習至清末未變，都當作關公生日。

　　民間則流傳各種不同說法，乾隆中，周廣業多方搜集，發現極不統一，如湖廣地區，元朝以來即定在六月二十二日，解州地區相同，但另傳四月八日為受封日，九月十三日為忌日；而擇日參考書《玉匣記》，說是六月二十三日，《三教源流搜神大全》則認同官方的五月十三日，馮應京的《月令廣義》又說是六月二十四日[26]。

　　另外，關公信仰傳入台灣後，大概結合內地各說，又附會演變，有四月八日、五月十三日、六月二十二日及二十三日與二十四日、九月十三日、十一月十三日。其實，上引任一說，皆無可信史料依據[27]。

---

[26]　見《關帝事蹟徵信編・考辨》，卷21，（冊四，頁146）。

[27]　見鍾華操《台灣地區神明的由來・關聖帝君》，（頁277）。

丙、生辰八字

　　王朱旦載關公出生年月日，未言時刻，故無法列出生辰八字，但很快就有傳說，關公出生干支皆為戊午，即所謂「四戊午」，不知出自何人，癡迷者確信，但力辨其非的大有人在。

　　來集之作〈戊午辨〉，以戊午乃靈帝光和元年（178），是年四月庚戌朔，則戊午乃四月九日，而六月己酉朔，戊午乃十日，因判定是年僅有戊午月，而六月無戊午日；另據劉備為平原國相，關張為別部司馬，此年為辛未（191），則關公只有十四歲，顯然此說不能成立，而即使換成殉難年歲，同樣不符。

　　冉覲祖也有〈年譜考〉，據靈帝在位二十二年，起戊申（168），訖己巳（189），而關公已於靈帝末年追隨劉備討黃巾，應為二十歲上下，若出生於戊午，至此時不過十二歲，安能討賊立功[28]？

　　同時，張鎮作〈四戊午考辨〉，以為依五行生剋之理，言：「土主信義，火主光明而武烈，干支得其全，又年月日時並屬陽剛，戊午久居干支之中，故神於後世。」然四戊午缺金，土敦厚而遲滯，與關公性情不相符，判定此為星命家附會之說，不可採信[29]。

　　周廣業另據命學演進而論，以為宋代方出現八字推命術，東漢尚無時刻干支，推定此說當然是後人所杜撰；經學家閻若璩也撰文考辨，以為有三不合：其一，若出生於戊午，死於建安二十四年，則只享年四十二，比張飛還小；其二，戊午乃靈帝光和元年，是年四月庚戌朔，五月無戊午，則不合世傳五月十三日出生之說；其三，古人始生，只記年月日，而無時刻，如唐朝李虛中算命術，即僅依三者推演，漢代應無干支記時之習[30]。

（五）關公無後

　　東晉王隱《蜀記》云：「龐德子會，隨鍾、鄧伐蜀，蜀破，盡滅關氏

---

[28] 見《關帝事蹟徵信編·考辨》，卷21，（冊四，頁125）。

[29] 見《解梁關帝志·考辨》，卷二，（頁741）。

[30] 見《潛邱箚記》，卷一，（頁422）。

家。」此條被裴松之轉載，附注於關公本傳之末，故有人據此判定關公無後，千餘年間似無人異議，但在清初，以關公的神聖地位，要人相信關公無後，真是情何以堪？

首先發難的是王復禮，他撰文廣徵博引，長篇大論，認為王隱有十五謬：

1、以時地論：陳壽為蜀人，早於王隱，又與關公之孫輩同事，親見鍾會、鄧艾大軍入蜀，在關公本傳中無此記載，而王隱乃陳郡人（今屬河南省），其「地之遠近，時之先後，聞見懸絕」，故言不可信。

2、以後主出降論：劉禪先致書鄧艾請降，求保全臣民性命，鄧親自延見，故無攻城屠戮慘況，後主當可保全關公子孫。

3、以蜀將子孫皆不東遷論：後主出降，遷於洛陽，關、張、趙及諸葛子孫，「皆秉節守正，不隨後主東遷，貪不義之爵祿，故遂無考」，當然也不會為仇家所殺。

4、以鄧鍾治軍論：鄧艾、鍾會二人治軍極嚴，至成都還三令五申，禁止擄掠，則龐會必不敢抗命，擅自殺戮以報私仇。

5、以鍾會造反論：蜀降四月，鍾會造反，成都曾有亂事，姜維等為亂兵所殺，史有明文，但未見關家人物被殺記載。

6、以龐德子年紀論：龐德有二子，殉節後曹丕封其二子為列侯，故知均當已成年，至鄧、鍾率軍伐蜀，相隔四十五年，必已垂老，若有為父報仇義舉，陳壽為何不予以表彰？

7、以龐德葬地論：王隱說鍾會平蜀後，迎德屍歸葬鄴城，然陳壽早已載明，曹丕即其墓賜諡「壯侯」，由此可知王隱書中盡是一派胡言。

8、以王隱詆謗關公論：王隱前記關公圍攻呂布時，言其曾多次向曹操求娶秦宜祿妻，顯然不符事實，因為關公「忠義自持，光明磊落，亦豈有貪色屢啟者乎？」可知王隱處處醜化關公，此不過藉機造謠之一端而已。

9、以孫權想留關公活口論：王隱記孫權擒關公父子，有意「活之以敵劉曹」，裴松之已力駁其誣，可知其書多不可信。

10、以黃權降魏語論：黃權隨劉備伐吳，兵敗無路可退，不得已降魏，

皆有明文，而王隱則說黃權附和魏明帝，曾進言天下「當以天文為正」，又載當時天象變化，紕謬百出，以此推論，王隱書中自多虛浮之語。

此外，王隱書為裴松之採用作注，又隨即駁正的有八條，其中事關劉備、諸葛亮有五條，總合前述，共計謬誤十五條。所以，王復禮總結說：「王隱所記，悉屬荒唐，獲罪千古，不待言矣。[31]」

其後，張鎮作〈譜系考辨〉，雖無旁採廣引，僅以柔性語調說：「忠義之家，不當絕嗣。」認為解州、荊州及蜀地應尚有後代[32]；再後，周廣業也不相信關公無後，在論及關家後代改姓避仇時說：「王隱亦祇就蜀言之，居解者何遽改姓？」認為就算蜀地關公子孫全數被殺，解州仍有宗親，安能說關公無後[33]？

（六）古印書信

南宋出現壽亭侯印，洪邁已辨其為民間廟宇所奉贗品，非東漢故物，元明以來，再傳各種印信、書信及真跡字畫，清初多人撰文考辨。

甲、壽亭侯印

能廣徵史籍，就印信規制予以批駁的，當推張鎮：其一、以印文論：漢世印文皆為李斯繆篆，而此印字體不合；其二、以印鈕論：東漢印信，天子白玉螭虎鈕，諸侯金印龜鈕，而此印為方鼻，非龜鈕；三、以印綬論：組綬本為繫印，綬縫之間偶繫玉環，而此則「環乃在鼻，且連施五環」，與漢制不合；四、以官爵論：關公封爵乃「漢壽亭侯」，而此印為「壽亭侯」，明顯謬誤，另如別部司馬印，亦同為久棄之物；五、以印名論：漢代官印皆稱為「章」，而此稱為「印」[34]。

其後，印圖仍到處出現，實以關公香火正盛，廟宇經常新建改建，印信

---

[31] 見《季漢五志》，卷九，（冊七，頁 77）。

[32] 見《解梁關帝志・考辨》，卷二，（頁 714）。

[33] 見《關帝事蹟徵信編・考辨》，卷 21，（冊四，頁 123）。

[34] 見《解梁關帝志・考辨》，卷二，（頁 747）。

需求正股，故不難理解，乾隆年間，崔應榴、周廣業曾統計，當陽有三顆，大內一顆，復州、杭州、解州等地七顆，印質有金有玉，印文不盡相同，確定為「後人鑄於廟中者」，皆為信仰產物，不必細究[35]。

乙、書信

在《三國志》關公本傳中，略載關公書信，一在殺顏良後寫與曹操辭行，一在荊州，聽馬超來降，寫給諸葛亮，均未載信文，其後陳壽為諸葛亮編文集，也缺而不錄，故能確定，關公並無任何書信傳世。

然而，明代以來，王錫爵、辛全、梅鼎祚等人輯逸古文集中都列有關公與曹操、張遼、張飛等人書信，專書當然樂得轉載，故而流傳頗廣，世人多不懷疑，清初又經品評，其中數句還擲地有聲[36]：

1.入許拜壽亭侯謝操書

其中云：「君猶是漢也，某敢不臣漢哉？」好像已預知曹操要篡漢，相欽拔評為「嚴厲而精警」，方熊則引周瑜罵曹操「託名漢相，實漢賊也」以為佐證，實則文中爵號已誤，竟未見有人批駁。

2.與張文遠書

先引魯仲連義不帝秦，再自稱「職為通侯，列漢元宰，獨可負漢耶？」應是傳說「下邳三約」前的往返折衝語，稍有史學知識者即知其偽。

3.官渡與操書

中云：「使明公威德布於天下，斡旋漢鼎，窮海內外，將拜下風，沐高義矣。」辛全極為欣賞，評為「可對高光，可羞當時，可照後世，讀之浩然之氣，猶勃勃毫端。」同樣的，很少人懷疑。

4.封還曹操所賜告辭書：

> 竊以日在天之上，心在人之內，日在天之上，普照萬方，心在人之內，以表丹誠。丹誠者信義也，某受降之日，有言曰：「主亡則輔，

---

35 見《關帝事蹟徵信編·考辨》，卷21，（冊四，頁106）。

36 本小節所引書信，俱見《關帝事蹟徵信編·軼聞》，卷12，（冊三，頁396~403）。

主存則歸。」新受曹公之寵顧，久蒙劉主之恩光，丞相新恩，劉公舊
義，恩有所報，義無所斷，今主之耗某已知，望形立像，覓跡求功，
刺顏良於白馬，誅文丑於南坡，丞相之恩滿有所報，每留所賜之資，
盡在府庫封緘。伏望台慈，俯垂照鑑。

此信最為有名，其中「日在天之上，心在人之內」二句，尤為關迷們所激
賞，最早出現於明世宗初，呂楠已兩次提及，後來郭子章、焦竑等人相繼引
用，焦甚至載入《關公祠志》本傳中，而明末孫承宗奉命督師，在河北新城
縣、高陽縣關公廟重修碑記中，也兩次引用，可見時人皆信其為真[37]。

清初王邦翰讚之「一腔忠赤，千載在目」，張鵬翮說「肝膽皎潔，如烈
日秋霜，斷非後人擬作」，顯然的，虔誠的信仰使他們失去理性，但終會引
起有識之士的懷疑。

顧湄首先批駁，據信中「主亡則輔，主存則歸」，參照本傳「吾受劉將
軍厚恩，誓以共死，不可背之」，懷疑「主亡則輔」是「背劉乎？不背劉
乎？」次為錢謙益，作〈辭曹拜辭書辨〉，就主存、主亡二語，認為「以存
亡易心，侯豈為是言乎？」故斷為：「此乃流俗諛聞，不讀史傳之人假託為
之。」其後張鎮，則從措字用語判定：「其詞鄙俚，絕非漢人習氣」，而崔
應榴、周廣業則據史實推論，曹操為丞相乃建安十三年六月，而此信寫於建
安五年，如何稱為丞相？而誅文醜者非關公，所言不合，故言「實有大可異
者」[38]。

5.歸昭烈謝曹操書：

主憂則臣辱，主辱則臣死，曩所以不死，欲得故主之音問耳，今故主
已在河北，此心飛越，神已先馳，惟明公幸少矜之，千里追尋，當不

---

[37] 見《涇野先生文集》，卷一、卷15，（冊一，頁44及冊八，頁30），及其《義勇武
　　安集序》；孫之碑記，見光緒《畿輔通志》，卷111，（冊四，頁4394及4402）。
[38] 見《季漢五志》，卷九，（冊七，頁66）。

> 計利害謀生死也，子女玉帛之覬，勒之寸丹，他日幸以旗鼓相當，當
> 退避三舍。

張鎮不疑偽作，載入本傳中，相欽拔評為「節短音長，不愧盲史。」唯有崔
應榴、周廣業認為：「奉昭烈家累，潛離虎口，雖貽書開陳大義，動以忠
誠，猶不能保阿瞞之必不我追，豈有故作亢詞以重其怒？」判為偽作。

　　6.上張翼德書

　　首云：「操之鬼計百端，非某智縛，安有今日？」語氣頗為自負，又稱
張飛為將軍，末云「死罪」。據周亮工稱，曾見米南宮書帖，焦竑將之摩刻
於正陽門廟中；而盧湛則欣賞萬分，以為「正大簡嚴，當非偽作」；無名氏
《關帝譜》則斷為古城聚義前所作，唯有崔應榴、周廣業以為張飛為將軍，
在劉備控制荊州諸郡後，此時乃中郎將，不得稱將軍，且東漢書信，多稱人
「足下」，自稱「僕」，判此信明顯為偽作。

　　總之，上引皆為關公信仰盛行下的偽作，不必認真看待，而早在元初修
《宋史》，史官已嘆：「史稱關雲長通春秋左氏學，然未嘗見其文章。[39]」
稍後《關王事蹟》中也無任何記載，何以明清之際才紛紛問世？當為虔誠信
仰使然，他如畫作及書法真跡，可一併作如是觀。

（七）相關事跡

　　三國故事流傳久遠，不免失實，文人又多所增刪創造，使得民間所傳生
平，真假糾結，令人眼花撩亂，考辨類專論極多，僅引較具學術價值者。

　　冉覯祖《關忠義公考》，列十八目：姓氏、發跡、遇合、陷曹、封侯、
歸劉、功績、報曹、拒孫、學問、丰度、臨終、年譜、子孫、從難、爵諡、
廟祀、評騭，立論全以正史為據，不附會俗說，算是全面考辨關公生平之
作；王復禮輯《季漢五志》，書中也列有考辨短篇論文，如陳常《關公
考》。

考證最精詳的要屬崔應榴、周廣業之《關帝事蹟徵信編》，其中〈考辨〉篇列有十七條：氏族源流、祖父諱字、年歲生卒、涿郡結義、乞納秦宜祿妻、斬貂蟬、下邳三約、秉燭達旦、表封漢壽亭侯、去曹歸劉、華容釋操、單刀會語、好左氏傳、帝配姓氏、子姓譜繫、皈依普靜，以及雜綴，搜羅最為齊全。

上引篇目，有不必考的，因無史料依據，如斬貂蟬、下邳三約、秉燭達旦、華容釋曹、帝配姓氏、子姓譜繫、皈依普靜等；有考不出結果的，如氏族源流、生卒年歲，因史料不足；唯有數項可愈考愈明，如漢壽亭侯及壯繆謚號之意義、赤壁烏林之位置、單刀赴會本末等，而綜上所述，由於考辨者之基本動力來自信仰，致常不夠理性客觀，有如為關公辯護，如崔、周書中〈乞納秦宜祿妻〉條，遍引諸書，篇末案語云：「帝與操如薰蕕然，一乞妻，一納妻，斯同臭矣，有是理乎？」遂以關公「剛嚴方正」而否定此事；而〈氏族源流〉條，論及龐會盡滅關氏，又說「祇就蜀言之，居解者何遽改姓？[40]」

三、異議

清代文人普遍崇敬關公，但如同明末，仍有極少數見解歧異，未與世俗同步，如落魄世家子弟曹雪芹，大學者王夫之。

曹雪芹的名著《紅樓夢》，成於關公信仰鼎盛之際，書中常提民間習見的各種宗教行為，如齋醮、法會、念佛、扶乩、抽籤等，也載各類寺廟庵觀，但幾乎沒有關公身影，只有在第五十一回，眾金釵品論薛寶琴的十首懷古絕句時，李紈說道：「那年上京的時節，關夫子的墳，倒見了三四處，關夫子一生事業，皆是有據的，如何又有許多的墳？自然是後來人敬愛他生前為人，只怕從這敬愛上穿鑿出來。」口氣中性，像極《金瓶梅》，唯末句很能解釋現況[41]。

---

[40] 王鳴盛《十七史商榷・關傳注多誣》，卻認為《蜀記》載此事「或係實錄」，（卷41，頁217）。

[41] 參閱拙作〈紅樓夢中的民間宗教行為〉，文中引語，見51回，（頁426）。

　　然而，最特別的，要屬王夫之。

　　王夫之（1619~1692），衡陽人，字而農，一號薑齋，晚年隱居湘西石船山，學界因稱為「船山先生」，他學貫諸經，年輕時多次參加鄉試，中舉後，欲赴京會試，至南昌為流寇所阻，不久，清軍南下，轉而參加瞿式耜的抗清義師，又遠赴桂王陣營，歷經戰亂，明亡不屈，誓不薙髮，致被清廷通緝。綜觀其一生，四處流離，而精力過人，著述不輟，經學成就尤高，然而，礙於時勢，一生遊履，最北不過南昌，南僅至廣西，未涉足他地，相識名人極少，門生也不多，是一位自甘寂寞的學者，其眾多作品中，與本書主題相關的為《讀通鑑論》[42]。

　　在書中，王夫之對蜀漢人物，只許可諸葛亮，稱「惟武侯不可苛求焉」，其隆中對策雖非完美，所採奇正互用之術，應可自保，而東吳魯肅相唱和，若吳蜀合，則能與曹操相抗衡，可惜：「吳則周瑜、呂蒙亂子敬之謀，蜀則關羽、張飛破諸葛之策。」再則，劉備也只是個庸才軍閥：「始欲自彊，終欲自王，雄心不戢。」亦無謀國遠略，致吳蜀盟約難繼：「先主不死，吳禍不息，祁山之軍不得出也。」至於關公，行軍作戰，折衝樽俎，更無一是處。

　　首先，長阪之戰，毫無勳勞：「昭烈之敗於長坂，羽軍獨全，曹操臨江，不能以一矢相加，而諸葛公東使，魯肅西結，遂定兩國之交，資孫氏以破曹，羽不能有功，而功出於亮。」赤壁戰後，更是心態失衡，對內忌妒同僚，對外不守盟約：「羽於是以忌諸葛者忌肅，因之忌吳，而諸葛之成謀，遂為之滅裂而不可復收。」

　　其次，鎮守江陵時，屢與魯肅衝突：「爭三郡，貪忿之兵也，…不知肅之志氣與其苦心。」致吳蜀難以同盟，且「忮吳怒吳，激孫權之降操」，故而：「吳蜀之好不終，關羽以死，荊州以失，曹操以乘二國之離，無忌而急於篡，關羽安能逃其責哉？」

---

[42] 王夫之生平，見《清史稿》，（冊 145，頁 13），另參閱梁啟超《中國近三百年學術史·兩畸儒》，（頁 74）。

　　復次，北攻襄樊，挑起事端：「懷忿以與孫氏爭，操知之，而坐待其敗。」認定關公北伐是意氣用事，有勇無謀，「以矜勇者，可使居二國之間乎？」而致之者，是劉備的私心寵信：「關羽可用之材也，失其可用，而卒至於敗亡，昭烈之驕之也，私之也，非將將之道。」最終「遂絕問罪曹氏之津，失豈在羽哉？先主自貽之矣。[43]」

　　船山先生的評論，因終生僻處湖湘，著作不甚出名，鮮為當代所知，否則，不知關公信徒能接受否？嘗試依據史實平心評論之。

　　長阪之戰，關公另領有任務，帶兵走水路，怎能責他「不能以一矢相加」？何況保存水兵，成為赤壁之戰的堅實武力，諸葛亮不是告訴孫權「關羽水軍精甲萬人」嗎？該計一功，卻反遭責罵；至於戰前吳蜀兩方折衝往返，皆由文人如諸葛亮、魯肅擔綱，武將本不在外交第一線，應是古今中外之常態；還有，關公曾與諸葛亮不睦嗎？諸葛亮親切稱他「吾髯之絕倫逸群」，又如何理解？

　　南方三郡爭奪，雙方均勢在必得，遷延頗廣，導致孫權親至陸口，劉備來到公安，若有背盟疑慮，當由孫劉二人自行評估負責，何況最後也是和平收場，只不過單刀會中擦出一點火花，怎會是「貪忿之兵」呢？而曹操雖早有不臣之心，但何嘗「無忌而急於篡」？至於孫權向曹操稱臣，乃在關公北攻後的權謀，準備偷襲荊州，卻怕魏方來襲，又非關公擅向東吳開戰，所以，怎會是「激孫權之降操」？顯然顛倒因果。

　　至於北攻襄樊，雖受限於史料，不明關公發起時間與原因，推測劉備即將完全占領漢中，已派劉封、孟達沿漢水東南下，所以北伐應是戰略配合，符於隆中對策的「出兵宛雒」，而且關公也有周全準備，怎會是驕兵悍將呢？其最終敗亡，熟悉史實者當知，魏吳二方傾全國之力，以對付關公一人，劉封、孟達不聽令出兵，而諸葛亮又毫無處置，劉備也不支援，此四人可不負責嗎？又如何會是劉備「驕之也，私之也」？而即使吳蜀堅守盟約，又何時有能力「問罪曹氏」？

---

[43] 引文俱見《讀通鑑論‧漢獻帝》，卷九，（頁170~175）。

　　總之，船山論關公，全部不符事實，雖處亂世而不能欣賞忠義大節，純以成敗論英雄，忿恚語句太多，近於俗儒，大失學者格調！推測他史學造詣不深，僅讀《資治通鑑》，未參照《三國志》，只知簡單關公事跡，忽略溫公書中殺顏良、謝曹歸劉等情節，越過專長之經學，跨足生疏領域，遽下評斷，失於嚴重偏陂，類似南宋洪邁、戴少望等人，對劉備、關公極不公平！近人曾評之：「原始要終，通貫曉析，邪正心跡，羅羅指掌，而空言苛論，亦多有之，蓋生當明季，目擊心傷，人才之所以敗壞，宗社之所以顛覆，馳騁抉剔，毫髮不使遁逸，所以寄悲憤而攄素抱者，別有所在，善讀者當心知其意也。」雖為之緩頰，然「空言苛論」四字已足令其顏面無光[44]！

---

[44] 見《續修四庫全書提要》，（冊八，頁3373）。

第六章　關公信仰

關公生平事跡，及其身後歷史地位演變，其中原委，已散見書中各章節，簡而言之，今人所謂的關公，其實是由歷史上的真人關羽，經歷長期演變而成，由「關羽」到「關帝」，只是一字之差，卻足足經歷近一千五百年（從東漢靈帝中平元年至明神宗萬曆 42 年，184~1614）；而元明以來，由英雄、聖賢與神靈混合醞釀的「關王」，再經明清之際推尊而成的「關聖帝君」，其神格步步高升，靈異事跡普傳，專書、經典紛紛問世，廟宇信徒遍及天下，…凡此種種，信仰早已成形，具足宗教的基本內涵，稱為「關公信仰」或「關帝教門」絕不為過，故而書末再援引宗教學論點，以釐清崇拜與信仰的意義，作為本書的總結[1]。

第一節　信仰動力

關公由一介具備俠義精神的平民與無比神勇的英雄，到成為萬國朝宗的「關聖帝君」，其動力是多面向的，約言之，計有下列四項。

一、靈異事跡普傳

任何為信徒所供奉的神靈，都會流傳一些特殊與反常的事跡，宗教學上稱為「神跡」，而關公專書中則多稱為「靈異」，此乃構成神靈觀念的重要內涵，剔除靈異事跡，則神靈必定所剩無幾，古今中外皆然，沒有例外。

---

[1]　多年前，黃華節先生已有「關帝教門」、「關帝信仰」之說，見《關公的人格與神格》，第七章、第八章。

　　民間神靈與靈異事跡是一體并生的，有靈異事跡才有信徒及廟宇，神威才能遠傳，欠缺靈異事跡則必然很快就失去香火，廟毀像亡，《老子》有云：「神無以寧，將恐歇。」說得清楚不過，元明清的關公專書幾乎都列有靈異項目，初期只有少數幾則，越到後來則繁衍滋生，令人目不暇給，參照關公神威漸盛的過程，即知「百禱百應」乃為第一原因[1]。

　　傳世的關公靈異事跡有多少，無人確知，因為至今尚在流傳變化中，茲就盧湛《關聖帝君聖蹟圖誌全集》，及崔應榴、周廣業《關帝事蹟徵信編》二書所列，共計二百七十餘條為例，並參照相關筆記小說、地理志書所載，嘗試分類說明[2]。

(一) 兵事

　　即關公顯靈助軍，克敵制勝一類事跡。

　　最早的傳說起自唐德宗時代，謠傳關公在南朝梁代助軍擒任約及協防江陵城，後又助智顗建玉泉寺，雖然這數則神話故事與史實全不相符，但信徒仍深信其為真有。

　　北宋時流傳關公助山西軍平定邕州蠻亂，宋元之際則流傳關公率陰兵平定盤據解州鹽池的蚩尤；而明中葉以來，倭寇為患東南沿海，則流傳關公多次顯靈，助軍守城退敵，明末流寇竄擾全國各地，神跡更因此而遍傳各地，而因軍援朝鮮，廟宇、神話就順便出現在朝鮮、日本等地；在清初，又因多次用兵外蒙、新疆、西藏等地，神話當然少不了。

(二) 救災

　　民間災害本多，有涉及國計民生的，也有只關係個人安危的，如妖怪、水旱、疫癘、地震、火災、病害等，救治災害的傳說極多。

　　最具代表性的是平定解池妖怪。這本是兵事神話之一，但因解池乃北宋重要鹽池，關係民生國計至鉅，神話出現於北宋末，本是較為籠統的「關羽

---

[1]　明朝余有丁語，見《余文敏公集‧漢壽亭侯關公神應記》，卷五，（冊四，頁 12）。

[2]　本小節參照洪淑苓《關公民間造型之研究》，第五章〈關公神蹟傳說之類型與義涵〉寫成，非必要不另註明出處。

斬蛟」，元代傳言漸多，雜劇有《關雲長大破蚩尤》，而胡琦《關王事蹟》轉載則說引自「古記」，時間內容不同，改為宋真宗大中祥符七年（1014），蚩尤作祟，鹽池水減，後由龍虎山張天師召攝關公，以陰兵擒殺之。無論平妖、斬蛟，或殺蚩尤，神話都極為迷人，也易推升關公的知名度[3]。

至於救助水災，在明中葉時，因整治黃河、淮河、運河過程中，傳出關公以神力退水，助守高家堰之神話；而與水災相反之旱災，民間也流傳許多關公顯靈賜雨神跡。

（三）科考

科舉考試自唐代出現，至明清而體制趨於健全，但由於讀書人口增多，中舉機率大為降低，士人十年寒窗，不見得能一舉成名，於是盡人事外，多求助於神靈，拜文昌帝君、至聖先師，求箕仙或抽籤，以請示試題等等作法，不一而足，當然，憑著各地關公廟的熊熊香火，士子爭相祈請乃是司空見慣的。

有關科考的靈異事跡，不外是考前預示題目、赴考途中護助、指點仕途、宣揚善惡因果報應等項，對應考士子而言，科考是一舉定終身的大事，緊張忙碌之外，得失之念過重，偶近於神經錯亂，故易產生種種幻象，這是考試制度的後遺症之一，卻也是民間「增加迷信及鞏固安身立命之說」的好機會，關公香火之盛，部分也得自於此[4]。

（四）獎善

上述三項大都關係到國家大事、地方公益或特定人士之個別利害，以下則是屬於民生百事，牽涉對象較為廣泛。

善行有善報，惡行有惡果，本是自古即有的信念，《易・坤卦・文言》云：「積善之家必有餘慶，積不善之家必有餘殃。」《老子》亦云：「天道無親，常與善人。」而佛教傳入中土後，其輪迴報應說深入民間，當然也附會各種靈異事跡，使獎善懲惡由天道成為人間各地顯神的主要職司，香火越

---

[3]　參見朱越利〈道法會元中的關元帥〉，可知從北宋起，神話都是道士們編造的。

[4]　參閱鄧嗣禹《中國考試制度史》，第五章，（頁352）。

盛的神跡自然越多。

　　就關公獎善事項，可依其善行分為四類：一為敬事關公，必得富貴壽考，家門大盛，又如無嗣求得子息，臨難之際獲保性命，困頓時有貴人排難解紛等；二為孝悌道德，因此類善行而獲關公庇佑之例極多；三為一般善行或義舉，如賑災佈施，或緊要關頭挺身而出，因之而獲福報；四為忠義正直，正人君子雖偶而受到誣衊，往往可得關公庇佑，洗刷冤屈。

（五）懲惡

　　懲惡是獎善之反面，等於是消極的獎善，關公的神威藉此更易遠揚。

　　懲惡項可分為四類：一為不敬關公，在關公神威鼎盛之際，民間多流傳不敬或褻瀆關公，如狂言妄語、懷疑神通，或侵占廟地、毀損經文及廟宇器物等，此類行為必招致禍害，報應通常為撲殺、鞭打、得病、發瘋、絕後等；二為不孝親長，百善孝為先，不孝之罪過當然無可逃避，懲處方式不外拿送官府議罪、直接斬殺或轉生畜生等；三為不忠不義，對國家不忠，對友人不義等行為，以斥責居多，若屬累犯或惡行重大，則以斬殺作收；四為姦淫婦女，萬惡淫為首，犯此戒通常不得好死。

（六）治病除疫

　　病症原因極多，單純生病，本可找大夫治療，但民間多認為病因起於招引邪祟，故而治病除疫自然也是神靈日常職司。

　　此項又可分為三類：一為治病，病人多在夢中感應關公顯聖，授以藥方，或指示誦讀經文、戒食牛肉等；二為去疫，民間多認為疫病由瘟神而起，所以去疫即等於趕鬼，其方式不外藉夢示警、賜予符籙等；三為驅邪，鬼狐精怪為禍人類傳說，本就在民間廣泛流布，以關公的神威，自然足可滿足信徒需求，故此類神話也不少[5]。

---

[5]　本書之修定已持續多時，進展有限，不得已自給壓力，預訂行程，年來每日電腦桌前至少工作五六小時，而筆者已過古稀之年，除視力略受影響，竟然無病無痛，當然歸諸關公庇佑，於此增一靈異事跡。

二、政治力量介入

宗教勢力之壯大，神靈威信之遠傳，固然可藉多途，如前述靈異事跡，或高僧高道的發願弘法，或虔誠信徒之皈依散佈，但缺少政治力量之奧援，終是事倍功半，所以，東晉時道安說：「不依國主，則法事難舉。」應是經驗之談[6]。

其實，古代國家本是政治與宗教合流，《易・觀卦・象》云：「聖人以神道設教，而天下服矣。」而《左傳》不也說「國之大事，在祀與戎」嗎？兩者本就相互依存，甚至相互利用，即使後來宗教勢力稍歇，政治力量介入宗教信仰，古今中外仍皆司空見慣，從關公歷史地位演變來看，亦不例外。

雖然關公香火多半在民間醞釀，但有上層政治勢力的帶動，傳播更易借力使力，在明神宗改封關公之前，已有多例，如宋徽宗、元文宗等的加封，元世祖的游皇城，以及明太祖、成祖於南北二京建置廟宇等，種種措施均足以拉抬關公地位，在神威漸盛之際，當然更具加油升溫作用。然先前大多隱含意圖，真正以功利手腕且明言其事，要推清初君臣。

（一）清初二帝

清世宗之推崇關公，當參照其整體宗教政策，方能認清真正用意。他喜好長生方術，親近道士賈士芳等人，但知賈誦咒語有云：「天地聽我主持，鬼神歸我驅使」，隨即毫不留情加以誅戮；喜好禪學，自選《歷代禪師語錄》，刊頒天下，所辦法會，有真人、羽士參與，又自稱圓明居士，列於禪宗諸師之後，但一入宗門，見法藏、弘忍言論不合己意，又著《揀魔辨異錄》以駁之；接見蒙藏臣民，知皆篤信喇嘛教，即於潛邸改建為雍和宮，其中佛寺林立（後來皆成為藏傳佛教寺院），又拜章嘉活佛為師，成為密宗入室弟子[7]。

由此可知，世宗非真正迷信宗教、神靈或方士，而是理性認識諸家，作

6　見《世說新語・賞譽》，劉孝標注引車頻《秦書》，（頁 361）。

7　見《國朝宮史》，卷 16，（頁 96）；及蕭一山《清代通史》，第二十九章〈雍正之內治〉，（冊一，頁 890）。

為宗教政策之參考，目的不外「以政馭教」。他對關公的態度當然也是如此，表面看種種推崇措施，已等同於下層社會的癡迷信徒，甚且虔誠又過之，然細觀之，政治目的即在其中。

雍正二年（1724），為崇報「效忠宣力之臣」，敕建「昭忠寺」；八年七月，諭令內閣，為「自開國以來，致命立功、盡忠報國之儔，皆得春秋妥侑，世世血食」，另於京師「白馬關帝廟」之旁，擇地建廟，命名「賢良祠」，目的「既樹羽儀於一世，宜隆俎豆於千秋」，而最重要的，當然是「且使世世為臣者，觀感奮發，知所慕效。」企圖至為明顯，期望天下臣民見賢思齊，對關公當然要效法其忠義精神，好為大清帝國賣命，正是典型的「神道設教」[8]。

至於高宗，當然沒讓前輩專美於前，他有樣學樣，並且青出於藍，兩次更改關公諡號，第二次在乾隆 41 年，起因於編纂《四庫全書》，見陳壽書載壯繆不合己意，下諭旨：

> 關帝在當時，力扶炎漢，志節凜然，乃史書所證，並非嘉名，…夫以神之義烈忠誠，海內咸知敬祀，而正史猶存舊諡，隱寓譏評，非所以傳信萬世也。今當鈔錄《四庫全書》，不可相沿陋習，所有志內關帝之諡，應改為「忠義」[9]。

諭旨贊揚關公「志節凜然」，「義烈忠誠，海內咸知敬祀」，又指舊史「隱寓譏評」，所以下令改諡，用以表彰關公的高貴德行，希天下臣民，一體遵行，潛移默化。

（二）地方官吏

相較於高高在上的皇帝，地方官吏多數純真虔誠，其崇奉主因在相信靈異能力，以及忠義精神有功名教，故而掌控方面重責大任後，每每利用公家

8　見《世宗實錄》，雍正八年七月，（冊 14，頁 1469）。

9　見《四庫全書總目提要》，卷首〈辦理四庫全書歷次聖諭〉，第十一條。

資源，倡建廟宇，又以身作則，經常拜謁祈求，當然有助於提升關公神威。

　　在清初，大概基於世宗、高宗二朝多項崇奉措施，地方官吏於修建關公廟時，常直言不諱其意圖，如乾隆 42 年（1777），台灣知府蔣元樞即說關公忠義之氣：「宜足樹萬世委身事主之範」，故立廟實為：「仰止神明，用鼓其忠誠義烈之氣，而潛化其恣睢囂競之風，習俗之轉移。[10]」

　　乾隆 44 年，高宗親令重修承德府關公廟，並改鋪黃瓦以示尊崇，落成，戶部尚書梁國治（1723~1786）作記，先頌揚大清國威：「朝宗輻輳，萬國會同」，又說附近蒙古各部落，也因近地之便：「歲時朝覲者，亦得展禮廡下，以申畏神服教之誠，以昭文德武功之盛。」說明白，就是要利用關公，管教外藩臣民[11]。

　　再如，宣宗道光五年（1825），正定知府金洙重修關公廟，完工後請直隸總督那彥成作記，稱關公志在天下，來往於太行滹沱之間，必經此地，而今關公威靈顯著，四方官民商賈「廟下瞻拜，莫不聳然而動，生其恪懼，斂其邪肆，況生聚作息於其地，能不俯仰震肅、畏神服教也乎？」故而修廟乃為「將揚神烈而宣武威，鎮華夏而衛畿輔，通神之道以治人，以及天下四夷。」態度明確，信仰與教化合一[12]。諸如此類，不勝枚舉，有這麼多虔誠的地方官吏，關公廟的香火那有不盛之理？

三、運會代謝演變

　　凡人一生之吉凶禍福，找不出明確的因果關係，只覺若有前定，難以合理解釋，勉強稱之為「運命」，如魏李康〈運命論〉云：「治亂窮達富貴，莫不由于運命。」引申言之，人死後之歷史地位，有高有低，非蓋棺所能論

10　蔣元樞〈重修關帝廟碑記〉，碑尚存台南祀典武廟中；蔣，字仲升，常熟人，乾隆
　　24 年舉人，任福建知縣，陞台灣知府，在任頗有建樹，見道光《蘇州府志》，卷 66
　　及卷 86，（冊三，頁 1318，及冊四，頁 1240）。

11　見光緒《畿輔通志》，卷 111，（冊四，頁 4402）；梁之生平，見《清史稿》，（冊
　　112，頁 23）。

12　見光緒《畿輔通志》，卷 112，（冊四，頁 4426）。

定，其升降亦如四時萬物代謝之狀，以此眼光看待關公歷史地位演變的，也大有人在[13]。

（一）朱國禎

明末朱國禎（?~1623），字文寧，湖州烏程人，萬曆 17 年進士，熹宗時內閣首輔之一，時魏忠賢專橫，正人多遭斥去，國禎依違其間，雖不致助紂為虐，亦無骨氣與之抗衡，魏評之：「此老亦邪人，但不作惡，可令善去。」可見他性格，其論關公，亦自異於時人：

> 聖人繼天立極，每每神道設教，聖人不生，則神自設教，雲長必明神轉世，姑托此幻軀，著姓名、結兄弟，馳騁干戈擾攘之場，聳動人耳目，著之史冊中，俄然兵解以去，而神乃愈烈，要知氣運薄，故寥寥二千年間，聖人不生，生亦扼于有位，于是有神焉，出沒隱見其間，以待聖人之生，以補聖化之所不足。

認為關公是「明神轉世」，在人間轟轟烈烈一場，雖「著之史冊中」，然使命未了，後又回歸神界，續此前緣，「以補聖化之所不足」，暗示時下足與孔子比肩，但也可能「出沒隱見其間」[14]。

（二）孫奇逢

孫奇逢（1584~1675），字啟泰，又字鍾元，保定府容城縣人，慷慨任俠，明熹宗時，魏忠賢害左光斗等一輩忠良人士，孫為布衣舉人，即與定興俠士鹿正倡議釀金，謀代輸以緩其獄，且安排照顧諸人子弟，另與鹿子善繼遠走關外，告難於兵部尚書孫承宗，求其聲援；不成，光斗冤死，仍不畏魏忠賢，仗義護衛歸骨，其後清兵入關，倡組義軍守衛故鄉，由是而名重一時；入清不仕，先後隱居易州五峰山、輝縣蘇門山，而後定居夏峰村，講學

13　見《昭明文選》卷五。

14　見《湧幢小品‧關雲長》，卷 20，（頁 4693）；生平見《明史》本傳，（冊六，頁 6251）。

二十餘年，與弟子躬耕自給，四方學者多來歸，尊稱為「夏峰先生」[15]。

孫奇逢是俠義儒者，當然敬信關公，在關公神威最盛之際，也同世人一般膜拜，家中廳堂只供奉祖先與關公：

> 侯生於漢季山右之蒲州，與昭烈、桓侯義結桃園，歷艱難險阻流離顛沛者，不知凡幾，三人至死而盟愈堅，誼遂夐絕千古，人無論智愚賢不肖，莫不仰侯之威靈，敬而畏之，余家自祀祖考外，別無奉，獨有侯小像一軸。

他鄉試同榜好友鹿善繼，崇拜關公更為癡迷，幾乎無事不求，認為關公一生義行，乃人間最高貴情操，為世表率，已成聖成神：

> 後見鹿太常善繼家亦懸侯像，每有疑事，告虔請質應如響，因為余言：「行造其極之謂聖，侯平生所知，惟義之一字，故云：日在天上，心在人中。試觀一生行事，自桃園起家，以至樊城畢命，無一事不秉義而行，豈無過中之處？然無迴護無掩飾，正如日月之蝕，皆見皆仰，所謂人中，過智中愚，其足色處正是其證聖處耳，聖而不可知之謂神，千古英靈，久而愈著者，總皆義所流露煥發，誠不可掩，正如此。」

盛稱關公義行，乃「千古英靈」所以「流露煥發」之因。案：鹿善繼（1575~1636），定興人（與容城縣具屬今保定市下轄縣），字伯順，號乾嶽，父鹿正慷慨好義，遠近稱鹿太公，善繼秉承家學，萬曆進士，出任多地，後入大司馬孫承宗幕，參贊軍務，很得倚重，明末鄉居，崇禎九年，清兵掠至家鄉，毅然號召義兵守城，城破不屈而死；其治學講究實用，鄙視浮虛，曾言：「離職掌言學，則學為無用之物。」又言：「讀有字書，卻要識無字

---

[15] 孫奇逢生平，見魏裔介等五篇傳記，刊《夏峰先生集》書前，（頁30~86）。

理。」他與孫奇逢相惜相知，論交四十年，皆敬信關公[16]；但鹿有一奇特觀點，以為關公威靈越到後世越為顯著，除千秋義氣外，就是「運會」二字，孫其逢也極認同：

> 余曰：「古來名將，守義如侯者不少，而聲靈赫濯，莫與京焉，即如堯舜禹文周孔，其生安至？聖與天同體同用，而以問之，愚亦有所不知何也？」善繼曰：「至誠如神，顯微無間，不必赫濯，不必不赫濯，古來名將，豈以沒無威靈減生前聲價？然侯之愈彰顯於沒後者，人謂其以火帝遇文明而發，或亦其運會之適然者歟？至若堯舜孔子，則猶天也，仁義禮智，皆四時之使而效靈於天者也，天之體不可見，而效靈者則煜耀人耳目之表，然至聖之昭露，必借五德為發皇，故俎豆宮牆之真脈絡，斷當以忠孝節義一流人為配饗，尼山志在春秋，史稱侯喜讀《春秋》，千秋大義，獨得其真，即以侯為聖之義亦可！」余服膺此語[17]。

將關公神威愈顯歸於「運會」，又以往聖先賢齊家治國之大道理，必借關公等「忠孝節義一流人」廣加傳播，故能更加深入民心，所以關公可視為「聖之義」者。

鹿孫二人，平素急公好義，解冤救弊，而國家有難，也必凜然一身任之，明末兵亂，孫倡義軍，不成走河南，鹿守定興，城破殉國，二者都為典型忠臣義士，其事跡剛好為關公忠義精神立下明確註腳，前後相互輝映，運會之說，或有感於明末紛亂政局，是非不分，小人得勢，君子潛消，故而期待有朝一日，含冤人士得以昭雪。

---

16 鹿善繼生平，見孫奇逢《夏峰先生集·鹿忠節公傳》，卷八，（冊九，頁 21）；盧象昇《盧忠肅公集》，卷 11，（頁 1260）；及錢謙益《初學集》，卷 50，（頁 22），足見忠義之人，競相傳之。

17 見《畿輔通志》，卷113，（冊四，頁 4449），未載於《夏峰先生集》中。

（三）顧炎武

顧炎武（1613~1682），字寧人，崑山人，曾參與抗清義師，不成而游學四方，遍歷各地，以經世致用自期，所至則小試身手，曾墾田於長白山下，畜牧於雁門之北，累致千金；平生精力絕人，自少至老，無一刻離書，著作等身，不愧為一代大儒，既能「坐而言」，也能「起而行」，學風影響當代後世至鉅[18]。

顧亭林曾撰文考證古今神祠演變，見各朝各地神靈幾乎無一能「神威遠鎮」，如秦朝早期的陳寶、杜主二神，到西漢已「絕無影響」；而西漢劉章之神，自王莽至晉，也曾盛極一時，光濟南一地，即有六百餘祠，「而今並無其廟」；漢末以來的蔣子文，在明初雖仍列於南京十廟中，但明末「亦不聞靈響」；六朝顯神之一的項羽，亦復如是，反倒是晚近才出現的梓潼、二郎、三官、純陽等神，香火轉盛，唯有關公最為特別：

> 關壯繆之祠，至遍於天下，封為帝君，豈鬼神之道，亦與時為代謝者乎？應劭言：「平帝時，天地六宗以下，及諸小神，凡千七百所，今營寓夷泯，宰器闕亡。」蓋物盛則衰，自然之道，天其或者欲反本也，而《水經注》引吳猛語廬山神之言，謂：「神道之事，亦有換轉。」昔夫子答宰我黃帝之問，謂：「生而民得其利百年，死而民畏其神百年，亡而民用其教百年，故曰黃帝三百年。」烈山氏之子曰柱，食于稷，湯遷之而祀棄，以帝王神聖且然，則其他人鬼之屬又可知矣[19]。

此文中列舉四例，以證明「鬼神之道，亦與時為代謝」：

一引應劭《風俗通義》：言西漢末年平帝時代，天下神祠共有一千七百所，但至東漢末年不過將近二百年，已是全數消聲匿跡，豈非物盛則衰？

---

[18] 顧之生平行誼，見《清史稿》本傳，（冊 146，頁 3）；及何貽焜《亭林學術述評》。

[19] 見《日知錄・古今神祠》，卷 30，（頁 875）。

二引酈道元《水經注》：載神仙吳猛上廬山，語山神：「君王此山近六百年，符命已盡，不宜久居。」又說：「神道之事，亦有轉換。」勸他要識時務[20]。

三借傳說中孔子答宰我問：說明黃帝的教化影響，生前得其利，死後畏其神，再則用其教，從人至神，總共也不過三百年威望而已[21]。

四載烈山氏後代遷地棄祀：烈山氏即神農氏，乃遠古一部落，始祖嘗百草、樹五穀、立市廛，有大功大烈於民，然至商湯遷移住地，氏族沒落，血食遂絕。

顧亭林因而推論，即使「帝王神聖」，同樣代謝不已，則其他人鬼當然不能例外，依此，他看關公神威鼎盛，不過新陳代謝之一輪，言下之意，不久將有新的神靈取代其地位。

（四）趙翼

趙翼（1727~1814），字雲松，陽湖人（今常州市），乾隆 26 年進士，遊宦西南各地，多次參贊軍務，如征剿緬甸、平定台灣林爽文，有功於時，然名利心不重，中年即歸田，以著述自娛，詩文俱有名，尤好史學，成就極高[22]；然一生遭遇頗為奇特，如殿試本一甲第一，因高宗考量平衡地域因素而降為第三，詩作與袁枚、蔣士銓齊名，卻被許為三者之末，曾藉機自我解嘲，告訴袁枚：「我本欲占人間第一流，而無如總作第三人。[23]」

很自然的，趙翼看待世事，對於不易理解處，往往歸於冥冥中的運命，如論詩云：「到老始知非力取，三分人事七分天。」又如另首膾炙人口的詩作：「李杜詩篇萬口傳，至今已覺不新鮮，江山代有才人出，各領風騷

---

[20] 見《水經注・廬江水》，卷 39，（頁 492）。

[21] 見《史記・五帝本紀》，正義注引《大戴禮》，（冊一，頁 9），然紀末論云「儒者或不傳」，（頁 46），可見司馬遷亦視為神話。

[22] 趙翼生平，見《清史稿》本傳，（冊 148，頁 22），同代人稱其字作雲耘松松不一；然其名似關公，第一字當以「雲」為是；另參閱杜維運《趙翼傳》。

[23] 見《隨園詩話》，卷 14，（上冊，頁 491），書中皆稱為「趙雲松」。

數百年。」由論詩提升至解釋歷史現象，視興衰禪代為常事[24]。他可能基於自己遭遇，也可能受孫奇逢、顧亭林的影響，而論關公歷史地位演變：

> 鬼神之享血食，其盛衰久暫，亦若有運數而不可意料者，凡人之歿而為神，大概初歿之數百年，則靈著顯赫，久則漸替，獨關壯繆在三國六朝唐宋，皆未有禋祀，…今且南極嶺表，北極塞垣，凡兒童婦女，無有不震其威靈者，香火之盛，將與天地同不朽，何其寂寥於前，而顯爍於後，豈鬼神之衰旺亦有數耶[25]？

趙翼未認真研究關公，文中列舉關公歷代受封及成神過程，錯誤迭出，找不出關公由「寂寥」至「顯爍」的原因，才說「若有運數而不可預料者」，但點出當前「香火之盛，將與天地同不朽」；此外，他在詠史古詩中也有類似說法：

> 乃有關壯繆，威靈久始彰，雕繢崇像設，面赤長髯蒼，婦孺盡膜拜，血食徧八荒，惟公秉忠義，固與日月光；然古烈丈夫，屈指難具詳，彼皆就湮末，此獨垂無疆，鬼神亦聽運，何況人行藏[26]。

末二句，與前段相符，顯然他真的相信「運會」。

四、江湖道義流行

　　從唐朝郎士元起，中經北宋的大型書籍、徽宗改封，到南宋末年龔開的贊語等，世人讚賞關公，不外「義勇」二字；明清以來，勇字少論，改成「忠義」，所以貫穿今昔，關公最為人所稱道的，不外「忠」、「義」、

---

24 俱見《甌北詩鈔·絕句》，（頁484）。

25 見《陔餘叢考·關壯繆》，卷35，（頁400）；另在《廿二史劄記·關張之勇》亦云：「威聲所垂，至今不朽。」（頁83）

26 見《甌北詩鈔》，〈五言古詩〉之十四，（頁4）。

「勇」；其中，歷朝忠臣烈士極多，非關公獨具，而史上謀臣猛將所在多有，勇字也非關公專利，更非成神要件，王陽明即說：「勇不得為仁。[27]」所以，只剩一個「義」字值得深論了。為何如此？此與流傳久遠的下層社會道德規範有關。

（一）義之本意

「義」字之意義，扣除假借用法之「儀」、「誼」，則僅如《釋名》所云：「宜也，制裁事物使各宜也。」以今語言之，義就是「適宜」，或「恰到好處」。

如何才是做事「適宜」，不同的時空環境，不同的學養際遇，其標準又各自不同，故「義」字不易明確界說，清初所纂的《淵鑑類函》中，即列舉有二百多條事例，令人眼花撩亂，故不必盡皆引論[28]，而在先秦諸子中，能言簡意賅的說出其內涵者，要屬《韓非子‧解老》：

> 義者，君臣上下之事，父子貴賤之差，知交朋友之接也，親疏內外之分也。臣事君宜，下懷上宜，子事父宜，賤敬貴宜，知交朋友之相助也宜，親者內而疏者外宜。義者，謂其宜也。

等於概括人之立身處世所有細節，其實，在韓非之前，「義」早已是儒家重要的道德條目之一，只是沒說得如此細膩罷了。

（二）超道德行為

義是古代社會中所普遍擁護的道德條目之一，內涵廣泛，至戰國以來，始逐漸趨於極其尊貴之義，《莊子‧胠篋》有云：

> 跖之徒問於跖曰：「盜亦有道乎？」跖曰：「何適而無有道邪？夫妄意室中之藏，聖也；入先，勇也；出後，義也；知可否，智也；分

---

27 見《王陽明全書‧書錄‧與黃宗賢》，（冊二，頁5）。
28 見《淵鑑類函》，編於康熙49年，另約略同時所編的《分類字錦》，則列有82義。

均，仁也。五者不備而能成大盜者，天下未之有也。」

盜跖師徒本是不道德的一群，但他們也有其特殊的道德準則，等於是社會上「不道德的道德」，其行為當然是「不道德的道德行為」，而由於社會上本不期許不道德的人做出道德行為，故其行為實屬難能可貴，其中的「義」，尤其突出[29]。

莊子外，在先秦，也有不少哲人有類似的說法，如《左傳·隱公四年》有「大義滅親」之說，言兒子雖屬至親，但追隨弒君賊人，等同叛逆，不得不殺；《孟子·離婁》說：「大人者，言不必信，行不必果，惟義所在。」又〈盡心篇〉云：「人皆有所不為，達之於其所為，義也。」可知孟子極推崇義行，甚至主張「捨生取義」，將生命的地位置於義行之下；而《呂氏春秋·知士》則標榜「高節死義」，《荀子·不苟》言君子「畏患而不避義死」，《禮記·禮運》說「國有患，君死社稷。」而范雎也勉勵蔡澤：「君子以義死難，視死如歸，生而辱不如死而榮，士固有殺身以成名，唯義之所在，雖死無所恨。[30]」

可見先秦諸人，早已視壯烈死亡為義行，其道德意涵終將向上昇華，孟子「唯義所在」，至《禮記·經解》成「除去天地之害曰義」，儼然是諸道德條目之首。所以，程明道才說「義無對」[31]，而南宋洪邁更是眼光獨到：

> 人物以義為名者，其別最多，仗正道曰義，義師、義戰是也；眾所尊戴曰義，義帝是也；與眾共之曰義，義倉、義舍、義田、義學、義役、義井之類是也；至行過人曰義，義俠、義姑、義夫、義婦之類是也[32]。

---

[29] 參閱馮友蘭《新理學·不道德的道德行為》，載《貞元六書》，（上冊，頁168）。

[30] 見《史記·范雎蔡澤列傳》，（冊四，頁2420）。

[31] 見《二程集》，卷12，其前句為：「天地萬物之理，無獨必有對。」（上冊，頁420）。

[32] 見《容齋隨筆·人物以義為名》，卷八，（冊三，頁14）。

所當注意的是「至行過人曰義」，他似乎已看到「江湖道義」正在傳播蔓延，而社會價值轉變，必然也會重新檢視歷史人物。

總之，從先秦諸子，及孟子「唯義之所在」，經程明道的「義無對」，洪邁的「至行過人」，再至馮友蘭的「超道德的行為」[33]，足以說明「義」含有「最高」、「超級」、「高貴」、「獨一」、「無比」等等意義。

（三）江湖道義

超道德的行為畢竟非多數人所能做到，所以不易成為社會上通俗的道德條目，只有特定族群才奉為準則，此族群即司馬遷所稱的「游俠」，後世的「俠客」或「江湖弟兄」，有學者已觀察到中國傳統文化系統，發現大系統中，包含兩個子系統，即「上層文化」與「下層文化」，前者以「儒」為代表，後者以「俠」為代表，二者既有互相衝突的差異性質，也有微妙的貫通關係，如明末孫奇逢、鹿善繼諸人即兼而有之[34]。

游俠，當然非一群安分守紀之徒，而是有特殊行動準則的奇人，《史記‧游俠列傳》云：「其言必信，其行必果，已諾必誠，不愛其軀，赴士之阨困，既已存亡死生矣，而不矜其能，羞伐其德。」據此，再酌參照相關事跡，約可歸納出游俠的「江湖道義」條目：

甲、講信用：「言必信」、「行必果」，說到做到，絕不食言，亦即俗語所說「一言既出，駟馬難追」。

乙、不怕死：一言訂交，必信守諾言，不計生死，所謂「俠客不怕死，怕在事不成」，「一朝若遇有心人，出門便與妻兒訣」，「殺人不迴頭，輕生如暫別」，殺人與被殺，往往等量齊觀。

丙、廣交游：豪邁不拘，相看成趣，一杯老酒成兄弟，當下即訂生死，所謂「四海之內皆兄弟也」，李白稱之「三杯吐然諾，五嶽倒為輕」。

丁、不貪財：救人急難，揮金如土，故一身之外，家無餘財。

---

[33] 馮友蘭《新事論‧原忠孝》，載同前書，（上冊，頁77）。

[34] 參閱齊裕焜《明代小說史》，第四章，引徐復觀〈中國文化的階層性〉，及陳山《中國武俠史》，（頁110）。

戊、不望報：不矜其能，不伐其功，故有恩於人，不望回報，所謂「事了拂衣去，深藏身與名」。

己、禍福與共：有福同享，有難同當，甚至有福不必同享，但弟兄有難，雖在千里之外，必即刻奔赴，情之深處，甚至提升至「雖不同生，但願同死」。

庚、排難解紛：游走各地，見義勇為，自居正義，其手法是專斷的、江湖式的，往往不合官家律令，也不一定依據禮俗，故事成受人尊重，不成則亡命天涯。

辛、恩怨分明：人有恩於我，必加倍回饋，人有仇於我，縱然千山萬水，也必報之而後快[35]。

游俠雖受下層社會人士敬重，但糾紛私了，等於代表公家執行權力，也必為國法所難容，《韓非子‧五蠹》即說：「儒以文亂法，俠以武犯禁。」明指其破壞法治，為社會上五種敗類之一；韓非代表統治者立場，不難想像，游俠的下場多半是悲劇式的，所以游俠不得不化明為暗，由社會上中層潛入下層。

游俠的傳承，約言之，起自先秦的「士」，未能成為儒士則成為「武士」，演變成戰國時代的游俠，進入漢代，受到鎮壓，而衍生成為「豪俠」，部分仗勢欺人，部分則仍保留古風；魏晉至隋唐時代，部分進入上層社會，成為統治階級的「武將」，部分流入下層，成為「綠林」好漢；直到宋代以後，留在上層的已完全喪失江湖道義精神，而下層的游俠則已發展成熟，融入群眾當中，形成一種獨特的文化現象，平民百姓的日常言行，人際關係及道德標準，往往就有其影子，所以洪邁才能在此時分析歸納各種義行，亦即宋代以後，游俠的江湖道義才徹底世俗化，成為下層社會的道德規範[36]。

---

[35] 文中詩句，引自《全唐詩》，卷 25〈雜曲歌辭〉，（上冊，頁 84），及卷 505 呂群詩（下冊，頁 1347）。

[36] 參閱齊裕焜《明代小說史》，第四章〈水滸傳〉，（頁 110）。

（四）小說與江湖道義

關公不是游俠，但其數件特殊事跡，完全符合江湖道義的精神，毫無疑問，此與宋元以來，歷史地位提升有極密切關聯。

以關公短期停留曹操陣營一事論，回答張遼的問話：「吾極知曹公待我厚，然吾受劉將軍厚恩，誓以共死，不可背之，吾終不留，吾要當立效以報曹公乃去。」字字擲地鏗鏗作響，細數其中令人敬佩情節：與兄弟有約在先，不敢或忘；官爵、美女、財寶在前，不動其心；欠人恩情，必須回報；言出必行，說到做到，在斬殺顏良之後，毅然不顧一切，「盡封其所賜」，瀟灑而勇敢的離去。凡此，皆可稱為超道德行為，惜時人很少能賞識，唯有曹操慧眼識英雄，稱讚為「天下義士」，招撫不成，也不留難；其後，關公忠義情操卻難以理解的沈寂近千年之久，其間只有零星的讚美，如西涼李暠、盛唐郎士元、宋徽宗，直到宋末元明以來，隨俠客精神之普及，才重拾世人眼光，漸被奉為區域性神靈，再配合三國故事的定本刊行、其他小說戲曲的廣為宣揚，地位迅速上升。

元代《新全相三國志平話》中，即刻意塑造關公的忠義形象，明朝《三國演義》諸版本，仍以相似筆法，而其書風行天下，更加提升關公地位，入清又經毛宗崗父子改寫，另加評語，極力貶抑曹操，推崇關公，於是幾乎世間所有的惡名惡事都歸曹操，好名好事都歸關公，而其中的好名好事，如秉燭達旦、華容釋曹等，實屬江湖道義，即宋元以來民間所崇奉的俠義規範。

同時，極力宣揚江湖道義的是《水滸傳》，書中一百零八條好漢，其作為均符合游俠的道義標準，如張青雖經營黑店，仍堅持：「三等人不可壞他：第一是雲遊僧道，他不曾受用過分；第二是江湖上行院妓女之人，他們是衝州撞府，逢場作戲，陪了多少小心得來的錢物；第三是各處犯罪流配的人，中間多有好漢在裏頭。」打虎武松，則是「平生只打天下硬漢、不明道德的人」，「若路見不平，真乃拔刀相助，我便死也不怕」，又「敢與人同死同生。」而黑旋風李逵，缺點多多，但也有可貴之處：「第一，鯁直，分毫不肯苟取於人；第二，不會阿諛於人，雖死其忠不改；第三，並無淫欲邪心，貪財背義，勇敢當先。」只此三例，可見他們一樣是「盜亦有道」，不

愧好漢英名[37]。

《水滸傳》雖不直接描寫關公，但顯然奉關公為眾好漢之榜樣，如朱仝「身長八尺四五，有一部虎鬚髯，長一尺五寸，面如重棗，目若朗星，似『關雲長』模樣」；關勝是「綽青龍刀，騎火炭馬」，「乃祖為神，家家家廟」；又如朱武向史進哭說：「當初發願道『不求同日生，只願同日死』，雖不及關、張、劉備的義氣，其心則同。」魯達使一條百斤的禪杖，還說「俺便不及關王」，也差堪近之之意。所以，看本書，心中自然浮現一位好漢中的好漢，這好漢正是關公[38]。

總之，本書等於間接宣揚關公的忠義神勇，更何況其大量刊行問世，又幾與《三國演義》同時，即在明世宗、神宗之際，時人許自昌言：「上自名士大夫，下至廝養隸卒，通都大郡，窮鄉小邑，罔不目覽耳聽，口誦舌翻。[39]」稍後連流寇張獻忠、李自成等都人手一冊，思宗不得不下令禁毀，可知其影響力量之大，而兩書遙相呼應，宣揚下層社會道義規範，使關公威名更加深入民間，也間接對官方形成莫大壓力[40]。

第二節　關帝教門

宗教為社會文化重要現象，與日常生活息息相關，然宗教一詞，頗不易定義，人言言殊，同樣的，世人幾皆知關公，虔信者經常禮拜祈求，然欲明言重要內涵，亦非輕易可辦。茲依宗教學界的學說，界定宗教四大要素，再

---

[37] 分見七十回繁本《水滸傳》，第二十六回（頁 265），第二十七回至第二十九回（頁 266~282），及第五十二回（頁 525）。

[38] 分見第十二回（頁 121），第六十三回（頁 623），及第一回（頁 25），第三回（頁 46）。

[39] 見《樗齋漫錄》，卷六，（冊三，頁 52）；案：許自昌，蘇州人，生平見好友董其昌《容臺文集‧中書舍人許玄祐墓誌銘》，卷八，稱其「生平以讀異書、交異人為快」，所構「梅花墅」聞名當時，（冊七，頁 29）。

[40] 見《明代小說史》，第四章〈水滸傳〉，（頁 110）。

引據相關事證申論之，以呈現關公信仰更清晰面貌[1]。

一、宗教要素

宗教有四大要素：神靈觀念、感情體驗、信仰行為、組織制度。神靈觀念包含萬物有靈、靈魂不滅、超自然神靈以及天國地獄版圖等，感情體驗指信徒與神靈的神祕接觸經驗，即靈異事跡，從而有經常性的拜禱、祈求等宗教行為，組織體制則是信仰傳開後，出現管理經營的行政制度，及獨特的神學思想體系，以下申論之。

(一) 神靈觀念

信徒對神祕領域的模糊概念，如靈魂、神靈、靈異力量、天堂地獄等，通常充滿敬畏，即所謂神靈觀念，可再細論之：

甲、萬物有靈：從天地星體、人類、動植物，乃至山川河嶽等有情無情眾生，都有靈魂，而靈魂則是附於形體的神祕物，擁有形體所無之能力。

乙、靈魂不滅：靈魂與形體結合，構成完整的生命體，然形體有其極限性，最終都會死亡，而靈魂則能永存，或轉世，或升天國，或入地獄。

丙、神通神跡：靈魂或神靈來源不一，但都具備特殊和反常的能力，稱為「神通」，關公專書則稱為「靈異」，神通呈現於人世，即所謂「神跡」，如佛陀的天眼、天耳、他心、神足、宿命、漏盡等六種神通，以及十種智慧力量，能感動愚頑，降服外道；耶和華能「獨行大奇事」，耶穌可令啞者說話、聾者聽聲，阿拉「從無生物中造出生物」，種種傳言，不一而足，而信徒往往相信神通神跡，更勝於宗教教義或人生哲理。

丁、天堂地獄：宗教界都會建構信徒的三度空間，世間是凡人住的，悲歡離合免不了，天堂是神國，美妙無比，地獄是鬼城，不見天日，百般苦楚；當然，信徒有限的生命是在世間渡過的，若信仰堅定，行善積德，則死後生天，反之，則下地獄；故而民間秘密教派或新興宗教往往強調「劫

---

[1] 本節多參照呂大吉等合著《宗教學通論》，及筆者研讀各種宗教經典之心得寫成。

災」，如三劫末期、地球末日諸說，用以恐嚇並吸收無知信眾[2]。

（二）感情體驗

信徒與神靈間神祕的接觸，或某種神秘力量的內心感受和精神體驗，稱為「宗教經驗」，這是所有宗教或神靈信仰初起的必有現象，也是宗教信仰延續與擴展的主要動力，如耶穌曠野祈禱苦行四十天，自稱見到天國，從此雄辯滔滔，到處宣講，逐漸建立教團；穆罕默德在山洞靜坐，自稱聽到天使轉達真主的啟示，又不斷遭遇類似神聖經驗，因而開始傳教；另外，《高僧傳》、《神仙傳》等傳道作品中，也充斥此類記載，關公專書當然也不例外，靈異部門就是宗教經驗的總集。所以，有人說：任何宗教都是信徒與神靈的相會。

宗教經驗有多種表現方式，如：在神聖物前的敬畏感，對神聖物的依賴感，對神聖力量的驚異感，相信自己的行為因審判而生的罪惡感，因信仰神靈而產生的安寧感，如是等等，極大部分宗教都藉此吸引信徒。

（三）信仰行為

初具神靈觀念，又有感情體驗，而後化為實際行動，參與宗教活動，如獻祭祈禱、許願還願，伴隨奉行戒律，苦行朝聖，甚至捨身出家，而教團為招攬信徒，常舉辦大型法會，再隨著宗教勢力擴展，信徒增多，必然出現許多清規、戒律或禁忌，以及繁雜的禮拜儀節，此類統稱「宗教行為」。

一般說來，任何宗教或教派，都會借用民間傳統的宗教行為，常見的有占卜、跳神、星命等項巫術，又如飲食禁忌、各種戒規，期許由此而淨化身心，進入高尚之精神境界；此外，大規模的獻祭、法會等，更是屢見不鮮，既用以娛神，安撫信徒，又藉機宣傳，吸引外人注意，可謂一舉數得。

（四）組織體制

教團擴展至一定規模，當然需要管理制度，建立行政團隊，制定清規戒

---

[2] 天堂地獄為作者所加，以宗教界常用「天國號召」為傳教手段，則天堂地獄實為神靈觀重要內涵。

約，既用以規範教職與信徒，展現強大行動能力，用以深入社會，說服大眾信仰，引導風氣，乃至救災、慈善活動等，使其形成特殊的團體；同時為闡明教義，名師高徒往復辯駁，撰寫或編纂經典，建構獨自的思想體系，還為培養人才，建立清修道院，以期拓展教務。簡言之，組織體制應包含：有效的行政制度，管理僧俗兩眾，完善的教義思想，能吸引說服信徒。

甲、行政制度：宗教團體拓展教務，必然需要管理，通常由小而大、由簡而繁，如東漢末的五斗米道，規定入道者須納米五斗，建二十四治為傳教基本團體，立一領導稱祭酒，以統道徒，稱為鬼卒，行政層級十分明確，當然具有一定的社會力量；又如早期佛陀的行腳僧團與戒律，也已具有行政管理雛型，漸漸的，由五戒、八戒而至百戒，相關戒規體制陸續出現；佛教傳至中國，衍生出禪宗，至中晚唐，其叢林與清規發展成熟，已是結合宗教、經濟、社團各種腳色於一體，組織更加嚴密，動員力量極強，影響層面當然更大；至於晚近世界性的宗教，無不擁有無數教區與行政層級制度，而近年台灣地區，也近乎廟廟皆成立管理委員會，凡此，在在說明組織體制在宗教的重要性。

乙、教義思想：宗教團體要能不斷擴大，尚需完善的思想體系，能淨化心靈，提供精神撫慰，感動世人外道，始能弘傳各地，如佛陀的四聖諦、八正道、十二因緣，摩西的十誡，惠能的直指本心、見性成佛，都具有濃厚的道德意涵，以及哲學意境，學理與實用兼顧，方能雅俗共賞，傳之久遠；反觀之，純粹以神跡或天國為號召之宗教團體，通常難以持久。

教義思想非短期所能完備，亦即開宗立派者，通常僅原則性宣示，教派成形後，再經歷代高僧高道的多方論難闡述，久之必然積累極多的經典，如佛教《大藏經》、道教《道藏》，以及歷代關公專書，都是教中的寶藏，亦為驗證宗教能否長傳的重要指標，眾多的經典，即使非信徒，亦能從中獲取做人處事的靈感，或個人精神修養之參考[3]。

3　案：「教義思想」，乃筆者所加，實以傳之久遠的宗教，無不具有極多經典，除論及神跡，多在闡述其思想體系，標榜其精神境界，非信徒亦能從中獲益。

二、信仰成型

　　宗教應具的重要內涵概如上述，從而回歸主題，於此提出疑問：元明以來對關公的崇拜，算不算宗教信仰？如果是，則關公信仰算不算宗教？我自問自答好了：當然是！

　　綜觀歷史演變，關公於唐代中期，只是區域性且香火不盛的神靈，董侹先附會江陵一帶歷史與神話，末年擴散開來，至北宋，道士多方創造斬蛟、平妖神話，至元朝《關王事蹟》問世後，靈異事跡傳播更廣，神靈地位穩步推升；而都門游皇城、順天府定期廟會等，都是典型的宗教行為；其後專書紛紛刊行，不僅塑造其神國地位，眾多的經典則重在勸世，強化忠孝節義等道德條目，形成可觀的宗教勢力團體；而普及各地的公私廟宇，紛至沓來的信徒，香火捐獻，廟產累積，當然需要管理。如是看來，怎能說不是宗教？以下進一步驗證。

　　先論神靈觀念。

　　關公成為神靈，當然基於萬物有靈、靈魂不滅及英雄崇拜，而成神後神格步步高升，乃由於高貴的忠義德性，小說戲曲的附會烘托，加上江湖道義流行，及政治社會條件的配合；在神威高昇之際，特殊形象也漸漸成型，從金人義勇武安王畫像，元朝《三國志平話》插圖，到《三國演義》中的「丹鳳眼、臥蠶眉」，以至元明清戲曲中的大紅臉、五絡長髯，凡此，均完全符合神靈樣貌偉大、完美、神聖的訴求；而在有形樣貌的背後，靈異事跡普傳，說明其能滿足善男信女各類的祈求，自然香火日盛，信徒有增無減；至於天堂地獄版圖，關公信仰體系中較少觸及，畢竟傳統的玉皇大帝、泰山帝君，道教的三十三天、酆都山，以及佛教的十殿閻君、極樂世界等，都先已流傳於民間，致關公信仰較無置喙餘地，成為配角，也無損及其神靈地位。

　　至於宗教經驗，專書中的靈異部門，及筆記小說之大量記載，呈現眾多信徒的如實體驗，常人或一笑置之，然信徒可不如此，關公生平相關事跡及靈異傳奇，早已構成小說戲曲之重要情節，至於繪畫、雕塑、繡像、編織、陶瓷等等美術領域，也每每從中汲取靈感，成為創作題材，此在中國英雄或

神靈中是無與倫比的；而筆者在修訂本書之漫長過程當中，工作超量，還平安無事，當然也可視為一種靈應體驗。

復次是宗教行為。

早期信徒的祭拜禮儀不明，然宋元以來，大型公家慶典，道教齋醮，如元朝的游皇城、道教的雷法、各地定期廟會，使得關公廟宇更加熱鬧，形成勢力可觀的宗教團體；而扶乩、抽籤、跳神等傳統宗教行為，也極其自然的流行於各地關公廟場，更是信徒與關公間的重要溝通管道。

最後論組織體制。

遍布各地的公私廟宇，不斷湧進的信徒，其所捐獻的香火、田產，接待應對必不可少，執事人員之編定，廟產、廟田之管理，規模終當初具；而眾多的經典專書，雖夾雜儒釋道思想成分，難以建立其獨特的教義體系，但道德教育價值則無人敢於懷疑，勸世之功當然不容小覷。不過，關公雖曾享盡公家各種禮遇，也早已列進官方祭典中，卻始終未能像佛道二教，有「僧錄司」、「道錄司」一類的正式管理機構，否則當更易串聯團結各地廟宇與信徒，組織體制或能更加健全[4]。

總之，關公信仰就是一種宗教，已成形數百年之久，並且還在發展壯大中，雖難比擬歷史悠久、制度完善的大型世界性宗教，但假以時日，若能強化組織，善加整理纂輯經典，建立獨特思想體系，或則影響力量更大。

三、神靈地位

在宗教學上，神靈常依不同的取樣標準而有不同的分類（如本書第三章第一節），在此另引述其中一種：

（一）自然神：自然界天地、日月星體、山川河嶽等，最早也最廣泛成為人類崇拜的對象。

（二）氏族神：部落的祖先或領袖，往往成為早期人類的守護神，其後

---

[4] 台灣的「玄門真宗」，於數年前曾結合數地關公廟宇及學術單位，成立「中華關公信仰研究學會」，目的即在整合此一勢力。

又衍生成各種圖騰崇拜，龍就是其一，然祖先崇拜後來也擴充為英雄崇拜，故而英雄神應是氏族神的延伸。

（三）職能神：社會上某種職業的原創者或成敗操總者，如魯班為工匠之神，媽祖為航海神，蔡倫為紙神，蒙恬為筆神，關公為武財神等。

（四）至上神：高高在上的神靈，下統眾仙百神，如古代的天或帝，宋代以後的玉皇大帝，其在天國之地位，猶如人間之帝王。

（五）唯一神：神國中只有一位神靈，如猶太教的耶和華、回教的真主阿拉，關公信仰也頗類似，然不可避免，仍有少許供差遣的天使或副將之類神靈[5]。

關公當然是民間信仰中的英雄神，然明清以來集英雄、聖賢及關聖帝君於一身，明神宗還許之「不在將班，鑑觀萬天，巡遊三界」，此等神靈如何定位？讀者若有抽籤經驗，體會應該更深，從治病、驅邪、求財、求子、求功名、旅途平安，或泛問休咎、重要決策，甚至國運民生，林林總總，不一而足，關公本就可以無所不求。所以，關公應該是英雄神、職能神、至上神、唯一神的綜合體，無以名之，稱為「全能神」，或較為適當。

---

[5]　參閱《宗教學通論·神靈觀念的主要類型》，（頁 174~201）。

附錄一：《三國志·關羽傳》附裴松之注及盧弼集解

　　《三國志·關羽傳》，是研究關公生平事跡的主要依據，但記載過於簡略，僅九百五十餘字，茲另附裴松之《三國志注》，而近人盧弼的《三國志集解》很能彌補其不足，一並附上。為加區別，《本傳》用細明體，不分段，《裴注》用小二號細明體，《集解》為標楷體；注、解皆各下降二格，《裴注》中的《集解》，則見字體可知。

關羽，字雲長，本字長生。

　　梁章鉅曰：王棠《知新錄》云：當時有范長生，亦事昭烈，至李特時猶存，年一百三十歲，羽先字長生，豈因同范而改邪？

河東解人也。

　　《郡國志》：司隸河東郡，解。《一統志》：解縣故成，今山西蒲州府臨晉縣東南。梁章鉅引關羽祖墓碑記，載羽祖考名字、生卒甲子大略，又云：僅見宋犖《筠廊隨筆》中，他無佐證，祇可存備異聞。

亡命奔涿郡，

　　《郡國志》：幽州涿郡治涿。《一統志》：涿縣故城今順天府涿州治。

先主於鄉里合徒眾，而羽與張飛為之禦侮。

　　《詩·大雅·綿之章》：予曰有禦侮。毛傳曰：武臣折衝曰禦侮。

先主為平原相，

　　《郡國志》：青州平原郡，治平原。《一統志》：平原故城，今山東濟南府平原縣西南五十里。平原王石，見《范書·匡后傳》，章懷注：石，蠱吾侯翼子，桓帝兄也。錢大昭《後漢書補表》云：平原王碩，建和二年封，建安十一年國除。弼按：桓靈間，平原郡復為國，故先主為平原相也。

以羽、飛為別部司馬，分統部曲。

《續百官志》：別領營屬為別部司馬。

先主與二人，寢則同床，恩若兄弟，

梁章鉅曰：世俗桃園結義之事即本此語。

而稠人廣眾，侍立終日，隨先主周旋，不避艱險。

李安溪曰：大抵東漢之末，識義理之人極多，加以智勇，便為當世之傑矣。

《蜀記》曰：曹公與劉備圍呂布於下邳，《郡國志》：徐州下邳國，治下邳。《一統志》：今江蘇徐州府邳州里東三里，漢徐州刺史治剡，漢末徐州牧徒治下邳。關羽啟公，布使秦宜祿行求救，《華陽國志》：秦宜祿為布求救於張楊。乞娶其妻，公許之。潘眉曰：《華陽國志》「關羽啟公」下有「妻無子」三字，較明晰。臨破，又屢啟於公，公疑其有異色，先遣迎看，因自留之。〈魏志〉明紀青龍元年注引《獻帝傳》曰：秦宜祿為呂布使，詣袁術，術妻漢宗室女，其前妻杜氏留下邳，關羽求以杜氏為妻，太祖疑其有色，乃自納之。又按：秦宜祿子名朗，詳見〈魏志〉明紀青龍元年注及〈曹爽傳〉注引《魏略》。羽心不自安。此與《魏氏春秋》所說無異也。

先主之襲殺徐州刺史車胄，使羽守下邳城，行太守事，

《魏書》云：以羽領徐州。

而身還小沛。

李賢曰：高祖本泗水郡沛縣人，及得天下，改泗水為沛郡，小沛即沛縣。胡三省曰：沛國治相縣，而沛自為縣，屬沛國，時人謂沛縣為小沛由此。

建安五年，曹公東征，先主奔袁紹，曹公禽羽以歸，拜為偏將

軍，禮之甚厚。紹遣大將（將軍）顏良攻東郡太守劉延於白馬，

> 白馬，今河南衛輝府滑縣東二十里，詳見〈魏志〉武紀建安五年。

曹公使張遼及羽為前鋒擊之，羽望見良麾蓋，

> 胡三省曰：戎車，大將所乘者設幢麾張蓋。

策馬刺良於萬眾之中，斬其首還，紹諸將莫能當者，遂解白馬圍；

> 力寫神勇！

曹公即表封羽為「漢壽亭侯」。

> 《郡國志》：荊州武陵郡漢壽，故索，陽嘉三年更名刺史，治魏，曰魏壽，見〈賈詡傳〉，吳曰吳壽，見沈〈志〉，晉仍曰漢壽，見晉〈志〉，此與益州廣漢郡葭萌改名之漢壽同名異地。《水經・沅水注》：漢壽縣治索城，即索縣之故城也，漢順帝陽嘉中改從今名。《一統志》：漢壽故城，今湖南常德府武陵縣東北六十里空籠城，即古漢壽城舊址也，互見〈先主傳〉。姚範、趙翼、梁章鉅、周壽昌皆有說辯明兩漢壽，文繁不錄。趙一清曰：羽為佐命元勳，特改葭萌為漢壽以寵異之。沈家本曰：漢壽乃亭名也。王氏鳴盛、趙氏翼並謂《續漢書志》武陵屬縣有漢壽，關羽所封即其地。熊方《後漢書年表》異姓侯內有「壽亭關羽」，其下格注云「武陵」，壽上少一漢字，當是傳寫脫去。是熊方亦謂漢壽在武陵也。然武陵之漢壽乃縣名，亭侯之號，不得襲用縣名，恐別有「漢壽亭」，不可考耳。

初，曹公壯羽為人，而察其心神無久留之意，謂張遼曰：「卿試以情問之。」既而遼以問羽，羽歎曰：「吾極知曹公待我厚，然吾受劉將軍厚恩，誓以共死，不可背之；吾終不留，吾要當立效以報曹公乃去。」康發詳曰：決言不可留，又不諱言其去，以示不欺！

遼以羽言報曹公，曹公義之。

《傅子》曰：遼欲白太祖，恐太祖殺羽，不白，非事君之道，乃歎曰：「公，君父也；羽，兄弟耳。」遂白之，太祖曰：「事君不忘其本，天下義士也，度何時能去？」遼曰：「羽受公恩，必立效報公而後去也。」

及羽殺顏良，曹公知其必去，重加賞賜，羽盡封其所賜，拜書告辭，而奔先主於袁軍，胡三省曰：袁紹軍也。

左右欲追之，曹公曰：「彼各為其主，勿追也。」

臣松之以為：曹公知羽不留，而心嘉其志，去不遣追，以成其義，自非有王霸之度，孰能至於此乎？斯實曹公之休美！

唐庚曰：羽為曹公所厚，而忠不忘其君，可謂賢矣，然戰國之士亦能之；曹公得羽不殺，厚待而用其力，可謂賢矣，然戰國之君亦能之；至羽必欲立效以報曹公，然後封還所賜，拜書告辭而去，進退去就，雍容可觀，則殆非戰國之士矣！曹公內能平其氣，不以彼我為心，外能成羽之忠，不私其力於己，是猶有先王之遺風焉，吾嘗論曹公曰：是人能為善而不能不為惡，能為善，是以能享國，不能不為惡，是以不能取天下。

從先主就劉表，表卒，曹公定荊州，先主自樊將南渡江，別遣羽乘船數百艘，會江陵，曹公追至當陽長阪，在今縣北六十里。

先主斜趨漢津，

《水經・沔水注》：揚水又北，注於沔，謂之揚口，中夏口也。曹太祖之追劉備於當陽也，張飛按矛於長阪，備得與數騎斜趨漢津，遂濟夏口是也。

適與羽船相值，共至夏口。

庾仲雍曰：「夏口，一曰沔口，或曰魯口。」胡三省曰：「夏口以夏水得名，沔口以沔水得名，魯口以魯山得名，實一處也，其地在江北，自孫權置屯夏口，督屯江南。」何尚之云：「夏口在荊江之中，正對沔口，賢注亦謂夏口戍在今鄂州，於是相承以鄂州為夏口，而江北之夏口晦矣。」《一統志》：「漢口在湖北漢陽府漢陽縣東漢水入江之口也，亦曰夏口、沔口、魯口。」

《蜀記》曰：初，劉備在許，與曹公共獵，獵中眾散，羽勸備殺公，備不從。及在夏口，飄颻江渚，羽怒曰：「往日獵中，若從羽言，可無今日之困。」備曰：「是時亦為國家惜之耳，若天道輔正，安知此不為福邪？」

臣松之以為：備後與董承等結謀，但事泄不克諧耳，若為國家惜曹公，其如此言何？羽果若有此勸，而備不肯從者，將以曹公腹心親戚，實繁有徒，事不宿構，非造次所行，曹雖可殺，身必不免，故以計而止，何惜之有乎？既往之事，故託為雅言耳。

孫權遣兵佐先主拒曹公，曹公引軍退歸。先主收江南諸郡，乃封拜元勳，以羽為襄陽太守、盪寇將軍，駐江北；先主西定益州，拜羽董督荊州事；羽聞馬超來降，舊非故人，羽書與諸葛亮，問超人才誰可比類？亮知羽護前，〈吳志〉朱桓傳：桓性護前，恥為人下。乃答之曰：「孟起兼資文武，馬超字孟起。雄烈過人，一世之傑，黥、彭之徒，當與益德並趨爭先，猶未及髯之絕倫逸群也。」羽美鬚髯，故亮謂之「髯」。羽省書大悅，以示賓客。寫其矜尚！

羽嘗為流矢所中，貫其左臂，

〈魏志〉龐德傳：德親與羽交戰，射羽中額，當在建安二十四年。

後創雖愈，每至陰雨，骨常疼痛，醫曰：「矢鏃有毒，毒入于

骨，當破臂作創，刮骨去毒，然後此患乃除耳。」羽便伸臂，令醫劈之。時羽適請諸將飲食相對，臂血流離，盈於盤器，而羽割炙引酒，言笑自若。寫其神勇！

二十四年，先主為漢中王，拜羽為前將軍，假節鉞。

羽不肯受拜，見〈費詩傳〉。

是歲，羽率眾攻曹仁於樊，曹公遣于禁助仁；秋，大霖雨，漢水汎溢，禁所督七軍皆沒，禁降羽，羽又斬將軍龐悳，梁、郟、陸渾群盜，或遙受羽印號，為之支黨，

南陽守將侯音，執太守與關羽連和，見〈魏志〉武紀建安二十四年注引〈曹瞞傳〉；陸渾民孫狼等殺縣主簿，南附關羽，見〈魏志〉管寧傳附胡昭傳；關羽遣別將已在郟下，自許以南，百姓擾擾，見〈魏志〉滿寵傳。《通鑑》二十二年：時關羽彊盛，京兆金禕等謀挾天子以攻魏，南引關羽為援。侯康曰：〈魏橫海將軍呂君碑〉云：「關羽蕩搖邊鄙，虔劉民人，而洪水播溢，汎沒樊城，平原十仞，外潰潛通，猛將驍騎，載浮載沉，于是不逞作慝，群凶鼎沸，或保城而叛，或率眾負旌，自即敵門，中人以下，並生異心。」據各傳及此碑文，可以覘當日情勢。

羽威振華夏，曹公議徙許都以避其銳，司馬宣王、蔣濟以為關羽得志，孫權必不願也，可遣人勸權躡其後，許割江南以封權，則樊圍自解，曹公從之。先是，權遣使為子索羽女，羽罵辱其使，不許婚，權大怒。

《典略》曰：羽圍樊，權遣使求助之，敕使莫速進，又遣主簿先致命於羽。羽忿其淹遲，又自已得于禁等，乃罵曰：「貉子敢爾，如使樊城拔，吾不能滅汝邪？」權聞之，知其輕己，偽手書以謝羽，許以自往。臣松之以為：荊吳雖外睦而內相猜防，故權之襲羽，潛師密發，按〈呂蒙傳〉云：「伏精兵於𦪇𦪙之中，使白衣搖櫓，作商賈服。」以此言

之，羽不求助於權，權必不語羽當往也，若許相援助，何故匿其形跡乎？

又南郡太守糜芳在江陵，芳，糜竺之弟。

將軍傅士仁屯公安，

何焯曰：楊戲〈輔臣傳贊〉、〈孫權傳〉、〈呂蒙傳〉皆作士仁，傅字衍，陳浩說同；王鳴盛曰：〈吳志〉有士燮，當時固有士姓；潘眉曰：〈輔臣贊〉糜士郝潘為一贊，皆姓也；姚範曰：《通鑑》亦誤增傅字；李慈銘曰：東漢無二名，此下亦屢言芳、仁，則單名仁可知。弼按：《華陽國志》亦言傅士仁，《通鑑》前文云傅士仁，後文僅云士仁，又單云仁，非全誤，東漢二名甚多，見〈魏志·方伎傳〉朱建平傳注，李說未審。

素皆嫌羽自輕己，《通鑑》無「自」字。

自羽之出軍，芳、仁供給軍資，不悉相救，

《通鑑》「救」作「及」，《吳志》呂蒙傳注引《吳錄》云：南郡城中失火，頗焚燒軍器。

羽言：「還當治之。」芳、仁咸懷懼不安，於是權陰誘芳、仁，芳、仁使人迎權，

趙一清曰：《方輿紀要》卷七十八，擲甲山在荊州府城西龍山門西北隅，相傳關壯繆還救南郡，聞糜芳已降，憤而擲甲於此。

而曹公遣徐晃救曹仁。詳見晃傳。

《蜀記》曰：羽與晃素相愛，遙共語，但說平生，不及軍事。須臾，晃下馬，宣令：「得關雲長頭，賞金千斤。」羽驚怖，謂晃曰：「大兄是何言邪？」晃曰：「此國之事耳。」

羽不能克，引軍退還，權已據江陵，盡虜羽士眾妻子，羽軍遂散。

詳見〈呂蒙傳〉、〈潘璋傳〉。《水經・江水注》：江陵舊城，關羽所築，羽北圍曹仁，呂蒙襲而據之，羽曰：「此城吾所築，不可攻也。」乃引而退。

權遣將逆擊羽，斬羽及子平於臨沮。

〈呂蒙傳〉：羽自知孤窮，乃走麥城，西至漳鄉，眾皆委羽而降，權使朱然、潘璋斷其徑路，即父子俱獲；〈潘璋傳〉：璋與朱然斷羽走道，到臨沮住夾石，璋部下司馬馬忠擒羽，並羽子平、都督趙累等。《郡國志》：荊州南郡臨沮；《水經・江水注》：漳水又南，歷臨沮縣之章鄉南，昔關羽保麥城詐降而遁，潘璋斬之於此；漳水又南，逕當陽縣，又南逕麥城東。《一統志》：臨沮故城，今湖北當陽縣西北，章鄉在當陽縣東北，麥城在當陽縣東南五十里。《古今刀劍錄》：關羽為先主所重，不惜身命，自採都山鐵為二刀，銘曰「萬人敵」，及羽敗，羽惜刀，投之水中。

《蜀記》曰：權遣將軍襲羽，獲羽及子平，權欲活羽以敵劉、曹，左右曰：「狼子不可養，後必為害，曹公不即除之，自取大患，及議徙都，今豈可生？」乃斬之。

臣松之按：《吳書》孫權遣將潘璋逆斷羽走路，羽至即斬，且臨沮去江陵二三百里，豈容不時殺羽，方議其死生乎？又云「權欲活羽以敵劉、曹」，此之不然，可以絕智者之口。

《吳歷》曰：權送羽首于曹公，以諸侯禮葬其屍骸。

錢大昕《金石文跋尾》、閻若璩《潛丘箚記》，均考訂關羽及子平生日，近於星命之說，不錄。

追諡羽曰壯繆侯。

程敏政曰：先主時，惟法正見諡，後主時，諸葛功德蓋世，蔣琬、費禕亦見諡，至是，關羽、張飛、馬超、龐統、黃忠、趙雲皆得追諡，時論以為榮。按：繆、穆古通用，若秦穆、魯穆在《孟子》，漢穆生、晉穆

形在《史》皆為繆，宋岳飛諡武穆，意與此同，今乃以為惡諡，如《諡法》：武功不成曰繆，蔡邕《獨斷》：名實過爽曰繆，豈理也哉？若果為惡諡，則史不應云：追諡之典，時論以為榮矣。考《諡法》：布德執義曰穆、中情見貌曰穆；《禮記大傳》：以序昭穆，古本穆作繆，《左傳》穆多作繆，是穆繆古今皆通。梁章鉅曰：壯繆並非美諡，不知當時何以取此？今殿本改為「忠義」，傳末刊載乾隆諭旨云云。弼按：程說極允，梁說非是。後代易諡，原無不可，更易本傳則不可也。

黃恩彤曰：方關羽之斬龐惠、虜于禁也，曹仁幾遁，操欲遷都避之，陸渾民孫狼等遙受印號，自許以南，望風景附，史稱其威振華夏，此破竹之勢，千載一時也，乃蜀之君臣，但喜其勝，不虞其敗，權以陸遜屯漳口，呂蒙用奇兵，而蜀不防，操以徐晃為將軍，將殷署等十二營之兵以救樊城，而蜀不聞遣一將、增一旅以援羽，致使徐晃掎之於前，呂陸躡之于後，首尾狼狽，勢遂不支，豈非失事機也哉？厥後武侯北征，屢出祁山，功卒不就，則以荊州既失，宛洛路梗，不克別遣一軍，兩道並進，以分敵之勢而張我之氣也。以武侯之才，措置荊州，乃不能如其隆中之初計，又非千載之下所敢臆度者矣。

姚範曰：呂蒙之襲江陵，遣陸遜別取宜都，屯夷陵守峽口以備蜀，而蜀人當時之疏如此，吳人之眈眈於荊州，而忌羽之成功，不待智者而知，而當時若付之度外，〈劉封傳〉中略有其緒，蜀之謀士當不若是之疏，陳氏或不能詳耳。

《蜀記》曰：羽初出軍圍樊，夢豬齧其足，語子平曰：「吾今年衰矣，然不得還。」梁章鉅曰：呂蒙，蒙字下為豕，齧足則襲後之兆也。弼按：此說亦近於迷信。

《江表傳》云：羽好《左氏傳》，諷誦略皆上口。梁章鉅曰：羽好左氏，史有明文，世俗即謂志在春秋，而不知其非事實也。黃奭曰：羽祖石磐，父道遠，並羽三世，皆習《春秋》，張大本有墓銘言其事，然無徵不可信也。

子興嗣，興字安國，少有令問，丞相諸葛亮深器異之，弱冠為侍中、中監軍，數歲卒；子統嗣，尚公主，官至虎賁中郎將，卒，無子，以興庶子彝續封。

　　《蜀記》曰：龐德子會，隨鍾、鄧伐蜀，蜀破，盡滅關氏家。

附錄二：關公歷代封號年表

　　關公爵號漢壽亭侯，諡號壯繆，古人每合爵諡為一，故關公當稱「壯繆侯」；然壯繆常被疑為惡諡，亭侯也不足彰顯功勳，致後代有多次改封，提高爵位品級，更改明顯美諡，茲詳列於此，並註明出處，以示信而可徵；至於民間及佛道二教所傳，如崇寧真君、文衡聖帝、協天大帝等，不錄。

爵號諡號	朝代年代	備　　　　註
漢壽亭侯	漢獻帝建安五年（200）	關公一生唯一爵位[1]
壯繆侯	蜀漢後主景耀三年（260）	關公諡號，死後四十年所追封，本意難明，應非美諡，故歷代有多次改封[2]。
忠惠公	北宋徽宗崇寧元年（1102）	追封公爵，諡號改為忠惠。
武安王	徽宗大觀二年（1108）	晉王爵，諡號改為武安[3]。
義勇武安王	徽宗宣和五年（1123）前後	再加義勇二字於上，此封號在民間沿用極久[4]。
義勇武安英濟王	南宋孝宗淳熙 15 年（1188）	荊門軍王銖奏當陽縣墓廟屢傳靈異，准加二字[5]。
顯靈義勇武安英濟王	元文宗天歷元年（1328）	加「顯靈」二字，並遣使至洛陽廟祭祀[6]。

1　見《三國志‧關張馬黃趙傳》，（冊二，頁 939）。
2　見《三國志‧關張馬黃趙傳》，（冊二，頁 942）；及〈後主傳〉，（冊二，頁 899）。
3　忠惠公、武安王，俱見《宋會要輯稿‧禮二十‧蜀漢壽亭侯祠》，（冊二，頁 779）。
4　見第四章第四節，另參閱《關帝事蹟徵信編‧爵諡》所引，卷三，（冊三，頁 146）。
5　同上。
6　見《元史‧文宗本紀》，（冊二，頁 711）。

漢前將軍漢壽亭侯	明太祖洪武三年（1370）	革去歷代「溢美之稱」，悉依初封[7]。
漢前將軍壽亭侯	武宗正德元年（1506）	少一「漢」字[8]
漢前將軍漢壽亭侯	世宗嘉靖十年（1531）	南京太常寺卿黃芳上疏，從之改正[9]。
三界伏魔大帝神威遠震天尊關聖帝君	神宗萬曆42年（1614）	此號非官非爵非諡，像道教神靈，且未依法定程序，天啟四年始確認，前有敕封二字[10]。
忠義神武關聖大帝	清世祖順治九年（1652）	可能鑑於明神宗封號過於俚俗而改封[11]
（改諡）神勇	高宗乾隆25年（1760）	山東按察使沈廷芳奏請改諡，從之，然未頒告天下，祭典亦無是稱。
忠義神武靈佑關聖大帝	乾隆33年（1768）	加「靈佑」二字於下
（再改諡號）忠義	乾隆41年（1776）	僅用於官板《三國志》關公本傳[12]
	乾隆60年（1795）	刪封號前之「敕封」二字
忠義神武靈佑仁勇關聖大帝	仁宗嘉慶19年（1814）	加「仁勇」二字於下
忠義神武靈佑仁勇威顯關聖大帝	宣宗道光八年（1828）	加「威顯」二字於下

7 見《太祖實錄》，洪武三年六月，及27年正月，（頁1033及3377）；然萬曆《大明會典‧群祀》言：「舊稱壽亭侯，嘉靖十年始正今稱。」應沿襲自武宗朝重修本之誤，（冊33，頁123）。

8 見《武宗實錄》，正德元年五月，（頁399），隨後又有省載。

9 見《世宗實錄》，嘉靖十年九月，（頁3087）；明朝中央與地方之稱謂，另見〈附錄三〉。

10 見《熹宗實錄》，天啟元年二月，（頁286）；及沈國元《兩朝從信錄》，卷五，（頁95）。

11 見光緒《大清會典事例》，卷438，（冊219，頁80），下同。

12 見《四庫全書總目提要‧辦理四庫全書歷代聖諭》，卷首。

忠義神武靈佑仁勇威顯護國關聖大帝	文宗咸豐二年（1852）	加「護國」二字於下
忠義神武靈佑仁勇威顯護國保民關聖大帝	咸豐三年（1853）	加「保民」二字，四年祭典升至中祀，與孔子同。
忠義神武靈佑仁勇威顯護國保民精誠關聖大帝	咸豐六年（1856）	加「精誠」二字於下
忠義神武靈佑仁勇威顯護國保民精誠綏靖關聖帝君	咸豐七年（1857）	加「綏靖」二字，且改關聖大帝為「關聖帝君」。
忠義神武靈佑仁勇威顯護國保民翊贊關聖帝君	穆宗同治九年（1870）	加「翊贊」二字於下
忠義神武靈佑仁勇威顯護國保民精誠綏靖翊贊宣德關聖帝君	德宗光緒五年（1879）	再加「宣德」二字於下，至此關公封號共為 26 字。

附錄三：明代關公稱號表

皇帝	紀　　年	稱　　　號	附　　　　註
太祖	洪武三年（1370）	漢前將軍漢壽亭侯（之神）	依初封，去溢美之稱，27年建廟[1]。
太宗（成祖）	永樂21年（1423）	（同上）	遷都北京，修大祀牆垣及廟[2]。
宣宗	宣德二年（1427）	（同上）	修山西解州廟[3]
憲宗	成化17年（1481）	崇寧義勇武安王	命太監梁芳往祭解州廟[4]
英宗	天順七年（1463）	（同太祖）	修南京諸廟[5]
武宗	正德元年（1506）（三年同）	漢前將軍壽亭侯	遣太常寺官致祭，稱號少漢字
	正德二年	忠義武安王	賜山東登州廟額
	正德四年	義勇武安王，另賜額忠義	劉瑾於陝西興平縣馬嵬鎮建廟[6]
	正德五年（六年、十年同）	漢壽亭侯	遣太常寺官致祭[7]
世宗	嘉靖十年（1531）	漢壽亭侯	南京太常寺卿黃芳疏稱少漢字[8]

1　封號，見《太祖實錄》，三年六月癸亥，及27年正月庚午，（頁1033及3377）；廟號，見萬曆《大明會典‧群祀》，卷93，（冊33，頁123）。

2　見《太宗實錄》，是年四月庚申，（頁2377）。

3　見《宣宗實錄》，是年12月甲戌，（頁868）。

4　見《關帝事蹟徵信編‧祀典》，卷11引侯加乘《關帝祠志》，（冊三，頁374）。

5　見《英宗實錄》，是年11月丁巳，（頁7139）。

6　俱見《武宗實錄》，依序為：元年，三年，二年，四年，（頁399、898、659及1045）。

7　同上，全稱無誤為五年、六年及十年，（頁1383、1501及2504），後二年加「之神」二字。

8　見《世宗實錄》，是年九月，（頁3087）。

穆宗	隆慶元年（1567）（二、五、六年同）	漢壽亭侯	遣太常寺官致祭[9]
神宗	萬曆 13 年（1585）	壽亭侯	遣太常寺官致祭[10]
	萬曆 18 年（1590）	賜淮安運河廟額顯佑	潘季馴請賜[11]
	萬曆 23 年（1595）	漢前將軍漢壽亭侯，另賜額英烈	賜解州廟[12]
	萬曆 36 年（1608）	漢壽亭侯，護國崇寧至德真君	神宗生母於灅縣家廟旁，另建關公廟，初名漢壽亭侯祠，又稱顯忠廟，再改[13]。
	萬曆 42 年（1614）	三界伏魔大帝神威遠鎮天尊關聖帝君（前有敕封二字）	中官傳旨改封關公，未依正式文書流程及詔告天下
	萬曆 43 年（1615）（48 年同）	漢壽亭侯	遣太常寺官致祭[14]
熹宗	天啟四年（1624）	三界伏魔大帝神威遠鎮天尊關聖帝君（前有敕封二字）	確認神宗封號，並詔告天下[15]

---

[9]　見《穆宗實錄》，是年五月，（頁 229），原版缺漏字，參校勘記校正，（卷八，頁 38）。

[10]　見《神宗實錄》，是年五月，（頁 2948）；43 年同，（頁 10024）。

[11]　見第五章第一節。

[12]　見《實錄》，（頁 5322），所載立字應改為修，因此廟非新建；又是卷〈校勘記〉，另本為「漢壽亭侯」全稱無誤（頁 1190）；而《關帝事蹟徵信編》另引多書，言住院道士張通厚疏請，祠司郎中楊鳳力贊之，且年代亦略有異，（卷八，冊三，頁 275）。

[13]　俱見《神宗實錄》，35 年 11 月落成，十二月立〈景命殿碑〉，（頁 8349 及 8365）；次年五月改名，立三碑，（頁 8514~）。

[14]　見《實錄》，（頁 10024 及 11394）。

[15]　見《熹宗實錄》，天啟四年二月庚戌，（頁 286）。

附錄四：〈論關公諡號〉

諡號是古代帝王、諸侯國君、及其大臣等貴族階級死後的封號，其作用主要在總評一生功過，給與適度的褒貶，也等於是對後人的機會教育，訓示懲勸意味極濃。

關公的諡號為「壯繆」，其第二字音義頗為分歧，到底是美諡或惡諡，很有爭議；而他死於建安二十四年年底（220），卻在蜀漢後主景耀三年（260）才追封，所以，關公的封諡至少存在三大問題：

其一、就追封時間論：封諡通常是在死後葬前，但此時距關公殉難臨沮已四十年，顯然延誤極久，且其同輩老臣幾皆凋零殆盡，時效已失。

其二、就贈諡者地位論：諡號當然是由尊者贈卑者，周代是在朝為天子，在國為諸侯，漢朝以後則權在皇帝，《禮記·曾子問》云：「賤不諱貴，幼不諱長。」所以，依此應由劉備賜封，而不當由子姪輩的後主在拖延多年後才追贈。

其三、就諡字意義論：這是最大問題之所在，其中「壯」字沒有疑問，但「繆」字音義頗多，還有二個近乎完全相反的假借用法，所以歷來頗有人懷疑其非美諡，比如宋徽宗就有多次的改封；加上關公後來歷史地位節節高升，宋元以來成為集忠義勇於一身的英雄神靈，擁有無數虔誠的信徒，當然更難接受為惡諡，只好曲為解說，於是「壯繆」的本義更不明了。

本文就是嘗試要從關公所處前後數百年，即漢唐之間，諡號中有「繆」字，且有具體事跡者，歸納其行誼、時人褒貶，以確定封諡本意，並進而探討「壯繆」到底為美諡或惡諡[1]。

1　初版《關公全傳》第二章第五節，其論關公諡號部分，引論不足，謹以此文補之。

一、略論諡法及演變

　　封諡起於周代，《禮記・檀弓》云：「死諡，周道也。」傳聞周公定諡法，以數字為號，概括一生行誼，成為身後的尊稱，所以〈樂記〉說：「聞其諡知其行。」諡號之字數約在一字至三字間，後人通常會加上生前爵位合稱之，如文王、隱公等，以及關公的「壯繆侯」，都是典型的諡爵合一[2]。

　　當然，在封建時代，唯有貴族階級，即士以上階級才得以受封，故《儀禮・仕冠禮》云：「生無爵，死無諡。」生稱官爵，死稱諡爵，向來被視為無上光榮，也是封建時代貴族們的專利，故《論語・公冶長》載子貢問：「孔文子何以謂之文也？」子貢非貴族，當然對封諡較為陌生；而周末封建制度解體，舊貴族沒落，諡法也隨著改變，秦始皇統一天下後，認定這是「子議父，臣議君」，不成體統，所以下令廢除[3]，但劉邦建立漢朝後又恢復，只不過封諡對象已轉移到新貴族階級，仍如周代，依然是皇帝、宗室、功臣等及其後代的專利，這種制度就代代延續下來，直到唐朝，依然是三品官以上才能享有的特權[4]；當然，在亂世時期，這也是有野心的英雄豪傑覬覦的身外要物，隋末李密就有詩云：「一朝時運會，千古傳名諡。」[5]

　　諡法的具體內容，古代禮書並未完整詳載，推估從天子至於卿大夫，禮儀程序必不相同，在今日，只能綜合拼湊概言之。

　　首先請諡或議諡：請諡者當然知道自己身分，士以下必不敢僭越，若大夫死，由其子請諡，在朝向天子，在國向國君，如衛國公叔拔卒，其子戍請諡於靈公[6]；又如楚共王臨終，客氣又自責的交待：「請為靈若厲，大夫擇

2　參閱顧炎武《日知錄》，〈帝王名號〉、〈有諡則不稱字〉二條，（卷二，頁 29 及卷四，頁 106）；及趙翼《陔餘叢考・兩漢六朝諡法》，卷 16，（頁 164），其實諡法一開始就是爵諡合一。

3　見《史記・始皇本紀》，（冊一，頁 164）。

4　見《新唐書》，載「王公、三品以上功過善惡為之諡」，（冊二，頁 1241）；宋朝則限正官三品以上者方得諡，見宋敏求《春明退朝錄》，（卷中，頁 64）。

5　見《舊唐書・李密傳》，（冊三，頁 2210）。

6　見《禮記・檀弓》，（頁 186）。

焉。」經諸大夫議論後，定諡為「共」[7]。

其次作誄：誄是羅列生時行跡之文章，猶如後世之祭文，主筆者可能是大史、小史一類之史官，誄文在喪禮或柩前公開誦念[8]。

復次定諡：誄文成，即決定諡號，至於定諡的依據，到底是其前流傳於公卿間的常用「諡法」，或是周公真的流下《諡法》一書？有待高明詳考。

又次作策：定諡後，應另撰策文，即褒封命令，在頒贈時，與諡號、誄文一併誦念。

最後頒諡：其禮儀應是莊嚴隆重的，可能天子或國君親臨，場上小史讀誄，樂官太師率領瞽矇誦念詩句及世系，而後頒賜[9]。

封諡過程大約如此，值得注意者，諡號猶如名字，字數不多，天子或國君，多為一字，其下則常見多字，如春秋時衛國的公叔拔是「貞惠文」三字[10]，無論幾字，史書往往簡載為一字[11]，所以若不參照誄策文，難免不知其本意；唯有完整的封諡文獻，包括誄策文及諡號，才可確知其為褒為貶。

還有，周公雖被公認為諡法的創始者，但他是否詳定相關禮儀？以及是否編成《諡法》乙書？無從得知，至少在東漢班固編《漢書·藝文志》時還未見到成書。因而，古書記載議論封諡時，常見引述「諡法」二字，到底是《諡法》一書？亦即封諡的標準參考經典，或只是流傳於世的習慣用「諡法」？不得而知。但確定還有幾項因素不斷擾亂《諡法》或「諡法」：

一、一字多義：中國字多非嚴謹的一字一義，甚至常常出現新義，所以，歷代不斷有解釋《諡法》或「諡法」的新書，如《隋書·經籍志》列有

7　見《左傳·昭公十三年》，（頁 556），死後請諡或議諡為常，然亦有未死而賜者，如衛靈公，為賞功而於生前賜北宮喜、析朱鉏二人諡號，見〈昭公二十年〉，（頁 855）。

8　見《周禮》，〈大史〉、〈小史〉二節，（頁 404）。

9　見《周禮》，〈大師〉、〈瞽矇〉二節，（頁 357、358）；另《後漢書》陰興列傳，載章帝使中郎將「持節即墓賜策追諡」，（冊二，頁 1132）。

10　見《禮記·檀弓》，（頁 186），故若僅就《左傳》昭公二十年所載，當不知公叔拔真正諡號。

11　參閱顧炎武，《日知錄·古人諡止稱一字》，卷 24，（頁 666）。

劉熙、沈約、賀瑒三部，及何晏《魏晉謚議》一部；至《舊唐書》，又增《周書謚法》、《大戴禮謚法》、《廣謚法》以及晉張靖共四部，可以想像的，字義必是經常變化，或是愈來愈多[12]，一部古老《謚法》或一套「謚法」，到後來可能已面目全非，以致歷代有多次的改編，後人當然難以據之研判封謚本意，難怪唐朝孔穎達注《左傳》，於「桓公」下稱：「謚法非一，亦不知本以何行而為此謚？[13]」

　　二、功過難定：除非大聖大德或大凶大惡，常人應是功過並陳、瑕瑜互見，難以論定，所以歷代屢見封謚的爭議；若加上時空環境變化，後代帝王個人的主觀意見，常對歷史人物改封改謚。所以，後人若未參酌相關的誄文策令，當然不易僅憑簡單的謚號推敲美惡，關公歷史地位的高低演變，以及歷代不同的封號，正印證了定謚之難。

　　三、古人常用假借字：不同字形卻視為同音同義，這是最困擾後人之大問題，如壯莊、鰲僖，又如「繆」與「穆」，「繆」與「謬」，一個「繆」字就至少可以兩用，而其意義竟是天差地別，如何判斷本意好壞，就須多方考據了。

　　四、史書記載簡略：史書通常只記謚號，不記時人評論或誄策文，數代之後，意義極可能被曲解，所以漢景帝時即曾下令，大鴻臚奏謚須兼備「謚、誄、策」，設想極為周到[14]；不幸的，關公的封謚在《三國志》中只有極其簡略的二字，誄策文均未記載，不難想像爭議會有多大。

---

[12] 見《隋書》，（冊二，頁 938），以及《舊唐書》，（冊三，頁 1873）；顧炎武，《日知錄・謚法》，也論昭字意義演變，卷18，（頁 417）。

[13] 對照唐張守節《史記正義》後附之《謚法》，及北宋蘇洵《謚法》，就知差異有多大；還有，宋太宗也曾明令：「增『周公謚法』五十五字：美謚七十一字為一百字，平謚七字為二十字，惡謚十七字為三十字。」見《太宗實錄》，附於《宋史》前，（冊一，頁 20）。

[14] 見《漢書・景帝紀》，中元二年，（冊一，頁 145）；魯哀公僅為孔子作誄弔祭，未賜謚，應是特例，見《左傳・哀公十六年》，（頁 1041）。

二、關公重要事跡

封諡的主要依據是生前行誼，所以理論上，大功大過是決定諡號之依據，故《禮記‧表記》云：「先王諡以尊名，節以一惠」，此實就美諡而言，相對的，一件敗筆也可能招來惡諡。因此，爭論關公諡號為美為惡，得須先認知幾件指標性的特殊事蹟，約言之，有三件是評價正面肯定的，常為後人所津津樂道：

一為殺顏良：建安五年（200），劉備守不住徐州而投歸袁紹，關公為曹操所俘，隨後袁紹、曹操於黃河南北對峙，袁紹派將軍顏良攻河南白馬，曹操派關公往援，兩軍一對陣，史稱「羽望見良麾蓋，策馬刺良於萬眾之中，斬其首還，紹諸將莫能當者，遂解白馬圍。[15]」神勇至極！不僅成就千古英名，還得曹操奏封為「漢壽亭侯」，晉身貴族階級，具備死後封諡要件。

二為忠義情操：曹操本已極欣賞重用關公，想盡辦法要延為己用，但關公堅守與劉備情誼，拒絕誘惑，當曹操得知他並無久留之意，要張遼探問，關公委婉又堅定回答：「吾極知曹公待我厚，然吾受劉將軍厚恩，誓以共死，不可背之，吾終不留，吾要當立效以報曹公乃去。」在亂世顛沛流離中，能不背棄老友，一言定交，至死不渝，且不忘曹操厚待，以殺顏良回報大恩，了無虧欠，得知劉備行蹤，即毅然決然離開，行前曹操厚加賞賜，仍不動於心，「盡封其所賜，拜書告辭」，來去光明磊落！此等忠義情操為，絕非常人所能企及，也是關公成為「關聖帝君」的主要原因，近人稱為「超道德行為」[16]。

三為獨鎮荊州：建安十九年起，由於劉備西爭益州、北進漢中，留關公獨鎮荊州，但孫權處心積慮要經營長江中游，與關公有過多次衝突，而曹操則占有襄陽一帶，三者各據一方；二十四年年中，劉備占領漢中後，關公經一番部署，出兵北攻襄陽、樊城，曹操隨即陸續徵調各地重兵往援，孫權得知消息，也積極整軍，準備偷襲荊州後方；初期關公兵力鼎盛，曹操甚至考

---

[15] 見《三國志‧關張馬黃趙傳》，（冊二，頁939）。

[16] 此詞出自馮友蘭《新事論‧原忠孝》，載《貞元六書》，（上冊，頁77）。

慮遷都以避其銳，孫權更不敢大意，兩者幾乎都動用全國兵力，而且還親赴前線坐鎮指揮，而遠在成都的劉備、諸葛亮竟然未派一兵一卒支援。

另一事則為負面否定的，即兵敗被殺。襄樊大戰末期，魏吳前後夾攻，戰局逐漸扭轉，曹操又使用陰謀，告知關公後方已遭偷襲，以瓦解其士氣，最終關公就是在兩國傾全力合攻下，敗退被俘遇害。悲壯結局本可以諒解，關公應該沒有貽誤軍機，當然不能說「大意失荊州」[17]。

問題在世人習慣以成敗論英雄，關公終究確實「敗軍喪身」，不明史實或吹毛求疵人士，更是輕易聯想到許多為人處事的缺失，諸如：逞強輕敵，未能周詳部署；只知進軍，不知防範偷襲；剛強凌人，輕視同儕，不與黃忠同時受封；涵養不佳，沒善待士大夫，以致後方守將傅士仁、糜芳，不能堅守崗位，未戰而降；…種種苛責，不一而足。

所以，一個嚴肅的課題：蜀漢後主如何看待關公？若他只著眼前三事，則可能贈與美諡，若只看後一事，當然送給惡諡，若二者合觀，就有可能美惡兼諡，因而要「聞其諡知其行」，對關公而言確實有困難[18]。

三、繆字音義

由於「繆」字乃關公諡號爭議之所在，故須先釐清其諸多音義，茲依《康熙字典》，本字有十個音義，列其較常用者如下：

一音ㄇㄧㄡˋ：即同「謬」字，古書常見，屬假借用字，如《禮記・仲尼燕居》云「不能詩，於禮繆」，又同書〈大傳〉云「一物紕繆，百姓不得其死」；又如《漢書・于定國傳》云「何以錯繆至是」，皆為錯誤之意；又如同書司馬相如傳云「臨邛令繆為恭敬」，則訓為詐。

二音ㄇㄨˋ：即同「穆」字，古書中尤其常見，如秦「穆」公，在《左傳》、《公羊傳》、《孟子》古本中多作秦「繆」公，又如《禮記・大傳》

---

[17] 參閱趙翼《廿二史劄記・借荊州之非》，（卷七，頁83）。

[18] 諡號當以美諡為常，但亦有略帶貶抑意義者，如春秋時，楚世子商臣弒其君奪位，死後先諡靈，不瞑目，改諡成，乃瞑目；又如魯昭公出奔，死於齊地，歸葬後，季平子欲為惡諡不果，分見《左傳》，文公元年、定公元年，（頁299、942）。

「序以昭繆」。

　　三音ㄇㄡ丶：多與綢連用成「綢繆」一詞，如《詩·豳風》「綢繆牖戶」，訓為纏綿，即纏紮牢固之意；又如《莊子·則陽》「聖人達綢繆」，則訓為深奧。

　　四音ㄐㄧㄡ：是「樛」之誤寫，如《禮記·檀弓》「衣衰而繆絰」；又意為絞，如《漢書·外戚傳》載趙飛燕「自繆死」。

　　五音ㄌㄧㄠ丶：同「繚」，如《史記·司馬相如賦》云「繆繞王綏」。

　　六音ㄇㄧㄠ丶：姓氏，如《史記·儒林列傳》中有「蘭陵繆生」。

　　由上所引述，繆字音義如此眾多，在古書中出現，通常須由上下字詞連讀，參閱注疏，才知其意；若用在極其精簡的諡號上，非依據生平事跡或當時議論研判，當然不易確知褒貶。何況關公生平功過夾雜，在後世地位有過高低起伏，曾受尊崇，也遭貶抑，故而要從「壯繆」二字推論美惡，等於難上加難，在文獻不足下，只能嘗試由前後人物類似事跡歸納推敲。

四、宋代以來多次改封關公

　　關公的諡號，歷一千多年無人爭議，從北宋晚期以來才受到注意，下至元明清，歷代多次改封，雖與其歷史地位之上升有關，而最重要且未明言的，當然是不滿「壯繆」原諡，茲舉其著者論之。

　　最早改封關公的是宋徽宗，崇寧元年（1102），改為「忠惠公」，諡號具有正面意義，爵位也由侯晉升為公；大觀二年（1108），改為「武安王」，似在彰顯其勳績，並晉爵為王[19]，宣和五年（1123），前面另加「義勇」二字[20]，明顯強調其高貴情操，此後「義勇武安王」就成為南宋至明代民間之通稱[21]。但由於史料缺如，不知徽宗三次改封動機何在，合理推測，應是懷疑關公原封為惡諡，已不符其歷史定位。

---

[19] 見《宋會要輯稿》，〈禮二十·蜀漢壽亭侯祠〉，（冊19，頁58）。

[20] 加封「義勇」二字之時間，參閱周廣業、崔應榴《關帝事蹟徵信編》，卷三引證諸書，（冊三，頁144）。

[21] 見《三教源流搜神大全·義勇武安王》，卷三，（頁111）。

其次是明神宗,他於萬曆四十二年(1614)改贈關公為「三界伏魔大帝神威遠鎮天尊」,這是以兩個民間及道教神靈名稱,加上歌頌語辭取代爵諡封號,雖不雅,但晉升至帝王等級,對當時民間影響頗大,而此時關公已是集英雄、聖賢、神靈於一身,通稱為「關聖帝君」,歷史地位達於頂點[22]。

最後是清朝諸帝,大概有鑑於明神宗的封號過於鄙俚,世祖改為「忠義神武關聖大帝」,前二字形容關公的情操,次二字明示神威普及,而「關聖」為「關聖帝君」之略,是當時民間通稱,末後保留大帝,整體封號不僅敬意十足,文辭典雅,更符合此時關公的歷史定位。其後又經十二次改封、增封,在「忠義神武」之下共加二十二字,與當初後主的「壯繆侯」比較,相差已不可以道里計了。

五、後人論關公諡號

史上多次改封,固在反應關公的歷史定位,其實也是對後主原諡的否定。元代以來,關公已成英雄神靈,許多文人成為忠實信徒,紛紛以詩詞專書歌頌德業勳績,與各代帝王之加封改封相互輝映,更促成關公歷史地位陡升,同時他們也開始注意到諡號中「繆」字潛在的問題,也許是虔誠的信仰之影響,從元至清,清一色認定是「穆」字之假借用法,無人懷疑為惡諡。很明顯的,他們都沒注意到漢唐時期的類似封號。

唯一的例外是清高宗。在清朝多次加封改封中,高宗還兩次明令更改關公諡號,且都明言關公原諡為惡諡。

一在乾隆二十五年(1760),山東按察使司沈廷芳上奏,以為關公之德業神威「烈著漢朝,浩氣凌霄,遍九州而威震,丹忱貫日,冠三國以名高」,可惜「當後主繼統之年,始加進諡,洎歷代褒崇之日,未改舊章,或王或侯,雖疊贈而顯榮未至,曰壯曰繆,即兩字而疑偽良多,蓋為功德之未符,即屬典章之有缺」,所以「敬請易諡」,高宗下禮部覆議,以為原諡壯

22　劉侗《帝京景物略》,卷三,(冊三,頁6)。

繆「實與功德未符」，再經內閣擬諡，最後選定「神勇」二字[23]。

　　另一次在乾隆四十一年（1776），因編纂《四庫全書》，見陳壽《三國志》關公本傳諡號與時下頒行者不同，認定：「史書所諡，並非嘉名，陳壽於蜀漢有嫌，所撰《三國志》，多存私見，遂不為之論定，豈得謂公？」且其「隱寓譏評，非所以傳信萬世也」，故而下令官板一律改為「忠義」[24]。

　　清高宗的兩次改諡，背後有著信仰因素以及政治目的，尚欠缺史實依據，唯有從關公前後時代的類似諡號歸納探討，或有可能釐出真相。

六、漢朝諡繆者

　　先從關公前代論起，兩漢議及封諡為「繆」的，屢見不鮮，至少近十人，茲據相關事跡申論之。

（一）酈堅

　　酈堅，父為開國元勳酈商（?~-180），商於秦末從劉邦定漢中，又從擊項羽，劉邦即位，賜爵涿侯，歷事惠帝、呂后；其長子酈寄，與掌控北軍的呂祿友善，呂后死，大臣欲誅諸呂，太尉周勃不得入北軍，於是使人劫酈商，要他唆使酈寄騙呂祿出遊，周勃再乘機入據北軍，遂誅諸呂，商旋卒，寄雖繼承侯爵，但時人都說他是「賣交」，意即見利忘義，雖爵而不榮；七國之亂時，寄帶兵圍趙城，十月不能下，無功，後又妄想續娶景帝王皇后母為夫人，帝震怒，數罪並勘，奪爵並改賜其弟酈堅，另封為「繆侯」[25]，此爵應是看在酈商面上，賜封得有點心不甘情不願[26]。

23　見《關帝事蹟徵信編》，卷三引〈邸抄〉，（冊三，頁 161）。

24　見《四庫全書總目提要》，卷首〈辦理四庫全書歷代聖諭〉中。

25　見《史記·樊酈滕灌列傳》，（冊四，頁 2663），而《漢書》所載略異，（冊三，頁 2076）。諸家註解皆稱「繆」為邑名，顯然有誤，因當時並無此郡縣，故筆者懷疑這是早期的「名號侯」。

26　按《漢書·百官公卿表》載「爵」有二十級，除「列侯」外，皆無「所食國」，形同後來的「名號侯」，（冊一，頁 739）；另可參見《三國志·魏書·武帝紀》，建安二十年，（冊一，頁 46）。

（二）劉則

劉則，於武帝元狩二年（-121）封為「陪繆侯」，其生平事跡不明，但父祖兩代則有三人因謀反被誅，不名譽的過去應會影響他的進退出處[27]。其祖劉長，以高祖子封淮南王，文帝時謀反，廢徙蜀地，中途自殺而死；大伯為劉安，襲封王爵，武帝時也謀反，事發自殺；三叔劉賜，以淮南王子故，封為衡山王，因涉及劉安謀反案，也自殺；只有父親劉勃還算安分，由衡山徙濟北，死後謚為貞王，他就是以此身分得到侯爵，然死後被謚為「陪繆」，應是受到上代拖累[28]。

（三）劉齊

劉齊是景帝孫，父劉越為廣川王，齊襲封，在國囂張跋扈，所為多不法，如逞憤欲殺幸臣，囚其全家，數度胡亂舉發中央公卿及其他幸臣，其子不法，中尉捕治，即威脅「吾盡汝種」，事發，有司勘驗，罪證明確，劾「誣罔，大不敬，請繫治」，齊惶恐，上書稱願帶廣川勇士擊匈奴贖罪，未行病卒，國除並謚為「繆王」。

（四）劉元

劉元為景帝玄孫，祖彭祖為趙王，父為平干王，他幼繼王爵，在國胡作非為，武帝時卒，大鴻臚奏其事蹟：「前以刃賊殺奴婢，子男殺謁者，為刺史所舉奏，罪名明白。病先令，令能為樂奴婢從死，迫脅自殺者凡十六人，暴虐不道。」因死不議罪，於是除國，謚為「繆王」[29]。

（五）劉德

劉德是楚元王劉交後裔，祖封休侯，父執輩皆在朝為官，德習黃老，有謀略，襲爵又歷官中央，與立宣帝，因功藉機拉拔族中成員，家勢鼎盛，為

---

[27] 見《漢書·王子侯表》，（冊一，頁451）。

[28] 俱見《漢書·淮南衡山濟北王傳》，（冊三，頁2135~2155），「陪繆侯」與「繆侯」應同為名號侯。

[29] 劉齊、劉元事跡，俱見《漢書·景十三王傳》，（冊三，頁2427、2421）。

人寬厚好施；但被其子劉向（-77~-6）拖累英名，向幼時好神仙方術，深信神仙鬼物可助煉黃金，上其術於宣帝，帝令典掌鑄作事宜，耗費甚多而黃金無成，下獄勘驗，定罪當死，劉德上書申理，旋憂懼而死，大鴻臚奏德「訟子罪，失大臣禮，不宜賜諡置嗣。」不過宣帝另有意見，賜諡「繆侯」[30]。

（六）王臨

王臨是王莽篡漢後所立的太子，由於先前王莽已因故殺其二兄弟，母因哀怨涕泣失明，莽乃令臨進宮侍養，但他私通母婢，而該婢早為王莽所幸，恐事洩乃謀共殺莽，未發而遭貶降為王，出在外第，更加憂恐，及母病危，寫信訴苦，言二兄弟「年俱三十而死，今臣臨復是三十，誠恐一旦不保中室，則不知死命所在」，莽見後大怒，賜死並諡為「繆王」[31]。

（七）王宗

王宗是王莽之孫，封為功崇公，為人頗有野心，卻又不識時務，竟大膽自畫容貌，圖中「被服天子衣冠」，又刻寶印，印文為「肅聖寶繼」、「德封昌圖」，意即自居「以德見封，當遂昌熾，受天下圖籍」，明顯欲繼帝位，事發自殺，貶爵改號，諡為「繆伯」。

（八）鄭吉

鄭吉（?~-49），會稽人，以卒伍從軍，多次隨從出使西域，因功升為郎官，宣帝時，以侍郎屯田渠黎（今新疆庫爾勒），帶兵攻破車師，保全西域天山南路，又接受匈奴降將，威鎮西域，後升為都護，封安遠侯，卒後諡為「繆侯」。

（九）張勃

張勃，武帝時御史大夫張湯之後，湯冤死，子安世受重用於武帝末及昭帝時，安世兄賀，因收養皇曾孫，後來入繼大位，是為宣帝，兩家因功皆封侯；安世子延壽繼為富平侯，勃即延壽子，自幼襲封，在長安認識陳湯，欣

30　見《漢書·楚元王傳》，（冊三，頁1928）。

31　王臨、王宗事跡，俱見《漢書·王莽傳》，（冊五，頁4165、4153）。

賞其才能，元帝初元二年（-47），詔列侯舉茂才，勃薦之，然湯待遷時父喪，為升官竟不奔喪，司隸校尉奏湯不孝下獄，勃則因舉薦不實，削封戶，鬱鬱而死，諡為「繆侯」[32]。

　　上述九人中，鄭吉確定為美諡，他半生效力於邊疆，功在家國，當然沒有理由贈與惡諡，其「繆」侯應是「穆」侯之假借字；酈堅雖有爭議，應非美號，其餘七人，事證明確，都是惡諡，意即若不使用假借法，應是「謬」。

　　其實，早在秦始皇死後，趙高弄權，欲立胡亥，矯詔賜長公子扶蘇及蒙恬、蒙毅兄弟死，蒙毅不服，大罵秦朝先世：「昔者秦穆公殺三良而死，罪百里奚而非其罪也，故立號曰『繆』。[33]」這是最早聲稱「秦繆公」乃「秦穆公」之假借用法者，固然他是在氣憤之下出口，實際上也非完全無憑，再證以上述西漢七人，可見「繆」與「謬」早被視為同字。

　　較奇怪的，王莽之後，歷東漢一朝，「繆」字未曾出現在諡號中，只有獻帝賜曹操女曹皇后諡為「穆」，卻沒用假借的「繆」字，且此後穆字就常出現在諡號中了[34]。

七、關公同代類似諡號

　　從上所述，西漢「繆」字諡號，音義為「謬」的居絕對多數，為「穆」之假借字僅有一例；但漢末三國以來，「繆」與「穆」卻同時出現，受諡者事跡皆不相當，明顯是不同評價，可以說「繆」與「穆」正式分家，使得「繆」在諡法上音義趨於明確。

　　關公諡號為「壯繆」二字，其中「壯」字音義明確，茲略論之。當代人物諡有「壯」字的，皆是武將，且集中在魏國，如張郃、徐晃、文聘、許褚、桓階、州泰等[35]，而龐德，事跡與關公類似，均為戰死沙場，他是在襄

---

[32] 鄭吉、張勃事跡，俱見《漢書・傅常鄭甘陳段傳》，（冊四，頁 3006、3007）。

[33] 見《史記・蒙恬列傳》，（冊四，頁 2569）。

[34] 見《後漢書・皇后記》，（冊一，頁 455）。

[35] 俱見《三國志》個人本傳，（冊一，依序頁 527、530、540、543、633、783）。

樊大戰前期為關公所俘，不屈被殺，曹丕篡位，即遣使至墓賜諡，並班策文：「殞身殉節，前代美之，…蹈難成名，聲溢當時，義高在昔，寡人愍焉。」文獻完整，所以沒有任何疑義，也未衍生出類似假借用法的「莊」字，關公的壯字亦當同義[36]。

問題在關公於壯下還有難解的「繆」字，其前尚可勉強說是「穆」的假借字，但這時「穆」字諡號已獨立出現，因而很難視為同一字。

同代諡「穆」的，魏有陳泰、趙儼、徐邈、王昶等四人，吳有賀循一人，皆為文人，其事跡與關公明顯不同，而且諡號記錄皆出自陳壽一人，所以關公的「繆」，應已非假借的「穆」字[37]。

八、西晉北周諡繆者

關公封諡之後不過十八年，「繆」字很快又被應用上，此後並且接連出現，對象竟然都是西晉的開國元勳及皇室宗親。

何曾（199~278）：他是司馬家族從專權到篡魏的首謀之一，西晉建立，當然歷任顯要，位極人臣，但私生活不檢點，死後禮官議諡，博士秦秀批評他「驕奢過度」、「行不履道」、「壞人倫之教」、「示後生之傲」，所以振振有辭的援引《諡法》：「名與實爽曰『繆』，怙亂肆行曰『醜』。」建請諡為「繆醜公」，武帝不從，特賜為孝，後改為元。雖然最終與「繆」字插身而過，從而可確知此字是十足的惡諡[38]。

陳準（?~300）：他官至太尉，封廣陵公，惠帝時卒，太常奏上美諡，可能陳準也如何曾，無所建樹，所以博士嵇紹駁回，認為名實不相符，應諡為「繆」，後不了了之[39]。

司馬斌（?~278）：他是司馬懿侄子、晉武帝堂兄弟，初封陳王，咸寧

---

[36] 見《三國志·龐德傳》，（冊一，頁546）。

[37] 俱見《三國志》個人本傳，（依序冊一，頁 641、671、740、750，以及冊二，頁1459）。

[38] 見《晉書·何曾傳》，（冊二，頁997）。

[39] 議諡事跡見《晉書·嵇紹傳》，書中無陳準傳，（冊三，頁2299）。

三年改封西河王，在國一年而卒，謚為「繆」；然參照武帝對待另外兩位宗室，一是封彭城王的堂兄弟司馬權，另一是封隨縣王的晚輩司馬整，卒後都謚為「穆」，司馬斌謚號竟非同字，應該也大有問題[40]；再據〈司馬斌廟碑〉云：「咸寧三年改命爵土，明年十二月喪國。」可見他必有劣跡，「繆」應非美謚[41]。

西晉雖只有短短的五十年，竟有三位被議謚為「繆」，上距關公定謚之年，最久不過六十年上下，這當然不能說是巧合。

此後只有北周的薛善被謚為「繆」，善於北周孝閔帝時，諂媚專權的宇文護，出賣害死同事齊軌，雖得受重用，高官善終，但他賣友求榮，不為稍後當權的楊堅所欣賞，卒後被謚為「繆公」，當然是惡謚[42]。

九、唐朝謚繆者

唐朝被議論謚為「繆」者至少有七人，定謚者有三人。

陳叔達（?~635）：他於隋末即歸順李淵，頗有才學，軍書、禪代文誥皆其所為，後又有護佑太宗之功，官至禮部尚書，但因「閨庭不理」，被劾歸第，卒後竟被謚為「繆」，後來才改為忠[43]。

封倫（568~627）：他是隋末太原起義首謀之一，初依李世民，但唐朝建立後，背秦王暗通太子建成，太宗繼位，仍備受重用，死後數年方知，太宗不齒其為人，削減封戶，謚號由「明」改為「繆」[44]。

許敬宗（592~672）：他早年即追隨太宗，歷官中外，敏銳善變，阿附強權，依違於大臣間，高宗時譖貶長孫無忌、褚遂良等正直之士，掌修國史，「虛美隱惡」，又貪財嫁女與皂隸富家，因私憾奏貶長子於嶺南，卒後

---

[40] 分見《晉書·宗室列傳》，（冊二，頁 1114、1092、1088）。

[41] 見《水經注·原公水》，在山西茲氏縣，惜酈道元僅節錄數語，不足以窺其生平事跡，（頁 87）。

[42] 見《周書·薛善傳》，（頁 624）。

[43] 見《舊唐書·陳叔達傳》，（冊三，頁 2363）。

[44] 見《舊唐書·封倫傳》，（冊三，頁 2397）。

太常議謚，博士袁思古依「《謚法》：名與實爽曰繆」，建請謚繆，敬宗子孫認為奇恥大辱，爭論多時才得改謚[45]。

裴延齡（728～796）：他是德宗時的宰相，個性詭譎多變，欺善怕惡，樹立朋黨，援引奸佞，陷害忠良，死時竟然是中外相賀，雖善終，但其後在憲宗時卻被追謚為「繆」[46]。

李程（766～842）：他是唐朝宗室成員，由德宗至武宗，歷官顯要，敬宗時擢為宰相，卻不知自愛，行為不檢，放蕩輕浮，「滑稽好戲」，有失大臣風範，為世人所不齒，死後竟沒有異議的被追謚為「繆」[47]。

于頔（？818）：頔於德宗、憲宗之際，歷任方鎮，所在囂張跋扈，奏請無限，「公然聚斂，恣意虐殺」，眼中無朝廷，卒後憲宗賜與惡謚為「厲」，穆宗時，其子申訴，改為「思」，然大臣交相上書，張正甫封敕請還本謚，王彥威疏論他「肆行暴虐，人神共憤，法令不容」，故定謚為厲，並無不妥；高鉟更以為頔惡跡罄竹難書：「迫脅朝廷，擅留逐臣，徼遮天使」，所以應謚為更醜陋的「繆厲」，後由於穆宗的昏庸無知，才免於繆字惡謚[48]。

韋綬（？～822）：綬乃于頔鎮襄陽時之賓佐，本頗不直其縱恣，後為穆宗所重用，晚年出鎮山南西道，臨行需索無度，竟敢妄請十二門戟及賜錢兩百萬，又乞授子官，皆蒙上可，惜到鎮不用心，庶政荒廢，有虧職守，卒後議謚，朝官頗有意見，博士權安請謚為「繆」，又有言宜為「通」、有言宜為「醜」，甚至有言宜為「繆醜」，無一是美謚，雖然最後不了了之，但其中竟出現非假借用法的「謬」字[49]。

45　見《舊唐書‧許敬宗傳》，（冊四，頁2765）。

46　見《新唐書‧裴延齡傳》，（冊七，頁5109），《舊唐書》不載。

47　見《舊唐書‧李程傳》，（冊四，頁4373）。

48　見《舊唐書‧于頔傳》，（冊四，頁4131）；另參見元稹《元氏長慶集‧更賜于頔謚制》，（卷50，頁132）。

49　見《舊唐書‧韋綬傳》，僅云「謚繆」，（冊五，頁4245），但《新唐書》則記載極詳，「謬」字見於此，（冊六，頁4977）。

　　除了「繆」字，唐人也用「穆」，但那是完全不同音意的另一字，如平定安史之亂的名將之一李光弼（718~764），功在唐室，卒後謚為「武穆」[50]；文武宗時代，文臣楊嗣復（773~848），出入顯耀，無政績亦無劣行，卒後謚為「孝穆」[51]；而晚唐成德軍節度使王景崇（847~883），雖祖先數代擁眾據地，不納王租，但黃巢之亂起，慷慨帶兵入關協助平賊，被謚為「忠穆」[52]。以上三人，「穆」字確定是美謚。

　　同代的張守節，於開元二十四年（736）完成《史記正義》，也另引《周書謚法》附載於書後，其中第二十字是「穆」，第三十一字是「繆」，確定二字有別[53]；還有，晚唐文士皮日休（834~866），在一篇論秦穆公謚號的短文中，提及他主導晉惠公繼位，以致晉國多年動亂，形同嫁禍鄰國，罪大惡極，故而「謚繆為定」，口氣如蒙毅，一樣以繆為謬之假借字[54]。

　　總之，唐朝人所認定的「繆」字，沒有例外，就是「謬」的假借字，除上述諸例，唐太宗本人也多次用到，除貞觀九年（635）謚陳叔達、十七年改謚封倫外，同年宰相蕭瑀請求出家，鄙其佞佛過甚，手詔諭之「報施之徵，何其『繆』也」，惜瑀不悟，卒後太常奏謚為「肅」，竟改為半美半惡的「貞褊」；太宗此字，雖是假借用法，但意義清楚，與另一假借字「穆」分別明顯；又如兩年後，在高麗軍中，諭知李道宗「秦穆赦孟明」，直接用「穆」字，而不用「繆」。由此可知「繆」與「穆」分家，而「繆」等於「謬」更為明確，至南宋，秦檜被改謚為「謬醜」，而岳飛則為「武穆」，連假借字也不用了，當然其來有自[55]。

---

[50] 見《舊唐書·李光弼傳》，（冊四，頁3466）。

[51] 見《舊唐書·楊嗣復傳》，（冊六，頁4560）。

[52] 王景崇封謚，見《舊唐書·僖宗本紀》，（冊一，頁713），生平事跡見〈王廷湊傳〉後，（冊五，頁3890）。

[53] 張守節《史記正義·謚法解》，附於《史記》書後，（冊五，頁18）。

[54] 見《文藪·秦穆謚繆論》，（卷五，頁132）。

[55] 分見《宋史》秦檜、岳飛本傳，（冊17，頁13765；及冊14，頁11395）。

十、結論

　　從上所述，依關公前後各數百年之二十人事跡當中，扣除一位假借用字外，皆屬惡諡，於此嘗試綜論關公諡號：

　　一、美惡兼諡：「壯」字用在戰死沙場的武將，就是褒功加哀憫，當代皆然，觀魏文帝頒賜龐德策文可知，其後也無疑義；至於「繆」字，依陳壽筆法，明確異於「穆」字，再加上綜合歸納前後時期用法，幾皆為負面用字，所以確定是惡諡。兩字合觀，後主雖正面看待關公的悲壯事蹟，卻也沒原諒關公最終敗軍喪身。

　　二、先褒後貶：雖褒貶兼有，但至少後主是先肯定再否定，未抹殺獨鎮荊州之功，也沒忘情敗喪結局，等於是暨憐惜又責備，依違兩邊，使得後代崇拜關公人士較難接受，所以用盡辦法曲為解說；然而，後主為子姪輩，追諡先朝大臣，竟還著眼在最後成敗上，未能體察獨自對抗兩國之無奈，沒設身處地，不能「為長者諱」，徒令後世扼腕不已。差堪告慰的是，後主沒有全面否定，設若後主封諡是兩字對調，先貶後褒，則其用意將不同，後世關公信徒將不知如何接受？

　　三、無損定位：無論美諡惡諡，都無損於關公的歷史定位，後主本是史上有名「樂不思蜀」的昏君，而關公則在卒後近兩千年中，評價有過高低起伏，兩晉南北朝時是武將的楷模，唐宋則是敗軍之將，宋元以來，欣賞崇拜者漸多，至明清之際，成為集英雄、聖賢、神靈於一身的「關聖帝君」，前代史實，對照後主之追封，不能增也不能損，如《禮記·緇衣》云：「言有物而行有格也，是以生則不可改其志，死則不可改其名。」此數語用之關公亦極適當，今日看來，後主之諡，不過一時評價，並非關公之歷史定論，正因為後主追諡不符世人期待，所以才有多次的追封、改封及改諡，不明歷史者，可以憑其主觀好惡，任意褒貶，但關羽終究成為後世的關公，這是無人能不面對的。

　　四、褒貶原因：關公的軍威，無論敵友，無人敢等閒視之，就算後主君臣不明細節，也定知關公孤軍無援，所以議諡先朝諸將，皆贈與美號，關公

也一併受封，但為何兼用此一帶有濃厚惡意的「繆」字，文獻不足，難以推敲，可能他較無定見，或宦官黃皓專權[56]。

---

[56] 後主之荒唐，可從《三國志》之〈劉琰傳〉、〈譙周傳〉窺知，（頁 1002、1027）；而宦官黃皓專權，另見〈後主傳〉，景耀元年，「宦人黃皓始專政」，（冊二，頁 899）；又《宋書・五行志》云：「蜀劉禪炎興元年（263），蜀地震，時宦人黃皓專權。」（冊二，頁 991）。

附錄五：〈禪宗與關公〉

　　禪宗在史上曾盛極一時，今日台灣的聖嚴、星雲等大師皆其嫡裔，然一般通稱的禪宗，係指唐武宗會昌五年毀佛前後所形成的宗派（845），其前約三百五十年，是達摩所傳的印度如來禪，此後是融攝老莊玄學、徹底在地化的中國禪，本文的「禪宗」當然指的是後者[1]。

　　禪宗傳承歷史，可溯自南北朝，幾經醞釀，壯大於唐朝，盛行於五代、兩宋，沒落於明清，而從晚唐至南宋，聲勢不僅壓倒同門其他宗派，甚至超越本土宗教道教，是為其黃金時代，上下約四百年。

　　至於關公，則是關羽的化身，漢末名將，英勇絕倫，忠義過人，名震當代後世，為武將的楷模、世人心目中的英雄，至唐代被奉為神靈，中期以後神話故事逐漸傳開，但因唐宋官方及文人均不重視他，所以到南宋末，仍是區域性的神靈，直至元明，機緣成熟，歷史地位高升且靈異事跡普傳，才成為全國性的知名神靈；而明代中晚期以來至盛清，又因諸多因素湊合，評價陡升，被奉為大帝、天尊、帝君，廟宇遍及城鄉，信徒遍及全國各階層，馨香禱祝之餘，編纂經典、專書，謳歌讚頌，蔚為風潮，是為史上所僅見。

　　就關公歷史地位演變與禪宗發展而言，尤其在兩宋，關公無論做為英雄或神靈，地位都不高，而禪宗則為宗教界龍頭，其宗旨「明心見性，頓悟成佛」，依照常理，雙方很難有交集，然而不易理解的是，禪宗竟然主動攀交關公，宗門內不少高僧，上堂說法時，先援引關公故事為教材，奉之為絕代英雄，承認其神靈身分，漸漸又奉為護法伽藍，並在關公信仰全盛時期，追隨善男信女歌頌讚嘆。總之，在關公歷史地位演變及其宗教信仰史上，禪宗不該被忽略。

---

[1]　參閱印順《中國禪宗史》序文。

一、關公英勇事跡與兵器神話

　　關公成為禪宗的教材與歌頌對象，主要集中在戰陣之勇、兵器及建玉泉寺傳說三方面。

　　先論戰陣之勇。這是史有明文的，關公一生東征西討，建功無數，名聞當代後世，其中又以一場戰事最為後人所津津樂道，建安五年（200），於河南白馬斬殺袁紹大將顏良，史稱「望見良麾蓋，策馬刺良於萬眾之中，斬其首還，紹諸將莫能當者」[2]，十足威風八面，足令所有武將瞠目結舌，更讓關公垂名千古！

　　次論兵器。陳壽《三國志》書中多處載及三國名將兵器，但在關公本傳中，並未明確詳載，僅於殺顏良時提及「刺」、「斬」二字，推測關公應帶二種兵器，實際為何，無從考究。不過，隨著三國故事的流傳，關公的大刀也被創造附會出來，流傳既久，必然逐漸失真，再經小說戲曲渲染，增加迷人情節，更易背離史實，唐朝的「說話」、北宋的「市人小說」、南宋的「講史」，都有貢獻，關公的大刀，應是他們的傑作[3]。最早提及關公大刀的是北宋禪宗名僧龍門清遠[4]，有次上堂說：「我這裡七事隨身，手中關羽刀八十斤。」[5]而刊行於元朝的《新全相三國志平話》，書中赫然出現關公大刀插圖，鋒刃超大且呈圓弧狀，見者無不深受震撼。

　　另有一附會事跡，即關公為天台宗智顗大師建造玉泉寺的神話，也廣為禪宗高僧所引用。這則神話出自唐朝德宗時董侹的〈重建玉泉關廟碑記〉一文，言關公死後為神，盤據荊州覆船山，南朝陳末，智顗大師來此，意欲建寺，關公深夜現身，見其定力高深，深為折服，知其來意，乃運用神力建廟，數日即完成美輪美奐的玉泉寺，記中強調關公：「生為英賢，歿為神

2　見《三國志·關張馬黃趙傳》，（冊2，頁939）。

3　參閱蕭相愷《宋元小說史》，（頁10）。

4　在禪宗典籍中，禪僧之稱謂方式不一，從一字簡稱到十餘字繁稱皆有之，較常見的為四字式，即前二字為山名、寺院或自號、賜號，後二字為法號，本文採此。

5　見《舒州龍門佛眼和尚語錄》，卷32，（頁386）。

明，精靈所托，此山之下，邦之興廢，歲之豐荒，于是乎係！」記文內容不合史實，但憑智顗大師聲望，神話快速傳開，其後禪宗不僅接受，還樂得援引為教材，成為神話傳播者[6]。

　　不過，對禪宗僧人而言，無論是關公的英勇、刀劍或神跡，其認知評價、援引譬喻之真意，與俗人是有一段差距的。

二、禪宗與關公的結合

　　連結禪宗與關公的橋樑約略有三：

　　其一、三國故事流傳：佛教弘傳過程深受中國文化影響，引歷史故事為教材，雖不多見，也不稀奇，如隋代天台智顗大師，即曾論述三國人物[7]，唐初律宗名僧道宣，注解戒律也夾雜「劉氏重孔明」、「死諸葛走生仲達」傳說[8]，唐宋以來，三國故事流傳更廣，禪宗高僧加以引論，也算時勢所趨，其來源多自小說或民間傳說，再以隱喻或誇大方式宣講，因而不符史實，但已夠難能可貴，因為禪宗無論如何本土化、世俗化，畢竟仍為佛教的一宗，有其出世特質，其教材多引為佛教經典、或中土高僧論著，偶而借用老莊、儒家典籍語句，極少涉及歷史人物，關公算是極少數中的特例。

　　其二、禪宗方便施設：即特殊引導方法，禪宗自慧能始，以「見性」為最究竟之境界，以「頓悟」為最簡捷修行法門，故禪僧接引學人，唯要渠識得自性，而自性乃絕對的，不可感覺、不可思議、超越語言文字，且人人本有，只因被無名覆蓋，被塵勞牽轉，才墮入對立境界中，於平等中妄生差別，以致不能徹見其光明與清淨，也不能自在生活。而自性既為本有，當然不假外求，學人有疑，禪師只能引導，往往「不說破」，以迂迴、譬喻方式，藉以象徵影射自性，表面似無意涵，實另有所指；更最重要的，要掃除

6　見同治《當陽縣志》，卷 16，（冊二，頁 29）；玉泉寺籌建過程，見灌頂《國清百錄》，卷四，載皇甫毘〈玉泉寺碑〉，（頁 819）。

7　在《摩訶止觀》中論述的歷史人物，有西施、孫權、劉備、曹操、阮籍、宇文邕等，（高雄：佛光出版社，2005），（頁 144、234）。

8　參閱一粟〈談唐代的三國故事〉，收入《新全相三國志平話》附錄，（頁 117）。

顯現自性的障礙，端靠學人自己當下把握，禪師唯有適時適地，因材施以援手，由是出現種種引導方法，通常強調霹靂手段、義無返顧決心，而關公戰陣之威猛以及傳說的刀劍，就給予禪師們觸類旁通的靈感，於是成為教材，或為歌頌之對象[9]。

其三、建造玉泉寺神話：神話雖傳自中唐的荊州地區，但故事另一主角智顗（538~597），則為天台宗的實際創宗高僧，在佛教及社會各界擁有極高知名度，禪宗為佛教另一宗，對大師諸多事跡及著述，當然不陌生，宗內高僧即常援引《摩訶止觀》語句，因智顗而及於關公，亦屬自然[10]。

三、禪僧的關公教材

大約從北宋中晚期起，有多位禪僧陸續引用關公事跡為說法教材，茲依先後，逐一援引論述。

（一）黃龍慧南「智者道場關將軍打供」

最早論及關公的禪僧是黃龍慧南禪師（1002~1069），乃臨濟宗一代高僧，門生眾多，遍佈各地，儼然自成一宗派，故被奉為黃龍派的創派長老。熙寧元年（1068），禾山德普禪師（1025~1091）由蜀至江西黃龍山參謁，德普先以一則公案請示慧南：

> 問：「阿難問迦葉：『世尊付金襴，外傳何法？』迦葉呼：『阿難！』阿難應諾，迦葉曰：『倒卻門前剎杆著！』旨意如何？[11]」

此為晚出的禪宗公案，出自《大梵天王問佛決疑經》，言世尊於靈山會上，

9　參閱胡適《中國禪學的發展》，（台北：遠流出版事業公司，1986），（冊 24，頁 93）；鈴木大佐原著、劉大悲翻譯《禪與生活》，（頁 121）；及閔巴壺天《藝海微瀾・談禪》，（頁 4）。

10　如《摩訶止觀》中「言語道斷，心行處滅」一語，（卷二，頁 64），即廣見於禪僧語錄中。

11　見惠洪《禪林僧寶傳・德山普禪師》，卷 29，（頁 557）。

拈花示眾，眾皆默然，唯有摩訶迦葉微笑，世尊知其會意，遂授以金襴袈裟，表示付囑「正法眼藏，涅槃妙心」之微妙法門。這應是禪宗自稱「不立文字」、「明心見性」、「教外別傳」的附會，由於此經未見於歷代佛經著錄，也未曾為其他宗派引述，連宗門內都少有人知，大概在北宋中葉以後才開始流傳，故被疑為偽經，然禪僧大都寧願信其為真，也樂於傳頌此段公案，拈評極多[12]。

公案主旨在阿難追隨世尊多年，未悟佛法，以為世尊別有保留，故問師兄迦葉「外傳何法」，迦葉答以「倒卻門前剎杆著」。剎杆即寺塔前之旗桿，類似今日看板、指示牌，理當正插，意即佛法在此，若倒插，明的指佛法頹敗，暗的指開悟本當自己體會，如今卻反其道而外求，所以迦葉是要阿難自得自悟，不要懷疑「外傳何法」。由於德普不能理解，故以之參請慧南，而慧南回應，迥別於迦葉，幸而德普已略有所得，師徒相對，一發一接，頓見機鋒：

> 南公曰：「上人出蜀，曾到玉泉否？」曰：「曾到。」又問：「曾掛搭否？」曰：「一夕便發。」南公曰：「智者道場，關將軍打供！與結緣幾時何妨？」普默然，良久，理前問，南公俛首，普趨出，大驚曰：「兩川義虎，不消此老一唾！」

實際上，慧南的答話與動作並不易理解，於此只能推測[13]。

先從答話論起。「智者道場，關將軍打供」，涉及荊州玉泉寺的建寺神話，慧南之意，應著重在凸顯關公生前的勇猛及當今的神威上，玉泉寺雖因大師而成名，實際上關公才是玉泉寺的主人，有其德望，如同佛菩薩，能開悟愚頑，德普出蜀過此，顯然未能珍惜機緣，拜見主人，濡沐威德。其實，在佛教中，常見強調經典或說法主的無上威德，如《金光明經・如來壽量

12　見曇秀《人天寶鑑》，（頁140）。

13　禪宗公案難解，宗門高僧早有同感，靈隱慧遠即說：「古今語錄中多有難判的公案。」見《佛海瞎堂禪師廣祿》，卷二，（頁941），故本文若有誤判，亦不足奇。

品》言：「盲者能視，聾者得聞，啞者能言，愚者得智，若心亂者得本心。」學人不當錯失良機，慧南等於告知德普，要把握當前，不必千里迢迢上黃龍山；然德普仍不能會意，一時無法接腔，默然良久，再問一次，慧南僅以一個簡單的動作回應。

　　再看慧南的「俛首」。此為典型肢體語言，似乎曾流行於古印度部分地區，如《楞伽經・集一切法品》中就載有不少招式，禪宗受其影響，祖師接引學人，也有類似的動作，《壇經》中六祖打神會三下，被視為具有特殊意涵，馬祖道一以後，肢體語言尤多，對談至此，慧南不再回答，改為低下頭，等於是不回答的回答，類似《維摩詰經・不二法門品》中的「默然無語」。推測慧南之意，應是好話直說曲說，皆是方便，迷者自迷，悟者自悟，再問再答，都屬徒然，這不是「不立文字、直指本心」嗎？就在當下，德普豁然大徹，原來參究公案、念經禮佛、行腳千里，都不如直接造訪主人，他在四川原已略有聲望，被稱為「義虎」，沒想親上黃龍山，經老師一點，靈犀才通，愚癡積習，瞬間豁然淨盡，因而才說「不消此老一唾」！

　　很明顯的，公案中的「關將軍」有其崇高地位，而更重要的，出自黃龍慧南之口，以其尊崇身分，尤具指標意涵，此後關公就經常出現在禪宗的教材中了。

（二）龍門清遠「手中是關羽八十斤刀」

　　其次，是北宋末年的龍門清遠禪師（1067~1120），他是臨濟宗另一派「楊歧派」的高僧，有次普說云：

> 先師一生無人我，山僧在他身伴作侍者，見多少，不曾有一念煩惱，…今人才有些言語，便要理會，有時見初機兄弟入室，祇是爭，山僧見他了，也不奈何，一似村里人，我這裡七事隨身，手中是關羽八十斤刀，他便把扁擔劈頭打一棒，見人不動，又連打數下去，我不是怕他，蓋不是對手[14]！

---

[14] 見《舒州龍門佛眼和尚語錄》，卷32，（頁610）。

主題語意明顯，勸人洞悉我身乃因緣假合而成，緣散即滅，因而並無實體，以期學人拋棄「人我」執著，勿爭是非，像老師五祖法演（?~1104）一樣，「不曾有一念煩惱」。普說中間提及初學者，不自量力，目無尊長，好爭逞強，清遠在此顯露出高超道行與無上威嚴，說「我這裡七事隨身」，其中「七事」涉及宗教、兵學、日常生活乃至叢林掌故，需要說明。

其一，仿自兵家器械七兵：七兵最早見於《書‧顧命》，即惠、戈、劉、鉞、㦹、瞿、銳，乃周康王停靈殿堂儀衛所執兵器，除戈外，其餘形制皆無傳，應為當時兵家所常用者，後來名稱略變，如唐朝五品以上武官，身配：「佩刀、刀子、礪石、契苾真、噦厥針筒、火石袋。[15]」禪僧於日常或行腳，也當攜帶刀劍一類器械防身，但清遠手中是大刀，已超出其用途，故當有別解。

其二，泛指禪僧隨身物品：大凡平常家庭日用所需，不外柴米油鹽醬醋茶，而禪僧家亦有其隨身必備之物，如南宋希叟紹曇即列出「禪房十事」：蒲龕、紙被、禪板、蒲團、拄杖、拂子、鉢盂、戒刀、香印、癢和子，因之不管七事、十事，可能是日用物品概稱，但此是「大刀」，而非「戒刀」，所以還須他找[16]。

其三，七事為譬喻說法：佛菩薩本就善用譬喻法，教中也流傳多本世尊所說的《譬喻經》，後來小乘大乘都沿用，如《楞嚴經‧集一切法品》即說：「諸有智者，要以譬喻而得開悟。」而兵器則是常見的譬喻物品，其中又以刀劍矛箭尤為常用，如《大智度論‧我法二空》中的「以般若波羅密箭射三解脫門空中，復以方便箭射般若箭，令不墮涅槃地。」而《華嚴經‧入法界品》也說：「執菩提心銛利快矛，刺諸隨眠密甲。」類似例子不勝枚舉，禪宗深受大乘佛法的影響，接引學人，也善用此法，如其根本宗旨在直指本心，但心性為人人本有，非他人所能代找，以是禪僧多不直說明說，而代以「本來面目」、「摩尼珠」、「吹毛劍」…等說，名目多達數十種，而

15　見《舊唐書‧輿服志》，（冊三，頁1953）。
16　見《希叟紹曇禪師廣錄》，卷六，（冊122，頁304）。

家風峻烈的臨濟宗，接引學人，往往棒喝交馳，期待大機大用、大徹大悟，故由「七事」附會為「七力」，清遠禪師亦應如此，即泛指禪家的智慧力量，能為學人解黏去縛者[17]，可從後來多位禪師類似說法得到印證，如癡絕道沖（1169~1250）說「七事隨身，戰必勝，攻必取。」[18]無準師範（1191~1248）則說「大凡出場定當，須是七事隨身，韜略具備」[19]。

清遠此說，表面看似大話，自吹自擂，實則背後另有深意，他深知多數初學者毛病，世俗積習嚴重，意念不堅，稍有所得，即逞勝鬥能，不自量力，有如「把扁擔共上將軍門」，本為修行大忌，在禪宗的頓悟法門中，雖重自悟，但師長的「方便善巧」引導同樣重要，可惜門人見不及此，經常錯失良機，所以才說「不是對手」，此語應也意味名師雖有，大器難找。

其次，清遠禪師又說「手中是關羽八十斤刀」，這是史上最早提到關公兵器之說，還清楚說出重量，儼然是超級大刀。關公刺顏良、擒于禁、斬龐德，時人視為萬人敵，配以八十斤大刀，更顯威猛絕倫，然清遠乃一介禪僧，如何能拿八十斤刀？所以這又是譬喻說法。

依禪宗觀點，眾生「自性清淨心」皆為本有，只為貪嗔癡等客塵所覆，所以雖具而不見，正如被迷網所蒙，必假定信之力以破除之，清遠之前即有數位禪宗僧人，經常以刀劍譬喻為破除癡愚之法寶，如寶峰克文（1025~1102）曾舉洞山門下：「祇有一口劍，凡是來者，一一斬斷，使伊性命不存，見聞俱泯。[20]」而圓悟克勤（1063~1135）接引學人，就像「載一車寶劍」，「拈得一柄，便殺人去。[21]」清遠手握大刀，其意亦當如此。

七事與大刀意義如上，關公與大刀合一又如何？歷史上名將與名兵器相結合例子極多，以三國同時代而論，張飛於長坂坡前「據水斷橋，瞋目橫矛」，嚇退曹操追兵；典韋上陣「提一雙戟八十斤」，護衛曹操則「持大斧

---

[17] 參閱《藝海微瀾·談禪》，（頁 26）。

[18] 見《癡絕和尚語錄》，卷下，（頁 530）。

[19] 見《佛鑑禪師語錄》，卷三，（頁 925）。

[20] 師明《續刊古尊宿語錄·雲庵真淨文禪師語》，（頁 928）。

[21] 宗杲《宗門武庫》，（頁 935）。

立後，刃徑尺」[22]。所以，論威風，二人應不遑多讓，為何清遠獨厚於關公？可能與三國故事流傳有關，但更重要的，應在威猛、力量、功勳上，亦及佛經所謂的「威德力」、「方便力」，關公直刺顏良、獨鎮荊州、北伐襄樊等，在在都符合此數要件，可能因而雀屏中選。實則，在佛經中，常見一再強調世尊或菩薩說法之力量，意在使聽聞者產生信心，如前引《金光明經》所說已夠神奇，另在《維摩詰經・不思議品》中更說此等力量非常人所有：「譬如龍象蹴踏，非驢所堪。」禪宗名僧有樣學樣，清遠自擬隨身七事中有關公八十斤大刀，不過依樣化葫蘆罷了。

　　總之，清遠隨身七事非真七事，不符日用所需，但能接引初機，手握八十斤大關刀，也非真刀，既不能真防身，也不能真殺人，卻能破除學人心中魔賊，生起莫大信心，等於是藉重關公威名。

（三）上封本才「關將軍露刃劍」

　　第三位論及關公的禪師，是與清遠同輩的佛心本才，乃慧南四世徒孫（約十一世紀末至十二世紀中，卒於南宋紹興年間），有次小參說：

> 兄弟！一切用心總是閑，不如徑截向父母未生前看取，若向父母未生前明得，四大六根，一時脫落，根塵器界，直下頓空！明如皎日，寬若太虛，便與三世諸佛同體，⋯到這田地，若是個漢，如關將軍相似，持一口露刃劍，當八萬大陣，一時掃將去[23]。

說法內容可分二段，前段期勉學人不要用錯心，須「徑截向父母未生前看取」，後段談修行態度，要學「關將軍」。

　　禪宗講究「直指本心」，若刻意用心求法求佛，反而是一種執著，難以開悟，所以說是「閑」；而「徑截向」即直指，意為簡易直接，不依經、不

---

[22] 見《三國志・關張馬黃趙傳》，（冊二，頁 943），及〈典韋傳〉，（冊一，頁 544）。

[23] 見《續刊古尊宿語要・佛心才禪師語》，（頁 5）。

依教，不從他悟，不向外求；至於「父母未生前」一句，從字面即可推知，意即「無我」，乃佛教基本教義「三法印」之一，其意涵約可分為：「人無我」，言有情眾生皆是五蘊四大因緣假合而成，緣盡即滅，實無生命自身之實體；次為「法無我」，言世間萬法同樣因緣而起，緣起緣滅，倏忽萬變，皆無自性，依此，無我意即是「空」，參禪者悟得人無我、法無我，即知六根、六塵、十二處、十八界等一切萬法，皆為短暫虛幻，無其體性，而自身所有無明愚癡亦同，如此則主觀的感官、客觀的對象，自身與外在，一切皆空，甚至連空念也要空，這是「直下頓空」，進入如如的絕對平等境界，一切圓滿無差，永斷憂悲煩惱，等同成佛，所以說「與三世諸佛同體」，而諸佛來去自如，無生無滅，「諸惡已盡，眾善普會」，所以說「快活平生」。

　　關公一生南征北討，參與戰役不計其數，存亡死生，應是早就拋諸腦後，一上陣，只專注於敵軍，勇猛向前，不計其他，所以論其心境，近於「無我」，與前面所言「看取父母未生前」，正好互相照應，參禪者若有三心二意，計及榮辱死生，就是根塵不淨，不能超脫俗累，猶如擋在關公陣前的「八萬大陣」，唯有當下決心，拿起那口代表勇猛及智慧的「露刃劍」，義無反顧，「一時掃將去」，方能得到大自在。所以，關公是參禪者的偶像，手中劍則是斬斷愚頑的法寶。

（四）靈隱慧遠「關王陣前不見顏良頭」

　　南宋以來，禪僧援引關公為說法題材，更見頻繁，其中，靈隱寺名住持慧遠禪師（1103~1176），即有兩次引用，一次在為某上座開示：

> 學道如騎射，久久自中的，一句透天關，萬機俱喪跡，只那喪跡處，咬定牙關，痛領將去，何難之有哉！只恐力不及、志不堅、透不盡、見不徹，翻入骨董袋裡，卒未能了得，速需退步自看，乃大丈夫事，有若關王，陣前不見顏良頭，終不肯住！要在腳跟正當，力處孤危，方能抵敵死生[24]。

---

[24] 見《佛海瞎堂禪師廣錄》，卷三，（頁963）。

法語指出參禪就像學習騎射，需經年累月苦練，久而熟能生巧，一朝上場，聚精會神，無我無人，同於「萬機俱喪跡」的境界，自然一箭中的，比喻為學人參禪應滌除一切妄想分別，能「一句透天關」，即豁然開悟；而時下學人通病是「力不及、志不堅」，眼光手段都不對，像在骨董袋裡亂翻，當然是「透不盡、見不徹」，故而應當反省檢討，要學陣前的「關王」。

「關王」就是關公，因徽宗改封為「義勇武安王」，所以南宋以來，民間多以此簡稱關公。慧遠在此期勉學人，必須徹底省悟前非，專心向道，不生疑悔，就如關公與顏良對陣剎那，不計死生，一心勇猛前衝。慧遠唯恐學人不解，又引王澹交〈詠雨〉詩句：「庭前擣帛石，一點入不得。」以水不入石為喻，說明學道之專心無二，無絲毫雜念，要像「關王陣前」。此外，慧遠在另一開示法語中亦有類似說明：

> 忠臣不畏死，故能立天下之大功，勇士不顧生，故能立天下之大名，是以納僧家因行掉臂，遇便登舟，七事隨身，八面受敵！如水入水，似金搏金，無第二見，無第二念[25]。

以忠臣勇士之「不畏死」、「不顧生」，對應參禪者的智慧與決心，期勉學人切忌因循猶豫，直下承當如「遇便登舟」，時時勇猛精進，定信具足，接受任何試煉，稱為「七事隨身，八面受敵」，久之精誠不二，「無第二見，無第二念」，正如關公陣前，但這回只差沒說出關公名號罷了。

（五）密庵咸傑「關將軍入大陣」

南宋孝宗時，圓悟克勤嫡孫密庵咸傑禪師（1118~1186），有年冬至小參也引關公為例說法：

> 若要直截與生死做頭底，無非向一念欲起未起時提取，一刀兩斷，自然內空外空，有為空無為空，四方八面，空索索地，覓其空處，了不

---

[25] 見《佛海瞎堂禪師廣錄》，卷三，（頁962）。

可得，到個裡，回頭一覷，驀地冷灰裡豆爆，如關將軍入大陣，拼其性命，不見有百萬兵眾，…到遮境界，便是一員無事道人，方敢稱為行腳高士[26]。

法語中提到「內空、外空、有為空、無為空」四種「空」，出自《大毘婆沙論》十空，乃是佛教重要思想內涵，從阿含經、部派論師，到大乘諸宗，尤為中觀學派的核心，禪宗全盤移用，在此是泛指破除邪見執著諸法，使心體純正，斷盡妄想分別之法[27]。密庵看到時下學人，欠缺參禪當俱的霹靂手段，為塵勞所縛，被外境牽轉，致不能自在生活，故引用空法，期勉學人下定決心，徹底拋棄從前一切知解積習，猶如「一刀兩斷」，讓本心空寂無相，廣大無邊，直到「覓其空處，了不可得」，就像「關將軍入大陣」，不顧死生，專精致意，拼命前衝，「不見有百萬兵眾」，才能澈悟究竟。

（六）癡絕道沖「關羽直入百萬軍陣裡」

密庵之後，其孫癡絕道沖禪師（1169~1250），又在兩次說法中論及關公，一在蔣山太平興國禪寺，有回任命首座，上堂先舉一公案說：

> 黃蘗禪師在南泉會中作首座，一日捧鉢盂，於南泉位中坐，泉入堂見，乃問：「上座甚年中行道？」黃蘗云：「威音王以前！」泉云：「猶是王老師兒孫在。」黃蘗便捧盂，於第二位坐，泉休去。

黃蘗希運（?~850），中晚唐名僧，乃南泉普願（748~834）師侄，在南泉寺中職司首座，安能正坐住持座位？顯然他別有所指，要向會中學人宣示某意涵，普願入堂見之，問他何時升任住持，黃蘗回以傳說中極為久遠的「威音王以前」，顯然答非所問，其實，黃蘗之意，乃「僧中有佛」，即會中人

26　見《密庵禪師語錄》，卷下，（頁450）。

27　空之源流與演變，參閱印順《性空學探源》、《空之探究》二書，收入《印順法師佛學著作集》光碟，（台北：財團法人印順文教基金會，2006）。

人皆具佛性，且是本有的、不假外求的，學人當具有智慧和信心，能千山獨行。所以，黃蘗的答話是說給學人聽的，南泉當然會意，由於他俗姓王，常自稱「王老師」，表明即使黃蘗出世當住持，仍是門生輩，意即學人雖本具佛性，能自悟自得，仍須得名師指引，方易有成，黃蘗認同便歸座。公案只此，但道沖隨後引伸論述，加進關公：

> 黃蘗譬如關羽，直入百萬軍陣裡，獨取顏良頭，其奈南泉具網羅天下英雄底籌略，不動干戈，太平坐致，蔣山正要個人，向鉢位裡坐[28]。

黃蘗宣示的勇氣與承當，本是參禪者的榜樣，道沖將之比喻成關公戰陣的英勇，「百萬軍陣裡」等同橫在學人面前之千重障礙，須是道心堅定，智信具足，勇往直前，才能「獨取顏良頭」，大澈大悟。

　　另有一次，在天童山中夏普說，前後兩次提到「關將軍」。

　　道沖先引述禾山德普參見黃龍慧南的原委，比前引要詳細多了，言德普因疑惑而出蜀，在荊南金鑾會中見一老衲，往復辯論經論與禪學優劣，老衲告以：「經論皆紙上死語，教家謂之所知障，烏能發聖成道？」而禪宗講直指人心，強調「一切眾僧具有如來智慧，一切眾僧本來成佛」，故重「自證自悟」，不須在經論中尋言逐句，只要「人人見行本分事」，亦即自在生活即好；然而眾僧常自甘沉溺於語言名相中，迷而不返，以致「不能當面便領」，反而越陷越深，不能於平凡之中澈見本性。老衲已明白告訴德普，是他自己「磋過此事」，所以，解鈴還須繫鈴人，可惜德普仍不會意，才推薦他晉見黃龍山慧南禪師。

　　接下來，道沖在二人對話中，夾雜評語。德普初問，道沖以為「黃龍南禪師眼高一世，覷見他心肝五臟病端於其問上」，顯現慧南的道行，接著又問又答「智者道場，關將軍打供，與結緣幾時何仿？」道沖以為此語正是「倒卻門前剎竿著」的最佳註腳，至於「俛首」，則是最高明的手段：「殺

人不用刀，活人不用劍」，最後道沖總結說：「大疑之下，必有大悟，小疑小悟，不疑不悟。」學人要澈悟，須從疑起，就像德普到處參請，得見老宿，以禪機「攻其膏肓」，期能到達「大安樂之地」[29]。

其實，光看拈評結尾，反而有如墜入五里迷霧中，但若對照前段老衲的開示話，尤其是示人「自證自悟」，切忌「磋過此事」，意即德普應在玉泉寺，把握機緣，面對「關將軍」，不必他求，「當面便領」，不再拐彎抹角，直接照見自己心肝五臟。

（七）無門慧開「奪得關將軍大刀入手」

與道沖同時，又有無門慧開禪師（1173~1250），在拈評「趙州狗子無佛性」公案中，引關公為例說明：

> 參禪須透祖師關，…如何是祖師關？只這一個「無」字乃宗門一關也，…莫有要透關底麼？將三百六十骨節、八萬四千毫竅，通身起個疑團，參個無字，晝夜提撕，莫作虛無會，莫作有無會，如吞了個熱鐵丸相似，吐又吐不出，蕩盡從前惡知惡覺，久久純熟，自然內外打成一片，如啞子得夢，只許自知，驀然打發，驚天動地，如奪得關將軍大刀入手，逢佛殺佛，逢祖殺祖，於生死岸頭，得大自在[30]！

這是慧開四十八關《無門關》的第一關，整段拈評主旨只在一個「無」字，前後反復強調，參禪須從此入手，懷疑推敲，日夜不斷，而「無」不是有，不是無，也不是亦有亦無，更不是非有非無，對一切既不肯定，也不否定，等於既是一切，也非一切，也超越一切，所以說「莫作虛無會，莫作有無會」，如此提撕既久，超越有無，蕩盡從前所有知覺，到達內外皆空，生死之念俱消，稱為「打成一片」。至此地步，只有自知，語言文字不能形容。

29　見《癡絕和尚語錄》，卷下，（頁 540）。
30　見《禪宗無門關》，（頁 320）。

慧開唯恐學人難以會意，於是以「關將軍」為例，再引一句老祖師臨濟義玄（?~867）名言加以說明。關公之勇與大刀之利，二者合一，已是世罕其匹，若能從關公手中奪下大刀，則威猛更在其上，上陣之際，自信十足，個人死生、敵軍強弱，全然不放心上，當之者亡，觸之者歿，參禪如是，則從前「惡知惡覺」，煩惱愚癡，如同面前的敵兵敵將，一刀砍去，稱為「逢佛殺佛，逢祖殺祖」，瞬間都放下了，當然是「大自在」[31]。

（八）無境徹「不是關公也大難」

約略同時代，又有無境徹禪師，生平及法號全稱不詳，在一則拈頌中提及關公：

> 無境徹禪師，舉：「巖頭因僧問：『塵中如何辨主？』頭曰：『銅砂鑼裡滿盛油。』」師頌曰：「百萬雄兵入漢關，威如猛虎陣如山；單刀直取顏良頭，不是關公也大難！[32]」

就字面理解，「塵」乃色體中之極細微者，眼尚難見，如何找到主體？譬喻言之，塵泛指諸外境，乃主體感官認識的對象，不僅虛幻不實，且能汙染心性，引申為生活中諸多煩惱，所以要在塵中找主，就像銅砂鑼中找油，早已漏光。其實，師徒對答都用隱喻方式，僧問之意，如何在諸多客塵煩惱中找回「本心」這個主人，巖頭答話，則是告訴他有主客差別對立之心，就隔了重重障礙，不知本有，反向外求，猶如砂鑼中找油，必不可得。

無境徹禪師的詩偈就是對本公案的拈頌，其語氣同於道沖，強調參禪要智信俱足，勇往直前，就像關公上陣，威如猛虎，聚精會神，毫不猶豫，「直取」敵將首級，方能有得，而若不像關公這般精神，欲求開悟，必定「大難」。其實，這首詩偈，不問禪意，單就頌揚關公威德來看，也夠傳神，由此可看出禪宗僧人對關公的敬意。

---

[31] 見義玄《鎮州臨濟慧照禪師語錄》，卷四，（頁 46）。
[32] 見淨柱《五燈會元續略》，卷三，（頁 905）。

（九）古林清茂「關羽斬顏良」

元朝仁宗延祐年間（1315 左右），饒州永福寺古林清茂禪師（1262~
1329），有回上堂說：

> 黃蘗打臨濟，興化打克賓，古今商量，咸謂事有多途，理無二致，然
> 則明大機、顯大用，乃上古之風規，亦今時之樞要，澹湖當言不避截
> 舌，當爐不避火迸，敢謂天下宗師，個個眼橫鼻直，只是不曾向頂門
> 上，下這一槌，所以不知古人赤心片片。畢竟如何？關羽斬顏良[33]！

說法極為簡要，先舉二位禪師棒打門徒，點出宗門歷來許多接引方法，用意
皆同，都在標榜最高境界，此稱「明大機」，以及到達目的的方法，是為
「顯大用」，期許在大機大用下，學人能直指本心，頓悟成佛。可惜會意者
少，有負宗師苦心，其因只在不能痛下決心、直截把握，猶如「不曾向頂門
上，下這一槌」，矯正之道，清茂禪師只言簡意賅一句「關羽斬顏良」，便
下座了。關公斬顏良那一幕，再次成為教材，可見當年關公神勇一刀，留與
後代禪僧多少靈感。

四、禪門歌頌關公

北宋末年起，就在禪宗高僧隱喻評述關公英勇事跡同時，另有數位宗門
人士也以詩歌讚頌。

（一）張商英

最早的是張商英（1043~1121），字天覺，蜀人，進士及第，乃蘇東坡
同鄉兼好友，少年既參禪也慕道，進京應考，著黃色道服，平居遇道士化
米，勸讀《金剛經》，見僧人又勸念《老子》；宦遊各地，所至與禪宗高僧
交往密切，詩偈相唱和，如克勤、常總、從悅、惠洪等，頗有心得，號無盡
居士，留下不少傳頌叢林的公案，在禪門中知名度極高；他在荊南監稅時，

---

[33] 見《古林和尚語錄》，卷二，（頁 444）。

推薦承皓禪師入主玉泉寺，又參與附近關公廟之修建，撰有〈重建關將軍廟記〉，末附以詩：

> 關侯父子為蜀將，氣蓋中原絕等倫，喑嗚叱咤山岳摧，憤烈精忠貫金石，義不稱臣曹孟德[34]。

記中雖重提寺中關公神話，卻也標出精「忠」貫金石、「義」不稱臣二項德行；他後來又提點河東刑獄，理當見過關公故鄉文物，熟知民間信仰活動，另留有一首〈題關公像〉五言律詩：

> 月缺不改光，劍折不改鋩，月缺白易滿，劍折尚帶霜；勢利尋常事，難屈志士腸，男兒有死節，可殺不可量[35]。

以月缺、劍折為喻，標榜關公的英武不屈，並用「志士」、「男兒」稱許關公，有十足的敬意。

（二）普庵印肅

其次是南宋初的普庵印肅禪師（1115~1169），他是龍門清遠徒孫，有名於時，孝宗時出世主慈化寺極久，常與儒生相唱和，門生遍各地，留下不少法語、拈頌、詩詞，當然知道關公建玉泉寺的傳說故事，一定也看過禪宗寺廟兼奉中國民間神靈，有〈贊護教〉短歌一首，讚頌土地、二王、南嶽靖王、五通、關公等五位中土民間神靈，以及梵王、普賢二位印度神靈，關公名列第四，稱為「關王」：

34　張商英參禪，見曉瑩《羅湖野錄》卷上，（頁 966、973、998）；及宗杲《宗門武庫》，（頁 938）；引詩見光緒《玉泉寺志》，卷五，（頁 457）；生平見《宋史》本傳，（冊 14，頁 11095）；晚年入道及墓地，見陸游《渭南文集》，卷 47，（頁 14）。

35　見《關帝事蹟徵信編》，卷 29 引王禹書《陵廟紀略》，（冊四，頁 448）。

> 因權反正，辦道玉泉，無相無空，義足先天[36]。

前二句借用玉泉寺建寺神話，言關公因孫權偷襲後方，兵敗不屈就義，死後成神，建玉泉寺供養智顗大師；中句頌其戰場英勇及有死無回精神，喻為學人參禪應斷盡內外干擾，以期達到「無相無空」境界，末句許其義冠古今。

至於關公身分，則介於英雄與神靈，且由詩題可知，已被視為宗門內的護法神靈，應已造像供養。這是最早有關關公成為佛寺護法神靈的記載，雖然同被供奉的尚有其他四位民間神靈，然皆因地緣關係，而關公則非如此，依此，禪宗真的極為看重關公。

（三）紫柏真可

禪宗在元明兩代盛況不再，卻是關公歷史地位及神格高升的關鍵時期，然而，關公竟在宗門中幾乎銷聲匿跡，直到明末，兩位禪宗名僧真可及德清才又注意到他，寫下兩首讚頌。

紫柏真可（1543~1603），明末奇僧，師承譜系不明，特立獨行，走遍天下，所至好與士大夫論禪，有名於時，自然也深知當時民間關公信仰的盛況，他有一首〈漢壽亭侯關將軍讚〉：

> 今日之光，力行之效，宜乎千古，如雷如霆，如日如月，震諸昏蟄，破諸幽暗[37]。

前四句用雷霆、日月為喻，讚頌關公，敬意十足，「今日之光」是指當前關公歷史定位及神格崇高，普受供奉，廟宇眾多；後二句中的震昏、破暗，可能暗指明末政局之紛亂，對關公寄以殷切的期許，如佛教徒看待佛菩薩蒞世，也符合民間信徒的態度，真可死後十一年，明神宗就改封關公了。

36　見《普庵印肅禪師語錄》，卷中，（頁 607）。

37　見《紫柏尊者別集》，卷三，（頁 113）。

（四）憨山德清

　　另一與真可齊名，兼又交情深篤的憨山德清（1546~1623），一樣望重叢林，足跡遍天下，有〈漢壽亭侯讚〉云：

> 凜凜若生，明明若在，耿耿孤忠，堂堂氣概，面上精神，胸中磊塊，處處逢人愛現身，多是未了英雄債[38]。

　　應是關公的畫像讚，前四句頌其英勇威風、忠義過人，後三句點出當前關公的神威，廟遍天下，信徒虔誠供奉，尤其「處處逢人愛現身」一句，極為傳神，與真可的「今日之光」、明神宗的「九州何處不焚香」聯句，可謂異曲同工[39]；末句「未了英雄債」，應是對關公的企盼，如保家衛民、主持正義、消災解厄，礙於文體，未能明言。

（五）玉泉寺禪僧

　　玉泉寺乃數百年古剎，由隋代智顗大師開山，其後天台宗盛行一時，惜中唐以來欠缺名僧護持，至唐末而沒落，相對的，禪宗則流行天下，北宋真宗時，玉泉寺住持也換為禪僧，從此代代不絕，而寺附近關公墓及關公廟則香火漸盛，寺中長老追隨流俗，參與墓廟整建，甚至樂於傳播靈異事跡[40]。

　　南宋孝宗淳熙十五年（1188），在荊門軍當陽縣官吏鄉親呈請推動下，加封關公封號，玉泉寺住山慶思更是熱心，誥命頒下，另請仕紳撰碑，以記盛事。然初看之下，總覺慶思此舉大可不必，但禪僧弘法積極，深入民間，正不能以俗眼觀之，此亦為其壯大動力之一，其結果當然是相得益彰，禪宗源遠流長，關公信仰則逐步成形[41]。

---

[38] 見《憨山老人夢遊集》，卷35，（頁723）。

[39] 明神宗題北京正陽門關公廟聯語，見《關帝事蹟徵信編》，卷八〈祠廟〉，（冊三，頁263）。

[40] 天台宗沒落與禪僧入住玉泉寺，見大訢《蒲室集・荊門州玉泉山景德禪寺碑銘》，卷11，（頁3）。

[41] 見同治《當陽縣志》，卷16，〈加封英濟王碑記〉，（冊二，頁33）。

五、影響概估

就禪宗言，宣講關公英勇事跡，對弘揚傳心法門、提振宗風，是否有正面貢獻，不擬深論，重點在關公歷史地位及神格的影響。

相對於禪宗的傳頌關公，在另一個現實的世界中（宗門可能不認同此語），對關公的定位卻是截然不同。約略言之，關公的歷史或神靈地位，在唐宋是處於沉潛期，元明是高升期，明末清初以來是顛峰期。

魏晉南北朝時期流傳「關張之勇」，關公、張飛二人是武將的楷模，但唐代朝野卻都不敬重關公，在武成王廟陪祀將領名單中竟然時進時出，文人極少歌頌他，歷史地位陡降，雖在中唐時期的荊州一帶出現廟宇，應是香火不盛，神格不高；北宋也差不多，尤其太祖將他逐出武成王廟，對其歷史地位打擊更大，在官修大部書籍中，均未給予正面評價，只在徽宗時數次改封謚號爵位，算是些微心意；南宋時，狀況愈下，多位文士、理學家都以成敗論英雄，批駁他敗兵喪身，而在民間，雖有三國故事的流傳，也有部分城鄉建廟供奉，但連爵號都誤為「壽亭侯」，也未見於都市的迎神賽會中，因而，禪宗如此看重關公，顯得十分特別[42]。

要談影響，得先從禪宗的盛況談起。

禪宗雖在安史之亂以後，擺脫南北兩宗的糾纏，由惠能一系取得正統地位，但要到唐武宗會昌五年（843），禁毀佛教重創諸宗，才成為教內第一大宗派，此後名僧輩出，其簡易頓悟法門迅速傳遍天下；北宋以來，宗門人材濟濟，名僧深入民間，建立道場，吸收眾多信眾及士大夫同好，使參禪蔚為風尚，極多顯宦、文人甚至皇帝，都名列燈錄，使其地位更形鞏固，盛況空前，道場稱為「叢林」，有經營管理的清規制度，既是宗教組織，也是獨立經濟團體，規模極大，如蘇東坡由黃州下江，訪雲居山，佛印了元禪師聚徒三千，撞鐘歡迎，不難想像其場面[43]；甚且還有禪寺，僧眾多達五千人或

---

[42] 參閱《關公全傳》，第三及第四章。

[43] 見《東坡全集》，卷14，（頁11）。

更多，如常總禪師之廬山東林寺、道寧禪師之長沙開福寺、善清禪師之南昌泐潭寺、景祥禪師之南昌寶峰寺、善果禪師之潭州大潙寺等[44]，而別峰寶印禪師住持的鎮江金山寺，則有七千徒眾[45]；而在鄞縣一地，天童寺日飯千僧，田租年收三萬五千斛，育王寺則日飯僧七八百，年收三萬斛[46]。凡此種種，在古今中外宗教史上，實難得一見，對社會民風自有其影響力量。

其次，另從幾位名僧之威望來論。

東林常總禪師（1025~1091），十一歲出家，歷參尊宿，再依黃龍慧南二十年，後主廬山東林禪寺，望重叢林，提攜後進不遺餘力，師俀系南禪師未成名時，一日來山，常總盛大歡迎：「撞巨鏞，聚徒五千指，出迎於虎溪之外。」系南經此加持，由是為宗們所重，不久出世廬山羅漢院，學人多歸之，道價著於天下，雅號「小南」，比美號為「老南」的師祖慧南。由此一例，不難看出，禪宗名僧一言一行力量之大[47]。

其餘諸位，也都是一代宗師，具足威望，如黃龍慧南，乃臨濟宗下創派高僧，得法成名弟子二十餘人，兒孫枝繁葉茂，名僧輩出，下開黃龍一派，盛於北宋末至南宋中，地位尊崇無比[48]；龍門清遠則為臨濟宗另支楊歧派高僧，一生三坐名剎，所至學人雲集，得法弟子十餘人，徽宗賜號「佛眼」[49]；

---

[44] 俱見祖琇《僧寶正續傳》，依序為卷一、卷五、卷五、卷四、卷五，（頁 570、599、603）。

[45] 案《續刊古尊宿語要》，載寶印自頌，有「七千餘指渴思漿」語，（冊 119，頁146）。以上記及禪寺僧徒數，不免誇大，如陸游《老學庵筆記》即載：家鄉四明三山住持晉見明州太守，太守問「山中幾僧？」一言「千五百」，一稱「千僧」，僅一住持明言「一百二」，太守不信，才說「敝院是實數」，（卷三，頁 21）。

[46] 見南宋劉昌詩《蘆浦筆記・四明寺》，卷六，（頁 84）。

[47] 東林常總生平，見《禪林僧寶傳》，卷 24，（頁 536），其聚徒迎系南，傳中言「大鐘橫撞，萬指出迎於清谿之上」；唯《僧寶正續傳》則言「撞巨鏞，聚徒五千指，出迎於虎谿之外。」（頁 570）。

[48] 黃龍慧南生平，見《禪林僧寶傳》，卷 22，（頁 526）；其嗣法弟子，見《五燈會元》目錄。

[49] 龍門清遠生平，見《僧寶正續傳》，卷三，（頁 586）。

上封本才乃慧南之孫，與系南同輩，其師靈源惟清（?~1117），亦為北宋中晚期名僧，弘法於湖南、福建各地，歷主諸名剎，高宗賜號「佛心」[50]；靈隱慧遠為南宋名僧，也是佛教史上三慧遠之一，（另二位為東晉廬山慧遠、隋代淨影慧遠），有一徒道濟（?~1209），使顛任狂，名聞叢林，即今民間所稱之「濟公」[51]，其師克勤（1063~1135）乃清遠同門師兄，更是南北宋之際重量級名僧，曾兩次得到賜號「圓悟」、「佛果」，名弟子極多，出世各地，南宋名僧幾皆出其門下，慧遠即為其一，他歷主九座名山，參學弟子無數，曾多次蒙孝宗宣入大內論道，還祝孝宗「早復中原」，愛國不落人後，賜號「佛海」[52]；密庵咸傑，乃克勤門下虎丘系名僧，曾主徑山、靈隱、天童等七座江南古剎，弟子多為名山名師，與士人交往密切，是南宋中期宗門一大勢力，癡絕道沖即為其孫，他繼師門而光大之，歷主十座名剎，門生眾多[53]；無門慧開是大溈善果四世孫，歷主十五名山，曾應宋理宗召見談禪，受封「佛眼」[54]；無境徹禪師雖較不知名，但師承譜系清楚，乃克勤下大慧系徒孫[55]；古林清茂則為密庵嫡孫，乃元朝名僧，四坐道場，從參朝野文士眾多，仁宗賜號「佛性」，也參與英宗時金山佛教大會[56]。

[50] 佛心本才生平，見正受《嘉泰普燈錄》，卷十，（頁412）。

[51] 道濟禪師，又稱湖隱、方圓叟，台州臨海縣李氏子，在靈隱寺受證於慧遠，嘉定二年（1209）卒於淨慈寺，略歷見其徒居簡禪師《北磵集・湖隱方圓叟舍利銘》，文稱「狂而疎，介而潔，著語不刊削，信腳半天下，落魄四十年，題墨尤雋永，暑寒無完衣，與之，尋付酒家保。」（卷十，頁198）；另據其徒孫祖先禪師〈戰庵居士請贊濟顛〉云：「出處行藏，一向漏逗，是聖是凡莫測，掣顛掣狂稀有。」可見其疎狂形象，卒後不久已被稱為「濟顛」，（見《破庵和尚語錄》，頁847）。

[52] 靈隱慧遠生平，見《佛海瞎堂禪師廣錄》，其師克勤，見《僧寶正續傳》，卷四，（頁595）。

[53] 密庵咸傑生平，見《密庵和尚語錄》書後〈塔銘〉，（頁469）；癡絕道沖生平，見《癡絕和尚語錄》書後〈行狀〉，（頁563）。

[54] 無門慧開生平，見《無門慧開禪師語錄》各錄所載。

[55] 據《五燈會元續略》目錄，知與《五燈會元》作者普濟為同輩堂師兄弟。

[56] 古林清茂生平，見《古林和尚語錄》書後〈行實〉，（頁574）。

　　至於歌頌關公的諸位，也非泛泛之輩，如張商英，雖混跡官場，卻以參禪著稱，與名僧克勤交往契合，在荊州還促成頌古名著《碧巖集》成書問世，嗣後又常與各地禪僧往復論道，叢林多稱為張無盡或張丞相，名聞一時；普庵印肅為清遠徒孫，得法於湖南大溈，創道場於故鄉江西袁州，學兼孔孟、老莊、陰陽，門生無數，弘法之餘，兼又修橋鋪路，為人治病驅邪、祈雨求晴，利濟鄉人，以是甚得敬重[57]；至於明末的紫柏真可禪師，尤為宗門奇僧，他十七歲出家，歷參尊宿，行腳遍天下，浪跡江湖四十年，自言「嗣德不嗣法」，以致師門傳承譜系不明，然道行高深，悲願宏偉，重興古剎十五所，倡刊藏經文集無數，所至好與士民論道，深得信服，至有舉家皈依者，曾得神宗垂問疑意，以偈進呈，又得神宗生母慈聖皇太后特賜紫衣，性剛猛精進，立身求人，首重君親忠孝大節：「入佛殿見萬歲牌必致敬，閱曆書必加額而後覽。」正義感十足，多次以實際行動聲援礦稅受害大臣，及宗門知交德清禪師，所以他能欣賞關公的忠義大節[58]；而憨山德清禪師也是一代宗師，幼年出家，參訪名山尊宿，好與文士講論疑義，朝野俗家弟子眾多，聲望極高，為學會通三教，著述甚豐，除注解多部佛經外，兼及《春秋》、《大學》、《中庸》、《老子》、《莊子》等儒道典籍，萬曆年間因佛事費用案被牽連下獄，遭嚴訊拷打，以事涉神宗生母，唯答「愧為僧無以報國恩」，毅然承擔所有責任，被下放雷州，可謂忠義不落俗人之後，當然會推崇關公[59]。

　　總而言之，上述諸僧人皆為社會名流，其對高官、門生、居士或文人等不同階層，均有極大影響力，雖然禪僧甚少論及歷史人物或中土神靈，但關公正是少數中的少數，更是不斷重複被提及的英雄神靈，而且又在其歷史地位最低及神格不高的時期。

---

[57] 普庵印肅生平，見《普庵印肅禪師語錄》書後〈年譜〉及〈塔銘〉，（頁530）。

[58] 紫柏真可生平，見憨山德清《憨山老人夢遊集》，卷27〈徑山達觀可禪師塔銘〉，（頁590）。因師承不明，《五燈會元續略》列在卷二〈禪門達者〉，無師門世系。

[59] 憨山德清生平，見《憨山老人夢遊集》，卷54〈憨山老人自訂年譜〉，（頁964）。

至於影響有多大？嘗試從同時代宗教界作比較，茲以道教雷法諸派與佛教天台宗為例。

道教在北宋末年出現「雷法」，結合傳統符籙道術與先前盛極一時的內丹學，成為全新的法術，再依循舊教派的脈絡，傳遍天下，派別眾多，勢力直逼禪宗，其法術直到元明時期仍極流行，如《水滸傳》、《金瓶梅》中的「天心五雷正法」。其法術重在內煉精氣神，顯現本性元神，配上符訣章奏，以驅役雷神，期登仙求真、祈雨求晴、驅邪治病；而雷神有二類：一在體內，屬本有；一在外界，須依法召攝，此界雷神皆為史上神仙或有名道士所化，而英雄神靈也被援用，關公就是其一，在各派別中有不同名稱，通常前面有許多強調神威的形容詞，再加上「關元帥」，洋洋灑灑，多達一二十字，表面看來，雷法諸派似極尊重關公，實則不然，因施法時，關公都是被召攝的，呼之即來，揮之即去，且常與其他不知名神靈同時出現，職責只在解決日常疑難雜症，法師地位明顯超越關公，而其召攝咒語末句：「急急如律令！」更看不出有何敬意，算是片面利用關公，因而受雷法影響的通俗小說，如《西遊記》、《金瓶梅》，關公在書中的地位都不高[60]。

至於佛教天台宗，盛於隋唐之際，中唐以來趨向衰頹，勢力遠不及禪宗，北宋初期，知禮（960~1028）等力圖振作，略見成效，號為中興，然已難恢復先前盛況，如荊州古剎之住持已改為禪僧，至南宋末，志磐撰《佛祖統紀》一書，試圖藉標榜天台宗的歷代祖師以強化其法統，在智顗大師事跡部分也敘及關公，不過他改編董倕玉泉寺神話，一再強調大師的神通智力，將關公貶為近於邪神的腳色，皈依大師的止觀法門，才修成正果[61]。雖然，憑著建寺供養的大功德，以及智顗大師的聲望，後來關公也成為天台宗寺廟的護法伽藍[62]，但地位明顯不高。

60　關公在雷法中之神職地位，見《關公全傳》，第四章第五節。

61　志磐《佛祖統紀》，卷六，（頁 183）。

62　見無盡《天台山方外志》，卷十〈關王菩薩〉條云：「凡台教伽藍，莫不祀為護法之神。」（頁 732）。書成於萬曆 29 年，知天台宗奉關公為護法伽藍，應晚於禪宗。

六、結語

古今中外的任何宗教，在弘傳過程中，都會不斷造神、編織神話、宣揚靈異，除自創自導外，其取材來源極多，而援引歷史或傳說中名人事跡，再加附會渲染，往往最為簡單，且最易為人信服。禪宗的基本思想本容不下神靈，為方便設施，終亦不能免俗，走上此路，拈花微笑、西天祖師以及無數神話典故，就是如此出現的，關公被引進門，應也是依循此一法則。然而，禪宗的作為，實在十分特別：

其一，禪宗引用關公事跡或讚頌關公，正值關公歷史地位最低以及神靈地位不高的時期，故而對關公的提攜之力極為寶貴。（唯有明朝的紫柏真可、憨山德清例外，可視為反映現況。）為何如此？是宗門憑「教外別傳」而特立獨行，或另有依據與用意？推測應是三國故事的流傳，加上本身的方便設施所致，禪宗本在民間擁有龐大脈絡資源，僧人經由多重管道接觸關公，並善加援引其相關事跡，以為方便引導之用。

其二，禪宗最早供奉關公為護法伽藍。佛教為外來宗教，菩薩、羅漢、天王等神靈皆為印度流傳者，唐宋以來，部分成為佛寺的護法伽藍，北宋道誠在《釋氏要覽》中列有有十八位，沒有例外，無一是中國神靈，可為明證[63]；然而禪宗卻大膽的增列民間神靈[64]，包掛關公，其護法伽藍中只有關公為唯一中國神靈，後來佛教其他宗派也仿行（當然包掛天台宗），或塑像挺立於門前，或供奉於旁殿[65]。可知除民間信仰外，在所有宗教或教派中，唯有禪宗最早也最尊崇關公，其作為與後來元明以來民間的崇拜情況相符，算是先行者。

---

[63] 道誠《釋氏要覽・護伽藍神》，引《七佛經》云：「有十八神護伽藍」，（網路版），本書輯成於北宋天禧三年（1019）。

[64] 護法伽藍外，禪宗也供奉少數民間神靈，除前引普庵印肅〈贊護教〉所列，另見大慧宗杲《宗門武庫》，及曉瑩，《羅湖野錄》，（俱收入《續藏經》，冊102，頁922、993）。

[65] 佛教其他宗派供奉關公神像，不知起自何時，據明孝宗時，河北孫續《沙溪集・周溪村甘露寺重修伽藍殿記》云：「援三國關侯某以入，建祠於佛殿之左，目為伽藍殿。」，可見在明朝中期已極普遍，卷四，（頁25）。

其三，禪宗推尊關公，雖與兩宋當時漢人大相逕庭，卻與異族金人、元人相似。北宋末年以來，金人逐步進佔華北，當地有官修及民間的關公廟，也有不少文人歌頌關公，遠別於南方的宋人；其後元人滅金，入據中原，雖奉喇嘛教為國教，卻同金人一樣敬重關公，每年都城重要宗教慶典「游皇城」，其監壇神將即為關公，在蒙古神譜中，關公位階極高；而在元人統治下，僅大都即有二十餘座廟宇（今北京市），還已出現定期廟會，而且地方上還有文人為關公編寫專書，傳播其神威，如胡琦《關王事蹟》，這是傳世最早的關公專書，種種跡象顯示，與宋人不斷貶損關公，實有天壤之別。

其四，禪宗作為雖有別於許多漢人，卻同於講說三國故事的基層社會文士。三國故事很早即流傳於民間，後演變成開講的專門職業，如唐朝的「說話」、北宋的「市人小說」、南宋的「講史」，開講者應會先編講稿，稿源可能來自正史、傳說以及附會創造，關公許多虛假的事跡、大刀，應是如此出現的，部分禪宗僧人可能由此而聽聞關公，龍門清遠「手中關羽刀八十斤」，語氣像小說家，其因在此。小說家的底稿大部分都散佚了，至今只存一本，出刊於元朝，即《新全相三國志平話》，書中對關公評價極高，同於禪宗，其後，多數的戲曲以及《三國演義》，亦皆如此。

總之，關羽之能成為關公，是集合諸多力量，而非少數人士或單一教派之操作，並經數百年演變發展而成，而禪宗無疑提供一股極大的助力。

附錄六：〈關公名字釋義〉

關公名羽，本字長生，後改雲長，本字音義應無疑問，然雲長之「長」則有多音多意，與其諡號「壯繆」一樣，讀音錯誤，涵義必天差地別[1]。

古人生三月而剪髮命名，二十冠而有字，死而有諡，《禮記‧檀弓》云：「幼名冠字，死諡，周道也。」今觀先秦人物，大致不差，且名與字往往互訓互補，如顏淵字子回，端沐賜字子貢，仲由字子路[2]；而命名賜字，自然隱含諸多期許，古代文獻闕如，不得其詳，後世如北宋蘇洵，有〈名二子說〉：「輪輻蓋軫皆有職，乎車而軾，獨若無所為者，雖然去軾則吾未見其為完車者也，軾乎，吾懼汝之不外飾也；天下之車莫不由轍，而言車之功者，轍不與焉，雖然車仆馬斃而患亦不及轍，是轍者善處乎禍福之間也，轍乎，吾知免矣。」亦即希望蘇軾莊重待人處世，而蘇轍則平安無事[3]。

秦漢以來仍傳承周人習氣，但改名易字，亦應運而生，如關公同代，張飛字益德（或作翼德），趙雲字子龍，關羽字雲長，均含風雲際會之意，而劉備字玄德則為兼而有之，故有人懷疑三人應皆為劉備所定，否則不當如此巧合，關公改字或亦正當其時[4]。

首先論「羽」字之意義。

羽有多意，取其重要者言之，《說文》：「鳥長毛也。」即俗稱羽毛，長者應指雁鶴之屬，可作多種裝飾品，如舞生所執合多羽綁於桿頭，稱為「羽籥」、「羽舞」；連綴多羽覆於棚頂而成華蓋，稱為「羽葆」或「羽蓋」；而官方重要場合，常見群羽飛揚，其儀衛之屬稱為「羽儀」。又，翅亦稱為羽，合稱「羽翼」，引申為輔佐或同夥；而鳥飛快速，故徵兵或傳遞

---

[1] 拙著《關公全傳》未論及此議題，嚴重缺失，謹以此文補之。

[2] 俱見《史記‧仲尼弟子列傳》。

[3] 見《嘉祐集》，卷14，（頁108及110），蘇洵也曾更改仲兄蘇渙之字，可謂最早詳釋名字關係之作，惜未闡明二子字子瞻、子由之緣由。

[4] 見譙夢庵《三國人物論集》，（頁146）。

軍情，稱「羽書」、「羽檄」，言兵書貴速，而皇帝護衛稱「羽林」、「羽衛」，當也意在快捷[5]。又，凡鳥皆有羽，《爾雅・釋鳥》云：「二足而羽，謂之禽。」故以「羽族」代表鳥類，而鳥類眾多，大小美醜各異，大而威猛者有鵰雕，小而靈巧者如雀鳩，而意氣平和高貴優雅者則有鶴雁，故而，若以「羽」命名，當推估其自居為何種鳥類，才知其字之音義。

關公名羽，先後有二字，皆從本名衍生而來，但意義有別。本字「長生」，應著眼於羽毛之不易腐爛，有求高壽之意，略嫌俗氣，故稍長，與眾英雄縱橫於天下之際，當然需要更改。

次看史上多位同名或類似者。

一是南朝蕭穎胄：蕭穎胄（462~501），為南齊宗室，其名與關羽全無相關處，但他也字「雲長」[6]。

穎，《玉篇》訓為「禾末」，即禾麥類之葉端，而尖銳物如錐鋩也稱穎，又衍為超越同夥，稱為「脫穎而出」；又，毛筆尖頭，也可稱為穎，韓愈有寓言式〈毛穎傳〉，以上諸物與其字似無關係[7]。

另有一義，禾末又可引申為「垂穎」，即禾麥之穗因飽實而下垂，《詩・大雅・生民之什》云：「實堅實好，實穎實栗。」言后稷教人民種植五穀得法，麻麥等作物豐收，果實纍纍下垂，其形狀猶如羽毛微曲；而更重要的，蕭穎胄所處的南北朝，均極為推崇關公、張飛，英勇武將常被比擬為「關張之勇」，如其前有成漢李庠、西晉劉遐、前秦苻生、南涼禿髮傉檀、南朝宋朝檀道濟及薛安都，還有同時代且同朝的蕭長懋，略後的北魏楊大眼、崔延伯、長孫子彥等，故而合理推測，蕭穎胄應極熟習關公、張飛之英勇事跡，何況他晚年鎮守南郡（今荊州一帶），睹物思人，追隨前輩，有何不可[8]？

5　羽林軍成於漢武帝時，見《漢書・百關公卿表》，顏師古註云：「言其如羽之疾，如林之多也，一說羽所以為王者羽翼也。」（冊一，頁728）。

6　蕭穎胄生平，見《南齊書》本傳，（冊二，頁665）。

7　見《昌黎集》，卷36。

8　參見《關公全傳》第三章。

　　穎既作如是解，然尚有一名「胄」，此字又有二同形同音字，若為冂旁，則訓「甲冑」，若為肉旁，則訓為「長子」，而觀蕭穎冑之兄弟排行，他確為長子，下有蕭穎基、蕭穎孚二弟，其父蕭赤斧之伯爵由他襲封，據此，則蕭穎冑之字「雲長」，固有仿效關公之意，但讀音當為「雲掌」。

　　二是北宋魏羽：魏羽（944~1001），南唐歙州婺源人，以上書李後主得校書郎，出為當塗縣判官，降宋師，仍舊職，至太宗時，曾權知開封府，又出入中外各地[9]。

　　魏羽與關公同名，但字「垂天」，他「涉獵史傳，好言事」，惜未見有論述名字關係之作，他當然深知關公相關事跡，故其字仍圍繞在羽上，依《莊子逍遙遊》：「北溟有魚，其名為鯤，鯤之大，不知其幾千里也，化而為鳥，其名為鵬，鵬之背，不知其幾千里也，怒而飛，其翼若垂天之雲。」以羽為大鵬鳥之翅膀，飛翔高空「若垂天之雲」，意頗逍遙兼又典雅，也易聯想及關公。

　　三是北宋洪羽：洪，南昌人，紹聖四年進士（1097），與兄洪朋、洪炎、洪芻俱以文詞知名，時號「四洪」[10]，四兄弟俱深得母舅黃庭堅賞識，其字皆為所賜，而黃正是史上最會定字者，據載，他至少曾為數十人改字或賜字，並且均留有短文[11]。

　　洪羽，與關公同名，字「鴻父」，黃庭堅有〈洪氏四甥字序〉一文，闡釋選字典故：「鴻雲飛而野啄，去來不繆其時，非其意不自下，故其羽可用為儀，非夫好高之士，操行潔於秋天，使貪夫清明、懦夫激昂者，何足以論鴻之志哉？故羽之字曰鴻父。[12]」顯然的，黃庭堅以羽為鴻毛，言鴻雁為候鳥，春夏北秋冬南，往來準時，行陣整齊，處處顯得高貴而優雅，足以激勵貪懦，再引《易・漸卦》上九爻辭，言其羽毛為人用於重要禮儀場合，期許

9　魏羽生平，見《宋史》本傳，（冊11，頁9204）。

10　見乾隆《南昌府志》，卷37，（冊17，頁13）；其兄弟略傳，見同書卷61，（冊25，頁142）。

11　黃庭堅為人賜字或改字，散見《山谷集》卷16及卷20、《山谷外集》卷九。

12　見《山谷集》，卷16，（頁3）。

洪羽往後能表率群倫，應著重於德行上，黃庭堅可能不知其前有字義昂揚的魏羽，故較為拘謹小氣。

　　四是清朝趙翼：趙翼（1727~1814），字雲松，常州陽湖人，乾隆 26 年進士，遊宦西南各地，多次參贊軍務，征剿緬甸、平定台灣林爽文，有功於時，然名利心不重，中年即歸田，以著述自娛，詩文俱有名，尤好史學，成就極高[13]。

　　趙翼讀史能見人所未見，如指責諸葛亮於襄樊大戰毫無處置，任由關公孤軍奮戰曹吳二國，又最早點出六朝時期「關張之勇」，極熟悉關公事跡，甚至親見當時關公廟宇香火之盛[14]；而其名又與關公異字而近乎同義，字雲松，（同代友人或作雲崧、耘松、耘崧，當以袁枚所稱「雲松」為是），其中「雲」字也同於關公，但似乎不敢完全比擬關公，只期許能如鴻鶴飛翔雲中松上，取其逍遙適意而已，與其及早退休志氣完全符合。

　　以上諸人字中多有「雲」字，此字可能仿自關公，也可能取義於鳥類飛行天上雲中；若無雲字，亦有鵬鴻類大鳥，皆翱翔於高空，翼展大而長。

　　最後論關公。

　　關公，名羽，字雲長，其名與字應有數層關係，就底層表象看，羽為大鳥長毛，吹嘘放大，上飄若雲，浮於長空，不是很能顯現志氣嗎？進一層看，關公若讀過《莊子》，羽字比擬為北溟之鯤鵬，「其翼若垂天之雲」，參照王勃〈滕王閣序〉名句：「落霞與孤鶩齊飛，秋水共長天一色。」志氣已再化而為豪氣；最上層，以漢末天下形勢論，亂世英雄輩出，關公應運而生，風雲際會，懷抱遠大，「雲長」二字，足以睥睨天下，十足英雄本色。總之，「雲長」意義明確，當讀如本字「長生」之音。

---

[13] 趙翼生平，見《清史稿》本傳，（冊 148，頁 22）。

[14] 散見《甌北詩鈔》，〈讀史〉、〈又和荊州詠古〉，（頁 6、342）；《二十二史箚記》，卷七，（頁 83）；及《陔餘叢考》，卷 35，（頁 400）。

附錄七：重要參考書目

一、經典史籍

（闕名）　《十三經》（台北：藝文印書館，1989，據宋刊本影印）

（闕名）　《二十四史》（四史為台北：明倫出版社，1972；餘為台北：鼎文書局，1982）

司馬光　《資治通鑑》（台北：世界書局，1972）

應　劭　《風俗通義》（筆記小說大觀，三編冊一，台北：新興書局，1978）

干　寶　《搜神記》（台北：黎明文化事業公司，1996。百子叢書，冊31）

葛　洪　《抱朴子內篇》（北京：中華書局，1996，王明校譯）

常　璩　《華陽國志校補圖注》（任乃強校注，上海：上海古籍出版社，1994）

陸　雲　《陸士龍集》（中國哲學書電子化計畫，四庫全書本）

葛　洪　《抱朴子外篇》（同上，正統道藏本）

陶弘景　《洞玄靈寶真靈位業圖》（正統道藏，冊三，日本京都：中文出版社，1986）

劉義慶　《世說新語》（楊勇校箋，台北：明倫出版社，1972）

酈道元　《水經注》（台北：世界書局，1969）

灌　頂　《國清百錄》（正藏經，冊63，台北：新文豐出版公司，1980）

道　宣　《續高僧傳》（大藏經，冊50，台北：新文豐出版公司，1975）

（闕名）　《全唐詩》（台北：宏業書局，1977）

（闕名）　《全宋詩》（北京：北京大學出版社，1995）

李　白　《李太白全集》（王琦注本，台北：九思出版公司，1979）

歐陽詢　《藝文類聚》（中國哲學書電子化計畫，四庫全書本）

韓　愈　《昌黎文集》（同上）

白居易　《白氏長慶集》（同上）

元　稹　《元氏長慶集》（同上）

李德裕　《李衛公外集》（同上）

杜　甫　《杜詩詳註》（同上，仇兆鰲注）

劉禹錫　《劉賓客集》（中國哲學書電子化計畫，光緒謙德堂本）

劉禹錫　《劉賓客外集》（同上，四庫全書本）

皮日休　《文藪》（同上，四部叢刊初編本）

段成式　《酉陽雜俎》（筆記小說大觀，三編冊二）

段成式　《酉陽雜俎續集》（同上，九編冊一）

范　攄　《雲溪友議》（同上，27 編冊六）

孫光憲　《北夢瑣言》（同上，三編冊三）

王　溥　《唐會要》（台北：台灣商務印書館，1968）

王　溥　《五代會要》（同上）

黃休復　《益州名畫錄》（叢書集成新編，冊 53，台北：新文豐出版公司，1985）

李調元　《全五代詩》（台北：鼎文書局，1973）

李　昉　《太平廣記》（北京：中華書局，1995）

李　昉　《太平御覽》（台北：台灣商務印書館，1986）

李　昉　《文苑英華》（北京：中華書局，1995）

王欽若　《冊府元龜》（台北：台灣中華書局，1967）

張君房　《雲笈七籤》（正統道藏，冊 37）

徐　松　《宋會要輯稿》（中國哲學書電子化計畫，北平圖書館藏本）

歐陽修　《文忠集》（同上，四庫全書本）

田　錫　《咸平集》（同上）

夏　竦　《文莊集》（同上）

宋　庠　《元憲集》（同上）

沈　括　《夢溪筆談》（同上）

宋敏求　《春明退朝錄》（同上）

孔平仲　《珩璜新論》（同上）

張　耒　《明道雜誌》（同上）

宋　祁　《宋景文筆記》（同上，學海類編本）

曹　勛　《北狩見聞錄》（同上）

葉　適　《習學記言》（同上，維基文字版）

賾藏主　《古尊宿語錄》（佛藏輯要，冊 25，成都：巴蜀書社，1993）

清　遠　《舒州龍門佛眼和尚語錄》（同上）

曾　鞏　《元豐類稿》（中國哲學書電子化計畫，哈佛大學藏本，康熙 56 年本）

曾公亮　《武經總要》（中國哲學書電子化計畫，四庫全書本）

蘇　洵　《諡法》、《嘉祐集》（同上）

蘇　軾　《東坡全集》（同上）

范祖禹　《范太史集》（同上）

黃庭堅　《山谷集》、《山谷外集》（同上）

李心傳　《建炎以來繫年要錄》（同上）

徐夢莘　《三朝北盟會編》（同上）

洪　适　　《隸釋》（同上）

孟元老　　《東京夢華錄》（同上）

王觀國　　《學林》（同上）

程大昌　　《演繁錄》（同上）

吳自牧　　《夢粱錄》（同上）

趙與時　　《賓退錄》（同上）

陸　游　　《渭南文集》（同上）

陸　游　　《老學庵筆記》（同上）

陸　游　　《劍南詩稿》（同上）

王十朋　　《梅溪集》（同上）

居　簡　　《北磵集》（同上）

范志明　　《岳陽風土記》（同上）

周　密　　《癸辛雜識及後集》（同上）

周　密　　《雲煙過眼錄》（同上，十萬卷樓叢書本）

吳　曾　　《能改齋漫錄》（同上，守山閣叢書本）

洪　邁　　《容齋隨筆、續筆、四筆》（同上，四部叢刊續編本）

趙彥衛　　《雲麓漫鈔》（同上，涉聞梓舊本）

謝采伯　　《密齋筆記》（同上，維基文字版）

陳耆卿　　《嘉定赤城志》（同上，嘉慶台州叢書本）

（闕名）　　《十先生奧論註後集》（景印文淵閣四庫全書，總冊 1362，台北：台灣商務印
　　　　　　書館，1983）

朱　熹　　《御批資治通鑑綱目》（同上，總冊 689）

鄭　樵　　《通志》（同上，總冊 373）

李　燾　　《六朝通鑑博議》（同上，總冊 686）

李　燾　　《續資治通鑑長編》（同上，總冊 314；上海：上海古籍出版社，1986）

戴少望　　《將鑑論斷》（四庫全書存目叢書，冊 30，台南：莊嚴文化公司，1996）

范成大　　《吳船錄》（筆記小說大觀，28 編冊四）

周　密　　《武林舊事》（同上，28 編冊二）

陳　亮　　《三國紀年》（叢書集成新編，冊 96）

唐　庚　　《三國雜事》（同上，冊 113）

郭　象　　《睽車志》（同上，冊 82）

曾敏行　　《獨醒雜志》（同上）

鄭所南　　《所南翁一百一十圖詩集》（同上，冊 71）

徐　鈞　《史詠詩集》（同上，冊 264）

朱　熹　《朱子語類》（台北：正中書局，1982）

陳　亮　《宋簽判龍川陳先生文鈔》（叢書集成續編，冊 184）

志　磐　《佛祖統紀》（大藏經，冊 49）

普　濟　《五燈會元》（北京：中華書局，1997）

淨　柱　《五燈會元續略》（續藏經，冊 138，台北：新文豐出版公司，1983）

德　煇　《敕修百文清規》（同上，冊 111）

師　明　《續刊古尊宿語錄》（同上）

惠　洪　《禪林僧寶傳》（同上，冊 137）

祖　琇　《僧寶正續傳》（同上）

宗　杲　《宗門武庫》（同上，道謙編，冊 102）

曉　瑩　《羅湖野錄》（同上）

道　行　《雪堂拾遺錄》（同上）

本　才　《佛心才禪師語》（同上，冊 119）

慧　遠　《佛海瞎堂禪師廣錄》（同上，冊 120）

慧　開　《禪宗無門關》（同上，冊 119）

印　肅　《普庵印肅禪師語錄》（同上，冊 120）

道　沖　《癡絕和尚語錄》（同上，冊 121）

咸　傑　《密庵禪師語錄》（同上）

紹　曇　《希叟紹曇禪師廣錄》（同上，冊 122）

清　茂　《古林和尚語錄》（同上，冊 123）

真　可　《紫柏尊者別集》（同上，冊 127）

德　清　《憨山老人夢遊集》（同上）

宗　杲　《大慧禪師語錄》（禪藏電子版，高雄：佛光文化事業公司，2005）

正　受　《嘉泰普燈錄》（同上）

郝　經　《陵川集》（景印文淵閣四庫全書，總冊 1226）

馮復京　《昌國州志》（同上，總冊 491）

潛說友　《咸淳臨安志》（中國哲學書電子化計畫，哈佛大學藏本，道光十年本）

趙孟頫　《松雪齋集》（同上，摛藻堂四庫全書薈要本）

李俊民　《莊靖集》（同上，四庫全書本）

大　訢　《蒲室集》（同上）

袁　桷　《清榕居士集》（同上，四部叢刊初編本）

（闕名）　《繪圖三教源流搜神大全・附搜神記》（台北：聯經出版事業公司，1980）

（闕名）　《法海遺珠》（正統道藏，冊 22）

（闕名）　《道法會元》（正統道藏，冊 24~25）

（闕名）　《至治新刊新全相三國志平話》（台北：中央圖書館，1971）

辛文房　《唐才子傳》（傅璇琮校箋，北京：中華書局，1995）

陳　衍　《元詩紀事》（台北：台灣商務印書館，1968）

熊夢祥　《析津志輯佚》（北京：古籍出版社，1983）

趙元度　《孤本元明雜劇》（台南：平平出版社，1974）

（闕名）　《三國志演義古版叢刊五種》（北京：中華全國圖書館縮微複製中心，1995）

（闕名）　《明實錄》（北京大學圖書館藏本，PDF 版）

（闕名）　《明宣宗書畫合璧》（台北：故宮博物院，書畫典藏檢索系統）

方孝孺　《遜志齋集》（中國哲學書電子化計畫，四部叢刊初編本）

程敏政　《宋遺民錄》（同上，知不足齋叢書本）

程敏政　《篁墩文集》（同上，四庫全書本）

夏文彥　《圖畫寶鑑》（韓昂《續編》附後，同上）

胡宗憲　《籌海圖編》（同上）

徐　渭　《徐文長逸稿》（同上，北京大學圖書館藏本，天啟癸亥本）

屠　隆　《白榆集》（同上，哈佛大學燕京圖書館藏本）

唐順之　《荊川集》（同上，光緒乙未本）

（闕名）　《青陽縣志》（同上，光緒 17 年本）

唐順之　《武編》（景印文淵閣四庫全書，總冊 651）

沈德符　《萬曆野獲編及補遺》（筆記小說大觀，15 編冊六）

朱國禎　《湧幢小品》（同上，22 編冊七）

謝肇淛　《五雜組》（同上，八編冊七）

劉若愚　《明宮史》（同上，35 編冊四，呂毖據《酌中志》中之四卷改編）

劉若愚　《酌中志》（馮寶琳點校，北京：北京出版社，2018）

沈　榜　《宛署雜記》（北京：北京出版社，2018）

劉效祖　《四鎮三關志》（彭勇等校注，鄭州：中州古籍出版社，2020）

王守仁　《王陽明全書》（台北：正中書局，1954）

張　岱　《瑯嬛文集》（台灣華文電子書庫，國家圖書館善本）

王世貞　《弇州四部稿》及《弇州續稿》（中國哲學書電子化計畫，四庫全書本）

倪元璐　《倪文貞集》（同上）

孫　緒　《沙溪集》（同上）

高　濂　《遵生八箋》（同上）

郎　瑛　《七修續稿》（同上，北京大學圖書館藏本）

呂　楠　《涇野先生文集》（同上）

余有丁　《余文敏公集》（同上）

王　圻　《三才圖會》（同上）

張朝瑞　《皇明貢舉考》（同上）

焦　竑　《國朝獻徵類編》（同上）

劉　侗　《帝京景物略》（同上）

茅元儀　《武備志》（同上）

茅元儀　《石民四十集》（同上）

王思任　《謔庵文飯小品》（同上）

許自昌　《樗齋漫錄》（同上）

（闕名）　《太常續考》（同上，四庫全書本）

董其昌　《容臺文集》（同上，哈佛大學燕京圖書館藏本）

沈國元　《兩朝從信錄》（同上）

盧象昇　《盧忠肅公集》（同上，光緒乙亥本）

無　盡　《天台山方外志》（四庫全書存目叢書，史部地理類，冊 232）

（闕名）　《金瓶梅詞話》（台灣某書局據故宮博物院「萬曆丁巳本」標點）

周應賓　《重修普陀山志》（台北：宗青公司，1994）

馮夢龍　《警世通言》（石家莊：河北人民出版社，1990）

施耐庵　《水滸傳》（台北：三民書局，1977。據繁本七十回本標點分段）

毛宗岡　《三國演義》（台北：老古文化公司，1985）

顧炎武　《日知錄》（台北：明倫出版社，1970）

王夫之　《讀通鑑論》（台北：世界書局，1973）

黃宗羲　《宋元學案》（台北：廣文書局，1979）

王士禎　《居易錄》（筆記小說大觀，15 編冊八）

婁近垣　《龍虎山志》（中國哲學書電子化計畫，哈佛大學藏本，乾隆庚申本）

錢謙益　《錢牧齋先生尺牘》（同上，康熙 38 年本）

錢　曾　《讀書敏求記》（同上）

夏　綸　《惺齋五種》（同上，乾隆 14 年本）

盧　湛　《關聖帝君聖蹟圖誌全集》（同上，乾隆戊子本）

（闕名）　《江都縣志》（同上，雍正七年本）

（闕名）　《滎陽縣志》（同上，乾隆 11 年本）

（闕名）　《中牟縣志》（同上，乾隆 19 年本）

（闕名）　《直隸絳州志》（同上，乾隆 30 年本）

（闕名）　《興平縣志》（同上，乾隆丁酉本）

（闕名）　《許州志》（同上，道光戊戌本）

（闕名）　《光州志》（同上，光緒丁亥本）

（闕名）　《故城縣志》（同上，光緒乙酉本）

趙申喬　《趙裘萼公剩稿》（附於《趙恭毅公剩稿》後，同上，冊五）

孫奇逢　《夏峰先生集》（同上，北京大學圖書館藏，道光乙巳本）

錢謙益　《初學集》（同上，崇禎癸未本）

李　斗　《揚州畫舫錄》（同上）

（闕名）　《正定府志》（同上，乾隆 27 年本）

（闕名）　《鄞縣志》（同上，乾隆 52 年本）

（闕名）　《玉泉寺志》（同上，光緒 11 年本）

（闕名）　《太倉州志》（同上，嘉慶八年本）

（闕名）　《當陽縣志》（同上，同治五年本）

（闕名）　《松江府志》（同上，嘉慶戊寅本）

昭　槤　《嘯亭雜錄》及《續錄》（同上）

洪亮吉　《更生齋集》（同上）

（闕名）　《蘇州府志》（中國哲學書電子化計畫，谷哥圖書，道光三年本）

錢謙益　《有學集》（同上，四部叢刊初編本）

劉　源　《凌淵閣功臣圖》（朱圭刻，康熙七年本，北京：中華書局，1960）

王復禮　《季漢五志》（江蘇：廣陵古籍刻印社據清刊本影印，1990）

張鵬翮　《奉使俄羅斯日記》（叢書集成三編，冊九）

顧祖禹　《讀史方輿紀要》（台北：樂天出版社，1973）

（闕名）　《古今圖書集成・神異典》（上海：中華書局，1933）

袁　枚　《子不語》（筆記小說大觀，二編冊九）

袁　枚　《隨園詩話》（北京：人民文學出版社，1998）

紀　昀　《閱微草堂筆記》（台北：廣文書局，1991）

紀　昀　《紀曉嵐家書》（同上，1994）

蒲松齡　《聊齋誌異》（台北：九思文化公司，1978）

蒲松齡　《蒲松齡集》（上海：中華書局，1962）

趙　翼　《甌北詩鈔》（台北：台灣商務印書館，1968）

趙　翼　《陔餘叢考》（台北：華世出版社，1975）

趙　翼　《二十二史劄記》（台北：樂天出版社，1971）

王鳴盛　《十七史商榷》（台北：樂天出版社，1972）

張　鎮　《解梁關帝志》（關帝文獻彙編，冊二，北京：國際文化出版公司，1995）

周廣業、崔應榴　《關帝事蹟徵信編》（同上，冊三至冊四）

曹雪芹　《紅樓夢》（台北：三民書局，1976。據程甲本標點分段）

孫溫、孫允謨繪　《畫說紅樓》（成書於道光時期，瀋陽：遼寧美術出版社，2013）

吳振臣　《寧古塔紀略》（中國哲學書電子化計畫，遼海叢書本）

劉廷璣　《在園雜志》（同上）

楊　賓　《柳邊紀略》（同上）

鄒在寅　《照膽臺志略》（同上，武林掌故叢書，光緒丙申本）

吳偉業　《梅村集》（同上，四庫全書本）

王士禎　《池北偶談》（同上）

（闕名）　《盛京通志》（同上，略書前「欽定」二字，下同）

（闕名）　《皇輿西域圖志》（同上）

（闕名）　《熱河志》（同上）

（闕名）　《湖廣通志》（同上）

（闕名）　《雲南通志》（同上）

（闕名）　《山西通志》（同上）

（闕名）　《國朝宮史》（同上）

（闕名）　《日下舊聞考》（同上）

清世宗　《世宗憲皇帝御製文集》（同上）

清高宗　《御製詩集》（同上，共四集）

（闕名）　《皇朝禮器圖式》（同上）

（闕名）　《萬壽盛典》（同上）

（闕名）　《八旬萬壽盛典》（同上）

（闕名）　《湖廣通志》（同上，康熙 23 年修，哈佛大學燕京圖書館藏本）

（闕名）　《桐城縣志》（同上，康熙 23 年修）

（闕名）　《懷安縣志》（同上，乾隆六年修）

（闕名）　《宣化府志》（同上，乾隆八年修）

（闕名）　《大庾縣志》（同上，乾隆 13 年修）

（闕名）　《南安府志》（同上，乾隆 33 年修）

（闕名）　《吉安府志》（同上，乾隆 41 年修，道光 22 年補修）

（闕名）　《大同府志》（同上，乾隆 47 年修）

（闕名）　《平湖縣志》（同上，乾隆 54 年修）

（闕名）　《西藏志》（同上，乾隆 57 年修）

（闕名）　《洛陽縣志》（同上，嘉慶 10 年本）

（闕名）　《麻城縣志》（同上，光緒八年修）

（闕名）　《歸德府志》（同上，光緒 19 年修）

（闕名）　《湖州府志》（同上，光緒 20 年本）

（闕名）　《祥符縣志》（同上，光緒 24 年本）

（闕名）　《順天府志》（同上，北京大學圖書館藏本，光緒 11 年修）

（闕名）　《松江府志》（同上，嘉慶 23 年修）

（闕名）　《衛藏通志》（同上，嘉慶時修）

（闕名）　《新疆圖志》（同上，宣統時修）

周　煌　《琉球國志略》（同上）

周亮工　《因樹屋書影》（同上）

陸世儀　《復社紀略》（同上）

（闕名）　《大清會典事例》（同上，光緒 12 年修，略書前「欽定」二字）

（闕名）　《大清會典圖說》（同上）

（闕名）　《大清會典》（同上，光緒 25 年本）

（闕名）　《畿輔通志》（同上，哈佛大學燕京圖書館藏本，雍正 13 年修）

（闕名）　《畿輔通志》（PDF 檔，光緒 10 年本）

（闕名）　《彰化縣志》（道光六年本，彰化縣文獻委員會複印，1969）

（闕名）　《荊州府志》（台北：成文出版社，據光緒六年三修本影印，1970）

（闕名）　《新疆圖志》（台北：文海出版社，1965，宣統三年本）

焦應旂　《西藏志》（同上，1966）

（闕名）　《陝西通志》（台北：華文書局，據民國二十三年刊本影印，1976）

（闕名）　《四川通志》（台北：華文書局，據嘉慶二十年重修本影印，1967）

（闕名）　《江西通志》（台北：華文書局，據光緒六年四修本影印，1967）

（闕名）　《福建通志》（台北：華文書局，據同治十年三修本影印，1968）

（闕名）　《大清世祖章皇帝實錄》（台北：新文豐出版公司，1978。總冊 4~6）

（闕名）　《大清聖祖仁皇帝實錄》（同上，總冊 7~12）

（闕名）　《大清世宗憲皇帝實錄》（同上，總冊 13~15）

（闕名）　《大清高宗純皇帝實錄》（同上，總冊 16~45）

（闕名）　《大清仁宗睿皇帝實錄》（同上，總冊 46~53）

（闕名）　《欽定滿州祭神祭天典禮》（同上，總冊 657）

（闕名）　《清史稿》（中國哲學書電子化計畫，清華大學圖書館藏本，1927）

二、近人論著

甲、專書

陳　垣　《二十史朔閏表》（北京：古籍出版社，1956）

盧　弼　《三國志集解》（台北：漢京文化公司，1981）

馮友蘭　《貞元六書》（香港：古文圖書公司，1972）

柳詒徵　《國史要義》（台北：台灣中華書局，1971）

呂大吉　《宗教學通論》（台北：博遠出版公司，1993）

任繼愈　《中國道教史》（台北：桂冠圖書公司，1998）

喻松青　《明清白蓮教研究》（成都：四川人民出版社，1987）

喻松青　《民間秘密宗教經卷研究》（台北：聯經出版事業公司，1994）

馮佐哲、李富華　《中國民間宗教史》（台北：文津出版社，1994）

英人魏安　《三國演義版本考》（上海：上海古籍出版社，1996）

酒井忠夫著、劉岳兵譯　《中國善書研究》（南京：江蘇人民出版社，2010）

俄人李福清　《關公傳說與三國演義》（台北：雲龍出版社，1999）

印　順　《中國禪宗史》（台北：正聞出版社，1987）

巴壺天　《藝海微瀾》（台北：廣文書局，1971）

許地山　《扶箕迷信的研究》（台北：台灣商務印書館，1994）

黃華節　《關公的人格與神格》（台北：台灣商務印書館，1995）

糕夢庵　《三國人物論集》（台北：台灣商務印書館，1996）

戴玄之　《中國秘密宗教與秘密會社》（台北：台灣商務印書館，1992）

李亦園　《信仰與文化》（台北：巨流圖書公司，1985）

蕭登福　《漢魏六朝佛道兩教之天堂地獄說》（台北：台灣學生書局，1989）

蕭登福　《道教術儀與密教典籍》（台北：新文豐出版公司，1994）

岑仲勉　《隋唐史》（台灣複印本，出版地點及日期不明）

何貽焜　《亭林學術述評》（台北：正中書局，1971）

蕭一山　《清代通史》（台北：台灣商務印書館，1963）

蕭一山　《近代秘密社會史料》（台北：文海出版社，1986）

劉鳳翰　《圓明園興亡史》（台北：文星書店，1964）

蔡相煇　《北港朝天宮志》（北港：財團法人北港朝天宮董事會，1989）

蔡相煇　《台灣的祠祀與宗教》（台北：台原出版社，1998）

董芳苑　《認識台灣民間信仰》（台北：長青文化事業公司，1986）

魏子雲　《金瓶梅的問世與演變》（台北：時報文化出版企業公司，1983）

魏子雲　《金瓶梅研究二十年》（台北：台灣商務印書館，1993）

洪淑苓　《關公民間造型之研究》（台北：國立台灣大學，文史叢刊 96，1995）

王安祈　《明代戲曲五論》（台北：大安出版社，1990）

鍾華操　《台灣地區神明的由來》（台中：台灣省文獻委員會，1979）

張默生　《李宗吾傳》（作者自印本，無出版時地及書局，1947）

韓組康　《關壯繆侯事迹》（北京：國際文化出版公司，1995，關帝文獻彙編，冊二）

齊如山　《國劇圖譜》（台北：幼獅圖書公司，1977）

王志宇　《台灣的恩主公信仰》（台北：文津出版社，1997）

王樹村　《關公百圖》（廣州：嶺南美術出版社，1996）

蕭相愷　《宋元小說史》（杭州：浙江古籍出版社，1997）

齊裕焜　《明代小說史》（同前）

朱正明　《中國關帝文化尋踪》（北京：今日中國出版社，1996）

薛宗正　《中國新疆古代社會生活史》（烏魯木齊：新疆人民出版社，1997）

林逢源　《三國故事劇研究》（政治大學中文研究所博士論文，油印本，1982）

李宜涯　《元至治新刊全相平話五種研究》（文化大學中文研究所碩士論文，1978）

陳昭昭　《從戲劇小說看關公形象嬗變》（輔仁大學中文研究所碩士論文，1986）

張成德等　《關公故里》（太原：山西人民出版社，1998）

裴　芹　《古今圖書集成研究》（北京：北京圖書出版社，2001）

李養正　《新編北京白雲觀志》（北京：宗教文化出版社，2003）

胡小偉　《伽藍天尊》（香港：科華圖書出版公司，2005）

胡小偉　《超凡入聖》（同上）

胡小偉　《多元一統》（同上）

胡小偉　《護國佑民》（同上）

胡小偉　《燮理陰陽》（同上）

玄門真宗　《與神靈對話古老儀式・扶鸞》（彰化：玄門真宗出版社，2006）

（闕名）　《北京歷代帝王廟古建築修繕工程專輯》（北京：文物出版社，2008）

武天合　《西安碑林國寶》（西安：社會科學出版社，2010）

黃仁宇　《萬曆十五年》（台北：中華書局，2014）

顏清洋　《明代治理黃河述略》（台灣大學歷史研究所碩士論文，油印本，1979）

顏清洋　《蒲松齡的宗教世界》（台北：新化圖書公司，1996）

顏清洋　《武聖關公畫傳》（台中：白象文化公司，2011）

乙、論文

李光濤　〈清太宗與三國演義〉（刊《國立中央研究院歷史語言研究所集刊》，第十二本，1947）

鄭振鐸　〈三國演義的演化〉（刊《中國古典小說研究資料彙編》，台北：台大中文系，油印本）

一　栗　〈談唐代的三國故事〉（刊《新全相三國志平話》附錄，台北：文化圖書公司，無出版年月）

陳芳明　〈宋代正統論的形成背景及其內容〉（刊《食貨月刊》，復刊第一卷第八期，台北，1971.11.）

陶希聖　〈武廟之政治社會的演變〉（同上，第二卷第五期，1972.8.）

金榮華　〈漢城關廟的傳說和特色〉（刊《大陸雜誌》，第 77 卷第二期，台北，1988.8.）

蔡相煇　〈明鄭台灣之真武崇祀〉（刊《明史研究專刊》，第三期，台北，1980）

高明士　〈唐代的武舉與武廟〉（刊《第一屆國際唐代學術會議論文集》，台北：台灣學生書局，1989）

李福清　〈關羽肖像初談〉（刊《歷史文物》四卷四期及五卷一期，台北：歷史博物館，1994.10.及 1995.4.）

王家誠　〈徐渭傳〉（台北：《故宮文物月刊》，第 12 卷第 12 期，1995.3.）

莊吉發　〈從薩滿信仰及秘密會黨的盛行分析清代關帝崇拜的普及〉（收在《清史論集》（一），台北：文史哲出版社，1997）

李成煥　〈韓國朝鮮中期的關帝信仰〉（刊《道教學探索》第四號，成功大學歷史系與中華民國道教會合刊，1991）

張高評　〈宋代雕版印刷與傳媒效應〉（刊《陝西師範大學學報‧哲學社會科學版》，第 40 期，西安，2011）

朱越利　〈道法會元中的關元帥〉（刊《關帝信仰與現代社會研究論文集》，台北：宇河文化出版公司，2013）

胡小偉　〈明末西洋教會與宮廷關公信仰的衝突〉（同上）

陳益源　〈越南關帝信仰〉（同上）

陳翔華　〈毛宗崗的生平與三國演義毛評本的金序問題〉（刊《文獻》雙月刊，第三期，北京：中國國家圖書館，1989）

陸　林　〈毛宗崗事跡補考〉（《文化遺產》網路版）

瞿正瀛　〈威震華夏鈎沉──資治通鑑忽略的三國志及裴注史料〉（刊《湖北文理學院學報》，第 35 卷第一期，襄陽，2014）

許偉、曹海濤、于淼　〈乾隆皇帝對歷代帝王廟的三大貢獻〉（刊「歷代帝王廟」官網）

鄧小南　〈關於泥馬渡康王〉（刊《北京大學學報》，第六期，1995）

蔡涵墨　〈曹勛與太祖誓約的傳說〉（刊《中國史研究》，第四期，2016）

何淑宜　〈晚明士人的信仰世界：以西湖孤山關帝廟的創建為中心〉（刊《台灣師大歷
　　　　史學報》64 期，2020）

羅文華　〈明大寶法王建普渡大齋長卷〉（刊《中國藏學》第一期，北京，1995）

吳振漢　〈明代邸報的政治功能與史料價值〉（刊中央大學《文學院學報》，第 28 期，
　　　　2003.12.）

范學鋒　〈玄帝信仰與明代太嶽太和山志〉（刊《玄天上帝弘道協會官網》）

顏清洋　〈紀曉嵐的神鬼世界〉（刊《國立台灣體專學報》，第七期，台中，1995.6.）

顏清洋　〈紅樓夢中的民間宗教行為〉（刊《國立台灣體育學院學報》第三期，台中，
　　　　1998.6.）

顏清洋　〈金瓶梅中的民間宗教行為〉（刊《明史研究專刊》第 13 期，台北，2002.2.）

三、工具書

（闕名）　《四庫全書簡明目錄》（台北：河洛出版社，1975）

（闕名）　《四庫全書總目提要》（台北：台灣商務印書館，1971）

（闕名）　《續修四庫全書提要》（台北：台灣商務印書館，1972）

（闕名）　《淵鑑類涵》（台北：新興書局，1982）

（闕名）　《分類字錦》（台北：文海出版社，1984）

（闕名）　《中國歷史紀年表》（台北：華世出版社，1978）

丁福保　《佛學大辭典》（台北：佛教慈濟文化中心，1988）

任繼愈　《道藏提要》（北京：中國社會科學出版社，1995）

胡孚琛　《中華道教大辭典》（北京：中國社會科學出版社，1995）

復旦大學　《中國學術名著提要・宗教卷》（上海：復旦大學出版社，1997）

山田孝道　《禪宗辭典》（東京：圖書刊行會，1975）

濮文起　《中國民間秘密宗教辭典》（成都：四川辭書出版社，1996）

王德毅　《元人傳記資料索引》（台北：新文豐出版公司，1982）

國家圖書館出版品預行編目資料

新關公全傳

顏清洋著. – 初版. – 臺北市：臺灣學生，2023.07
面；公分

ISBN 978-957-15-1919-7 (精裝)
ISBN 978-957-15-1912-8 (平裝)

1. (三國)關羽 2. 傳記

782.823　　　　　　　　　　　　112005809

新關公全傳

著　作　者　顏清洋
出　版　者　臺灣學生書局有限公司
發　行　人　楊雲龍
發　行　所　臺灣學生書局有限公司
地　　　址　臺北市和平東路一段 75 巷 11 號
劃　撥　帳　號　00024668
電　　　話　(02)23928185
傳　　　眞　(02)23928105
E-mail　student.book@msa.hinet.net
網　　　址　www.studentbook.com.tw
登　記　證　字　號　行政院新聞局局版北市業字第玖捌壹號
出　版　日　期　二〇二三年七月初版

定價：精裝新臺幣一一〇〇元
　　　平裝新臺幣　七五〇元